Praxis der Zahnheilkunde
Band 2

Praxis der Zahnheilkunde

Begründet von

D. Haunfelder, L. Hupfauf, W. Ketterl und G. Schmuth

Herausgegeben von

P. Diedrich, Aachen, D. Heidemann, Frankfurt,
H.-H. Horch, München, und
B. Koeck, Bonn

Band 1	Zahnärztliche Untersuchung und Prophylaxe
Band 2	Kariologie und Füllungstherapie
Band 3	Endodontie
Band 4	Parodontologie
Band 5	Kronen- und Brückenprothetik
Band 6	Teilprothetik
Band 7	Totalprothetik
Band 8	Funktionsstörungen des Kauorgans
Band 9	Zahnärztliche Chirurgie
Band 10/I	Mund-Kiefer-Gesichtschirurgie I
Band 10/II	Mund-Kiefer-Gesichtschirurgie II
Band 11/I	Kieferorthopädie I – Orofaziale Entwicklung und Diagnostik
Band 11/II	Kieferorthopädie II – Therapie
Band 12	Kieferorthopädie III – Interdisziplinäre Aufgaben
Band 13	Implantologie

4. Auflage
Urban & Schwarzenberg · München–Wien–Baltimore

Kariologie und Füllungstherapie

Herausgegeben von

D. Heidemann

Mit Beiträgen von J. Becker, W. Geurtsen, R. Hahn, D. Heidemann, E. Hellwig, R. Hickel, B. Hugo, B. Klaiber, J. Klimek, K.-H. Kunzelmann, A. Motsch, G. Schmalz, H. J. Staehle und B. Thonemann

Mit 124 Zeichnungen
und
476 Fotos

1999
Urban & Schwarzenberg · München–Wien–Baltimore

Anschriften der Herausgeber des Gesamtwerkes

PROF. DR. DR. P. DIEDRICH
Klinik für Kieferorthopädie der RWTH
Pauwelsstraße, 52074 Aachen

PROF. DR. D. HEIDEMANN
Zentrum für Zahn-, Mund- und Kieferheilkunde
Theodor-Stern-Kai 7, 60596 Frankfurt

PROF. DR. DR. DR. h.c. H.-H. HORCH
Klinik und Poliklinik für Mund-Kiefer-Gesichtschirurgie
der Technischen Universität München
Klinikum rechts der Isar
Ismaninger Straße 22, 81675 München

PROF. DR. B. KOECK
Zentrum für Zahn-, Mund- und Kieferheilkunde
Poliklinik für Zahnärztliche Prothetik
Welschnonnenstraße 17, 53111 Bonn

Die Deutsche Bibliothek – CIP-Einheitsaufnahme

Praxis der Zahnheilkunde / begr. von D. Haunfelder ... Hrsg. von P. Diedrich ... – [Geb. Ausg.]. – München ; Wien ; Baltimore : Urban und Schwarzenberg.
Teilw. hrsg. von H.-H. Horch ... – Früher Losebl.-Ausg.
Kariologie und Füllungstherapie / hrsg. von D. Heidemann. Mit Beitr. von J. Becker ... – 4. Aufl. – München ; Wien ; Baltimore : Urban und Schwarzenberg, 1999
(Praxis der Zahnheilkunde ; Bd. 2)
ISBN 3-541-15222-2

Programmplanung: Ursula Illig, München
Lektorat: Cornelia Steininger, München
Herstellung: Peter Sutterlitte, München
Zeichnungen: Henriette Rintelen, Velbert
Einbandgestaltung: Parzhuber & Partner, München

Gesamtherstellung: Kösel, Kempten

PermaNova®

ISBN 3-541-15222-2

Geleitwort

Die Praxis der Zahnheilkunde erscheint nun in der 4. Auflage. Die Reihe aus 14 Bänden hat sich im Verlauf der letzten 30 Jahre als Standardwerk in der Zahn-, Mund- und Kieferheilkunde etabliert. Die grünen Bände waren und sind als Begleiter für den in der Praxis tätigen Zahnarzt und Kieferchirurgen konzipiert worden. Die laufende Aktualisierung der einzelnen Bände über die Gesamtauflage bietet die Möglichkeit, auf die aktuellen Veränderungen in jedem Teilgebiet zu reagieren.

Mehr denn je gilt es zu betonen, daß die Zahn-, Mund- und Kieferheilkunde ein Teilgebiet der Medizin darstellt. Der Leser wird diese Bezüge in allen Bänden wiederfinden. Die Diskussionen der letzten Jahre haben deutlich gemacht, daß die ärztliche Seite unserer Tätigkeit auch im direkten Bezug zum Patienten deutlich mehr gefordert wird.

Spezialisierung gewinnt innerhalb unseres Fachgebiets immer mehr an Bedeutung, was auf der einen Seite mit Beifall, auf der anderen Seite kritisch beobachtet wird. Diese Tendenz weist aber auch darauf hin, wie rasch die Entwicklung und Perfektionierung von Teilgebieten voranschreitet. Dies muß die Pfeiler der Zahnheilkunde Kieferorthopädie, Zahnerhaltung, zahnärztliche Prothetik und Mund-, Kiefer- und Gesichtschirurgie nicht in Frage stellen, vielmehr sollte ihre Basis dadurch gestärkt werden.

Mit der 4. Auflage wird die Praxis der Zahnheilkunde die Schwelle zum Jahr 2000 überschreiten. Sie wird dies in neuem Outfit tun und weiterhin die Zahnärzte- und Ärzteschaft in ihren Aufgaben begleiten. Werden sich diese im neuen Jahrhundert vom derzeitigen Bild erheblich unterscheiden?

- Die Basis der Zahn-, Mund- und Kieferheilkunde wird eine biologisch und medizinisch orientierte Wissenschaft bleiben müssen. Bei allem – uns täglich begleitenden – technischen Fortschritt ist das Umfeld, in dem wir uns bewegen, der kranke Mensch.
- Schwerpunkte der Tätigkeit werden immer deutlicher präventiv orientierte Maßnahmen sein, aus dem Wissen heraus, daß wir damit dem Patienten besser dienen.
- Schwerpunkte werden aber auf lange Zeit auch weiterhin restaurative Tätigkeiten sein, um der Situation der verschobenen Alterspyramide gerecht zu werden. Beim älteren Patienten gilt es, bereits vorhandene Versorgungen zu erhalten oder sie, den dauernden Veränderungen folgend, anzupassen oder zu erneuern.
- Welche Rolle der Gesichtsschädel, die Mundhöhle insgesamt, die Zähne in Funktion und Ästhetik sowie die zu verwendenden Hilfsmittel spielen, um Gesundheit zu erhalten, haben die letzten Jahre überdeutlich gezeigt. Gesundheit im Mund wird zunehmend mit Gesundheit des ganzen Menschen verknüpft. Dies hat Einfluß auf das Grundlagenwissen, die Diagnose und Therapie.

Eben diese Grundlagen sowie die behandlerischen diagnostischen und therapeutischen Leitlinien will die Praxis der Zahnheilkunde vermitteln helfen. Eine große Zahl von Autoren wird wie in früheren Auflagen ihr Fachwissen einbringen und mit umfangreichem Bildmaterial verdeutlichen. Fast alle deutschen Universitäten sind an dieser Aufgabe beteiligt.

Der Verlag Urban & Schwarzenberg hat in seiner großen Erfahrung mit dieser Buchreihe besonderen Dank verdient, insbesondere Frau Ursula Illig, Frau Cornelia Steininger, Herr Peter Sutterlitte und Frau Henriette Rintelen.

Prof. Dr. Dr. P. Diedrich
Prof. Dr. D. Heidemann
Prof. Dr. Dr. Dr. h. c. H.-H. Horch
Prof. Dr. B. Koeck

Vorwort

Mit der 4. Auflage ist es möglich geworden, die Themenkreise der Zahnerhaltung in den PdZ-Bänden neu zu ordnen. Die beiden Bände werden, aktuellen Anforderungen entsprechend, in „Kariologie und Füllungslehre" (Bd. 2) und in „Endodontie" (Bd. 3) aufgeteilt. Band 1 befaßt sich mit den Prophylaxethemen.

Epidemiologie und Kariesgenese zeigen in ihrer aktualisierten Form den Weg zu defektorientiertem Vorgehen für eine künftige Behandlungsplanung. Es ist noch immer eine Tatsache, daß Karies eine der häufigsten Erkrankungen des Menschen darstellt, doch zeigen epidemiologische Daten, daß Präventionsprogramme greifen, und die Ziele, die die WHO hinsichtlich einer Kariesreduktion in Deutschland gesetzt hatte, erreicht und sogar in höherem Maße erfüllt wurden.

Das Therapieschema zur Vermeidung größerer Kavitäten sieht heute wieder sehr intensiv die Fissurenversiegelung und ihre Varianten vor, in einem gleitenden Übergang zur Füllungstherapie – vor allem mit adhäsiven Materialien. Entsprechend den Anforderungen nach kleinen, schadensgerechten Füllungen müssen auch bei der Kavitätenpräparation Regeln und Hilfsmittel angepaßt sein. Mit den vorhandenen Fülltechniken sind heute Kavitätenformen möglich geworden, die zu Zeiten BLACKS als undenkbar galten. Eine neue wichtige Entwicklung ist hier in ultraschallaktivierten und konventionell getriebenen Finier- und Präparationsinstrumenten zu sehen, die die Verletzungsquote an gesunden, dem Defekt benachbarten Zähnen reduzieren helfen. Die Materialien, über die wir heute verfügen, um plastisch verarbeitete Füllungen herstellen zu können, sind fast alle der Gruppe der adhäsiv zu verankernden Materialien zuzuordnen. Mit durchaus unterschiedlicher Indikation können mit Glasionomeren, Kompomeren und Kompositen fast alle Kavitätengrößen versorgt werden, auch wenn man bei höckerrestaurierenden Situationen Vorsicht walten läßt. Nicht nur aus Traditionsgründen sollten Amalgame aber weiterhin zum Arbeitsmittel eines Zahnarztes gehören. Bei großen Defekten wie Zweit-, Dritt- u.ä. Versorgungen bieten sich die Techniken der Einlagefüllungen an. Die adhäsiv befestigten Einlagefüllungen sind in ihrer Kavitätengestaltung noch häufig Modifikationen der früher für konventionelle Techniken präparierten Kavitäten. Nur wenn sie als Erstversorgung eingesetzt werden, kann sich deren Gestaltung intensiv an das Konzept adhäsiver Befestigung anlehnen. Trotz einer eindeutigen Abkehr vom „Drill and Fill"-Denken werden noch lange umfangreiche Einzelzahnversorgungen vom Zahnarzt abgefordert werden, bis jüngere Generationen die Grenze hierfür ins höhere Lebensalter verlagern können. Hierzu sollen auch die Empfehlungen der Füllungstechniken bei Kindern und Jugendlichen beitragen.

Ebenso wie bei der Amalgamfüllung werden auch die konventionellen Präparationen für die gehämmerte Goldfüllung und die in Metall gegossenen Restaurationen noch lange Zeit ihre Gültigkeit bewahren.

Gerade bei der wachsenden Gruppe der älteren Patienten müssen Besonderheiten in der Behandlung berücksichtigt werden.

Für viele weitere Jahre werden Zahnärzte zwischen defektorientierter, minimal-invasiver Erstversorgung und der Gestaltung und Umgestaltung bestehender großer Defekte der Zweit- und Drittversorgung stehen. Hierfür werden technische Hilfen von den Herstellern in reichlicher Zahl angeboten. Die kritische Auswahl der Versorgungsart und deren Einsatz bei den verschiedenen Indikationen obliegt dem Zahnarzt, der in diesem Band ausreichend Unterstützung für diese Fragen findet.

Prof. Dr. D. Heidemann

Inhalt

Autorenverzeichnis

Dr. J. Becker
Zentrum für ZMK (Carolinum)
Poliklinik für Zahnerhaltung
Theodor-Stern-Kai 7
60596 Frankfurt/Main

Prof. Dr. W. Geurtsen
Medizinische Hochschule Hannover
Poliklinik für Zahnerhaltung und Parodontologie
Carl-Neuberg-Str. 8
30625 Hannover

Priv.-Doz. Dr. R. Hahn
Zentrum für ZMK
Poliklinik für Zahnerhaltung
Osianderstr. 2–8
72076 Tübingen

Prof. Dr. D. Heidemann
Zentrum für ZMK (Carolinum)
Poliklinik für Zahnerhaltung
Theodor-Stern-Kai 7
60596 Frankfurt/Main

Prof Dr. E. Hellwig
Klinik und Poliklinik für ZMK
Poliklinik für Zahnerhaltung
Hugstetter Str. 55
79106 Freiburg

Prof. Dr. R. Hickel
Poliklinik für Zahnerhaltung und Parodontologie
Goethestr. 70
80336 München

Dr. Burkhard Hugo
Poliklinik für Zahnerhaltung und Parodontologie
Pleicherwall 2
97070 Würzburg

Prof. Dr. B. Klaiber
Poliklinik für Zahnerhaltung und Parodontologie
Pleicherwall 2
97070 Würzburg

Prof. Dr. J. Klimek
Zentrum für ZMK
Abt. Zahnerhaltungskunde und Präventive Zahnheilkunde
Schlangenzahl 14
35392 Gießen

Dr. K.-H. Kunzelmann
Poliklinik für Zahnerhaltung und Parodontologie
Goethestr. 70
80336 München

Prof. Dr. A. Motsch
Klinik und Poliklinik für ZMK
Abt. Zahnerhaltung und Parodontologie
Robert-Koch-Str. 40
37075 Göttingen

Prof. Dr. G. Schmalz
Poliklinik für Zahnerhaltung und Parodontologie
Universitätsstraße
93053 Regensburg

PROF. DR. DR. H. J. STAEHLE
Poliklinik für Zahnerhaltungskunde
Im Neuenheimer Feld 400
69120 Heidelberg

DR. B. THONEMANN
Poliklinik für Zahnerhaltung
und Parodontologie
Universitätsstraße
93053 Regensburg

Kariesätiologie und -diagnose

von J. KLIMEK und E. HELLWIG

Inhaltsübersicht

Kariesätiologie

Einleitung

Karies ist eine lokalisierte Erkrankung der Zahnhartsubstanzen, die sich je nach Schweregrad in unterschiedlicher Symptomatik äußert. Karies entsteht durch das Zusammenwirken *potentiell pathogener Mikroorganismen* und *potentiell pathogener ökologischer Faktoren*. Zu diesen ökologischen Faktoren zählen in erster Linie der häufige Konsum niedermolekularer Kohlenhydrate und verschiedene Wirtsfaktoren wie Fließrate, Zusammensetzung und Pufferkapazität des Speichels sowie der chemische, histologische und anatomische Aufbau der Zahnhartsubstanzen. Daneben können zahlreiche andere Faktoren wie Immunabwehr, bisher nicht bekannte genetische Faktoren, sozioökonomische und verhaltensbezogene Komponenten genannt werden, deren Einfluß auf die Entstehung bzw. Progression einer Karies bisher wenig untersucht wurden. Eine nicht unerhebliche Rolle spielt auch die präventiv und invasiv orientierte Ausbildung und Ausrichtung des jeweils behandelnden Zahnarztes (Abb. 1).

Wie bei anderen Erkrankungen auch ist die kariöse Erkrankung durch Phasen der *Stagnation, Remission* und *Progression* gekennzeichnet. Die Beobachtung (Monitoring) der Kariesprogression gibt in gewisser Weise auch eine Information über Veränderungen des oralen Ökosystems. Die Symptome der Erkrankung Karies reichen von submikroskopischer Veränderung der Zahnhartgewebe, beispielsweise Veränderungen im Kristallgitterbereich, über mikroskopisch nachweisbare Oberflächendestruktionen bis hin zu klinisch diagnostizierbaren initialkariösen Veränderungen („white spot") und offenen Kavitäten (Abb. 2).

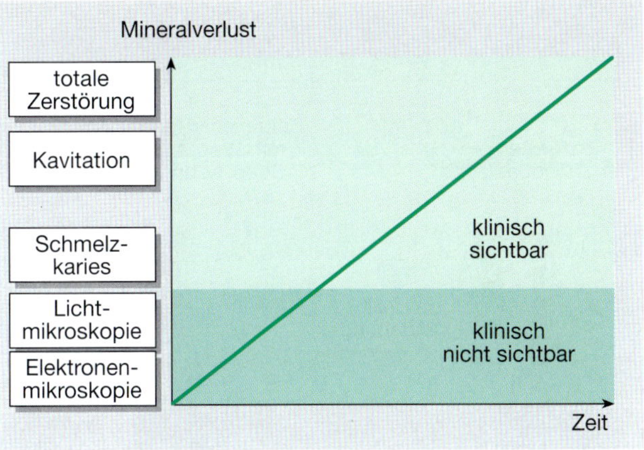

Abb. 2 Zeitlicher Verlauf der Demineralisation in Relation zu den Symptomen der kariösen Erkrankungen.

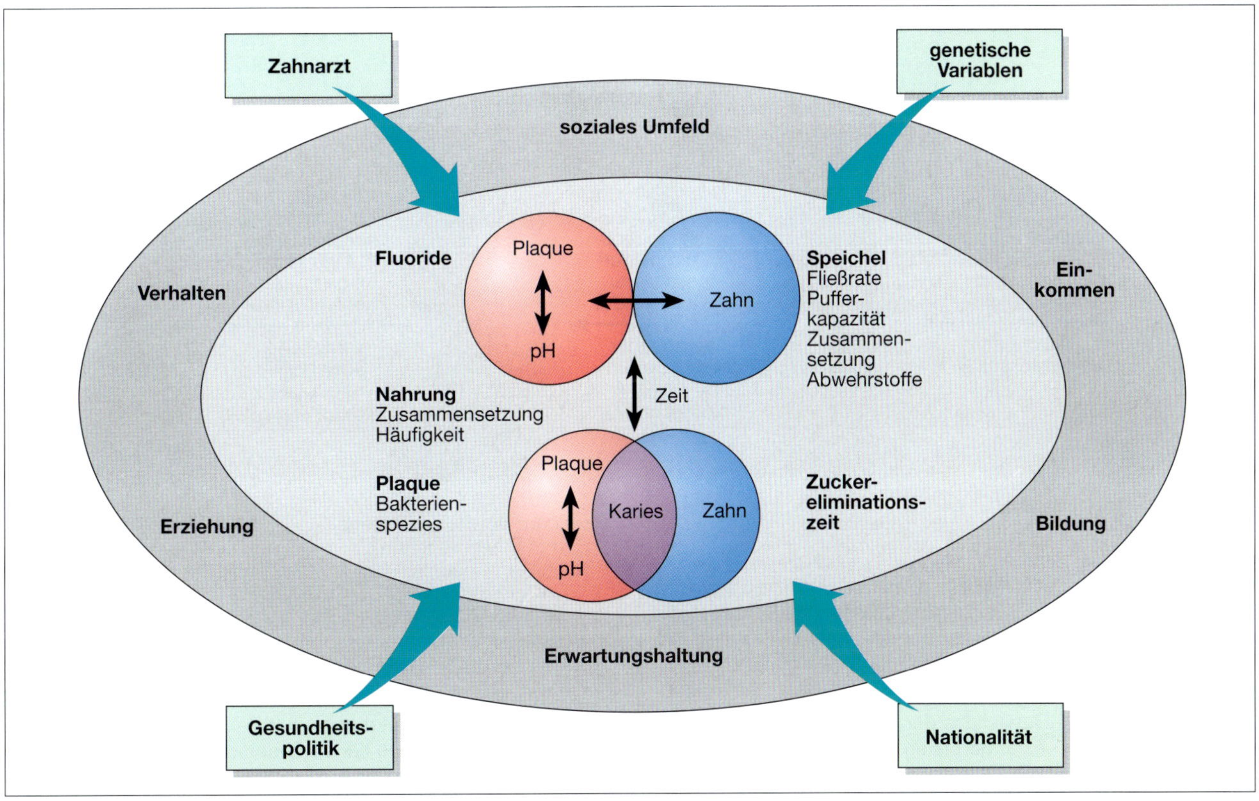

Abb. 1 Ätiologische Faktoren der Kariesentstehung.

Alle bis heute gesammelten Daten und Fakten zur Kariesentstehung und Kariesprogression deuten darauf hin, daß die bereits im Jahre 1898 aufgestellte Theorie zur Kariesentstehung von Miller *(chemoparasitäre Theorie)* in modifizierter Form bis heute Gültigkeit hat. Karies entsteht – stark vereinfacht betrachtet – durch das Zusammenwirken von kariogenen Mikroorganismen und einem Überangebot an kariogenem Substrat in Mikrobiotopen an der Zahnoberfläche. Der kariöse Prozeß wird dabei von den oben genannten Faktoren mehr oder weniger stark beeinflußt.

Die *menschliche Mundhöhle (Makrobiotop)* setzt sich aus zahlreichen lokalisierten *Ökosystemen* (*Mikrobiotope* [48]) zusammen, in denen sich eine komplexe mikrobielle Flora etablieren kann. Diese Mikrobiotope reflektieren die unterschiedlichen lokalen Umweltbedingungen in den verschiedenen Bereichen der Mundhöhle und der Zahnoberfläche. Unter physiologisch normalen Bedingungen besitzen Menschen eine relativ stabile orale Flora, d.h. annähernd die gleichen Bakteriengattungen und Bakterienarten. Diese normale bakterielle Flora, die natürlich auch die Schleimhäute mit einbezieht,

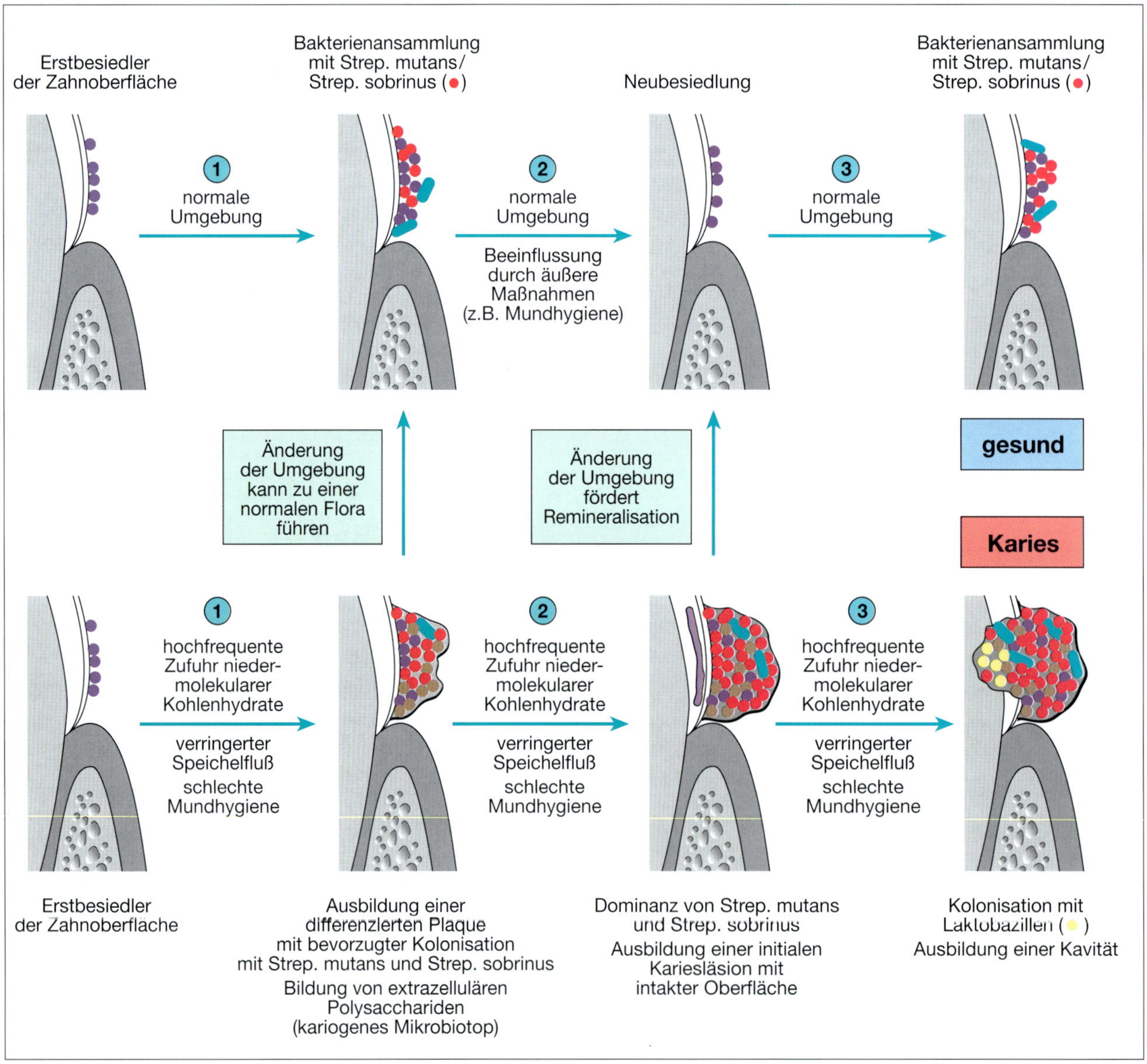

Abb. 3 Vereinfachte Darstellung der Veränderung auf der Zahnoberfläche, die mit der Entstehung einer Zahnkaries vergesellschaftet sind. Während bei einer normalen Umgebung die Zahnoberfläche intakt bleibt, kommt es bei Veränderungen des mikro-ökologischen Milieus in Richtung Pathogenität zu Demineralisationserscheinungen, die letztlich in der Ausbildung einer Kavität resultieren. Eine Beeinflussung des pathogenen Milieus, z.B. durch adäquate Mundhygiene und Förderung der Remineralisation durch Plaquebeseitigung und Fluoridierung, kann das ökologische Gleichgewicht wieder in Richtung Gesundheit verschieben.

geht mit oraler Gesundheit einher. Die Bakterien können jedoch speziell auf Zahnflächen komplexe Bakterienschichten (Biofilm, Plaque) bilden. Die Anzahl der jeweiligen Mikroorganismen in dem entsprechenden Mikrobiotop ist dabei häufig unterschiedlich.

Wenn eine Karies auftritt, kann die orale Flora in vielen Bereichen der Mundhöhle normal sein, während sie in Bereichen kariöser Demineralisation pathologisch verändert ist. Während über die genaue mikrobielle Zusammensetzung der oralen Flora insgesamt sehr wenig bekannt ist, weiß man über die Zusammensetzung der Plaque auf gesunden und kariös veränderten Zahnflächen relativ viel (s. S. 6 ff.). Allgemeinerkrankungen können (müssen jedoch nicht) einen Einfluß auf die orale Flora nehmen. Man geht heute davon aus, daß eine in Richtung Pathogenität veränderte orale Flora, speziell bei Parodontopathien, einen Einfluß auf Mundgesundheit und Allgemeingesundheit besitzt [88].

Die normale orale Flora beinhaltet Bakterien, die unter speziellen ökologischen Bedingungen zu Demineralisationen von Schmelz- und Wurzeloberflächen führen können und somit eine Karies bewirken. Es ist jedoch auch vorstellbar, daß bestimmte Mikroorganismen, die nicht zur physiologischen Mundflora gehören, erst dann ökologische Nischen besiedeln und sich dort vermehren, wenn schon kariesfördernde Bedingungen vorliegen und dann letztlich erst eine kariesauslösende Plaque etabliert wird.

In einer *gesunden Mundhöhle* besteht üblicherweise ein Gleichgewicht zwischen Wirt (Zahnoberfläche) und der oralen Flora, an dem Speichel, externe Faktoren und bakterielle Faktoren gleichermaßen beteiligt sind. Wird dieses Gleichgewicht gestört, kann ein pathologischer Vorgang (z.B. Karies) resultieren. Häufige Ursache für eine Verschiebung des Gleichgewichts sind Änderungen der Ernährungsgewohnheiten oder eine Verminderung des Speichelflusses bei gleichzeitiger Etablierung kariogener Mikroorganismen. Die Verschiebung des ökologischen Gleichgewichts an der Zahnoberfläche hat einen säurebedingten Mineralverlust (Demineralisation) zur Folge. Der kritische Bereich für derartige Demineralisationsvorgänge liegt für den Zahnschmelz bei einem pH-Wert von 5,2–5,7, bei Wurzelzement und Wurzeldentin bei 6,2–6,7. Wenn eine Veränderung der Umweltbedingungen einzelner Mikrobiotope der Mundhöhle bekanntermaßen zu einem pathogenen Prozeß führt, dann ist es auch möglich, diesen Prozeß zu verlangsamen, zu verhindern oder umzukehren, indem die pathologischen Umweltbedingungen beseitigt oder verändert werden (*Remineralisation*) (Abb. 3).

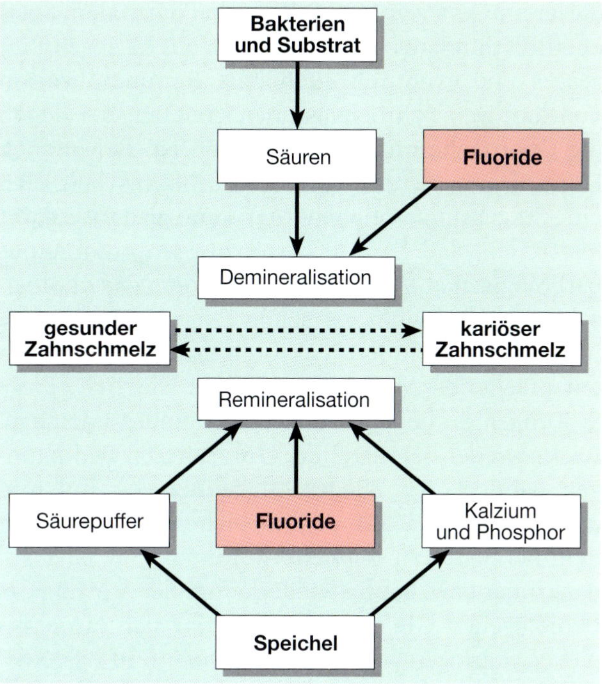

Abb. 4 An der Zahnoberfläche herrscht ein dynamisches Gleichgewicht zwischen De- und Remineralisation. Bei Nahrungsaufnahme (Substrat) entstehen in der Plaque organische Säuren, die das Gleichgewicht in Richtung Entmineralisierung verschieben. Durch die Pufferkapazität und die Übersättigung des Speichels mit Phosphat- und Kalziumverbindungen wird das Gleichgewicht wiederhergestellt. Fluoride greifen in dieses Gleichgewicht ein, in dem sie die Demineralisation hemmen und die Remineralisation bereits entmineralisierter Bereiche fördern.

Tatsächlich kann man sich mit mehreren unterschiedlichen Ansätzen diesem Ziel annähern, wobei wahrscheinlich die Modifikation eines Faktors allein nicht ausreicht. Die Beeinflussung des bakteriellen Stoffwechsels, die Ernährungsumstellung oder der Einsatz von Zuckerersatzstoffen reduziert die Säureproduktion der Plaque und kann zu einer Verschiebung der Plaqueflora in Richtung „gesund" führen. Der Einsatz von Fluoriden hilft bei der Mineraleinlagerung aus dem Speichel in vorher kariös veränderte Zahnflächen (initiale Läsionen), wobei das beste Ergebnis erzielt wird, wenn die Plaque auf den Oberflächen vorher beseitigt wurde und ein weniger starkes kariogenes Umfeld vorliegt (Abb. 4).

Auch *antimikrobielle Maßnahmen*, wie der Einsatz plaquehemmender oder bakterizider Substanzen (z.B. CHX, Phenole), können die Kariogenität der Plaque entsprechend verändern.

Je nach Ausmaß der kariösen Demineralisation lassen sich mit der kontinuierlichen Anwendung dieser *präventiven Maßnahmen* bei normalem Speichelfluß durchaus eine Stagnation des kariösen Prozesses und eventuell auch eine Remineralisation von kariösen Schmelzläsionen erzielen, bei denen die Oberfläche nicht eingebrochen ist. Bei offenen Dentinläsionen oder einer Wurzelkaries läßt sich eine Stagnation erreichen. Man kann also insgesamt feststellen, daß kariöse Läsionen Symptome eines pathologischen Vorgangs sind, bei dem das ökologische Gleichgewicht zwischen De- und Remineralisation durch äußere Faktoren gestört ist. Durch entsprechende Maßnahmen ist es möglich, diese Störungen zu beheben und ein gesundes Gleichgewicht wieder herzustellen. Unter diesen Bedingungen kann es zur Wiedereinlagerung von Kalzium und Phosphaten aus dem Speichel in die primär demineralisierten Bereiche kommen. Bei lang andauernder bzw. häufig wiederkehrender Störung des ökologischen Gleichgewichts bildet sich ein komplexes, kariogenes Mikrobiotop aus, und das Ausmaß der Demineralisation nimmt zu. Es kann zu einem biologisch nicht mehr zu reparierenden Schaden an der Zahnoberfläche kommen.

Karies entsteht in erster Linie an sogenannten *Kariesprädilektionsstellen*, an denen sich das oben beschriebene kariogene Mikrobiotop besonders gut ausbilden kann. Man unterscheidet *Glattflächenkaries* (bukkal, oral, approximal) von *Fissurenkaries* und *Wurzelkaries*. Wie später noch detaillierter ausgeführt wird, kann man zudem aktive von inaktiven Kariesläsionen unterscheiden.

Karies betrifft sowohl Milchzähne als auch bleibende Zähne, wobei weder ätiologisch noch histologisch ein Unterschied besteht. Da aber Milchzähne eine geringere Hartgewebemasse als permanente Zähne besitzen, erreicht die Karies bei gleicher Ausbreitungsgeschwindigkeit schneller die Pulpa. Man unterscheidet zudem je nach Lage und Größe des kariösen Prozesses eine *Caries superficialis* (nur im Schmelz) von einer *Caries media* (im Dentin) und *Caries profunda* (bis nahe an oder bis zur Pulpa).

Karies kann natürlich auch im Randbereich oder unter bereits bestehenden Restaurationen entstehen. Man spricht dann von *Sekundärkaries*, wenn es sich nachweislich um eine neue Karies im Füllungsrandbereich handelt, oder *Kariesrezidiv*, wenn es sich um das Wiederaufflammen oder die Progression einer Karies handelt, die während der zahnärztlichen Behandlung nicht ausreichend entfernt wurde.

Plaque

Definition

Auf einer gereinigten Zahnoberfläche lagern sich nach kurzer Zeit Mikroorganismen aus dem Speichel an. Da sich die Zahnoberfläche im Gegensatz zu den Schleimhäuten der Mundhöhle nicht ständig erneuert, können sich diese Mikroorganismen auf der Zahnoberfläche ansammeln und vermehren. Besonders an Zahnflächen, die nicht durch Kaufunktion oder Weichteile (Lippen, Wange, Zunge) mechanisch „gereinigt" werden, finden sich vermehrt mikrobielle Ansammlungen. Diese Regionen sind die Kariesprädilektionsstellen, d.h. *Zahnfissuren, Approximalräume* und das *gingivale Drittel der Zahnkrone* (Abb. 5). Aber auch Zahnfleischtaschen und

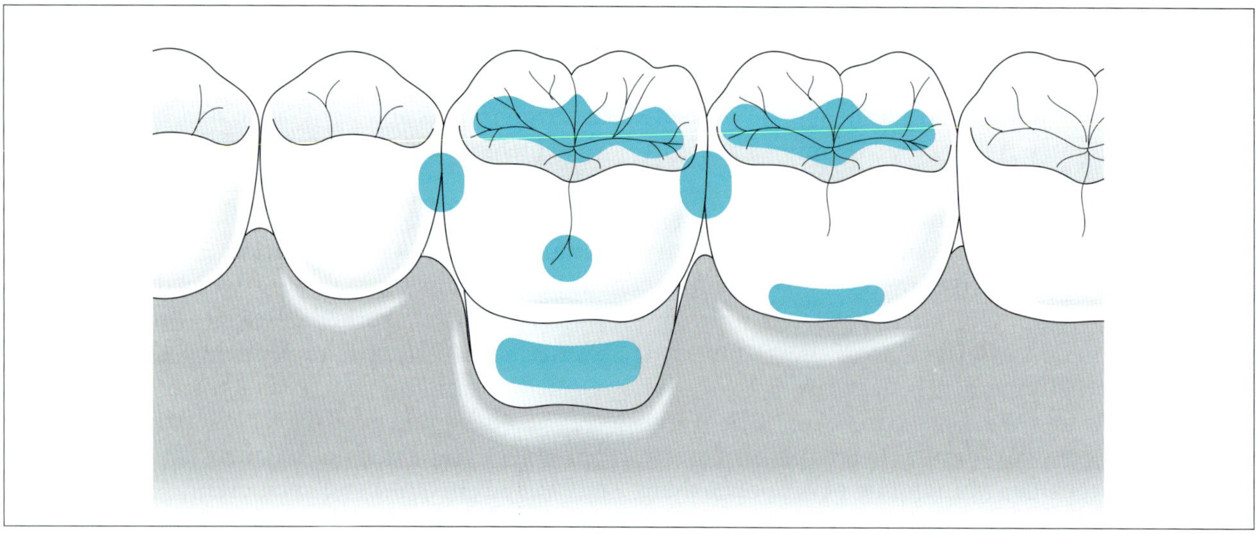

Abb. 5 Prädilektionsstellen der Karies.

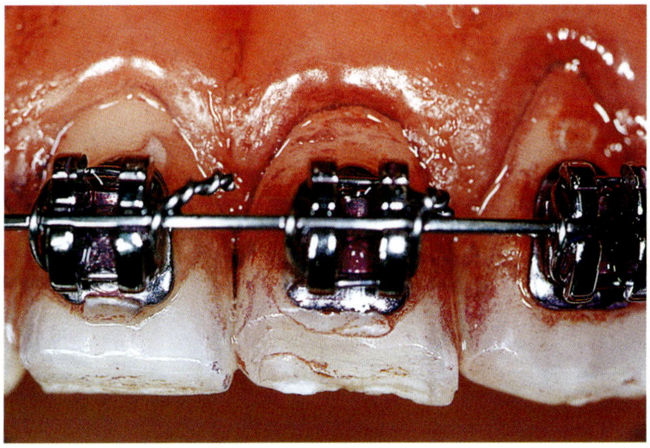

Abb. 6 Durch iatrogene Faktoren (hier kieferorthopädische Behandlung) kann es zu „künstlichen" Plaqueretentionsstellen kommen, welche nur mit äußerster Sorgfalt saubergehalten werden können.

iatrogene Faktoren wie undichte Füllungsränder, rauhe Füllungsoberflächen, Brackets, Prothesenklammern usw. können Retentionsstellen für Mikroorganismen darstellen (Abb. 6).

Wenn sich Mikroorganismen ungestört vermehren können, entsteht bei entsprechender Substratzufuhr eine differenzierte Zahnplaque, die ohne Hilfsmittel nicht mehr von der Zahnoberfläche zu entfernen ist.

Plaquemikroorganismen sind in der Lage, aus Nahrungsbestandteilen (z.B. niedermolekularen Kohlenhydraten) organische Säuren zu produzieren, welche die Zahnhartsubstanzen demineralisieren können. Werden diese Demineralisationsvorgänge nicht durch entsprechenden Einbau von Mineralien (Remineralisation) ausgeglichen, spricht man von einem kariösen Prozeß, der sich je nach Progression unterschiedlich charakterisieren läßt (siehe Kariesdiagnose). Man kann also konstatieren, daß die Plaque ein notwendiger Faktor für die Kariesentstehung ist. Etablierte Plaque läßt sich als komplexer Biofilm, d.h. als strukturierter, zäher, verfilzter Zahnbelag aus Speichelbestandteilen, bakteriellen Stoffwechselprodukten, Nahrungsresten und Bakterienzellen beschreiben. In diesem Zustand ist der Biofilm nicht mehr durch die Selbstreinigungskräfte der Mundhöhle entfernbar.

Adhäsion und Wachstum der Plaque *(Abb. 7)*

Auf einer gesäuberten Zahnoberfläche bildet sich innerhalb von wenigen Minuten ein *azellulärer Film (Pellikel)* aus Glykoproteinen, Phosphoproteinen und Lipiden aus Speichel und der Sulkusflüssigkeit [7, 17]. Dieser Film ist nach 24 Stunden ca. 0,01–1 µm dick [54]. Da das Schmelzoberhäutchen semipermeabel für verschiedene Ionen und Mo-

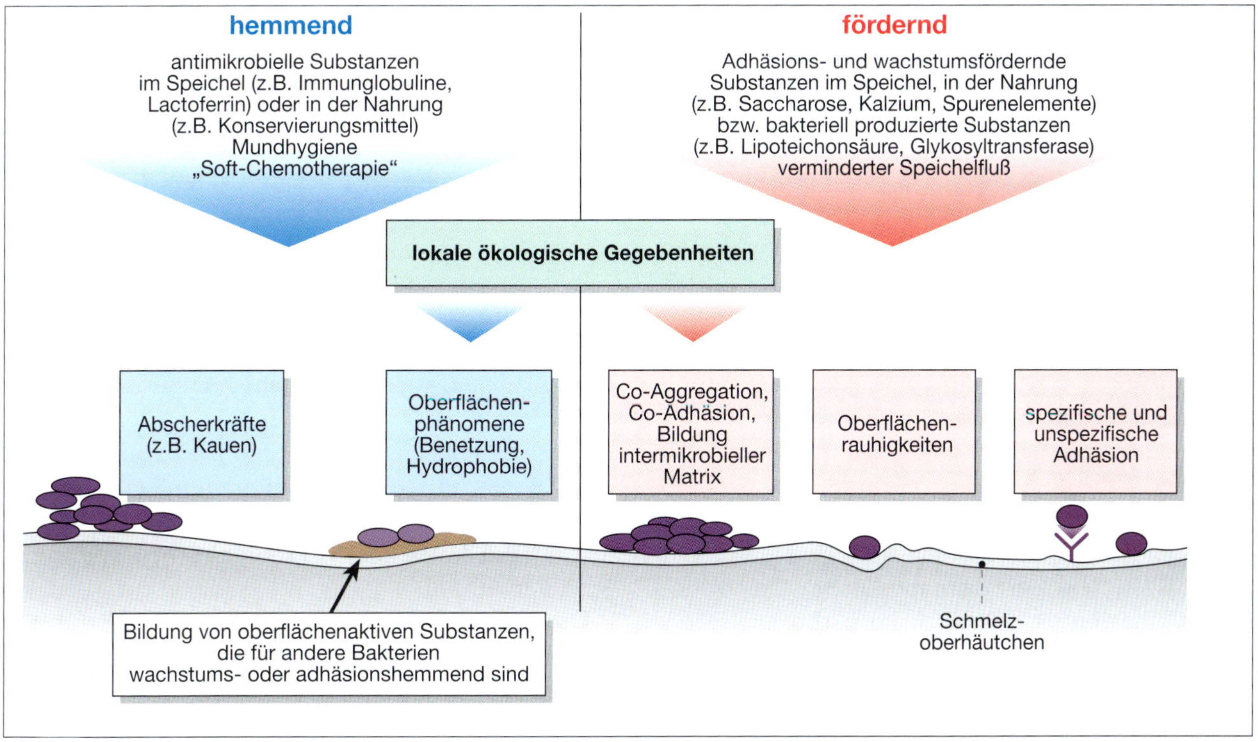

Abb. 7 Die Bakterienadhäsion und Plaquebildung kann durch verschiedene Faktoren gehemmt oder gefördert sein. Diese Faktoren können endogener oder exogener Genese sein.

leküle ist, kann es modifizierend für den kariösen Prozeß sein. Die Zusammensetzung des Pellikels kann aufgrund der unten beschriebenen Rezeptorfunktion für die spätere Zusammensetzung der Plaque mitverantwortlich sein (adhäsionsselektive Wirkung des Schmelzoberhäutchens).

An dieses Schmelzoberhäutchen lagern sich dann aus dem Speichel Mikroorganismen selektiv an.

Die bakterielle Besiedelung von Zahnoberflächen ist neben einer passiven Retention in mikroskopisch oder makroskopisch sichtbaren Zahnvertiefungen und -unregelmäßigkeiten in erster Linie durch komplexe *Adhäsionsphänomene* gekennzeichnet [20]. So können Mikroorganismen initial durch *physiko-chemische* Vorgänge anheften. Dazu zählen u.a. Van-der-Waal-Kräfte und elektrostatische Kräfte [13]. Es konnte in diesem Zusammenhang auch verdeutlicht werden, daß hydrophobe Oberflächen weniger Plaqueansammlung zeigen als hydrophile Oberflächen [79]. Es gibt jedoch auch spezifische Bindungsmoleküle, *Adhäsine* genannt, die an Rezeptoren des Speicheloberhäutchens binden. Diese Adhäsine können z.B. Oligosaccharide sein [72]. Einige Mikroorganismen sind offensichtlich bei Fehlen eines Rezeptors in der Lage, durch enzymatische Aktivität die Glykoproteine des Speicheloberhäutchens so zu verändern, daß sie anschließend andocken können. Durch mikrobielle enzymatische Aktivität können Rezeptoren zerstört oder andere, bisher versteckte Rezeptoren *(Kryptitope)* aktiviert werden, so daß andere Bakterienspezies anheften können [24]. Es ist bisher zwar nicht bewiesen, doch sehr wahrscheinlich, daß durch die initiale Besiedelung der Zahnoberfläche auch die anschließende Plaquezusammensetzung mit Mikroorganismen stark beeinflußt wird. Vor diesem Hintergrund könnten Bemühungen, die initiale Adhäsion von Bakterien zu verändern, zu neuen kariesprophylaktischen Ansätzen führen. Verschiedene Mikroorganismen können zudem sogenannte biooberflächenaktive Substanzen ausscheiden, die andere Bakterien an der Adhäsion hindern. Sie schaffen sich durch diese Behinderung anderer Mikroorganismen ökologische Vorteile [13]. Zudem bewirken Abscherkräfte einen Abrieb von bakteriellen Belägen von der Zahnoberfläche. Die mikrobielle Adhäsion ist eine wichtige pathogene Determinante für die Kariesentstehung.

Die *frühe Plaqueflora* besteht primär aus oralen Streptokokken, speziell Streptococcus sanguis, Streptococcus oralis und Streptococcus mitis biovar 1 [61, 73]. Die Dominanz der Streptokokken in beginnender Plaque ist sowohl auf Schmelz als auch auf Wurzeloberflächen zu finden. Sie gilt für kariesaktive und für kariesinaktive Personen [73]. Interessanterweise findet man Streptococcus salivarius als einen der häufigsten, im Speichel vorkommenden Mikroorganismen nur in geringer Menge in der Plaqueflora. Dies deutet erneut auf die Selektivität bei der beginnenden Plaquebildung hin. Ob nun diese Selektionsmechanismen tatsächlich für die spätere Plaquezusammensetzung verantwortlich ist, ist allerdings bisher nicht zweifelsfrei bewiesen.

Weiger et al. [99] konnten zeigen, daß in einer frühen Phase der Plaquebildung wesentlich weniger lebende Mikroorganismen vorhanden waren als in einer späteren Phase (24 Stunden). Dies läßt sich in erster Linie auf die zu diesem Zeitpunkt noch effektive Einwirkung von antimikrobiellen Speichelfaktoren gegenüber den Frühbesiedlern erklären. Lokale ökologische Faktoren haben also neben den adhäsiven Selektionsmechanismen auch einen Einfluß auf die Plaquebildung. Hierzu zählen insbesondere Speichelbestandteile, die nicht nur den Zahnschmelz, sondern auch die Mikroorganismen mit einem Film überziehen können, der ihre Oberflächeneigenschaften verändert. Hinzu kommen mögliche Kalziumbrückenbindungen zwischen negativ geladenen Oberflächen von Mikroorganismen und dem Zahnschmelz (nicht spezifische Bindung) und Bindungen über von den Bakterien exprimierte Substanzen (Teichonsäure, Glykosyltransferase). Streptococcus mutans und Streptococcus sobrinus machen i.d.R. nur einen sehr geringen Anteil der initialen Plaqueflora aus. Speziell Streptococcus mutans adhäriert offensichtlich trotz der Möglichkeit, extrazelluläre Polysaccharide zu bilden, primär nur sehr wenig effizient an die Zahnoberfläche [72].

In den ersten vier Stunden findet man neben dem Pellikel nur sehr wenige Kokken auf der Zahnoberfläche (Abb. 8). Erst vier Stunden später findet man erste Gruppen von Mikroorganismen. Anschließend erfolgt ein starker Anstieg der bakteriellen Besiedelung, so daß nach einem Tag ein Bakterienrasen auf den Zähnen mit teilweise mehreren Zellagen und Pellikelbestandteilen festzustellen ist. Immer noch überwiegen kokkoide Mikroorganismen vor wenigen Filamenten.

Diese Filamente können sich anschließend auf Glattflächen senkrecht zur Schmelzoberfläche ausrichten. Sie sind im Wurzelzement dicker gepackt. Durch Zellteilung und Hinzukommen zahlreicher neuer Mikroorganismen aus dem Speichel wird die Plaque dicker. Es können sogenannte Maiskolben-

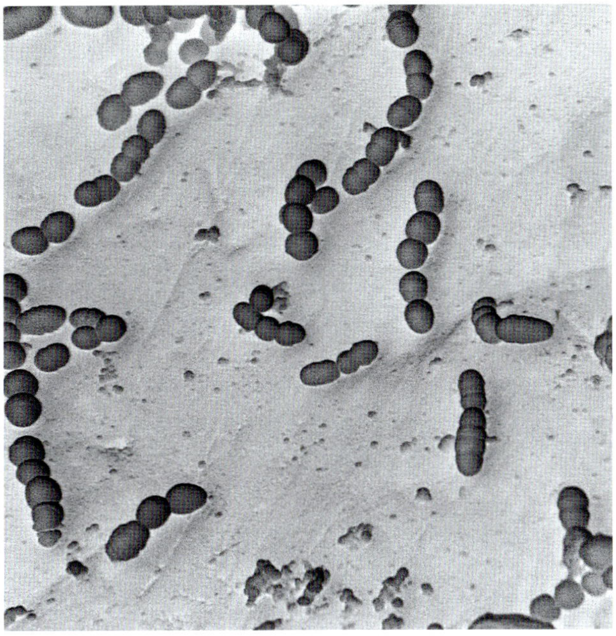
a

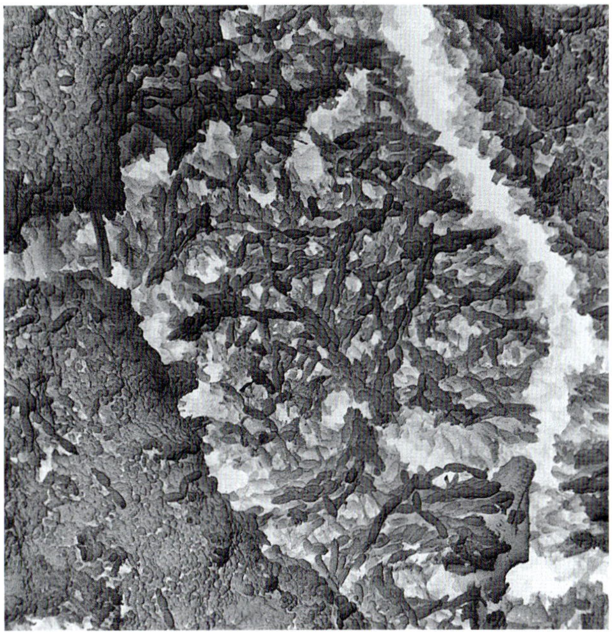
b

strukturen entstehen, d.h., sphärische Mikroorganismen aggregieren auf der Oberfläche von Filamenten.

Im Plaqueinneren einer *mehrere Tage alten Plaque* sind die Mikroorganismen dicht gepackt und oft senkrecht zur Zahnoberfläche orientiert. Mit zunehmendem Alter der Plaque kommt es also zu einer Verschiebung der kokkendominierten Plaque zu einer Plaque, die durch Aktinomyzeten beherrscht wird. Man kann davon ausgehen, daß Pionierbakterien eine mehr oder weniger gute ökologische Grundlage für andere Mikroorganismen vorbereiten, die sich eventuell sonst nicht an der Zahnoberfläche anhaften könnten. Dabei sind die vorbereitenden Pionierbakterien in der reifen Plaque nicht mehr vorzufinden (z.B. Streptococcus oralis). Durch ein weiteres Plaquewachstum ändern sich auch die Sauerstoffbedingungen der Plaque. So kommen fakultativ anaerobe Mikroorganismen hinzu und bereits nach neun Tagen überwiegen anaerobe und fakultativ anaerobe Mikroorganismen [81]. Nach einigen Wochen ist eine reife Zahnplaque entstanden, in die offensichtlich neue Spezies kaum eindringen können. So konnte im Rattenversuch gezeigt werden, daß Actinomyces viscosus zusammen mit Streptococcus sanguis in der Lage sind, die Etablierung von Streptococcus mutans zu unterbinden [97].

Etablierte Plaque besteht aus dicht gepackten Bakterien (60–70 Vol.-%), die in eine amorphe Plaquematrix eingebettet sind. In dieser ausgereiften Plaque findet man, je nach Entnahmestelle im Mund, eine teilweise extrem unterschiedliche bakterielle Zusammensetzung [8]. Die äußeren Plaquebereiche variieren stark in Zusammensetzung und Struktur. Gleichzeitig liegen gravierende Unterschiede in der intermikrobiellen Matrix und im Mineralgehalt vor. Die unterschiedliche Plaquezusammensetzung nimmt erheblichen Einfluß auf den Metabolismus und die Diffusionsmöglichkeiten in der Plaque. Bei Personen ohne kariöse Läsionen sind sowohl auf Glattflächen als auch in Fissuren nach sieben Tagen in erster Linie grampositive Kokken und Stäbchen und nur wenige gramnegative Kokken zu finden [95].

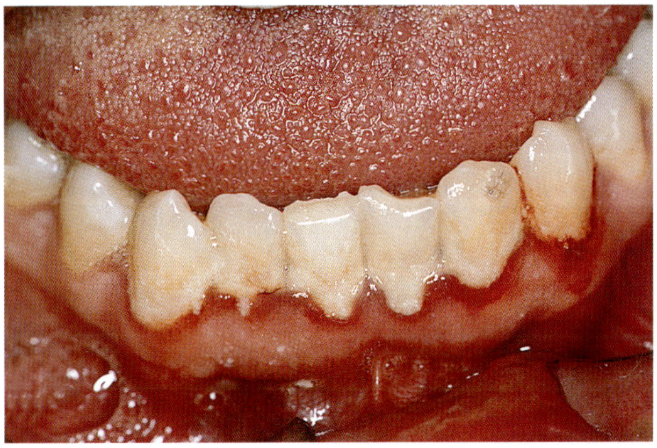
c

Abb. 8 Plaquebesiedlung.

a) Initiale Plaquebesiedlung (Kokken) auf einer Zahnoberfläche, die mit einem Speicheloberhäutchen bedeckt ist.

b) Rasterelektronenmikroskopisches Bild einer mehrere Tage alten, kokkendominierten Plaque.

c) Klinisches Bild einer supragingivalen Plaque mit stark geröteter Gingiva (Gingivitis).

Hauptquelle für Nährstoffe ist i.d.R. der Speichel. Er stellt den Bakterien Aminosäuren, Peptide, Proteine und Glykoproteine zur Verfügung [85]. Die Einflüsse auf die Bakterienadhäsion und das Bakterienwachstum bewirken, daß in einer ausgereiften Plaque ein relativ stabiles Gleichgewicht zwischen den verschiedenen Bakterien und ihrer Umgebung anzutreffen ist (mikrobielles Ökosystem, Plaque-Homöostase). Auf diese Weise wird i.d.R. die Etablierung pathogener Mikroorganismen unterdrückt. Man kann also davon ausgehen, daß eine Besiedelung unterschiedlicher Oberflächen in der Mundhöhle mit Mikroorganismen per se nicht bedeutet, daß pathogene Prozesse initiiert werden. Bei Störung dieses gesunden Gleichgewichts können jedoch pathogene Prozesse ausgelöst werden. Bezüglich der Kariesgenese zählen hierzu in erster Linie die häufige Aufnahme niedermolekularer Kohlenhydrate und die damit verbundene Säureproduktion einzelner Mikroorganismen. Dadurch entsteht im Inneren der Plaque ein saures Milieu, in dem azidophile Mikroorganismen wie Streptococcus mutans und Laktobazillen eine ökologische Nische finden, in der sie sich optimal vermehren können. Es bildet sich dadurch bedingt eine kariogene Flora mit erhöhten Anteilen dieser Keime aus [9].

Die besondere Bedeutung von Mutans-Streptokokken und Laktobazillen für die Kariesentstehung

Im Tierversuch konnte nachgewiesen werden, daß Streptococcus mutans aufgrund seiner Stoffwechselleistungen eine herausragende Rolle bei der Kariesentstehung spielt [23].

Man unterscheidet unterschiedliche Spezies in der *Mutansgruppe.* Beim Menschen spielen die Arten Streptococcus mutans, Streptococcus sobrinus, Streptococcus cricetus und Streptococcus rattus für die Kariesentstehung eine Rolle. Am häufigsten werden Streptococcus mutans sowie Streptococcus sobrinus in einer kariogenen Plaque angetroffen.

Streptococcus mutans ist deshalb von besonderer Bedeutung für die Kariesentstehung, da er die Fähigkeit besitzt, in Anwesenheit von Zucker (Saccharose) organische Säuren und extrazelluläre Polysaccharide (Glukane) zu synthetisieren (Abb. 9).

Speziell die wasserunlöslichen Glukane (Mutane) erlauben eine feste Anheftung der Mikroorganismen an die Zahnoberfläche und die Etablierung einer adhäsiven und hochgradig kariogenen Plaque. Außerdem können einige Mutans-Serotypen intrazelluläre Polysaccharide bilden, die als Speicherkohlenhydrate

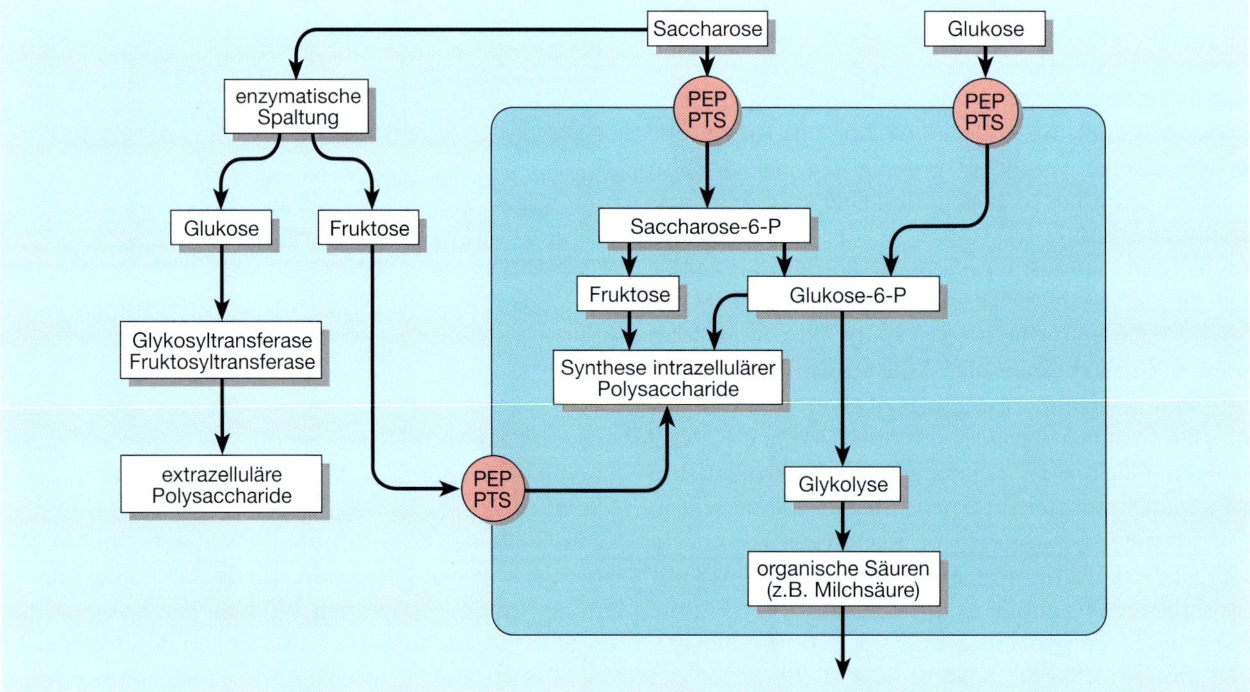

Abb. 9 Saccharosestoffwechsel von Streptococcus mutans. Durch die Bildung von klebrigen, extrazellulären Polysacchariden wird den Plaquebakterien eine zusätzliche Möglichkeit der Adhäsion an der Zahnoberfläche ermöglicht. Die Bildung von organischen Säuren führt zur Demineralisation von Zahnhartsubstanzen (PEP-PTS = Phosphoenolpyruvat-Phospho-Transferasesystem).

den Mikroorganismen auch in Zeiten geringer Substratzufuhr erlauben, Säure zu produzieren. Streptococcus mutans ist aber nicht nur azidogen, sondern auch säuretolerant. Er kann auch unter sauren mikroökologischen Bedingungen, bei denen andere Mikroorganismen zugrunde gehen, in der Plaque existieren (pH < 5) und sogar in diesem Milieu noch organische Säuren bilden. Dies gilt in gleichem Maße auch für Laktobazillen. Speziell die Produktion von Milchsäure ist für die Kariesentstehung und -progression von großer Bedeutung [68]. Ist erst einmal ein kariogenes Milieu in der Plaque entstanden und ist es zu Demineralisationen gekommen, so sind auch Laktobazillen aufgrund ihrer hohen Säuretoleranz für die erhöhte Kariogenität verantwortlich und Indikator für eine Kariesprogression, eine aktive Karies, anzusehen.

Die wichtigsten Thesen zur herausragenden Rolle von Streptococcus mutans bei der Kariesentstehung lassen sich [51] folgendermaßen zusammenfassen:

Streptococcus mutans indiziert im Tierexperiment Karies.

Es besteht eine Korrelation zwischen der Anwesenheit von Streptococcus mutans im Speichel und in der Plaque und dem Auftreten von Karies.

Die Besiedelung der Zahnoberfläche mit Streptococcus mutans geht zumeist der Entwicklung einer Karies voraus und ist auf kariös demineralisierten Zahnflächen höher als auf gesunden Zahnflächen.

Bei Patienten mit hoher Kariesprävalenz sind mehr Zahnflächen mit Streptococcus mutans besiedelt als bei Patienten mit niedriger Kariesprävalenz.

Gegen Streptococcus mutans gerichtete, antimikrobielle Maßnahmen reduzieren die Inzidenz der Karies drastisch.

Aus diesen Gründen wird heute Streptococcus mutans als wesentlicher *Initiator* der Karies betrachtet. Nach heutigem Kenntnisstand besiedelt Streptococcus mutans bei den meisten Menschen in den ersten Lebensjahren die Oberfläche der Zähne und wird wie andere Infektionserreger von Mensch zu Mensch übertragen. Die Übertragung erfolgt über den Speichel, und meist ist die Mutter oder eine andere Bezugsperson die Infektionsquelle. So finden sich beim Vergleich von DNA-Sequenzen von Strepococcus-mutans-Stämmen bei verschiedenen Mitgliedern einer Familie übereinstimmende Funde bei Mutter und Kind [52].

Die Ergebnisse zahlreicher Untersuchungen legen den Schluß nahe, daß Karies eine Infektionserkrankung im Sinne von KOCH ist:

- Das Vorkommen von Streptococcus mutans korreliert mit dem klinischen Erscheinungsbild der Karies.
- Streptococcus mutans ist kultivierbar.
- Der Mikroorganismus kann bei einem entsprechend empfänglichen Wirt die Krankheit auslösen.

Die reine Infektion mit Streptococcus mutans ohne entsprechende Einwirkung von Kofaktoren (z.B. Nahrungsaufnahme) ist allerdings nicht kariesauslösend, d.h., die kariogene Wirkung des Keimes ist an eine entsprechende Substratzufuhr (vergärbare Kohlenhydrate, speziell Saccharose) gebunden. Allgemein kann formuliert werden, daß es Zahnoberflächen gibt, die mit Streptococcus mutans besiedelt sind, aber dennoch keine Karies entwickeln und umgekehrt, daß es Bereiche ohne Streptococcus mutans gibt, an denen eine Karies auftritt. Karies ist demnach keine spezifische Infektionserkrankung, sondern eine opportunistische Infektionserkrankung (ökologische Plaquehypothese).

Man muß jedoch feststellen, daß es offensichtlich auch andere Mikroorganismen gibt, die Karies erzeugen können. Außerdem wird die Vermehrung der kariogenen Mikroorganismen durch Wirtsfaktoren (z.B. Speichel) und lokale Faktoren selektiv begünstigt. Dabei können sich unterschiedliche Mikroorganismen gegenseitig beeinflussen.

Plaquemetabolismus

Der Plaquemetabolismus ist nicht ausschließlich durch die *Säurebildungskapazität* der oben genannten kariesbegleitenden Keime gekennzeichnet. Da neben diesen Mikroorganismen auch eine große Zahl anderer Bakterien in der Plaque vorhanden sind, werden hier die unterschiedlichsten Stoffwechselleistungen erbracht. Plaque kann in verschiedenen Bereichen der Mundhöhle und an den verschiedenen Zahnoberflächen sehr unterschiedlich zusammengesetzt sein, so daß man verschiedene Ökosysteme vorfindet, die auch einen unterschiedlichen Metabolismus besitzen. Normalerweise ist Speichel die Hauptnahrungsquelle für die oralen Mikroorganismen. Aus ihnen erhalten die unterschiedlichen Mikroorganismen geringe Mengen Glukose, Harnstoff, welcher in CO_2 und Ammoniak umgesetzt wird, und Glykoproteine sowie Proteine und Vitamine. Plaque, die ausschließlich Speichel ausgesetzt ist, befindet sich in einem kontinuierlichen Fastenzustand und kann sich daher kaum strukturiert ausbilden [14]. Durch die Nahrungsaufnahme über die Mundhöhle kommen die oralen Mikroorganismen schubweise mit einem riesigen Reservoir von Nährstoffen in Kontakt. Da dies nicht kontinuierlich der Fall ist, müssen die Mikroorganismen adaptative Systeme entwickeln, um überleben zu können. Da der Zuckergehalt des Speichels niedrig ist, überwiegen in der Mundhöhle üblicherweise diejenigen Mikroorganismen, die wenig Zucker zum Überleben benötigen. Bei häufigem und hohem Zuckerkonsum steigt die Anzahl der Mikroorganismen, die in der Lage sind, dieses Überangebot zu verstoffwechseln, ohne dabei zu sterben. Dies sind azidophile und azidogene Keime wie Streptococcus mutans, Streptococcus sobrinus und Laktobazillen.

Zahlreiche Mikroorganismen verfügen über die „Ad-hoc"-Möglichkeit, Glukose über die anaerobe Glykolyse zu verstoffwechseln. Die Enzyme dafür sind quasi immer aktiv. Auch wenn Glukose den Hauptnährstoff für die Plaquebakterien darstellt, können unterschiedliche Mikroorganismen auch andere angebotene Zucker (z.B. Maltose, Laktose, Fruktose) und Zuckeralkohole (Sorbitol, Mannitol)

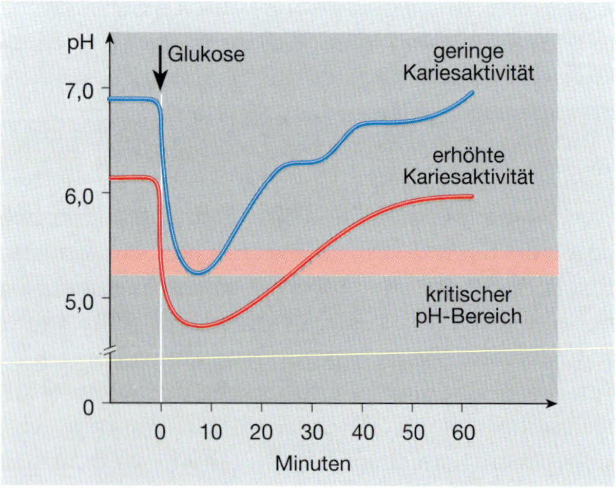

Abb. 10 Typischer pH-Verlauf in der Plaque nach einer 10%igen Glukosespülung bei Personen mit geringer und erhöhter Kariesaktivität. Der pH-Wert ist in metabolisch inaktiver Plaque relativ konstant. Er unterscheidet sich jedoch bei kariesaktiven und -inaktiven Personen. Nach der Glukosespülung sinkt der Plaque-pH-Wert innerhalb weniger Minuten bis zum kritischen Wert. Erst nach 30 bis 60 Minuten erreicht er wieder den Ausgangswert (Stephankurve). Der Kurvenverlauf ist unter anderem das Resultat der Zuckerdiffusionsgeschwindigkeit, der Säureproduktion in der Plaque, der Neutralisation durch Speichel- und Plaquepuffer und der Säurediffusionsgeschwindigkeit.

sowie Peptide, Carboxylsäure, Aminosäuren usw. verstoffwechseln [15]. Dafür werden entsprechende Enzyme intrazellulär synthetisiert, welche für die Einschleusung in die Zelle und die Umwandlung in metabolisierbare Produkte verantwortlich sind. Als Beispiel hierfür sei das *Phosphoenolpyruvat-Phosphotransferasesystem* (PEP-PTS) genannt. Phosphoenolpyruvat sorgt für die Energie, welche notwendig ist, damit das Phosphotransferasesystem den entsprechenden Zucker bzw. Zuckeralkohol in der Zelle aktiv phosphorylieren kann, der anschließend in die Glykolyse eingeschleust werden kann. Bei Streptokokken wird Glukose z.B. über das Glukose-Phosphotransferasesystem in die Zelle eingeschleust und zu Glukose-6-P umgewandelt (Abb. 10). Das PTS kann je nach Substrat aus mehreren Enzymen bestehen, die substratabhängig induziert werden. Während das Glukose-PT-System bei geringer Zuckerkonzentration, neutralem pH-Wert und niedrigen Wachstumsraten sein Optimum besitzt, gibt es bei Streptococcus mutans offensichtlich einen alternativen Transportmechanismus, der über eine Permease funktioniert, wobei die Phosphorylierung ATP-abhängig ist [14]. Dieser Mechanismus scheint bei niedrigem pH-Wert und bei hohen Wachstumsraten zu funktionieren. Viele orale Mikroorganismen, unter anderem auch die Streptokokken, schleusen Glukose-6-P in den Emdenhof-Meier-Glykolyseweg ein. Dabei wird Energie (ATP) und Vorstufen der Synthese zellulärer Materialien gewonnen. Die oralen Mikroorganismen können aber auch über den aeroben Pentosephosphatzyklus Glukose verwerten. Fluorid kann in den Stoffwechsel hemmend eingreifen, indem es z.B. die Umwandlung von 2-P-Glycerat in PEP behindert. Dies geschieht durch Hemmung des Enzyms Enolase [6]. Somit wird letztlich auch die Säureproduktion der Bakterien gehemmt.

Die *Glukosedegradation zu Pyruvat* resultiert in zwei Molekülen $NADH_2$ pro Molekül Glukose. Bei hoher Zuckerkonzentration wird unter anaeroben Bedingungen aus Pyruvat in erster Linie Milchsäure über die Laktatdehydrogenase gebildet. Andere Bakterien können über unterschiedliche metabolische Wege Propionsäure, Ameisensäure, Buttersäure usw. produzieren. Unter aeroben Bedingungen wird von Streptococcus mutans Essigsäure und Ethanol produziert. Die Endprodukte des Zuckermetabolismus können wiederum von anderen Bakterien als Energiequelle genutzt werden. So können z.B. Veillonellen, Propionibakterien und Eubakterien Milchsäure verstoffwechseln.

Bei *Zuckerüberangebot* würden die Plaquebakterien tödliche Intermediärprodukte der Glykolyse anhäufen. Sie sind jedoch in der Lage, sich durch Regulation der Glykolyseenzyme zu schützen. Gleichzeitig können orale Streptokokken z.B. intrazelluläre Polysaccharide bilden und den Zuckertransport in der Zelle über den PEP-PTS-Mechanismus inhibieren. Verschiedene Plaquebakterien sind zudem in der Lage, extrazelluläre Polysaccharide (Fruktane, Glukane) zu bilden, die als „klebrige" intermikrobielle Matrix die Plaque zusammenhalten und als Reservesubstrat in Zeiten geringer Nahrungsaufnahme zur Verfügung stehen [27]. Streptokokken besitzen keine komplexen Anforderungen an das sie umgebende ernährende Milieu. So können einige Stämme offensichtlich in Anwesenheit von Zucker, Vitaminen und Salzen wachsen, wenn sie Ammonium als einzige Stickstoffquelle zugeführt bekommen. Normalerweise werden allerdings Aminosäuren benötigt, die wiederum von anderen Mikroorganismen gebildet werden oder im Speichel vorhanden sind. Die Endprodukte haben in einem solchen Fall keinen Einfluß auf den pH-Wert im entsprechenden Ökosystem. Es scheint jedoch so, als ob die Metabolisierung von argininhaltigen Peptiden in der Mundhöhle den pH-Wert anheben kann, indem NH_3 gebildet wird. Ähnliches wird von Harnstoff behauptet, der über die Urease des Speichels bzw. der Bakterien aufgespalten wird.

Orale Mikroorganismen können also Polymere und Säuren aus Zucker herstellen.

Das führt zur „Klebrigkeit" der Plaque und zum Absinken des pH-Wertes mit der Folge der Demineralisation der Zahnoberfläche (Abb. 10). Die extrazellulären Polysaccharide hemmen dabei nicht die Diffusion von Säuren und Zucker durch die Plaque. Die metabolischen Endprodukte des Zuckerstoffwechsels variieren von Person zu Person und von Stelle zu Stelle im Mund (Ökosystem).

Diese kurze Zusammenfassung des Plaquemetabolismus mit speziellem Bezug zum Zuckerstoffwechsel läßt erkennen, daß viele Variablen die Kariesentstehung begünstigen oder verhindern können.

Dies bedeutet aber auch, daß nicht allein durch die Bestimmung einzelner Bakterienstämme im Speichel eine Aussage über die tatsächliche Kariesaktivität an den verschiedenen Stellen der Mundhöhle möglich ist.

Wirtsfaktoren

Wie im Abschnitt Epidemiologie der Karies erläutert wird, finden sich auch in Populationen mit insgesamt niedriger Kariesprävalenz immer Individuen mit extrem vielen kariösen Zähnen. In solchen Fällen wird von den Betroffenen gerne behauptet, die schlechten Zähne seien Veranlagung oder erblich. Karies wäre somit nicht Folge eigenen Fehlverhaltens, sondern unabweisliches Schicksal.

Obwohl einige genetisch bedingte Faktoren die „Kariesanfälligkeit" eines Zahnes oder des gesamten Gebisses beeinflussen, kann nach heutigem Stand der Wissenschaft ausgeschlossen werden, daß Karies oder extrem „kariesanfällige" Zähne erblich sind.

Grundsätzlich kann hoher oder niedriger Kariesbefall durch folgende lokale Wirtsfaktoren beeinflußt werden:

- kristalline Struktur und chemische Zusammensetzung des Zahnschmelzes
- Zahnmorphologie und Zahnstellung
- Speichelmenge und Speichelqualität
- immunologische Faktoren

Neben diesen biologischen Faktoren werden manchmal auch sozioökonomische und verhaltensbezogene Faktoren in Erklärungsmodelle der Karies einbezogen. Erziehung, soziale Schicht, Einkommen, Gesundheitsverhalten und ähnliche Faktoren haben nachweislich zwar einen starken indirekten Einfluß auf das Kariesgeschehen, helfen aber nicht, den biologischen Prozeß der Kariesentstehung zu erklären.

Zusammensetzung des Zahnschmelzes

Ausgereifter Zahnschmelz ist das am stärksten mineralisierte und härteste Zellprodukt des menschlichen Körpers.

Die mineralischen Bestandteile, deren Anteile ca. 95 Gew.-% betragen, enthalten in der Hauptsache Kalzium (36%) und Phosphat (52%). In kleineren Mengen finden sich Karbonat, Magnesium und Natrium. Darüber hinaus wurden bisher 40 Spurenelemente im Zahnschmelz nachgewiesen, von denen aber nur das Fluorid eine herausragende Rolle spielt [69]. Zwischen Individuen, einzelnen Zähnen und Regionen eines Zahnes können Konzentrations-

Abb. 11 Regulär angeordnete Schmelzprismen und prismenfreie Schicht bei einem Milchzahn im REM-Bild.

schwankungen einzelner Elemente gemessen werden.

Bei der *Schmelzmineralisation* bilden sich auf der Basis von Kalziumphosphat Hydroxylapatit-Kristallite, die vereinfacht ausgedrückt der chemischen Formel $Ca_{10}\ (PO_4)_6(OH)_2$ entsprechen. Durch ein Defizit von Kalzium-, Phosphat- und Hydroxylionen sowie dem Vorkommen von Karbonat und Hydrogenphosphat ist Schmelz strenggenommen nicht aus stöchiometrischen Kristalliten aufgebaut.

Die Schmelzkristallite schließen sich in Verbänden zu *Schmelzprismen* zusammen, die in die aus ungeordneten Kristalliten bestehende interprismatische Substanz eingebettet sind (Abb. 11). Obwohl die Kristallite sowohl in den Prismen wie auch in der interprismatischen Substanz dicht gepackt erscheinen, ist doch jedes Kristallit durch einen schmalen interkristallinen Raum, der mit Wasser und organischem Material gefüllt ist, von seinem Nachbarn getrennt. Die interkristallinen Räume bilden ein feines Netzwerk von Diffusionswegen, die auch gerne als Mikroporen bezeichnet werden [22].

Unabhängig von kleinen Variationen der elementaren Zusammensetzung oder der kristallinen Struktur kann prinzipiell jeder Zahn durch in der bakteriellen Plaque entstandene Säuren im Sinne einer Karies oder durch direkte Einwirkung diätischer Säuren im Sinne einer Erosion demineralisiert werden. Selbst bei Haifischzähnen, deren Schmelzmineral aus schwer löslichem Fluorapatit besteht, läßt sich im Modell wie bei menschlichen Zähnen Karies erzeugen [74]. Auch fehlerhaft mineralisierte Zähne, z.B. mit durch Vitamin-D-Mangel verursachten Schmelzhypoplasien, sind prinzipiell nicht kariesanfälliger als andere Zähne [50].

Obwohl unzweifelhaft Unterschiede zwischen verschiedenen Zähnen und Zahnflächen hinsichtlich der Kariesanfälligkeit bestehen, hat man bisher, mit Ausnahme des karieshemmenden Einflusses von Fluorid, keinen klaren Zusammenhang zwischen der chemischen Zusammensetzung des Zahnminerals und der Kariesanfälligkeit nachweisen können [69].

Einen besseren Erklärungsansatz für variierende Kariesanfälligkeit bieten die Veränderungen, die nach Durchbruch des Zahnes besonders an der Schmelzoberfläche stattfinden und als posteruptive Reifungsmineralisation bezeichnet werden. In den ersten Jahren nach dem Zahndurchbruch nimmt der Wassergehalt und der Anteil der organischen Matrix ab. Besonders an der Schmelzoberfläche wird durch Vergrößerung der Kristallite das Kristallgefüge dichter und der Gehalt an Karbonat und Magnesium sinkt [69]. Insgesamt wird die Schmelzoberfläche damit widerstandsfähiger gegen Säureangriffe. Es ist allerdings fragwürdig, ob diese Prozesse wirklich natürlicherweise so ablaufen oder ob die Veränderungen nicht vielmehr die Auswirkungen von nach dem Zahndurchbruch ständig stattfindenden De- und Remineralisationsprozessen sind. Besonders während der Durchbruchsphase sind die Zähne oft mit Plaque bedeckt und unterliegen somit vielfachen Angriffen bakterieller Säuren. Während einer Demineralisationsphase gehen Karbonat und Magnesium vorrangig verloren und werden bei der Wiederanlagerung von Mineral aus der umgebenden Mundflüssigkeit durch Ionen mit einer höheren Affinität zu Hydroxylapatit ersetzt. Herauszuheben ist hier wiederum das Fluorion. Im Verlauf vieler solcher De- und Remineralisationsprozesse bilden sich letztlich auch immer größere Kristallite an der Schmelzoberfläche, die weniger Angriffsfläche gegenüber Säureattacken bieten [98]. Insgesamt kann somit, wenn entsprechend ausbalanzierte Verhältnisse bestehen und die Demineralisation nicht überwiegt, die Kariesanfälligkeit eines Zahnes oder einer bestimmten Zahnfläche einige Jahre nach dem Zahndurchbruch deutlich geringer werden.

Fluorid trägt wesentlich dazu bei, die Widerstandsfähigkeit des Schmelzes zu erhöhen. Besonders deutlich wird dies in einer In-vitro-Studie von TEN CATE und DUIJSTERS [93] (Abb. 12).

Steht kein Fluorid zur Verfügung, kommt es schon bei verhältnismäßig kurzen Demineralisationsphasen zu einem meßbaren Mineralverlust aus

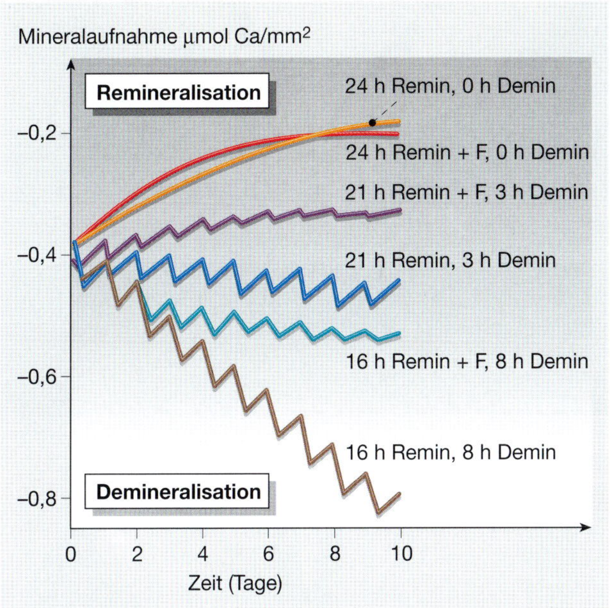

Abb. 12 Kalziumverlust und Kalziumaufnahme bei De- und Remineralisationen im periodischen Wechsel in vitro und die Beeinflussung der Vorgänge durch Fluorid [nach 93].

dem Schmelz. Steht aber Fluorid in ausreichender Menge zur Verfügung, tritt kein Mineralverlust oder zumindest ein verminderter Mineralverlust ein.

Zahnmorphologie und Zahnstellung

Die Entwicklung einer Zahnkaries beginnt fast ausnahmslos an den sogenannten *Prädilektionsstellen* der Karies. Hierzu zählen die Fissuren und Grübchen, der Approximalraum, das zervikale Drittel der sichtbaren Zahnkrone und freiliegende Wurzeloberflächen (s. Abb. 5). All diesen Stellen, wie auch ungenauen Füllungs- und Kronenrändern, Klammern und Brackets ist gemeinsam, daß es dort durch fehlende Selbstreinigung und erschwerte Reinigungsmöglichkeiten am schnellsten zur Ansammlung von Nahrungsresten und Plaque kommt.

Bei einer adäquaten Mundhygiene läßt sich das Risiko der Kariesentstehung auch an diesen Stellen weitgehend reduzieren. Eine Ausnahme bilden die *Fissuren* und *Grübchen*. Die genetisch festgelegte Morphologie der Fissuren kann so ungünstig sein, daß es selbst bei gewissenhafter Mundhygiene nicht möglich ist, die Plaque vollständig zu entfernen (Abb. 13a bis d) [56]. Zusammenhänge zwischen Fissurenform und -tiefe und dem Auftreten von Karies konnten in der Vergangenheit schon häufig gezeigt werden [75]. Aus epidemiologischen Studien und klinischen Erfahrungen ist bekannt, daß bestimmte Zähne bevorzugt von Karies befallen werden und andere Zähne fast nie kariös werden. Bei Kindern und Jugendlichen sind vorrangig die Fissuren und Grübchen der ersten und später auch der zweiten Molaren zu nennen. In den 80er Jahren fand sich bei einer Studie in den Niederlanden bei acht- bis zwölfjährigen Kindern ein Anteil von 90% des Kariesbefalls bei den Fissuren und Grübchen der Sechs-Jahr-Molaren [82]. Typischerweise fokussiert sich der Kariesbefall dann besonders auf die Fissuren der Molaren, wenn die Kariesprävalenz in der untersuchten Population insgesamt eher niedrig ist [92].

So fand Künzel [53] bei einer großen Gruppe 13- bis 14jähriger Kinder mit insgesamt niedrigem Kariesrisiko eine Konzentration von 80% des Kariesbefalls auf die ersten Molaren. Demgegenüber betrug der Anteil in einer Gruppe mit hohem Kariesrisiko nur 40%. Der extrem hohe Anteil der Fissuren und Grübchen der Molaren am Kariesbefall bei Kindern und Jugendlichen unterstreicht den Sinn einer frühzeitigen Fissurenversiegelung (s. S. 69 ff.).

Neben dem Sechs-Jahr-Molaren ist der Zwölf-Jahr-Molar besonders stark kariesgefährdet. Häufig entwickeln die zweiten Molaren schon ein oder zwei Jahre nach dem Durchbruch in die Mundhöhle eine Fissurenkaries [45]. Als Ursache für den hohen Befall der Molaren kann aber nicht nur das Fissurenrelief angesehen werden. Vielmehr kommt es häufig während der Durchbruchsphase, solange die Zähne noch nicht in der Okklusionsebene stehen, zu einer verstärkten Plaqueakkumulation auf der Okklusalfläche. Da dies in die Zeit der posteruptiven Reifungsmineralisation fällt, erklärt sich das *hohe Kariesrisiko multikausal* und kann nicht allein als genetisch bedingt angesehen werden.

Entsprechend der Häufigkeit des Kariesbefalls lassen sich nach *Künzel* [53] die bleibenden Zähne in drei Anfälligkeitsgruppen einteilen:

- hohe Kariesanfälligkeit: alle Molaren
- mittlere Kariesanfälligkeit: obere Inzisivi und mit Abstufung obere und untere Prämolaren
- niedrige Kariesanfälligkeit: obere Eckzähne und untere Frontzähne

Die Kenntnis dieser üblichen Befallsmuster, die vielfach in der Literatur bestätigt wurden, erleichtern es in der Praxis, das *individuelle Kariesrisiko* einzuschätzen. So weist z.B. eine Karies bei einem Zahn mit niedriger Kariesanfälligkeit, wie z.B.

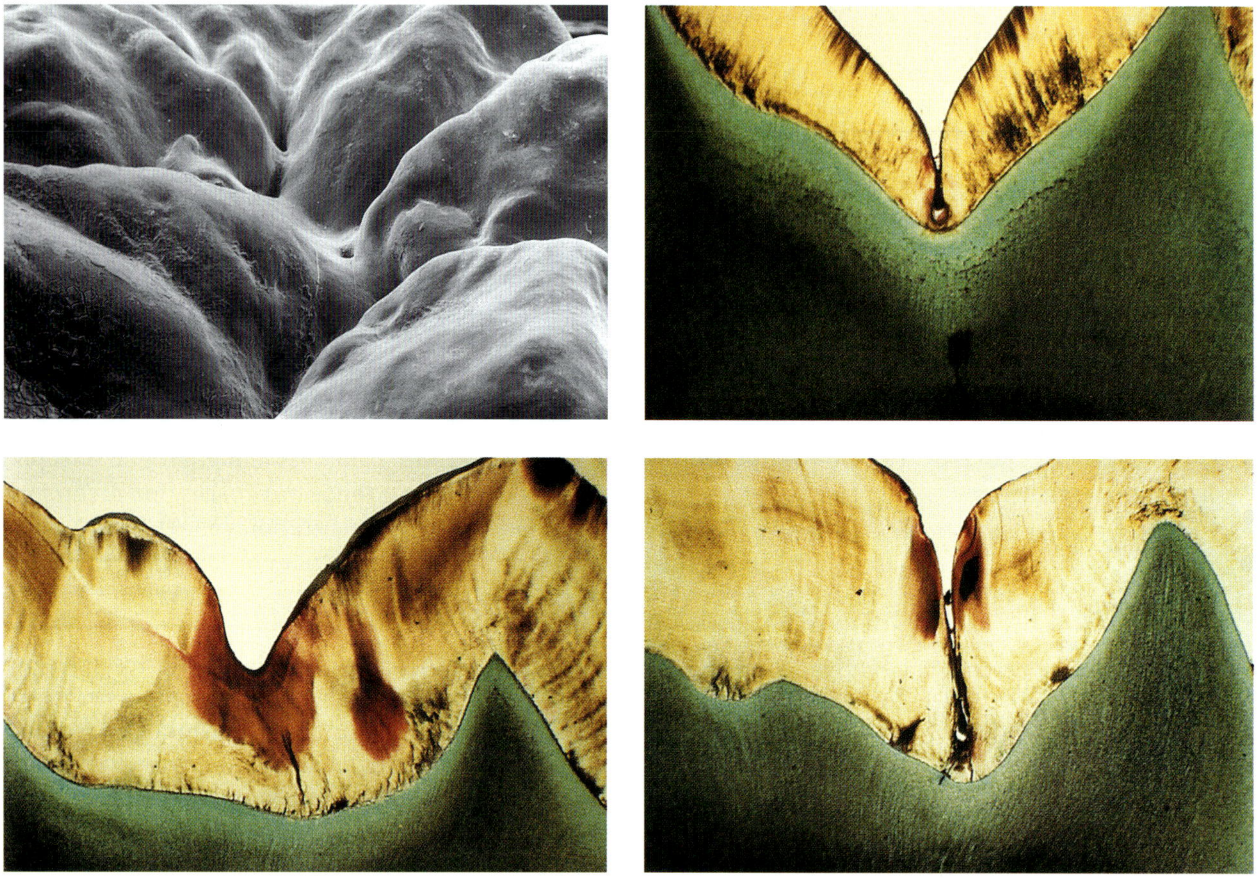

Abb. 13
a bis d) Verschiedene Fissurenformen in der Aufsicht (a) und im histologischen Schliffpräparat. Die Schmelzkaries ist rot eingefärbt. Nur die Fissur in Abbildung b kann mit einer Zahnbürste gereinigt werden. (b bis d: aus [57] S. 1165).

einem unteren Frontzahn, auf ein ungewöhnlich hohes individuelles Kariesrisiko hin.

Speichel

> Der Speichel stellt in seiner Gesamtheit ein wichtiges Schutzsystem für Zähne und die Mundschleimhaut dar und dient der Aufrechterhaltung eines ökologischen Gleichgewichts im Biotop Mundhöhle.

Die wichtigsten Funktionen des Speichels sind in Tabelle 1 in Übersichtsform dargestellt.

Die drei großen paarigen *Speicheldrüsen* sezernieren gemeinsam mit den kleinen Speicheldrüsen täglich eine Gesamtmenge von ca. 0,7 l (0,5–1,0) Speichel. Der Speichel kleidet alle Oberflächen in der Mundhöhle mit einem dünnen Film von ca. 0,1 mm Dicke aus. Der Speichelfluß unterliegt im Tagesablauf einem zirkadianen Rhythmus und ist während der Nachtruhe nur halb so hoch wie zu den Wach-

Tabelle 1 Funktionen des Speichels und einzelner Speichelkomponenten.

Funktion	Beteiligte Speichelkomponenten
Spülfunktion	Gesamtflüssigkeit
Pufferung von Säuren	Bikarbonat, Phosphat, Proteine
Mineralisation, Remineralisation	Fluorid, Phosphat, Kalzium, Statherin
Beschichtung	Glykoproteine, Muzin
Antibakterielle Aktivität	Antikörper, Lysozym, Laktoferrin, Laktoperoxidase
Andauung der Nahrung	Amylase, Proteasen

Tabelle 2 Die häufigsten Gründe für verminderten Speichelfluß.

Medikamente:	Psychopharmaka, Appetitzügler, blutdrucksenkende Mittel, Antihistaminika, Antiparkinsonmittel, Asthmamittel, Diuretika, Zytostatika
Systemische Erkrankungen:	Sjögren-Syndrom, Diabetes mellitus Typ I, hoher Blutdruck, Autoimmunerkrankungen, neurologische Erkrankungen, Dehydration, Erkrankungen der Speicheldrüse
Bestrahlungstherapie bei Tumoren des Kopf- und Halsbereichs **Psychogene Störungen wie Depression** **Hormonelle Einflüsse wie in der Menopause** **Vermindertes Kauvermögen, Eßstörungen**	

zeiten. Die normale Fließrate für den unstimulierten Ruhespeichel liegt bei 0,25–0,35 ml/min.

Wenn die Sekretion des Ruhespeichels weniger als 0,1 ml/min beträgt, liegt eine *Xerostomie* (Mundtrockenheit) vor, die Therapiemaßnahmen erfordert. Nach Stimulation des Speichelflusses, z. B. durch Kauen auf Paraffinwachs, beträgt die normale Sekretionsrate 1–3 ml/min und sollte nicht unter 0,7 ml/min liegen. *Stimulierend auf den Speichelfluß* wirken Kautätigkeit und Reizung der Geschmacksrezeptoren und Sinnesnerven. Die häufigsten Gründe für eine Reduktion des Speichelflusses (Tab. 2) sind die Einnahme von xerogenen Medikamenten, systemische Erkrankungen, Bestrahlungstherapie bei Tumoren im Kopf- und Halsbereich, psychogene Störungen, hormonelle Einflüsse und vermindertes Kauvermögen [90]. In der modernen Gesellschaft können auch Streß und die indirekten Streßfolgen zu einer Verminderung des Speichelflusses führen.

Gesamtspeichel enthält ca. 5 g/l anorganische und organische Substanzen, deren Konzentration zwischen Individuen variieren kann. Die wichtigsten anorganischen Bestandteile sind Kalzium, Phosphat, Bikarbonat, Kalium, Chlorid, Natrium, Magnesium, Thiocyanat und Fluorid. Einige dieser Elektrolyte bilden die beiden Puffersysteme des Speichels, den Bikarbonatpuffer und den Phosphatpuffer. Ruhespeichel hat einen pH-Wert von 6,5–6,9, stimulierter Speichel einen pH-Wert von 7,0–7,5. Der pH-Wert des stimulierten Speichels wird überwiegend vom Bikarbonatpuffer bestimmt, da die Bikarbonatkonzentration proportional mit der Fließrate ansteigt. Die Fähigkeit des Speichels, Säuren zu neutralisieren, wird durch Stimulation des Speichelflusses also deutlich erhöht (s. Abb. 2).

Speichel stellt in bezug auf Kalzium und Phosphat eine übersättigte Lösung dar. Nach kleinen Demineralisationen kann somit im Zahnhartgewebe verlorengegangenes Mineral wieder aus dem umgebenden Speichel ersetzt werden.

Unter physiologischen Bedingungen besteht ein chemisch-physikalisches Gleichgewicht zwischen Zahnschmelz und Speichel.

$$Ca_{10}\,(PO_4)_6(OH)_2 \rightleftarrows 10\ Ca^{2+} + 6\ PO_4^{3-} + 2\ OH^-.$$

Vereinfacht ausgedrückt kann man den Speichel als flüssige und den Schmelz als feste mineralische Phase ansehen.

Dieses Gleichgewicht wird gestört, wenn es durch eine *kariöse Attacke* zu einem *pH-Wert-Abfall* in der Plaque kommt. Die Phosphationen in der flüssigen Phase werden dann zunehmend protonisiert, die Lösung ist nicht mehr übersättigt und die Schmelzkristallite lösen sich auf. Die Puffereigenschaften des Speichels können aber Stärke und Dauer der Säureattacke beeinflussen. Nach Neutralisation können die verlorengegangenen Ionen aus dem Speichel wieder ersetzt werden. Durch Stimulation des Speichelflusses werden diese schützenden Mechanismen deutlich verstärkt.

Das von den Speicheldrüsen in kleinen Mengen sezernierte Thiocyanat kann unter bestimmten Umständen antibakterielle Eigenschaften entwickeln. In Kombination mit Laktoperoxidase, die aus zellulären Elementen der Mundhöhle oder aus dem Speichel stammt, und H_2O_2, das von bestimmten Bakterien gebildet wird, kann Hypothiocyanat gebildet werden. Hypothiocyanat kann den bakteriellen Stoffwechsel und das Bakterienwachstum beeinflussen. In klinischen Studien ließ sich allerdings nie ein eindeutiger Bezug zwischen dem Peroxidase-

Gehalt des Speichels und dem Kariesbefall nachweisen [94].

Bei den *organischen Bestandteilen des Speichels* handelt es sich überwiegend um *Proteine* wie Glykoproteine und Enzyme, deren Funktion nur teilweise bekannt ist. Hochmolekulare Glykoproteine (Muzine) steuern die Viskosität des Speichels, beschichten Zähne und Mundschleimhäute und sind an der Bildung des Pellikels (Schmelzoberhäutchen) beteiligt. Das Pellikel wiederum beeinflußt die Anheftung von Bakterien und macht den Schmelz weniger empfindlich gegenüber Säureangriffen. Die Muzine begünstigen die Aggregation von Bakterien und erleichtern somit deren Abtransport aus der Mundhöhle.

Die wichtigsten *Enzyme* sind Amylase, Lysozym, Laktoferrin und Peroxidase. Die Amylase leitet den Abbau von Stärke in der Mundhöhle ein. Lysozym, Laktoferrin und Peroxidase besitzen antibakterielle Eigenschaften, beeinflussen die Kolonisation der Mundhöhle mit Bakterien und Pilzen und helfen somit, ein ökologisches Gleichgewicht aufrechtzuerhalten. Von den im Gesamtspeichel vorhandenen Immunglobulinen stammt nur das Immunglobulin A aus dem Speicheldrüsensekret. IgG und IgM gelangen in kleinen Mengen über das Sulcusfluid in den Speichel. Obwohl es Hinweise darauf gibt, daß hohe IgA-Werte mit einem niedrigen Kariesbefall korrelieren können, ist die Rolle der unspezifischen antibakteriellen Substanzen und der spezifischen Antikörper im Kariesgeschehen noch weitgehend unklar [44]. Zu erwähnen ist noch ein besonderes Speichelpeptid, das sehr genau untersucht worden ist und den Namen Statherin erhielt. Dieses Peptid ist in der Lage, Kalzium auch bei Übersättigung in Lösung und damit verfügbar zu halten. Dadurch hat es große Bedeutung für den Erhalt des Zahnschmelzes [30].

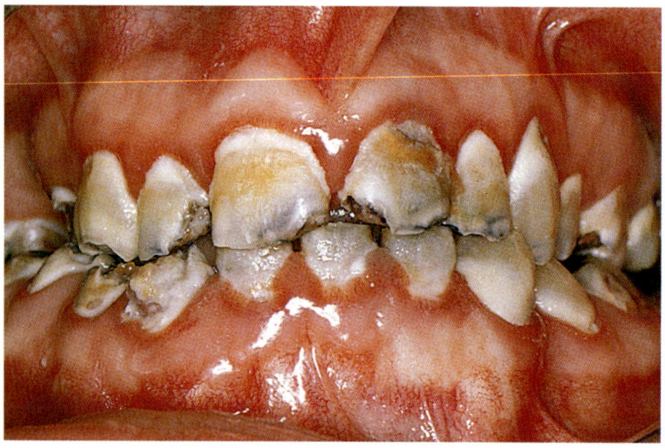

Abb. 14 Typischer Gebißzustand bei einem nicht präventiv betreutem Patienten mit Xerostomie nach Strahlentherapie im Kopfbereich.

In seiner Gesamtheit kommen dem Speichel somit zahlreiche wichtige Funktionen für den Erhalt der Zähne und der Mundgesundheit zu. Am besten verständlich wird die Rolle des Speichels, wenn man sich die Auswirkungen einer Xerostomie nach einer Bestrahlungstherapie im Kopf- oder Halsbereich vor Augen hält. Wenn bei Versiegen des Speichelflusses bei solchen Patienten keine massiven Prophylaxemaßnahmen durchgeführt werden, kommt es innerhalb von Monaten zu einer totalen Zerstörung der Zahnhartsubstanz (Abb. 14). Während der Einfluß des Speichelflusses auf die Zahngesundheit belegt ist, hat es sich als schwierig erwiesen, bei Patienten mit normalem Speichelfluß auftretende Variationen bei verschiedenen anderen Inhaltsstoffen mit mehr oder weniger Kariesbefall zu korrelieren.

Ernährung

Aus historischer Sicht war eine *Zunahme des Kariesbefalls* in einer Bevölkerung immer mit zunehmendem Wohlstand verknüpft. Der große Kariesanstieg, der im Verlauf des letzten Jahrhunderts in vielen Ländern zu verzeichnen war, fiel zusammen mit wesentlichen Veränderungen der Ernährungsgewohnheiten. Weitgehend naturbelassene Nahrungsmittel wurden durch technisch aufbereitete Produkte ersetzt und der *Verzehr von verfeinerten Kohlenhydraten* hat drastisch zugenommen. Obwohl systemische Effekte der Ernährung auf die Zahngesundheit nicht außer acht gelassen werden sollen, besteht aus wissenschaftlicher Sicht kein Zweifel, daß die lokalen Effekte der Nahrung für die Kariesentstehung von überragender Bedeutung sind.

Systemische Effekte der Ernährung

Vorrangig in der ersten Hälfte dieses Jahrhunderts wurden zahlreiche Untersuchungen durchgeführt, die sich mit dem *Einfluß von Mangelernährung auf die Zahnentwicklung und Zahnstruktur* befaßten. Besonders Vitamin-D-Mangel wie auch Störungen im Kalzium- und Phosphatstoffwechsel können zu Unregelmäßigkeiten bei der Zahnhartsubstanzbildung führen. Der Rückschluß, daß dann zwangsläufig vermehrt Karies entstehen muß, ist aber falsch. In späteren Jahren konnte nämlich deutlich nachgewiesen werden, daß unregelmäßig mineralisierte Zähne nicht kariös werden, wenn die kausalen Faktoren kariogene Plaque und leicht vergärbares Kohlenhydrat fehlen [50]. Dies wird durch epidemiologische Studien belegt, die zeigten, daß der Kariesbefall in Bevölkerungsgruppen um so niedriger ist, je stärker Nahrungsmangel und damit verbundene Mangelerscheinungen vorherrschen [83].

In jüngerer Zeit wurden allerdings einige Untersuchungen in Südamerika und Indien durchgeführt, in denen Zusammenhänge zwischen *Proteinmangel* und erhöhter Kariesgefährdung bei Kindern aufgezeigt werden konnten. Besonders deutlich zeigte sich bei Proteinmangel eine *Verminderung des Speichelflusses,* die sich auch bei gesunden Erwachsenen nach längerem Fasten nachweisen läßt [40, 41].

In den industrialisierten Ländern kann extreme Mangelernährung heute weitgehend ausgeschlossen werden. Unter diesen Voraussetzungen konnte z.B. in den USA in einer landesweit durchgeführten Studie kein Zusammenhang zwischen variabel hoher Aufnahme von Vitaminen, Spurenelementen mit Ausnahme von Fluorid und den Nahrungshauptkomponenten zur Kariesprävalenz hergestellt werden [11].

Zusammenfassend läßt sich also nicht ausschließen, daß extreme Mangel- oder Fehlernährung indirekt die Kariesgefährdung durch Störung der Mineralisation, des Speichelflusses oder der Speichelzusammensetzung erhöhen kann. Insgesamt können diese möglichen Zusammenhänge jedoch nicht durch sichere Daten belegt werden.

Nach dem Zahndurchbruch kann nach dem heutigen Kenntnisstand jeder systemische Einfluß der Ernährung auf die Entstehung von Karies weitgehend ausgeschlossen werden [12].

Lokale Effekte der Nahrung

Die Wechselwirkung zwischen Nahrung, die viele leicht vergärbare Kohlenhydrate enthält, und dem vermehrten Auftreten von Karies konnte eindeutig durch tierexperimentelle, epidemiologische und Interventionsstudien belegt werden. Verbunden mit kriegsbedingter Nahrungsmitteleinschränkung in den 40er und 50er Jahren konnte z.B. in Deutschland, Norwegen und der Schweiz bei Kindern und Jugendlichen ein deutlicher Kariesrückgang beobachtet werden. In allen Fällen war dies mit einem stark verminderten Zuckerangebot verbunden. In Deutschland war der *Zuckerverbrauch* mit 30 kg pro Kopf/Jahr bereits 1939 verhältnismäßig hoch. Dem Absinken des Zuckerverbrauchs auf 7–10 kg in den Jahren 1945–1947 folgte eine deutliche Reduktion der Karies, die mit steigendem Zuckerkonsum zwischen 1955 und 1960 wieder mit einem Anstieg der Karies verbunden war [53]. Vergleichbare Beobachtungen konnten auch bei isoliert lebenden Bevölkerungsgruppen, z.B. im Gomser Tal, in Grönland und Tristan da Cunha, einer abgelegenen vulkanischen Inselgruppe im Südatlantik, gemacht werden.

Als klassische Beispiele für Interventionsstudien gelten die *Vipeholm-Studie* [26] und die *Hopewood-House-Studie* [28] aus den 50er und 60er Jahren.

Die Vipeholm-Studie wurde durchgeführt, um Zusammenhänge zwischen Art der Zuckeraufnahme und Karies zu klären und gilt als klassischer Beleg dafür, daß die Frequenz der Zuckeraufnahme von entscheidender Bedeutung ist.

In Hopewood House, einem abgelegenen Heim in Australien, standen Kinder bis zum zwölften Lebensjahr unter strenger Kontrolle und wurden ausschließlich laktovegetarisch mit minimalen Anteilen von Zucker und verfeinerten Kohlenhydraten ernährt. Der Kariesbefall dieser Kinder war bis zum zwölften Lebensjahr extrem niedrig. Nach Verlassen des Heimes erreichte der Kariesbefall aber schnell das Niveau der Kinder aus staatlichen Schulen.

Auch die klassischen tierexperimentellen Studien stammen aus den 50er Jahren. Als definitiver Nachweis für die These, daß zur Kariesentstehung Kontakt zwischen Zähnen, die mit einer kariogenen Plaque bedeckt sind, und Nahrung, die vergärbare Kohlenhydrate enthält, notwendig ist, gilt die Studie von KITE et al. [46]. Es konnte nachgewiesen werden, daß bei Tieren trotz kariogener Plaque keine Karies auftrat, wenn die Nahrung ohne Zahnkontakt über eine Schlundsonde verabreicht wurde.

Zusammen mit anderen in diesen Jahren durchgeführten tierexperimentellen Studien konnte die Grundlage für die heute noch gültige Kariestheorie gelegt werden.

Ohne bakteriell abbaubare Kohlenhydrate entsteht keine Karies, ohne Kontakt der Nahrung mit den Zähnen entsteht keine Karies, ohne bakterielle Plaque entsteht keine Karies.

Ein klarer Zusammenhang zwischen Zuckerverbrauch und Kariesprävalenz konnte anhand epidemiologischer Daten aus den 60er und 70er Jahren von SCREEBNY [89] nachgewiesen werden. Er stellte Daten der WHO aus 47 Ländern zusammen und kam zu dem Ergebnis, daß zwischen Zuckerverbrauch und Kariesprävalenz bei zwölfjährigen Kindern eine hohe Korrelation bestand (Abb. 15). Unter

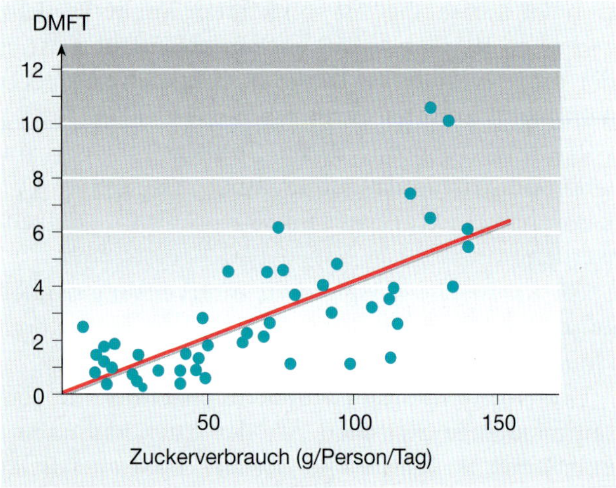

Abb. 15 Zusammenhang zwischen Kariesbefall (DMFT) und Zuckerverbrauch (Gramm/Person/Tag) bei 12jährigen Kindern in 47 Ländern in den 60er und 70er Jahren. Jeder Punkt repräsentiert ein Land [89].

den 47 Ländern waren acht Länder mit einem sehr geringen Zuckerverbrauch von weniger als 20 g/Kopf/Tag (= 7,3 kg/Jahr) und viele industrialisierte Länder mit einem Zuckerverbrauch von über 100 g/Kopf/Tag (36,5 kg/Jahr). Ein durchschnittlicher Zuckerverbrauch von weniger als 50 g pro Tag war bei zwölfjährigen Kindern immer mit sehr niedrigen DMFT-Werten verbunden.

In vielen europäischen Ländern und in Nordamerika ist der Zuckerverbrauch seit den 60er Jahren nahezu unverändert hoch und liegt wie in Deutschland in einer Größenordnung von 35–40 kg/Kopf/Jahr (Abb. 16). Nur in einigen südeuropäischen Ländern wie Griechenland und Spanien hat der Zuckerverbrauch bis in die 80er Jahre noch deutlich zugenommen und war in beiden Ländern mit einem

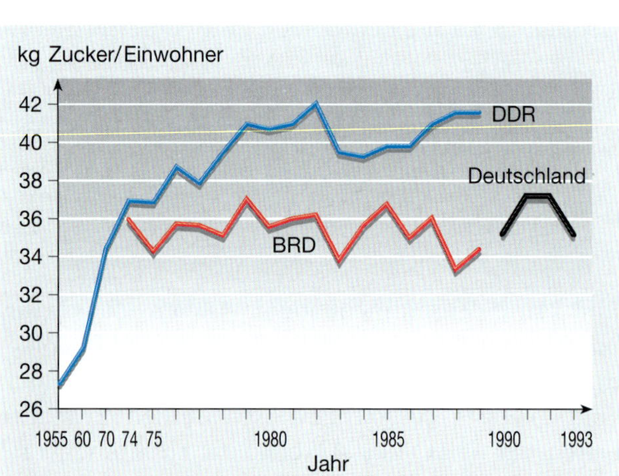

Abb. 16 Zuckerverbrauch (kg/Person/Jahr) in Deutschland in den Jahren 1955–1993 nach Angaben der Statistischen Jahrbücher [53].

deutlichen Anstieg der DMFT-Werte bei Kindern verbunden [63]. In vielen anderen Ländern kam es aber bei gleichbleibendem Zuckerkonsum zu einer kontinuierlichen Abnahme des Kariesbefalls bei Kindern und Jugendlichen. Zudem konnten in einigen neueren Studien auch nur schwache oder gar keine Zusammenhänge mehr zwischen der Höhe des Zuckerverbrauchs bei Individuen und der Kariesprävalenz gefunden werden [40]. Dies bedeutet aber keineswegs, daß die Verknüpfung Karies–Zucker verlorengegangen ist, sondern daß das Bild in Zeiten erfolgreich durchgeführter präventiver Maßnahmen komplizierter geworden ist. Bei differenzierter Betrachtung und bei Berücksichtigung individueller Kariesrisikofaktoren läßt sich aber auch bei Bevölkerungsgruppen, die die kariespräventiven Möglichkeiten weitgehend nutzen, ein Zusammenhang zwischen häufiger oder seltener Zuckeraufnahme und Karies nachweisen [63].

Am deutlichsten lassen sich jetzt aber Zusammenhänge zwischen Art der Ernährung und Karies in Entwicklungsländern aufzeigen. In mehreren afrikanischen Ländern hat sich in städtischen Bereichen mit zunehmendem Wohlstand und zunehmendem Verzehr von verfeinerten Kohlenhydraten, süßen Snacks und Getränken, auch die Kariesprävalenz erhöht, in ländlichen Regionen ist sie aber unverändert niedrig [35].

Kariogenität verschiedener Zucker und Stärke

Zu den Kohlenhydraten in der Nahrung, die eine Rolle bei der Kariesentstehung spielen können, gehören die *Monosaccharide* Glukose und Fruktose, die *Disaccharide* Saccharose, Maltose und Laktose, die *Oligosaccharide* und das *Polysaccharid* Stärke. Die Saccharose (Haushaltszucker) wurde lange als Hauptfeind der Zähne betrachtet, weil sie besondere biochemische Eigenschaften hat, und wohl auch, weil sie die Form von Zucker ist, die am häufigsten vom Menschen verzehrt wird. Verschiedene Plaquebakterien können aus Saccharose besonders leicht extrazelluläres Polysaccharid synthetisieren, das den Zusammenhalt und das Volumen der Plaque begünstigt [68]. Eine zu starke Hervorhebung der Saccharose sollte aber vermieden werden, weil sonst leicht impliziert werden kann, die anderen Formen des Zuckers seien unschädlich für die Zähne. Alle Mono- und Disaccharide diffundieren leicht in die Plaque, werden von den Bakterien aufgenommen und unter Freisetzung von Säuren verstoffwechselt. In der Plaque resultiert daraus ein Abfall des pH-Wertes unter die kritische Grenze, der nur bei Lak-

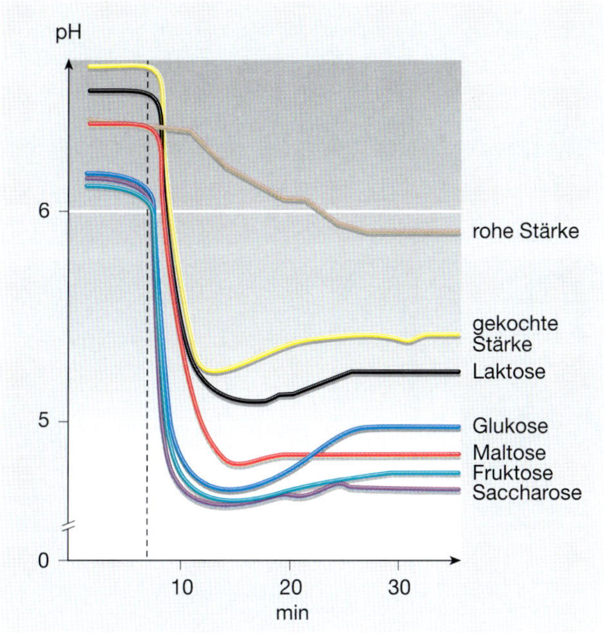

Abb. 17 Plaque-pH-Werte nach Applikation verschiedener Mono- und Disaccharide [67].

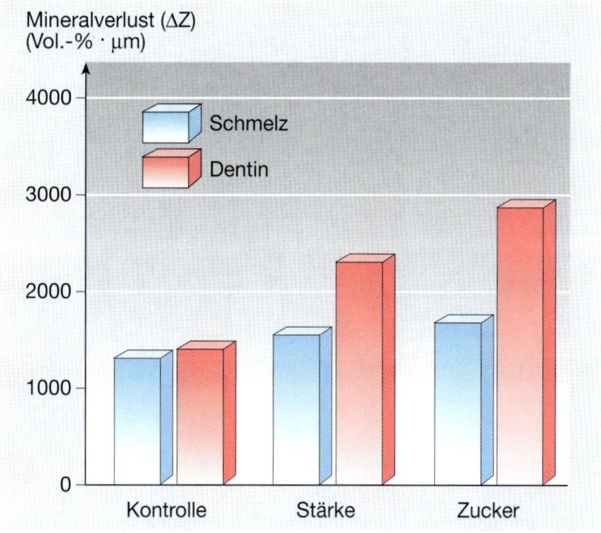

Abb. 18 Mineralverlust von in der Mundhöhle getragenen Schmelz- und Dentinproben nach drei Wochen. Die Probanden verzehrten zusätzlich zur normalen Kost 12- bis 15mal täglich Produkte, die als Hauptbestandteil Stärke oder Zucker enthielten. Die zuckerhaltigen Zwischenmahlzeiten bewirkten einen deutlich größeren Mineralverlust [55].

tose etwas geringer ausfällt als bei anderen Zuckern (Abb. 17) [67]. Die potentielle Kariogenität der verschiedenen Zucker konnte auch in zahlreichen tierexperimentellen Studien und in Labortests belegt werden [50].

Nach heutigem wissenschaftlichen Kenntnisstand spielt es auch keine Rolle, ob Zucker in natürlicher oder naturbelassener Form wie in Früchten oder Honig, als brauner Zucker oder als raffinierter weißer Zucker verzehrt wird. Insgesamt sind alle Mono- und Disaccharide als hoch kariogen einzustufen.

Oligosaccharide spielen erst neuerdings als Nahrungsbestandteile eine Rolle, da Glukose- oder Kornsirupe und Maltodextrine eine weite Verbreitung in Lebensmitteln gefunden haben [86]. Hierbei handelt es sich um Stärkehydrolysate, die in variabel großen Anteilen Mono- und Disaccharide enthalten und somit auch als kariogen einzuschätzen sind.

Über die Kariogenität der Stärke wird nach wie vor diskutiert. Der Verzehr von roher, unbearbeiteter *Stärke* führt nur zu einem schwachen pH-Wert-Abfall in der Plaque. Der Verzehr mechanisch bearbeiteter und erhitzter Stärke führt aber zu einem nur wenig geringeren oder sogar identischen pH-Wert-Abfall in der Plaque wie der Verzehr von Zucker. Die durch die Bearbeitung aufgespaltenen und somit stark verkürzten Ketten können im Gegenteil zu dem langkettigen Molekül der rohen Stärke in die Plaque eindringen und dort weiter abgebaut werden.

Fütterungsexperimente bei Labortieren, Beobachtungen bei Patienten mit hereditärer Fruktose-Intoleranz (diese Patienten vertragen keinen Zucker) und kontrollierte Studien wie die Vipeholm-Studie und die Turku-Zucker-Studie haben aber direkt oder indirekt gezeigt, daß Stärke viel weniger kariogen ist als Mono- oder Disaccharide. In einer jüngeren In-situ-Studie [55] konnte gezeigt werden, daß zahlreiche Zwischenmahlzeiten mit nur stärkehaltigen Nahrungsmitteln die Demineralisation von Schmelz- und Dentinproben in geringerem Maß erhöht als der häufige Verzehr zuckerhaltiger Zwischenmahlzeiten (Abb. 18).

Insgesamt können Produkte, die Stärke in der heute üblichen bearbeiteten Form enthalten, sicherlich nicht als sicher für die Zähne angesehen werden.

Menge und Frequenz der Zuckeraufnahme

Die Plaquebakterien können schon bei Zufuhr sehr geringer Zuckermengen so viel Säure bilden, daß ein Absinken des Plaque-pH-Wertes nachgewiesen werden kann. Mit der Gabe von 15 ml einer 10%igen Saccharoselösung (entspricht einer Menge von 1,5 g Saccharose) kann eine maximale pH-Wert-Absenkung erreicht werden, die auch nicht mehr durch Erhöhung der Saccharose-Konzentration verstärkt

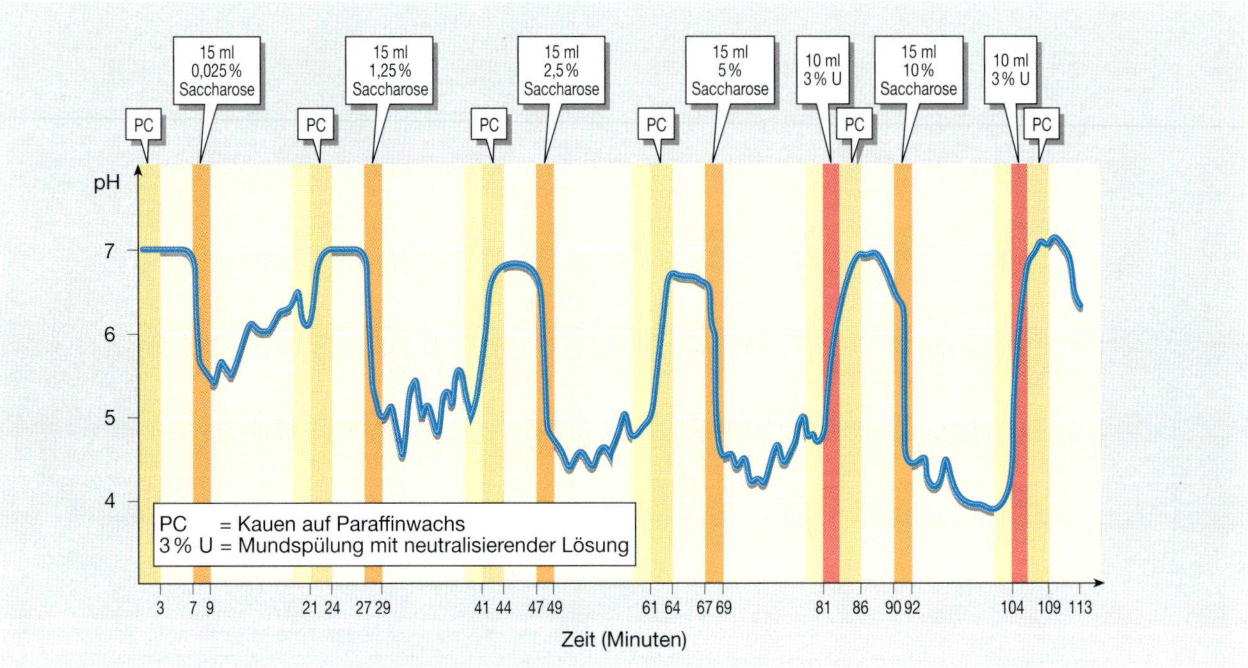

Abb. 19 Plaque-pH-Wert-Kurven nach Spülung mit jeweils 15 ml einer Glukoselösung in verschiedener Konzentration (0,025–10%). Zwischen den Spülungen wurde zur Neutralisation des Plaque-pH-Werts auf Paraffinwachs gekaut (PC) oder zusätzlich mit einer 3%igen Harnstofflösung (3% U) gespült [37, 38].

werden kann (Abb. 19) [38]. Hieraus läßt sich ableiten, daß es schwerfällt, eine Grenzmenge anzugeben, unterhalb der Saccharose und auch Glukose und Fruktose als sicher für die Zähne anzusehen sind. Praktisch gesehen ist somit eine Tasse Kaffee, die mit einem halben Löffel Zucker gesüßt ist, nicht zwangsläufig weniger zahnschädlich als eine mit drei Löffeln Zucker gesüßte Tasse Kaffee. Etwas anders verhält es sich bei Laktose. Kuhmilch enthält etwa 5% Laktose und besitzt, wohl aber auch bedingt durch die anderen Inhaltsstoffe, praktisch kein kariogenes Potential.

Als abgesichert gilt, daß die Frequenz der Aufnahme vergärbarer Kohlenhydrate einen wesentlichen, wenn nicht gar entscheidenden Einfluß auf die Kariesentstehung hat.

Als klassische Beweise hierfür gelten die Vipeholm-Studie [26] und verschiedene Querschnittsstudien, in denen klare Zusammenhänge zwischen der Häufigkeit kariogener Zwischenmahlzeiten (hierzu zählen auch zuckerhaltige Getränke) und dem Kariesbefall aufgezeigt werden konnten.

In Vipeholm, einer Anstalt für geistig Behinderte in Schweden, wurde in den 50er Jahren an 436 Anstaltsinsassen über fünf Jahre die kariogene Wirkung einer Anzahl zuckerhaltiger Kostformen untersucht. Das Hauptziel war ein Vergleich der Kariogenität verschiedener Zuckermengen und verschiedener Häufigkeit der Zuckeraufnahme. Die wichtigsten Ergebnisse werden durch Abbildungen illustriert (Abb. 20). Während der Verzehr von großen Zuckermengen in Form von gesüßten Getränken oder süßem Brot zu den Hauptmahlzeiten das Kariesrisiko nur geringfügig erhöhten, führte der Konsum von 8–24 süßen Zwischenmahlzeiten in Form von Karamellen oder Toffees zu einer drastischen Zunahme neuer kariöser Läsionen. Zu bedenken ist allerdings, daß die Zuckeraufnahme mit etwa 100 kg/Jahr extrem hoch war und auch aufgrund anderer Umstände die Resultate nicht kritiklos auf eine Durchschnittsbevölkerung übertragen werden sollten.

Im Prinzip gilt aber der Rückschluß, daß nicht die absolute Menge des zugeführten Zuckers, sondern die Häufigkeit der Zuckeraufnahme für die Kariogenität entscheidend ist, auch heute noch unumstritten.

Ableiten läßt sich dieses Prinzip auch aus Plaque-pH-Verläufen. Jede einmalige Aufnahme vergärbarer Kohlenhydrate führt zu einem zeitlich begrenzten, etwa 30–40 Minuten anhaltenden pH-Abfall in der Plaque. Wenn nach eingetretener Neutralisation genügend Zeit zur Verfügung steht, kann sich der Zahnschmelz im Sinne nun einsetzender Remineralisation von der Säureattacke „erholen". Wenn sich die Säureattacken aber zeitlich überschneiden oder dicht hintereinander erfolgen, verschiebt sich das zuvor bestehende Gleichgewicht unweigerlich in Richtung voranschreitender Demineralisation und

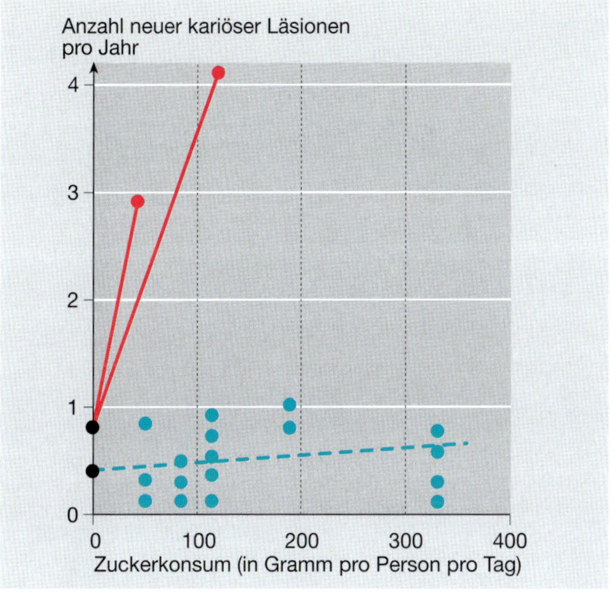

Abb. 20 Beziehungen zwischen Karieszunahme und Häufigkeit des Zuckerkonsums in der Vipeholm-Studie. Zucker zu den Hauptmahlzeiten (grün) führte bei Steigerung der Menge bis über 300 g pro Tag kaum zu einer Karieszunahme. Extrem häufiger Zuckerverzehr zwischen den Mahlzeiten (rot) führte zu einem starken Kariesanstieg [26].

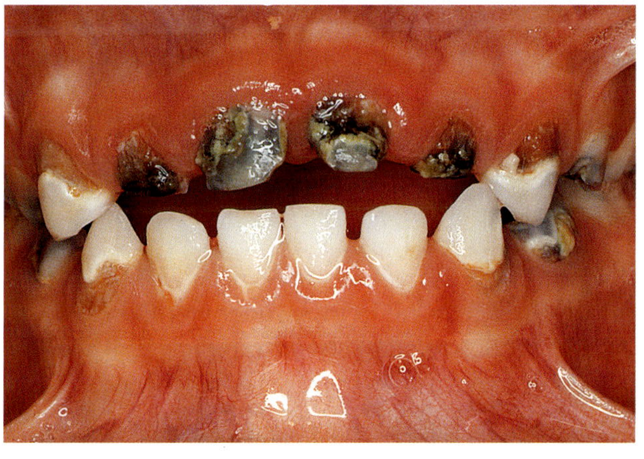

Abb. 21 „Nursing-Bottle"-Karies mit vorrangiger kariöser Zerstörung der Schneidezähne im Oberkiefer bei einem vierjährigen Kind.

führt letztendlich zu einer Kavität. Am dramatischsten stellt sich das Resultat einer kontinuierlichen Umspülung der Zähne mit einer Zuckerlösung im Bild des „*Nursing-Bottle-Syndroms*" bei Kleinkindern dar. Durch exzessive Zufuhr zuckerhaltiger Getränke aus der Baby-Saugerflasche kommt es häufig zu bevorzugter kariöser Zerstörung der umspülten Oberkieferfrontzähne (Abb. 21). Dieses Krankheitsbild wurde in Deutschland zuerst als „Zuckertee-Karies" beschrieben [100]. Ausgelöst werden kann dieses Krankheitsbild aber durch alle zuckerhaltigen Getränke wie Milchgetränke, Fruchtsäfte und Limonaden. Auch Getränke, in denen Saccharose und Glukose durch Maltodextrine oder Glukosesirup ersetzt sind, verändern das Bild nicht.

Trotz dieser vielfachen Beweise der Wichtigkeit des Faktors „Frequenz von süßen Zwischenmahlzeiten" fällt es heute schwer, in Ländern mit gut etablierten kariespräventiven Maßnahmen und insgesamt niedrigem Kariesbefall diesen Zusammenhang nachzuweisen. Andere Faktoren, wie gute Mundhygiene und regelmäßige Fluoridzufuhr, spielen offensichtlich zumindest eine gleichgroße Rolle. In einer Querschnittsstudie [42], die 1994 bei fünf- bis elfjährigen Kindern in den Niederlanden durchgeführt wurde, zeigte sich nur bei den Kindern, die mehr als fünf süße Zwischenmahlzeiten pro Tag angaben, ein Zusammenhang zur Kariesprävalenz. Mit einer gewissen Vorsicht könnte man aus dieser und vergleichbaren Studien folgern, daß unter entsprechenden Randbedingungen wenige süße Zwischenmahlzeiten nicht zwangsläufig das Kariesrisiko erhöhen müssen.

Kariogenität verschiedener Nahrungsmittel

Die Messung des Plaque-pH-Wertes gilt als anerkannte Methode, die potentielle Kariogenität von Nahrungsmitteln zu messen, ermöglicht aber keine genaue Differenzierung zwischen mehr und weniger kariogenen Nahrungsmitteln. Da alle Nahrungs-

Tabelle 3 Faktoren, die das kariogene Potential von Nahrungsmitteln beeinflussen.

Produkt-bezogene Faktoren	Individuum-bezogene Faktoren
– Typ der Kohlenhydrate	– Häufigkeit der Aufnahme
– Menge der Kohlenhydrate	– Reihenfolge der Aufnahme
– chemische Zusammensetzung (Fett- und Proteinanteil usw.)	– Oral Clearance (Speichelfluß, Zahnstellung, Zahnmorphologie usw.)
– physikalische Eigenschaften (Klebrigkeit, Festigkeit usw.)	– Mundhygiene
– schützende Bestandteile	– Lifestyle

mittel, die leicht vergärbare Kohlenhydrate enthalten, potentiell kariogen sind, fällt es schwer, die relative Kariogenität zu erfassen und eine Rangliste der Kariogenität zu erstellen. Es hat sich gezeigt, daß eine Vielzahl verschiedener Faktoren das kariogene Potential eines Produktes beeinflussen können (Tab. 3).

Neben Typ und Menge der enthaltenden Kohlenhydrate spielt die Verweildauer eines Produktes in der Mundhöhle eine wichtige Rolle. Je länger Nahrungsreste an den Zähnen oder in den Zahnzwischenräumen haften, desto länger erhalten die Plaquebakterien Nachschub an vergärbaren Kohlenhydraten.

Die *Verweildauer eines Nahrungsmittels* in der Mundhöhle hängt sowohl von Produkteigenschaften wie auch von individuellen Faktoren ab. Zu nennen sind hier physikalische Eigenschaften wie Partikelgröße, Festigkeit, Struktur, Klebrigkeit, Löslichkeit, Geschmack und die chemische Zusammensetzung. Zum Beispiel kann ein hoher Fettgehalt die Mundpassage beschleunigen und ein hoher Gehalt an verfeinerter Stärke die Retentionszeit verlängern. Beim Individuum wiederum kann eine ungünstige Zahnstellung, schlechte Füllungen oder Zahnersatz und besonders verminderter Speichelfluß die Clearance-Zeit verlängern.

Es ist schwierig, die *Retentionszeiten* von verschiedenen Nahrungsmitteln subjektiv richtig einzuschätzen. KASKET et al. [43] fanden heraus, daß zumeist Karamel-Schokolade-Produkte als besonders klebrig empfunden werden. Bei einer objektiven Messung der Retentionszeiten in der Mundhöhle schnitten aber Produkte wie Plätzchen, Kräcker und Chips schlechter ab.

POLLARD [78] untersuchte das kariogene Potential verschiedener Stärkeprodukte und von Früchten. Alle Produkte, z.B. auch gekochte Spaghetti, Weißbrot, Bananen und Orangen, wiesen ein kariogenes Potential auf, das zwischen Saccharose und dem nicht kariogenen Sorbit einzuordnen war. Die potentielle Kariogenität von Früchten wurde kürzlich auch durch eine Studie bei südafrikanischen Farmarbeitern nachgewiesen. Arbeiter auf Obstfarmen wiesen einen deutlich höheren Kariesbefall auf als Arbeiter auf Getreidefarmen [25]. Natürlicherweise in Obst enthaltener Zucker ist somit nicht zwangsläufig weniger kariogen als zugesetzter kristalliner Zucker. Der exzessive bzw. sehr häufige Genuß scheint auch hier wiederum ausschlaggebend zu sein.

Zumeist werden Nahrungsmittel ja nicht einzeln, sondern nacheinander im Rahmen einer Mahlzeit

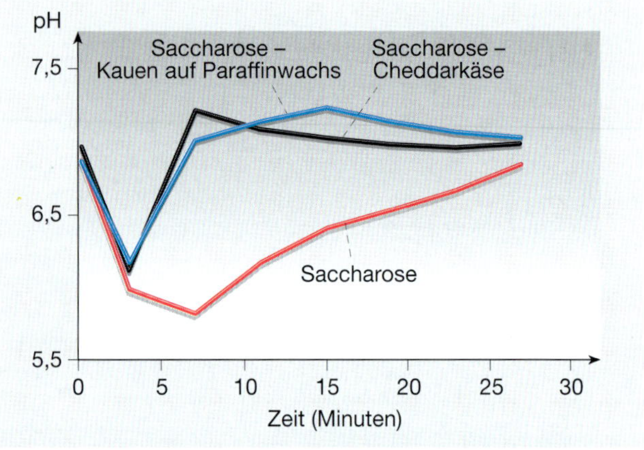

Abb. 22 Plaque-pH-Wert-Kurven nach Spülung allein mit einer Zuckerlösung (rot) und nach direkt anschließendem Kauen auf Paraffinwachs (blau) oder Verzehr eines Stücks Cheddarkäse. Durch Stimulation des Speichelflusses kommt es zu einer raschen Neutralisation des Plaque-pH-Werts [33].

verzehrt. In diesem Zusammenhang hat sich gezeigt, daß auch die Reihenfolge der Aufnahme die Kariogenität beeinflussen kann. Starkes Kauen oder der Verzehr geschmacksintensiver Nahrungsmittel wie der bestimmter Käsesorten regt den Speichelfluß an [33]. Die Speichelpuffer können dann zuvor in der bakteriellen Plaque produzierte Säuren neutralisieren und der vermehrte Speichelfluß beschleunigt den Abtransport verbliebener Speisereste aus der Mundhöhle (Abb. 22).

Insgesamt ergibt sich hieraus, daß kein Nahrungsmittel, das vergärbare Kohlenhydrate enthält, als sicher für die Zähne gelten kann und eine Reihung in mehr oder weniger kariogene Produkte nur schwer möglich und wohl auch wenig sinnvoll ist.

Zuckerersatzstoffe und Zuckeraustauschstoffe

Zuckerersatzstoffe wie Saccharin, Cyclamat und Aspartam sind chemisch nicht mit dem Zucker verwandt. Sie besitzen keinen Energiewert, sind für Plaquebakterien unvergärbar und damit auch nicht kariogen.

Die *Zuckeraustauschstoffe* entstammen hauptsächlich der Gruppe der Hexose- und Pentosealkohole und besitzen einen Energiewert. Sie können nur sehr schlecht oder gar nicht von den Bakterien der Mundhöhle verstoffwechselt werden. Die am häufigsten verwendeten Zuckeraustauschstoffe sind Sorbit, Xylit und Mannit. Alle diese Zuckeralkohole sind nachweislich nicht kariogen oder besitzen ein vernachlässigbar geringes kariogenes Potential. Besonders häufig werden Zuckeraustauschstoffe in Nahrungsmitteln eingesetzt, die als süße Zwischenmahlzeit dienen. Solche Produkte können als zahnschonend deklariert werden, wenn in einem In-situ-Test der Plaque-pH nicht unter den Grenzwert 5,7 abfällt.

Besonders umfangreiche Untersuchungen liegen über den Pentosealkohol Xylit vor. In den mit großem Aufwand durchgeführten „Turku-sugar-Studien" konnte bei einer Probandengruppe, bei denen jeder in der Nahrung enthaltene Zucker komplett gegen Xylit ausgetauscht worden war, nach zwei Jahren praktisch kein Karieszuwachs festgestellt werden [84]. In neueren Untersuchungen werden Xylit sogar aktive bakteriostatische oder kariostatische Eigenschaften zugesprochen, da es Hinweise darauf gibt, daß auch bei einem nur partiellen Austausch von Zucker gegen Xylit die Plaquebildung verringert wird, die Streptococcus-mutans-Zahlen in der Plaque abnehmen und der Karieszuwachs verringert wird [37].

Tabelle 4 Risikofaktoren für Karies.

Faktor	hohes Risiko
Ernährung	häufiges Angebot und hoher Anteil niedermolekularer Kohlenhydrate, speziell Zucker
Plaquemenge	große Plaquemenge durch schlechte Mundhygiene
Art der Bakterien	großer Anteil kariogener Bakterien
Speichel	reduzierter Speichelfluß, niedrige Pufferkapazität
Zahnstatus	ungünstige Zahnstellung und -morphologie, insuffiziente Restaurationen, aktive Kariesläsionen
Fluoride	ungenügende Fluoridsupplementierung
indirekte Faktoren	Streß, Lifestyle, chronische Erkrankungen, Dauermedikationen

Kariesaktivität und Kariesrisiko

Während die zahnärztliche Tätigkeit früher dadurch geprägt war, die sichtbaren Symptome der Karies – manifeste Kavitäten, zerstörte Zähne – zu behandeln, wollen wir heute das Krankheitsbild Karies frühzeitig erkennen und streben an, daß es möglichst nicht oder nicht mehr zur Ausbildung von Kavitäten kommt, die invasive Maßnahmen erforderlich machen. Die Untersuchung sollte also darauf abzielen, frühzeitig zu erkennen, ob ein Patient kariesaktiv ist oder, noch weitergehend, ob für den Patienten ein niedriges oder hohes Kariesrisiko besteht. Während der Begriff Kariesaktivität einen aktuellen Zustand beschreibt, ist der Begriff Kariesrisiko auf die Zukunft gerichtet und soll beschreiben, ob zukünftig ein niedriges oder hohes Risiko für den Patienten besteht, kariöse Läsionen zu entwickeln. Für den Zahnarzt ist es einfacher, die aktuelle Kariesaktivität zu erkennen, als das zukünftige Kariesrisiko vorauszusagen.

Die Kariesaktivität eines Patienten kann starken Schwankungen unterliegen. In einem bestimmten Lebensabschnitt oder Zeitraum, z.B. im Kindesalter, kann die Kariesaktivität sehr hoch sein, zu einem anderen Zeitpunkt kann vielleicht aktuell keine Kariesaktivität vorliegen. Dies ist verständlich, denn eine Störung des Gleichgewichts zwischen De- und Remineralisation kann zeitlich begrenzt auftreten, wenn kariogene Faktoren, z.B. viele Zuckerimpulse, große Plaquemengen mit einem hohen Anteil säureproduzierender Bakterien, gegenüber den schützenden Faktoren dominieren. Schon die Veränderung eines der vielen ursächlichen Faktoren kann die Kariesaktivität stark beeinflussen. Eine Übersicht über die verschiedenen Risikofaktoren wird in Tabelle 4 gegeben.

Für den Zahnarzt, der seine Patienten regelmäßig in verhältnismäßig kurzen Zeitabständen sieht, bereitet es keine Probleme, eine aktuelle hohe Kariesaktivität zu erkennen. Hat ein Patient aktive kariöse Läsionen, die eine Tendenz zur raschen Progression zeigen, liegt selbstverständlich eine hohe Kariesaktivität vor. Wenn man einen Patienten erstmals sieht, sollte erfragt werden, ob andererorts in letzter Zeit offene Kavitäten versorgt worden sind und erhält somit einen Anhaltspunkt über die aktuelle Kariesaktivität. Wenn man bei einem Patienten aber nur intakte Restaurationen vorfindet, die schon vor längerer Zeit angefertigt worden sind, kann dies sehr wohl bedeuten, daß aktuell keine Kariesaktivität vorliegt. Ebenso weisen ruhende, inaktive Schmelzläsionen, die häufig durch eine bräunliche Verfärbung gekennzeichnet sind, auf eine aktuell niedrige Kariesaktivität hin.

> Aus klinisch-praktischer Sicht ist es aber nicht nur wichtig, Zeiten aktuell hoher Kariesaktivität zu erkennen, sondern es ist zumindest ebenso wichtig, das künftige Kariesrisiko des Patienten einzuschätzen, da nur dann entsprechende Therapiemaßnahmen geplant werden können.

Eine gute prognostische Kariesrisikobestimmung setzt voraus, daß man sich nicht durch den aktuellen Zustand in der Mundhöhle täuschen und zu voreiligen Rückschlüssen verführen läßt, da ja eine Ruhephase auch schnell wieder durch Verschiebung des Gleichgewichts in eine aktive Phase übergehen kann. Aus praktischer Sicht wäre es natürlich ideal, wenn es einen Test gäbe, mit dem man die Karieserkrankung erklären und voraussagen könnte. Leider steht ein solcher Test nicht zur Verfügung und es ist aufgrund der vielen verschiedenen Faktoren, die den Kariesprozeß beeinflussen, auch nicht wahrscheinlich, daß ein solcher Test entwickelt werden kann.

Grundsätzlich kann es zwei verschiedene Situationen geben, in denen es sinnvoll sein kann, *Kariestests* anzuwenden, nämlich die Behandlung eines einzelnen Patienten oder die Betreuung größerer Gruppen. Für den *einzelnen Patienten* soll ein Test Informationen über das Vorhandensein von für die Karies bedeutenden ätiologischen Faktoren liefern und die Planung und Kontrolle unserer Therapiemaßnahmen ermöglichen. Praktisch bedeutet dies, daß bei einem Recalltermin festgestellt wird, ob der Patient unseren Empfehlungen und Anweisungen gefolgt ist. Bei *größeren Gruppen,* z.B. bei Reihenuntersuchungen von Schulkindern, soll ein Test ermöglichen, Personen mit besonders hohem Kariesrisiko zu identifizieren, um sie dann gezielter präventiver Betreuung zuzuleiten.

Die Qualität eines Tests vorherzusagen, ob eine Krankheit zukünftig auftritt oder nicht, kann in Longitudinalstudien geprüft werden. Zur Quantifizierung der Ergebnisse werden üblicherweise die Begriffe Sensitivität, Spezifität und positiver oder negativer Vorhersagewert benutzt. Die Errechnung der Werte erfolgt nach Erstellung einer Vierfeldertafel (Abb. 23). Für die Vorhersage von Karies bedeutet ein hoher Prozentwert für die Sensitivität, daß bei den meisten Probanden, bei denen die Entstehung von Karies in der Zukunft anhand des Testresultates prognostiziert worden ist, auch wirklich bei der späteren Untersuchung Karies gefunden wurde. Eine hohe Spezifität bedeutet demgegenüber, daß durch das Testergebnis keine Karies in der Zukunft prognostiziert wurde und dies auch eingetroffen ist.

Risikofaktor Ernährung

> Die Zusammenhänge zwischen Ernährung und Karies sind schon beschrieben worden und es konnte verdeutlicht werden, daß ein hoher Anteil von leicht vergärbaren, niedermolekularen Kohlenhydraten an der Nahrung und besonders die Häufigkeit der Zuckerzufuhr einen maßgeblichen Einfluß auf das individuelle Kariesrisiko haben.

Mit unseren Speisen und Getränken nehmen wir allerdings auch eine variabel große Menge *Fluorid* auf. Deshalb sollten grundlegende Informationen über die Ernährung auch Angaben über die Fluoridzufuhr, z.B. durch fluoridiertes Speisesalz oder fluoridreiche Mineralwässer, enthalten.

Informationen über die Ernährung der Patienten werden zumeist anamnestisch durch Befragen des Patienten (Interviewmethode) gesammelt. Die zweifelhafte Zuverlässigkeit der Angaben der Patienten bei der Einschätzung des Kariesrisikos stellt aber große Anforderungen an das Urteilsvermögen des Zahnarztes. Besonders den Angaben von Kindern und Jugendlichen ist nicht ohne weiteres zu trauen. Im Zweifelsfall ist es sicherer, den Patienten zu bitten, in Form eines Drei-Tage-Protokolls jede Mahlzeit (Speisen und Getränke) nach Art und Menge zu protokollieren.

Indirekt geben aber auch die *mikrobiologischen Speicheltests* Auskunft über die Ernährungsgewohnheiten, speziell überhöhten Zuckerkonsum,

Der Test ist	Die Krankheit liegt vor	Die Krankheit liegt nicht vor	
positiv	richtig positiv **A**	falsch positiv **B**	positiver Vorhersagewert $= \frac{A}{A+B}$
negativ	falsch negativ **C**	richtig negativ **D**	negativer Vorhersagewert $= \frac{D}{C+D}$
	Sensitivität $= \frac{A}{A+C}$	Spezifität $= \frac{D}{B+D}$	

Abb. 23 Vierfeldertafel zur Berechnung von Sensitivität, Spezifität und positiven und negativen Vorhersagewerten.

da hohe Streptococcus-mutans- und Laktobazillen-Zahlen i.d.R. mit hohem Zuckerkonsum verbunden sind.

Für die Einschätzung des *individuellen Kariesrisikos* fällt es schwer, eine konkrete Angabe über eine Grenzmenge für den Zuckerverzehr zu machen. Personen mit guter Mundhygiene, niedrigen Anteilen von Streptococcus mutans in der Plaque und regelmäßiger Fluoridzufuhr entwickeln auch bei relativ hohem Zuckerkonsum nicht unbedingt Karies. Umgekehrt können bei Patienten mit einer großen Menge stark kariogener Plaque und mangelhafter Fluoridzufuhr schon wenige süße Zwischenmahlzeiten das De-/Remineralisationsgleichgewicht so negativ beeinflussen, daß es zur Ausbildung von Karies kommt. Bei offensichtlich übermäßigem oder gar exzessivem Zuckerkonsum in Form von Speisen oder Getränken sollte aber in jedem Fall eine entsprechende Beratung mit nachfolgender Kontrolle durchgeführt werden. Bei eher „durchschnittlichen" Ernährungsgewohnheiten muß unser Vorgehen aus der Gesamtsituation des Patienten abgeleitet werden.

Risikofaktor Plaque

Obwohl die Plaque unzweifelhaft einen maßgeblichen ätiologischen Faktor für die Karies darstellt und ohne Plaque keine Karies entstehen kann, gelingt es in Querschnittsstudien eher selten, eine klare Beziehung zwischen der Qualität der Mundhygiene und der Kariesprävalenz herzustellen [5]. Dies liegt wohl hauptsächlich daran, daß bei der häuslichen Zahnpflege selten oder nie eine auch nur annähernd komplette Plaqueentfernung gelingt. Da regelmäßiges Zähneputzen aber nicht nur die Plaquemenge reduziert, sondern durch die Verwendung fluoridhaltiger Zahnpasten eine regelmäßige Fluoridzufuhr erfolgt, betrachten manche Autoren die Fluoridwirkung als wichtiger für die Karieshemmung als die Reinigungswirkung [49]. Es erübrigt sich aber darüber zu diskutieren, ob die Plaquereduktion oder die Fluoridzufuhr wichtiger ist, da ja eine gute Mundhygiene i.d.R. auch auf die häufige Anwendung von fluoridierten Zahnpasten hinweist.

Zur objektiven Messung der Plaquemenge stehen zahlreiche Indizes zur Verfügung, von denen einige mehr die flächenhafte Ausdehnung der Plaque, andere mehr die Dicke der Plaque bewerten. Am ehesten geeignet zur Einschätzung des individuellen Kariesrisikos ist sicherlich der 24-h-Plaque-Formation-Rate-Index (PFRI) nach AXELSSON [2]. Die Wertigkeit dieses Index wird dadurch bestimmt, daß die *Plaquebildungsrate* in einem definierten Zeitraum von folgenden Faktoren abhängt:

- Gesamtzahl der Bakterien in der Mundhöhle
- Zusammensetzung der oralen Mikroflora
- Menge und Häufigkeit der Aufnahme vergärbarer Kohlenhydrate
- Speichelfließrate und Speichelzusammensetzung
- Verwendung fluoridhaltiger Kariostatika
- Anatomie und Morphologie der Zähne und Restaurationen

Der PFRI gibt den prozentualen Anteil der Zahnflächen an, die 24 Stunden nach einer professionellen Zahnreinigung eine sichtbare, geschlossene Plaquebesiedlung aufweisen. Während der 24 Stunden hat jegliche individuelle Mundhygiene zu unterbleiben. Die neu gebildete Plaque wird bei jedem Zahn an sechs Stellen erfaßt: mesiobukkal, bukkal, distobukkal sowie mesiolingual, lingual und distolingual. Die Plaqueakkumulationsrate wird nach folgender Formel errechnet:

$$\text{PFRI\%} = \frac{\text{Summe (Teilflächen mit Plaque)} \times 100}{\text{Zähne} \times 6}$$

Anschließend kann je nach Höhe des prozentualen Plaquebefalls eine Einteilung in 5 Grade (1–10%, 11–20%, 21–30%, 31–40% und > 40%) vorgenommen werden. Sind mehr als 20% der Zahnflächen befallen, weist dies auf ein erhöhtes Kariesrisiko hin.

Da die Plaquebildungsrate mehr oder weniger von allen Faktoren beeinflußt wird, die in der Kariesätiologie eine Rolle spielen, hat dieser Test eine hohe Aussagekraft. Zur prospektiven, individuellen Einschätzung des Kariesrisikos empfiehlt AXELSSON aber doch eine gemeinsame Betrachtung der Ergebnisse des PFRI und des Streptococcus-mutans-Speicheltests.

Speicheltests

Bakterielle Speicheltests. Mutans-Streptokokken stehen in engem Zusammenhang mit der Kariesinitiation und wohl auch mit dem Voranschreiten der Karies. Wenn man die bisherigen Erkenntnisse über die Beziehungen zwischen *Mutans-Streptokokken* und *Karies* zusammenfaßt, ergibt sich nach BRATTHALL [10] folgendes Bild:

- Im Rahmen von Querschnittsstudien haben gewöhnlich nur sehr wenige Individuen mit geringen Mutans-Spiegeln ausgeprägte Karies.
- Im Rahmen von Querschnittsstudien haben die meisten Individuen mit einer ausgeprägten Karies hohe Mutans-Zahlen.
- Kariesfreie Individuen können in allen Mutans-Kategorien gefunden werden, sie sind aber verbreiteter in der Gruppe mit niedrigem Mutans-Spiegel.

- In Langzeitstudien mit Kindern konnte gezeigt werden, daß die Gruppe von Individuen mit hohen Mutans-Spiegeln mehr Karies entwickelt als jene mit wenig Mutans-Streptokokken.

In einem bestimmten Alter findet man mehr Karies bei Kindern, deren Mundhöhle frühzeitig mit Mutans-Streptokokken besiedelt wurde, als bei Kindern, deren Mundhöhle erst zeitlich später besiedelt wurde.

Bei älteren Erwachsenen konnte gezeigt werden, daß eine hohe Besiedlung freiliegender Wurzeloberflächen mit Mutans-Streptokokken das Risiko für die Entwicklung von Wurzelkaries erhöht. In einer Langzeitstudie entwickelten besiedelte Flächen etwa zweimal so oft Wurzelkaries wie unbesiedelte Flächen [4].

Laktobazillen können besonders mit dem Vorhandensein und Voranschreiten der Dentinkaries in Verbindung gebracht werden und ihr Vorkommen in der Mundhöhle wird in hohem Maß durch den Anteil vergärbarer Kohlenhydrate an der Nahrung beeinflußt.

Zur Bestimmung des Streptococcus-mutans- und Laktobazillen-Gehalts des Speichels wurden einfache Testverfahren entwickelt, die ohne großen Aufwand auch in der Praxis durchgeführt werden können. Die Tests basieren darauf, daß sich die Gesamtmenge der Bakterien auf den Zahnoberflächen relativ gut im Speichel widerspiegelt. Die bekanntesten Chair-side-Tests sind Dentokult SM® und Dentokult LB® (Abb. 24).

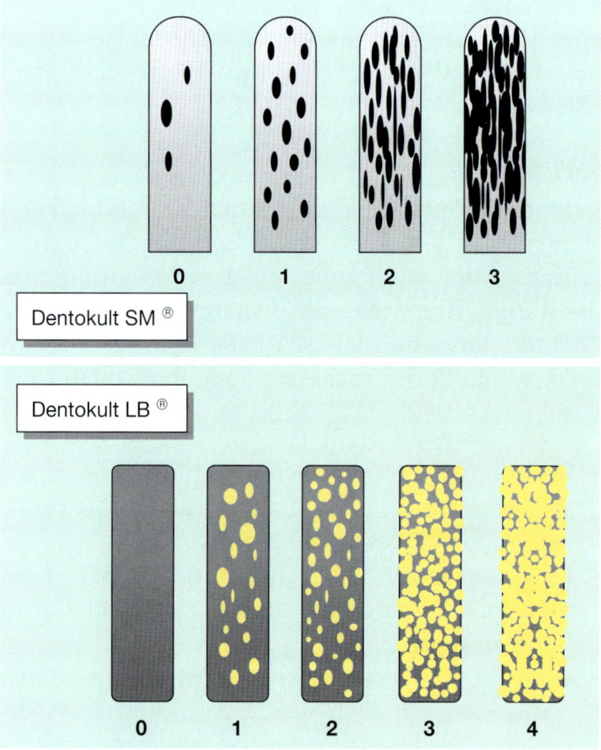

Abb. 24 Keimzahlbestimmung im Speichel.

Für die Durchführung des *Streptococcus-mutans-Tests* Dentokult SM® wird der Patient aufgefordert, eine Minute lang auf einem Paraffinstück zu kauen. Das Kauen fördert die Freisetzung von Bakterien von der Zahnoberfläche in den Speichel. Dann wird ein Strip in die Mundhöhle eingeführt und mehrmals über die Zunge des Patienten gestrichen. Der Strip wird dann in ein selektives Nährmedium eingebracht und für 48 h bei 37 °C in einem kleinen Brutschrank bebrütet. Die Bakterienzahl im Speichel erhält man dann durch Vergleich des Strips mit einem Auswertungsmuster. Es erfolgt eine Zuordnung in die Klassen 0, 1, 2 oder 3, die in Abstufung einer Anzahl von 0 bis über 1 Million koloniebildenden Einheiten entsprechen.

Für den *Laktobazillentest* Dentokult LB® wird stimulierter Speichel gesammelt und über ein mit einem selektiven Agar beschichteten Träger gegossen. Nach viertägiger Bebrütung bei 37 °C wird wie bei dem Streptococcus-mutans-Test ein Vergleich des Nährmediumträgers mit einem Auswertungsmuster durchgeführt und eine Einteilung in die Klassen 1–3 vorgenommen.

Nichtbakterielle Speichelfaktoren. Die beiden am häufigsten gemessenen nichtbakteriellen Speichelfaktoren sind die *Speichelfließrate* und die *Pufferkapazität*. Die Speichelfließrate kann ohne besonderen instrumentellen Aufwand gemessen werden, zur Bestimmung der Pufferkapazität stehen einfach zu handhabende Chair-side-Tests zur Verfügung. Antibakteriell wirksame Speichelbestandteile wie Lysozym, Lactoferrin, Lactoperoxidase und sIgA können nur relativ aufwendig in Labors ermittelt werden.

Zur *Bestimmung der Speichelfließrate* benötigt man nur ein Stück Paraffin zur Stimulierung der Speichelsekretion, ein skaliertes Meßgefäß und eine Stoppuhr. Der erste nach Beginn des Kauens angesammelte Speichel wird verworfen. Danach wird die Stoppuhr gestartet und der in den folgenden 4 bis fünf Minuten sezernierte Speichel wird in dem Meßgefäß gesammelt. Die Norm- und Grenzwerte für die Speichelsekretionsrate sind in Abschnitt Speichel (s. S. 16ff.) angegeben.

Eine solche Messung soll immer durchgeführt werden, wenn die Anamnese (regelmäßige Medikamenteneinnahme, Allgemeinerkrankungen, Strahlentherapie u.a.) oder die klinische Untersuchung Hinweise auf verminderten Speichelfluß geben. Eine starke Verminderung des Speichelflusses im Sinne einer *Xerostomie* ist immer mit einem erhöhten Kariesrisiko verbunden.

Eine einfache *pH-Wert-Messung* des Speichels ist wenig aussagekräftig, da der Speichel mit zunehmender Sekretionsgeschwindigkeit alkalischer wird. Die neutralisierende Wirkung des Speichels läßt sich besser durch Bestimmung seiner Pufferkapazität erfassen. Die bekannteste Methode wurde von Ericsson schon 1959 [21] beschrieben. Hierbei wird 1 ml stimulierter Speichel mit 3 ml 0,005 molarer Salzsäure gemischt und der pH-Wert der Lösung nach 10 Minuten mit einem Farbindikator oder einer pH-Elektrode gemessen. Für eine vereinfachte Messung stehen Teststreifen (Dentobuff) zur Verfügung, die mit Säure und einem pH-Indikator präpariert sind. Durch Farbvergleich kann dann die Pufferkapazität ermittelt werden. Das Testsystem unterscheidet zwischen niedriger (≤ 4,0), mittlerer (4,5–5,5) und hoher (≥ 6,0) Speichelpufferkapazität.

Bewertung der Speicheltests. Das Resultat eines bakteriologischen Speicheltests gibt in erster Linie Informationen zur aktuellen Situation des Patienten. Hohe Laktobazillenzahlen weisen auf einen hohen Verzehr von leicht vergärbaren Kohlenhydraten hin und sind auch oft mit dem Vorhandensein von offenen kariösen Läsionen verbunden. Zur Kontrolle, ob ein Patient die Ernährungsempfehlungen eingehalten hat, ist dieser Test gut geeignet. Ein hoher Streptococcus-mutans-Wert kann unabhängig vom aktuellen Zustand so interpretiert werden, daß grundsätzlich ein erhöhtes Kariesrisiko besteht. Ob zukünftig aber wirklich neue kariöse Läsionen entstehen oder nicht, hängt aber auch von den anderen Faktoren ab, die die Entstehung einer Karies positiv oder negativ beeinflussen.

Werden allein die Ergebnisse der bakteriellen Speicheltests verwendet, um Karies in der Zukunft zu prognostizieren, ist die Vorhersagekraft nicht besonders gut. Die Sensitivität erreichte in zahlreichen Studien bei Kindern und Jugendlichen selten höhere Werte als 50 oder 60% [29]. Eine stärkere Aussage haben die Tests zur Vorhersage eines niedrigen Kariesrisikos, da das Fehlen von Streptococcus mutans in hohem Maß mit Kariesfreiheit korreliert. In der Praxis sind die bakteriellen Speicheltests insgesamt wenig geeignet, das aktuelle oder zukünftige Kariesrisiko zu ermitteln. Besser geeignet sind diese Tests zur Motivation und Remotivation der Patienten im Rahmen individualprophylaktischer Maßnahmen. Die Informationen, die man durch die Messung der Speichelfließrate erhält, sind dann von besonderer Bedeutung, wenn eine deutliche Verminderung des Speichelflusses (> 0,7 ml/min) erkannt wird. Aus Schwankungen um den Normalwert läßt sich aber keine Risikoprognose ableiten. Eine niedrige Pufferkapazität des Speichels weist generell auf ein erhöhtes Kariesrisiko hin. Für prognostische Zwecke ist dieser Parameter für sich allein aber auch nicht geeignet.

Zahnstatus

Das Vorhandensein aktiver kariöser Läsionen ist in der Praxis das sicherste Zeichen für eine aktuell hohe Kariesaktivität und ein Ansteigen oder Absinken der Kariesaktivität läßt sich in der Praxis auch am sichersten durch die klinische und röntgenologische Untersuchung beurteilen.

Bei sanierten Patienten kann die Karies in der Vergangenheit als Prediktor für das Kariesrisiko in der Zukunft herangezogen werden. In zahlreichen Studien konnte nämlich gezeigt werden, daß ein hoher Kariesbefall in der Vergangenheit, z.B. im Milchgebiß, bei Kindern und Jugendlichen oft auch mit einem hohen Kariesrisiko in der Zukunft verbunden ist. Obwohl die Sensitivität für den Prediktor Karies in der Vergangenheit oft auch nicht viel höher ist als 50 oder 60%, gilt dieser Parameter allgemein doch als genauester Prediktor für das zukünftige Kariesrisiko bei Kindern und Jugendlichen [29].

Als Kombination zwischen Karies in der Vergangenheit und aktuellem Kariesbefall entwickelten Helfenstein et al. [32] nach umfangreichen statistischen Analysen die Dentoprog-Methode zum Auffinden von Kindern mit hohem Kariesrisiko. Hierbei wird ein *Dentoprog-Wert* errechnet, der sich auf die Zahl der gesunden Milchzähne und die Frühsymptome der Karies (initiale kariöse Läsionen) an den ersten permanenten Molaren stützt. Aus dem errechneten Dentoprog-Wert kann allein oder in Kombination mit anderen Tests relativ sicher das individuelle Kariesrisiko von Kindern abgeschätzt werden.

Fluoride

Als einer der wichtigsten Risikofaktoren für Karies ist die Versorgung mit Fluorid anzusehen. Der in den industrialisierten Ländern in den letzten Jahren und Jahrzehnten beobachtete Kariesrückgang muß vor allem auf Fluoridierungsmaßnahmen zurückgeführt werden, da der Zuckerkonsum weitgehend konstant geblieben ist. Auf individueller Basis ist allerdings einschränkend zu sagen, daß bei exzessiver Zuckerzufuhr auch die schützende Wirkung der Fluoride an Grenzen stößt.

Im Rahmen der Erstuntersuchung jedes Patienten sollte immer eine Fluoridanamnese erhoben werden. Hierbei sollte folgendes erfragt werden: Fluoridgehalt des lokalen Trinkwassers, regelmäßiger Konsum fluoridreicher Mineralwässer, Verwendung von fluoridiertem Speisesalz, Tablettenfluoridierung, Verwendung fluoridierter Zahnpaste, Anwendung höher dosierter Fluorid-Lösungen, -Gele oder -Lacke. Wenn festgestellt wird, daß im Vergleich zu den aktuellen Empfehlungen zur Kariesprophylaxe mit Fluoriden eine zu geringe Fluoridsupplementation erfolgt, ist dies immer mit einem erhöhten Kariesrisiko verbunden.

Indirekte Risikofaktoren

Es ist gut dokumentiert, daß das Ernährungs- und Gesundheitsverhalten von der Ausbildung, dem Einkommen und dem sozialen Umfeld beeinflußt werden. In den *industrialisierten Ländern* kann auch überzeugend ein Zusammenhang zwischen niedrigem sozioökonomischen Status und hoher Kariesprävalenz hergestellt werden. Für die Kariesrisikobewertung kann es wichtig sein, diese Hintergrundinformationen zu berücksichtigen. Streß, chronische Krankheiten und besondere berufliche (z.B. Schichtarbeit) oder private Belastungen können zu unregelmäßiger Ernährung mit vielen Zwischenmahlzeiten und zur Vernachlässigung der Mundhygiene führen. Andere schon beschriebene Faktoren können Speichelfluß und Speichelzusammensetzung beeinflussen. Insgesamt können diese indirekten Faktoren, manchmal sehr kurzfristig, das Kariesrisiko mehr oder weniger stark erhöhen.

Schlußbemerkung

Es konnte deutlich gemacht werden, daß es vom Zusammenspiel zahlreicher Faktoren abhängt, ob bei einem Individuum Karies entsteht oder nicht. Das Vorhandensein eines einzelnen Risikofaktors muß nicht zwangsläufig zur Karies führen. Eine Kombination der Ergebnisse von Anamnese, klinischer und röntgenologischer Untersuchung und möglicherweise verschiedener Kariestests eröffnet uns aber die Möglichkeit, relativ sicher das aktuelle und zukünftige individuelle Kariesrisiko einzuschätzen. In der zahnärztlichen Praxis können dann nicht nur zweckmäßige prophylaktische Maßnahmen ergriffen werden, sondern es kann auch prognostisch der Erfolg oder das Risiko geplanter restaurativer, parodontologischer oder kieferorthopädischer Maßnahmen abgeschätzt werden.

Kariesdiagnose

Der Begriff „Karies" wird überwiegend auf das Symptom „Kavität" bezogen oder, anders ausgedrückt, auf einen Zustand des Zahnes, der eine invasive Maßnahme erfordert.

Als Krankheitsbild ist Karies ein chronischer Prozeß, der mit einer minimalen, noch nicht sichtbaren Entkalkung der Zahnhartsubstanz beginnt und im Extremfall bis zur völligen Zerstörung des Zahnes führen kann.

Dieser Prozeß verläuft i.d.R. nicht kontinuierlich, sondern weist *Phasen der Progression, Stagnation oder sogar Remission* auf.

Wie schwierig es in der Praxis ist, einheitliche Kriterien für die Entscheidung „Restauration ja oder nein" zu finden, konnte ELDERTON 1983 [19] anschaulich demonstrieren.

Er ließ 15 Zahnärzte eine Behandlungsplanung für eine Gruppe von 18 jungen Patienten machen und stellte fest, daß extrem große Variationen zwischen den Zahnärzten auftraten. Die Anzahl der Zahnflächen, die für eine Restauration vorgesehen wurden, schwankte zwischen 20 und 153. Detailliert betrachtet, bewegte sich die Anzahl der bisher ungefüllten Zahnflächen, die jetzt eine Füllung erhalten sollten, zwischen 9 und 84 und die Anzahl der Füllungen, die erneuert werden sollten, zwischen 11 und 69. Zu ähnlichen Ergebnissen wie ELDERTON kamen später auch andere Autoren. Daraus kann man ableiten, daß sowohl die diagnostischen Kriterien wie auch die daraus abgeleiteten Behandlungsentscheidungen sehr unterschiedlich sein können.

In der Praxis kann die Kariesdiagnose verschiedene Ziele haben. Aus traditioneller Sicht geht es nur um die Entscheidung, ob ein Zahn oder eine bestimmte Zahnfläche eine Restauration benötigt oder nicht, aus zeitgemäßer Sicht geht es aber auch darum, durch die Kariesdiagnostik Phasen aktuell hoher oder niedriger Kariesaktivität zu erkennen. Wenn letzteres das Ziel ist, muß die Erfassung der Frühzeichen einer Karies, die initiale kariöse Läsion, in die Diagnostik einbezogen werden, und darüber hinaus sollte dann auch der Aktivitätsstatus einer Läsion beurteilt werden. Im Rahmen von Reihenuntersuchungen ist dies allerdings oft nicht möglich oder notwendig. Hier beschränkt man sich darauf, die Zähne oder Zahnflächen als kariös zu bezeichnen, bei denen zweifelsfrei eine invasive Maßnahme erforderlich ist. Eine Übersicht über die moderne Sichtweise der Karies mit Hinweisen auf die diagnostischen Möglichkeiten gibt „der Eisberg der Karies" von PITTS (Abb. 25) [77].

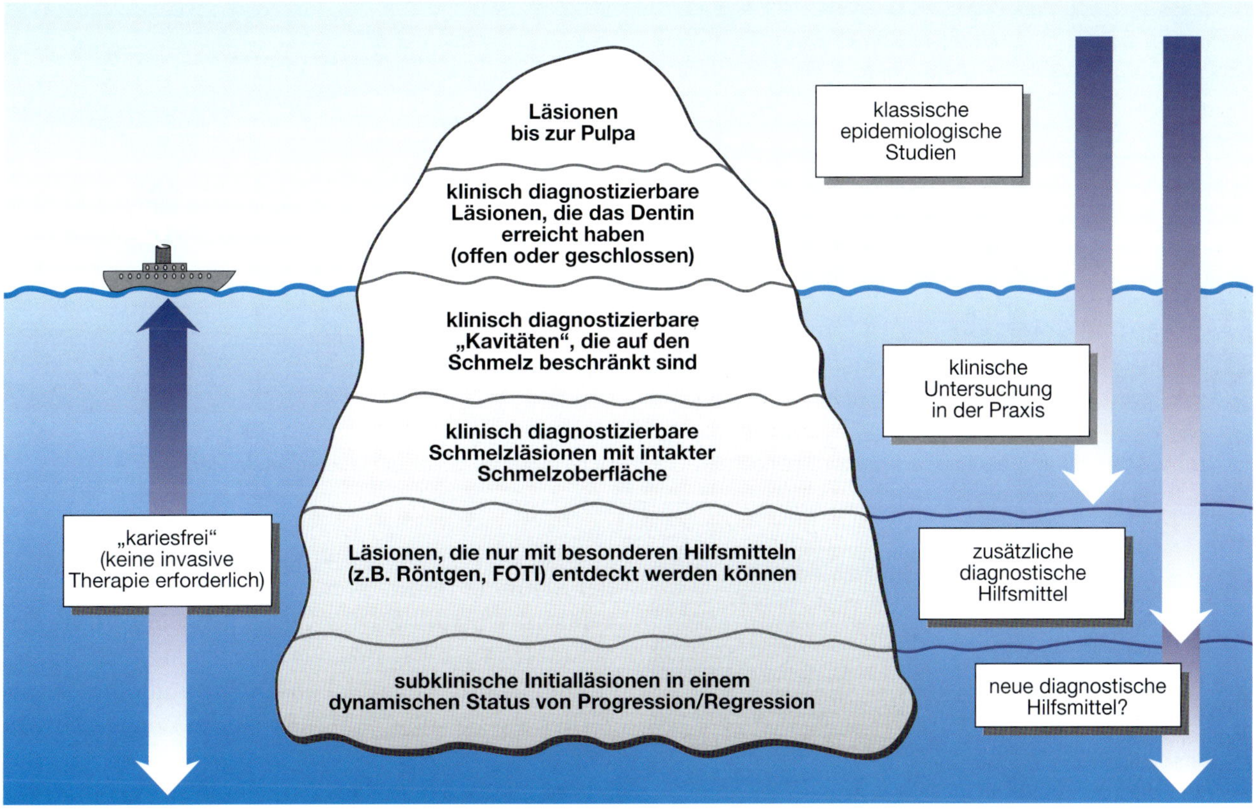

Abb. 25 Der Eisberg der Karies und die diagnostischen Möglichkeiten und Grenzen [77].

Zur Beschreibung des Erscheinungsbildes der Karies wird üblicherweise nach Lokalisation, Kariesgrad oder -form und Primär- oder Sekundärkaries unterschieden.

Im folgenden soll aber auch darauf eingegangen werden, wie man den Aktivitätsstatus einer kariösen Läsion beurteilen kann.

Initiale Karies

Der Begriff initiale Karies wird sowohl für die meist mit Plaque bedeckte, aktive initiale Schmelzkaries wie auch für die inaktive, arretierte oder ruhende Schmelzkaries verwendet [47].

Als Synonym werden auch die Bezeichnungen *Kreidefleck*, frühe kariöse Läsion oder *„white spot lesion"* verwendet. Eine aktive Initialkaries erfordert unsere ganze Aufmerksamkeit, weil sie auf ein aktuell hohes Kariesrisiko hinweist. Eine inaktive, arretierte Schmelzkaries ist dagegen eher Ausdruck eines ausbalancierten Zustandes in der Mundhöhle des betreffenden Individuums und ist oft mit einem aktuell niedrigen Kariesrisiko verbunden.

Klinisch und röntgenologisch kann man eine initiale Karies erst diagnostizieren, wenn schon ein beträchtlicher Mineralverlust vorliegt. Histologisch und experimentell läßt sich aber mit verschiedenen Techniken wie z.B. der Elektronenmikroskopie, der Mikroradiographie, Mikrohärtemessung oder chemischen Analysen schon viel früher eine beginnende Karies nachweisen. Mit Hilfe einer neuen, recht aufwendigen Technik, *der „quantitative light-induced fluorescence"*, ist es jetzt möglich, schon minimale De- und Remineralisationsvorgänge direkt im Mund zu messen [16]. Hier zeichnen sich Weiterentwicklungen ab, die in absehbarer Zeit zumindest die Durchführung kontrollierter klinischer Studien vereinfachen werden.

Klinisch stellt sich eine aktive initiale Karies des Schmelzes als kreidige Verfärbung der Schmelzoberfläche dar, ohne daß die Kontinuität der Oberfläche unterbrochen ist (Abb. 26). Die Ausdehnung der Oberflächenveränderung entspricht immer der Fläche, die längere Zeit mit einer stoffwechselaktiven Plaque bedeckt war. Das kreidige, milchige Aussehen der betroffenen Flächen kommt dadurch zu-

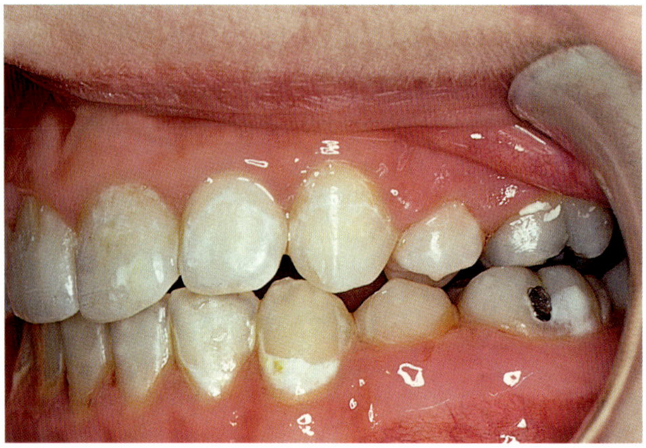

Abb. 26 Das klinische Bild aktiver initialer Schmelzkaries, besonders ausgeprägt im Zahnhalsbereich, im jugendlichen Gebiß.

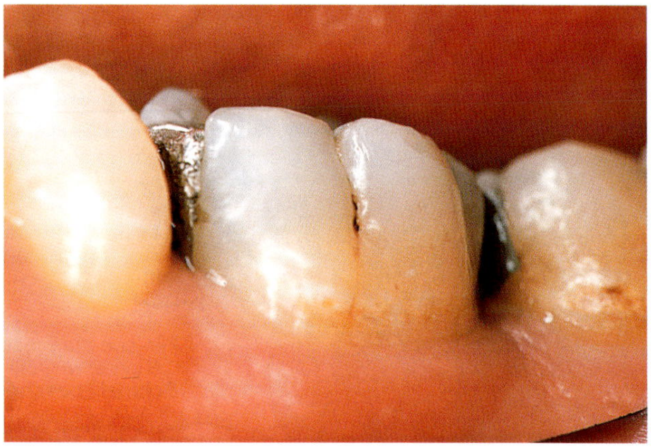

Abb. 28 Klinisches Bild einer inaktiven, arretierten initialen Schmelzkaries bei einem unterem ersten Molar.

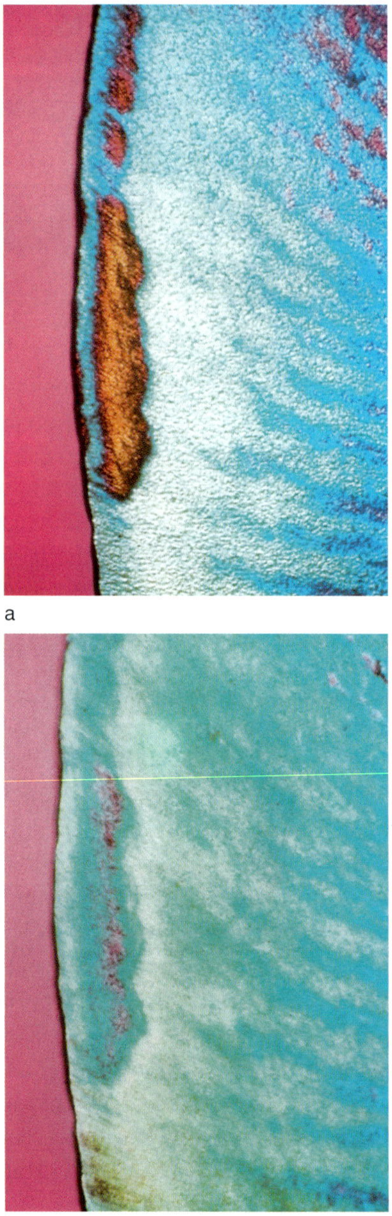

a

b

Abb. 27 Eine unter simulierten Belags- und Entkalkungsverhältnissen im Laboratorium erzeugte kleine Schmelzläsion zeigt bei der polarisationsoptischen Porendarstellung eine beinahe intakte Oberfläche (a); nach Behandlung mit einer fluoridhaltigen künstlichen Speichellösung wird durch Remineralisation das Porenvolumen wieder kleiner: Die Läsion heilt aus (b). Dennoch verschwinden nach (teilweiser) Remineralisation und Stationärwerden die Porositäten sowie klinisch die kreidige Entfärbung des Schmelzes manchmal nicht völlig. Alte remineralisierte und neue Schmelzflecken als Warnzeichen für steigende Kariesaktivität sind daher schwer zu unterscheiden. (aus PdZ 2, 3. Aufl. mit freundlicher Genehmigung von Prof. Dr. L. Silverstone, Denver, Colorado).

stande, daß mit zunehmender Gewebeporosität der Schmelz immer weniger transluzent wird. Das typische histologische Merkmal der initialen Schmelzkaries ist eine verhältnismäßig gering demineralisierte Oberflächenschicht und eine darunterliegende stärker demineralisierte Zone (Abb. 27a und b).

Wenn das Voranschreiten der Demineralisation durch Einleitung geeigneter Maßnahmen gestoppt wird, bevor es zu einer Kavitation durch Einbrechen der Oberflächenschicht und zur Ausbildung einer Dentinkaries kommt, kann besonders in die Oberfläche wieder Mineral eingelagert werden. Eine aktive initiale Karies wird dann in eine inaktive, arretierte initiale Schmelzkaries umgewandelt. Selbst unter optimalen Bedingungen findet in den tieferen Schichten der Läsion kein vollständiger Ersatz des verlorengegangenen Minerals statt. Somit erklärt sich, daß eine remineralisierte, inaktive Schmelzkaries immer wie eine Narbe im Zahngewebe sichtbar bleibt. In den Remineralisationsphasen kommt es auch oft zur Einlagerung exogener Farbstoffe, z.B. aus Tabak, Tee oder verschiedenen Nahrungsmitteln, die zu einer bräunlichen Verfärbung der Läsion führen (Abb. 28).

Klinisch läßt sich bei allen sichtbaren Zahnflächen recht sicher feststellen, ob eine aktive oder eine inaktive Initialkaries vorliegt. Voraussetzung hierfür ist, daß die Schmelzoberfläche sauber und trocken ist. Die Oberfläche einer aktiven Initialkaries wirkt matt und fühlt sich bei leichtem Kratzen mit einem stumpfen Instrument rauh und möglicherweise etwas weicher an als die Umgebung. Die Oberfläche einer inaktiven, arretierten Initialkaries erscheint demgegenüber glänzend, glatt, sehr hart und oft bräunlich verfärbt (Abb. 29).

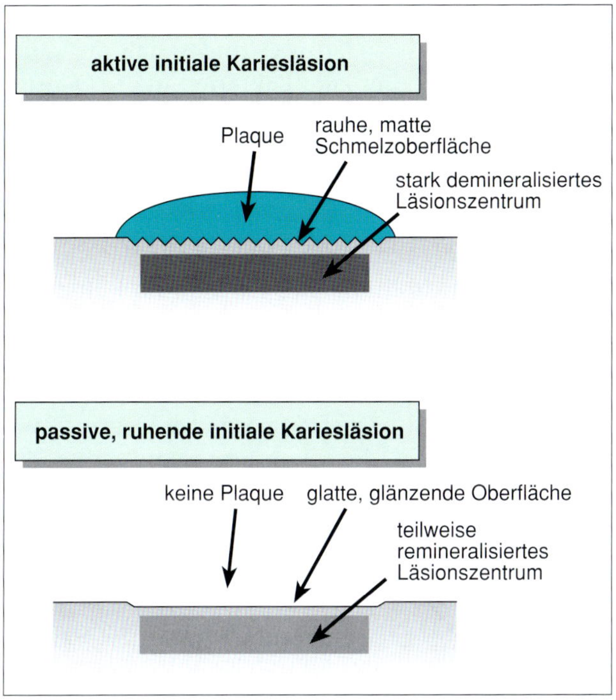

Abb. 29 Vereinfachte schematische Darstellung des klinischen und histologischen Erscheinungsbildes einer aktiven und einer inaktiven initialen Schmelzkaries.

Eine Zahnfläche mit einer initialen Schmelzkaries ohne Beteiligung des darunterliegenden Dentins benötigt keine invasiven Therapiemaßnahmen und gilt deshalb im klassischen Sinn als „kariesfrei". Dies gilt auch, wenn es zu kleinen Substanzverlusten durch Einbrechen der Oberflächenschicht kommt. Als einzige Ausnahme kann die ästhetische Versorgung von verfärbter Initialkaries im sichtbaren Bereich auf den ausdrücklichen Wunsch des Patienten akzeptiert werden.

Dentinkaries

Wenn die Demineralisation des Schmelzes so weit fortschreitet, daß die Schmelz-Dentingrenze penetriert wird, kommt es zumeist zu einer raschen, den Schmelz unterminierenden Ausbreitung des Prozesses im Dentin. Im fortgeschrittenen Stadium weist dann das kariöse Dentin eine kegelförmige Form auf mit der Basis an der Schmelz-Dentingrenze. In Abhängigkeit vom Progressionstempo der Karies bilden sich im Dentin bestimmte, histologisch und zum Teil auch klinisch zu identifizierende Zonen aus (Abb. 30). Von peripher her gesehen findet sich

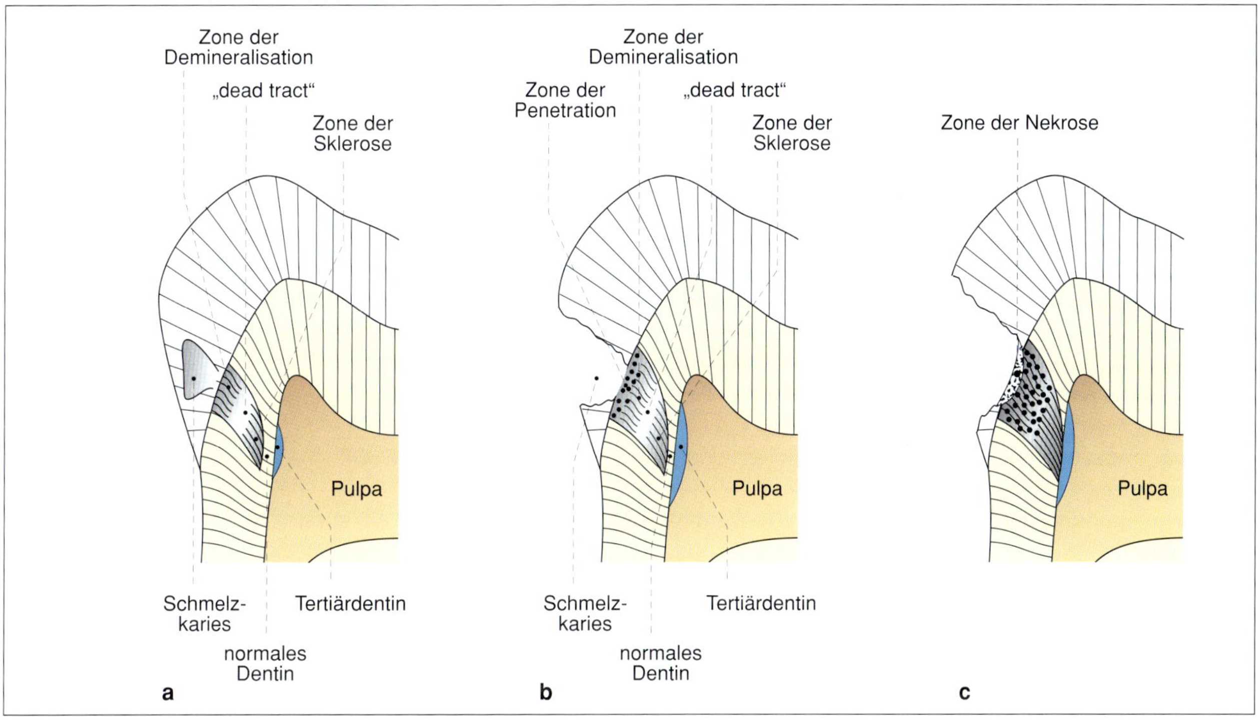

Abb. 30 Schematische Darstellung der verschiedenen Stadien der Dentinkaries.
Schon vor der Schmelzkavitation reagiert die Dentin-Pulpaeinheit auf den kariösen Reiz mit histopathologischen Veränderungen. An der Pulpa-Dentingrenze entsteht Tertiärdentin. Nach peripher folgen eine Schicht normalen Dentins, die Zone der Sklerose, der „dead tracts" und an der Schmelz-Dentingrenze die Zone der Demineralisation.
Nach der Schmelzkavitation dringen Mikroorganismen in die Dentinkanälchen vor (Zone der Penetration). Die Demineralisation nimmt zu und die Karies breitet sich an der Schmelz-Dentingrenze unterminierend aus.
Im fortgeschrittenen Stadium sind die Dentinkanälchen massiv infiziert. In der Zone der Nekrose findet man zerfallenes und verflüssigtes Dentin sowie Bakterien mit vornehmlich proteolytischer Aktivität [87].

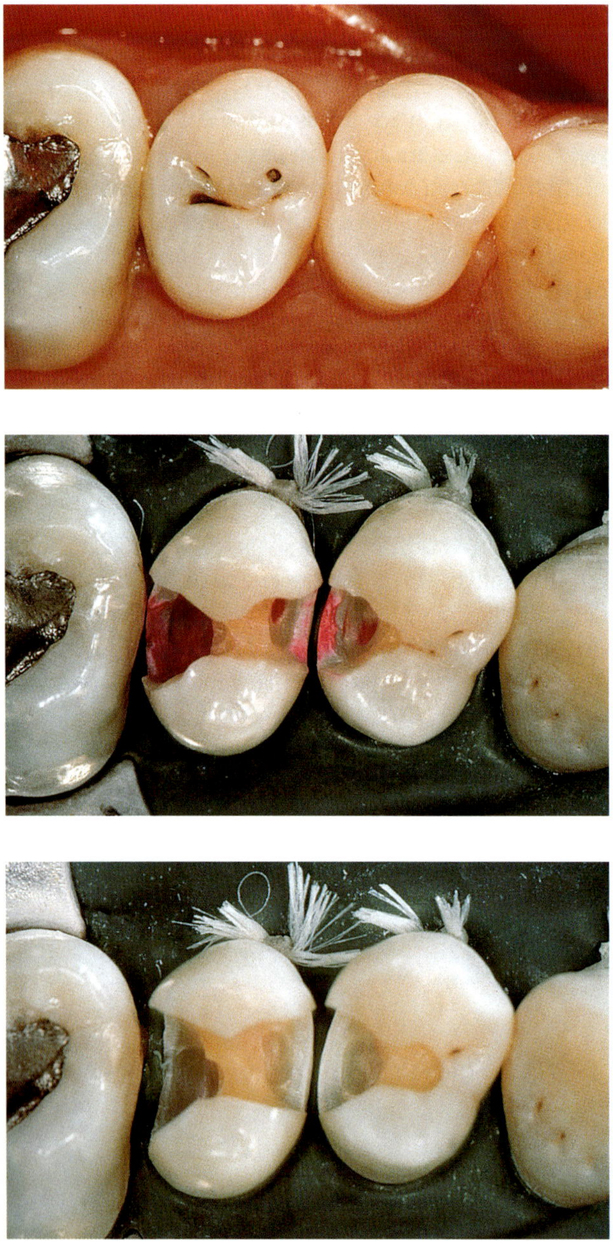

a

b

c

zuerst die Zone der Nekrose, in der das Dentin vollständig zerstört ist. Darunter findet sich die Zone der Penetration. Hier sind Bakterien in die Dentinkanälchen eingedrungen. Bedingt durch die Säureproduktion der Bakterien schließt sich die Zone der Demineralisation an. Hier ist das Dentin partiell erweicht, aber nicht mehr infiziert. Wenn der Prozeß nicht zu schnell verläuft, bildet sich als Reizantwort der Pulpa/Dentin-Einheit als Barriere zur Pulpa eine Zone der Sklerose. Durch Ausfällung von Kalzium-Phosphat-Salzen kommt es zur Obliteration der Dentinkanälchen. Sklerotisches Dentin ist übermineralisiert und härter als normales Dentin. Zwischen den Zonen der Demineralisation und der Sklerose können sich sogenannte „dead tracts" ausbilden. Dies ist ein Bereich, in dem die Odontoblastenfortsätze in den Dentinkanälchen zerstört sind.

Aus diagnostischer Sicht ist es am wichtigsten, eine Unterscheidung zwischen infiziertem und erweichtem Dentin und dem nicht infizierten, harten oder sklerotischen Dentin zu machen. *Sklerotisches Dentin* kann i.d.R. leicht durch seine Härte und das glänzende Aussehen identifiziert werden. Bei stark progressivem Verlauf der Karies, besonders bei Kindern, bildet sich diese Schicht aber nicht oder nicht deutlich aus und eine Differenzierung zwischen erkranktem und gesundem Dentin kann erschwert sein. Als Hilfsmittel in zweifelhaften Fällen haben sich Färbelösungen wie Säurerot gut bewährt. Hiermit ist durch die optische Kontrolle die Differenzierung erleichtert (Abb. 31a bis c).

Abb. 31 a bis c Nach Eröffnung der kariösen Prozesse und erster Exkavation kann mit einer Färbelösung verbliebenes erweichtes und infiziertes Dentin sichtbar gemacht werden.

Tabelle 5 Aussehen und Symptome einer aktiven und arretierten Dentinkaries [aus 66].

Aussehen und Symptome der Dentinkaries	Aktive Dentinkaries	Arretierte Dentinkaries
Farbe der oberen Schicht	hell	dunkel
Konsistenz der oberen Schicht	weich, bröckelig, nekrotische Massen	ledrig, hart
Schmerzempfindung	schmerzhaft bei kalt, süß und sauer	gewöhnlich nicht schmerzhaft
Alter	häufig bei Kindern	generell bei älteren Altersgruppen
Progression	schnell, häufig Pulpaexposition	langsam, intermittierender Verlauf
Art des Dentins in der unteren Schicht	schmerzhaft, entkalkt	schmerzlos, sklerotisch und pigmentiert

Wie im Schmelz kann man auch im Dentin aktive oder inaktive, arretierte Kariesformen unterscheiden. Nach wie vor gültige Kriterien für die Differenzierung zwischen aktiver oder arretierter Dentinkaries wurden 1959 von Miller [66] beschrieben (Tab. 5).

Von klinisch-praktischer Bedeutung ist diese Differenzierung hauptsächlich für die Beurteilung einer zugänglichen *Wurzelkaries*. Bei koronalen Dentinläsionen mit geringer Kavitation ist eine direkte Beurteilung des Aktivitätsstatus schlecht möglich. Die Anfertigung von Röntgenbildern in definierten Zeitabständen ermöglicht aber, den Progressionsgrad einer Läsion zu beurteilen. Indirekt gibt der Mundhygienestatus des Patienten deutliche Hinweise, da eine aktive Karies meistens mit massiven Plaqueauflagerungen verbunden ist.

Ob bei Vorhandensein einer *Dentinkaries* in jedem Fall eine Füllungstherapie erforderlich ist, ist seit einigen Jahren umstritten. Theoretisch kann durch geeignete Maßnahmen jede Karies von einer aktiven in eine inaktive, arretierte Form überführt werden [70]. Klinische Erfahrungen hierzu liegen hinreichend für initiale Schmelzkaries und Wurzelkaries, aber nicht oder noch nicht für koronale Schmelzkaries vor.

Fissurenkaries

Im Zusammenhang mit einem generellen Rückgang der Kariesprävalenz in den industrialisierten Ländern sind bei Kindern und Jugendlichen die Fissuren und Grübchen der Molaren als wichtigste Prädilektionsstelle besonders häufig von Karies befallen. Während bei einer ausgeprägten Kavitation die Erkennung einer Karies mit Dentinbeteiligung keine Probleme bereitet, erschwert die Morphologie der Fissuren bei kleineren Läsionen die Differenzierung zwischen einer initialen Schmelzkaries und einer in das Dentin penetrierten Karies sehr stark (Abb. 32, klinische Bilder).

Bis vor einigen Jahren wurden Fissuren und Grübchen mit Hilfe von Mundspiegel und spitzer Sonde untersucht. Die Entscheidung, ob eine invasive Therapie notwendig ist, wurde davon abhängig gemacht, ob die Sonde in der Fissur „klebt" oder nicht.

Heute weiß man, daß die Sonde oft nur aufgrund der Fissurenanatomie steckenbleibt oder klebt und dies kein sicherer Beleg für eine vorliegende Dentinkaries ist.

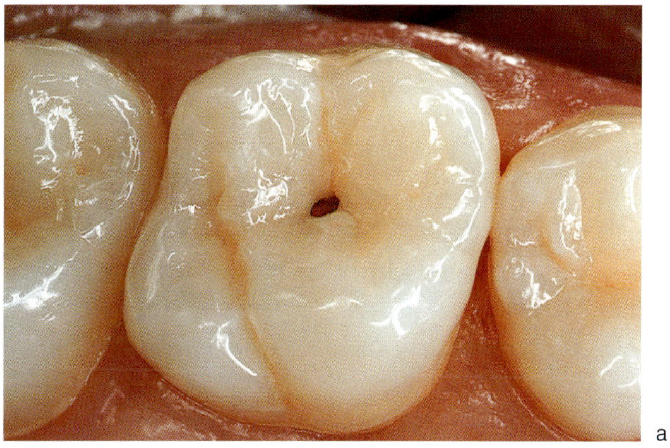

a

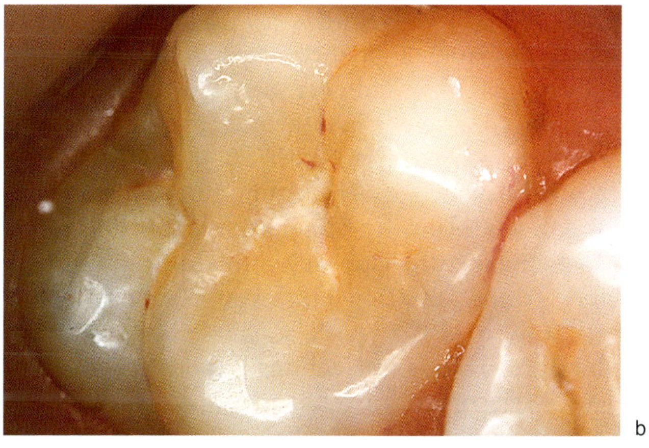

b

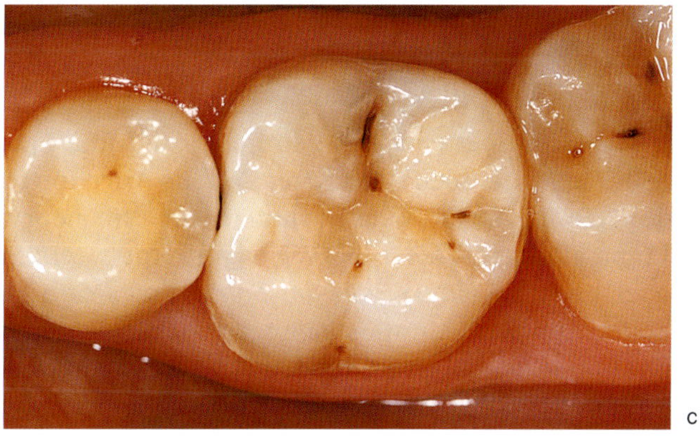

c

Abb. 32

a) Typisches klinisches Bild einer Fissurenkaries mit Dentinbeteiligung. Die behandlungsbedürftige Karies kann ohne Hilfsmittel mit bloßem Auge sicher diagnostiziert werden.
b) Entkalkte Fissur eines oberen Molaren mit Plaqueresten bei einem siebenjährigen Kind.
c) Verfärbte Fissur eines unteren ersten Molaren bei einem jungen Erwachsenen. Deutlich sichtbar ist eine Opazität der mesialen Randleiste, die als klarer Hinweis auf eine Approximalkaries zu werten ist.

In Vergleichsstudien konnte gezeigt werden, daß die Verwendung einer *spitzen Sonde* zusätzlich zur visuellen Inspektion zu keiner Verbesserung der Diagnosegenauigkeit führt [56].

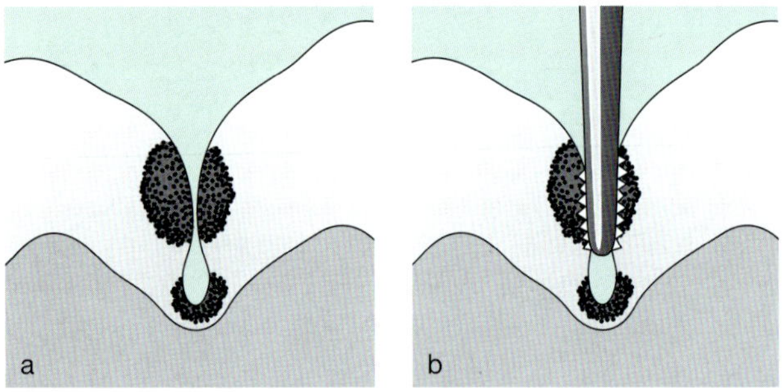

Abb. 33 Schematische Darstellung einer typischen initialen Schmelzkaries in der Fissur und der mögliche Effekt einer Sondierung.

Der punktuelle Druck, der beim Sondieren ausgeübt wird, birgt vielmehr eine Gefahr in sich: In mehreren Studien konnte nämlich nachgewiesen werden, daß bei üblicher Sondierung die Oberflächenschicht einer bestehenden Initialkaries verletzt oder eingedrückt werden kann [18]. Dies kann zu einer deutlichen Verschlechterung der Prognose führen, weil dann eine Kavitation entsteht, die die Möglichkeit zur Plaqueakkumulation erhöht und eine Remineralisation erschwert oder unmöglich macht (Abb. 33). Es wurde auch darüber spekuliert, ob während der Untersuchung mit der Sonde kariogene Mikroorganismen innerhalb der Mundhöhle von einem Zahn zum anderen übertragen werden können und damit das Kariesrisiko steigt. Diese Vermutungen konnten bisher allerdings nicht bestätigt werden.

Besonders in Reihenuntersuchungen hat die Sonde bisher immer eine große Rolle gespielt und Epidemiologen wurden in früherer Zeit als Angehörige des „Probesticker Clubs" bezeichnet. In neuen Empfehlungen schlägt die WHO vor, eine *stumpfe* oder noch besser eine *an der Spitze kugelförmige Sonde* für Reihenuntersuchungen zu verwenden. Die Sonde kann dann tastend und zur Reinigung der Fissuren von Plaque benutzt werden. In der Praxis ist es aber sinnvoller, die Plaque durch eine Zahnreinigung zu entfernen, um so eine optimale Sicht zu gewährleisten.

Für die *Diagnose der Fissuren- und Grübchenkaries* stehen folgende Methoden zur Verfügung:

- Inspektion (mit bloßem Auge oder einer Vergrößerungshilfe)
- Sondierung (spitze oder stumpfe Sonde)
- Röntgen (Bißflügelaufnahmen)
- Transillumination (Fiberoptiktransillumination)
- Messung des elektrischen Widerstands (Kariesmeter)
- Laserfluoreszenz-System (Diagnodent®)

Bei der Inspektion kann man zwischen verschieden starken Verfärbungen, entkalkten Zonen am Fissureneingang und wirklichen Schmelzeinbrüchen oder Kavitationen differenzieren. *Unverfärbte Fissuren* sind nur in seltenen Fällen mit einer versteckten Dentinkaries verbunden und die Wahrscheinlichkeit, daß eine unverfärbte Fissur in absehbarer Zeit kariös wird, ist gering. Dunkelbraun oder schwarz verfärbte Fissuren weisen bei Kindern und Jugendlichen auf ein erhöhtes Kariesrisiko hin. Marthaler et al. [62] fanden, daß dunkel verfärbte Fissuren bei Zwölfjährigen in den folgenden Jahren ein mehrfach höheres Kariesrisiko hatten als unverfärbte Fissuren. Beim Erwachsenen trifft dies allerdings nicht zu. Hier sind verfärbte Fissuren zumeist Ausdruck einer arretierten initialen Schmelzkaries. Invasive Maßnahmen sind in keinem Fall angezeigt, bei Kindern ist aber eine erhöhte Aufmerksamkeit erforderlich.

Eine *breitflächig entkalkte Zone am Fissureneingang* ist oft mit einer Dentinkaries verbunden und Opazitäten am Fissurenfundus stellen ebenfalls einen guten Indikator für Dentinkaries dar [56]. Zur Verifizierung einer Dentinkaries können dann andere diagnostische Methoden herangezogen werden. Wenn sich eine okklusale Karies röntgenologisch darstellen läßt, handelt es sich mit Sicherheit um eine in das Dentin penetrierte Läsion. Obwohl sich die Ausdehnung der Karies im Dentin anhand des Röntgenbildes schlecht abschätzen läßt, kann man doch mit sehr hoher Wahrscheinlichkeit davon ausgehen, daß eine invasive Maßnahme erforderlich ist.

Ein besonderes Problem kann die sogenannte *versteckte Karies (hidden caries)* darstellen. Darunter versteht man ausgeprägte Dentinläsionen, die von einem geschlossenen Schmelzmantel bedeckt und bei der klinischen Untersuchung nicht zu erkennen sind. Untersuchungen deuten darauf hin, daß etwa 15% der Dentinläsionen dieser Gruppe zugeordnet werden müssen. Es wird vermutet, daß diese Erscheinungsform mit verstärkten präventiven Bemühungen, besonders dem Einsatz von Fluoriden, zusammenhängt. Da bisher weder genaue Prävalenzdaten noch Untersuchungen zur Ätiologie vorliegen, müssen für eine Einordnung des Problems „versteckte Karies" weitere Untersuchungen abgewartet werden.

Die *Fiberoptiktransillumination* scheint zur Diagnose einer Fissurenkaries kein gutes Hilfsmittel zu sein, da sich bei Durchleuchtung des gesamten Zahnes eine Fissurenkaries nur sehr undeutlich darstellen läßt. Demgegenüber sind die elektrische Widerstandsmessung mit dem Kariesmeter und der Laserfluoreszenz-Kariesdetektor zur Diagnose der Fissurenkaries für die Zukunft vielversprechende Methoden. Die Methode der elektrischen Widerstandsmessung beruht darauf, daß zerstörte Zahnhartsubstanz besser leitet und einen geringeren Widerstand hat als gesunde.

Beim *Laserfluoreszenz-Kariesdetektor* erzeugt eine Laserdiode gepulstes Licht mit einer definierten Wellenlänge, das etwa 1 mm in die Zahnoberfläche eindringt. Sobald veränderte Zahnhartsubstanzen von dem ausgesandten Licht angeregt werden, fluoreszieren sie mit dem Licht einer anderen Wellenlänge. Karies fluoresziert deutlich stärker als gesunder Schmelz oder gesundes Dentin und wird dadurch erkennbar.

Die Resultate mit ersten Modellen von sogenannten *Kariesmetern* und dem Laserfluoreszenz-System Diagnodent® (KaVo) lassen erhoffen, daß in absehbarer Zeit die Diagnostik versteckter Karies in der Praxis sicherer werden wird.

Bewertung der verschiedenen Methoden

Die Fähigkeit der zur Verfügung stehenden Methoden, kranke Zähne als erkrankt (Sensitivität) und gesunde Zähne als gesund (Spezifität) zu erkennen, wurde besonders in den letzten Jahren häufig untersucht. Die Begriffe und die Berechnungsmethoden sind in Abbildung 24 erläutert. Insgesamt betrachtet zeigen die Diagnosemethoden eher eine niedrige Sensitivität und eine deutlich höhere Spezifität [39]. Besonders schwierig ist eine richtige Diagnose offensichtlich, wenn noch kein makroskopisch sichtbarer Einbruch der Okklusalfläche vorliegt. Als Beispiel hierfür können die Resultate einer Studie von Lussi [59] dienen, die in Tabelle 6 wiedergegeben sind.

Im Vergleich zur *Inspektion* mit bloßem Auge verbessert der Gebrauch einer *Sonde* und einer Vergrößerungshilfe die Genauigkeit der Diagnostik nur geringfügig. Erst die Begutachtung zusätzlicher *Bißflügel-Röntgenbilder* erhöht die Sensitivität deutlich. Zu insgesamt guten Resultaten führte die Anwendung der *elektrischen Widerstandsmessung*. Die auch von anderen Autoren bestätigten relativ niedrigen Werte für die Spezifität dieser Methode geben allerdings zu denken, da es bei den heutigen präventiven Möglichkeiten sicher nicht wünschenswert ist, daß gesunde Fissuren aufgrund einer Fehldiagnose invasiv behandelt werden. Zur Anwendung des *Laserfluoreszenz-Systems* Diagnodent liegen bisher nur erste Ergebnisse aus einer In-vitro-Studie [58] vor. Hier konnte für die Entdeckung verschiedener Karies-Erkrankungsstadien auf Okklusalflächen gegenüber der elektrischen Widerstandsmessung (EMC) eine vergleichbare Spezifität und Sensitivität gefunden werden. Insgesamt gesehen ist zur Erhöhung der Diagnosesicherheit eine Weiterentwicklung der diagnostischen Hilfsmittel wünschenswert.

Approximalkaries

Zur Diagnose der Approximalkaries können die *klinische Untersuchung, Bißflügel-Röntgenaufnahmen* oder die *Fiberoptiktransillumination (FOTI)* herangezogen werden. Wenn eine ausgeprägte Dentinkaries vorliegt, kann dies bei der klinischen Untersuchung oft durch eine *opake Verfärbung des Randleistenbereiches* erkannt werden. Eine approximale Schmelzkaries oder kleine Dentinläsion lassen sich klinisch aber nur erkennen, wenn der Nachbarzahn fehlt oder die Zähne separiert worden sind. Insgesamt muß man davon ausgehen, daß nur etwa jede dritte Approximalkaries mit Dentinbetei-

Tabelle 6 Spezifität, Sensitivität und richtige Entscheidungen bei der Diagnose scheinbar intakter Okklusalflächen [59].

	Spezifität	Sensitivität	richtige Diagnose
Inspektion	93%	12%	57%
Inspektion mit Vergrößerungshilfe	89%	20%	56%
Inspektion und Sonde	93%	14%	58%
Inspektion und Bitewing-Röntgenbilder	87%	49%	67%
Bitewing-Röntgenbilder	83%	45%	63%
elektrischer Widerstand	77%	93%	83%
deutliche Entkalkung der Fissuren	60%	71%	65%
braune oder schwarze Verfärbung der Fissur	17%	68%	40%

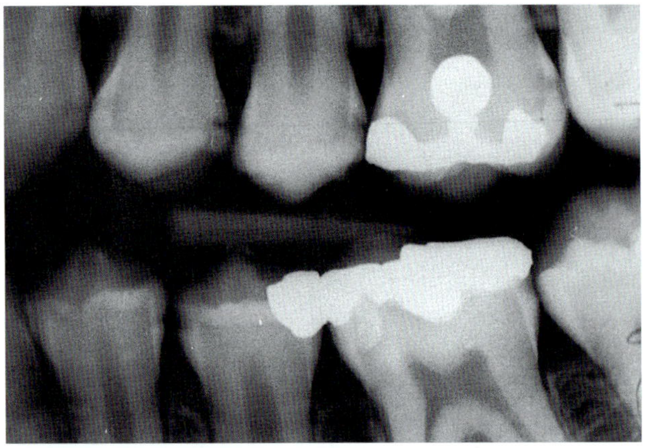

a

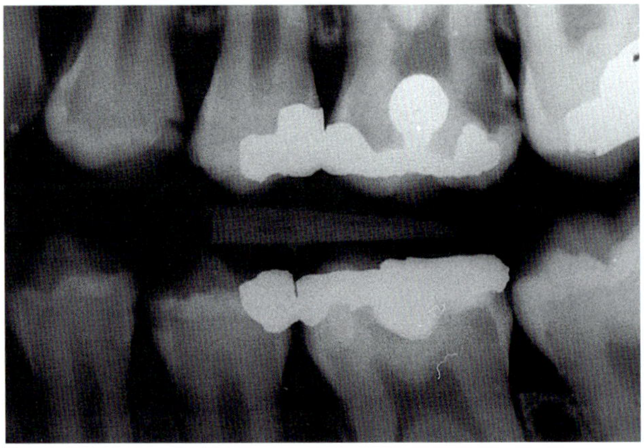

b

Abb. 34 a und b Bißflügelaufnahmen bei einem Jugendlichen mit hoher Kariesaktivität im Zeitabstand von zwei Jahren. Die Progression der Karies ist besonders deutlich distal beim oberen ersten Molaren zu erkennen.

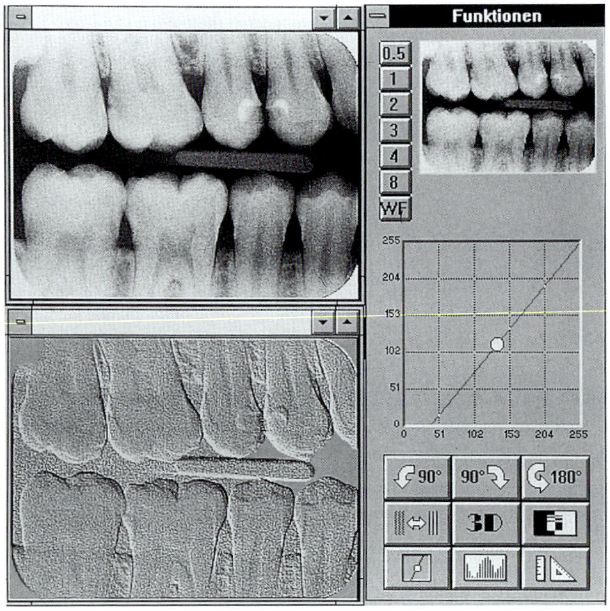

Abb. 35 Beispiel für ein digitales Röntgenbild (Gendex-Digora). Die digitalen Röntgensysteme ermöglichen verschiedene Bildbearbeitungen wie Helligkeits- und Kontrastkorrekturen sowie eine 3-D-Darstellung (die Auflösung ist im Druck gegenüber dem originalen digitalen Bild vermindert).

ligung klinisch erkannt wird [64]. Die Entscheidung zur invasiven Therapie einer Approximalkaries sollte aber unbedingt gut abgesichert sein, da es bei der Präparation approximaler Kavitäten mit konventionellem Instrumentarium sehr oft zur Verletzung der Nachbarzähne kommt und das Kariesrisiko dieser zuvor gesunden Zähne deutlich erhöht wird [80].

Als sicherste Methode zur Diagnose der Approximalkaries gilt nach wie vor die Anfertigung von Bißflügel-Röntgenaufnahmen.

Als Alternative zum konventionellen Zahnfilmröntgen stehen seit einigen Jahren digitale Röntgenverfahren zur Verfügung (Abb. 34a und b; Abb. 35). Bei diesen Systemen wird entweder anstelle des Röntgenfilmes ein Sensor verwendet, der einen CCD-Chip enthält und durch ein Kabel mit einem Rechner verbunden ist, oder eine Speicherfolie, deren Informationen nach der Belichtung im Laser-Scanner abgetastet werden [34]. Die Vorteile dieser Systeme sind, daß die Strahlendosis gegenüber dem konventionellen Röntgen bis zu ca. 50% reduziert werden kann und daß die chemische Entwicklung entfällt. Ein Nachteil der Sensor-Systeme ist die geringe Größe des aktiven Feldes, das nur der eines Kinderzahnfilmes entspricht.

Die Bißflügel-Röntgenaufnahmen werden in Paralleltechnik angefertigt und der Zentralstrahl muß orthoradial durch den Interdentalraum der Zähne gehen, um Überlagerungen zu vermeiden. Manchmal ist es notwendig, von jeder Seite zwei Bilder anzufertigen, wobei bei einem Bild der Zentralstrahl zwischen den ersten und zweiten Molaren und bei dem anderen Bild zwischen die beiden Prämolaren gerichtet wird. Eine falsche Einstellung des Zentralstrahles kann zu Überlagerungen und Verzerrungen führen, wodurch eine falsche Größe und Ausdehnung der Läsion vorgetäuscht wird. Bei horizontaler Abweichung der Projektionsrichtung kann eine Schmelzkaries in das Dentin projiziert werden. Eine Aufhellung im Dentin, von der i.d.R. die Entscheidung zur invasiven Therapie abhängig gemacht wird, sollte deshalb immer mit einer Aufhellung im Schmelz verbunden sein [65].

Bei der Befundung der Bißflügel-Röntgenbilder kann eine Graduierung der Karies nach folgendem Schema vorgenommen werden:

D 0 = Keine Karies
D 1 = Radioluzenz in der äußeren Schmelzhälfte

D 2 = Radioluzenz bis zur inneren Schmelzhälfte
D 3 = Radioluzenz bis zur äußeren Dentinhälfte
D 4 = Radioluzenz bis zur inneren Dentinhälfte

Alternativ hierzu wird auch häufig die Bezeichnung C 0 bis C 4 verwendet.

Die tatsächliche Ausdehnung der Karies wird im Röntgenbild grundsätzlich unterschätzt. Wenn also eine entsprechende Aufhellung sichtbar ist, kann mit sehr hoher Wahrscheinlichkeit davon ausgegangen werden, daß tatsächlich eine Karies vorliegt. Andererseits gelingt es aber nicht, röntgenologisch jede Karies zu erkennen. Die Sensitivität für das Erkennen von Karies in der äußeren Dentinhälfte wird je nach Untersuchung mit 55–85% angegeben. Ausgedehntere Dentinläsionen werden mit einer höheren Sicherheit erkannt [57].

Durch *periodische Anfertigung von Bißflügel-Röntgenbildern* kann sehr gut die Progression einer Karies beobachtet werden. Aus zahlreichen internationalen Studien weiß man, daß das Progressionstempo einer Karies in den meisten Fällen recht langsam ist. Als Beispiel hierzu sind in Tabelle 7 die Resultate einer Untersuchung von SHWARTZ et al. [88] dargestellt, bei der Kinder, Jugendliche und junge Erwachsene aus Schweden und den USA über mehrere Jahre beobachtet wurden.

Es wird deutlich, daß bei Kindern und Jugendlichen eine Karies etwa vier bis fünf Jahre braucht, um den Schmelzmantel eines permanenten Zahnes zu durchdringen. Beim Vorliegen einer hohen Kariesaktivität kann im Einzelfall der Zeitraum deutlich kürzer sein. Generell zeigen Milchzähne und Zähne kurz nach dem Durchbruch eine bedeutend geringere Penetrationszeit. In welchen Zeitabständen Bißflügel-Röntgenbilder angefertigt werden, sollte vom individuellen Kariesrisiko abhängig gemacht werden. Als Richtzeit kann man bei Jugendlichen einen Zeitabstand von zwei Jahren angeben. Nach der Beurteilung des Progressionstempos durch Vergleich der Bilder können dann die weiteren Zeitabstände festgelegt werden.

Die *Fiberoptiktransillumination (FOTI)* hat sich vor allem bei der Diagnose von Dentinkaries im Frontzahnbereich und bei Approximalflächen im Seitenzahnbereich, bei denen keine Beeinträchtigung durch benachbarte Füllungen vorhanden ist, bewährt (Abb. 36a und b). Die Fähigkeit von FOTI, Dentinkaries zu erkennen, wird sehr unterschiedlich angegeben. Begründet wird dies durch unterschiedliche apparative Ausstattung und besonders durch Variabilitäten zwischen verschiedenen Untersuchern [31]. Die diagnostischen Möglichkeiten zur Erkennung einer approximalen Schmelzkaries sind aber sehr eingeschränkt. Empfohlen werden kann der Einsatz von FOTI besonders für Situationen, in denen die Anfertigung von Röntgenbildern nicht möglich ist, oder als zusätzliches Hilfsmittel in der Praxis zur Diagnosesicherung.

Zur Abwägung der Therapiemöglichkeiten kann es wichtig sein zu wissen, ob eine Kavitation vorliegt, da eine Läsion mit makroskopisch intakter Schmelzoberfläche bessere Chancen für eine nichtinvasive Therapie bietet. In den klinisch nicht einsehbaren Arealen läßt sich dies mit den beschriebenen Methoden allerdings nicht entscheiden. Nach Separation der Zähne bzw. der durch direkte Inspektion der Approximalflächen bei der Präparation des Nachbarzahnes konnten aber Vergleiche zwischen Röntgenbefunden und tatsächlichem klinischen Zustand vorgenommen werden.

Zusammengefaßt ergibt sich aus zwei Studien [1, 76] folgendes Bild: Bei dem radiologischen Befund D 1 fand sich nie eine Kavitation, bei D 2 in 10–20%,

Tabelle 7 Dauer der Kariesprogression durch die äußere und innere Schmelzhälfte (SE = Standardfehler des Mittelwerts).

Land	Alter Monate	Äußere Schmelzhälfte Monate (SE)	Innere Schmelzhälfte Monate (SE)	Gesamtzeit Monate
Schweden (n = 100)	**10–11**	**20,9 (3,0)**	**27,9 (3,6)**	**48,8**
USA (n = 117)	10–11	22,6 (4,2)	18,6 (1,4)	41,2
Schweden (n = 99)	17	37,6 (1,9)	47,4 (2,3)	85,0
USA (n = 342)	17–18	15,5 (0,4)	26,5 (0,4)	42,0
Schweden (n = 100)	21–22	41,2 (6,7)	56,4 (4,2)	97,6

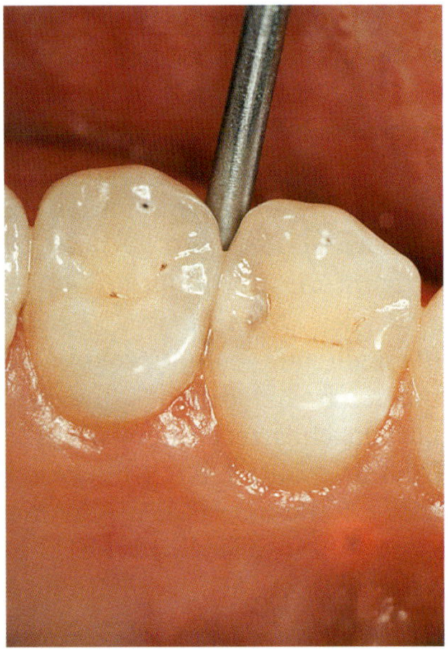

a

b

Abb. 36
a und b) Anwendung der Fiberoptiktransillumination (FOTI) zur Sichtbarmachung einer approximalen Karies mit Dentinbeteiligung bei einem Prämolaren.

bei D 3 in 40–80% und bei D 4 in allen Fällen. Die Kavitationen fanden sich häufiger bei Molaren als bei Prämolaren.

> Hieraus kann man für die Praxis ableiten, daß selbst bei einer Karies mit Dentinbeteiligung ein abwartendes Verhalten sinnvoll sein kann.

Glattflächenkaries

Glattflächenkaries ist heute in Ländern mit etablierter Kariesprävention selten und steht immer mit *starker Vernachlässigung der Mundhygiene* oder *besonderen Erkrankungen* (z.B. Xerostomie) in Verbindung. Bei der klinischen Untersuchung bereitet es nach einer Zahnreinigung keine Probleme, Glattflächenkaries zu erkennen und zwischen alleiniger Schmelzkaries oder einer Karies mit Dentinbeteiligung zu differenzieren. Solange keine Penetration in das Dentin erfolgt ist, läßt sich Glattflächenkaries sehr gut durch geeignete präventive Maßnahmen zum Stillstand bringen oder remineralisieren [3]. Das klinische Bild einer aktiven oder inaktiven Schmelzkaries wurde schon weiter oben beschrieben. Bei eingebrochener Oberfläche im Schmelz ohne Dentinbeteiligung kann oft auf eine invasive Maßnahme verzichtet werden. Erst bei einer Dentinbeteiligung oder aus kosmetischen Gründen werden Restaurationen notwendig.

Wurzelkaries

Wurzelkaries hat ihren Ursprung auf der Wurzeloberfläche, die noch von Zement bedeckt sein kann oder nach mechanischem Abtrag der dünnen Zementschicht aus Dentin besteht.

> Wurzelkaries tritt zumeist erst in höherem Lebensalter auf, da es erst dann durch gingivale Rezessionen zur Freilegung von Wurzeloberflächen kommt (Abb. 37).

Die Ätiologie der Wurzelkaries entspricht der einer *koronalen Karies*, obwohl manchmal der Eindruck

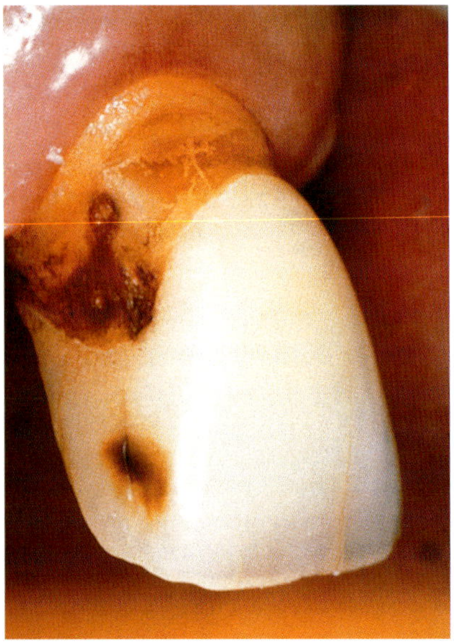

Abb. 37 Klinisches Bild einer Wurzelkaries mit erweichten und nur verfärbten Arealen.

entstehen kann, die Karies sei subgingival in einer Zahnfleischtasche entstanden. Diese Bild kommt aber dadurch zustande, daß eine zuvor zur Mundhöhle exponierte Fläche später von entzündlich geschwollener Gingiva überdeckt wurde [95]. Wurzelkaries kann an allen freiliegenden Wurzeloberflächen vorkommen, am häufigsten sind jedoch die Seitenzähne befallen. Bukkale, distale und mesiale Flächen sind am stärksten gefährdet [36].

Wie eine koronale Karies durchläuft Wurzelkaries eine Reihe von *Stadien* und kann einen aktiven oder inaktiven Zustand haben. Zuerst zeigen sich zumeist kleine, umschriebene, gelbliche oder gelblichbraune Areale, deren Oberflächen sich bei der Sondierung weich anfühlen. Im fortgeschrittenen Stadium kann es zu ausgedehnten, stark erweichten zirkulären Läsionen kommen. Die befallenen Areale sind i.d.R. von Plaque bedeckt. Bei der klinischen Inspektion kann die Ausdehnung und der Zustand einer Wurzelkaries nur nach einer gründlichen vorhergehenden Zahnreinigung beurteilt werden. Solange noch kein Therapiekonzept vorliegt, sollte aber ein Scaling der Oberflächen zurückgestellt werden, um unnötigen Substanzverlust und Beschädigungen der Oberflächen bei der Erstuntersuchung zu vermeiden.

Die *Diagnose* der Wurzelkaries erfolgt überwiegend allein durch Inspektion und Sondierung. An approximalen Flächen lokalisierte Wurzelkaries kann aber auch mit Bißflügel-Röntgenbildern dargestellt werden (Abb. 38).

Zur Wertigkeit von Bißflügel-Röntgenbildern für die Diagnose einer Wurzelkaries liegen nur wenige Informationen vor. Sensitivität und Spezifität der Röntgendiagnose werden als gut beschrieben und röntgenologisch kann etwa gleich viel oder wenig mehr Wurzelkaries gefunden werden als bei der nur klinischen Untersuchung [4].

Bei der Inspektion wird die Lokalisation der Läsion, die Kontur der Oberfläche und die Farbe beurteilt, bei der Sondierung die Konsistenz der Läsion (s.a. S. 359 ff.).

Veränderungen der Oberflächenkontur können verschiedene Formen haben. Es kann ein flächenhafter, muldenförmiger Substanzverlust mit unklarer Begrenzung oder ein deutlich abgrenzbarer Einbruch der Oberfläche im Sinne einer Kavität vorliegen. Läsionen mit deutlicher Kavitation weisen häufig eine weiche Oberfläche auf, da durch die erschwerte Reinigungsmöglichkeit die Plaqueakkumulation begünstigt wird [36].

Ein häufig verwendetes, allerdings auch umstrittenes Kriterium ist die *Beurteilung der Farbe*. Die Beschreibungen von Farbveränderungen reichen von gelblich, gelb-orange, hell- oder dunkelbraun bis zu schwarz. Nach den Angaben einiger Autoren kann die Farbe einer Wurzelkaries Hinweise darauf geben, ob ein aktiver oder inaktiver Zustand vorliegt. Hellere Farben sollen ein Kennzeichen für eine aktive Läsion und dunklere Farben ein Kennzeichen für eine inaktive Läsion sein. In einer aktuellen Untersuchung, bei der das Ausmaß der bakteriellen Besiedlung des Dentins mit der Farbe der Läsion verglichen wurde, konnte dies allerdings nicht bestätigt werden [60]. Dunkle Läsionen beinhalteten genausooft und in vergleichbarem Ausmaß Mikroorganismen (z.B. Mutans-Streptokokken und Laktobazillen) wie hellere Läsionen. Es muß betont werden, daß die Farbe also nicht sicher mit der Aktivität einer Wurzelkaries korreliert werden kann.

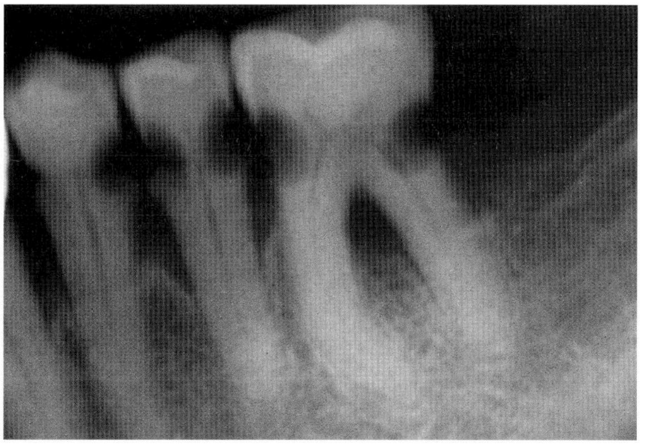

Abb. 38 Darstellung ausgedehnter Wurzelkaries im Röntgenbild.

Der *Sondierung* einer Wurzelkaries wird überwiegend eine große Bedeutung zugeschrieben. Üblicherweise erfolgt die Bewertung nach den Kriterien hart, ledern oder weich. Als hart werden Läsionen klassifiziert, deren Oberflächenhärte sich nicht vom benachbarten gesunden Gewebe unterscheidet. Als ledern werden Läsionen bezeichnet, wenn eine spitze Sonde mit moderatem Druck eindringen kann und beim Herausziehen der Sonde ein leichter Widerstand spürbar ist. Als weich werden Läsionen bezeichnet, wenn die Sonde mit moderatem Druck leicht eindringen kann und ohne Widerstand wieder herausgezogen werden kann. Ein bewußtes Eindringen mit einer Sonde in eine Wurzelkaries kann aber natürlich auch einen Defekt setzen, der die Überführung von einer aktiven in eine inaktive Form stören kann. Deswegen wird heute vielfach nur ein Abtasten der Oberfläche mit einer stumpfen Sonde

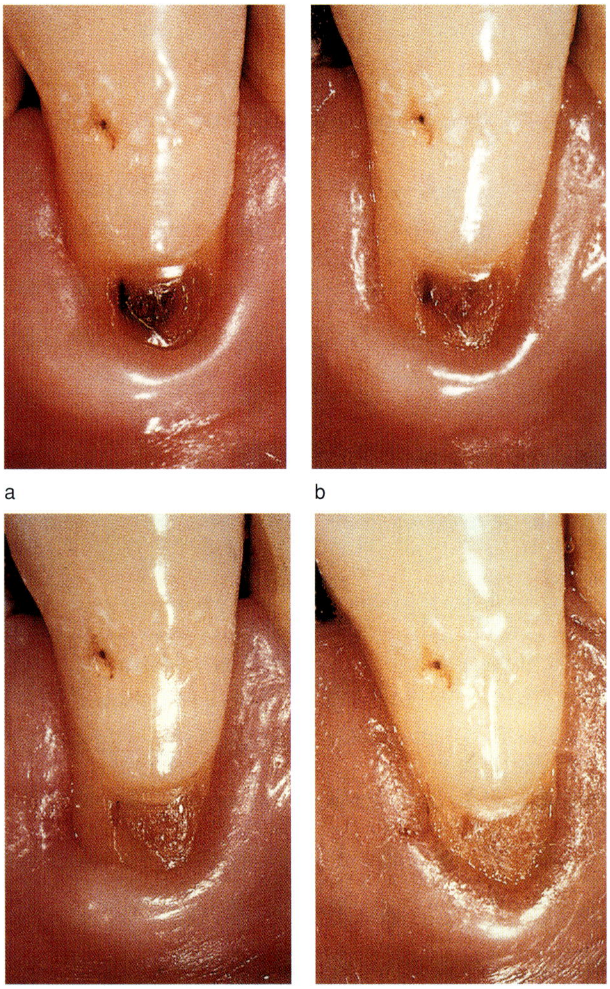

Abb. 39 a bis d Beispiel der Umwandlung einer aktiven in eine inaktive Wurzelkaries in einem Zeitraum von mehreren Monaten durch sorgfältige, tägliche Plaqueentfernung [aus 70].

empfohlen. Die Oberflächenhärte gilt als relativ sicheres Kriterium für den Aktivitätszustand einer Wurzelkaries. Läsionen mit harter Oberfläche enthalten deutlich weniger Mikroorganismen als Läsionen mit lederner oder weicher Oberfläche und zeigen histologisch oft einen hohen Grad an Mineralisation [60]. Läsionen mit weicher Oberfläche können deswegen als aktiv und fortschreitend bezeichnet werden, Läsionen mit harter Oberfläche als inaktiv oder arretiert. Die ledernen Läsionen nehmen eine Zwischenstellung ein und sollten sicherheitshalber wie weiche Läsionen behandelt werden.

Auch die Lokalisation einer Wurzelkaries in Relation zur Schmelz-Zementgrenze scheint prognostisch von Bedeutung zu sein. Weiche, aktive Läsionen sind i.d.R. nahe am Gingivalsaum lokalisiert und harte, inaktive Läsionen finden sich mehr in größerer Entfernung vom Gingivalsaum. Es wird auch beschrieben, daß sich neue Läsionen zumeist in der Nachbarschaft des Gingivalsaums entwickeln [71]. Als Ursache hierfür ist eine stärkere Plaqueakkumulation in diesem Bereich anzunehmen.

Bei guter Mitarbeit der Patienten können aktive Läsionen oft in einen inaktiven, arretierten Zustand überführt werden (Abb. 39a bis d) [70]. Diese Möglichkeit besteht nicht nur, wenn die Oberfläche noch durchgehend intakt ist, sondern auch, wenn schon kleine Kavitationen vorliegen. Durch einsetzende regelmäßige Reinigung erweichter Wurzeloberflächen kann es zu einem mechanischen Abtrag von Dentin kommen und zu einer flächenhaften Eindellung der Oberfläche. Nach der Wiedererhärtung hat die Oberfläche oft eine dunkle Farbe und eine sehr harte, glänzende Oberfläche.

Besonders an den bukkalen Zahnflächen muß eine Wurzelkaries von nicht-kariösen Zahnhartsubstanzschäden wie Abrasion und keilförmigen Defekten abgegrenzt werden. Keilförmige Defekte oder durch Einwirkung freier Säuren entstandene Erosionen haben immer eine harte Oberfläche und sind zumeist gar nicht oder nur oberflächig verfärbt. Abrasionsdefekten liegt zumeist zugrunde, daß die Patienten mit falscher Technik und/oder zu abrasiven Pasten und Bürsten die Zähne reinigen. Die betroffenen Flächen sind demnach also zumeist frei von Plaque, von aktiver Wurzelkaries betroffene Flächen sind aber immer mit Plaque bedeckt. Kariöse und nicht-kariöse Prozesse können im Bereich der Schmelz-Zementgrenze auch in enger räumlicher Nachbarschaft auftreten oder sogar überlagert werden. Da die Therapiemaßnahmen je nach Ursache sehr unterschiedlich sein können, ist eine korrekte Diagnose von großer Bedeutung.

Literatur

[1] Akpata, E. S., Farid, M. R., Al-Saif, K., Roberts, E. A. U.: Cavitation at radiolucent areas on proximal surfaces of posterior teeth. Caries Res 30, 313 (1996).

[2] Axelsson, P.: Eine 4-Punkte-Einteilung zur Identifikation von Risikopatienten auf der Basis von S. mutans-Speichelwerten und dem Plaque Formation Rate Index (PFRI). In: Löst, C., Bratthall, D., Schlagenhauf, U. (Hrsg.): Nutzenorientierte Prävention mittels Kariesdiagnostik. Quintessenz, Berlin 1992, S. 31.

[3] Backer-Dirks, O.: Posteruptive changes in dental enamel. J Dent Res 45, 503 (1966).

[4] Banting, D. W.: Diagnosis and prediction of root caries. Adv Dent Res 7 (2) 80 (1993).

[5] Bellini, H. T., Arneberg, P., von der Fehr, F. R.: Oral hygiene and caries. A review. Acta Odont Scand 39, 257 (1981).

[6] Bender, G. R., Thibodeau, E. A., Marquis, R. E.: Reduction of acidurance of streptococcal growth and gly-

colyses by fluoride and gramicidin. J Dent Res 64, 9 (1985).
[7] Bennick, A., Cannon, M., Madapallimattam, G.: Factors involving the adsorption of salivary acidic prolinerich proteins to hydroxyapatite. Caries Res 15, 9 (1981).
[8] Bowden, G. H., Hardie, J. M., Slade, G. L.: Microbial variations in approximal dental plaque. Caries Res 9, 253 (1978).
[9] Bradshaw, D. J., McKnee, A. S., Marsh, P. D.: Effects of carbohydrate pulses and pH on population shifts within oral microbial communities in vitro. J Dent Res 68, 1298 (1989).
[10] Bratthall, D., Tylenius-Bratthall, G.: Diagnostika als Grundlage kausaler Behandlung: Hilfsmittel und Tests zur Beurteilung der Karies und parodontaler Erkrankungen. In: Professionelle Prävention in der Zahnarztpraxis. Fortschritte der Zahnmedizin 1. Urban und Schwarzenberg, München 1994, pp. 31–76.
[11] Burt, B. A., Eklund, S. A., Landis, J. R., Larkin, F. A., Guire, K. E., Thompson, F. E.: Diet and dental health. A study of relationships. National Center for Health Statisties, Series 11, No. 225, Washington 1982.
[12] Burt, B. A., Ismail, A. I.: Diet, nutrition, and food cariogenicity. J Dent Res 65 (Spec Iss), 1475 (1986).
[13] Busscher, H. J., van der Mei, H. C.: Physico-chemical interactions in initial microbial adhesion and relevance for biofilm formation. Adv Dent Res 11, 24 (1997).
[14] Carlsson, J., Hamilton, I.: Metabolic activity of oral bacteria. In: Thylstrup, A., O. Fejerskov (ed.), Textbook of clinical cariology, 2nd ed., Munksgaard, Kopenhagen 1994.
[15] Curtis, G. R., Kemp, C. W.: Nitrogen metabolism in dental plaque. In: Cariology Today, Int. Congr. Zürich, Karger, Basel 1983.
[16] de Josselin de Jong, E., Sundström, F., Westerling, H., Tranaeus, S., ten Bosch, J. J., Angmar-Mansson, B.: A new method for in vivo quantification of changes in initial enamel caries with laser fluorescence. Caries Res 29, 2 (1995).
[17] Eggen, K. H., Rölla, G.: Further information on the composition of the acquired enamel pellicle. In: Cariology Today, Int. Congr. Zürich, Karger, Basel, 109 (1984).
[18] Ekstrand, K., Qvist, V., Thylstrup, A.: Light microscope study of the effect of probing in occlusal surfaces. Caries Res 21, 368 (1987).
[19] Elderton, R. J., Nuttall, N. M.: Variation among dentists in planning treatment. Br Dent J 154, 201 (1983).
[20] Ellen, R. P., Lépine, G., Nghiem, P.-M.: In vitro models that support adhesion specify in biofilms of oral bacteria. Adv Dent Res 11, 33 (1997).
[21] Ericsson, Y.: Clinical investigations of the salivary buffering action. Acta Odont Scand 17, 131 (1959).
[22] Fejerskov, O., Thylstrup, A.: Dental enamel. In: Mjör, I., Fejerskov, O.: Human oral embryology and histology. Munksgaard, Kopenhagen 1986, p. 50.
[23] Fitzgerald, R. J., Keyes, P. H.: Demonstration of the ethiologic role of streptococci in experimental caries in the hamster. J Am Dent Assoc 61, 23 (1960).
[24] Gibbons, R. J.: Bacterial adhesion to oral tissue: a model for infectious diseases. J Dent Res 68, 750 (1989).
[25] Grobler, S. R.: The effect of a high consumption of citrus fruits and a mixture of other fruits on dental caries in man. Clin Prev Dent 13, 13 (1991).
[26] Gustafsson, B. E., Quensel, C. E., Lanke, L. K. S., et al.: The Vipeholm dental caries study. The effect of different levels of carbohydrate intake on caries activity in 436 individuals observed for five years (Sweden). Acta Odontol Scand 11, 232 (1954).
[27] Hahn, G., Wentrup, M., Reichmuth, J.: Zur quantitativen Analyse des Milchsäure- und Dextanbildungsvermögens von Streptokokken aus Plaque kariöser und kariesfreier Zähne. Dtsch Zahnärztl Z 28, 1115 (1973).
[28] Harris, R.: Biology of the children of Hopewood House, Bowral, Australia. 4. Observations of dental caries experience extending over five years (1957–1961). J Dent Res 42, 1367 (1963).
[29] Hausen, H., Seppä, L., Fejerskov, O.: Can caries be predicted? In: Textbook of Clinical Cariology. A. Thylstrup, O. Fejerskov (eds.), 2nd edition, Munksgaard, Copenhagen 1994, p. 393.
[30] Hay, D. I., Moreno, E. C.: Statherin and the acidic proline-rich proteins. In: Human Saliva. Clinical Chemistry and Microbiology. J. O. Tenovuo (ed.), Vol I, CRC Press, Boca Raton 1989, p. 131.
[31] Heinrich, R., Künzel, W., Tawfiq, H.: Approximale Kariesdiagnostik – Vergleich klinischer, faseroptischer und röntgenographischer Diagnostikverfahren. Dtsch Zahn-Mund-Kieferheilk 79, 535 (1991).
[32] Helfenstein, U., Steiner, M., Marthaler, T. M.: Caries prediction on the basis of past caries including precavity lesions. Caries Res 25, 372 (1991).
[33] Higham, S. M., Edgar, W. M.: Effects of parafilm and cheese chewing on human dental plaque pH and metabolism. Caries Res 23, 42 (1989).
[34] Hintze, H., Wenzel, A., Jones, C.: In vitro comparison of D- and E-Speed film radiography, RVG, and visualix digital radiography for the detection of enamel approximal and dentinal occlusal caries lesions. Caries Res 28, 363 (1994).
[35] Holm, A.-K.: Diet and caries in high-risk groups in developed and developing countries. Caries Res 24 (Suppl. 1), 44 (1990).
[36] Hotz, P., Lussi, A.: Die Wurzelkaries. Schweiz Monatsschr Zahnmed 106, 249 (1996).
[37] Imfeld, T.: Efficacy of sweeteners and sugar substitutes in caries prevention. Caries Res 27 (Suppl. 1), 50 (1993).
[38] Imfeld, T.: Evaluation of the cariogenicity of confectionery by intra-oral wire-telemetry. Schweiz Monatsschr Zahnmed 87, 437 (1977).
[39] Ismail, A. I.: Clinical diagnosis of precavitated carious lesions. Com Oral Epidemiol 25, 13 (1997).
[40] Johansson, I., Birkhed, D.: Diet and the caries process. In: A. Thylstrup, O. Fejerskov (eds.), Textbook of Clinical Cariology. 2nd edition, Munksgaard, Copenhagen 1994.
[41] Johansson, I., Saellström, A. K., Rajan, B. P., Parameswaran, K.: Salivary flow and dental caries in Indian children suffering from chronic malnutrition. Caries Res 26, 38 (1992).
[42] Kalsbeek, H., Verrips, G. H.: Consumption of sweet snacks and caries experience of primary school children. Caries Res 28, 477 (1994).
[43] Kashket, S., van Houte, J., Lopez, L. R., Stocks, S.: Lack of correlation between food retention on the hu-

man dentition and consumer perception of food stickiness. J Dent Res 70, 1314 (1991).
[44] Kilian, M., Bratthall, D.: Caries Immunology. In: A. Thylstrup, O. Fejerskov (ed.), Textbook of clinical cariology, 2nd ed., Munksgaard, Kopenhagen 1994, p. 355.
[45] King, N. M., Shaw, L., Murray, J. J.: Caries susceptibility of permanent first and second molars in children aged 5–15 years. Com Dent Oral Epidemiol 8, 151 (1980).
[46] Kite, O. W., Shaw, J. H., Sognnaes, R. F.: The prevention of experimental tooth decay by tube-feeding. J Nutr 42, 89 (1950).
[47] Klimek, J.: Initiale Karies und ihre Behandlung. Deutscher Zahnärztekalender 1997, Hanser, München 1997, S. 23–42.
[48] Klimm, W.: Kariologie – Ein Leitfaden für Studierende. Hanser, München 1997.
[49] König, K. G.: Feasibility of the combined use of fluorides. J Dent Res (Suppl.), 801 (1990).
[50] König, K. G.: Karies und Parodontopathien. Thieme, Stuttgart 1987.
[51] Krasse, B.: Die Quintessenz des Kariesrisikos: Beurteilung – Behandlung – Kontrolle. Quintessenz, Berlin 1986.
[52] Kulkarni, G. V., Chan, K. H., Sandham, H. J.: An investigation into the use of restriction endonuclease analysis for the study of transmission of Mutans-Streptococci. J Dent Res 68, 1155 (1989).
[53] Künzel, W.: Caries decline in Deutschland: Eine Studie zur Entwicklung der Mundgesundheit. Hüthig, Heidelberg 1997.
[54] Leach, S. A., Saxton, C. A.: An electron microscopic study of the acquired pellicle and plaque formed on the enamel of human incisors. Archs Oral Biol 11, 1081 (1966).
[55] Lingström, P., Birkhed, D., Ruben, J., Arends, J.: Effect of frequent consumption of starchy food items on enamel and dentin demineralization and on plaque pH in situ. J Dent Res 73, 652 (1994).
[56] Lussi, A., Hotz, P., Stich, H.: Die Fissurenkaries. Dtsch Zahnärztl Z 50, 629 (1995).
[57] Lussi, A., Hotz, P.: Die Approximal- und Glattflächenkaries. Schweiz Monatsschr Zahnmed 105, 1439 (1995).
[58] Lussi, A., Imwinkelried, S., Longbotton, C., Reich, E.: Anwendung eines Laser-Fluoreszenz-Systems zur Feststellung von okklusaler Karies (in Druck).
[59] Lussi, A.: Comparison of different methods for the diagnosis of fissure caries without cavitation. Caries Res 27, 409 (1993).
[60] Lynch, E., Beighton, D.: A comparison of primary root caries lesions classified according to colour. Caries Res 28, 233 (1994).
[61] Macpherson, L. M. D., Macfarlane, T. W., Stephen, K. W.: An in situ microbiological study of the early colonisation of human enamel surfaces. Microb Ecol Health Dis 4, 39 (1991).
[62] Marthaler, T. M., Steiner, M., Bandi, A.: Werden verfärbte Molarenfissuren innerhalb von vier Jahren häufiger kariös als nichtverfärbte? Schweiz Monatsschr Zahnmed 100, 841 (1990).
[63] Marthaler, T. M.: Changes in the prevalence of dental caries: How much can be attributed to changes in diet? Caries Res 24 (Suppl. 1), 3 (1990).
[64] Mejare, I., Gröndahl, H. G., Carlstedt, K., Grever, A. C., Ottosson, E.: Accuracy at radiography and probing for the diagnosis of proximal caries. Scand J Dent Res 93, 178 (1985).
[65] Mileman, P. A., Mulder, H., van der Weele, L. T.: Factors influencing the likelihood of successful decisions to treat dentin caries from bitewing radiographs. Com Dent Oral Epidemiol 20, 175 (1992).
[66] Miller, W. A.: Layering in dentin caries als demonstrated by localization of dyes. M. S. Thesis, Illinois: University of Illinois, 1959.
[67] Neff, D.: Acid production from different carbohydrate sources in human plaque in situ. Caries Res 1, 78 (1967).
[68] Newbrun, E.: Cariology 3rd ed., Quintessence, Chicago, 1989.
[69] Nikiforuk, G.: Understanding dental caries. Bd. 1, Karger, Basel 1985.
[70] Nyvad, B., Fejerskov, O.: Active root surface caries converted into inactive caries as a response to oral hygiene. Scand J Dent Res 94, 281 (1986).
[71] Nyvad, B., Fejerskov, O.: Assessing the stage of caries lesion activity on the basis of clinical and microbiological examination. Com Dent Oral Epidemiol 25, 69 (1997).
[72] Nyvad, B., Fejerskov, O.: Development, structure and pH of dental plaque. In: Textbook of Clinical Cariology, ed. Thylstrup, A., and Fejerskov, O., Munksgaard, Copenhagen 1994.
[73] Nyvad, B., Kilian, M.: Comparison of the initial streptococcal microflora on dental enamel in caries-active and in caries-inactive individuals. Caries Res 24, 267 (1990).
[74] Ögaard, B., Rolla, G., Ruben, J., Dijkman, T., Arends, J.: Microradiographic study of demineralization of shark enamel in a human caries model. Scand J Dent Res 96, 209 (1988).
[75] Pilz, W.: Die Adhäsiv-Versiegelung der Fissuren und Grübchen zur Kariesprävention. Übersichtsreferat. Stomat DDR 25, 239 (1975).
[76] Pitts, N. B., Rimmer, P. A.: An in vivo comparison of radiographic and directly assessed clinical caries status of posterior approximal surfaces in primary and permanent teeth. Caries Res 26, 146 (1992).
[77] Pitts, N. B.: Diagnostic tools and measurements – impact on appropriate care. Com Dent Oral Epidemiol 25, 24 (1997).
[78] Pollard, M. A.: Potential cariogenicity of starches and fruits as assessed by the plaque-sampling method and an intraoral cariogenicity test. Caries Res 29, 68 (1995).
[79] Quirynen, M., Marechal, M., Busscher, H. J., Weerkamp, A. H., Arends, J., van Steenberghe, D.: The influence of surface free energy on planimetric plaque growth in man. J Dent Res 68, 796 (1989).
[80] Qvist, V., Johannessen, L., Bruun, M.: Progression of approximal caries in relation to iatrogenic preparation damage. J Dent Res 71, 1370 (1992).
[81] Ritz, H. L.: Microbial population shifts in developing human dental plaques. Archs Oral Biol 12, 1561 (1967).
[82] Ruiken, H. M. H. M., König, K. G., Truin, G. J., Plasschaert, A. J. M.: Longitudinal study of dental caries development in Dutsch children aged 8–12 years. Com Dent Oral Epidemiol 14, 53 (1986).

[83] Russell, A. I.: International nutrition surveys. A summary of preliminary dental findings. J Dent Res 42, 233 (1963).

[84] Scheinin, A., Mäkinen, K. K. (eds.): Turku sugar sudies. Acta Odont Scand 33, Suppl. 70 (1975).

[85] Schiffner, U.: Der Einfluß von Speichelproteinen auf die Demineralisation von Zahnschmelz. Hanser, München 1997.

[86] Schraitle, R., Siebert, G.: Zahngesundheit und Ernährung. Hanser, München 1987.

[87] Schröder, H. E.: Pathobiologie oraler Strukturen. Karger, Basel 1991.

[88] Seymour, R. A., Steele, J. G.: Is there a link between periodontal disease and coronary heart disease? Br Dent J 184, 33 (1998).

[89] Shwartz, M., Gröndahl, H.-G., Pliskin, J. S., Boffa, J.: A longitudinal analysis from bitewing radiographs of the rate of progression of approximal carious lesions through human dental enamel. Arch Oral Biol 29, 529 (1984).

[90] Sreebny, L. M.: Sugar availability, sugar consumption and dental caries. Com Dent Oral Epidemiol 10, 1 (1982).

[91] Sreebny, L. M.: Xerostomia: diagnosis, management and clinical complications. In: Saliva and oral health, W. M. Edgar and D. M. O'Mullane (ed.), 2nd edition. Br Dent Assoc, London 1996, p. 43.

[92] Steiner, M., Menghini, G., Curilovic, Z., Marthaler, T.: Kariesbefall der Schüler der Stadt Zürich im Zeitraum 1970–1993. Schweiz Monatsschr Zahnmed 104, 1210 (1994).

[93] Ten Cate, J. M., Duijsters, P. P. E.: Alternating demineralization and remineralization of artificial enamel lesions. Caries Res 16, 201 (1982).

[94] Tenovuo, J. O.: Non-immuno globulin defence factors in human saliva. In: Human saliva: Clinical chemistry and microbiology. J. O. Tenovuo (ed.), Vol. II, CRC Press, Boca Raton 1989, pp. 55–97.

[95] Theilade, E., Fejerskov, O., Karring, T., Theilade, J.: Predominant cultivable microflora of human dental fissure plaque. Infect Immun 36, 977 (1982).

[96] Thylstrup, A., Fejerskov, O.: Clinical and pathological features of dental caries. In: Textbook of clinical cariology. A. Thylstrup, O. Fejerskov (eds.), 2nd edition, Munksgaard, Copenhagen 1994, pp. 111–157.

[97] van der Hoeven, J. S., Rogers, A. H.: Factors affecting the stability of the dental plaque microflora of specific pathogen-free rats in relation to the ability to resist colonisation by S. mutans. Archs Oral Biol 24, 787 (1979).

[98] Weatherell, J. A., Robinson, C., Hallsworth, A. S.: The concept of enamel resistance – a critical review. In: Cariology Today, ed. B. Guggenheim, Karger, Zürich 1984.

[99] Weiger R., Netuschil, L., van Ohle, G., Brecx, M.: Vital microorganisms in early supra-gingival dental plaque and in stimulated human saliva. J Periodontal Res 32, 233–240 (1997).

[100] Wetzel, W.-E.: „Zuckertee-Karies" als Folge exzessiven Genusses von Fertigtees aus Saugerflaschen. Monatsschr Kinderheilkd 130, 726 (1982).

Epidemiologie der Karies

von E. Hellwig und J. Klimek

Inhaltsübersicht

Einleitung

Der Begriff Epidemiologie wurde ursprünglich für die Wissenschaft von der Ursache, Verbreitung und dem Verlauf übertragbarer Krankheiten verwendet. Heute wird dieser Begriff in einem erweiterten Sinne auch bei nicht übertragbaren Erkrankungen verwendet. So befaßt sich die Epidemiologie mit der Untersuchung der Häufigkeit, der Verteilung und der Ursachen von Erkrankungen, den physiologischen Variablen und sozialen Krankheitsfolgen in menschlichen Bevölkerungsgruppen sowie den Faktoren, die diese Verteilung beeinflussen [22, 40].

Epidemiologische Studien werden also durchgeführt, um den Gesundheitsstatus von Populationen zu beschreiben, die Ätiologie einer Erkrankung zu klären oder um Voraussagen über die Wirkung oder das Ergebnis von bestimmten Einflüssen oder Interventionen zu machen.

Epidemiologische Studien dienen auch dazu, das Auftreten einer Erkrankung zu begrenzen oder zu verhindern (klinische oder Feldstudien), der Zweck der jeweiligen Untersuchung bestimmt das zu verwendende Studiendesign.

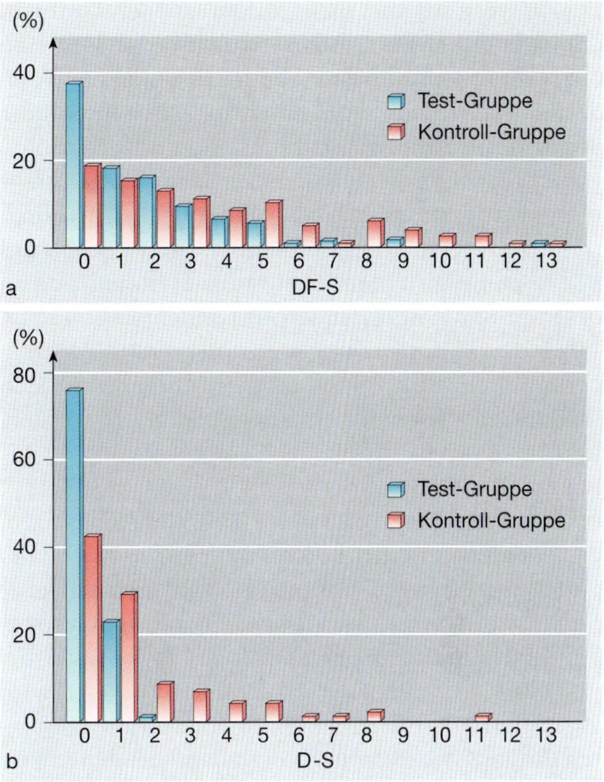

Abb. 1a und b Effekt eines Präventionsprogramms, welches auf professioneller Zahnreinigung und Duraphat-Applikation basierte. Dargestellt ist die Anzahl von Personen in der Test- und der Kontrollgruppe.

a) 0, 1, 2,..., 13 neue kariöse (D) oder gefüllte (F) Flächen (S).
b) 0, 1, 2,..., 11 neue kariöse (D) Zahnflächen nach zwei Jahren. Während dieser Zeit besuchten die Kinder der Testgruppe fünfmal pro Jahr eine zahnmedizinische Fachhelferin, die eine professionelle Zahnreinigung, Instruktion und Motivation zur Mundhygiene und eine Duraphattouchierung durchführte. Die Kontrollgruppe erhielt keine Prophylaxebehandlung. Es handelt sich um ein typisches Versuchsdesign für eine experimentelle epidemiologische Studie, in der Prophylaxemaßnahmen in einer Testgruppe gegen eine Kontrollgruppe untersucht werden.

Definition epidemiologischer Grundbegriffe

Deskriptive epidemiologische Studien werden durchgeführt, um das Auftreten, die Verteilung und die Determinanten einer Erkrankung zu beschreiben und daraus eine entsprechende Krankheitshypothese abzuleiten. Die *analytische Epidemiologie* erforscht aufgrund spezifischer Hypothesen die ätiologischen Faktoren und den Einfluß verschiedener Faktoren auf spezielle Krankheiten. Während in der deskriptiven Epidemiologie in erster Linie *Querschnittsuntersuchungen* Anwendung finden, beschäftigt sich die analytische Epidemiologie meist mit *Longitudinalstudien*. Die deskriptive und analytische Epidemiologie wird unter dem Überbegriff „Beobachtungsuntersuchungen" zusammengefaßt. Die *experimentelle Epidemiologie* beschäftigt sich mit Studien, bei denen aufgrund statistischer Versuchsplanung die Effektivität von speziellen Maßnahmen oder Interventionen unter kontrollierten Bedingungen auf Erkrankungen untersucht wird. Es kann sich dabei um Untersuchungen handeln, bei denen eine Versuchsgruppe z.B. eine kariespräventive Maßnahme erhält, während die andere Versuchsgruppe keine Behandlung erfährt. Die Kontrollgruppe kann jedoch auch mit einem Placebo „behandelt" werden. Im Rahmen der experimentellen Kariesepidemiologie werden häufig Untersuchungen durchgeführt, bei denen zwei kariespräventive Maßnahmen miteinander verglichen werden (Abb. 1). Dabei werden die Probanden der verschiedenen Gruppen sorgfältig ausgewählt und randomisiert auf die Untersuchungsgruppen verteilt. Die Probanden sollten dabei nicht wissen, welche Behandlung (z.B. Zahnpasta) ihnen verabreicht wird. Unter diesen Bedingungen handelt es sich um eine *Einfach-Blind-Studie*. Wenn weder Untersucher noch Patient wissen, welche Behandlung in welcher Gruppe erfolgte, handelt es sich um eine *Doppel-Blind-Studie*. Dabei werden die entsprechenden Substanzen von einer

Person verteilt, die nicht direkt an der Untersuchung beteiligt ist (Studienleiter). Nur so läßt sich ein sogenannter Kohorteneffekt ausschließen. Gerade bei experimentellen Studien zur Karieshemmung durch bestimmte Maßnahmen, wie z.B. Mundhygiene, läßt sich der sogenannte *Hawthorne-Effekt* nicht ganz vermeiden. Dabei ändert sich das Verhalten der Untersuchungsteilnehmer allein durch das Bewußtsein, an einer Studie teilzunehmen und in bestimmten Zeitabständen untersucht zu werden. Wird die Untersuchung von mehreren Untersuchern durchgeführt, müssen diese vorher bezüglich ihrer diagnostischen Leistungen kalibriert werden, um die Zuverlässigkeit der Ergebnisse zu gewährleisten (Reliabilität).

Unter dem Begriff „experimentelle Epidemiologie" werden außerdem auch Studien in größeren Bevölkerungsgruppen subsumiert, bei denen z.B. eine Veränderung von Umweltfaktoren auf die Gesundheit (z.B. Einführung der Trinkwasserfluoridierung und Kariesinzidenz) untersucht wird. Dabei wird auch meistens mit einer ähnlich zusammengesetzten Gruppe von Personen verglichen, bei denen keine derartige Intervention stattfand. Auch wenn solche Studien bei relativ großen Bevölkerungsgruppen stattfinden, so lassen sich dennoch, genau wie mit den anderen experimentellen Studiendesigns, keine allgemein gültigen Schlüsse ziehen. Es handelt sich nämlich nicht um repräsentative Studien.

Bei *repräsentativen epidemiologischen Untersuchungen* muß vorher geklärt werden, ob die Zusammensetzung der untersuchten Gruppe repräsentativ für einen bestimmten Bevölkerungsanteil (z.B. Frauen), einen bestimmten Landesteil oder für die Gesamtbevölkerung ist (Stichprobe). Dabei sollten Alter, Geschlecht, Sozialstatus usw. berücksichtigt werden. Bei klinischen Untersuchungen müssen zu Beginn z.B. Kariesaktivität, Mundhygienegewohnheiten, Ernährungsgewohnheiten usw. bei Test- und Kontrollgruppe möglichst gleich sein.

Epidemiologische Studien zur Karieshäufigkeit sind aus unterschiedlichen Gründen wichtig.

> Auf der Grundlage verläßlicher Daten zur Karieshäufigkeit und Kariesverbreitung lassen sich gesundheitspolitische Entscheidungen treffen.

Anhand experimenteller epidemiologischer Studien lassen sich die Auswirkungen unterschiedlicher präventiver Maßnahmen beurteilen. Es können zudem Kosten-Wirksamkeits- oder Kosten-Nutzen-Analysen durchgeführt werden. Auf der Basis von epidemiologischen Daten kann man auch beurteilen, ob die Art und Schwere einer Erkrankung beim Einzelindividuum sich von dem üblichen Krankheitsbild unterscheidet. Es lassen sich zudem Wahrscheinlichkeiten über die epidemiologischen Faktoren einer Erkrankung ableiten. Außerdem kann man eventuell spezifische Merkmale einer Gesellschaft, eines Landes oder einer Bevölkerungsgruppe, aus der ein Individuum kommt, herausfiltern, welche mit einer bestimmten Wahrscheinlichkeit die Entstehung bzw. die Verbreitung einer Erkrankung beeinflussen. Auch der Erfolg einer Behandlung läßt sich häufig nur auf der Basis einer epidemiologischen Studie voraussagen. Während ein praktizierender Zahnarzt natürlich aufgrund seiner Erfahrung bestimmte Dinge beurteilen und vorhersagen kann, lassen sich derartige Erfahrungen nicht generalisieren. Die Patienten in einer bestimmten Praxis sind nämlich nicht repräsentativ für die Gesamtbevölkerung. Diese Tatsache allein deutet schon darauf hin, daß bestimmte Anforderungen an die Untersuchungsmethodik epidemiologischer Studien zu stellen sind. Während der einzelne Zahnarzt in erster Linie für die Gesundheit einzelner Patienten verantwortlich ist, befaßt sich die Epidemiologie mit Gesundheitsproblemen der gesamten Gesellschaft oder bestimmter Populationen innerhalb der Gesellschaft. Sowohl der praktizierende Zahnarzt als auch der Epidemiologe sind jedoch in ihrer Tätigkeit auf einen exakten Befund, eine exakte Diagnose und eine adäquate Interpretation angewiesen. Beide haben ein gemeinsames Ziel, sie wollen die Zahngesundheit verbessern.

Zur Erhebung epidemiologischer Daten über die Ausbreitung und Häufigkeit der Karies werden in erster Linie Querschnittsuntersuchungen durchgeführt. In Querschnittsstudien wird zu einem definierten Zeitpunkt die *Kariesprävalenz* (Karieshäufigkeit) bestimmt. Die Kariesprävalenzdaten sind der deskriptiven Epidemiologie zuzuordnen. Man kann dabei eine patientenbezogene Prävalenz erheben. Diese beschreibt dann in der Zahnmedizin, wie viele Menschen an einer Karies leiden (Morbidität). Davon wird eine zahnbezogene bzw. zahnflächenbezogene Prävalenz unterschieden. Hier wird dann üblicherweise ein durchschnittlicher Kariesbefall pro Patient angegeben.

In Longitudinalstudien wird meistens die *Kariesinzidenz* (Befallshäufigkeit bzw. Auftretenshäufigkeit der Karies) untersucht. Unter Kariesinzidenz versteht man demnach die Anzahl neuer Karies-

Tabelle 1 Unterscheidungskriterien für das Ausmaß und die Größe der Destruktion.

sehr frühes Demineralisationsstadium	• bisher nicht diagnostizierbar
initiale Läsion	• an Glattflächen nach sorgfältiger Trocknung diagnostizierbar • okklusal auch nach sorgfältiger Trocknung unsicher diagnostizierbar • approximal im Röntgenbild diagnostizierbar
Kavität	• an Glattflächen und okklusal leicht diagnostizierbar • approximal je nach Ausmaß als offene kariöse Läsion klinisch oder im Röntgenbild (Bißflügelaufnahme) diagnostizierbar
Füllung, fehlender Zahn, zerstörter Zahn	nachträglich oft nicht mehr mit Sicherheit auf einen kariösen Prozeß zurückzuführen, speziell bei fehlenden Zähnen kommen Traumata, parodontologische Probleme, kieferorthopädische Indikation usw. als Grund in Frage

läsionen in einem definierten Zeitraum. Kariesinzidenzdaten werden in erster Linie im Rahmen der analytischen und experimentellen Epidemiologie erhoben. Der Zeitrahmen für deskriptive oder analytische Studien kann sowohl prospektiv als auch retrospektiv sein.

Wenn man verläßliche Daten über eine Erkrankung erheben will, muß vorher die Erkrankung diagnostiziert werden. Dazu sind genaue Diagnosekriterien unbedingt erforderlich. Diese Aussage erscheint im ersten Moment trivial. Es wird im folgenden jedoch deutlich, daß es gerade bei der Erhebung von Daten zur Kariesprävalenz oder -inzidenz nicht so einfach ist, wie es auf den ersten Blick scheint. Wie schon im Kapitel „Kariesätiologie" beschrieben, kann die Definition der Erkrankung Karies sehr unterschiedlich sein, d.h., die Erkrankung präsentiert sich je nach Ausmaß und Größe der Destruktion sehr unterschiedlich. Dabei kann man die in Tabelle 1 gezeigte Unterscheidung vornehmen.

Ein Untersucher muß daher vorher Untersuchungskriterien definieren, die das diagnostische Instrumentarium, das Ziel der Untersuchung, die Reproduzierbarkeit der Diagnosen und die Reliabilität der Untersucher mit einbezieht.

Besonders schwierig wird es bei experimentellen epidemiologischen Untersuchungen zur Wirksamkeit kariesprophylaktischer Maßnahmen, da es hier auch zur Remineralisation kariöser Läsionen (Remission, Reversal) kommen kann und inaktive bzw. aktive Kariesläsionen vorliegen können (unterschiedliche Aktivität der Erkrankung). Dies bedeutet, daß man im Grunde genommen nur Kriterien für die jeweilige Studie formulieren kann. Diese Kriterien sind natürlich für experimentelle Untersuchungen viel enger gefaßt als für große „Surveys". In derartigen bevölkerungsrepräsentativen Studien lassen sich üblicherweise nur die Spätstadien der Karies erfassen (Kavitäten, Restaurationen aufgrund von Karies usw.). Häufig lassen sich sogar nur die klinisch sichtbaren Auswirkungen der Karies aufzeichnen, während die radiologisch zu erkennende Karies nicht erfaßt wird.

Für die Darstellung kariesepidemiologischer Daten wird nach wie vor der *DMF-T- und der DMF-S-Index* angegeben. Es handelt sich dabei um eine Aufsummierung aller zerstörten, durch Extraktion verlorengegangenen und restaurierten Zähne oder Zahnflächen (D = decayed, M = missing, F = filled, T = teeth, S = surface). Für die Milchzähne wird der gleiche Index verwendet, wobei die Buchstaben jedoch klein geschrieben werden. Statt der M-Komponente wird häufig E verwendet (= extracted oder zur Extraktion vorgesehen). Der durchschnittliche Index ergibt sich als

$$\frac{\text{DMF-T-/-S-Wert}}{\text{Anzahl der untersuchten Personen}}$$

Die D-Komponente kann analog zur radiologischen Diagnose (s. S. 30ff.) weiter in D_1 bis D_4 (auch C_1–C_4) aufgeschlüsselt sein. Da die M-Komponente in bestimmten Altersgruppen eventuell nicht auf kariöser Erkrankung basiert, sollte man zusätzlich den DF-S- und den DF-T-Index und die Anzahl extrahierter Zähne gesondert angeben. So können im Wechselgebiß und im jugendlichen Gebiß Zähne aufgrund kieferorthopädischer Intervention oder aufgrund von Unfällen verlorengegangen sein. Im Erwachsenengebiß, speziell bei alten Patienten,

Abb. 2 Faktoren, die eine gemessene Prävalenzrate beeinflussen [3].

können Zähne aufgrund von Unfällen, Parodontalerkrankungen, umfangreichen prothetischen Sanierungen, anderen Erkrankungen (z.B. Krebstherapie) fehlen. Der DMF-S- und DMF-T-Wert wird üblicherweise auf 28 Zähne bezogen. Dies kann jedoch auch im Altersgebiß, wenn prothetische Elemente wie Brücken oder herausnehmbarer Zahnersatz an Weisheitszähnen befestigt sind, zu einer fehlerhaften Interpretation der kariologischen Daten führen.

Schwierigkeiten ergeben sich besonders bei der Datenerhebung, wenn sich Krankheiten, diagnostische Methoden und im Falle der Zahnmedizin auch restaurative Techniken ändern (Abb. 2). Wurde vor 20 Jahren z.B. jedes klinisch sichtbare Symptom der Karies invasiv behandelt, um eine Kariesprogression zu verhindern, so wird heute eine initiale kariöse Läsion mit intakter Schmelzoberfläche nicht mehr unbedingt präpariert und gefüllt. Natürlich dauert es einige Zeit, bis sich wissenschaftlich begründete neue Techniken und Maßnahmen durchsetzen, so daß in Prävalenzstudien derartige Veränderungen sukzessive eingehen. Auch die Veränderung restaurativer Techniken hat einen derartigen Einfluß auf epidemiologische Daten. So wurde früher häufig gelehrt, daß jeder Zahn, der an einer Fläche eine Approximalkaries aufweist, mit einer dreiflächigen Füllung zu versorgen ist, um zu gewährleisten, daß bei Erkrankungen der anderen Fläche die Restauration nicht wieder entfernt werden muß. Dabei wurde aus dem tatsächlichen DMF-S-Wert von 1 durch iatrogene Einflüsse ein DMF-S-Wert von 3. Andererseits kann eine Kariesreduktion durch eine Verminderung der Füllungstherapie oder durch eine tatsächliche Verringerung der Erkrankungshäufigkeit entstanden sein (Abb. 3). In diesem Zusammenhang sei auch erwähnt, daß Präventionsmaßnahmen von derart vielen Faktoren beeinflußt werden, die nichts mit der Krankheitsursache zu tun haben, daß Prävalenzstudien i.d.R. keine Aussage über das Krankheitsgeschehen erlauben. Es lassen sich allenfalls Vermutungen äußern. In Tabelle 2 sind die verschiedenen epidemiologischen Studientypen und ihre Eignung zum Beweis eines kausalen Zusammenhanges zwischen einem Einflußfaktor (z.B. einer Präventionsmaßnahme) und einer Erkrankung (z.B. Karies) dargestellt [3].

Da heute Kariesläsionen häufig mit *minimalinvasiver Technik* restauriert werden, treten neue diagnostische Probleme auf, speziell wenn gleichzeitig eine erweiterte Fissurenversiegelung durchgeführt wird. Man mag daran erkennen, daß eindeutige, allgemein verläßliche Kriterien zur Datenerhebung nicht vorhanden sind und daß man speziell im Bereich der experimentellen, aber auch der analytischen Epidemiologie die jeweiligen Diagnosekriterien definieren und bei einer entsprechenden Veröffentlichung angeben muß.

Es taucht in diesem Zusammenhang auch immer die Frage auf, ob man nur noch den DMF-S-Wert verwenden sollte, der genauere Aussagen erlaubt. Man darf dabei jedoch nicht vergessen, daß speziell für groß angelegte epidemiologische Studien, besonders wenn sie in Entwicklungsländern nach WHO-Kriterien durchgeführt werden, der DMF-T weiterhin eine Bedeutung besitzt.

Mit den WHO-Kriterien werden sehr späte Kariesstadien erfaßt, und es ist nur eine Ja-Nein-Entscheidung möglich. Heute werden speziell bei experimentellen Untersuchungen jedoch auch die Kariesprogression und -lokalisation berücksichtigt.

▷

Abb. 3 Durch unterschiedliche diagnostische Vorgehensweise und verschiedene restaurative Maßnahmen wird die Kariesprävalenz erheblich beeinflußt. Schon beim Ausgangsbefund (1.) wird durch Einbeziehung initialer Kariesläsionen der DMF-T- und der DMF-S-Wert erhöht. Die Sanierung aller kariösen Läsionen und die Erneuerung der Füllungen mit Herstellung von Kronen an den Zähnen 24 und 46 (wegen Überschreitung der Indikationsgrenzen für Inlays nach der Füllungsentfernung) führt zu einer erheblichen Steigerung des DMF-S-Wertes (2.). Die Sanierung mit minimal-invasiven Füllungstechniken (3.) und die präventive Ausrichtung bei 15 und 37 führen zu einer geringeren Steigerung des DMF-S-Wertes. Interessanterweise scheint der DMF-T-Wert robuster gegenüber iatrogenen Einflüssen zu sein.

1. Ausgangsbefund:
rot: manifeste Karies
grün: initiale Karies (C2)
blau: Füllung
roter Rand: erneuerungsbedürftig
☰ = extrahierter Zahn

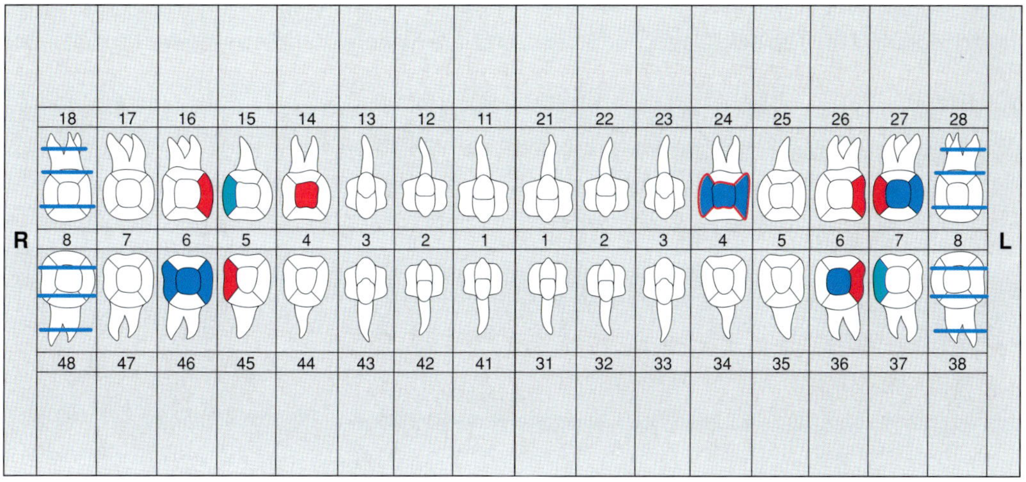

DMF-T = 10 mit Initialläsionen
DMF-S = 17 mit Initialläsionen

DMF-T = 8 ohne Initialläsionen
DMF-S = 15 ohne Initialläsionen

2. Befund nach Sanierung mit Keramikinlays und Keramikkronen aus ästhetischen Gründen
⊓ = Krone

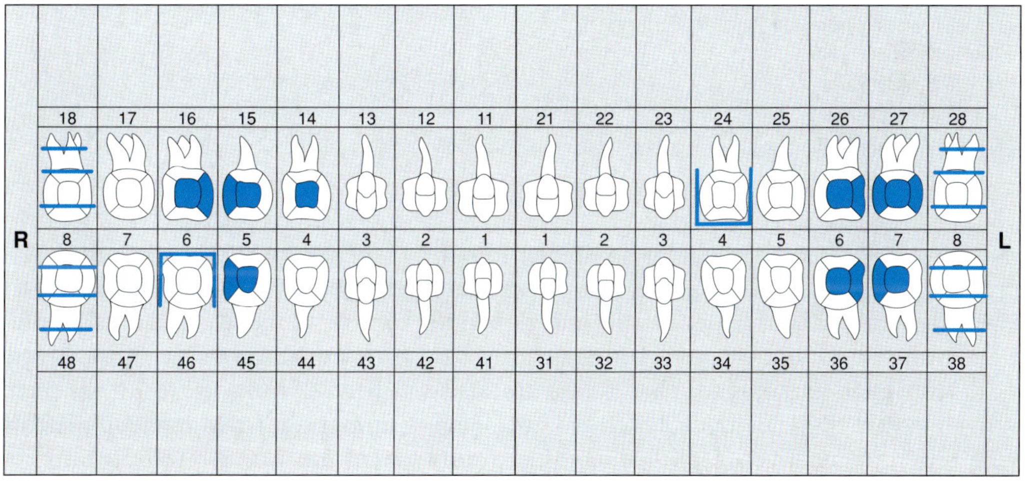

DMF-T = 10
DMF-S = 26

3. Befund nach Sanierung mit minimal-invasiver Restaurationstechnik

16 und 26 wurden okklusal zusätzlich versiegelt

Die Initialläsionen wurden beobachtet (Kariesmonitoring)

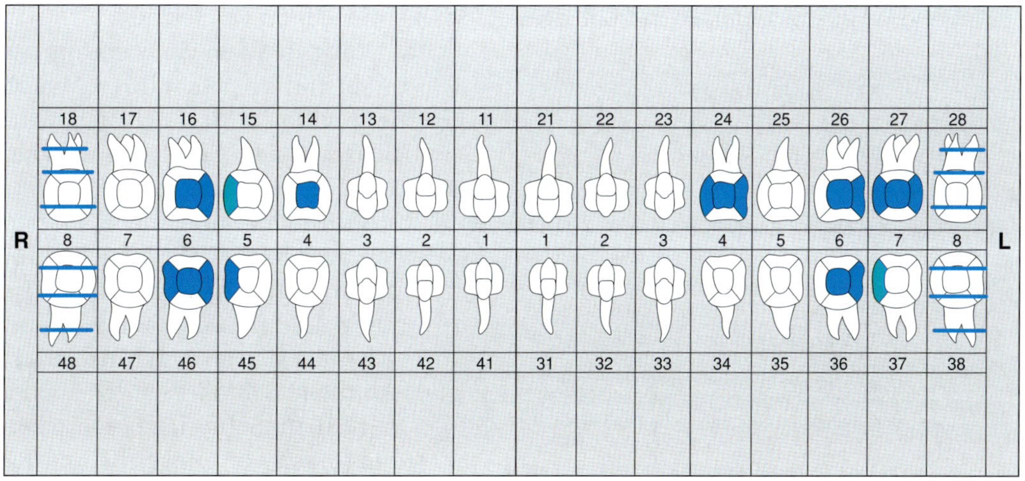

DMF-T = 10 mit Initialläsionen
DMF-S = 19 mit Initialläsionen

DMF-T = 8 ohne Initialläsionen
DMF-S = 17 ohne Initialläsionen
(wenn die Versiegelungen mitgezählt werden)

Abb. 3

Tabelle 2a und b
Unterschiedliche Typen epidemiologischer Studien und ihre Eignung zum Beweis einer kausalen Beziehung [3].

Studientyp	alternative Bezeichnung	Studieneinheit
beobachtende Studien:		
deskriptive Studien		
analytische Studien		
ökologische Studien	Korrelationsstudien	Populationen
Querschnittsstudien	Prävalenzstudien	Individuen
Fall-Kontroll-Studien	fallbezogene Studien	Individuen
Kohortenstudien	Follow-up-Studien	Individuen
experimentelle Studien	Interventionsstudien	
randomisierte kontrollierte Studien	klinische Untersuchungen	Patienten
Felduntersuchungen		gesunde Menschen
Gruppenuntersuchungen	Gruppeninterventionsstudien	Bevölkerungsgruppen

Studientyp	Eignung zum „Beweis" einer kausalen Beziehung
randomisierte kontrollierte Untersuchungen	gut
Kohortenstudien	mäßig
Fall-Kontroll-Studien	mäßig
Querschnittsstudien	schlecht
ökologische Studien	schlecht

Es gibt bei der Befunderhebung für epidemiologische Zwecke auch rein praktische Probleme. Während in einer Zahnarztpraxis eine ausreichende Beleuchtung und ein adäquates Untersuchungsbesteck vorhanden ist, können bei Reihenuntersuchungen eventuell die Befunde auf einem normalen Stuhl unter ungünstigen Lichtbedingungen erfolgen. Dies gilt besonders in den Ländern der Dritten Welt.

Die Zahnbefunde erfolgen auf der Basis des von der FDI und WHO eingeführten zweiziffrigen Zahnschemas (Abb. 4), welches 1971 von der FDI eingeführt [11] und 1976 von FRANKE [15] überarbeitet wurde. Dabei werden die Kieferhälften (Quadranten) von rechts oben (1) im Uhrzeigersinn über links oben (2), links unten (3) bis rechts unten (4) durchnumeriert. Im Milchgebiß wird dann in gleicher Reihenfolge von 5–8 weiternumeriert. Aufgrund dieser Übereinkunft ist es heute möglich, das gesammelte epidemiologische Material über die Kariesprävalenz bzw. -inzidenz in unterschiedlichen Ländern miteinander zu vergleichen.

bleibende Zähne

oben rechts															oben links
18	17	16	15	14	13	12	11	21	22	23	24	25	26	27	28
48	47	46	45	44	43	42	41	31	32	33	34	35	36	37	38
unten rechts															unten links

Milchzähne

oben rechts									oben links
55	54	53	52	51	61	62	63	64	65
85	84	83	82	81	71	72	73	74	75
unten rechts									unten links

Abb. 4 Zweiziffriges Zahnschema für die Befundung der Zähne. Im bleibenden Gebiß werden die Quadranten mit den Ziffern 1–4, im Milchgebiß mit den Ziffern 5–8 bezeichnet. Im Oberkiefer wird rechts begonnen und im Uhrzeigersinn fortgefahren. Die bleibenden Zähne erhalten innerhalb eines Quadranten die Ziffern 1–8, die Milchzähne die Ziffern 1–5.

Karies ist keine Erkrankung der Neuzeit. Schon in prähistorischer Zeit litten Menschen an Karies. Wie in Abbildung 5 ersichtlich wird, konnte man bei Schädelfunden in Griechenland, die auf das Jahr 2300 v. Chr. datiert sind, noch keine kariöse Zerstörung der Zähne finden. Im Jahre 1700 v. Chr. waren aber bereits 10% der Zähne kariös. Dieser Zustand hielt offensichtlich über einen langen Zeitraum an. Erst um 300 n. Chr. begann ein Kariesanstieg, der sich ab dem Mittelalter beschleunigte [42]. Ähnliche Befunde wurden auch von Euler und Werner [10] für Schlesien beschrieben (Abb. 6). Während man noch vor einigen Jahren häufig lesen konnte, daß ca. 99% der Bevölkerung unter Karies leiden, so gilt dies heute nur noch mit Einschränkungen. In den westlichen Industrienationen ist der Kariesbefall speziell bei Kindern und Jugendlichen mehr oder

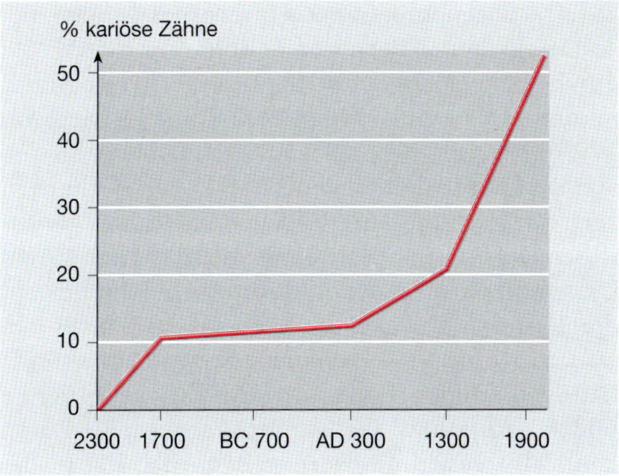

Abb. 5 Die Entwicklung der Karies in Griechenland [42].

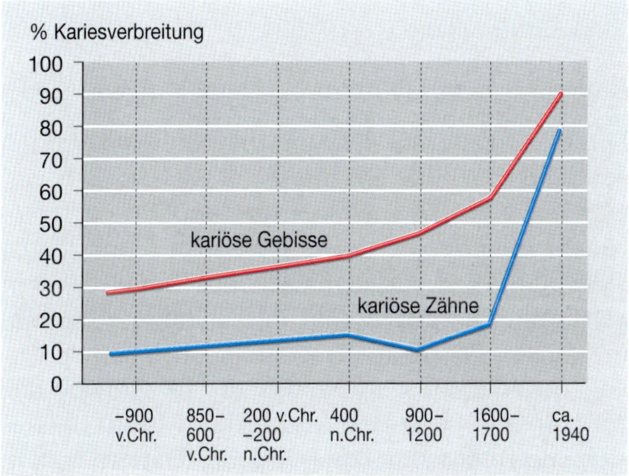

Abb. 6 Entwicklung des Kariesbefalls in Schlesien [10].

weniger stark zurückgegangen. Diese Aussage soll nachfolgend anhand der epidemiologischen Untersuchung zum Kariesbefall in Deutschland nachvollzogen werden. Der Kariesrückgang bezieht sich in erster Linie auf Glattflächen und Approximalkaries. Bei der Fissurenkaries ist nur ein begrenzter Rückgang zu verzeichnen [44].

Kariesbefall in Deutschland

In Deutschland wurden in den letzten zwei Jahrzehnten zahlreiche epidemiologische Untersuchungen zur Kariesprävalenz durchgeführt. Es handelt sich meistens um regionale Studien in Kindergärten und Schulen bzw. bei Wehrpflichtigen und anderen fest umrissenen Gruppen. Repräsentative Studien wurden 1989 in Westdeutschland bzw. 1992 in den neuen Bundesländern durchgeführt. Die deutsche Arbeitsgemeinschaft für Jugendzahnpflege e.V. (DAJ) führt seit 1994 aufgrund von Rahmenempfehlungen der Spitzenverbände der Krankenkassen und der Bundeszahnärztekammer in Abständen von drei Jahren in verschiedenen Bundesländern repräsentative Untersuchungen bei sechs- bis siebenjährigen, neunjährigen und zwölfjährigen Schülern durch. Im Jahre 1994 wurden die Untersuchungen in Hamburg, Schleswig-Holstein, Baden-Württemberg, Rheinland-Pfalz und Hessen durchgeführt. Im Jahre 1995 lagen die Ergebnisse aus Bremen, Berlin, Mecklenburg-Vorpommern, Nordrhein, Westfalen-Lippe und Thüringen vor [35]. Die Untersuchungen wurden auf Basis des DMF-T-Index durchgeführt. Verglichen werden können diese neueren Daten mit den früher bereits durchgeführten Untersuchungen z.B. im Rahmen des Projektes A5 der Deutschen Gesellschaft für Zahn-, Mund- und Kieferheilkunde, die auf Patientenstichproben basierten [34].

Während für die Vorschulkinder bisher keine repräsentativen Zahlen vorliegen, so kann doch aus Einzelstudien abgeleitet werden, daß es hier in den letzten beiden Jahrzehnten zu einer Verbesserung der Mundgesundheit gekommen ist [9].

Kariesprävalenz und Sanierungsgrad bei Sechs- bis Siebenjährigen

Die nachfolgende Grafik (Abb. 7) verdeutlicht, daß in den meisten Bundesländern ein dmf-t-Wert von

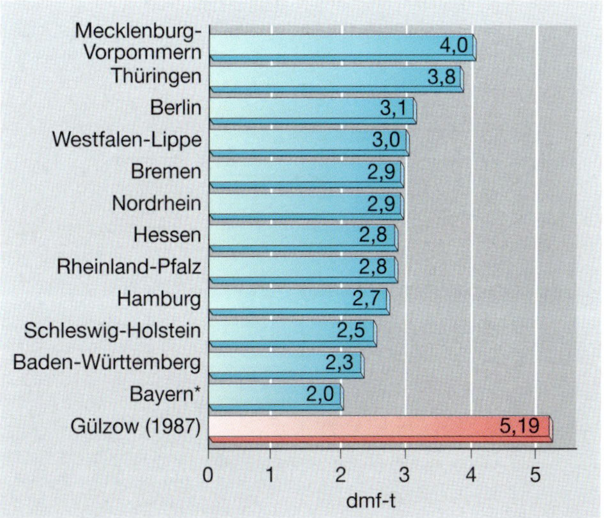

Abb. 7 Mittlere dmf-t-Werte bei Sechs- bis Siebenjährigen in den verschiedenen Bundesländern in den Jahren 1994 und 1995 [nach 35] im Vergleich zu einer Regionalstudie von Gülzow et al. aus dem Jahre 1987 [18].

* Mittlerer dmf-t-Wert der Sechsjährigen.

unter 3 festzustellen ist. Davon weichen nur die Bundesländer Thüringen und Mecklenburg-Vorpommern erheblich ab [35]. Genau wie bei den Dreijährigen sind auch bei den Sechsjährigen ausschließlich Vergleiche mit früher durchgeführten Regionalstudien möglich. So ist in der Grafik gesondert eine Regionalstudie von GÜLZOW [18] mit einbezogen. Bei Betrachtung dieser Ergebnisse kann man zu dem Schluß kommen, daß die Kariesprävalenz bei Milchzähnen in den letzten 15 Jahren um ca. 50% abgenommen hat. Unterstützt werden diese Daten durch die unter Leitung von REICH [39] durchgeführten Evaluationen in Bayern. Der Anteil naturgesunder Gebisse bei Sechsjährigen stieg von 1992–1995 von 36% auf 46,5% an (Abb. 8). In den von der DAJ [35] durchgeführten Datenerhebungen zeigt sich, daß im Jahre 1995 über die Hälfte der kariösen Defekte an Milchzähnen nicht saniert waren. Dies stellt nach Ansicht des Autors im Hinblick auf die Kariesprophylaxe an bleibenden Zähnen ein ernstzunehmendes Problem dar, da unversorgte kariöse Läsionen Reservoire für kariogene Keime bilden. Aufgrund der epidemiologischen Daten kann also geschlußfolgert werden, daß neben der weiterhin notwendigen Primärprophylaxe eine bessere Sanierung von Milchzähnen dringend erforderlich ist.

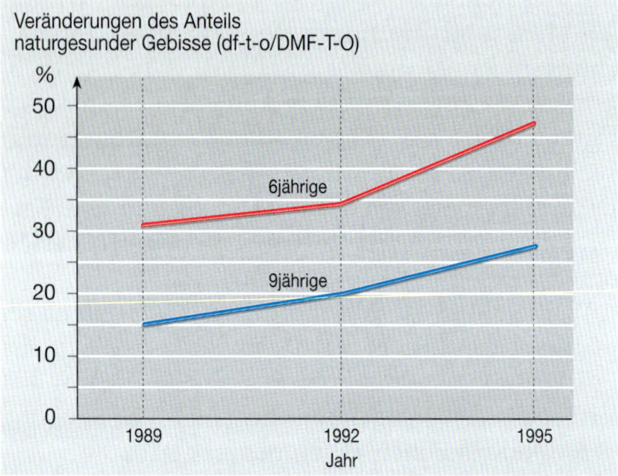

Abb. 8 Veränderungen des Anteils naturgesunder Gebisse bei Sechsjährigen (df-t-o = Milchzähne ohne Karies und Füllungen) und Neunjährigen (DMF-T-O = gesunde bleibende Zähne) in Bayern [39].

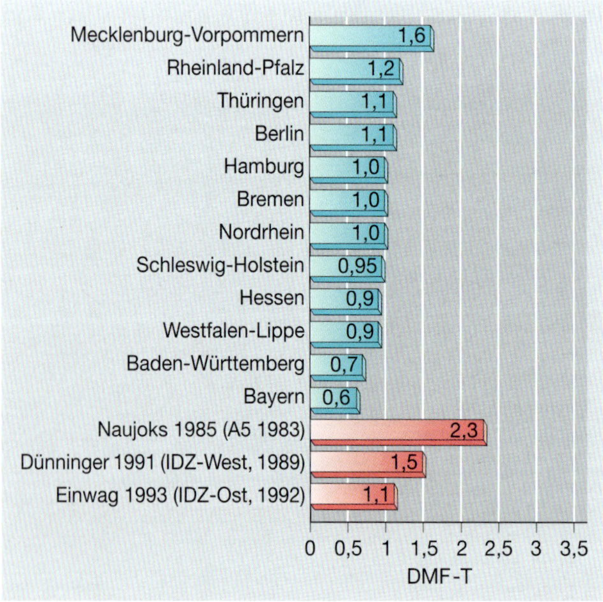

Abb. 9 Mittlere DMF-T-Werte bei Acht- bis Neunjährigen in den verschiedenen Bundesländern in den Jahren 1994 und 1995 [nach 35] im Vergleich zu älteren Studien (hinter den jeweiligen Autoren ist das Jahr der Publikation, in Klammern das Jahr der Untersuchung angegeben).

Kariesprävalenz bei Acht- bis Neunjährigen

Für die Altersklasse der Acht- bis Neunjährigen liegen zum einen die Ergebnisse älterer Studien vor, zum anderen sind auch hier die vom DAJ [35] erhobenen epidemiologischen Daten aus den Jahren 1994 und 1995 aus den einzelnen Bundesländern verfügbar. Die Daten sind in Abbildung 9 zusammengefaßt. Es soll an dieser Stelle noch einmal darauf hingewiesen werden, daß die DGZMK-Studie A5 [34] eine begrenzte Aussagekraft besitzt, da es sich hier nicht um repräsentative Daten handelt. Man kann jedoch sehen, daß im Jahre 1994 und 1995 geringere Kariesprävalenzwerte festzustellen waren. Diese Werte deuten, wenn man einen Vergleich mit den älteren Studien wagt, auf einen deutlichen Kariesrückgang hin. Betrachtet man diesbezüglich noch einmal die Abbildung 8, so kann man zumindest für Bayern deutlich nachweisen, daß sich von 1989–1995 der Anteil naturgesunder Gebisse von 15% auf 27% verändert hat. Betrachtet man dazu die Häufigkeitsverteilung der DMF-T-Werte (2. Dentition) der Neunjährigen, so zeigt sich eine deutliche Zunahme der kariesfreien bleibenden Zähne von ca. 50 auf ca. 70%. Gleichzeitig kann dieser Grafik (Abb. 10) entnommen werden, daß der DMF-T nicht normal verteilt ist, sondern eine Verschiebung aufweist. So hatten im Jahre 1992 ca. 50% der untersuchten Neunjährigen kariesfreie bleibende Zähne, während die restlichen Kinder alle kariösen Läsionen auf sich vereinten. Noch deutlicher wird diese als *Polarisierung* bezeichnete Tendenz im Jahre 1995. Hier haben 70% der untersuchten Neunjährigen kariesfreie bleibende Zähne, während sich die

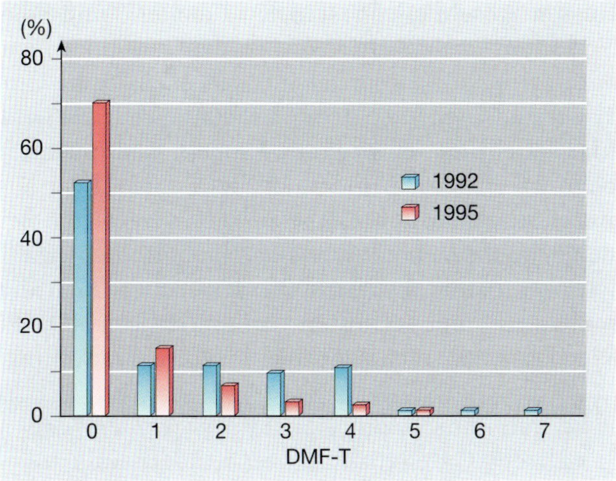

Abb. 10 Häufigkeitsverteilung der DMF-T-Werte der Neunjährigen in Bayern in den Jahren 1992 und 1995 [39].

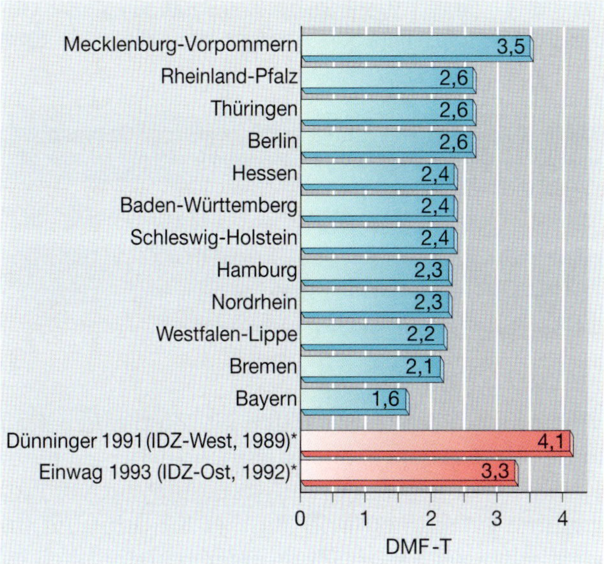

Abb. 11 Mittlerer DMF-T-Wert bei Zwölfjährigen in den verschiedenen Bundesländern in den Jahren 1994 und 1995/96 [39] im Vergleich zu den repräsentativen IDZ-Studien.

* Tatsächlich wurden 13- bis 14jährige untersucht, die Daten wurden anschließend auf Zwölfjährige interpoliert.
Hinter den jeweiligen Autoren ist das Jahr der Publikation, in Klammern das Jahr der Untersuchung angegeben.

kariösen Läsionen auf die restlichen 30% verteilen. Diese Polarisierung wurde in der IDZ-Studie (Institut der Deutschen Zahnärzte) sowohl für West- als auch für Ostdeutschland bei Acht- bis Neunjährigen bestätigt [7, 8]. Der Sanierungsgrad an den bleibenden Zähnen schwankte in der DAJ-Studie je nach Bundesland erheblich. So lag die Anzahl nicht versorgter, kariöser, bleibender Zähne zwischen 15% (Bayern) und 49% (Bremen).

Kariesprävalenz bei 12jährigen

Da die Weltgesundheitsorganisation [50] und die FDI [12] bei ihren Vorschlägen für die „Global Goals for Oral Health in the Year 2000" die Altersgruppe der Zwölfjährigen für vergleichende epidemiologische Surveys festgelegt hat, werden auch in Deutschland die bisher erhobenen Daten auf diese Altersgruppe bezogen. In der repräsentativen Studie des Instituts der Deutschen Zahnärzte wurden jedoch 13–14jährige untersucht, so daß diese Zahlen auf die Altersgruppe der Zwölfjährigen interpoliert werden müssen. Bei den epidemiologischen Begleituntersuchungen zur Gruppenprophylaxe des DAJ liegen jedoch Zahlen aus einzelnen Bundesländern für Zwölfjährige vor. Diese sind in Abbildung 11 dargestellt. Es zeigte sich, daß mit DMF-T-Werten zwischen 1,6 (Bayern) und 2,6 (Rheinland-Pfalz, Thüringen und Berlin) die ursprünglich von der WHO für das Jahr 2000 formulierten Ziele (DMF-T < 3 für 12jährige) in den meisten Regionen Deutschlands deutlich unterschritten werden. Nur in Mecklenburg-Vorpommern lag im Jahre 1995 ein DMF-T-Wert von 3,5 noch über dieser Grenzmarke. Erneut kann man konstatieren, daß die Sanierungsgrade mit Werten zwischen 8,4% (Thüringen) und 33,3% (Bremen) zu wünschen übrig lassen. Die für alle Altersgruppen gefundenen erhöhten Kariesprävalenzwerte für Mecklenburg-Vorpommern werden in der DAJ-Studie überwiegend auf soziodemografische Faktoren zurückgeführt [35].

Zahngesundheit Erwachsener (35- bis 54jährige)

In Tabelle 3 und 4 sind die DMF-T-Werte für die entsprechenden Altersgruppen aus den bereits genannten epidemiologischen Untersuchungen dargestellt. Es wird ersichtlich, daß der bei den Kindern und Jugendlichen festgestellte Kariesrückgang bei den Er-

Tabelle 3 DMF-T-Werte und Anteil naturgesunder Gebisse bei 35- bis 44jährigen aus dem Jahre 1983 [34], 1989 [7] und 1992 [8].

DMF-T-Werte sowie Anteile naturgesunder Gebisse bei 35- bis 44jährigen			
Studie	A5	IDZ (W)	IDZ (O)
Jahr	1983	1989	1992
DMF-T	17,7	16,7	13,4
naturgesunde Gebisse	0,2	0,9	0

Tabelle 4 DMF-T-Werte sowie Anteil naturgesunder Gebisse bei 45- bis 54jährigen aus dem Jahre 1983 [34], 1989 [7] und 1992 [8].

DMF-T-Werte sowie Anteile naturgesunder Gebisse bei 45- bis 54jährigen			
Studie	A5	IDZ (W)	IDZ (O)
Jahr	1983	1989	1992
DMF-T	18,5	18,4	15,7
naturgesunde Gebisse	0	0,2	0

wachsenen nicht festzustellen ist. Zum einen sind diese Altersgruppen offensichtlich bisher nicht in gleicher Weise in den Genuß kariespräventiver Programme gekommen, wie dies bei Kindern und Jugendlichen der Fall ist. Zum anderen könnte sich jedoch auch die Auswirkung zahnärztlicher Tätigkeit in dieser Altersgruppe widerspiegeln. Da der DMF-T-Wert nicht allein aufgrund kariöser Defekte zustande kommt, sondern auch die Anzahl gefüllter und extrahierter Zähne widerspiegelt, kann er bei Erwachsenen durch Füllungstherapie und Überkronungen geprägt sein. Da in Deutschland erst vor einigen Jahren minimal-invasive Präparationstechniken Einzug in die Praxen hielten, spiegelt der DMF-T-Wert bei den Erwachsenen eventuell die bis dahin gelehrte restaurative Therapie wider. Es läßt sich auch nicht ausschließen, daß zumindest in der Altersgruppe der 45- bis 54jährigen Extraktionen aufgrund von Parodontalerkrankungen mit nachfolgenden Brückenversorgungen den DMF-T-Wert beeinflussen. Abschließend ist in den Tabellen 5 und 6 die Verteilung der DMF-Zähne in den verschiedenen Altersgruppen entsprechend der IDZ-Studie für West- und Ostdeutschland [7, 8] dargestellt. Es wird klar ersichtlich, daß bei den Kindern und Jugendlichen jeweils eine Minderheit die Mehrzahl der kariösen und gefüllten Zähne auf sich vereinigen. Bei den Erwachsenen gilt dies zwar auch für die Anzahl kariöser Zähne (D-Wert). Werden jedoch auch die fehlenden und gefüllten miteinbezogen (DMF-Wert), so ergibt sich nahezu eine Normalverteilung.

Es kann insgesamt konstatiert werden, daß sich der Gebißzustand von Kindern und Jugendlichen in Deutschland deutlich gebessert hat.

Das zeigt sich auch bei den Ergebnissen, die sich aus dem BMBF-Teilprojekt „Orale Gesundheit in der jugendlichen Population (Kariesdynamik)“ von Künzel [30] ergeben haben. Die von der WHO 1979 [50] und der FDI 1982 [12] definierten Ziele für das Jahr 2000 werden in den meisten Bundesländern für Zwölfjährige bereits unterschritten. Diese Ziele wurden wie folgt festgelegt:

- Kariesfreiheit bei 50% der Fünf- bis Sechsjährigen
- nicht mehr als 3 DMF-Zähne bei Zwölfjährigen
- Vorhandensein sämtlicher Zähne bei 85% der 18jährigen
- Senkung des gegenwärtigen Standes der Zahnlosigkeit um 50% in der Altersgruppe 35–44 Jahre;

Tabelle 5 Anteile kariöser, gefüllter und DMF-Zähne in verschiedenen Altersgruppen [7].

Anteile an kariösen, gefüllten und DMF-Zähnen in den verschiedenen Altersgruppen (IDZ-West)		
8/9 Jahre	13/14 Jahre	35–54 Jahre
28% haben 71% der DMF-Zähne	21% haben 46% der DMF-Zähne	20% haben 29% der DMF-Zähne
23% haben 82% der D-Zähne	23% haben 66% der D-Zähne	27% haben 74% der D-Zähne
35% haben 100% der F-Zähne	35% haben 67% der F-Zähne	37% haben 56% der F-Zähne

Tabelle 6 Anteile kariöser, gefüllter und DMF-Zähne in verschiedenen Altersgruppen [8].

Anteile an kariösen, gefüllten und DMF-Zähnen in den verschiedenen Altersgruppen (IDZ-Ost)		
8/9 Jahre	13/14 Jahre	35–54 Jahre
31% haben 83% der DMF-Zähne	22% haben 50% der DMF-Zähne	22% haben 34% der DMF-Zähne
16% haben 100% der D-Zähne	17% haben 80% der D-Zähne	22% haben 76% der D-Zähne
26% haben 80% der F-Zähne	28% haben 61% der F-Zähne	27% haben 49% der F-Zähne

Tabelle 7 Fehlende Zähne (Mittelwerte) bei Erwachsenen aus den beiden bundesweiten bevölkerungsrepräsentativen Studien des IDZ [7, 8].

Fehlende Zähne (Mittelwerte) bei Erwachsenen. Bundesweite bevölkerungsrepräsentative Studie des IDZ.			
Altersgruppe	**Ost (1992)**	**West (1989)**	**Gesamt**
35–44jährige	4,5	3,8	3,9
45–54jährige	8,5	7,5	7,7

75% dieser Altersgruppe sollen noch mindestens 20 funktionell aktive Zähne aufweisen
- Senkung des gegenwärtigen Standes der Zahnlosigkeit um 25% in der Altersgruppe über 65 Jahre; 50% dieser Personen sollen noch mindestens 20 funktionell aktive Zähne aufweisen

Die Kariesfreiheit bei 50% der Fünf- bis Sechsjährigen wurde zumindest in Bayern fast erreicht. Hier gilt es, Zahlen für die anderen Bundesländer zu erheben. Die Forderung, daß bei 35- bis 44jährigen mindestens 20 funktionell aktive Zähne vorhanden sein sollen, wurde bereits im Jahre 1989 bzw. 1992 mit der IDZ-Studie für West- und Ostdeutschland erfüllt (Tab. 7).

Einflußfaktoren auf die Zahngesundheit

Als Einflußfaktoren auf die Zahngesundheit kommen zum einen die unterschiedlichen gesellschaftlichen Rahmenbedingungen und sozialen Verhältnisse, zum anderen die direkten Einflußgrößen auf die Zahnhartsubstanz in der Mundhöhle in Frage. Es würde den Umfang dieses Kapitels sprengen, wenn die einzelnen Einflußgrößen auf die genannten Zahlen im Detail untersucht würden. Allgemein kann man konstatieren, daß Sozialschicht, Erziehung und Ausbildung und in geringem Ausmaß auch die Geschlechtszugehörigkeit einen Einfluß nehmen können. Weiterhin können Ernährungs- und Mundhygieneverhalten eine entscheidende Rolle spielen. Weitere Einflußgrößen können Inanspruchnahme des Zahnarztes (Häufigkeit des Zahnarztbesuches) und die damit verbundenen zahnärztlichen Maßnahmen, wie z.B. Fissurenversiegelung und Fluoridierungsmaßnahmen sein. Als weiterer wichtiger Faktor für Veränderungen der Kariesprävalenz könnte der Zuzug von Migranten in bestimmte Stadtteile von großen Städten sein [41]. Nicht unbeachtet bleiben sollte, speziell beim Vergleich mit älteren Studien, daß sich die Kariesdiagnostik im Lauf der Jahre verändert haben könnte. Insbesondere die unterschiedliche Eingruppierung der Fissurenkaries und der initialen Approximalkaries in therapiebedürftig (kariös) oder nicht therapiebedürftig (gesund) kann die Kariesprävalenzdaten drastisch beeinflussen. So erhöht sich z.B. bei Einbeziehung initialer Läsionen der DMF-T-Wert um das Zweifache, und der Anteil kariesfreier Probanden geht stark zurück [36]. Insofern ist beim Vergleich neuerer und älterer Untersuchungen immer zu beachten, welche Diagnosekriterien angelegt wurden.

Die *systemische und/oder lokale Fluoridierung* in unterschiedlicher Form ist sicherlich der wichtigste Faktor für den Kariesrückgang in den industrialisierten Ländern [5]. Der Verfügbarkeit fluoridhaltiger Zahnpasten wird eine zentrale Rolle beigemessen. Es ist sicherlich richtig, daß hier ein wesentlicher Grundpfeiler für die Kariesreduktion in verschiedenen Bevölkerungsgruppen zu suchen ist. Eine 20–30%ige Kariesreduktion, wie sie in überwachten Studien mit fluoridhaltigen Zahnpasten gefunden wird, erklärt jedoch nicht allein die allgemein zu findende Kariesreduktion in der Gesamtbevölkerung. So kamen auch Kalsbeeck und Verrips [23] bei der Analyse von Kariesprävalenzdaten verschiedener Länder zu dem Schluß, daß die Unterschiede im DMF-T-Index bei Zwölfjährigen sich nicht allein mit der Fluoridverfügbarkeit im Trinkwasser oder der Verbreitung fluoridhaltiger Zahnpasta erklären lassen.

Zusätzlich zu den bereits diskutierten Einflußfaktoren sind möglicherweise auch allgemeine Umfeldveränderungen, die zu einer „passiven" Minimierung des oralen Erkrankungsrisikos beigetragen haben (z.B. Virulenzabschwächung kariespathogener Keime), für die Verringerung der Kariesprävalenz verantwortlich [30]. Hier könnte z.B. auch der vermehrte Antibiotikaverbrauch eine Rolle spielen [29]. Auch andere Lebensmittelbestandteile, wie z.B. Konservierungsmittel und verändertes Ernährungsverhalten könnten einen Einfluß haben.

Insgesamt läßt sich mit den Zahlen der IDZ-Studien (Ost und West) und den Werten bayrischer Schulkinder nachweisen, daß es sowohl einen Zusammenhang zwischen Kariesprävalenz und Schichtzugehörigkeit als auch zum Schulbildungsstatus der Eltern bzw. der Untersuchten gibt [39]. Zusätzlich konnte die IDZ-Studie zeigen, daß bei allen Altersgruppen der DMF-S- bzw. DMF-T-Wert bei männlichen Untersuchten geringer ist als bei weiblichen Patienten. Nur bei den 13- bis 14jährigen war dieser Unterschied statistisch nicht signifikant.

Die IDZ-Studie gibt weiterhin Hinweise darauf, daß bei Kindern, Jugendlichen und Erwachsenen der DMF-T-Wert von der Höhe des Zuckerkonsums abhängt.

Durch unterschiedliche *Kofaktoren*, wie z.B. Fluoridierungsmaßnahmen, wird die einfache Korrelation hoher Zuckerverbrauch – hohe Kariesprävalenz in Ländern mit einem Kariesrückgang jedoch mittlerweile schwächer oder sogar aufgehoben [49]. Es wurde vermutet, daß der Zuckerkonsum heute in erster Linie für die kariesaktive Bevölkerungsgruppe einen Risikofaktor darstellt, wobei er für den größten Teil der Bevölkerung unter den momentanen ökologischen Bedingungen eine weniger gravierende Rolle spielt [6].

Zwischen DMF-T-Wert und Mundhygieneverhalten ließ sich in der IDZ-Studie (West) kein Zusammenhang herstellen. Bei genauerer Betrachtung wurde jedoch deutlich, daß bei den Kindern mit guter Mundhygiene der Anteil gefüllter Zähne höher war und somit ein höheres Inanspruchnahmeverhalten konstatiert werden konnte. Der höhere F-Wert nivellierte die Unterschiede in allen Altersgruppen zwischen den Patienten mit guter und mit schlechter Mundhygiene. Betrachtet man allein die D-Komponente, so läßt sich durchaus ein Unterschied bei Kindern und Erwachsenen in der Kariesprävalenz bei guter und bei schlechter Mundhygiene konstatieren. In der IDZ-Studie für Ostdeutschland ließ sich hingegen auch zwischen den Einzelkomponenten des DMF-T-Index und der Mundhygiene kein statistisch signifikanter Zusammenhang herstellen. Dies läßt sich damit erklären, daß neben dem einfachen Zähneputzen insbesondere Faktoren wie der Fluoridgehalt der verwendeten Zahnpasta oder des Zeitpunkts bei der Entfernung der vergärbaren Speisereste mit berücksichtigt werden müssen [1]. Insgesamt lassen sich aus den epidemiologischen Daten folgende Zielvorstellungen ableiten:

- Der Sanierungsgrad bei Kindern und Jugendlichen muß erheblich verbessert werden. Hierzu ist es notwendig, daß Vorschulkinder und Grundschüler verstärkt an die zahnärztliche Behandlung herangeführt werden. Insbesondere die Sanierung der Milchgebisse steht hierbei im Mittelpunkt.
- Weiterhin gilt es, besondere Risikogruppen zu erkennen und intensivprophylaktisch zu betreuen. Hierzu zählen in erster Linie Kinder und Jugendliche aus sozialen Brennpunkten und Immigranten.
- Eine Kariesreduktion bei Erwachsenen (Reduktion des DMF-S- oder DMF-T-Wertes) ließe sich primär durch eine Verringerung restaurativer Maßnahmen oder durch den Einsatz minimalinvasiver Verfahren erzielen. Selbstverständlich ist neben diesen Maßnahmen eine ausreichende Individualprophylaxe unabdingbar.

Kariesprävalenz in Deutschland im internationalen Vergleich

International müssen zur Zeit zwei Trends unterschieden werden. Die Kariesprävalenz ist in Entwicklungsländern unterschiedlich hoch. Während sie in einigen Ländern sehr niedrig ist, steigt sie mit zunehmender wirtschaftlicher Entwicklung (sog. Schwellenländer) an. Dies wird auf eine Zunahme des Zuckerkonsums bei gleichzeitig mangelhafter zahnärztlicher Versorgung und fehlenden Präventionsmaßnahmen, wie z.B. Fluoridierung, zurückgeführt. In den meisten Industrienationen kam es in den letzten 20 Jahren zu einer mehr oder weniger stark ausgeprägten Verminderung des Kariesbefalls. Ein Vergleich der in Deutschland gefundenen Kariesprävalenzwerte für die verschiedenen Altersgruppen mit Daten aus anderen europäischen Ländern ist schwierig, da Untersuchungsgruppen (repräsentative Stichprobe, Pathfinder-Survey, regionale Studien usw.), diagnostische Kriterien und Zeitpunkte der Untersuchung stark differieren. Es ist allenfalls möglich, die Daten der einzelnen Länder mit der Klassifizierung des Kariesbefalls bei Zwölfjährigen durch die WHO zu vergleichen [2] (Tab. 8).

Weiterhin besteht die Möglichkeit, die Daten mit den globalen Zielen der WHO zu vergleichen.

Die *europäische Organisation für Kariesforschung* (ORCA) stellte anläßlich eines Symposiums in 1995 [33] die Daten für die Kariesprävalenz für Europa zwischen 1990 und 1995 vor. Dieser Zusammenfassung sind die nachfolgenden Daten entnommen (Abb. 12). Die Mehrzahl der europäischen Länder hat bei Zwölfjährigen einen DMF-T-Wert von

Tabelle 8 Klassifizierung des Kariesbefalls bei Zwölfjährigen durch die WHO.

DMF-T-Wert	
sehr niedrig	0–1,1
niedrig	1,2–2,6
mäßig	2,7–4,4
hoch	4,5–6,5
sehr hoch	> 6,5

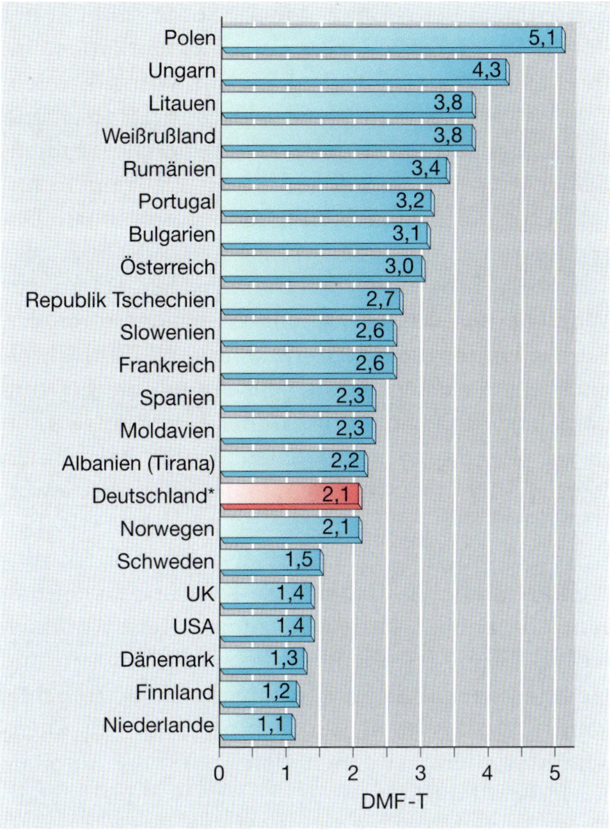

Abb. 12 Mittlere DMF-T-Werte bei Zwölfjährigen in Europa und in den USA in den Jahren 1990 und 1995 [nach 33].

* Für Deutschland liegen keine repräsentativen Daten vor, daher wurden die in der DAJ-Studie ermittelten Daten zusammengefaßt dargestellt [nach 35].

Tabelle 9 Sinken der Kariesprävalenz.

	MARTHALER	DAJ-Studie
Westdeutschland	4,1*	2,5
Ostdeutschland	3,8	2,6

* Interpoliert, untersucht wurden 13- bis 14jährige.

unter 3 aufzuweisen. Sechs Länder liegen mit einem Wert unter 2 in der Kategorie „niedriger Kariesbefall", einige Länder weisen allerdings noch immer einen DMF-T-Wert über 3,0 auf. Diese Länder haben die Zielvorstellungen der WHO für das Jahr 2000 also noch nicht erreicht. Berücksichtigt man die in diesem Kapitel vorgelegten Daten für 12 Bundesländer (DAJ-Studie), so liegt der DMF-T-Wert zwischen 1,6 (Bayern) und 3,5 (Mecklenburg-Vorpommern). In der Grafik wird daher ein Mittelwert von 2,1 angenommen. Nimmt man die Kariesprävalenzstudien von KÜNZEL [30], so wird hier ein DMF-T-Wert von 1,9–3,0 genannt, d.h., auch diese Werte liegen größtenteils im Bereich von 2–2,5. Insgesamt läßt sich Deutschland damit in die Gruppe der Länder mit niedrigem Kariesbefall einreihen. Es muß jedoch bedacht werden, daß aufgrund der Kariespolarisierung die Mittelwerte nur bedingte Vergleiche zulassen. Vergleicht man die vorliegenden Zahlen mit den Daten von MARTHALER aus 1990 [32], so wird das Sinken der Kariesprävalenz deutlich (Tab. 9).

Ein wichtiges Ergebnis sollte nicht unerwähnt bleiben. Sowohl im Milchgebiß als auch im bleibenden Gebiß ist in Ländern mit niedriger Kariesprävalenz (d.h. DMF-T < 2) seit Beginn der neunziger Jahre nur noch eine unwesentliche Kariesreduktion zu verzeichnen.

Bei den 35- bis 44jährigen liegt Deutschland im internationalen Vergleich recht gut. In dieser Altersgruppe liegt Deutschland bei fehlenden Zähnen noch vor der Schweiz (Tab. 10).

Ausblick

In Deutschland läßt sich heute wie in anderen europäischen Nachbarländern ein Trend zu einer

Tabelle 10 Anzahl fehlender Zähne im internationalen Vergleich (35- bis 44jährige Erwachsene) (Quelle: Literaturauswertung, IDZ 1994).

Anzahl fehlender Zähne im internationalen Vergleich (35- bis 44jährige Erwachsene).		
Land	**Jahr**	**fehlende Zähne**
Deutschland, alte Bundesländer	1989	3,8
Deutschland, neue Bundesländer	1992	4,5
Dänemark	1990	4,5
Schweiz	1988	6,2
England und Wales	1988	6,6
Niederlande	1988	6,9
Schottland	1988	9,1
Neuseeland	1988	9,8

Verringerung der Kariesprävalenz bei Kindern und Jugendlichen ausmachen. Welche Faktoren für diese Entwicklung verantwortlich sind, ist nicht exakt festzulegen. Neben Fluoridierungsmaßnahmen, veränderten Diagnosemethoden und Veränderungen in der Einstellung von Zahnärzten zu restaurativen Maßnahmen gibt es auch bisher unbekannte Einflüsse. Man könnte nun daraus politisch ableiten, daß einfache prophylaktische Modelle ausreichen, um den bisherigen Stand zu halten und auf intensive Prophylaxemaßnahmen verzichten. Eine derartige politische Entscheidung wäre allerdings fatal. Die bisherige zahnärztliche Tätigkeit hat offensichtlich Erwachsene davor bewahrt, zu früh zahnlos zu werden, bei Kindern und Jugendlichen gibt es immer noch ein Versorgungsdefizit in restaurativer *und* präventiver Hinsicht. Es gilt außerdem zu berücksichtigen, daß sich in der Bevölkerung *Risikogruppen* herausgebildet haben, die offensichtlich sowohl für restaurative als auch für Prophylaxemaßnahmen schwer zugänglich sind. Es müssen Anstrengungen unternommen werden, die Kinder, welche den Kindergarten nicht besuchen, in entsprechende Programme mit einbeziehen zu können. Neben anderen gruppenprophylaktischen Bemühungen muß eine flächendeckende Salzfluoridierung angestrebt werden. Bei Erwachsenen und älteren Patienten, die ihre Zähne in den nächsten Jahrzehnten vermutlich noch länger als heute erhalten werden, sind die individualprophylaktischen Bemühungen zu intensivieren. Ein Nachlassen der effektiven Prophylaxemaßnahmen bedeutet letztlich mit hoher Wahrscheinlichkeit einen Wiederanstieg der Kariesprävalenz [19, 43].

Epidemiologie Wurzelkaries

Neue Kariesläsionen können in jedem Lebensalter entstehen, und Karies ist nach wie vor auch im hohen Alter eine Ursache für Zahnverlust [17, 38]. Es ist zudem bekannt, daß kariöse Läsionen im Verlauf einiger Jahre eine kontinuierliche Progression bis in die Pulpa zeigen, wenn nicht präventiv oder restaurativ interveniert wird. Mit zunehmendem Alter kommt es häufig zu Gingivarezessionen (z.B. durch atrophische Vorgänge) mit freiliegenden Wurzelflächen, speziell an den Bukkalflächen der Zähne [37]. Da das Zement durch iatrogene Einflüsse (z.B. professionelle Zahnreinigung) bzw. durch intensive Mundhygiene rasch verlorengeht, liegt dann Dentin frei, welches gegenüber kariösen Angriffen wesentlich vulnerabler ist als Schmelz. Somit schließt der Begriff Wurzelkaries zwar auch Zementkaries ein, meint jedoch meist Dentinkaries im Wurzelbereich. Zur Wurzelkariesprävalenz gibt es in Deutschland weder repräsentative noch überregionale Studien. Daher wird im folgenden nur relativ allgemein unter Bezug auf wenige lokale und internationale Daten referiert.

Bei der Erhebung epidemiologischer Daten zur Wurzelkaries entsteht, genau wie bei der koronalen Karies, ein diagnostisches Problem (s. S. 30ff.), welches sich wiederum auf die Interpretation und den Vergleich epidemiologischer Daten auswirken kann. Wie bei der koronalen Karies bestimmen letztlich die Fragestellung und der Inhalt der jeweiligen epidemiologischen Studie die diagnostischen Kriterien, auch wenn es auf den ersten Blick notwendig erscheint, einheitliche Kriterien zu definieren. [25]. Die gewählten Diagnosekriterien müssen jedoch für die jeweilige Studie angegeben sein und sie müssen valide und nachvollziehbar (reliable) sein. Fejerskov et al. [14] schlagen vor, für Querschnittstudien, bei denen gleichzeitig der koronale Kariesbefall bestimmt wird, eine weniger detaillierte Einteilung der Wurzelkaries (für epidemiologische Zwecke) vorzunehmen. Sie unterscheiden zwischen gesunden Wurzeloberflächen, aktiven und inaktiven kariösen Läsionen und gefüllten Wurzeloberflächen (eine Füllung ist in ihrer Gesamtheit auf der Wurzeloberfläche lokalisiert oder es wird vermutet, daß die Füllung in erster Linie durch die Restauration einer kariösen Läsion auf der Wurzeloberfläche resultiert). Bei Longitudinalstudien oder experimentellen klinischen Studien ist jedoch eine detailliertere Information wünschenswert, um die möglichen Veränderungen an der Wurzeloberfläche während einer Studie genauer zu erfassen. Sie schlagen daher für eine derartige Untersuchung Kategorien von D0 bis D9 vor, dabei wird die Ausdehnung und die Aktivität der Karies berücksichtigt.

Zusätzlich forderte Katz [25] folgende *diagnostische Konventionen* für die Datenerhebung von Wurzelkaries:

1. Ist die Diagnose kariös oder gefüllt unsicher, so ist die jeweilige Fläche als gesund anzusehen.
2. Karies, die (unabhängig vom jeweiligen Schmelzbefund) auf Wurzeloberflächen in der Nähe der Schmelz-Zement-Grenze lokalisiert ist, sollte als Wurzelkaries in den Befund aufgenommen werden.
3. Jede koronale Füllung, die bis auf eine Wurzel-

oberfläche reicht, sollte dann als Wurzeloberflächenfüllung gewertet werden, wenn sie mehr als 3 mm unterhalb der Schmelz-Zement-Grenze endet (Ausnahme: Kronen, die auf der Wurzeloberfläche enden, werden nie als gefüllte Wurzeloberflächen gewertet).

4. Jede Füllung wird dann als mehrflächig gewertet, wenn sie mehr als ein Drittel der jeweiligen Fläche einnimmt.
5. Sekundärkaries im Randbereich einer Wurzeloberflächenfüllung sollte als unabhängige Kategorie aufgenommen werden.
6. Sekundärkaries, der in Verbindung mit einer koronalen Füllung bzw. einer Krone steht, sollte auch als unabhängige Kategorie befundet werden. Mehrere kariöse Läsionen auf einer Wurzeloberfläche sollten als zusätzliche Wurzelkaries in den Befund eingehen.
7. Jede Wurzeloberfläche, die gesund erscheint, die aber mit mehr als 20% Plaque oder Zahnstein bedeckt ist und somit einer Befundung nicht zugänglich ist, sollte als nicht meßbar gekennzeichnet sein.

Vor dem Hintergrund dieser Überlegungen muß festgestellt werden, daß die meisten der bisher durchgeführten epidemiologischen Studien zur Wurzelkaries kaum miteinander verglichen werden können. Die untersuchten Gruppen sind in ihren Charakteristika extrem unterschiedlich, und die Diagnosekriterien weichen erheblich voneinander ab. Besonders der Befund Wurzeloberflächenfüllung ist kritisch, da man nicht weiß, ob die jeweilige Füllung aufgrund einer Wurzelkaries oder aufgrund von Erosion, Abrasion oder anderen Gründen ausgeführt wurde. Zudem kann eine Füllung aufgrund einer koronalen Karies aus unterschiedlichen Gründen auf die Wurzeloberfläche ausgedehnt worden sein, ohne daß die Wurzeloberfläche kariös war. Insofern ist auch der Befund Sekundärkaries im Bereich von Füllungs- und Kronenrändern mit Vorsicht zu interpretieren.

Wurzelkaries kam im Altertum wahrscheinlich häufiger vor als koronale Karies [46]. Die ersten deskriptiven epidemiologischen Studien der Neuzeit zur Wurzelkariesprävalenz gehen auf die Jahre 1970–1980 zurück. Da es keine einheitlichen Standards für Untersuchungskriterien gibt, lassen sich diese Untersuchungsergebnisse jedoch nur begrenzt verallgemeinern. Außerdem wurden diese Studien in erster Linie bei Populationen durchgeführt, die noch im Berufsleben (20–60jährige) waren. Dabei

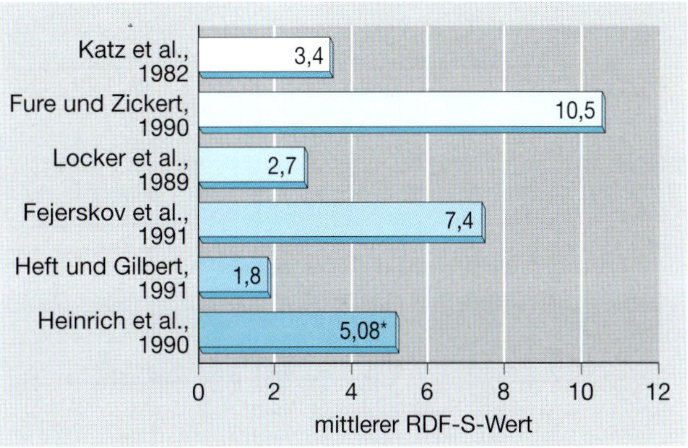

Abb. 13 Überblick über deskriptive epidemiologische Studien zur Wurzelkariesprävalenz für über 50jährige.

* Gepoolter Wert für Männer und Frauen.

stellte sich heraus, daß zwischen 18 und 51% der Untersuchten an Wurzelkaries litten. Gleichzeitig konnte gezeigt werden, daß die Wurzelkariesprävalenz bei Hochrisikopatienten aus dieser Zeit zwischen 73 und 86% anzusiedeln war [26]. Erst die neueren Untersuchungen, die nach dem Jahr 1980 durchgeführt wurden, ließen Aussagen über Risikofaktoren, die zu Wurzelkaries führen, über das intraorale Verteilungsmuster und die Prävalenz bzw. Inzidenz in verschiedenen Altersgruppen zu. Abbildung 13 gibt einen Überblick über deskriptive epidemiologische Studien für über 60jährige. Bei deskriptiven epidemiologischen Studien wird häufig einfach die Wurzelkariesmorbidität (in%) bezogen auf die Anzahl der untersuchten Probanden angegeben. Man findet jedoch auch in Anlehnung an den DF-S-Wert für koronale Karies die Angabe als durchschnittliche oder prozentuale RDF-Werte (R = Root, D = decayed, F = filled). Diese Angaben sind ungenau, da viele Untersuchungsparameter nicht mit eingehen. Zudem werden bei diesem Index auch alle Zähne berücksichtigt, die keine freiliegenden Wurzeloberflächen besitzen. Ein international anerkannter Index, der die Anzahl vorhandener freier Wurzeloberflächen (surfaces at risk) berücksichtigt, ist der RCI-Index nach Katz [24]. Er errechnet sich nach folgender Formel: RD + RF : RD + RF + RN × 100, wobei RN als gesunde freiliegende Wurzeloberfläche (sichtbare Wurzeloberfläche apikal der Schmelz-Zement-Grenze), RD als kariöse, freiliegende Wurzeloberfläche und RF als gefüllte, freiliegende Wurzeloberfläche definiert ist. Aber auch bei Verwendung dieses Index können besonders bei Longitudinalstudien verwirrende Daten erhoben werden. So kann z. B. der RCI-Wert aufgrund von zahlreichen Extraktionen abnehmen, obwohl die absolute An-

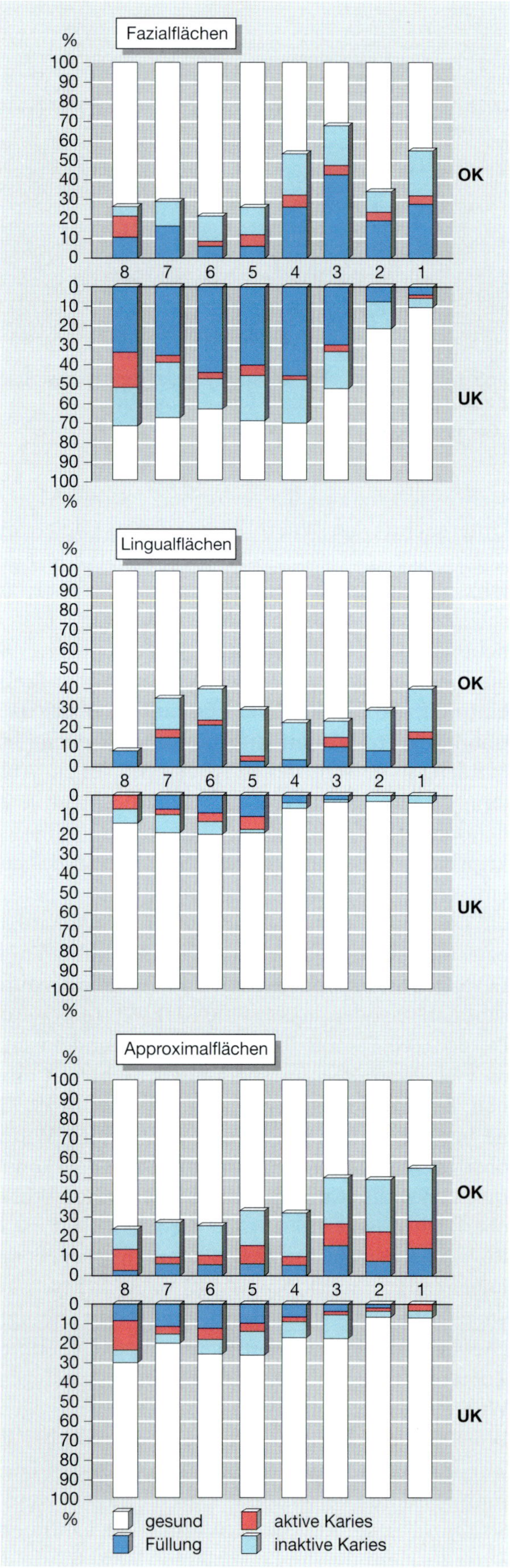

◁ *Abb. 14* Verteilung der Wurzelkaries (Läsionen und Füllungen) in % der Risikoflächen (RCI) für faziale, linguale und approximale Flächen [13].

zahl kariöser Flächen gleichgeblieben ist. Hierzu folgende Beispielrechnung: Bei einem Patienten werden an 20 Zähnen 10 freiliegende Wurzeloberflächen ohne Karies und weitere 10 freiliegende Wurzeloberflächen mit Karies gefunden. Der RCI-Wert wäre in einem solchen Fall 0,5. Würden nun fünf Zähne mit gesunden Wurzeloberflächen extrahiert und bliebe die Anzahl der kariösen Oberflächen gleich, so ergäbe sich anschließend ein Wert von 0,6, obwohl die absolute Anzahl an kariösen Flächen nicht zugenommen hat. Es ist daher sinnvoll, bei epidemiologischen Studien sowohl den RCI- als auch den RDF-Wert anzugeben.

Wurzelkaries ist häufiger an bukkalen als an approximalen und lingualen Zahnflächen zu finden [13]. Über das Muster einer intraoralen Verteilung gibt es widersprüchliche Studien. Die Verteilung wird natürlich auch dadurch sehr stark verzerrt, daß häufiger Füllungen an Zähnen mit leicht zugänglichem Wurzeloberflächenbereich angefertigt werden. Allgemein kann man sagen, daß im Unterkiefer freiliegende Wurzeloberflächen häufiger erkranken als im Oberkiefer. Dabei scheinen die Unterkiefereckzähne und Prämolaren sowie die zweiten Molaren und im Oberkiefer die Eckzähne häufig betroffen zu sein (Abb. 14). Eine wichtige Fragestellung in diesem Zusammenhang ist, ob mit zunehmendem Alter die Wurzelkariesprävalenz zunimmt. Unbestritten ist, daß mit zunehmendem Alter die Anzahl freiliegender Wurzeloberflächen aufgrund von Rezessionen zunimmt. Heinrich et al. [21] konnten in ihrer Studie zeigen, daß auch die Anzahl der Wurzelflächen mit Karies und/oder Füllung vom 25. bis zum 64. Lebensjahr bei Männern und bei Frauen nahezu kontinuierlich ansteigt. Durch Extraktionen könnte dann aber in höheren Altersgruppen die Anzahl kariöser Wurzeldefekte wieder sinken. Unabhängig davon konnte in dieser Studie auch gezeigt werden, daß der RCI-Wert (das Verhältnis von kariösen und gefüllten Wurzeloberflächen zur Gesamtzahl der zugänglichen Wurzeloberflächen) nicht im gleichen Maße anstieg (Abb. 15). Dies erklären sie damit, daß es zu einem synchronen Anstieg von freiliegenden und erkrankten bzw. gefüllten Wurzeloberflächen kommt. Sie schließen aus ihrer Untersuchung, daß der RCI zwar das Erkrankungsrisiko mißt, aber ungeeignet zur

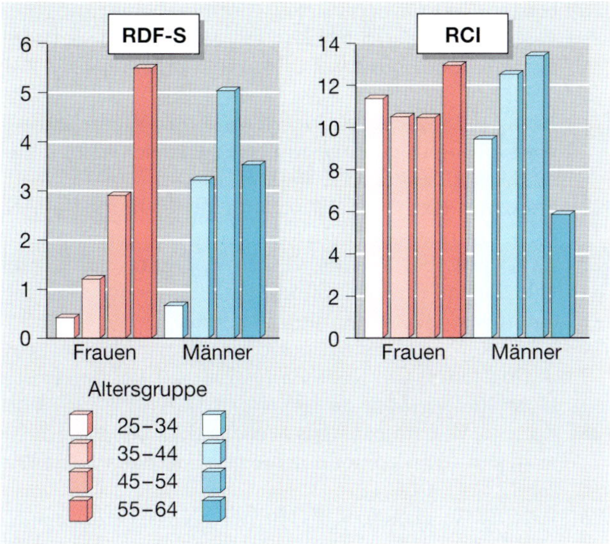

Abb. 15 Wurzelkariesprävalenz für verschiedene Altersgruppen, dargestellt anhand des RDF-S- und des RCI-Wertes. Während der RDF-Wert mit zunehmendem Alter ansteigt (Ausnahme: Männer über 55 Jahre), ist dies beim RCI-Wert nicht in gleichem Maße zu erkennen [21]. Der RCI-Wert mißt zwar das Erkrankungsrisiko, ist aber im Prinzip ungeeignet zur Beschreibung der Wurzelkariesprävalenz, da Prävalenzangaben anhand des RCI-Wertes nur bei weitgehend ähnlichen Extraktionszahlen, Zahnarten oder durch nachträgliche Standardisierung vergleichbar werden.

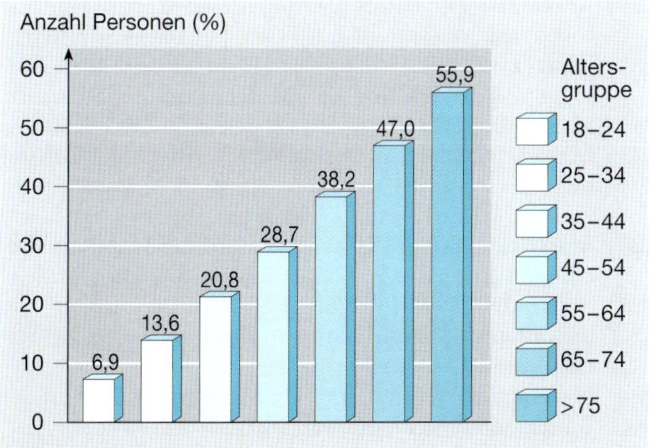

Abb. 16 Wurzelkariesmorbidität in verschiedenen Altersgruppen in den USA [48].

Beschreibung der Wurzelkariesprävalenz ist. Prävalenzangaben sind nur bei weitgehend ähnlichen Extraktionszahlen einzelner Zahnarten oder durch eine nachträgliche Standardisierung vergleichbar. Winn et al. [48] konnten auch für die USA bestätigen, daß die Anzahl von Personen mit Wurzelkaries mit zunehmendem Alter ansteigt (Abb. 16). Mehrere Studien konnten verdeutlichen, daß bei Männern eine höhere Wurzelkariesprävalenz vorliegt als bei Frauen [27, 47].

Da man aufgrund der demographischen Entwicklung in den Industrienationen davon ausgehen kann, daß eine immer größere Anzahl älterer Patienten die Zahnarztpraxis aufsuchen wird und zudem aufgrund der präventiven Interventionsmaßnahmen in der Jugend mehr Zähne im Alter vorhanden sein werden, ergibt sich zwangsläufig die Notwendigkeit, Zahngruppen mit erhöhtem Risiko einer Wurzelkarieserkrankung besondere Aufmerksamkeit zu widmen. Vor diesem Hintergrund ergibt sich die Notwendigkeit von repräsentativen Studien zur Wurzelkaries in den jeweiligen Nationen.

Faktoren, die sehr stark mit dem Auftreten von Wurzelkaries assoziiert sind, die sogar teilweise prädiktiven Charakter haben, sind Wurzelkariesbefall in der Vergangenheit, koronale Karies in der Vergangenheit, hohe Plaquewerte, mikrobielle Faktoren wie das Vorhandensein von Laktobazillen, Streptococcus mutans und Candida und geringe Speichelfließrate. Tavarez et al. [45] konnten zeigen, daß Diabetiker einen geringeren RCI-Wert aufwiesen als Nichtdiabetiker. Dies wurde so interpretiert, daß die geringere Aufnahme von Kohlenhydraten in der Diabetikergruppe zu einer geringeren Wurzelkariesprävalenz führte. Obwohl Fluoridierungsmaßnahmen gesondert besprochen werden, sollte im epidemiologischen Zusammenhang erwähnt werden, daß in analytischen und experimentellen Studien gezeigt werden konnte, daß Fluoride die Wurzelkariesprävalenz und -inzidenz gravierend hemmen. Es sollte auch nicht unerwähnt bleiben, daß Patienten, welche in Altersheimen bzw. Pflegeheimen leben, nicht repräsentativ für die Bevölkerung sind. Es konnte nämlich in diesem Zusammenhang gezeigt werden, daß sie eine wesentlich höhere Wurzelkariesinzidenz erfahren als Menschen, die auch im Alter zu Hause leben. Beck [4] kam in einer Übersichtsarbeit im Jahre 1990 zu der Ansicht, daß eine Gruppe von 30–40% der Bevölkerung den Großteil neuer kariöser Läsionen auf Wurzeloberflächen entwickelt. Es wäre daher dringend erforderlich, genau wie bei Kindern und Jugendlichen bezüglich der koronalen Karies eine Risikobestimmung vorzunehmen, um diese Menschen mit einem erhöhten Wurzelkariesrisiko zu identifizieren. Dies ist jedoch bisher schwierig, da es zwar Risikoindikatoren gibt, die jedoch nicht mit Risikofaktoren gleichgesetzt werden dürfen.

Literatur

[1] Ainamo, J., Parviainen, K.: Occurence of plaque, gingivitis and caries as related to self reported frequency

of toothbrushing in fluoride areas in Finnland. Community Dent Oral Epidemiol 7, 142 (1979).
[2] Barmes, D. E.: International perspectives for the first quarter of the twenty-first century. Swed Dent J 13, 1 (1989).
[3] Beaglehole, R., Bonita, R., Kjellström, T.: Einführung in die Epidemiologie. Huber, Bern 1997.
[4] Beck, J.: The epidemiology of root surface caries. J Dent Res 69, 1216 (1990).
[5] Bratthall, D., Hansel-Petersson, G., Sundberg, H.: Reasons for the caries decline: what do the experts believe? Eur J Oral Sci 104, 416 (1996).
[6] Burt, B. A.: Relative consumption of sucrose and other sugars: has it been a factor in reduced caries experience? Caries Res 27 (Suppl 1), 56 (1993).
[7] Dünniger, P., Pieper, K.: Ergebnisse zur Prävalenz von Karies und Dentalfluorose. In: Micheelis, W., Bauch, J.: Mundgesundheitszustand und -verhalten in der Bundesrepublik Deutschland. Ergebnisse des nationalen IDZ-Survey 1989, Deutscher Ärzteverlag, Köln 1991.
[8] Einwag, J.: Ergebnisse zur Prävalenz von Karies und Dentalfluorose. In: Micheelis, W., Bauch, J. (Hrsg.): Mundgesundheitszustand und -verhalten in Ostdeutschland. Ergebnisse des IDZ-Ergänzungssurvey 1992. Deutscher Ärzteverlag, Köln (1993).
[9] Einwag, J.: Epidemiologie der Karies (unter besonderer Berücksichtigung der Polarisierung des Kariesbefalls). Entwicklung und Perspektiven. In: Kariesprophylaxe für alle?! „Informationskreis Mundhygiene und Ernährungsverhalten" (IME), Frankfurt 1994.
[10] Euler, H., Werner, A.: Die Entwicklung der Karies im heutigen Schlesien im Verlauf von 4 Jahrtausenden. D Zahnärztl Wochenschr 39, 657 (1936).
[11] Féderation Dentaire Internationale (FDI): Two-digit system of designating teeth. Int Dent J 21, 104 (1971).
[12] Féderation Dentaire Internationale (FDI): Global goals for oral health in the year 2000. Int Dent J 32, 74 (1982).
[13] Fejerskov, O., Luan, W. M., Nyvad, B., Budtz-Jorgensen, E., Holm-Pedersen, P.: Active and inactive root surface caries lesions in a selected group of 60-80 year old Danes. Caries Res 25, 385 (1991).
[14] Fejerskov, O., Nyvad, B.: Dental caries in the aging individual. In: Holm-Pedersen, P., Löe, H. (eds.): Textbook of geriatric dentistry (2nd edition), Munksgaard, Copenhagen 1996, p. 338.
[15] Franke, G.: Klassifizierung epidemiologischer Studien über Zahnkaries und Definition verwandter Begriffe. Int Dent J 26, 73 (1976).
[16] Fure, S., Zickert, I. M.: The prevalence of root surface caries in 55-, 65- and 75-year old Swedish individuals. Community Dent Oral Epidemiol 18, 100 (1990).
[17] Glockmann, E., Köhler, J.: Ursachen für Zahnextraktionen in den neuen Bundesländern. Dtsch Zahnärztl Z 53, 39 (1998).
[18] Gülzow, H. J., Schiffner, U., Bauch, J.: Milchzahnkaries bei Kindern aus Stormarner Kindergärten zwei Jahre nach Einführung gruppenprophylaktischer Maßnahmen. Dtsch Zahnärztl Z 42, 44 (1987).
[19] Haugejorden, O.: Changing time trend in caries prevalence in Norwegian children and adolescents. Community Dent Oral Epidemiol 22, 220 (1994).
[20] Heft, M. W., Gilbert, G. H.: Tooth loss and caries prevalence in older floridians attending senior activity centers. Community Dent Oral Epidemiol 19, 201 (1991).
[21] Heinrich, R., Künzel, W., Heinrich, J.: Wurzelkariesverbreitung in einer gesunden Erwachsenenpopulation. Dtsch Zahnärztl Z 45, 363 (1990).
[22] Hofmann-Axthelm, W.: Lexikon der Zahnmedizin. 6. Aufl. Quintessenz, Berlin, 1995.
[23] Kalsbeeck, H., Verrips, G. H. W.: Dental caries prevalence and the use of fluorides in different european countries. J Dent Res 69, 728 (1990).
[24] Katz, R. V.: Assessing root caries in populations: the evaluation of the Root Caries Index. J Public Health Dent 40, 7 (1980).
[25] Katz, R. V.: Clinical signs of root caries: Measurement issues from an epidemiologic perspective. J Dent Res 69, 1211 (1990).
[26] Katz, R. V., Hazen, S. P., Chilton, N. W., Mumma, R. D. jr.: Prevalence and intraoral distribution of root caries in an adult population. Caries Res 16, 265 (1982).
[27] Keltjens, H. M. A. M., Schaeken, M. J. M., Hoeven, J. S. van der, Hendriks, J. C. M.: Epidemiology of root surface caries in patients treated for periodontal disease. Community Dent Oral Epidemiol 16, 171 (1988).
[28] Klimek, J., Prinz, H., Hellwig, E., Ahrens, G.: Effect of a preventive program based on professional toothcleaning and fluoride application on caries and gingivitis. Community Dent Oral Epidemiol 13, 295 (1985).
[29] Krasse, B.: The caries decline: is the effect of fluoride toothpaste overrated? Eur J Oral Sci 104, 426 (1996).
[30] Künzel, W.: Caries decline in Deutschland. Eine Studie zur Entwicklung der Mundgesundheit. Hüthig, Heidelberg (1997).
[31] Locker, D., Slade, G. D., Leake, J. L.: Prevalence of and factors associated with root decay in older adults in Canada. J Dent Res 68, 768 (1989).
[32] Marthaler, T. M.: Caries status in Europe and prediction of future trends. Caries Res 24, 381 (1990).
[33] Marthaler, T. M., O'Mullane, D. M., Vrbic, V.: The prevalence of dental caries in Europe 1990-1995. Caries Res 30, 237 (1996).
[34] Naujoks, R., Hüllebrand, G.: Mundgesundheit in der Bundesrepublik. Zahnärztl Mitt 75, 417 (1985).
[35] Pieper, K.: Epidemiologische Begleituntersuchungen zur Gruppenprophylaxe 1995. Deutsche Arbeitsgemeinschaft für Jugendzahnpflege e.V., Bonn 1996.
[36] Pitts, N. B., Fyffe, H. E.: The effect of varying diagnostic thresholds upon clinical caries data for a low prevalence group. J Dent Res 67, 592 (1988).
[37] Raetzke, P.: Die parodontale Rezession. Untersuchungen zur Prävalenz, Signifikanz und zur Therapie. Hanser, München 1988, S. 47.
[38] Reich, E.: Gründe für Zahnverlust in den westlichen Bundesländern. Informationsdienst des Instituts der Deutschen Zahnärzte, Nr. 1/1993.
[39] Reich, E.: Zahngesundheit bayrischer Schulkinder 1995/1996. Bayrische Landesarbeitsgemeinschaft Zahngesundheit e.V. (LAGZ), München 1996.
[40] Reich, E.: Epidemiologische Studien (Stellungnahme der DGZMK). Dtsch Zahnärztl Z 52, 3 (1997).

[41] Schreiber, A., Lehmann, A.: General health and oral health situation among migrants and refugees in Berlin and Germany. Int Dent J 64 (Suppl. 1), 218 (1996).

[42] Soggnaes, R. F.: A survey of dental caries in Greece. NY State Dent J 15, 15 (1949).

[43] Speechley, M., Johnston, D. W.: Some evidence from Ontario, Canada, of a reversal in the dental caries decline. Caries Res 30, 423 (1996).

[44] Steiner, M., Menghini, G., Curilovic, Z., Marthaler, T.: Kariesbefall der Schüler der Stadt Zürich im Zeitraum 1970–1993. Schweiz Monatsschr Zahnmed 104, 1210 (1994).

[45] Tavares, M., DePaola, P., Soparkar, P., Joshipura, K.: The prevalence of root caries in a diabetic population. J Dent Res 70, 979 (1991).

[46] Varrela, T.: Prevalence and distribution of dental caries in a late medieval population in Finland. Arch Oral Biol 36, 553 (1991).

[47] Vehkalahti, M., Rajala, M., Tuominen, R., Paunio, I.: Prevalence of root caries in adult finnish population. Community Dent Oral Epidemiol 11, 188 (1983).

[48] Winn, D. M., Brunelle, J. A., Selwitz, R. H., Kaste, L. M., Oldakowski, R. J., Kingman, A., Brown, L. J.: Coronal and root caries in the dentition of adults in the United States 1988–1991. J Dent Res 75 (Spec. Issue), 642 (1996).

[49] Woodward, M., Walker, A. R. B.: Sugar consumption and dental caries: Evidence from 90 countries. Br Dent J 176, 297 (1994).

[50] World Health Organization: Formulating strategies for health for all by the year 2000. Genf 1979.

Fissurenversiegelung

von Joachim Becker

Inhaltsübersicht

Einleitung

Eigentlich müßte es doch ganz einfach sein: Die Bereiche der Fissuren und Grübchen werden angeätzt und anschließend mit einem niedrigviskösen Kompositmaterial aufgefüllt. Die Fissuren mit ihrer äußerst variablen und zerklüfteten Morphologie, die aus dem Zusammentreffen der in den Höckerspitzen liegenden Mineralisationszentren resultiert, werden dadurch abgedichtet und oberflächlich so weit modifiziert, daß nicht nur der weitere Eintritt von Mikroorganismen verhindert wird, sondern auch die bereits darunter befindlichen Keime „ausgehungert" werden [20, 24, 60]. Solange die Versiegelung in situ verbleibt, kann demzufolge auch keine Fissurenkaries entstehen, wie sie ansonsten beim Verzicht auf jegliche Versiegelungsmaßnahme mit einer relativ hohen Wahrscheinlichkeit zu erwarten wäre [36, 37, 41].

Das In-situ-Verbleiben stellt aber das eigentliche Problem bei jeder prophylaktischen Versiegelung der Fissuren und Grübchen dar.

Beachtet man die in den 80er Jahren zahlreich veröffentlichten Retentionsraten, d.h. den prozentualen Anteil von Versiegelungen, die nach einem bestimmten Zeitraum intakt geblieben sind, so wird offenbar, daß nicht von einer mit anderen zahnmedizinischen Therapieformen vergleichbaren klinischen Zuverlässigkeit ausgegangen werden kann. In der umfassenden Übersichtsarbeit von Ripa [45] werden umfangreiche Schwankungen der Retentionsraten dokumentiert, die beispielsweise in einem Falle bereits im ersten Jahr 82% Versieglerverluste aufwiesen [63]. Wenngleich dieses Ergebnis sicherlich nur eine negative Ausnahme darstellt, so liegen doch die anderen zusammengetragenen Retentionswerte nach einem Jahr ebenfalls nur in einem Bereich von ca. 70–90% vollständig intakt gebliebener Versiegelungen. Auch der Vergleich mit aktuelleren Studien, in denen Weiterentwicklungen bei den Versieglermaterialien Berücksichtigung gefunden haben, zeigt demgegenüber keine wesentlichen Steigerungen der Retentionsraten [16, 46].

Jeder Versieglerverlust führt aber im Widerspruch zur ursprünglichen Intention der Kariesprävention zu einem deutlich erhöhten Kariesrisiko gegenüber einem Zahn, der niemals versiegelt worden ist, da es nach einer Fissurenversiegelung gerade im Bereich dieser Prädilektionsstelle zu einer zusätzlichen Schädigung durch die Einwirkung des Ätzmittels gekommen ist. In den 80er Jahren war es scheinbar ethisch noch zu vertreten, nur eine Seite zu versiegeln, während der kontralaterale erste Molar als unbehandelte Kontrollgruppe diente. Nach sieben Jahren entwickelten 59% der Kontrollzähne eine okklusale Karies, während bei den intakt versiegelten Zähnen nur 10% eine Karies aufwiesen. Bemerkenswert war die wesentlich höhere Kariesprogredienz, nachdem es zum Verlust (85%) oder zum Teilverlust (90%) der Fissurenversiegelung gekommen ist [39].

Obwohl keine hundertprozentige Retention der Versiegelung sichergestellt werden kann, ist dennoch die Fissurenversiegelung als eine bewährte kariesprophylaktische und zahnhartsubstanzschonende Maßnahme anzusehen, deren Anwendung eindeutig zu empfehlen ist [27, 52].

Ursachen für Versieglerverluste

Trotz der zahlreichen Untersuchungen, die alle zum Ergebnis hatten, daß von einer zuverlässigen Versieglerretention nicht ausgegangen werden kann, sind die Ursachen hierfür nur wenig erforscht worden.

Als mögliche Kausalitäten für die Versieglerverluste werden vermutet:

- unzureichende Trockenhaltung des Arbeitsfeldes
- Unzulänglichkeiten der Versieglermaterialien
- unvollständige Reinigung des Fissurensystems
- Mängel beim Konditionieren der Schmelzoberfläche
- strukturelle Besonderheiten des zu versiegelnden Zahnes

Bei der klinischen Durchführung der Fissurenversiegelung sollte man unbedingt versuchen, diese Fehlerquellen soweit wie möglich auszuschließen, da sich nur dann eine vollständige und dauerhafte Retention des eingebrachten Versiegelungsmaterials erreichen läßt. Kommt es dennoch zum Verlust der Versiegelung, muß von einem iatrogen erhöhten Kariesrisiko ausgegangen werden. Regelmäßige Nachkontrollen sind daher unabdingbar [55].

Trockenhaltung des Arbeitsfeldes

Die *absolute Trockenlegung mit Kofferdam* ist sicherlich als optimale Methode anzusehen, um die angeätzten Schmelzbezirke vor einer Speichelkontamination zu schützen.

Da hierfür lediglich die Okklusalflächen und die lateral gelegenen Grübchen isoliert werden müssen, läßt sich bei einem ausreichend durchgebrochenen Zahn problemlos Kofferdam applizieren.

Die noch nicht erfolgte posteruptive Schmelzreifung sowie die eingeschränkte Reinigungsmöglichkeit während der Durchbruchsphase und der fehlende Selbstreinigungseffekt vor dem Erreichen des Antagonistenkontaktes erhöhen aber bereits drastisch das Kariesrisiko zu einem Zeitpunkt, in dem sich in aller Regel noch kein Kofferdam befestigen läßt [13].

Der Forderung, auf eine Fissurenversiegelung zu verzichten, solange noch keine absolute Trockenlegung des Arbeitsfeldes zu gewährleisten sei und statt dessen diese Zeitspanne mit lokalen *Fluoridierungsmaßnahmen* zu überbrücken, sollte allerdings nicht entsprochen werden. Aus mehreren Studien ist bekannt, daß zwar auch durch lokale Fluoridierungsmaßnahmen eine Senkung des Kariesrisikos erreicht werden kann, wobei diese allerdings deutlich hinter der Effektivität einer Fissurenversiegelung zurückbleibt [5, 62]. Da sich lokale Fluoridierungsmaßnahmen hauptsächlich an den Glattflächen der Zähne und weniger in den Fissuren auswirken [62], sollte einer Fissurenversiegelung zum frühestmöglichen Zeitpunkt der Vorzug gegeben werden. Als kariesprotektive Maßnahme bis zur vollständigen Zugänglichkeit der Okklusalfläche könnte es allerdings empfehlenswert sein, einen *Chlorhexidinlack* aufzubringen [48].

Nachdem zumindest die Okklusalfläche des Zahnes vollständig durchgebrochen ist, läßt sich diese mit einer geschickt durchgeführten *„Watterollenaustauschtechnik"* ausreichend trocken halten, d.h., über die vollgesogene Watterolle wird eine neue gedrückt und die andere darunter hervorgezogen, so daß jegliche Speichelkontamination vermieden werden kann. Die dennoch austretende Sulkusflüssigkeit sollte bei einer okklusalen Versiegelung nicht weiter stören. Es konnte demzufolge in keiner Studie, in der die Retentionsraten bei relativer Trockenlegung mit der nach dem Einsatz von Kofferdam verglichen wurden, auch nur der geringste Vorteil für eine der beiden Methoden gefunden werden [17, 19, 23, 54, 56].

Nachteilig ist aber gerade beim kindlichen Patienten, daß die Watterollen ständig gesichert und in Position gehalten werden müssen, da sie ansonsten vom noch nicht sonderlich ausgeprägten Vestibulum auf die Okklusalfläche gedrückt werden. Der in letzter Zeit zu beobachtende Trend, die prophylaktische Fissurenversiegelung vermehrt an das zahnärztliche Hilfspersonal zu delegieren, führt hierbei oft zu Problemen, da den zahnmedizinischen Fachhelferinnen meist keine weiteren Assistenzen zur Verfügung stehen.

Die absolute Trockenlegung mit Kofferdam ist als Methode der Wahl anzusehen, um das Fissurensystem nach dem Anätzen bis zum Einbringen des Versiegelungsmaterials vor einem Speichelzutritt zu bewahren. Sollte noch kein Kofferdam zu applizieren sein, so ist dennoch eine Fissurenversiegelung unter relativer Trockenlegung indiziert, wobei unbedingt die Mithilfe einer Assistenz zur Sicherung der Watterollen erforderlich ist.

Materialien zur Fissurenversiegelung

Als 1965 die ersten Versuche unternommen wurden, das zerklüftete Fissurenrelief mit adhäsiv befestigten Füllungswerkstoffen aufzufüllen, standen CUETO und BUONOCORE ausschließlich Materialien auf *Cyanoacrylatbasis* zur Verfügung [15], während sich in den 70er Jahren hauptsächlich *Photopolymerisate auf Bis-GMA-Basis* durchgesetzt haben, die mit UV-Licht auszuhärten waren [10]. Da diese frühen Versieglerwerkstoffe keinerlei Füllstoffe aufwiesen, kam es nicht nur zu einer übermäßigen Abrasion der Fissurenversiegelung, sondern auch aufgrund ihrer großen Polymerisationsschrumpfung und ihres höheren Wärmeausdehnungskoeffizienten [42] zu einer extremen Belastung des Komposit-Schmelzverbundes [22, 34]. Die schlagartige Lichtpolymerisation führte zum Aufbau von inneren Spannungen in der Versiegelung, die bei ungünstigen Haftverhältnissen durchaus eine einseitige Ablösung bewirken konnten. Die zusätzlich einwirkenden Kaukräfte führten dann aufgrund der äußerst ungünstigen Hebelverhältnisse zum Verlust der Versiegelung (Abb. 1). Der relativ häufige Versieglerverlust begrenzte damals die Effektivität des Verfahrens, weshalb sich die zahnmedizinischen Fachgesellschaften noch 1979 veranlaßt sahen, eine ablehnende Haltung gegenüber der prophylaktischen Versiegelung von Fissuren und Grübchen einzunehmen. Es wurde der Ausspruch „Fissure sealing? – Forget about!" geprägt [12].

Durch das spätere Zufügen eines geringen Füllkörperanteiles wurden die Versiegelungskomposite nicht nur mechanisch widerstandsfähiger, sondern vor allem in ihrem Ausdehnungsverhalten opti-

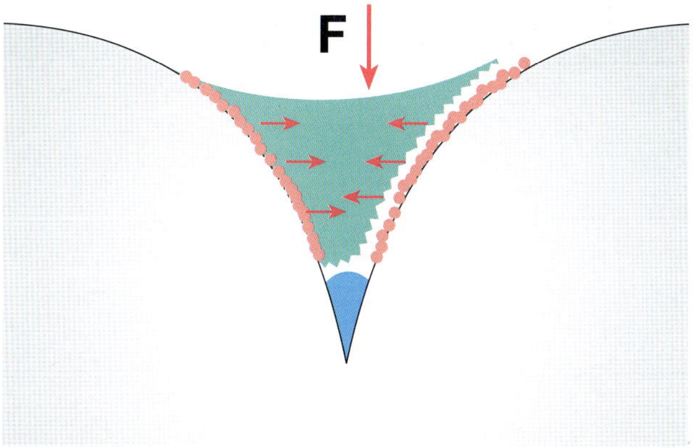

Abb. 1 Eine übermäßige Polymerisationsschrumpfung des Versieglermaterials kann zur einseitigen Ablösung führen. Die einwirkenden Kaukräfte (F) werden dann zwangsläufig zum Verlust der Fissurenversiegelung führen.

miert. Zusätzlich wurden chemisch-härtende Materialien eingesetzt, die während ihres langsam ablaufenden Polymerisationsprozesses die auftretenden Spannungen teilweise wieder ausgleichen konnten. Nachdem aufgrund dieser Weiterentwicklungen in den 80er Jahren ein deutlicher Anstieg der Retentionsraten zu verzeichnen war [45], wurde schließlich die ablehnende Haltung der Fachgesellschaften revidiert [27, 41].

Die inzwischen verwendeten *Kompositwerkstoffe auf Dimethacrylatbasis* sind meistens wieder Photopolymerisate, die allerdings im Bereich des blauen Tageslichtspektrums ausgehärtet werden, mit denen sich nachweislich vergleichbar hohe Retentionsraten wie bei den früheren Zweikomponentensystemen erzielen lassen [16].

Die *Penetrationsfähigkeit des Versiegelungskomposites* ist ein weiteres entscheidendes Kriterium für dessen Eignung als Fissurenversiegler, da hiervon abhängt, inwieweit das Material bis zu seiner endgültigen Aushärtung das Fissurenrelief und die Retentionen im geätzten Schmelz durchfließen kann (Abb. 2). Je nach Kompositmatrix (Bis-GMA, TEGDMA), dem Farbstoffzusatz (Orlean [gelb, rot], Titanoxid [weiß]), den Füllstoffen (SiO_2, Barium-Glas) und deren Anteil ergibt sich eine andere Viskosität [1, 21, 59]. Jede Verringerung des Füllkörperanteils verbessert die Fließeigenschaften, wobei allerdings immer ein Kompromiß gefunden werden muß, da ansonsten die o.g. Nachteile wieder zum Tragen kommen würden.

Versuche mit *Glasionomerzementen* als Versiegelungswerkstoffe scheiterten an ihrer relativ hohen Viskosität, wodurch sie offenbar nicht ausreichend in die retentiven Strukturen der Fissur und des Ätzmusters einfließen konnten, so daß sie häufiger verlorengingen als Kompositmaterialien [26, 38, 53]. Dennoch zeigten sie eine vergleichbar hohe Kariesreduktionsrate, wie sie auch nach der Anwendung von Kompositversiegelungen zu beobachten war, was wohl auf deren hohe Fluoridabgabe zurückgeführt werden konnte [28, 43, 58]. Um diesen zusätzlichen Schutzeffekt auch mit Fissurenversieglern auf Kompositbasis nachahmen zu können, reichert man diese inzwischen ebenfalls mit Fluoriden an, wobei allerdings noch umstritten ist, in welchem Ausmaß dies zu einer Verringerung des Kariesrisikos nach dem Verlust der Versiegelung beitragen kann [29, 46].

Die Ausnutzung von *thixotropen Materialeigenschaften* mittels Ultraschallaktivierung der hochviskösen Füllungswerkstoffe im Rahmen von Fissurenversiegelungen wurde inzwischen ebenfalls versucht [33, 49].

Heutige Versiegelungswerkstoffe werden entweder in transparenter oder in unterschiedlich gefärbten Zusammensetzungen angeboten, wobei den opaken Materialien, die sich deutlich von der Zahnsubstanz abheben, der Vorzug gegeben werden sollte [35, 44, 47]. Nur so läßt sich im Rahmen von zwingend erforderlichen Kontrollen vom Zahnarzt (oder auch von den Eltern) schon frühzeitig erkennen, wenn ein Teil der Versiegelung verlorengegangen ist. Das Argument, daß bei einer transparenten Versiegelung die Progredienz einer eventuellen Fissurenkaries besser beurteilt werden könne, sollte demgegenüber in den Hintergrund treten, da es einerseits unter einer intakten Fissurenversiegelung zu einem sicheren „Aushungern" der eingeschlossenen Mikroorganismen, verbunden mit einer Arre-

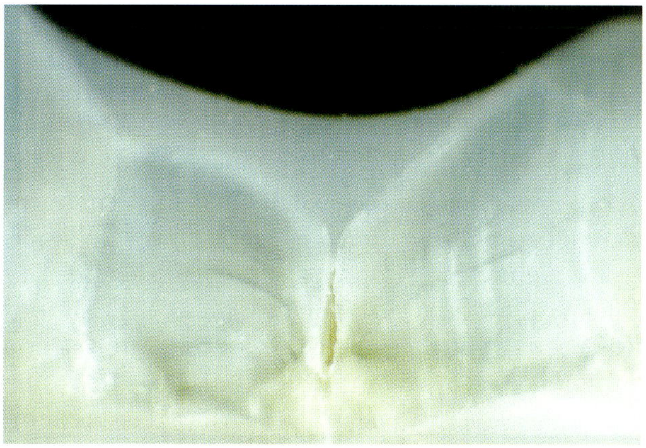

Abb. 2 Ampullenförmige Fissuren können aufgrund der Versieglerviskosität niemals vollständig ausgeflossen werden (Vergr. 26×).

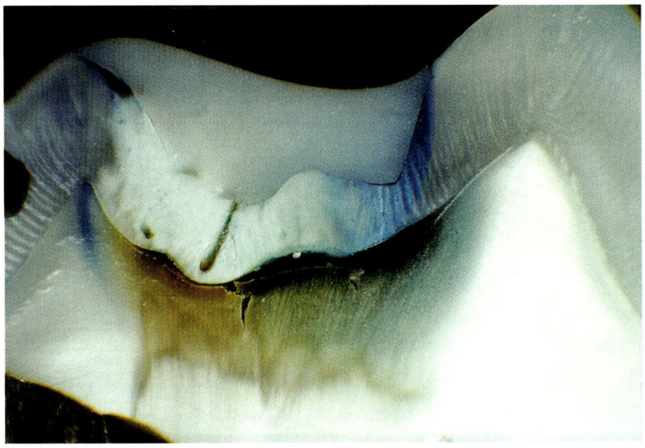

Abb. 3 Bei solch einer unterminierenden Karies unter der Fissurenversiegelung würde es im klinischen Fall sofort zur Kavitation kommen (Vergr. 10×).

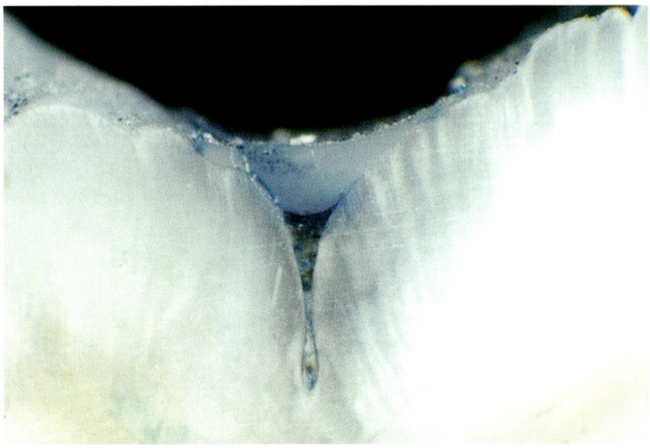

Abb. 4 Die unzureichende Reinigung mit Polierbürstchen behindert das vollständige Ausfließen der Fissur (Vergr. 20×).

tierung der Karies, kommen wird [40], und andererseits das unvermeidliche Einbrechen einer etwaigen, unterminierenden Karies dann ohnehin mit einer sichtbaren Kavitation verbunden wäre (Abb. 3).

Moderne Fissurenversiegelungswerkstoffe auf Kompositbasis sind geeignet, eine wesentlich höhere Retentionsrate zu erzielen, als in den Zeiten, in denen die Versiegelung noch wegen ihrer häufigen Verluste in Verruf gestanden hatte. Für die Anwendung von transparenten oder ungefüllten Materialien wird allerdings heute keine Indikation mehr gesehen.

Reinigung des Fissurensystems

Da eine Fissurenversiegelung erst dann durchgeführt werden kann, wenn wenigstens die Okklusalfläche vollständig durchgebrochen ist, muß von einer Plaque- und Mikroorganismenakkumulation in den Fissuren ausgegangen werden. Sollten sich diese nicht entfernen lassen, würde das Versiegelungsmaterial auf einer weichen Masse aufsitzen und beim Einwirken der Kaukräfte unweigerlich frakturieren. Da noch nicht einmal die Borsten einer *Zahnbürste* in den Fissurenfundus vordringen können, verwundert es nicht, daß auch mit einem rotierenden *Polierbürstchen* niemals eine vollständige Reinigung des Fissurensystems zu erreichen ist (Abb. 4). Obwohl dadurch in der Tiefe der Fissur unweigerlich Mikroorganismen- und Nahrungsdebris zurückbleiben wird, zeigt die klinische Erfahrung, daß im darüberliegenden Bereich des Fissureneinganges dennoch ein dauerhafter und okklusal belastbarer Verbund zum Zahnschmelz erreicht werden kann. Aufgrund des unterbundenen Substratnachschubes kommt es in wenigen Tagen zum vollständigen Sistieren des Bakterienstoffwechsels [60]. Als weitere Möglichkeit bietet sich analog zu endodontischen Maßnahmen die *Spülung* des Fissurensystems mit *Natriumhypochlorid* und *Wasserstoffperoxid* an, wobei allerdings darauf zu achten ist, daß es bei einer unvorhersehbaren Abwehrreaktion des Kindes nicht zu einer versehentlichen Injektion dieser Substanzen kommt. Das anschließend aufzubringende *Phosphorsäureätzgel* trägt ebenfalls zur weiteren Keimzahlverminderung bei [11].

Als optimale Reinigungsmethode des Fissurensystems wird heute die Anwendung der Pulverstrahltechnik angesehen [30, 57].

Mit den ansonsten zur Belagsentfernung eingesetzten *Pulverstrahlgeräten* lassen sich die Engstellen der Fissuren auch noch in den Bereichen reinigen, in welche die Borsten der Polierbürste nicht mehr eindringen können.

Steht solch ein Gerät nicht zur Verfügung, bleibt nur die konventionelle Reinigung mit *rotierenden Bürstchen* unter Anwendung einer *Prophylaxepaste*. Obwohl eine kurzzeitige lokale Fluoridierung in diesem Moment nur eine geringe Auswirkung auf die Ätzbarkeit des Zahnschmelzes haben würde [4, 31], empfiehlt sich für dieses Einsatzgebiet die Anwendung einer fluoridfreien Reinigungspaste oder ein Brei aus Bimspulver und Wasser. Um zu vermeiden, daß der Mikroorganismen- und Nahrungsdebris dabei lediglich durch Reste der Polierpaste ersetzt wird, muß das Fissurensystem ausreichend lange und kräftig aus unterschiedlichen Richtungen mit einem Druckluft-Wasserspray ausgespült werden.

Erst nach der vollständigen Reinigung des Fissurensystems kann die Kariesfreiheit endgültig beurteilt werden. Zeigen sich verfärbte oder fragliche Abschnitte, sollten diese gezielt mit einem Diamantfinierer eröffnet werden. Bleibt es nach der Kariesentfernung bei einer schmalen Eröffnung, kann der Defekt und die angrenzende Fissur mit einem Fissurenversiegler gefüllt werden (erweiterte Fissurenversiegelung). Kommt es dagegen zu einer unterminierenden, ausgedehnten Kavität, ist die Anwendung eines definitiven Füllungswerkstoffes vorzuziehen, der mit dem angrenzenden Fissurenrelief anschließend einer herkömmlichen prophylaktischen Fissurenversiegelung unterzogen werden sollte (präventive Adhäsivfüllung).

Konditionieren der Schmelzoberfläche und die Auswirkungen der strukturellen Besonderheiten

Seit Buonocore (1955) ist bekannt, daß sich die *Adhäsion eines Kompositwerkstoffs* zum Zahnschmelz wesentlich erhöhen läßt, indem durch die oberflächliche Einwirkung eines *Ätzmittels* zusätzliche mikroretentive Strukturen geschaffen werden [9]. Da hierbei hauptsächlich die mineralischen Bestandteile des Zahnschmelzes herausgelöst werden, resultiert ein mikroskopisches Ätzmuster, das exakt den Schmelzprismenverlauf widerspiegelt. Die mechanische Haftkraft des entstandenen *mikroretentiven Verbundes* ist in hohem Maße von der Regelmäßigkeit des Ätzmusters abhängig. Durch das Aufeinandertreffen der Schmelzbildungszentren im Bereich der Fissuren ergibt sich dort aber meist ein unregelmäßiger Verlauf der Schmelzprismen [50], der beim einzelnen Individuum durchaus zu einer drastischen Minderung der Versieglerretention beitragen kann. Nur so ist die klinische Erfahrung zu erklären, daß gelegentlich Zähne versiegelt werden, an denen trotz mehrmaliger Nachbesserung kein ausreichender Versieglerverbund zu erreichen ist. In diesem Fall wäre durchaus zu überlegen, ob das kariesfreie Fissurenrelief nicht bereits vorsorglich erweitert werden sollte, um damit die oberflächlichen irregulären Schmelzanteile abzutragen und sich die Tatsache zunutze zu machen, daß die Erweiterung der Fissur i.d.R. zu einer Verbesserung der Retention führt [19, 23].

Weiterhin kann ein hoher Fluoridgehalt des Zahnschmelzes die optimale Ausbildung des Ätzmusters behindern, wobei dann jedoch ein möglicher Versieglerverlust nicht unbedingt zu einer Kariesentstehung führen muß.

Einen ähnlichen Lösungsansatz verfolgt der Versuch, die Konditionierung der Schmelzoberfläche mit einem *hartsubstanzabtragenden Lasersystem* oder einem *kinetischen Präparationsverfahren* durchzuführen, bei dem kleine Aluminiumoxidpartikel mit solch einer hohen kinetischen Energie auf die Zahnoberfläche auftreffen, daß es zu einem Abtrag kommt [8]. Dabei werden nicht nur die oberflächlichen irregulären oder fluoridangereicherten Schmelzschichten entfernt, sondern auch gleichzeitig eine Zerklüftung und Aufrauhung der Oberfläche erzeugt, die das niedrigvisköse Versiegelungsmaterial förmlich in sich aufsaugt. Der erste positive Eindruck wurde allerdings inzwischen relativiert, da eine zu hohe Pulsenergie des Lasers zu einer derartigen Auflockerung des Zahnschmelzes geführt hat, daß sich die Versiegelung mit der darunter befindlichen Schmelzschicht vom Zahn ablösen konnte [2]. Reduziert man die Pulsenergie, führt dies zwar zu einer geringeren Auflockerung, die dann aber wiederum eher einer unkonditionierten Oberfläche entspricht, was zu einer extremen Ablösung des bei der Polymerisation schrumpfenden Versieglermaterials beiträgt (Abb. 5). Selbst bei einer optimal eingestellten Pulsenergie waren immer noch schlechtere Retentionswerte zu beobachten als bei Anwendung der herkömmlichen Säureätztechnik mit Phosphorsäuregel [3].

Der unzureichende adhäsive Verbund bei einem zu kleinen oder ausgebliebenen Effekt der durchgeführten Laserkonditionierung muß insbesondere zu einer deutlichen Skepsis gegenüber den unkritischen Anwendungsempfehlungen solcher Lasersysteme führen, die aufgrund ihres Absorptionsspektrums keinerlei Auswirkungen auf die Zahnhart-

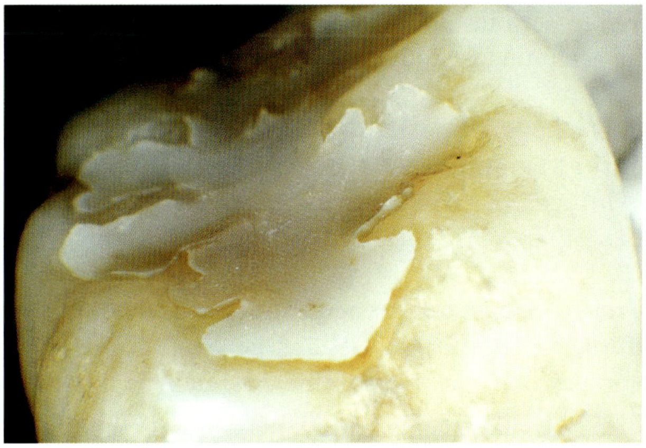

Abb. 5 Mangelhafte Retention der Fissurenversiegelung nach der Erbium-YAG-Laserkonditionierung mit einer zu kleinen Pulsenergie.

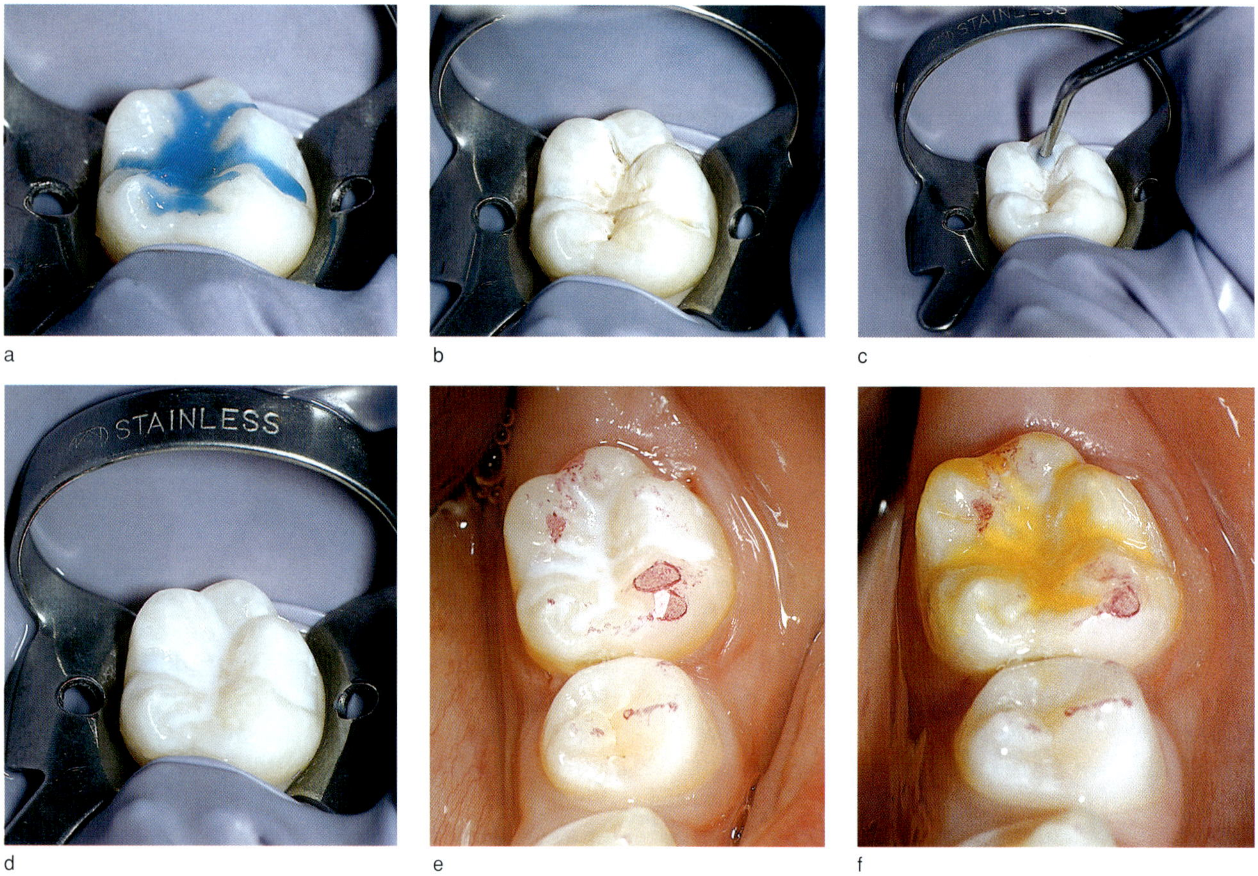

Abb. 6 Klinische Durchführung der Fissurenversiegelung. Nach dem Abspülen des aufgebrachten Ätzgels (a) sollte das charakteristische Ätzmuster zu erkennen sein (b). Das Aufbringen des Fissurenversieglers erfolgt mit einem Kugelstopfer (c), so daß nach der Polymerisation alle Fissuren und auch das vestibuläre Grübchen vollständig aufgefüllt sind (d). Abschließend wird eine Okklusionskontrolle durchgeführt (e) und der Zahn lokal fluoridiert (f).

substanz haben können. Selbst der alte Traum der zahnmedizinischen Laseranwendung, die Fissuren mit Laserstrahlen „verschweißen" zu können, wird trotz seiner physikalischen Unmöglichkeit heute wieder einigen Patienten zugemutet und den Krankenkassen als durchgeführte Fissurenversiegelung in Rechnung gestellt.

Die konventionelle Ätzung mit Phosphorsäure zur Konditionierung der Fissuren vor dem Aufbringen des Versieglermaterials ist heute immer noch als Methode der Wahl anzusehen.

Trotz der besseren Penetrationseigenschaften von flüssigen Ätzmitteln ist eine gelartige Konsistenz vorzuziehen, da nur so eine ausreichend kontrollierte Plazierung zu erreichen ist, die das Freiliegen von angeätzten Schmelzarealen neben der Versiegelung weitgehend verhindert [7].

Klinische Durchführung der Fissurenversiegelung

Da inzwischen die adhäsiven Füllungstechniken eine ubiquitäre Verbreitung in der zahnärztlichen Praxis gefunden haben, dürfte die praktische Durchführung der Fissurenversiegelung kein großes Problem darstellen (Abb. 6).

Patientenaufklärung und Indikationsstellung

Wie vor jeder ärztlichen Maßnahme ist auch vor der Durchführung einer prophylaktischen Versiegelung der Patient, oder in diesem Falle wohl besser die Eltern des Kindes, über die möglichen *Behandlungsrisiken* aufzuklären.

Da keine 100%ige Retention garantiert werden kann, ist auf das erhöhte Kariesrisiko beim eventuellen Verlust der Versiegelung hinzuweisen [39]. Um dieses Risiko durch eine lückenlose Nachkontrolle senken zu können, sollte mit den Eltern ein *Recallsystem* vereinbart werden, das die regelmäßige Einbestellung des Kindes gestattet. Sollte es dann zu einem Teil- oder sogar zu einem Totalverlust der Versiegelung gekommen sein, so muß die Fissurenversiegelung in jedem Falle ergänzt oder vollständig wiederholt werden. Diese iatrogen verursachte Umwandlung eines ursprünglich kariesfreien Zahnes in einen „zahnärztlichen Dauerpflegefall" wird von seiten der „ganzheitlich-orientierten Zahnärzte" heftig kritisiert [32]. Die minimale Freisetzung von toxischen und kanzerogenen Bestandteilen aus dem Versiegelungskomposit wird trotz eines fehlenden wissenschaftlichen Beweises für deren klinische Relevanz als Grundlage für eine emotionale Ablehnung der kariesprophylaktischen Versiegelungsmaßnahmen angeführt. Insbesondere die Freisetzung der vom Herstellungsprozeß der Kunststoffmatrix zurückbleibenden Verunreinigung *Bisphenol-A* wird als unzumutbare Gefährdung des kindlichen Patienten angesehen. Bisphenol-A soll hormonähnliche Wirkungen entfalten, wie sie nach der Verabreichung des weiblichen Sexualhormons Östrogen zu beobachten sind [32]. Die aus einer Fissurenversiegelung freigesetzten Mengen sind allerdings so minimal, daß die Behauptung, eine Zunahme von Mammakarzinomen, Hodenkrebserkrankungen oder gar die zunehmende „Verweiblichung" der männlichen Jugendlichen sei auf die vermehrte Durchführung von Versiegelungen mit Kompositwerkstoffen zurückzuführen, zumindest nach heutigem Kenntnisstand als wissenschaftlich unseriös zu bezeichnen ist – zumal Bisphenol-A aus fast allen Kunststoffen, die mit Nahrungsmitteln in Kontakt kommen, wie beispielsweise von der inneren Auskleidung einer Konservendose, abgegeben wird [6].

Als Kontraindikation einer Fissurenversiegelung wird im „Beipackzettel" auf die mögliche *Allergisierung* gegen Kompositbestandteile hingewiesen.

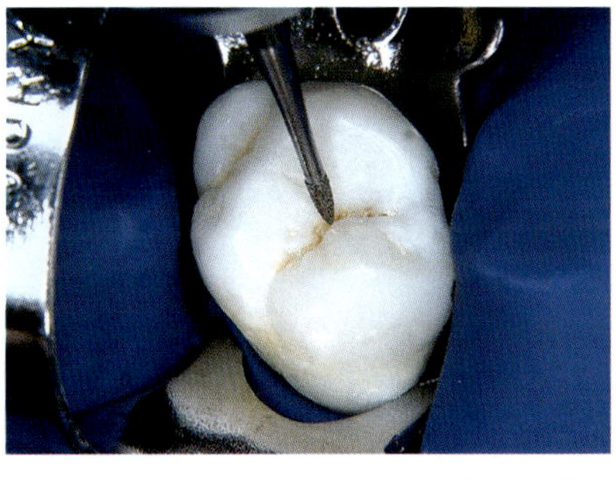

Abb. 7 Aufschleifen einer verfärbten, fraglichen Fissur mit einem Diamantfinierer (Rotring).

Wenn auch in der Literatur tatsächlich ein Einzelfall einer allergischen Reaktion gegen die Bestandteile des zur Fissurenversiegelung verwendeten Kompositwerkstoffes beschrieben wurde [25], so ist doch wahrscheinlich das Allergiepotential gegen den bei der absoluten Trockenlegung verwendeten Kofferdam aufgrund der zunehmenden Sensibilisierung gegen Latexprodukte höher einzustufen.

Da die Risiken einer Fissurenversiegelung insgesamt als gering einzustufen sind und von dem entscheidenden Vorteil des wirksamen Kariesschutzes in den Prädilektionsstellen der Fissuren und Grübchen deutlich überwogen werden, wird die Fissurenversiegelung als allgemein indizierte Ergänzung zu anderen prophylaktischen Maßnahmen angesehen [27].

Würde es allerdings gelingen, das individuelle Kariesrisiko des jeweiligen Patienten so genau abzuschätzen, daß die Entstehung einer Fissurenkaries sicher ausgeschlossen werden kann, oder wäre eine flache, muldenförmige Fissurenmorphologie intraoral exakt zu diagnostizieren, so müßte man selbst das geringe Risiko einer Fissurenversiegelung nicht mehr eingehen und könnte statt dessen vollständig darauf verzichten [36].

Weiterhin sollte die Aufklärung der Eltern mit dazu beitragen, ein leider immer wieder auftretendes Mißverständnis zu vermeiden, daß mit einer Fissurenversiegelung ein so umfassender Kariesschutz zu erzielen wäre, der dann als Legitimation für ein Nachlassen der individuellen Prophylaxebemühungen fehlinterpretiert werden könnte.

Erst nach *Reinigen des Zahnes* und gründlichem Ausspülen des Fissurensystems kann die Kariesfreiheit beurteilt werden. Sollten sich dabei verfärbte Fissurenareale zeigen, wäre ein vorheriges Aufschleifen dieser Verfärbungen mit einem feinen Diamantfinierer im Sinne einer erweiterten Fissurenversiegelung anzuraten (Abb. 7).

Nach der sicheren *Trockenlegung* der zu versiegelnden Zahnflächen ist das Ätzgel möglichst so gezielt aufzubringen, daß nur die Bereiche angeätzt werden, die später auch zu versiegeln sind, wobei auf der Abbildung 6a im zentralen Bereich schon etwas zuviel Ätzgel aufgetragen wurde. Die Ätzzeit sollte im Rahmen einer prophylaktischen Versiegelung, bei der nur unversehrte Schmelzoberflächen zu konditionieren sind, durchaus 60 Sekunden betragen [27], die aber bei einer erweiterten Fissurenversiegelung oder wenn die Kooperationsbereitschaft des Kindes nicht überstrapaziert werden soll, ohne weiteres auf 20 s verkürzt werden kann [18].

Das gründliche Abspülen des Ätzgeles und die anschließende Trocknung des Fissurensystems sollte das charakteristische kreidig-weiße Aussehen des geätzten Bereiches sichtbar machen (Abb. 6b). Ist solch ein Ätzmuster nicht zu erkennen oder kommt es versehentlich zu einer Speichelkontamination, so wäre der Konditionierungsvorgang in jedem Falle zu wiederholen [51].

Das korrekte *Aufbringen des Versiegelungskomposites* beginnt an der Peripherie des Zahnes mit einem kleinen Kugelstopfer, der vorab kurz in den Fissurenversiegler eingetaucht wurde (Abb. 6c). Die Penetrationseigenschaften des verwendeten Materials sollten zu einem selbständigen Durchfließen des Fissurensystems führen, da ein zusätzliches manuelles Verteilen die Gefahr von ausgedehnten Lufteinschlüssen erhöht [61]. Von der gelegentlichen Empfehlung, das Versieglermaterial mit kleinen Pinseln aufzutragen, ist allerdings abzuraten, da die zwischen den Borsten eingeschlossene Luft beim Abstreifen des Materials mit eingesogen werden kann. Die direkte intraorale Anwendung der heute vielfach mitgelieferten Applikationskanülen ist ebenfalls abzulehnen, da einerseits beim Druck auf das Versieglerfläschchen zahlreiche Luftblasen in die Versiegelung eingebracht werden können (Abb. 8) und andererseits eine Keimaspiration nicht sicher auszuschließen ist.

Wenn es die Geduld des Kindes zuläßt, sollte man nach dem Aufbringen des Versieglers abwarten, bis er sich in den Nischen des Fissurensystems und in den mikroretentiven Strukturen des Ätzmusters verteilt hat [14]. Nach der Aushärtung mit der Polymerisationslampe müssen die Eingänge der Fissuren und Grübchen vollständig bedeckt sein (Abb. 6d), wobei sich auch beim forcierten Sondieren keine Teile mehr herauslösen lassen dürfen.

Da ein *okklusaler Störkontakt* auf der Fissurenversiegelung nicht nur zu einer schmerzhaften Aufbißempfindlichkeit des Zahnes führen kann, sondern bei der eingeschränkten mechanischen Festigkeit des Versieglermaterials kaum dauerhaft dem Kaudruck standhält und damit zu einem frakturbedingten Teilverlust führen würde, muß anschließend eine Okklusionskontrolle erfolgen (Abb. 6e). Geringe okklusale Diskrepanzen lassen sich leicht mit Arkansassteinchen oder mit einem Polierbürstchen und einer Schleifpaste entfernen.

Das *selektive Konditionieren* der Fissuren ausschließlich in den Bereichen, die hinterher auch

Abb. 8 Massive Blasenbildung nach dem direkten Auffüllen einer erweiterten Fissurenversiegelung mit der Applikationskanüle und vorherigem Schütteln des Versieglerfläschchens (Vergr. 20 x).

tatsächlich vom Versiegler abgedeckt werden, ist im klinischen Alltag niemals 100%ig zu garantieren. Daher empfiehlt es sich, abschließend eine lokale Fluoridierung vorzunehmen, um die freiliegenden Ätzdefekte wenigstens teilweise wieder zu remineralisieren (Abb. 6f). Endet dagegen die Fissurenversiegelung auf ungeätzten Arealen, so werden diese „Versieglerzungen" unweigerlich wegbrechen und damit zu einer neuen Retentionsnische für die Plaqueakkumulation führen.

Um zu vermeiden, daß es bei einem Teil- oder Totalverlust des Fissurenversieglers zu einer Karies kommen kann, müssen regelmäßige Nachkontrollen und gegebenenfalls die Erneuerung der Versiege-

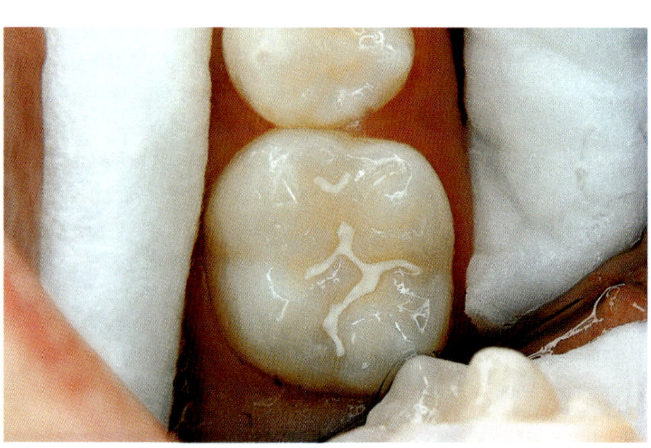

Abb. 9 Trotz starker Abrasionen der vor zwei Jahren applizierten Versiegelung sind die klinisch relevanten, tieferen Fissurenanteile noch ausreichend.

lung durchgeführt werden. Die verbliebenen Reste bei einem Teilverlust brauchen nicht entfernt zu werden, sondern können in die Neuversiegelung mit einbezogen werden.

Die nach einiger Zeit zu beobachtenden Auswaschungen des Versieglermaterials (Abb. 9) sind als klinisch irrelevant anzusehen [61]. Sie machen keine Nachversiegelung erforderlich, da die Abnutzung i. d. R. nur so weit fortschreitet, wie die abrasiven Borsten der Zahnbürste in das Fissurensystem eindringen können. Die entscheidenden, mit der Zahnbürste nicht zu erreichenden, tieferen Fissurenanteile bleiben dennoch ausreichend geschützt.

Literatur

[1] Becker, J., Schriever, A., Heidemann, D.: Die Penetrationsfähigkeit von Versiegelungsmaterialien. 24. Jahrestagung der Arbeitsgemeinschaft für Grundlagenforschung (AfG), Mainz 1992.

[2] Becker, J., Schriever, A., Heidemann, D.: Haftfähigkeit von Fissurenversiegelungen nach „Laser-Konditionierung". Dtsch Zahnärztl Z 49, 145 (1994).

[3] Becker, J., Ramil-Diwo, M., Heidemann, D.: Einfluß der Pulsenergie bei „Laser-Konditionierung" auf die Retention von Fissurenversiegelungen. Dtsch Zahnärztl Z 51, 386 (1996).

[4] Bogert, T. R., Garcia-Godoy, F.: Effect of prophylaxis agents on the shear bond strength of a fissure sealant. Pediatr Dent 14, 50 (1992).

[5] Bravo, M., Garcia-Anllo, I., Baca, P., Llodra, J. C.: A 48-month survival analysis comparing sealant (Delton) with fluoride varnish (Duraphat) in 6- to 8-year-old children. Community Dent Oral Epidemiol 25, 247 (1997).

[6] Brotons, J. A., Olea-Serrano, M. F., Villalobos, M., Pedraza, V., Olea, N.: Xenoestrogens released from lacquer coatings in food cans. Environ Health Perspect 103, 608 (1995).

[7] Brown, M. R., Foreman, F. J., Burgess, J. O., Summit, J. B.: Penetration of gel and solution etchants in occlusal fissures. J Dent Child 55, 265 (1988).

[8] Brunert, R.: Kinetische Kavitätenpräparation mit dem KCP 2000. Zahnärztl Welt 102, 568 (1993).

[9] Buonocore, M. G.: A simple method of increasing the adhesion of acrylic filling materials to enamel surfaces. J Dent Res 34, 849 (1955).

[10] Buonocore, M. G.: Adhesive sealing of pits and fissures for caries prevention with use of ultraviolet light. J Am Dent Assoc 80, 324 (1970).

[11] Burrow, M. F., Makinson, O. F.: Pits and fissures: remnant organic debris after acid-etching. J Dent Child 57, 348 (1990).

[12] Büttner, W.: Die Versiegelung. Zahnärztl Mitt 20, 1274 (1979).

[13] Carvalho, J. C., Ekstrand, K. R., Thylstrup, A.: Dental plaque and caries on occlusal surfaces of first permanent molars in relation to stage of eruption. J Dent Res 68, 773 (1989).

[14] Chosack, A., Eidelman, E.: Effect of the time from application until exposure to light on the tag lengths of a visible light-polymerized sealant. Dent Mater 4, 302 (1988).

[15] Cueto, E. I., Buonocore, M. G.: Adhesive sealing of pits and fissures for caries prevention (Abstract no. 400). J Dent Res 44, 137 (1965).

[16] De Graene, G. P., Martens, L. C., Derrmont, L. R., Surmont, R. A.: A clinical evaluation of a light-cured fissure sealant (Helioseal®). J Dent Child 56, 97 (1989).

[17] Eidelman, E., Fuks, A. B., Shosak, A.: The retention of fissure sealants: Rubber dam or cotton rolls in a private practice. J Dent Child 50, 259 (1983).

[18] Eidelman, E., Shapira, J., Houpt, M.: The retention of fissure sealants using twenty-second etching time: three-year follow-up. J Dent Child 55, 109 (1988).

[19] Einwag, J.: Langzeiterfahrung mit einer modifizierten Technik der Fissurenversiegelung. Dtsch Zahnärztl Z 44, 110 (1989).

[20] Elderton, R. J.: Management of early dental caries in fissures with fissure sealant. Br Dent J 158, 254 (1985).

[21] Fan, P. L., O'Brien, W. J., Craig, R. G.: Wetting properties of sealants an glazes. Oper Dent 4, 100 (1979).

[22] Feilzer, A., De Gee, A. J., Davidson, C. L.: Increased wall-to-wall curing contraction in thin bonded resin layers. J Dent Res 68, 48 (1989).

[23] Gerke, D. C.: Modified enameloplasty-fissure sealant technique using an acid resin method. Quintess Int 18, 387 (1987).

[24] Going, R. E., Loesche, W. J., Grainger, D. A., Syed, S. A.: The viability of microorganisms in carious lesions five years after covering with a fissure sealant. J Am Dent Assoc 97, 455 (1978).

[25] Hallström, U.: Adverse reaction to a fissure sealant: report of case. J Dent Child 60, 143 (1993).

[26] Hickel, R., Voß, A.: Vergleichende Untersuchung über Fissurenversiegelung: Komposit versus Cermet-Zement. Dtsch Zahnärztl Z 44, 472 (1989).

[27] Hickel, R.: Fissurenversiegelung. Stellungnahme der DGZMK 5/96. Dtsch Zahnärztl Z 51, 724 (1996).

[28] Hicks, M. J., Flaitz, C. M.: Caries-like lesion formation around fluoride-releasing sealant and glass-ionomer. Am J Dent 5, 329 (1992).

[29] Jensen, M. E., Wefel, J. S., Triolo, P. T., Hammesfahr, P. D.: Effects of a fluoride-releasing fissure sealant on artificial enamel caries. Am J Dent 3, 75 (1990).

[30] Koch, M. J., Staehle, H. J.: Experimentelle Untersuchungen zur Reinigung des Fissurensystems vor Versiegelung. Dtsch Zahnärztl Z 47, 764 (1992).

[31] Koch, M. J., Dörfer, C., Garcia-Godoy, F.: Fluoride prophylaxis paste and resin composite bond strength. J Dent Res 72 (spec. Issue) 136 (Abstract no. 263) (1993).

[32] Koch, W.: Skandal: Kariesvorsorge macht Kinder krank! Zahnversiegelung erhöht Krebsrisiko – Gesunde Zähne als „Pflegefälle". GZM Presse-Info, Internationale Gesellschaft für Ganzheitliche Zahn-Medizin e.V., Heidelberg 1995.

[33] Krämer, N., Reinelt, C., Kunzelmann, K.-H.: Fissurenversiegelung mit ultraschallaktivierten Hybridkompositen. Oralprophylaxe 15, 10 (1993).

[34] Liebetanz, K., Becker, J., Heidemann, D.: Spannungsentwicklung durch Polymerisationsschrumpfung bei Fissurenversieglern. 28. Jahrestagung der Arbeitsge-

meinschaft für Grundlagenforschung (AfG), Mainz 1996.

[35] Lutz, F., Curilovic, Z., Ben-Zur, E.: Fissurenversiegelung (FV) – Merkpunkte, Richtlinien und Empfehlungen. Schweiz Monatsschr Zahnmed 95, 699 (1985).

[36] Lutz, F., Suhonen, J., Imfeld, T., Curilovic, Z.: Prävention der Fissurenkaries. Schweiz Monatsschr Zahnmed 100, 446 (1990).

[37] Marthaler, T. M., Steiner, M., Menghini, G., Bandi, A.: Kariesprävalenz bei Schülern im Kanton Zürich. Resultate aus dem Zeitraum 1963–1987. Schweiz Monatsschr Zahnmed 98, 1309 (1988).

[38] Mejare, I., Mjör, I. A.: Glasionomer and resin-based fissure sealants: a clinical study. Scand J Dent Res 98, 345 (1990).

[39] Mertz-Fairhurst, E. J., Fairhurst, C. W., Williams, J. E., Della-Giustina, V. E., Brooks, J. D.: A comporative clinical study of two pit and fissure sealants: 7-year results in Augusta, GA. J Am Dent Assoc 109, 252 (1984).

[40] Mertz-Fairhurst, E. J.: Arresting caries by sealants: results of a clinical study. J Am Dent Assoc 112, 194 (1986).

[41] National Institutes of Health: Consensus development conference statement on dental sealants in the prevention of tooth decay. J Am Dent Assoc 108, 233 (1984).

[42] Powers, J. M., Hostetler, R. W., Dennison, J. B.: Thermal expansion of composite resins and sealants. J Dent Res 58, 584 (1979).

[43] Retief, D. H., Bradley, E. L., Denton, J. C., Switzer, P.: Enamel and cementum fluoride uptake from a glass ionomer cement. Caries Res 18, 250 (1984).

[44] Riethe, P.: Langzeiterfahrung mit kariesprophylaktischer Versiegelung. Dtsch Zahnärztl Z 43, 253 (1988).

[45] Ripa, L. W.: The current status of pit and fissure sealants – A Review. J Can Dent Ass 51, 367 (1985).

[46] Ripa, L. W.: Sealants revisted: an update of the effectiveness of pit-and-fissure sealants. Caries Res 27, 77 (1993).

[47] Rock, W. P., Potts, A. J. C., Marchment, M. D., Clayton-Smith, A. J., Galuszka, M. A.: The visibility of clear and opaque sealants. Br Dent J 167, 395 (1989).

[48] Schaeken, M. J. M., van der Hoeven, J. S., Hendriks, J. C. M.: Effects of varnishes containing Chlorhexidine on the human dental plaque flora. J Dent Res 68, 1786 (1989).

[49] Schiffner, U., Knop, B.: Ultraschallaktivierte Kompomere zur Fissurenversiegelung? Dtsch Zahnärztl Z 51, 687 (1996).

[50] Schroeder, H. E.: Orale Strukturbiologie. Thieme, Stuttgart 1992.

[51] Silverstone, L. M., Hicks, M. J., Featherstone, M. J.: Oral fluid contamination of etched enamel surfaces: an SEM study. J Am Dent Assoc 110, 329 (1985).

[52] Simonsen, R. J.: Retention and effectiveness of dental sealant after 15 years. J Am Dent Assoc 122, 34 (1991).

[53] Simonsen, R. J.: Glass-ionomer as fissure sealant – a critical review. J Pub Health Dent 56, 146 (1996).

[54] Städtler, P.: Effekt verschiedener Fissurenversiegelungen nach einem Jahr. Dtsch Zahnärztl Z 39, 43 (1984).

[55] Staehle, H.-J.: Versiegelung von Zähnen. Quintessenz, Berlin 1994.

[56] Straffon, L. H., Dennison, J. B., More, F. G.: Three-year evaluation of sealant: effect of isolation on efficacy. J Am Dent Assoc 110, 714 (1985).

[57] Strand, G. V., Raadal, M.: The efficiency of cleaning fissures with an airpolishing instrument. Acta Odontol Scand 46, 113 (1988).

[58] Strübig, W.: Fluoridaufnahme im Zahnschmelz aus Glasionomerzementen. Dtsch Zahnärztl Z 43, 789 (1988).

[59] Sutalo, J., Pupic, V., Ciglar, I., Skaljac, G., Tuda, M.: Rasterelektronenmikroskopische Studie über die Penetrationsfähigkeit von Versiegelungsmitteln – in Abhängigkeit von der Fissurenmorphologie bleibender menschlicher Prämolaren. Oralprophylaxe 11, 83 (1989).

[60] Swift, E. J.: The effect of sealants on dental caries: a review. J Am Dent Assoc 117, 700 (1988).

[61] Trummler, A., Trummler, H.: Fissurenversiegelung. Erfahrungsbericht über Fissurenversiegelung mit Helioseal mit einer Liegedauer bis zu 96 Monaten. Schweiz Monatsschr Zahnmed 100, 61 (1990).

[62] van Dorp, C. S., Ten Cate, J. M.: Preventive measures and caries progression: an in vitro study on fissures and smooth surfaces of human molars. J Dent Child 59, 257 (1992).

[63] Whitehurst, V., Soni, N. N.: Adhesive sealant clinical trial. Results eigtheen months after one application. J Prev Dent 3, 20 (1976).

Kavitätenpräparation

von DETLEF HEIDEMANN

Inhaltsübersicht

Einleitung

Die Kavitätenpräparation darf nicht isoliert von den Entwicklungen der Zahnheilkunde in den letzten Jahrzehnten betrachtet werden. Vor allem die neuen Erkenntnisse auf dem Gebiet der präventiven Zahnheilkunde, der Parodontologie, der Materialkunde und der Funktion des Kauorgans müssen sich hier niederschlagen. Somit ist dieser Teil der restaurativen Zahnheilkunde nicht mehr ausschließlich ein Problem, das sich in statisch-mechanischen Anforderungen erschöpfen darf, sondern eine ständige Neuorientierung an biologischen Systemen.

Es sind drei große Komplexe, mit denen die Kavitätenpräparation in Beziehung steht, und sie erfordern, bisher anerkannte Prinzipien immer wieder auf ihre Gültigkeit hin zu überprüfen (Abb. 1):

- Zahnhartsubstanz und ihre engere Umgebung
- technisch-materialkundliche Aspekte
- umgebende Gewebe

Die Ziele, die sich eine wiederherstellende konservierende Therapie setzen muß, sind:

- Verhinderung des Fortschreitens der Karies
- Hinführung des Patienten zu intensiverem Mundhygieneverhalten
- Erhaltung oder Wiederherstellung der okklusalen Verhältnisse

Die Vielzahl der Faktoren, die die Kavitätenpräparation beeinflussen, wird deutlich an mehreren Beispielen, die in den letzten Jahrzehnten Diskussionsstoff geboten haben: die Adhäsivtechnik, dentinadhäsive Materialien, der Bezug der Füllungsränder zur Mikrobiologie parodontaler Taschen und die okklusale Gestaltung, um nur einige zu nennen. In diesem Kapitel soll die Kavitätenpräparation im Mittelpunkt stehen, die aufgezeigten Faktoren können nur andeutungsweise behandelt werden.

Geschichtliche Basis der Kavitätenpräparation (nach Black)

„Unter Kavitätenpräparation verstehen wir jene instrumentelle Behandlung der dem Zahn durch Karies zugefügten Schäden, die den restlichen Teil des Zahnes am besten instandsetzt, eine die ursprüngliche Form des Zahnes wiederherstellende Füllung zu tragen, dieser Widerstandsfähigkeit sichert und ein Wiederauftreten der Karies an derselben Zahnfläche verhindert."

Diese Definition von Black findet sich in seinem 1914 ins Deutsche übersetzten Werk über die konservierende Zahnheilkunde [12]. Ihr ist auch heute noch uneingeschränkt zuzustimmen. Zur Erfüllung dieser Aufgabe beschreibt Black das systematische Vorgehen in sieben Schritten zur Erstellung einer exakten Kavität:

1. Herstellen der Umrißform
2. Herstellen der Widerstandsform
3. Herstellen der Retentionsform
4. Herstellen der Erleichterungsform
5. Entfernen allen kariösen Dentins
6. Finieren des Schmelzrandes
7. Reinigen der Kavität

Zunächst sollen diese Punkte im Blackschen Sinne erläutert werden.

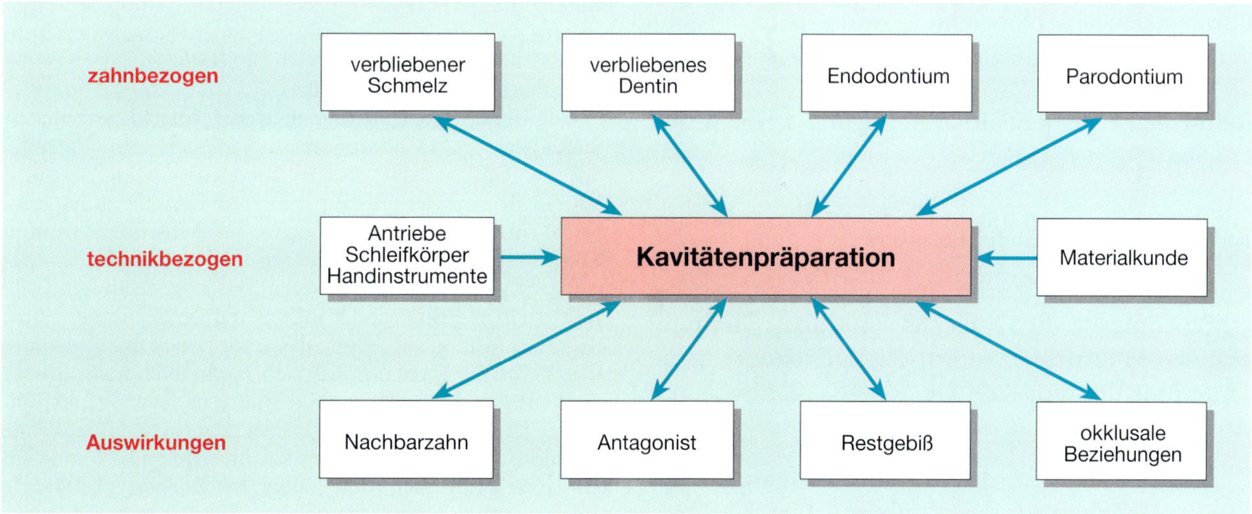

Abb. 1 Aspekte der Kavitätenpräparation.

Umrißform. In bezug auf die Schaffung der Umrißform wird immer wieder auf den von Black geprägten Ausdruck *extension for prevention* hingewiesen. Dieser knappe Leitsatz soll jedoch nach dem Autor selbst nicht bedeuten, daß tiefe Kavitäten geschaffen werden. Er weist darauf hin, daß dieser Begriff nur die Ausdehnung im Schmelz betrifft und zur Karies des Dentins keinen Bezug hat. Der Umriß der Kavität soll in solche Zonen verlegt werden, die der Mundhygiene des Patienten zugänglich sind.

Widerstandsform. Die Widerstandsform (Kastenpräparation) soll die Füllung in die Lage versetzen, dem Kaudruck standzuhalten. Hierzu sollen Wände und Boden zueinander senkrechte, scharfe Kanten bilden.

Retentionsform. Die Retentionsform soll die Füllung vor allem gegen Zugkräfte schützen (Schwalbenschwanz). Black verurteilt Haftpunkte und -rinnen, die zu seiner Zeit sehr beliebt waren, und bezeichnet ihren Effekt als trügerisch.

Erleichterungsform. Diese soll die Zugangsmöglichkeit für Instrumente gewährleisten, vor allem für das Einbringen der ersten Füllungsportion.

Kariesentfernung. Die Karies soll vollständig entfernt werden, beginnend in den Randbereichen der Kavität und den für die Pulpa unkritischen Zonen. Pulpennahe Karies wird zum Schluß entfernt.

Finieren der Kavitätenränder. Hier weist Black besonders darauf hin, daß dieser Arbeitsgang unter Kofferdam ausgeführt werden muß. Im oberen Viertel der Schmelzschicht sollte mit leicht hobelnden Bewegungen des Schmelzmeißels eine leichte, nicht übertriebene Abschrägung geschaffen werden.

Reinigung. Eine sorgfältige Reinigung schließt den Präparationsvorgang ab.

Kavitätenklassen (Defektklassen)

Das Auftreten der Karies unterteilt Black in zwei große Gruppen, die Grübchen- (inklusive Fissuren) und die Glattflächenkaries. Hierauf basiert seine Einteilung der fünf Kavitätenklassen, die bis heute Anwendung findet.

Klasse I: Kavitäten, die in „Strukturfehlern" der Zähne, in den Grübchen und Fissuren, beginnen

Klasse II: Kavitäten der Approximalflächen von Biskuspidaten und Molaren

Klasse III: Kavitäten der Approximalflächen von Schneide- und Eckzähnen, die keine Entfernung und Wiederherstellung einer Schneidekante erfordern

Klasse IV: Kavitäten der Approximalflächen von Schneide- und Eckzähnen, die die Entfernung und Wiederherstellung einer Schneidekante erfordern

Klasse V: Kavitäten des gingivalen Drittels (nicht Grübchenkavitäten) an den labialen, bukkalen oder lingualen Zahnflächen

Alle Präparationsvorschläge von Black basieren auf dem Prinzip, eine Verankerung der Füllung in einem Kasten herbeizuführen. Die damals gängigen Füllungsmaterialien waren Stopfgolde, Amalgame und Zemente. Vor allem die Verwendung des Stopfgoldes hat Blacks Ansicht über die Kavitätenform geprägt und ist zunächst unverändert auf Amalgame, Zemente und später die Goldgußfüllung übertragen worden.

Veränderungen zum konservativen Präparationskonzept

Das Präparationskonzept von Black, das 1891 in den USA publiziert wurde, wird heute als das „klassische Präparationskonzept" bezeichnet. Für seine Zeit war es insofern bedeutungsvoll, da bis dato kariöse Defekte exkaviert und gefüllt wurden, ohne eine systematische Präparation vorzunehmen.

Blacks Konzept, durch den Begriff „extension for prevention" charakterisiert, gibt exakte Richtlinien für die Präparation von Kavitäten.

Sein Vorgehen ist von Anfang an nicht unbestritten geblieben. Die ersten Vorwürfe, die von Ottolengui 1901 erhoben wurden, galten der Aufgabe gesunder Hartsubstanz zum Zwecke der Verankerung. 1910 entschuldigten sich seine Gegner offiziell für ihre Vorwürfe.

Nach dieser Zeit sind immer wieder Vorschläge gemacht worden, das Blacksche Konzept zu verändern. Eine Veränderung der Umrisse und Retentionsformen schlug Bronner 1930/1931 mit einer trapezartigen Form einzelner Kavitätenanteile vor, die heute ausgesprochen mechanistisch anmutet. Bei der Beschreibung der angestrebten Kavitätenform benutzte Bronner den Begriff „self-retention" oder „selfretentive". Die einzelnen Füllungsteile sollten von der Statik her selbst Retentionsformen aufweisen, die gegen Druck und Zugkräfte sichern. Dieses System findet sich, wenn auch nicht immer mit dem Namen des Autors verbunden, in vielen Darstellungen der Kavitätenpräparation wieder. Konvergierende Wände im okklusalen oder nach zervikal divergierende Wände im approximalen Bereich sind häufig beschrieben. Die kantig gestaltete Ausführung des Kavitätenumrisses hat sich inzwischen abgemildert.

Markley fand nach jahrelangem Arbeiten nach dem Black-schen Konzept in seinem Patientengut eine Häufung von Füllungs- und Höckerfrakturen, was ihn dazu veranlaßte, nach Modifikationen für die Präparation zu suchen. Seine Richtlinien fordern eine Präparation der Kavitätenwände, die zur Richtung der Schmelzprismen parallel verläuft (Abb. 2) [106]. Dabei sollte der Kavitätenumriß so zierlich wie möglich ausfallen. Der approximale Kasten sollte möglichst sparsam extendiert werden, mit einem Mindestabstand von 0,5 mm zu den Approximalflächen des Nachbarzahnes, sowohl lateral als

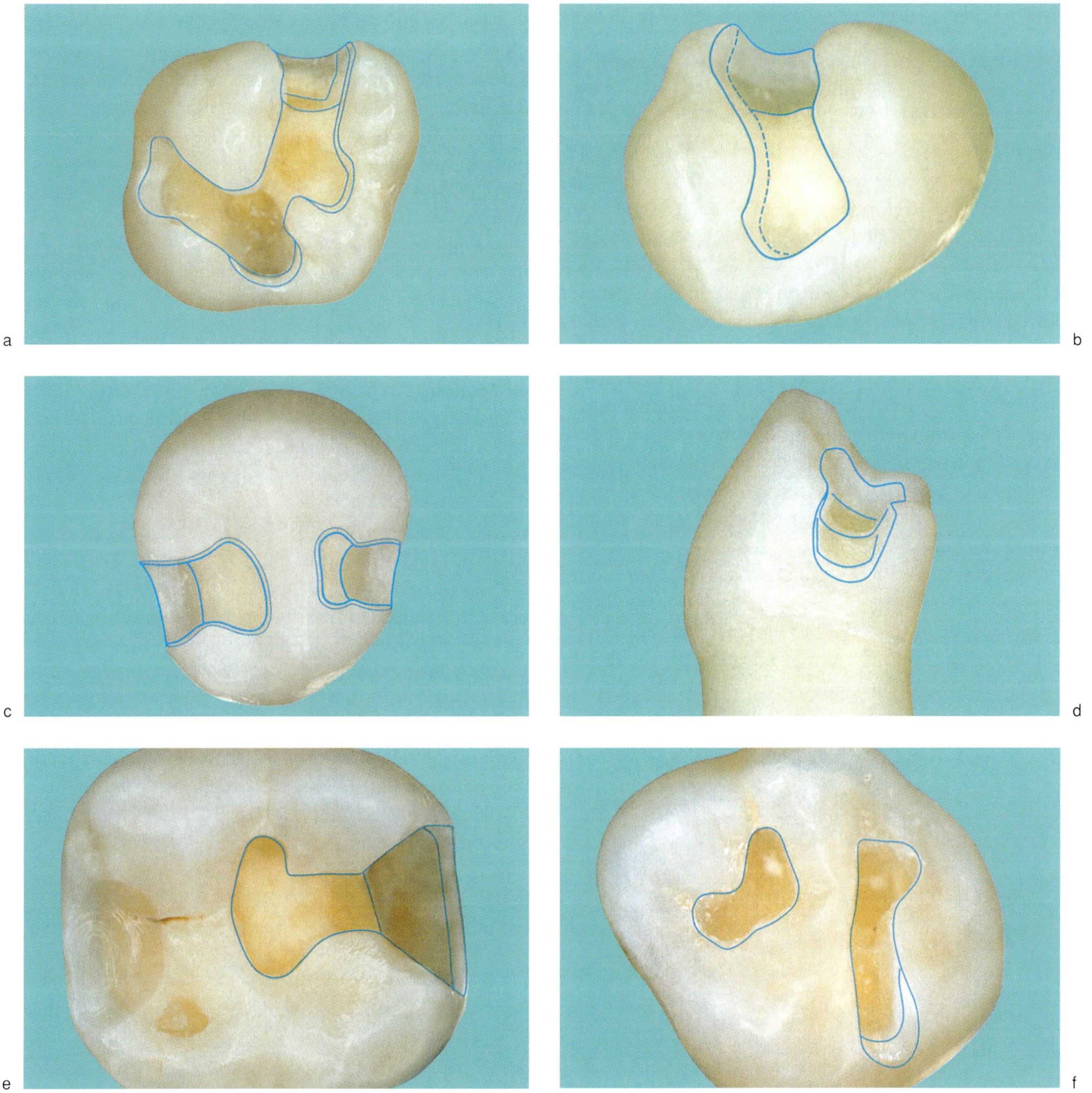

Abb. 2 Klassische und konservative Kavitätenumrißformen.

a) Klassische Kavitätenpräparation an einem Oberkiefermolaren mit eröffneter palatinaler Fissur.
b) Klassische Kavitätenpräparation an einem Oberkieferprämolaren.
c) Konservativ gehaltene Kavitätenpräparation an einem Unterkieferprämolaren mit Erhalt des starken bukkolingualen Schmelzwulstes.
d) Ansicht desselben Zahnes von approximal.
e) Konservativ gehaltene Kavitätenpräparation an einem Unterkiefermolaren. Distal eine deutliche Mulde für das Abstützungselement einer Teilprothese.
f) Geteilte okklusale Kavitätenpräparation an einem Oberkiefermolaren mit Erhalt der Crista transversa.

auch nach zervikal. Seiner Ansicht nach kann „extension for prevention", ein Prinzip, von dem er nicht abrückt, so restriktiv wie irgend möglich ausgeführt werden. Auch propagiert er das Abrunden sämtlicher innerer Kavitätenwinkel.

VALE empfiehlt die Reduktion der okklusalen Kavitätenbreite von einem Drittel des Höckerabstandes auf ein Viertel, um die Stabilität der Höcker zu sichern [162]. Seiner Meinung nach verhält sich ein solchermaßen präparierter Zahn ähnlich stabil wie ein unpräparierter Zahn. Auch GILMORE [57], RODDA [145], ALMQUIST, COWAN und LAMBERT [1] propagieren die zierliche Kavitätenpräparation, die heute als „konservative Präparationstechnik" bezeichnet wird (Abb. 3).

Abgesehen von den ersten Kritikern zur Entstehungszeit von BLACKS grundlegendem Werk halten alle Autoren an dem Prinzip *extension for prevention* fest, auch wenn es nicht mehr so ausgeprägt gehandhabt wird. Wo liegen nun die grundlegenden Unterschiede zwischen BLACKS Konzept und der konservativen Präparation, wie sie heute propagiert wird? Die Hypothese der „habituell sauberen Zonen", wie BLACK sie beschrieb, ist wohl nicht mehr aufrechtzuerhalten. Seine Empfehlung, den approximalen Kastenboden in den „kariesimmunen" Sulkus zu verlegen, ist nach den Erkenntnissen der Parodontologie nicht korrekt [3, 98, 101, 132, 151]. Auch im lateralen Approximalbereich ist die Selbstreinigung der Zähne nicht gegeben.

Die kantigen Präparationswinkel werden heute aus guten Gründen abgelehnt. Belastungsversuche weisen zur Genüge nach, daß hier Kerbspannungen entstehen können, die der Stabilität der Höcker abträglich sind. Auch von der materialtechnischen Seite her sind gerundete innere Kavitätenwinkel vorzuziehen [2, 61, 98, 129, 154].

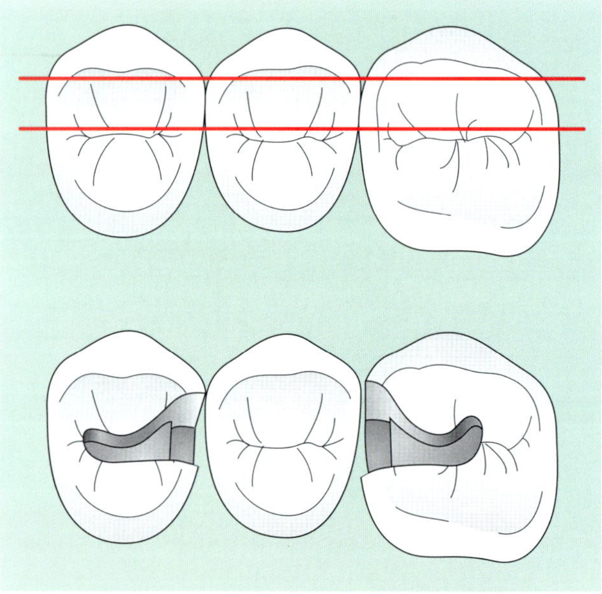

Abb. 3 Konservativ gehaltene Kavitätenpräparation. Die Extensionsbereiche liegen zwischen den Verbindungslinien der Kontaktpunkte und der Verbindungslinie der Hauptfissuren.

BLACK propagierte, die okklusale Kavität so zu präparieren, daß die Seitenwände parallel zueinander stehen. Nach der heutigen Auffassung sollte parallel zum Prismenverlauf präpariert werden. Dies bedeutet, daß schmale Kavitäten nach okklusal konvergierende Wände aufweisen; je breiter die Kavität jedoch gestaltet wird oder werden muß, desto eher wird die Richtung der Kavitätenwände zueinander parallel. Der Widerspruch zwischen beiden Auffassungen liegt sicherlich in den Voraussetzungen. Wenn wir heute davon ausgehen, daß schon der kleinste Defekt geöffnet und gefüllt werden soll, so resultiert eine zierliche, konvergierende Kavität. Geht man von den heutigen Gegebenheiten in der Bundesrepublik Deutschland aus, so ist die breite Kavität sicherlich noch ein häufiger Fall. Patientenverhalten und Aufklärung, die Gründe hierfür sollen hier nicht diskutiert werden, stellen den geschilderten Fall noch nicht als den Regelfall dar.

Kariesdiagnostik

Die Diagnostik der Karies im Frühstadium ist eine der vordringlichsten Aufgaben des Zahnarztes (s. a. S. 30 ff.). Ist die Kavität offensichtlich und der dekkende Schmelz eingebrochen, so ist zumeist schon die Pulpa gefährdet. Der Behandler sollte bei der Diagnostik und der ersten Untersuchung an einige epidemiologisch fundierte Kernsätze denken (wie das symmetrische Auftreten der Karies, der frühere Kariesbefall bei Mädchen und das frühzeitige Erkranken der Sechsjahrmolaren).

Zur Kariessuche gehören gutes Licht, ein klarer Spiegel, und nach Möglichkeit eine Arbeitslupe (Abb. 4).

Das *Alter* des Patienten weist zusammen mit den allseits bekannten *Prädilektionsstellen* (s. S. 1 ff.) der Karies darauf hin, wo zunächst Karies aufzufinden ist: Fissurenkaries bei Kindern, Approximalkaries bei Jugendlichen und Erwachsenen und Zahnhals- und Wurzelkaries beim älteren Patienten. Die Erkenntnis, daß gerade die letztere Auftrittsform sich statistisch zum jüngeren Patienten verschiebt, ist jüngeren Datums.

Das Eindringen und Verhaken einer spitzen Sonde in den Fissuren zeigt lediglich eine tiefe Fissur, nicht

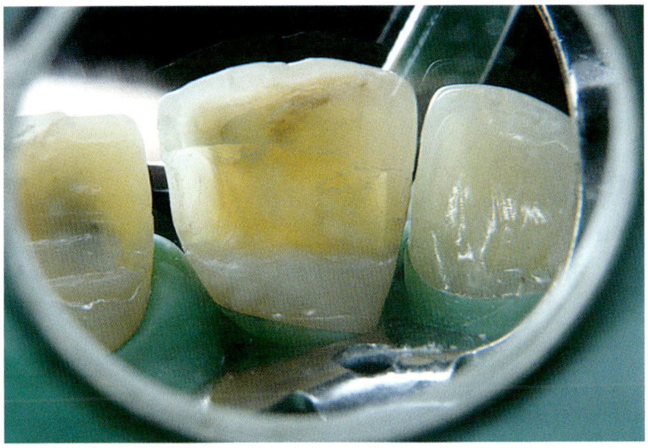

a

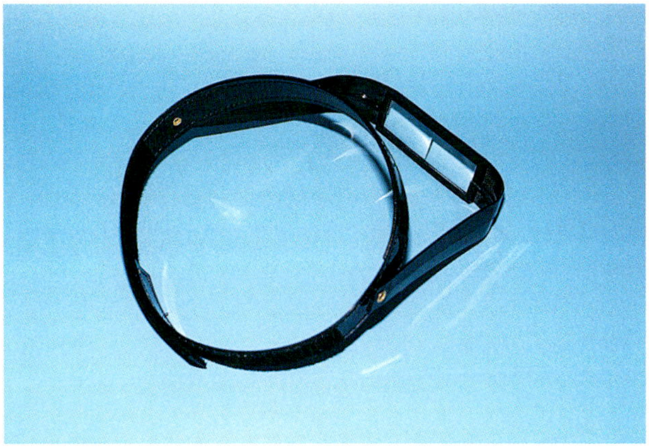

b

Abb. 4 Hilfsmittel zur Kariesdiagnostik.

a) Wichtig ist ein guter, klarer Spiegel, es empfiehlt sich eine Rhodiumbeschichtung.

b) Arbeitslupe.

aber zwingend eine Karies an. Beginnende approximale Karies, vor allem, wenn sie noch im Schmelzbereich lokalisiert ist oder soeben die Schmelz-Dentin-Grenze überschritten hat, ist mit Spiegel und Sonde klinisch selten korrekt zu diagnostizieren. Hier müssen andere Hilfsmittel eingesetzt werden, wie Zahnfilme, Bißflügelaufnahmen oder die Durchleuchtung mittels starker Kaltlichtquellen (Abb. 5) [4, 72, 135].

Der Einsatz von prophylaktischen Maßnahmen, vor allem einer unterstützenden Fluoridierung, macht es erforderlich, die initiale Schmelzläsion etwas intensiver zu beleuchten.

Nun haben Untersuchungen verschiedener Autoren nachgewiesen, daß es möglich ist, initiale Läsionen durch intensivierte Mundhygiene und Fluoridierung in ein Stadium der Remineralisierung zu überführen [35, 56, 62, 63]. Damit steht der Behandler nach der Röntgenkontrolle vor der Entscheidung, ob dieser Prozeß angestrebt werden soll oder früh-

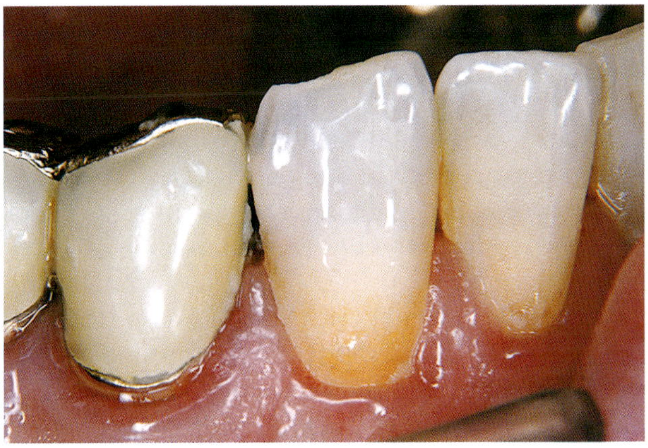

a

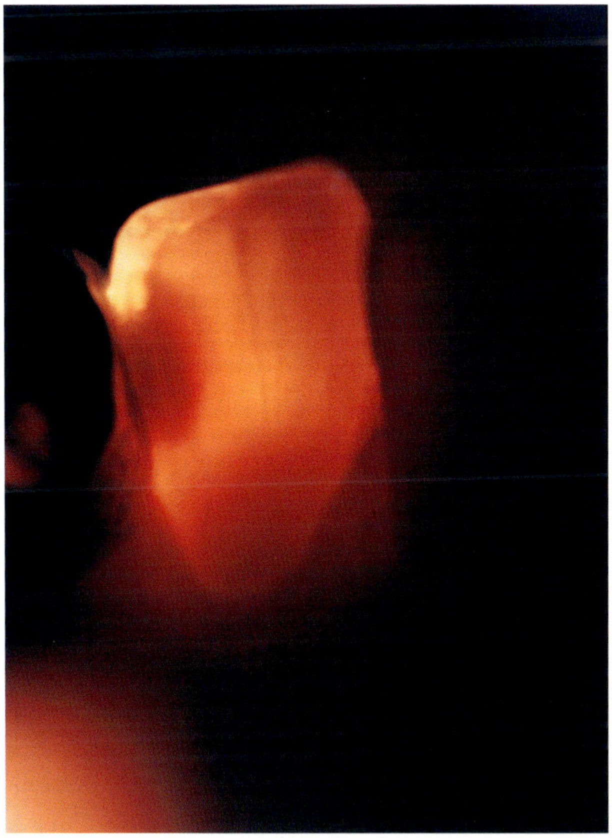

b

Abb. 5 Diaphenoskopie.

a) Klinisch ist die Approximalkaries distal am Eckzahn schwer zu erkennen.

b) In der Durchleuchtung stellt sich der kariöse Defekt deutlich dar.

zeitig eine Kavität präpariert wird. Einige Autoren stehen auf dem Standpunkt, daß die kleinste klinisch manifeste Karies sofort zu entfernen und eine möglichst zierliche Kavität zu präparieren sei [118]. Letztendlich muß abgeschätzt werden, mit welcher Intensität der Patient die Mundhygiene betreiben kann; danach sollte die Entscheidung getroffen werden.

Diagnostische Aspekte vor der Präparation

Ohne vorangegangenen, sorgfältig erhobenen Mundbefund ist die Planung der Füllungstherapie nicht möglich. Neben der *oralen Inspektion* darf der *Röntgenstatus* bei Erstuntersuchungen nicht fehlen. Selbst in Fällen, wo eine Versorgung des Gesamtgebisses relativ kurz zurückliegt, sollte dies eingehalten werden, nicht aus Mißtrauen dem Vorbehandler gegenüber, sondern um sich selbst einen genauen Überblick zu verschaffen. Zwei Hauptgesichtspunkte sollten hier Berücksichtigung finden:

- endodontische Komplikationen bzw. zu erwartende endodontische Behandlungen
- parodontale Komplikationen

Endodontische Komplikationen

Ist eine Füllungstherapie geplant, insbesondere eine quadrantenweise Sanierung, so ist es äußerst unangenehm, wenn eine der Präparationen in der Zahnreihe die Pulpa exponiert und damit den Zeitplan in Frage stellt. Solche vorhersehbaren Komplikationen können rechtzeitig erkannt und behandelt oder aber, falls möglich, auf einen anderen Behandlungstermin verschoben werden. Als Folge der endodontischen Behandlung ist die konservierende Versorgung dieses behandelten Zahnes ja meist mit umfangreicheren Präparationen verbunden, mit höckerdeckenden Präparationen oder gar mit einer Kronenpräparation.

Parodontale Komplikationen

Ebenso soll der parodontale Zustand vor Behandlungsbeginn abgeklärt sein. Schon die banale Gingivitis erschwert die Kavitätenpräparation, da durch Blutungen aus der Gingiva die approximale Präparation unübersichtlich wird. Selbst bei jüngeren Patienten muß eine gravierende parodontale Veränderung ausgeschlossen sein (z. B. juvenile Periodontitis).

Eine korrekte konservierende Behandlung ist erst dann ideal möglich, wenn der Patient parodontal gesund oder saniert ist. Bei den einfachen Erkrankungsformen des Parodontiums kann eine Verbesserung der Mundhygiene genügen, bei gravierenden Erkrankungsformen erspart eine vorausgehende parodontale Sanierung überflüssige konservierende Behandlungsgänge, wenn sich zu der kariösen Erkrankung parodontale Erkrankungen dazugesellen, die die Entfernung des Zahnes bedingen können (Abb. 6).

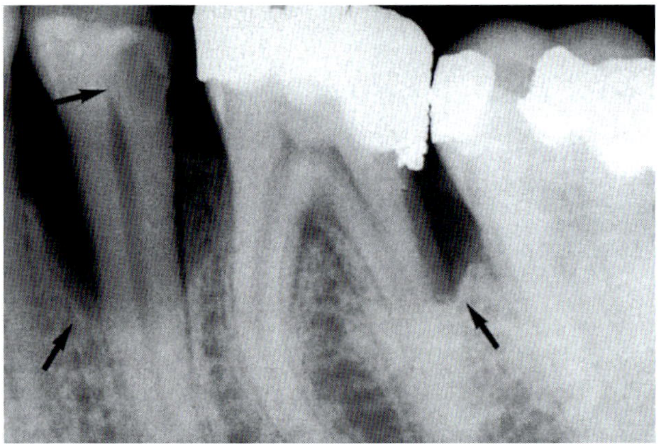

Abb. 6 Das Röntgenbild zeigt parodontale Komplikationen durch massiven Knochenabbau (Pfeil) bei einem unteren Prämolaren und einem Molaren. Der Kariesbefall bei Zahn 45 (Pfeil) deutet aufgrund seiner Ausdehnung auf endodontische Komplikationen hin.

Prospektive Aspekte

Der Wunsch des Patienten nach einer bestimmten Versorgung, vor allem mit aufwendigen Restaurationsformen, steht nicht immer im Einklang mit dem Mundhygienezustand seines Gebisses. Eine konstant gute Mundhygiene ist Voraussetzung für den langfristigen Erhalt aller Arten von Restaurationen. Aufwendige und teure Versorgung in einem schlecht gepflegten Gebiß ist unsinnig.

Erst wenn dem Patienten der Zusammenhang zwischen Plaque und Karies bewußt ist und er in der Lage ist, weitgehend selbst für seine Mundhygiene zu sorgen, kann ihm ein Langzeiterfolg der Behandlung zugesagt werden. Über leicht durchzuführende Kontrollen (z. B. vereinfachter Oralhygiene-Index, [OHI-S] und Plaquerelevatoren) soll der Patient zu einer guten, langfristig beibehaltenen Mundhygiene angeleitet werden (Abb. 7). Solange der Patient nicht

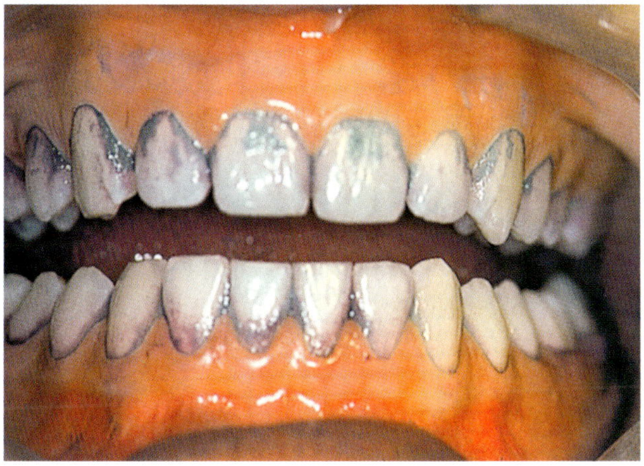

Abb. 7 Durch Plaquerelevatoren können die Zahnbeläge sichtbar gemacht werden.

in der Lage ist, Plaqueanlagerung weitgehend zu verhindern, sollte über eine Versorgung mit einfachen Restaurationstechniken nicht hinausgegangen werden. Non-Gamma-2-Amalgamen wird eine Liegedauer von etwa zehn Jahren zugeschrieben (s. Bd. 3) [100], bei Goldgußfüllungen nimmt man eine Lebenserwartung von bis zu 20 Jahren an, bei Kompositmaterialien von 3–5 Jahren. Alle angegebenen Erwartungszeiten setzen

- gute bis sehr gute Mundhygieneverhältnisse
- korrekte Verarbeitung der Materialien
- korrekte Präparation

voraus.

In der Bundesrepublik Deutschland haben Kariesfrequenz und Mundhygiene noch nicht das Niveau erreicht, das diese Voraussetzungen generell garantiert. Die Tendenz der Entwicklung bei Kindern und Jugendlichen läßt jedoch erwarten, daß sich dies zukünftig zum Positiven hin verändert.

Bearbeitung der Zahnhartsubstanz

Für die Stabilität der Randverhältnisse einer endgültigen Füllung stellt der Übergang zwischen verwendetem Material und Kavitätenrand den entscheidenden Faktor dar.

Unebenheiten der Präparation im Dentin können mit Unterfüllungsmaterial abgedeckt, Niveauunterschiede und unterschnittene Stellen damit ausgeglichen werden. Die Qualität der Bearbeitung des Schmelzes hat direkte Auswirkungen auf das Schicksal der Füllung, unterschnittene Schmelzpartien können unter der Kaubelastung frakturieren. Der Bearbeitung des Schmelzes kommt damit eine ganz besondere Bedeutung zu.

Hilfsmittel zur Kavitätenpräparation

Ebenso wie die Kavitätenpräparation in ihren Anforderungen an die Form und die Anforderungen des gewählten Füllungsmaterials gebunden ist, ist die Auswahl der gewählten Hilfsmittel an eine Reihe von Faktoren gebunden, um das gewünschte Ziel zu erreichen. Wie die Wandlungen im „Design" der Kavitätengestaltung haben sich auch die dazu benötigten Antriebe und Schleifkörper gewandelt.

Antriebssysteme

Die wesentlichen Antriebsarten für dentale Schleifinstrumente sind die Turbinen und die sogenannten Mikromotoren. *Turbinen* liefern Umdrehungszahlen bis zu 400000 U/min. Ihre Drehzahl kann nicht verändert werden. *Mikromotoren* decken den Drehzahlbereich von 500–160000 U/min ab. Die Regelung der Drehzahlen erfolgt über Fußschalter, Handschieber oder elektronisch gesteuerte Tastaturen. Für bestimmte Drehzahlbereiche sind die Hand- oder Winkelstücke für Mikromotoren mit unterschiedlicher Übersetzung konstruiert und durch Farbringe gekennzeichnet. Heute wird meist unterschieden in:

Höchstdrehzahlbereiche	120000–400000 U/min
Hochdrehzahlbereich	45000–200000 U/min
mittlerer Drehzahlbereich	4500– 45000 U/min
niedriger Drehzahlbereich	500– 4500 U/min

Die Forderungen nach *gleichmäßigem Lauf der Instrumente*, die Vereinfachungen der Instrumentenbefestigung, die Erhöhung der Spraydüsenzahl und schließlich die später so segensreiche Integration von Licht in die Antriebe vergrößern auch die Köpfe der Turbinen und Winkelstücke und verschlechtern wiederum die Sichtverhältnisse. Eichner beklagt dies 1982, verbunden mit der Tatsache, daß mit der Entwicklung der hohen Drehzahlen auch die rotierenden Instrumente immer kleiner werden mußten. Erst geraume Zeit nach der Entwicklung der Möglichkeit, hohe und höchste Drehzahlen einzusetzen, setzte das Interesse ein, sich mit den Ergebnissen hoch- und höchsttourigen Schleifens wissenschaftlich auseinanderzusetzen. Gerade die Arbeitsgruppe um Eichner hat sich auf diesem Gebiet besonders verdient gemacht.

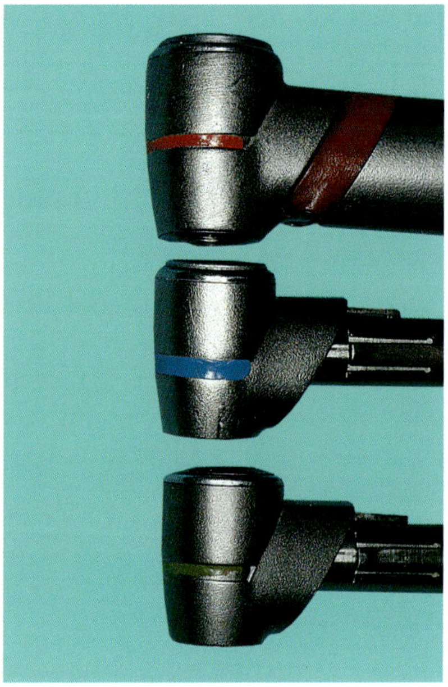

Abb. 8a Farbliche Kennzeichnung der Mikromotoren entsprechend dem geleisteten Drehzahlbereich.

Abb. 8b Vergleich der Antriebskopf-Größe bei Standardturbine und Schnelllaufwinkelstück.

Während die *Luftturbinen* bei einem Andruck von 100–200 g zum Stillstand kommen, ist dies bei *Torque-Turbinen* erst bei 300–400 g der Fall. Die elektronische Ansteuerung der Mikromotoren ermöglichte das Schleifen im Kontakt mit dem Zahn ohne Drehzahlabfall. So stehen heute E-Mikromotoren und Turbinen als Antriebsmöglichkeiten nebeneinander. Mikromotoren sind durch verschiedene Unter- und Übersetzungen zu einem universellen Antriebssystem geworden, die von extrem niedrigen Drehzahlen bis in den höchsttourigen Bereich von 200 000 Umdrehungen die gesamte Palette der Nutzungsmöglichkeiten abdecken. (Abb. 8a und b)

Die Leistungskennlinien der Turbine zeigen deren Arbeitsmaximum bei ca. 200 000 U/min, auch wenn die Leerlaufdrehzahl bis etwa 400 000 reicht. Die Mikromotoren zeigen praktisch unabhängig von der Drehzahl gleiche Leistung, wie von Kimmel et al. 1986 dargestellt werden konnte.

Heute sind die Ansichten über Vorteile und Nachteile der Anwendung von Turbinen und Mikromotoren geteilt. Sogenannte Schnellaufwinkelstücke liefern bis zu 200 000 Umdrehungen/min, also den Arbeitsdrehzahlbereich der Turbinen, ohne durch Anpreßdruck zum Stillstand gebracht zu werden. Von den Anhängern der Turbinen wird manchmal beklagt, daß der Zwang zum leichten, tupfenden Vorgehen, zu dem man bei diesem Aggregat gezwungen sei, verlorenginge. Doch spätestens, wenn es darum geht, eine harte Goldlegierung zu durchtrennen, zeigt das Antriebssystem Mikromotor wieder Vorteile.

Ebenso wie in den Anfängen der Turbinenanwendung wird heute bei den Schnellaufwinkelstücken die Frage laut, ob bei der Präparation nicht die Pulpa geschädigt werden könne. In den beiden histologischen Darstellungen wird deutlich, wie Dentin durch Überhitzung denaturiert, eine Verbrennungszone zeigt und welch verheerende Auswirkungen der Ausfall von Kühlung auf die Pulpa hat, hier in einem Präparat, wo mit Turbine ohne Kühlung gearbeitet wurde. Nach drei Tagen sind solche Veränderungen festzustellen. Ein massives Schleiftrauma (Abb. 9a und b). Damit steht auch die Frage der Spraydüsensysteme und der Kühlwassermenge auf dem Prüfstand.

Zu der Frage der Zahl der *Spraydüsen* und der *Kühlwassermenge* haben Klaiber et al. 1985 [87] Stellung genommen. Die Vorteile eines Dreidüsensystems und einer Kühlwassermenge von mindestens 50 ml/min wurden in dieser Arbeit herausgestellt und gelten heute noch als Richtlinie (Abb. 10).

Als die Drehzahlen der Schnellaufwinkelstücke von 120 000 auf 200 000 heraufgeschraubt wurden, stellte sich die Frage nach der Schonung der Pulpa erneut.

a

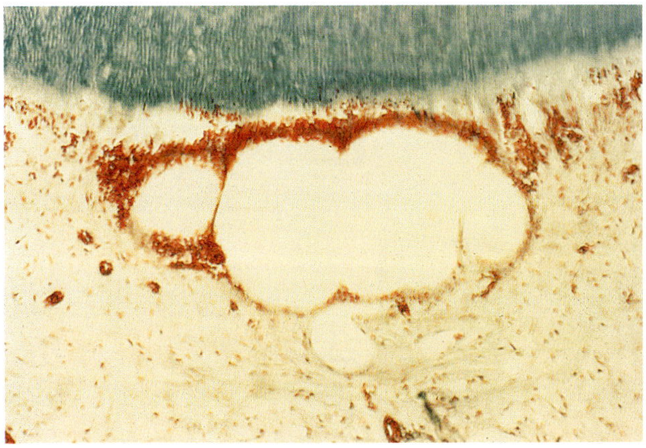
b

Abb. 9b Vergrößerung im Bereich der Grenze Dentin/Pulpa.

Abb. 9a Auswirkung eines Schleiftraumas. Am Kavitätenboden ist überhitztes Dentin an der Rotfärbung zu erkennen. Trotz relativ starker Dentinschicht reagiert die Pulpa auf das Trauma (Präparat freundlicherweise überlassen von Prof. HOPPE, Münster).

Abb. 10 Anordnung von drei Spraydüsen als optimales Kühlsystem.

In der Versuchsanordnung (Abb. 11) [10] mit in extrahierte Zähne eingebrachten Thermoelementen wurde ein Versuchsaufbau gewählt, der dem früherer Anordnungen ähnelt. Die Zähne stehen mit dem Wurzelbereich in einem temperaturgeregelten Wasserbad von 37 °C und sind in einer Dreipunkt-Schraubanordnung fixiert. Mit Superschnelläufer und Turbine wurden sowohl Kavitäten approximal als auch okklusal präpariert. Die abgeleiteten, über einen Schreiber aufgezeichneten und direkt mittels PC abgegriffenen Daten wurden aufgearbeitet. Dabei konnten auch die Einflüsse des Absaugsystems auf den präparierten Zahn dargestellt werden. Die Kurven in Abbildung 12a bis c verdeutlichen die Resultate.

Auf den Kurven ist ablesbar, daß die Temperatur der präparierten Zähne bei der Anwendung einer Absaugung sogar fällt, diese also unterkühlt werden, unabhängig davon, ob mit einem Superschnelläufer oder einer Turbine präpariert wird. Es kann angenommen werden, daß die Verdunstungskälte des Sprays den Kühlvorgang bedingt, andererseits könnte die Rekondensation des Spraynebels in der Kavität diese Abkühlung wieder wettmachen. Die Verdunstungskälte kann eigentlich also nur zum Tragen kommen, wenn die Absaugung den Rekondensationsvorgang verhindert.

Turbine oder Mikromotor?

KIMMERLE und KRÖNKE wiesen 1962 auf das Problem der möglichen *Schädigung des Schmelzes* im Kavitätenrandbereich hin. Die Autoren prüften die Härte des Schmelzes nach Präparation und kamen zu der Erkenntnis, daß dieser bis zu Tiefen von 500 µm geschädigt und erschüttert sein könnte. Sie vermuteten, daß die *Ultraschall-Schwingungskomponente* im Turbinenantrieb hierfür verantwortlich sein könnte. Dieses Problem ist meines Wissens noch nicht eindeutig geklärt. Bei Nachfragen von Herstellern war dort das Problem nicht bekannt.

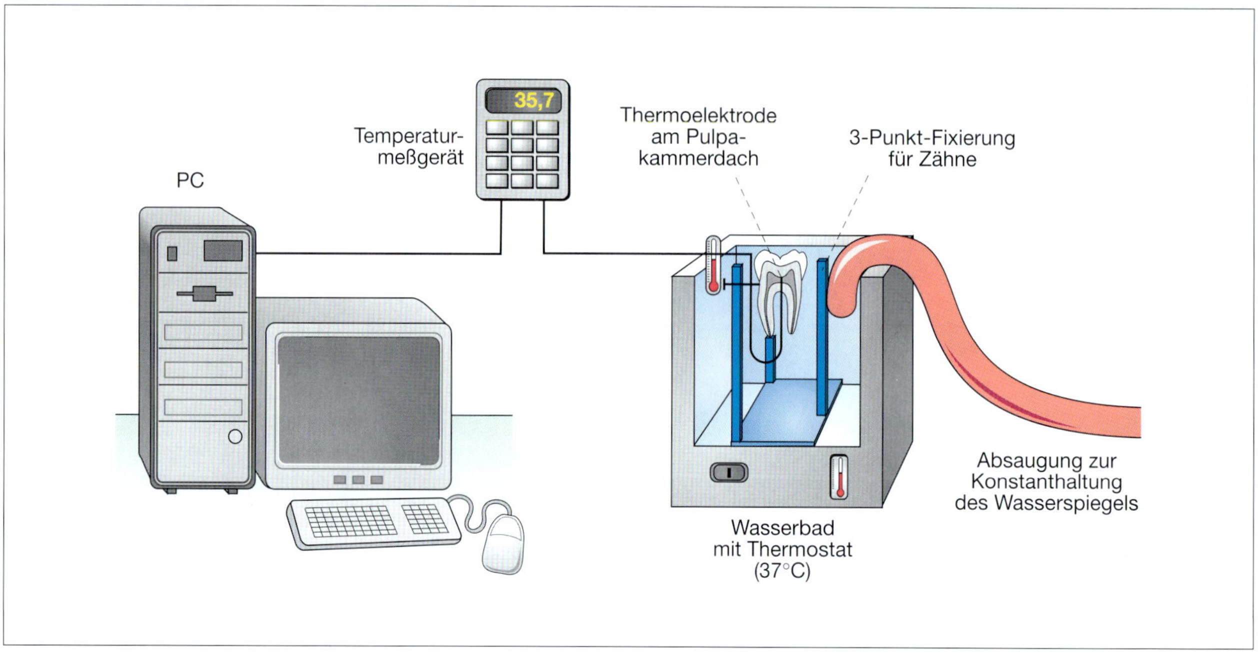

Abb. 11 Versuchsanordnung zur Ermittlung von Temperatursteigerungen bei Präparation.

Turbinen nebeln stärker, der Behandler ist dem Rückstrom des *Spraynebels* aus der Mundhöhle stärker ausgesetzt. Das Kontaktschleifen am Zahn fällt mit dem Mikromotor leichter und mit dem Mikromotor ist ein Wechsel von links- und rechtsdrehendem Präparationslauf möglich. Neben subjektiven Beurteilungen ist keine greifbare Bevorzugung des einen oder anderen Aggregates möglich. Neuerungen moderner Antriebsaggregate wiederum sind allen gemeinsam.

Zum einen die Lichtunterstützung mit 15000–20000 Lux sowie Federspannzangen für FG-Schäfte und Druckknopfspannzangen für Wi-Schäfte.

Rotierende Instrumente

1935 wurden in Deutschland erste *diamantierte Instrumente* konzipiert, verbreiteten sich allerdings nicht allzu rasch. 1947 wurden Hartmetallbohrer von Dentatus und S. S. White auf der Basis des berühmten Krupp-Stahles gefertigt und Busch fertigte 1953 Widia-Stahlbohrer.

Die bei der Präparation verwendeten Schleifkörper spielen eine ebenso große Rolle im Ergebnis einer erfolgten Präparation wie die Antriebselemente. Diamant- und Hartmetallinstrumente sind in einem ISO-Größensystem erfaßt, das die verschiedenen hier dargestellten Parameter in einer Codierungszahl erfaßt (Abb. 13).

Diamantierte Systeme sind wiederum charakterisiert durch die Größe des Instrumentes, die Verteilung und Korngröße der Diamantpartikel und deren Bindungsart und -tiefe. Die Körnungsvarianten sind, allerdings oft herstellerabhängig, farbcodiert. (Abb. 14)

Für die Qualität und Standfestigkeit ist die *Bindungsart* von erheblicher Bedeutung. Anwendung finden zwei Formen galvanisch erzeugter Bindungen. In einem älteren Verfahren werden in einem galvanischen Bad Diamantpartikel aufgewirbelt, die sich zeitlich zufällig mit der Nickelschicht auf dem Basisinstrument niederschlagen. Locker gebundene oberflächlich fixierte Partikel werden in einer Trommel wieder abgetragen (Abb. 15).

Überlegen ist ein zweites galvanisches Verfahren. Dabei wird in einer Vorvernickelung ein aufgeschäumter Diamantbrei für die Basisschicht in ähnlicher Weise aufgebracht, danach aber wird in einem reinen Nickelbad eine gleichmäßige Nickelschicht darüber aufgetragen.

In den USA werden seit vielen Jahren *Auflötungen* eingesetzt, die in Folge eine ungleichmäßige Diamantagglomeration an der Oberfläche aufweisen. Die Standzeit ist kurz, möglicherweise werden auch die Diamantpartikel durch Löttemperaturen bis zu 1000 °C vorgeschädigt.

Bohrer (Fräsen) und Schleifinstrumente

Bohrinstrumente sind technisch gesehen Fräsen. Sie sind aus Stahl oder Hartmetall gefertigt, mehrere

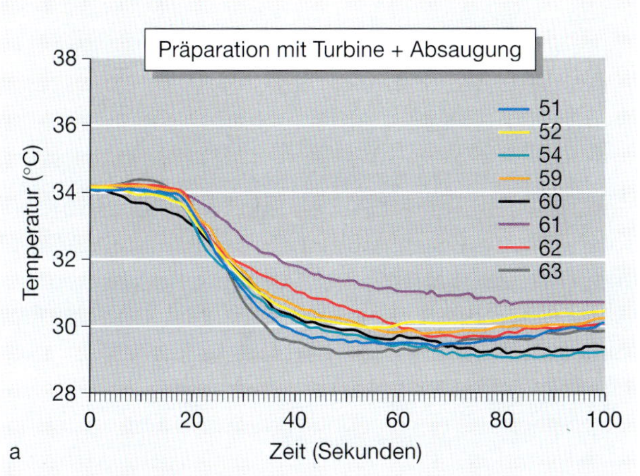

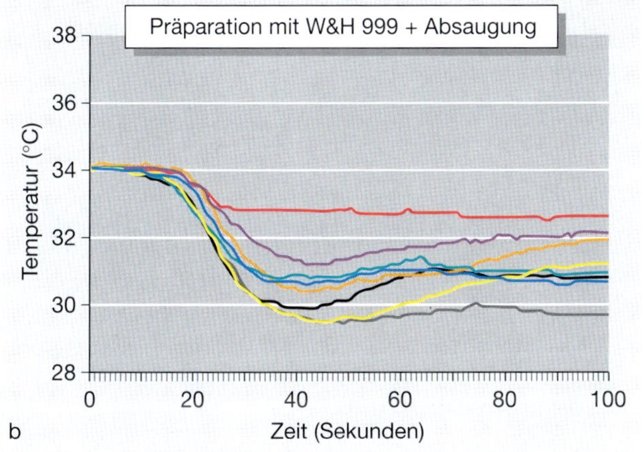

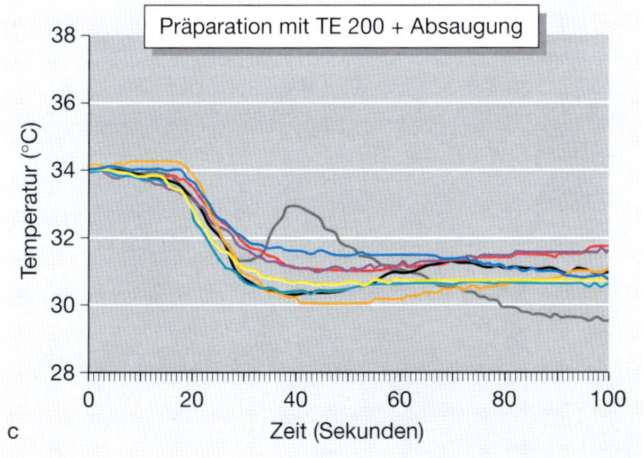

Abb. 12a–c Temperaturmeßkurve aus der o.a. Versuchsanordnung. Antriebsaggregate waren eine Turbine (a) und zwei Schnellaufwinkelstücke mit Mikromotorantrieb (b u. c). Deutlich wird der Temperaturabfall, wenn nach 20 s die Absaugung einsetzt, so daß die im Kavum gemessene Temperatur sogar „Unterkühlung" zeigt.

Schneiden sind im Schaftverlauf oder schräg dazu angebracht. Es werden verschiedene Formen hergestellt (Abb. 16):

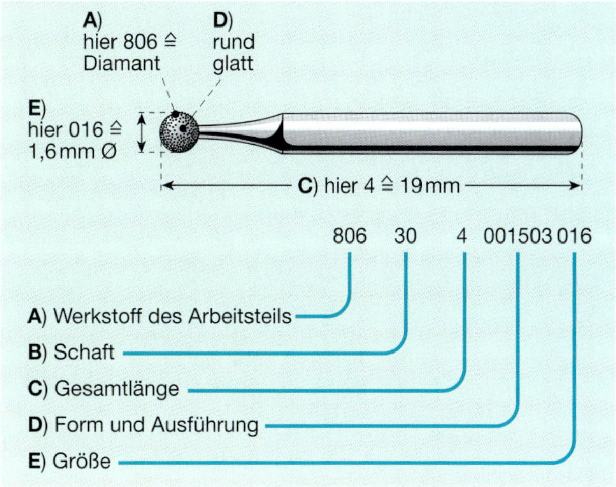

Abb. 13 ISO-Codierung für rotierende Instrumente.

Körnungsvarianten der Diamantbeschichtung

schwarz	●	supergrob	150 µm
grün	●	grob	125 µm
farblos	○	mittel	100 µm
rot	●	fein	30 µm
gelb	●	extra-fein	15 µm
weiß	○	ultra-fein	8 µm

Abb. 14 Farbcodierung für die Körnung diamantierter Instrumente.

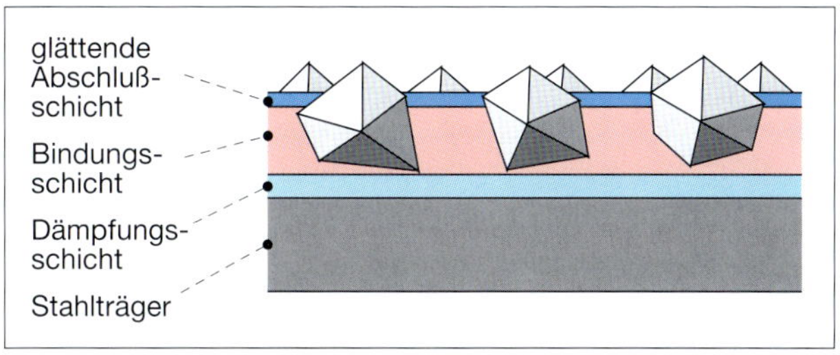

Abb. 15 Bindungsschichten für Diamantpartikel.

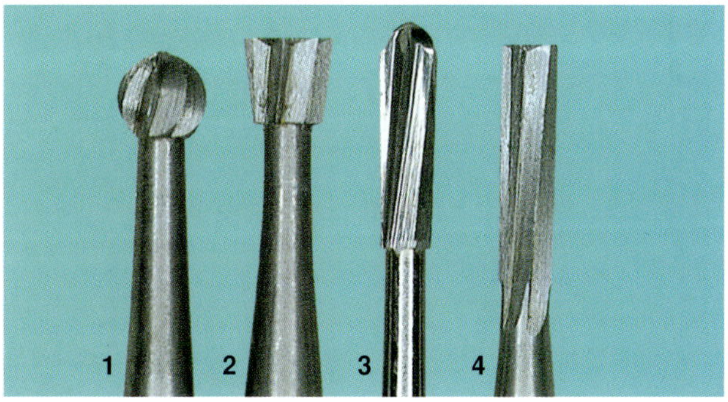

Abb. 16 Verschiedene Bohrerformen. 1 = Rosenbohrer; 2 = umgekehrter Kegel; 3 = abgerundeter Fissurenbohrer; 4 = gerader Fissurenbohrer.

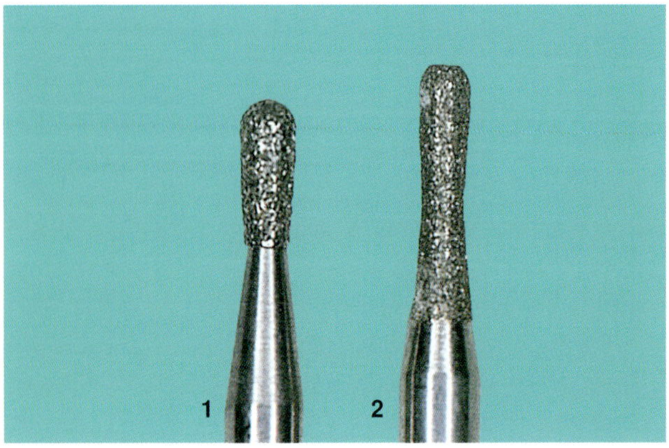

Abb. 17a Birnenförmige Diamantschleifer in Standardform (1) und zusätzlich am Schaft belegt (2).

b c

Abb. 17b und c

b) An den Kanten gerundete, zylindrische Schleifkörper verschiedener Größe für die Präparation von Keramik- und metallischen Inlays.

c) Formkongruente, flammenförmige Schleifkörper verschiedener Körnung, nach ISO-Farben gekennzeichnet.

- runde Fräsen oder Rosenbohrer
- Fissurenbohrer als zylindrische Fräsen
- kegelförmige Bohrer
- umgekehrt kegelförmige Bohrer
- konische Bohrer

Schleifinstrumente sind diamantierte Instrumente oder montierte Steinchen. Die Diamantsplitter sind über Befestigungsmassen auf dem Instrumentenschaft befestigt, wobei zahlreiche verschiedene Formen und Körnungen erhältlich sind (Abb. 17a–c). Andere Schleifinstrumente, die bei der Kavitätenpräparation eingesetzt werden können, sind kleine Steinchen, vorwiegend für Glättungsarbeiten (Abb. 18).

Zum *Finieren* werden spezielle Stahl- oder Hartmetallinstrumente angeboten, die ebenfalls gerade oder gewendelte, aber feinere und mehr Schneiden aufweisen als die Fräsen (Abb. 19).

Oberhalb der niedrigen Drehzahlbereiche muß prinzipiell mit *Wasserspraykühlung* gearbeitet werden, um eine Überhitzung des Zahnes auszuschließen und Schäden an der Pulpa zu vermeiden (s. Bd. 5).

Hartmetallinstrumente

Für die zweite Gruppe der Instrumente werden in der Zahnheilkunde vorwiegend Hartmetalle vom Typ K-20 eingesetzt. Sie bestehen aus 92 % Wc, 2 % TiC-TaC + 6 % Kobalt als Bindemittel für die Carbide. Die Vickershärte Hv10 liegt im Bereich um 1500–1600.

Die Köpfe der Hartmetallinstrumente wurden lange Zeit fast ausschließlich *gelötet.* Andere Verbindungsarten sind *Schweißung* und *Impulsschweißung* (Abb. 20).

Abb. 18

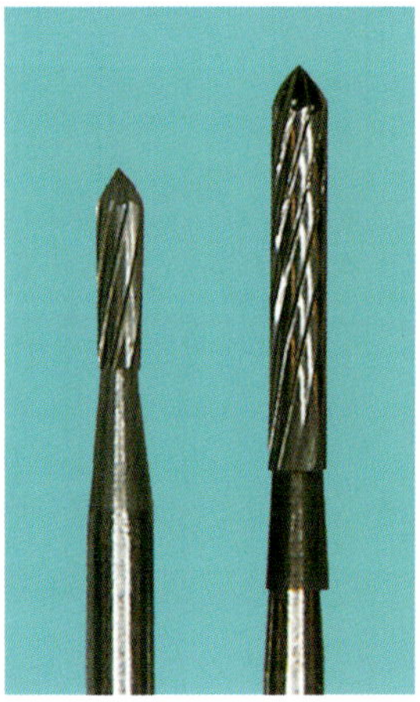

Abb. 19

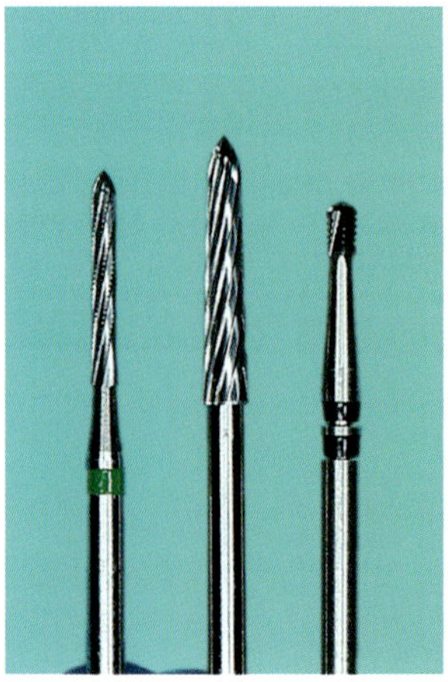

Abb. 20

Abb. 18 Arkansassteinchen als Glättungsinstrument.

Abb. 19 Hartmetallfinierer.

Abb. 20 Verschiedene Typen von Hartmetallfräsen.

Das Problem der Verbindung durch Schweißen liegt in der Gefahr, daß bei langen Verbindungskontaktzeiten der hohe Kohlenstoffanteil aus dem Hartmetall in die Stahlschäfte diffundiert und sowohl die bekannte Frakturgefahr dieser Instrumente bedingt, als auch die Korrosionsgefahr massiv erhöht. Nur durch Impulsschweißen oder -löten kann dies verhindert werden.

Lange Zeit hat man auf Hartmetallinstrumente aus einem Stück verzichten müssen, um die Spannzangen in den Aggregatköpfen nicht zu schädigen. Bei den vorhin erwähnten Druckknopfspannsystemen ist diese Gefahr nun ausgeschaltet. Bei der Höhe der heute zur Verfügung stehenden Drehzahlen sollten Instrumente, ob diamantiert, hartmetallgefertigt oder Steinchen, nicht über ISO-Stärken 018 bei Drehzahlen über 120000 U/min eingesetzt werden. Dies schränkt die Anwendung vor allem der Steinchen bei sehr hohen Drehzahlen ein.

Ebenso wichtig ist es aber, daß hierbei auch die Schnittgeschwindigkeit als Parameter eingeht, die von höherer Bedeutung ist als die Drehzahl alleine. Diese Schnittgeschwindigkeit ist ganz wesentlich auch durch den Umfang des Schleifkörpers bedingt. Eine niedrigere Drehzahl kann also durch einen größeren Schleifkörperdurchmesser ausgeglichen werden. Auf diesen Zusammenhang wies EICHNER immer wieder hin (Abb. 21) [36, 37].

Er betont, daß der Einsatz von Torque-Systemen und ausgesteuerte Drehzahl der E-Motoren einerseits und die notwendig gewordene Verkleinerung der Schleifinstrumentendurchmesser eigentlich nicht rationell sei, da die gleiche Schnittleistung bei größeren Instrumenten auch bei kleineren Drehzahlen zu erreichen ist. Dieses technische Argument ist natürlich richtig, widerspricht jedoch dem heutigen Konzept der möglichst kleinen und zierlich gestalteten Kavität der primären Versorgung.

Die Anwendung hochtourig geführter Schleif- und Fräskörper führt zu *Welligkeiten* und *Rauhigkeiten* [165]. Während Welligkeiten vorwiegend durch die Handführung oder durch lockere Spannzangen zustande kommen, sind Rauhigkeiten durch die

Schnittgeschwindigkeit eines Schleifkörpers

$$V = \frac{\text{Umfang x Drehzahl}}{1000} \text{ [m/min]}$$

Abb. 21 Errechnung der Schnittgeschwindigkeit eines rotierenden Instrumentes.

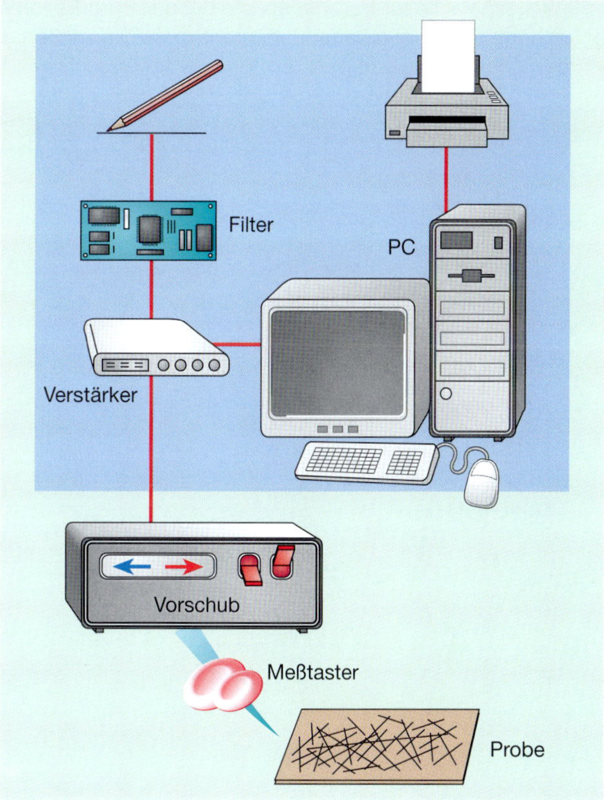

Abb. 22 Anordnung für die Bestimmung von Rauhtiefen mittels eines Perthometers. Aus dieser Messung sind die Werte in Abbildung 12 entstanden.

Gestaltung der Diamantierung oder der Schneidenanordnung und der Schnittgeschwindigkeit (Durchmesser, Drehzahl, Anpreßdruck) bestimmt. Mittels Abtasteinrichtungen (z. B. Perthometer, Abb. 22) lassen sich Rauhigkeiten, die bei Schleifvorgängen entstehen, messen. Deutlich wird neben dem Einfluß der Feinkörnigkeit der Diamantierung auch der Einfluß der Drehzahl des Antriebsaggregates. Sogenannte mittelkörnige „Normaldiamanten" (ISO-CODE: farblos) ergeben mittlere Rauhtiefen im Bereich von 40–45 μm. In Tabelle 1 dargestellte Werteangaben zeigen, wie die Rauhtiefen bei Antriebswechsel vor allem bei diamantierten Instrumenten deutlich abfallen, während Hartmetallfinierer kaum unterschiedliche Rauhtiefen produzieren, unabhängig von der eingesetzten Drehzahl der Antriebsquelle. Die Auswirkungen unterschiedlich feiner Diamantbeläge oder Schneidenkonstruktionen an Hartmetallfräsen/-finierern sind in rasterelektronenmikroskopischen Aufnahmen von extrahierten Zähnen deutlich abzulesen. Obwohl für solche Zwecke hergestellte Präparate besonders günstige Zugangsmöglichkeiten zur Kavität bieten, werden Schwach-

Tabelle 1 Werte für Rauhtiefen, die bei der Präparation mit Turbine und Mikromotor bei unterschiedlicher Drehzahl entstanden sind. Rotierende Instrumente, wie Diamanten unterschiedlicher Körnung und Hartmetallfräsen und -finierer wurden gegenübergestellt.

		Rz1	Rz2	Rz3	Rz4	Rz5	Rz6	Rzx
Turbine	Diamant mittel	29,6	34,7	36,4	37,6	41,3	43,2	37,1
360000 U/min	HM-Finierer	2,9	3,2	3,9	4,3	4,5	5,2	4
Mikromotor	Diamant mittel	19,1	19,7	20,3	20,5	23,2	26,5	21,5
100000 U/min	HM-Finierer	2,3	2,6	3,1	3,6	3,8	4,2	3,2
Mikromotor	Diamant fein	8,2	9,1	9,2	9,6	10,1	10,2	9,4
15000 U/min	Diamant x-fein	3,8	4	4,2	4,8	5	5,2	4,5
	HM-Finierer	4,5	4,9	5,4	5,7	5,8	6,1	5,4
	Arkansas	5	5,3	5,4	6	6,3	6,7	5,8

stellen deutlich. Damit wird aber auch klar, daß diese Schwachstellen in der klinischen Situation oft gar nicht erkannt werden können (Abb. 23).

Die Arbeit im engen Kontakt zum Nachbarzahn führt zum größten Problem beim Einsatz rotierender Instrumente, der Gefahr der *Verletzung des Nachbarzahnes* (Abb. 24a u. b). Moopnar und Faulkner 1991, Qvist 1992, Hofmann et al. 1994 und Lussi 1995 und 1996 haben die hier aufgeführten doch sehr dramatischen Verletzungsquoten von 69–95% der Fälle angegeben (Tab. 2) [73, 102, 117, 130].

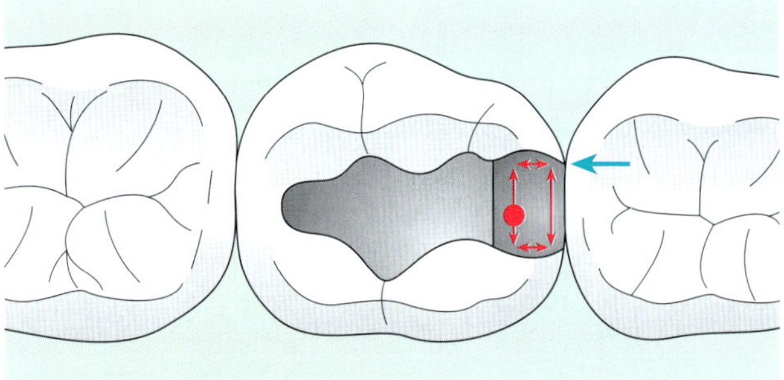

Abb. 24a Präparationsbewegung im approximalen Kasten. Selbst Instrumente mit kleinstem Durchmesser können den Nachbarzahn verletzen. Der Kreis gibt den Querschnitt des Schleifkörpers wieder.

Abb. 23 REM. Die feinen Schmelzausbrüche am finierten Kavitätenrand sind klinisch sicher nicht erkennbar (siehe Pfeil).

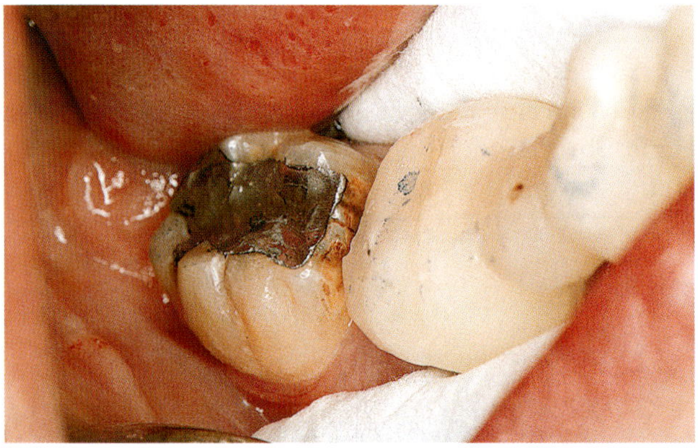

Abb. 24b Nach der Entfernung einer alten Brücke wird deutlich, daß der distal stehende Molar bei der damaligen Präparation angeschliffen wurde.

Tabelle 2 Unterschiedliche prozentuale Angaben bei der Verletzung von Nachbarzähnen. Die Höhe der Angaben macht die klinische Bedeutung des Problems deutlich.

Approximale Verletzung des Nachbarzahnes			
MOOPNAR, FAULKNER	1991	Studenten, ungeübt Studenten, geübt Zahnärzte	95% 73%
QVIST et al.	1992	Zahnärzte, informiert	69%
LUSSI	1995	Zahnärzte, nicht inf.	95%

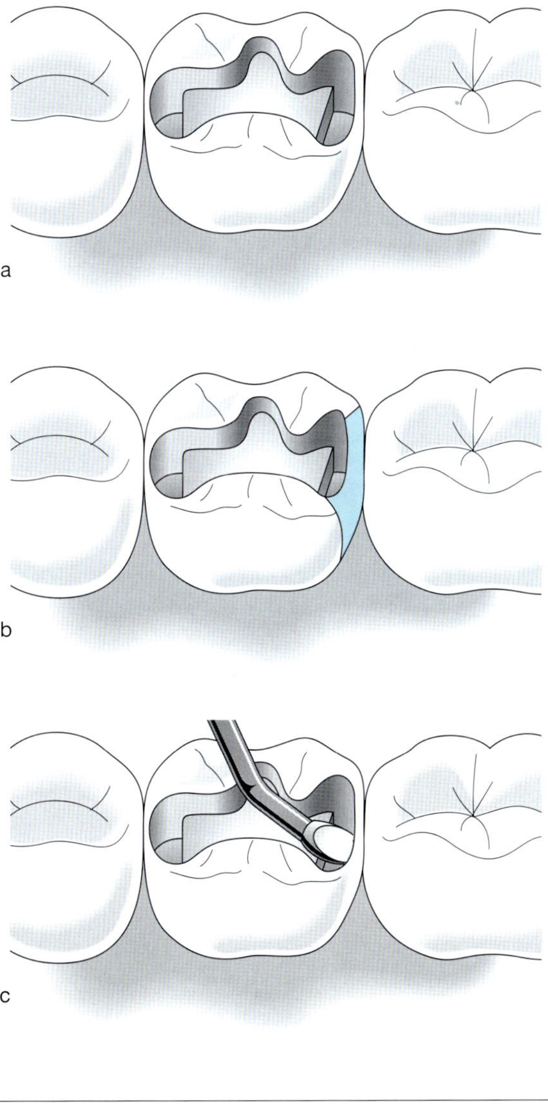

a b c

Abb. 25a–c Präparation des Approximalbereiches: Schonung des Nachbarzahnes durch das Ausbrechen einer dünnen Schmelz- (a) oder Füllungswand (b) mit einem Handinstrument (c).

BOYDE und KNIGHT hatten 1972 empfohlen, durch Anlage einer Matrize am Nachbarzahn solche Schäden zu vermeiden [16]. Der Umgang mit einer Turbine oder einem Superschnelläufer kann dabei aber schwierig werden.

RADLANSKI, SHERIDAN et al. 1988 und TWESME 1994 haben auf die erhöhte unvermeidbare Plaqueakkumulation an solchen Anschliffstellen hingewiesen [138, 160]. Je nach Schädigungsintensität kann die Arbeit mit Finierstreifen und -scheiben mit nachfolgender Fluoridierung oder gar eine approximale Versiegelung den Schaden eingrenzen. Bei allen schleifenden Verbesserungsversuchen werden jedoch wiederum angrenzende Schmelzbezirke in Mitleidenschaft gezogen.

Das Problem kann jedoch vermieden – oder zumindest stark reduziert – werden, wenn bei der Präparation zunächst die approximale Schmelzwand oder eine Restwand von Füllungsmaterial belassen, später dann mit einem kräftigen Exkavator ausgebrochen wird (Abb. 25a–c). Zudem können geeignete Instrumente, wie die des hier gezeigten Sonic-Sys-Systems eingesetzt werden (Abb. 26a–c). Sowohl die Wände des approximalen Kastens als auch der Boden müssen außer Kontakt gestellt werden, ohne den Nachbarzahn anzuschlagen. Ein oszillierender Hubantrieb, EVA-Kopf mit 0,4 mm Hub mit entsprechenden diamantierten Feilen können den Nachbarzahn schonen (Abb. 27).

Die Entwicklung solcher Systeme wie Cavi-Shape, Sonic-Sys, Komet®-System (Abb. 28), zeigen die klinische Bedeutung der approximalen Defektvermeidung.

Alle angesprochenen Systeme haben ihre Anwendbarkeit nachgewiesen, sind allerdings weniger Instrumente der Primärpräparation als der Sekundärpräparation (Finierinstrumente).

Auf die Möglichkeit der Präparierhilfe durch das approximale System des Sonic-Sys auch bei der Kavitätengestaltung bei Goldgußfüllungen weist der Beitrag von KLAIBER (s. S. 255 ff.) hin.

Prinzipiell waren diese Ansätze für die kongruente Vorbereitung für Keramikinserts konstruiert worden [74].

Auf den Abbildungen 29a und b sind die exzellenten Schliffbilder dieser Feilen dargestellt, wobei jedoch anzumerken ist, daß alle drei Körnungsvarianten nacheinander eingesetzt wurden, der Zeitauf-

a

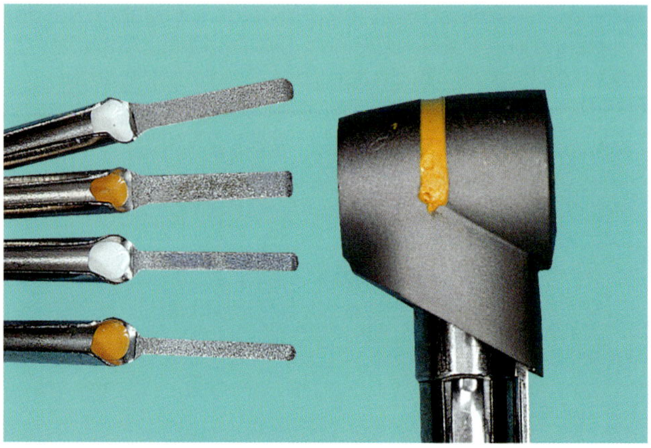

Abb. 27 Cavi-Shape, ein Finiersystem für den approximalen Kastenbereich. Die unterschiedlichen Diamantkörnungen dienen zum einen dem Abtrag, die feineren zum Nachfinieren der Kastenwände.

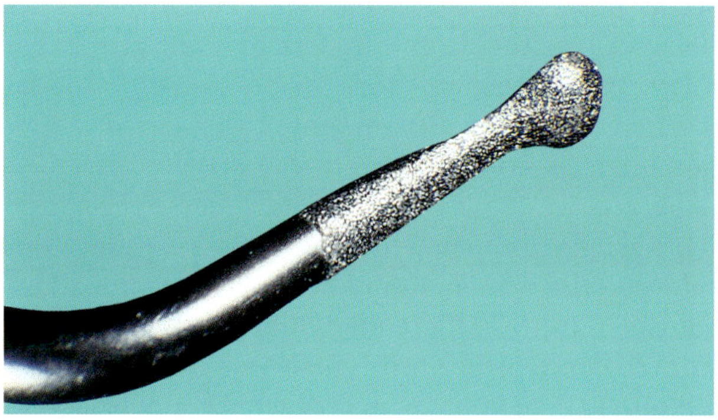

b

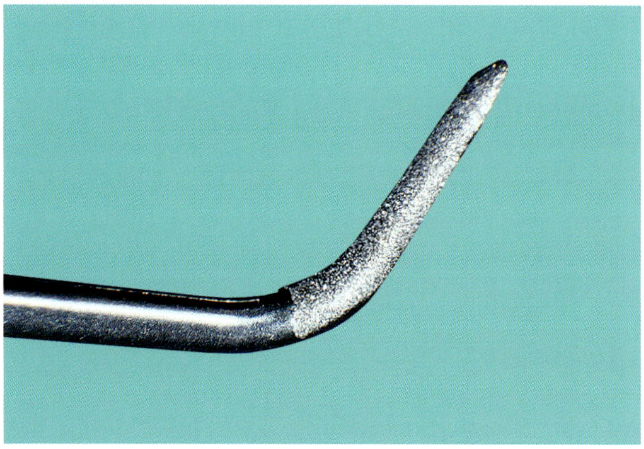

c

Abb. 26a–c Verschiedene Ansätze des SonicSys-Finiersystems.

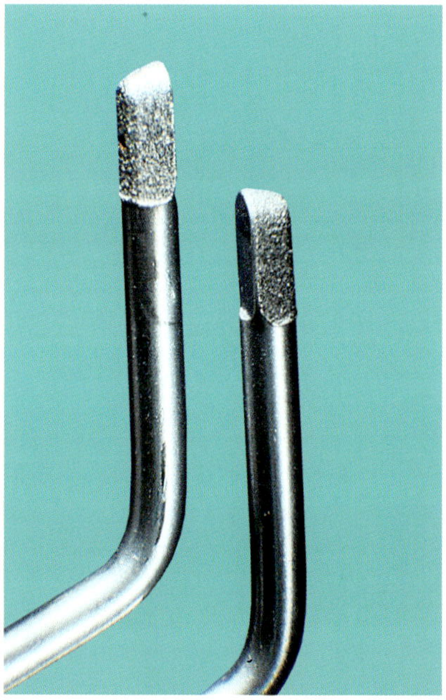

Abb. 28 Ultraschallgetriebenes Finiersystem für die approximale Kastenpräparation (Fa. KOMET).

wand hierfür also nicht unerheblich ist. Ein gesunder Nachbarzahn rechtfertigt diesen Aufwand jedoch allemal.

Als besonders empfehlenswert haben sich Präparationssätze mit identischen Formen für die Sekundärpräparation erwiesen. Ob diese wie angeboten übernommen werden oder ob, bei der bekannten individuellen Handschrift jedes Zahnarztes, diese individuell zusammengestellt werden, ist dabei unerheblich.

Als Beispiel eine Zusammenstellung von Präparationsdiamanten für Keramik-/Kompositinlay-Restaurationen (Abb. 30). Die gerundeten Kanten lassen eine Präparation zu, die als adäquat für adhäsive Restaurationen bezeichnet werden kann. Ähnliche

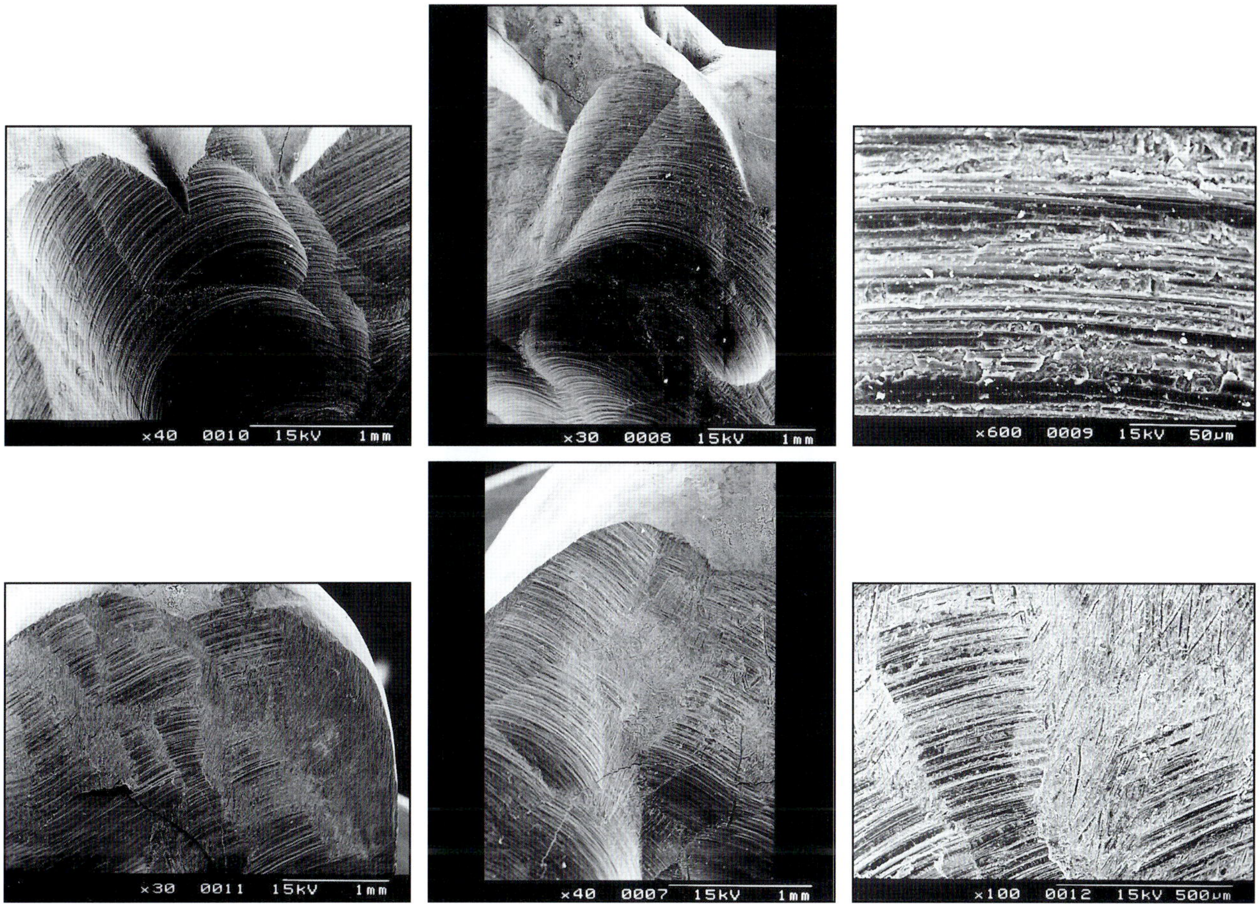

a

b

Abb. 29 REM-Darstellung einer präparierten Kavität.

a) Eine zweiflächige Kavität wurde mit Rotring-Diamant präpariert. Sauber angeschnittener Schmelz im Randbereich.
b) Die lateralen Wände des approximalen Kastens wurden mit Cavi-Shape-Feilen bis in die feinste Körnung nachgearbeitet. Seichte Gruben mit Rauhtiefen in a) wurden nicht komplett eingeebnet.

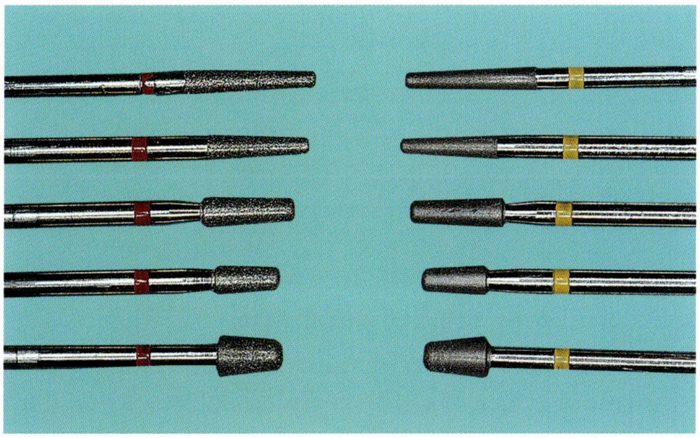

Abb. 30 Identische Formen von Schleifkörpern für die Präparation adhäsiv zu befestigender Einlagefüllungen. Konische Grundformen mit gerundeten Kanten (Fa. KOMET, Lemgo).

Zusammenstellungen lassen sich auch für andere Zwecke empfehlen, insbesondere wies hierauf auch WEBER 1995 für die Kronenpräparation hin. Die immer wieder gebrauchten Instrumententypen sollten nach ISO-Nummern festgehalten werden, um die Nachbestellung zu erleichtern.

Sandstrahlgeräte

Auf einer IDS-Veranstaltung ist ein Strahlgerät zum Abtragen von Zahnhartsubstanz vorgestellt worden. MERTE untersuchte ein solches Gerät (KCP 2000) [111]. Er berichtet von enormer Staubbelastung der Behandlungsräume und einer außerordentlichen Lärmbelästigung. Das Gerät wies zusätzlich noch Undichtigkeiten auf.

Das Eröffnen von Fissuren und der Abtrag von Dentin war mit dem Gerät rasant zu bewerkstelligen, durchgeführte Präparationen waren außerordentlich substanzraubend. Um den Patienten vor einer massiven Staubbelastung zu schützen, mußte man Kofferdam anlegen, den das Gerät jedoch auch problemlos durchschlug. Seine Bewertung läuft darauf hinaus, daß das System abzulehnen sei.

Für kontrollierte Präparationen sind Sandstrahlgeräte nicht geeignet.

Laser als Hilfsmittel zur Kavitätenpräparation

Als in den 60er und 70er Jahren erste Versuche mit der Laseranwendung an der Zahnhartsubstanz begonnen wurden, war nach anfänglicher Euphorie rasch Frustration eingetreten. Die hohen Energien und langen Bestrahlungszeiten, die bei *Rubin-* und *Argonlasern* eingesetzt werden mußten, führten zu erheblichen Schäden an der Zahnhartsubstanz und natürlich auch der Pulpa. Die letztendlich verbleibenden Möglichkeiten der Vitrifikation von Restkaries und die Verschmelzung von Dentin standen in keinem praxisgerechten Verhältnis von Gerätegrößen, Preisen und verwendbarem Effekt.

Laserlicht, das mittlerweile anderweitig vielfache Anwendungsmöglichkeiten gefunden hat, weist einige Besonderheiten auf. Ein Laser ist ein quantenelektronischer Verstärker für elektromagnetische Strahlung von sichtbarem, infrarotem und ultraviolettem Licht. Lasergeräte vermögen intensive, monochromatische und scharf gebündelte Lichtstrahlen auszusenden. Monochromasie bedeutet, daß nur eine bestimmte Wellenlänge von Licht ausgefiltert wird, Kollimation heißt eine scharfe Bündelung von Lichtstrahlen.

Laserlicht ist kohärent, also phasengleich. In den sogenannten Lasermedien in einem Resonator werden durch Energiezufuhr von außen, z. B. ein Blitzlicht, Elektronen eines Hüllenniveaus auf ein höheres Niveau gehoben. Wenn diese dann wieder auf ihr früheres Niveau zurückstürzen, wird spontan Energie frei, die in dem Resonator gebündelt impulsartig oder als Dauerlicht freigegeben werden kann. Nicht alle (und davon gibt es viele) Lasertypen sind dazu geeignet, Zahnhartsubstanz abzutragen.

Im Handel sind der Nd:Yag, der CO_2- und der Erb:Yag-Laser erhältlich. Jedoch auch mit Excimer-Lasern sind umfangreiche Untersuchungen an Schmelz und Dentin unternommen worden, sind aber als Anwendungsgeräte auf dem Markt nicht verfügbar. Keller und Hibst, Frentzen und Koort haben ausführliche Berichte über Er:YAG-Laser bzw. Excimer-Laser in den letzten Jahren veröffentlicht [49]. Diese beiden und gepulste CO_2-Laser können direkt auf der Zahnoberfläche eingesetzt werden. Für Nd:YAG-Laser ist es notwendig, die Zahnoberfläche zu schwärzen, um eine Energieabsorption überhaupt zu ermöglichen. Nach den oben genannten Untersuchungsgruppen ist bei Excimer- und Erb:YAG-Lasern die Temperaturbelastung des Zahnes akzeptabel, im Gegensatz zu CO_2- und Nd:Yag-Lasern. Wahrscheinlich ist der Erb:YAG-Laser dasjenige System, das Hartsubstanz am effektivsten abträgt, da seine Wellenlänge von 2,94 µm mit dem Absorptionsspektrum von Wasser besonders gut übereinstimmt (Abb. 31).

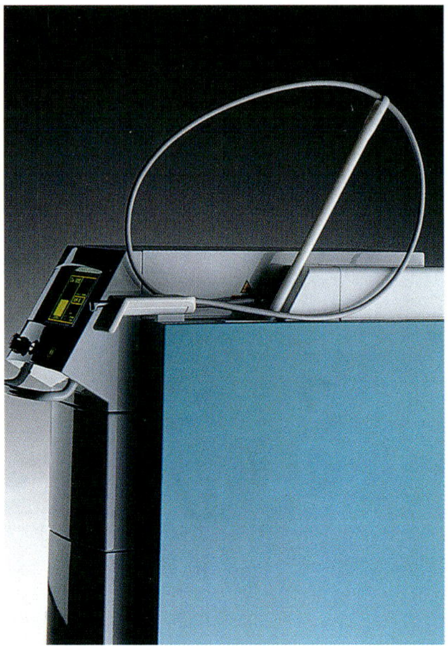

Abb. 31 Erbium:YAG-Laser, im Handel verfügbar als KEY-Laser der Fa. KAVO.

Eigene Versuche zur Kavitätenpräparation lassen für den Anwender folgendes feststellen: *Kleine Kavitäten*, beispielsweise im Klasse-V-Bereich, lassen sich in akzeptabler Zeit herstellen. Bei *größeren okklusalen Kavitäten* oder gar *dreiflächigen Kavitäten* ist der Zeitaufwand unangemessen hoch. Da die Einschüsse freihändig geführt werden, kann durch Tropfenbildung des Kühlwassers der Strahl abgelenkt werden und verfehlt die Kavität (Abb. 32).

Die stark aufgerauhten Kavitätenränder lassen zunächst einmal die Vermutung zu, wenigstens eine Fissurenversiegelung wäre damit effektiv zu bewältigen. Becker hat 1995 jedoch nachgewiesen, daß die gelockerten Schmelzanteile im Bearbeitungsbereich unter dem Kontraktionsdruck der Komposite frakturieren und die gewünschte dichte Versiegelung nicht zulassen, wenn die gelockerten Schmelzanteile nicht konsequent beseitigt werden.

In ihrer derzeit bestehenden Form sind Laser im Bereich der Kavitätenpräparation nur bei kleinen Kavitäten effektiv einzusetzen, eine Nachbehand-

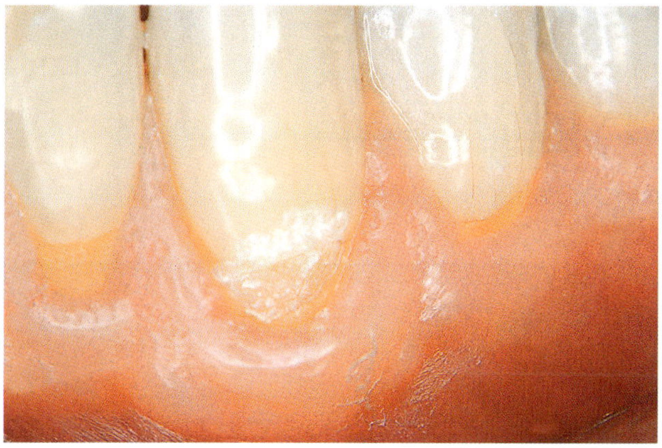

Abb. 32 Zahnhalskavität mit einem Erb:YAG-Laser präpariert.

lung mit rotierenden Instrumenten ist noch unumgänglich, der Zeitaufwand für größere Kavitäten ist noch immer erheblich.

Handinstrumente

Seit der Einführung rotierender Instrumente von hoher Qualität ist die Anwendung von Handinstrumenten immer weiter in den Hintergrund gedrängt worden. Einzig Exkavatoren und Gingivalrandschräger sind noch einigermaßen häufig benutzte Instrumente. In rasterelektronenmikroskopischen Darstellungen konnte gezeigt werden, daß in bestimmten Bereichen der Kavitätenpräparation, z. B. am Schmelzrand, mit höchsttouriger Präparation auch Schäden verursacht werden können. Es gibt jedoch auch Darstellungen, die Schmelzausbrüche nach der Anwendung von Handinstrumenten zeigen. Dies ist erklärbar, wenn der Notwendigkeit, diese Instrumente immer wieder nachzuschleifen nicht Rechnung getragen wird, wie dies auch bei Parodontalinstrumenten gefordert wird. Hinzu kommt die ausreichende Übung und Abstützungstechnik beim Umgang mit diesen Hilfsmitteln.

So habe ich bei einer Demonstration der American Gold Foil-Gruppe exzellente Kavitätenränder mit seidenmatten, glatten Flächen bewundern können. Auch Tucker (1972) [158] hat immer wieder die exakte Kavitätengestaltung mit diesen Instrumenten demonstrieren können.

Handinstrumente finden Anwendung bei der Fein- oder Sekundärpräparation, vorwiegend bei solchen Flächen und Winkeln, wo ein rotierendes Instrument nicht ohne die Gefahr einer Schädigung eines gesunden Nachbarzahnes eingesetzt werden kann.

Diese Stellen sind die approximalen Kastenbereiche im Frontzahn- und Seitenzahnbereich sowie aufgrund ihrer Lokalisation schwer zugängliche Kavitätenbereiche, wie z. B. der zervikale Rand einer Zahnhalskavität. Hierauf wird in den einzelnen Kapiteln verwiesen werden.

Möglicherweise scheint jedoch auch hier der Zug der Zeit an diesen Instrumenten vorbeizugehen, da neuere, z. B. ultraschallgetriebene Hilfsmittel, eingesetzt werden können, um Schäden am Nachbarzahn zu vermeiden. Da für die heutigen plastischen Füllungsmaterialien, die in Adhäsivtechnik verarbeitet werden, andere Grundgedanken für das Kavitätendesign entscheidend sind, sind lediglich die klassischen Kavitätengestaltungen, wie beispielsweise für Goldstopffüllungen, noch eine Domäne für Handinstrumente.

Handinstrumente für die Kavitätenpräparation sind (Abb. 33):

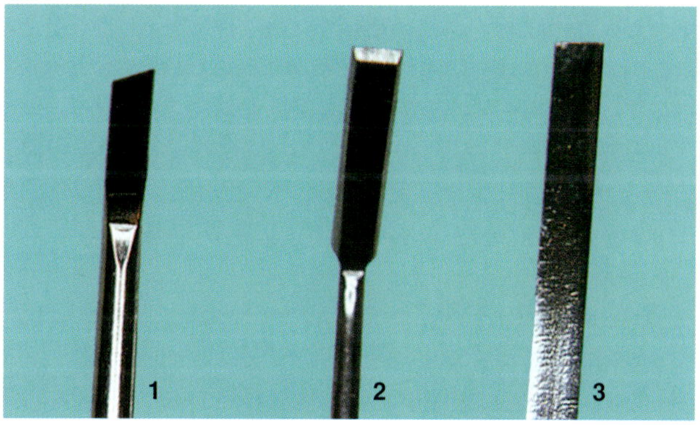

a

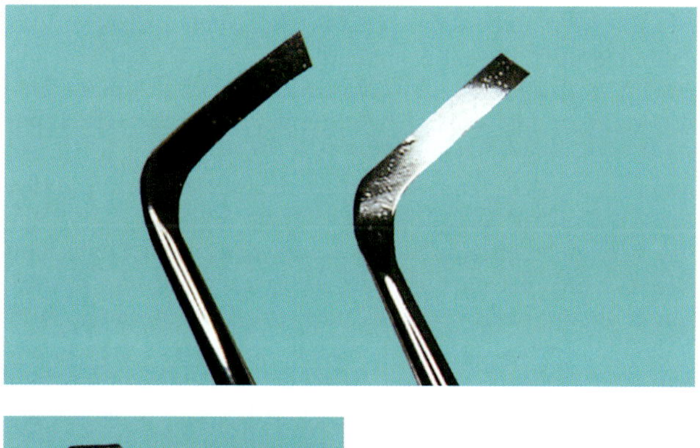

b

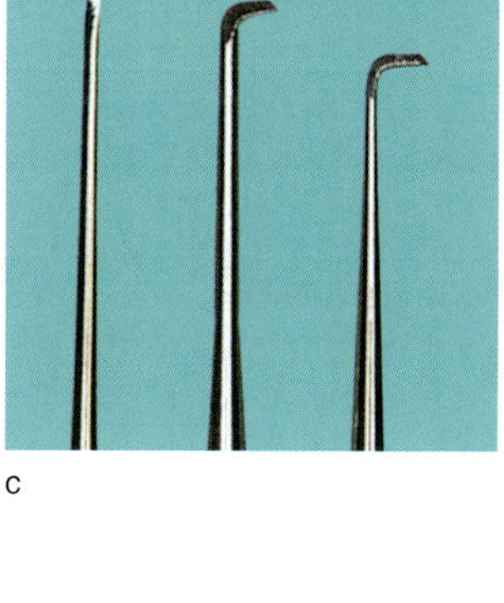

c

Abb. 33 Verschiedene Handinstrumente.

a) Randschräger (Margintrimmer) (1), gewinkelter (2) und gerader (3) Schmelzmeißel.
b) Gingivalrandschräger.
c) Hauenförmige Instrumente verschiedener Größe.

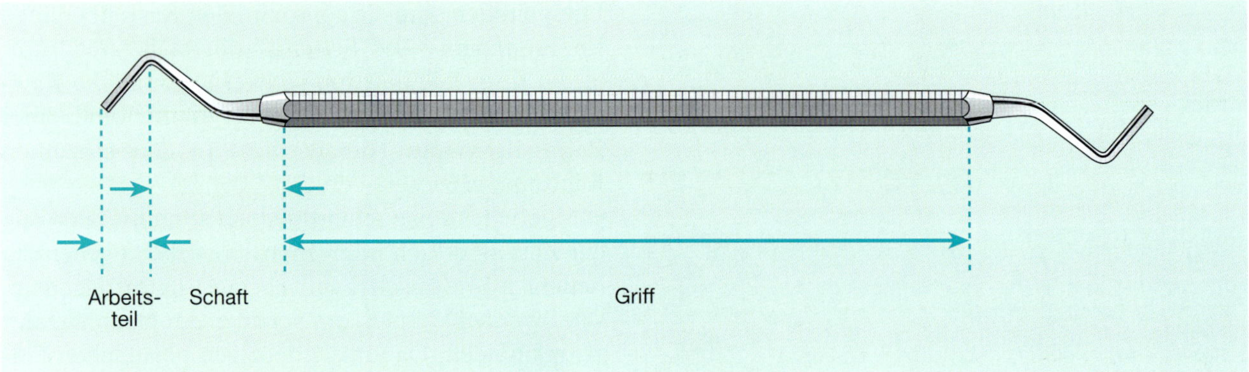

Abb. 34 Bezeichnung der Teile eines Handinstrumentes (nach [7]).

- Meißel
- Randschräger
- Hauen

Im englischen Schrifttum werden unterschieden: chisel (= Meisel), hatchet (= Beil), hoe (= Hacke) und margin trimmer (= Randschräger). Die hier erwähnten Instrumente dienen der Bearbeitung des Schmelzes, in manchen Fällen auch des Dentins (s. Bd. 3).

Ein Handinstrument wird folgendermaßen unterteilt (Abb. 34):

- Griff, bleistiftartig gearbeitet oder verdickt
- Schaft
- Arbeitsende (Meißel, Randschräger, Exkavator usw.)

Handinstrumente sind mit Kennzahlen versehen, die es erlauben, ihre Funktion festzulegen. Die auf die Griffe von Handinstrumenten aufgestempelten Angaben sind oftmals verwirrend. Zum einen sind Kombinationen von Buchstaben und Zahlen zu finden, die meist an den Namen derjenigen Kliniker orientiert sind, die das Instrumentendesign entwickelt haben (z. B. bedeutet F-8 Ferrier 8). Zum anderen (am häufigsten) sind Dreier- oder Viererzahlengruppen aufgestempelt, die sich aus den Dimensionen des Instrumentes selbst ergeben. Dies läßt sich auf einem Winkelrad darstellen (Abb. 35). Die beiden ersten Zahlen beziehen sich auf die Breite und Länge des Arbeitsteils. So gibt die erste Zahl die Breite der Klinge in $^{1}/_{10}$ mm wieder, die zweite Zahl die Länge des Arbeitsteils in mm. Die dritte Zahl gibt den Winkel zwischen Arbeitsteil und Schaft an. Die Winkelangaben richten sich dabei jedoch nicht nach dem 360°-Vollkreis, wie er in der Geometrie üblich ist, sondern nach einem in 100 Grade eingeteilten Vollkreis nach Celsius und Black. Nach dieser Angabe entsteht die Stempelgravur von 8-13-14 für einen Schmelzmeißel in der gezeigten Art.

Wird zwischen Breiten- und Längenangaben des Arbeitsteils eine vierte Zahlengruppe eingefügt (8-X-13-14), so zeigt dies an, daß die Arbeitsklinge schräg gearbeitet ist, wie dies bei Gingivalrandschrägern oder sogenannten Winkelformern der Fall ist. Diese Angabe richtet sich wiederum nach dem 100°-Kreis und gibt den Winkel an, in dem die Klinge gegen den Schaft abgeschrägt ist (z. B. 8-80-13-14, Abb. 36).

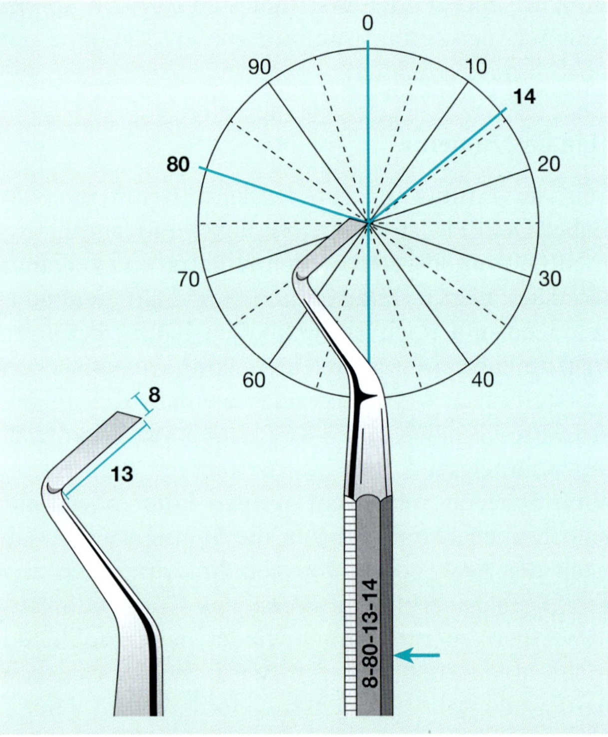

Abb. 35 Darstellung des 100°-Winkelrades zur Kennzeichnung von Handinstrumenten am Beispiel eines Gingivalrandschrägers (nach [7]).

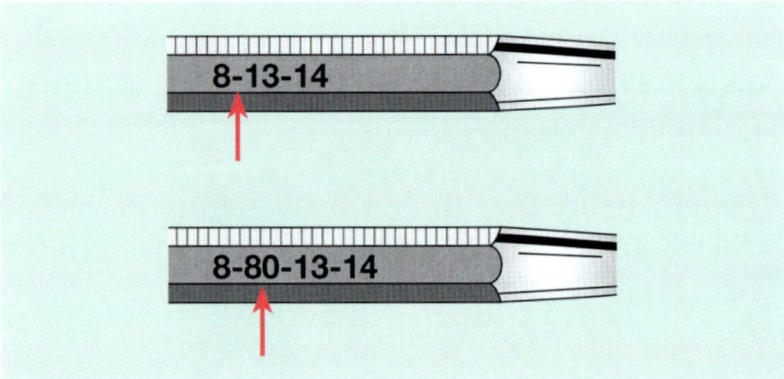

Abb. 36 Kennzeichnung der Klingenschräge zwischen den Angaben von Breite und Länge des Arbeitsteiles (nach [7]).

Je nach Einsatzzweck sind die Meißel für Außen- oder Innenschliff gearbeitet. Gingivalrandschräger für mesiale oder distale Anwendung und andere Randformer sind jeweils paarig ausgelegt, dasselbe gilt für die Hauen. All diese Instrumente sollten, wenn immer möglich, zur Erleichterung ihrer Handhabung mit verdickten Griffen verwendet werden (Abb. 37). Da gerade bei Meißeln und ähnlichen Instrumenten Druck ausgeübt wird, sollte sichergestellt sein, daß sich der Griff nicht unter Belastung in der Hand drehen kann. Wie bei Scalern und Küretten in der Parodontologie müssen Handinstrumente für die Kavitätenpräparation gepflegt und geschliffen werden. Hierzu werden feine Schleifsteine (Arkansassteine) oder Schleifmaschinen mit Schleifölzusatz eingesetzt.

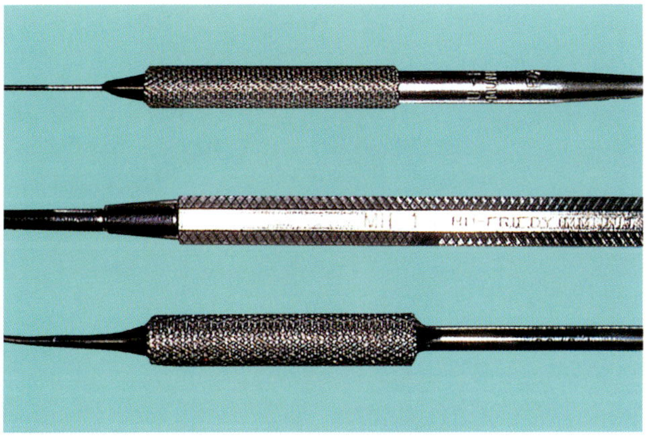

Abb. 37 Verschiedene Handinstrumentengriffe.

Für die unterschiedlichen Anwendungsbereiche werden im wesentlichen zwei Grifftechniken angewendet (Abb. 38):

- modifizierter Handflächengriff
- modifizierter Schreibgriff

Da auf schmelzabtragende Instrumente immer Druck ausgeübt wird, ist für eine gute Abstützung des Instrumentes Sorge zu tragen (Abb. 39).

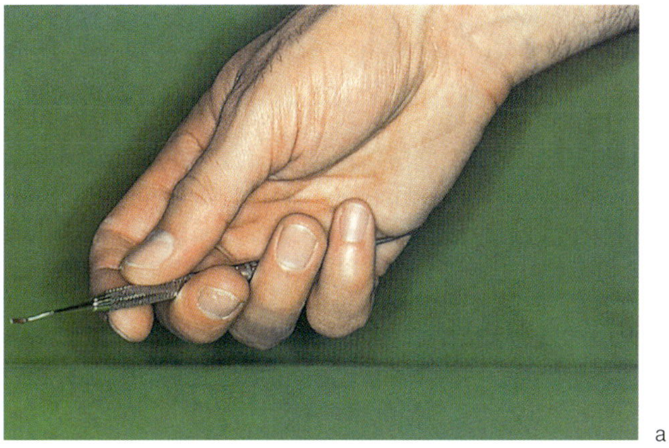

a

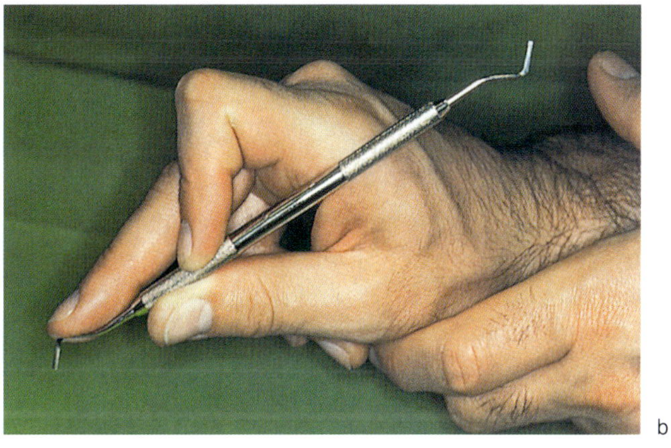

b

Abb. 38 Grifftechnik bei Handinstrumenten.
a) Modifizierter Handflächengriff.
b) Modifizierter Schreibgriff.

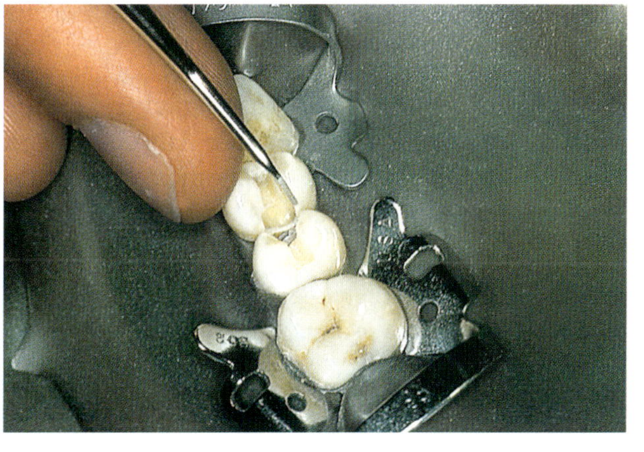

Abb. 39 Bei der Anwendung von Handinstrumenten ist für gute Abstützung möglichst nahe am präparierten Zahn Sorge zu tragen.

Wirkungsweise der Instrumente am Schmelz

Schmelz wird auf zweierlei Arten bearbeitet, zum einen auf dem Wege der plastischen Deformation, zum zweiten über die gezielte Frakturierung des Schmelzes.

Die *plastische Deformation* entsteht bei der Verwendung von diamantierten Instrumenten, feinen Steinchen und Sandpapierscheiben. Hierbei wird die oberflächliche Schicht des Schmelzes abgeschert und als Beimengung unter der Schnittstelle des Werkzeuges (z. B. Diamant) eingefangen. Durch diesen Effekt kommt es zu einer Verschmierungsschicht auf der Schnittstelle, die unter anderem abhängig ist von der Größe dieser Partikel, der Sprayführung und dem angewendeten Druck [14].

Durch diesen „Schmelz bearbeitet Schmelz"-Effekt kann beträchtliche Reibungshitze entstehen, wenn nicht ausreichend gekühlt oder die Drehzahl reduziert wird. Diese Schmelzschmierschicht entsteht bei allen oben angeführten Instrumenten, zieht jedoch klinisch kaum signifikante Beeinträchtigungen nach sich.

Zwischen der Problematik der plastischen Deformation und der Fraktur des Schmelzes liegt die Auswirkung der Säure auf den Schmelz bei der Anwendung der *Ätztechnik.* Die Schmelzoberfläche soll für die Aufnahme von Adhäsionsmaterialien vorbereitet werden. Im Angloamerikanischen wird hierzu oft der Ausdruck des „Priming" verwendet, was „Grundieren" bedeutet, ein etwas beschönigender Ausdruck für den Ätzvorgang. Die Folge dieser Einwirkung ist eine frakturierte Schmelzfläche im mikroskopischen Sinne von wenig genau kontrollierbarer Tiefe, auf der der Randbereich einer Füllung verankert wird.

Eine *Fraktur des Schmelzes* entsteht bei der Bearbeitung mit Instrumenten, die glatte Schneiden als Arbeitskanten aufweisen. Dies ist der Fall bei Hartmetallbohrern (-fräsen) oder Handinstrumenten wie Meißel, Randschrägern usw. Durch den Aufbau des Schmelzes bedingt, wird das Instrument beim Schneiden die Prismen in Längsrichtung abheben oder quer durchschlagen. Bei Schnittrichtungen aus anderen Winkeln tendiert der Schmelz dazu, im Bereich der interprismatischen Kittsubstanz zu frakturieren. Die Prismen werden dabei in Längsrichtung abgehoben, wenn z. B. der approximale Kastenboden geglättet werden soll. Die Prismen brechen im Bereich der interprismatischen Verbindungen.

Bei der Randbearbeitung im okklusalen Randbereich ist die Art der Fraktur davon abhängig, ob die Prismen ausreichend von Dentin unterstützt sind oder nicht. Hängen angeschnittene Schmelzanteile über, so ist es ohne großen Kraftaufwand möglich, sie abzutrennen (Abb. 40).

Die Einführung höchsttouriger Instrumente hat die Turbine oft zum alleinigen Präparationsinstrument gemacht. Die Folgen dieses Vorgehens auf die Qualität der Präparationsränder zeigen Untersuchungen von KRÖNCKE und KIMMERLE [93] sowie EIFINGER [38]. Die Auswirkungen thermischer Probleme zeigte STEIN auf [156]. Mikrohärteprüfungen wiesen Gefügeerschütterungen und Risse im marginalen Schmelz bis zu 500 µm nach. Rauhtiefen, Aussprengungen von Schmelzprismen und Schmelzanteilen waren zu beobachten. Auch die Entwicklung von Feinkorndiamanten konnte diese Effekte, vor allem die Gefügeauflockerung, nur verringern, nicht aber vermeiden. Möglicherweise entsteht die-

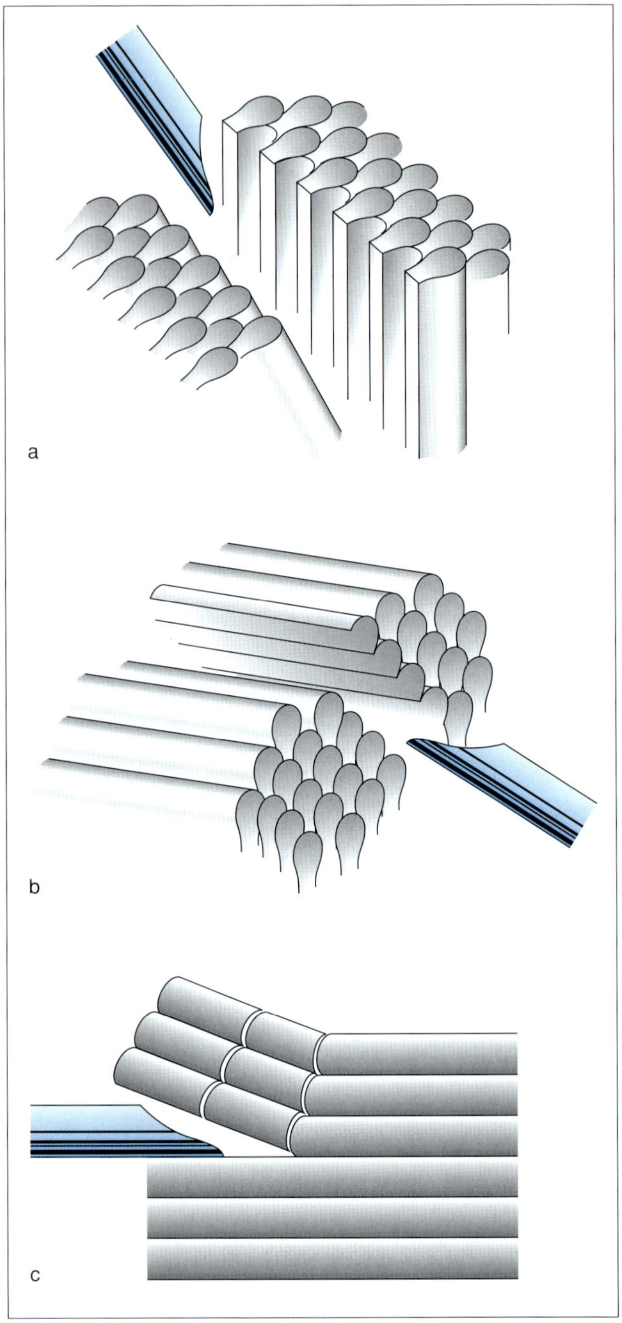

Abb. 40 Schematische Darstellung der Frakturmechanismen des Schmelzes (nach [14]).
a) Längsfraktur im Prismenverlauf.
b) Treppenartige Fraktur eines Schmelzblockes im Prismenverlauf.
c) Blockartige Fraktur einzelner Prismen.

se Auflockerung aufgrund einer Ultraschallkomponente, die bei Drehzahlen über 200000 U/min auftritt. Um diese Erschütterungen zu vermeiden, müssen die Drehzahlen reduziert und damit hochtourig drehende Winkelstücke (bis 120000 U/min) verwendet werden. Eigene rasterelektronenmikroskopische Untersuchungen können dies belegen [64]. Die Schleifleistung der Turbine bleibt konstant, wenn die Drehzahlen die Grenze von 200000 U/min erreichen, während Mikromotoren eine um etwa 20% höhere Leistung erbringen (s. Bd. 5).

Auf keinen Fall sollte jedoch das Nacharbeiten der Schmelzränder im Kavitätenbereich unterbleiben (Abb. 41 bis 43). Hierzu bieten sich die sogenannten superfeinen Diamanten, Arkansassteinchen sowie Finierscheiben und vor allem gut geschärfte Handinstrumente an [38, 64, 68, 69, 93, 154]. Werden also ausschließlich rotierende Instrumente verwendet, sollte der Hochgeschwindigkeitsbereich nicht überschritten werden.

Ausrichtung der Schmelzprismen

Nach Untersuchungen von Boyde ist die Aussage, daß die Schmelzprismen zentripetal in Richtung Pulpa angeordnet seien, zu stark vereinfacht [14]. Der Autor findet ab 50 µm Tiefe Abweichungen bis zu 60° (± 30°). Hieraus zieht er den Schluß, daß „im Prismenverlauf" präparierte Kavitätenränder oder gar für Inlay-Präparationen geschrägte Randbereiche trotzdem instabile Schmelzbezirke aufweisen können. Aus diesem Grund verzichten Tucker [159] und Motsch [123] heute vollständig auf den sogenannten Federrand bei der Präparation einer Goldgußfüllung. Da dies vor allem den zervikalen Schmelzbereich betrifft, d. h. vor allem den Boden des approximalen Kastens oder den zervikalen Rand der Zahnhalskavität, rät Boyde, entweder, wenn möglich, sehr konservativ nach zervikal zu extendieren oder aber, wenn notwendig, den zervikalen Schmelz gänzlich zu entfernen.

Aus der Richtung der Fraktur des Schmelzes bei der Bearbeitung des Schmelzrandes ergeben sich auch praktische Konsequenzen [15, 64]. So ist es durchaus von Bedeutung, welche Drehrichtung ein Schleifkörper oder eine Fräse bei der Präparation eines approximalen Kastens aufweist. Bei Instrumenten, die wie üblich im Uhrzeigersinn drehen, kann eine „Eingangs"- und „Ausgangsseite" der lateralen Kastenwände unterschieden werden (Abb. 44).

Der Kavitätenrand stellt sich an der *Eingangsseite* regelmäßig schärfer geschnitten dar als an der *Ausgangsseite.* Bei der letzteren reißt die Schneidekante einer Hartmetallfräse Schmelzprismenanteile aus. Die Verwendung von diamantierten Instrumenten liefert gleichermaßen rauhe Schnittflächen an beiden Seiten, die in ihrem Umfang jedoch geringer sind als bei der Ausgangsseite unter Verwendung von Hartmetallinstrumenten. Schmelzmeißel erzeugen Schmierschichten im Schmelzbereich, bedingt durch plastische Deformationen, die sich mit Natriumhypochlorit jedoch effektiv entfernen lassen [15]. Boyde und Knight wiesen auch das Ausbrechen von geschwächten Prismenanteilen durch das Anlegen von Matrizenbändern nach [15]. Nach Meinung der Autoren waren diese durch die Präparation im approximalen Kastenbereich jedoch vorgeschädigt, da nicht finiert.

Die hier geschilderten Untersuchungen sowie die eigenen Beobachtungen sind an extrahierten Zähnen, die unter klinischen Bedingungen präpariert wurden, durchgeführt worden [14, 15, 16, 64]. Somit war die Führung der Instrumente vereinfacht. Die

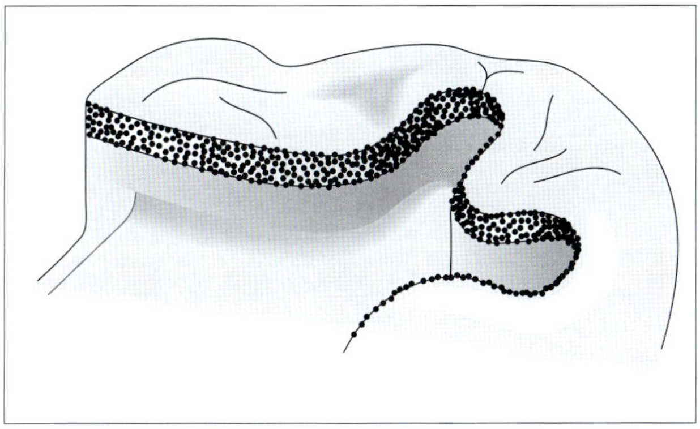

Abb. 41 Muschelbruch nach der Präparation mit höchsttourigen Instrumenten.

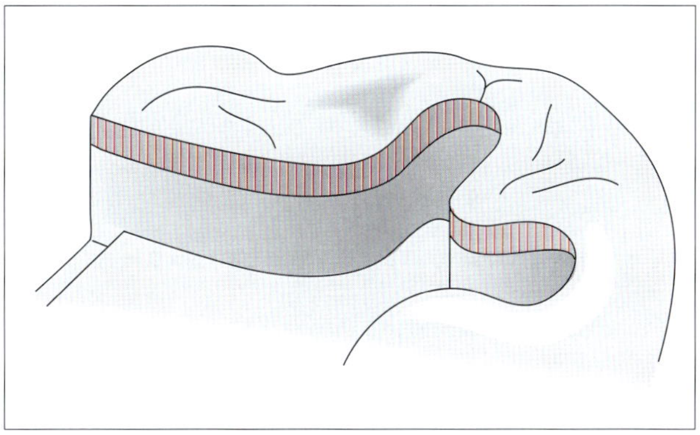

Abb. 42 Finierter Präparationsrand.

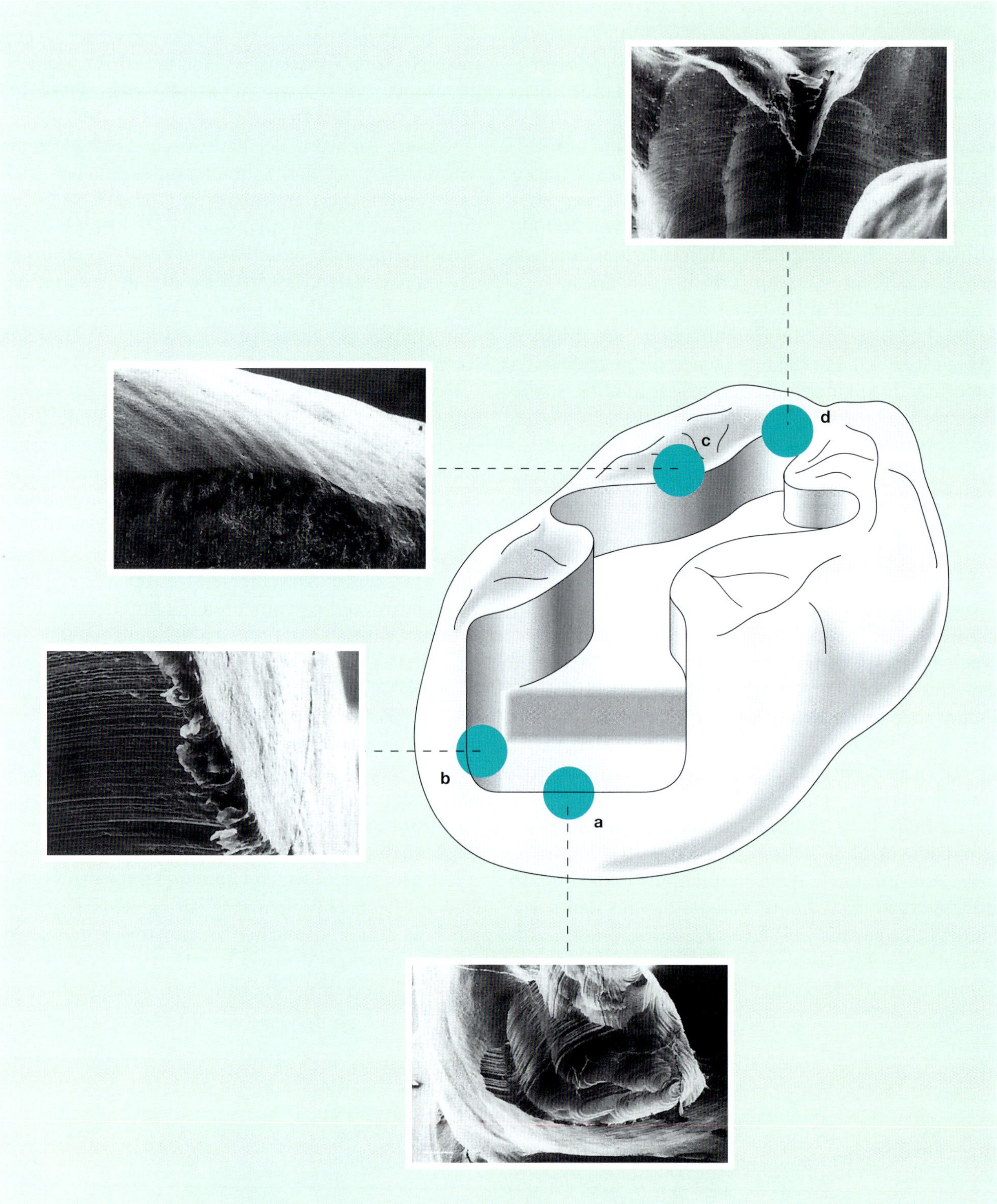

Abb. 43 Kavitätenschema mit Ausschnitt-Darstellungen in rasterelektronenmikroskopischen Aufnahmen.

a) Präparation mit Turbine und Diamant; approximaler Kastenbereich, Ausrisse aus der Hartsubstanz; Objektivvergrößerung 10 ×.
b) Präparation mit Turbine und Diamant; Muschelbruch an der Wand des approximalen Kastens; Objektivvergrößerung 160 ×.
c) Präparation mit Turbine und Diamant; Muschelbruch im Bereich des okklusalen Kastens; Objektivvergrößerung 40 ×.
d) Präparation mit Turbine und Diamant; im okklusalen Bereich ist die Fissur ungenügend nach distal aufgezogen; Restfissur erreicht fast den Kastenboden; Objektivvergrößerung 20 ×.

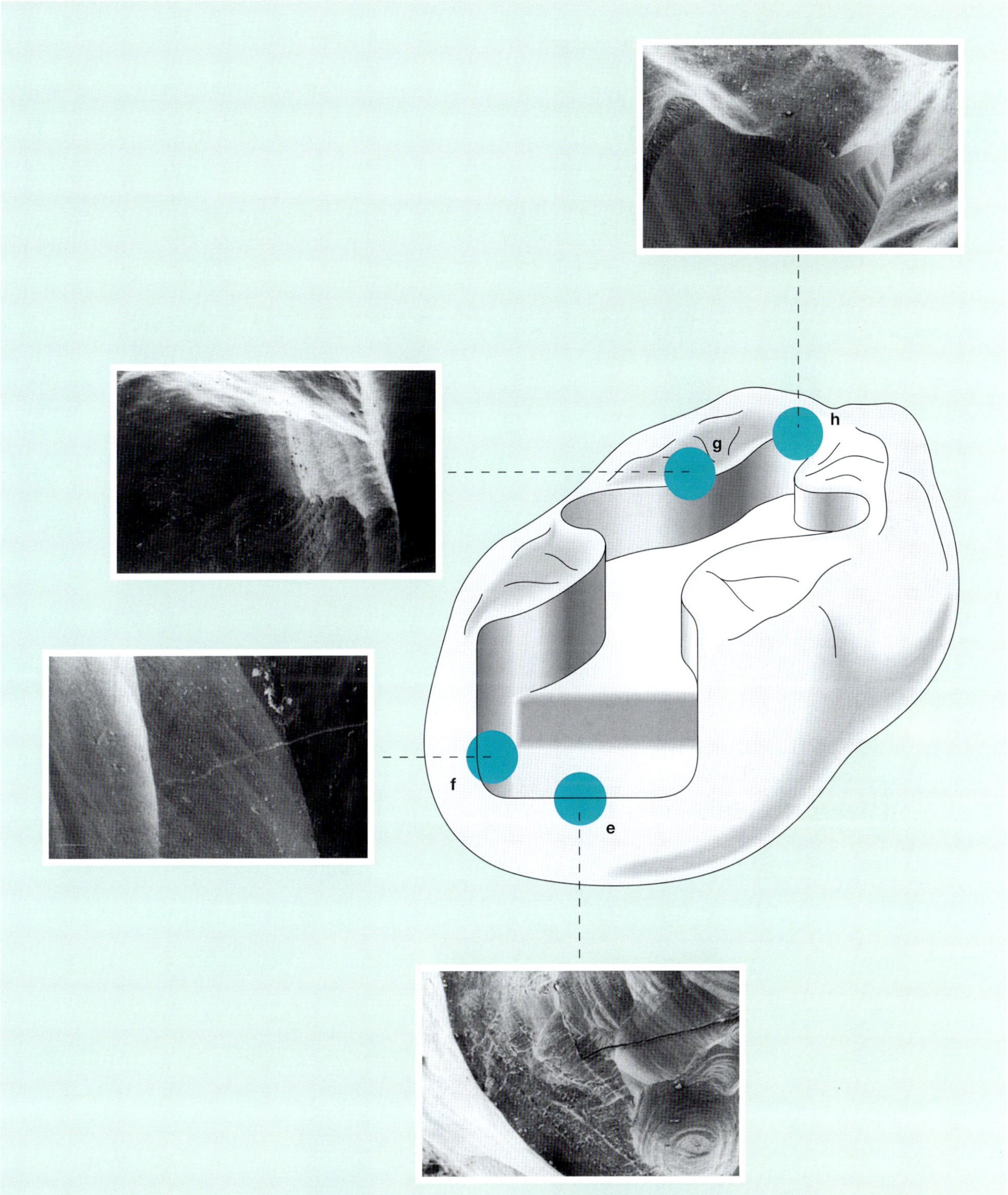

Abb. 43 Kavitätenschema mit Ausschnitt-Darstellungen in rasterelektronenmikroskopischen Aufnahmen.

e) Randbereich des approximalen Kastens mit Gingivalrandschräger geglättet; Objektivvergrößerung 40 ×.
f) Wand des approximalen Kastens mit Schmelzmeißel geschnitten; Objektivvergrößerung 160 ×.
g) Randbereich des okklusalen Kastens mit Arkansasstein geglättet; Objektivvergrößerung 40 ×.
h) Ausreichende Extension im distalen Bereich des okklusalen Kastens; Objektivvergrößerung 40 ×.

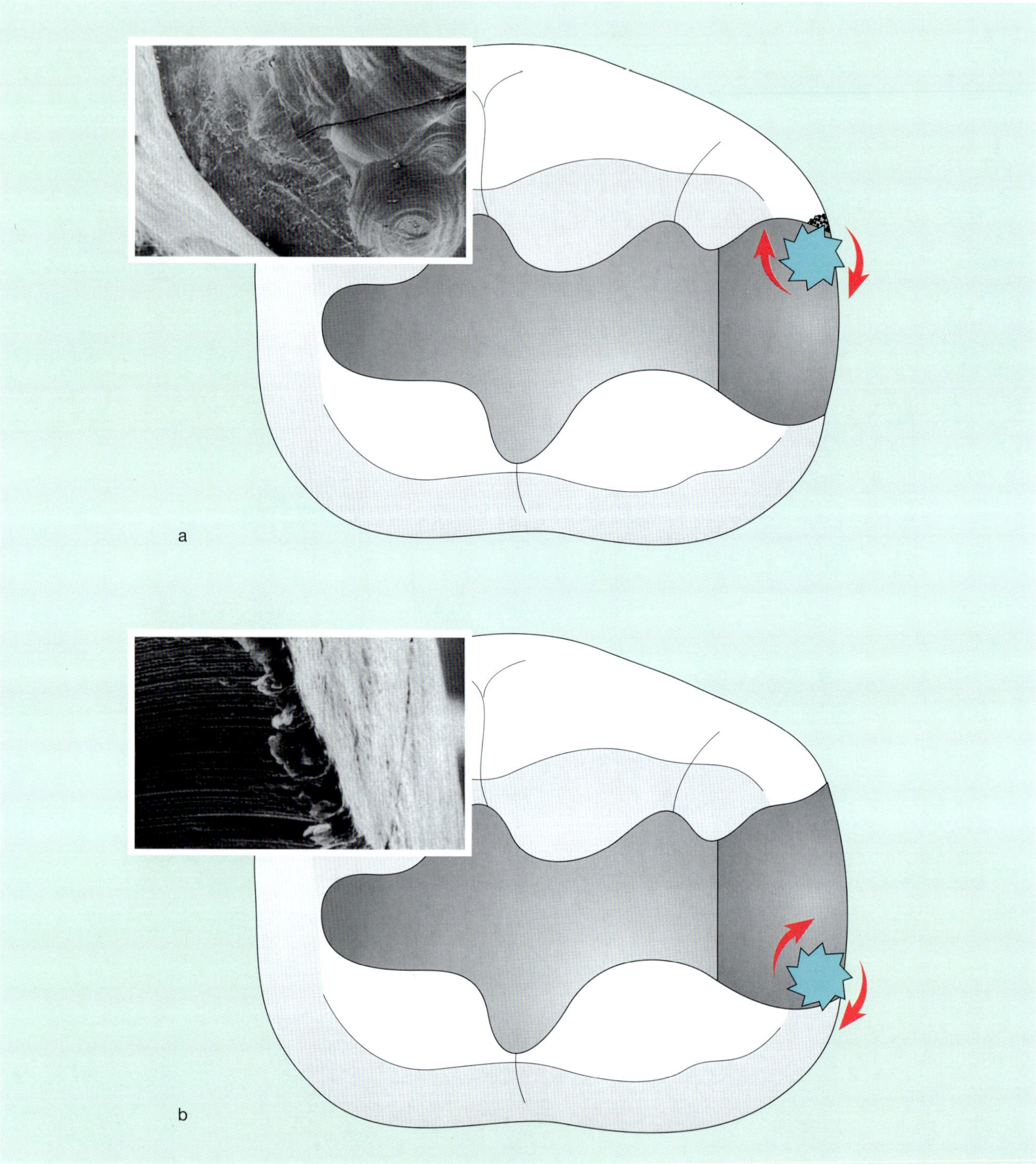

Abb. 44 „Ausgangs-“ und „Eingangsseite“ bei lateralen Kastenwänden (nach [14]).

a) Als Ausgangsseite definierter Präparationsrand des approximalen Kastens. Beim Ausdrehen des Schleifinstrumentes werden Schmelzanteile aus dem Randbereich ausgerissen, wie in der rasterelektronenmikroskopischen Aufnahme zu sehen ist (Objektivvergrößerung 160 ×).

b) Als Eingangsseite definierter Präparationsrand des approximalen Kastens. Hier wird der Schmelzrand glatt angeschnitten (Objektivvergrößerung 40 ×).

Untersuchungen weisen wenig Bezug zur Abhängigkeit der gefundenen Schmelzabsprengungen von der Drehzahl auf. Eigene Beobachtungen belegen diesen Bezug jedoch sehr konkret [64]. Der Unterschied, ob höchste Drehzahlbereiche, z. B. in Kombination mit Diamanten, oder lediglich hochtourige Drehzahlen angewendet wurden, war deutlich. Gerade die Kombination mit reduzierten Drehzahlen verbessert die

Oberfläche der Schnittkanten eindeutig. Als Quintessenz aus diesen Beobachtungen, die auch von anderen Autoren gestützt werden [6, 26, 162], lassen sich folgende Leitlinien für die Schmelzbearbeitung zusammenfassen:

- Die Primärpräparation einer Kavität erfolgt mit Drehzahlen von 100000–120000 U/min.
- Hartmetallfräsen (-bohrer) liefern günstige Schnittflächen.
- Bei konservativ gehaltenen Kavitäten mit minimaler Breite im okklusalen und geringer Extension im approximalen Bereich wird im Kastenbereich mit Handinstrumenten nachgearbeitet werden. Eventuell Nachreinigung mit Natriumhypochlorit (3 %).
- In zugänglichen Bereichen und auch bei notwendigerweise breiten Kästen sollte bei reduzierten Drehzahlen mit Arkansassteinchen oder Superfeinkorndiamanten (15 µm) finiert werden.

Genereller Präparationsablauf

Durch das überwiegende Arbeiten mit höchst- und hochtourigen Turbinen und Winkelstücken können Arbeitsgänge aus der Sieben-Punkte-Anweisung von Black zweckmäßigerweise zusammengefaßt werden (s. S. 83), so das Erstellen von Umrißform, Widerstandsform, Retentionsform und Erleichterungsform (Punkt 1–4 nach Black). Günstig ist es, eine Primärpräparation und eine Sekundärpräparation zu unterscheiden (Abb. 45 und 46). Die oben erwähnten Punkte sowie das Entfernen des kariösen Dentins werden der Primärpräparation zugerechnet.

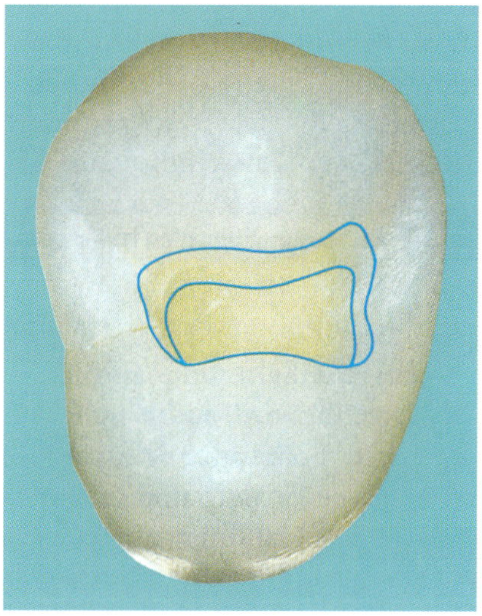

Abb. 45 Okklusale Kavität an einem Prämolaren nach Primärpräparation.

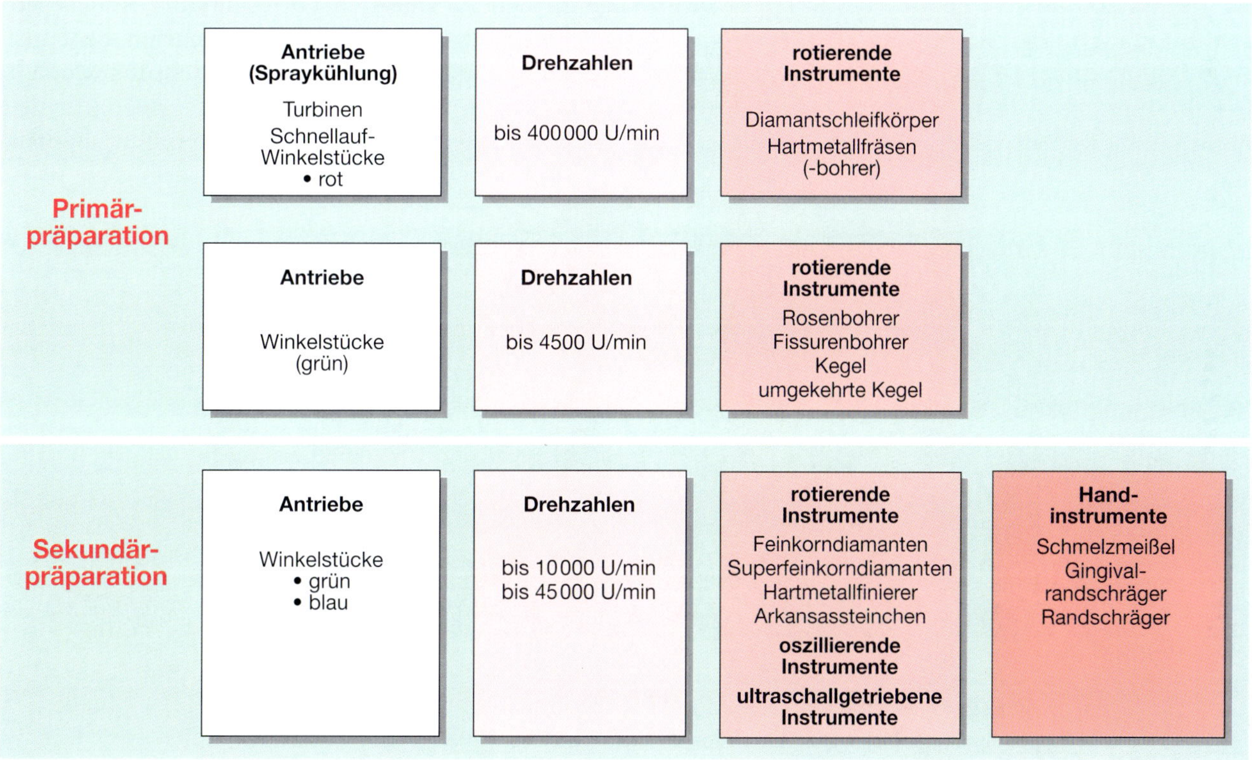

Abb. 46 Antriebsarten und Drehzahlbereiche für das Instrumentarium bei Primär- und Sekundärpräparation.

Okklusale Präparationen

Fissurenbereich

Die okklusalen Fissuren und Grübchen sind Prädilektionsstellen der Karies (Abb. 47).

Verschiedene Autoren haben versucht, bestimmte Fissurenformen im Hinblick auf die Wahrscheinlichkeit des Kariesbefalls zu kategorisieren [87, 191]. Dies führte zu Begriffen wie „spaltförmige", „V-förmige", „ampullenförmige" oder „muldenförmige" Fissuren. Untersuchungen auf morphometrischer Basis konnten keine statistische Berechtigung für eine derartige Einteilung der Fissuren nachweisen [45]. Individuell ist auch die Zergliederung der okklusalen Fläche (Abb. 48a). Bei der kariösen Erkrankung der Fissuren sollten zunächst die Möglichkeiten der Therapie mittels erweiterter Fissurenversiegelung in Betracht gezogen werden. Aufgeschliffene (erweiterte) Fissuren können auch die Kombination mit einzelnen bis ins Dentin reichenden Arealen zuverlässig mit Kompositmaterialien restauriert werden. Erst wenn solche Therapiewege ausgeschlossen sind, ist eine okklusale Kavität zu präparieren (s. S. 69 ff.).

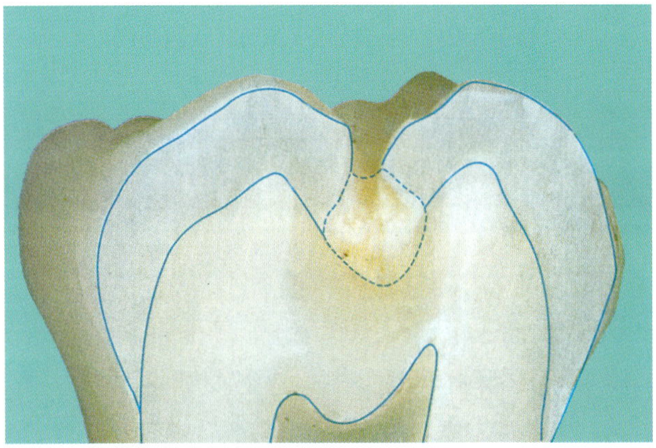

Abb. 47 Erkrankte Fissur bei einem Molaren.

Das Aufziehen der Fissuren sollte in geschwungenen Formen und so substanzsparend wie möglich erfolgen, wobei jedoch sämtliche unterminierten Schmelzanteile zu entfernen sind, wenn mit nicht adhäsiven Materialien gearbeitet wird. Das „vollständige" Aufziehen aller Fissuren findet bei der okklusalen Kavität seine Grenzen bei den großen palatinalen oder bukkalen Querfissuren der Molaren. Hier muß bei der Präparation die Entscheidung getroffen werden, ob die Kavität einflächig belassen werden kann. Handelt es sich um eine flache Fissur, sollte lediglich der Fissureneingang beim Finieren der Schmelzränder ausgeschliffen werden. Reicht die Fissur bis in tiefe Kavitätenbereiche, so empfiehlt sich das Aufziehen der gesamten palatinalen oder bukkalen Querfissuren.

Dieselbe Problematik ergibt sich bei der Kavitätengestaltung einer durch Nebenfissuren reich zergliederten Okklusalfläche (Abb. 48b). Soll hier eine Amalgamfüllung gelegt werden, müssen die Eingänge zu den Parafissuren entweder mit einbezogen, was eine Verbreiterung der Präparation bedeutet, oder durch kräftiges Finieren ausgeschliffen werden.

Probleme können über den approximalen Schmelzwulst ziehende Fissuren bereiten, die häu-

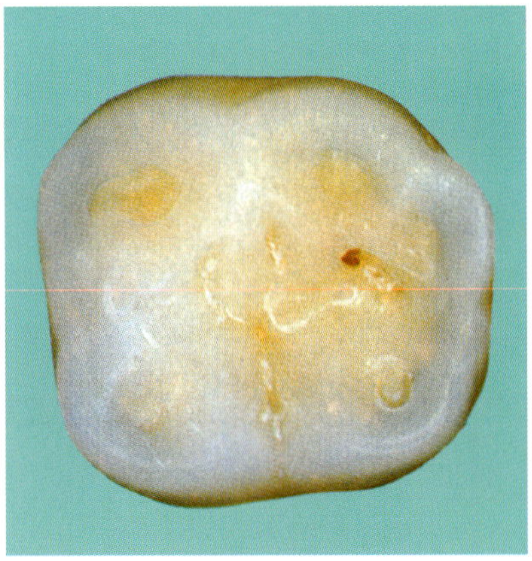

a

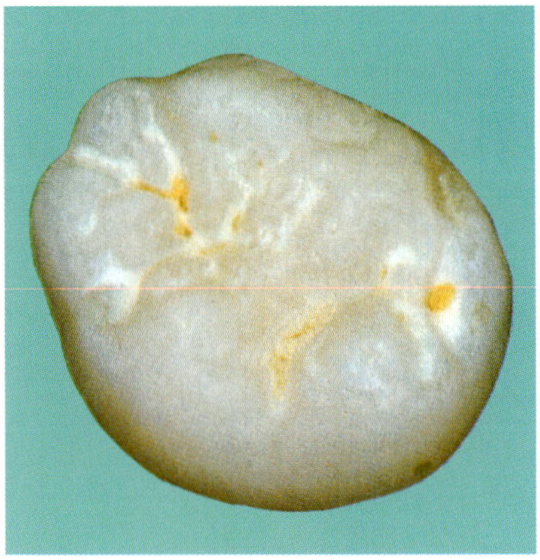

b

Abb. 48 Unterschiedlich ausgeprägte Fissurenformen.

a) Abradierter Molar. Durch Abrasion erscheint das Fissurenrelief relativ vereinfacht.

b) Stark zergliedertes Okklusionsfeld eines unteren Molaren: erschwerte Kavitätenumrißgestaltung.

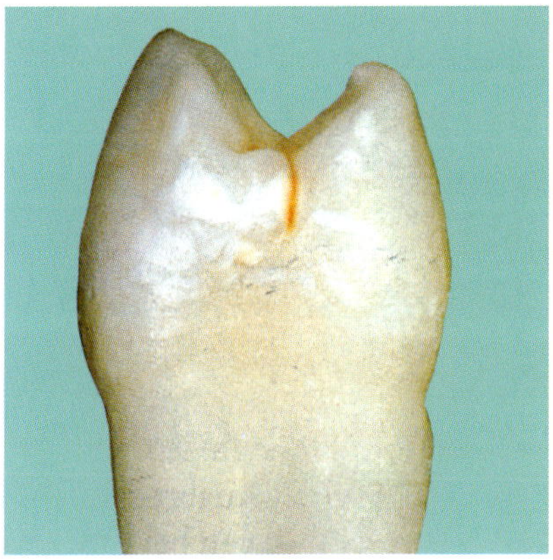

a

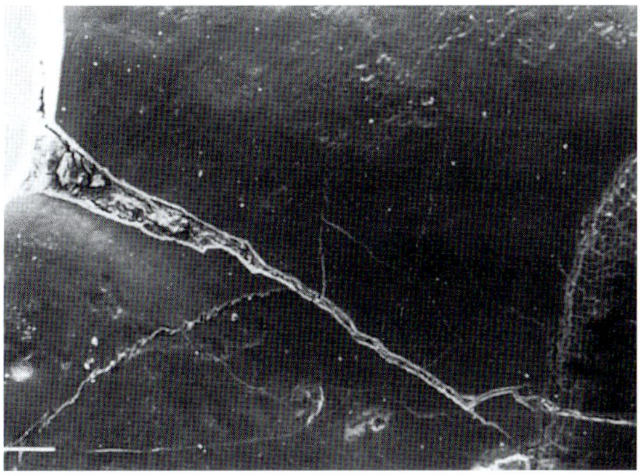

b

Abb. 49 Deutlicher Fissurenverlauf über den approximalen Schmelzverlust.

a) Bei einem Prämolaren mit einem solchen Fissurenverlauf besteht die Gefahr einer Kroneninfraktur.
b) Rasterelektronenmikroskopisches Bild der in (a) gezeigten Fissur (Objektivvergrößerung 20 ×).
(Mit freundlicher Genehmigung von Prof. Dr. GEURTSEN)

fig bei oberen Prämolaren oder unteren Molaren anzutreffen sind und die, wenn tief eingeschnitten, Randprobleme für die Füllung oder gar Frakturanfälligkeit bedingen können (Abb. 49 a und b).

Kavitätenwand und Kavitätenboden

Für die Präparation okklusaler Kavitäten sind im Laufe der letzten Jahrzehnte die unterschiedlichsten Präparationsinstrumente vorgeschlagen worden. Mangelhafte Kavitätenformen entstehen bei Verwendung kantiger Präparationsinstrumente. Hierbei ergeben sich spitzwinklige Übergänge an den Kavitätenwänden, die sich mit plastischem Material nur unzureichend füllen lassen. Insbesondere die Kavitätenanteile im Fissurenendbereich weisen dann Füllungsdefekte auf, im angloamerikanischen Schrifttum als *Bridging* bezeichnet (s. Abb. 50). Verschiedene Untersuchungen zeigen, daß winklige Übergänge von Seitenwand und Kavitätenboden Kerbspannungen hervorrufen, die sich mit Hilfe von spannungsoptischen Methoden hervorragend darstellen lassen [2, 61, 76, 154]. Hinweise hierzu sind schon in den 50er Jahren zu finden [65, 71, 104, 128].

Besonders kritisch ist das unvollständige Aufziehen der Hauptfissur. Wie die Abbildung 51 darstellt, können die Fissuren sich so tief einziehen, daß sie fast den Kavitätenboden erreichen. Wird hier nicht entsprechend konsequent präpariert, so ist der Mißerfolg programmiert. Die Problematik stark gegliederter Okklusalflächen wurde bereits angesprochen (s. S. 110 f.).

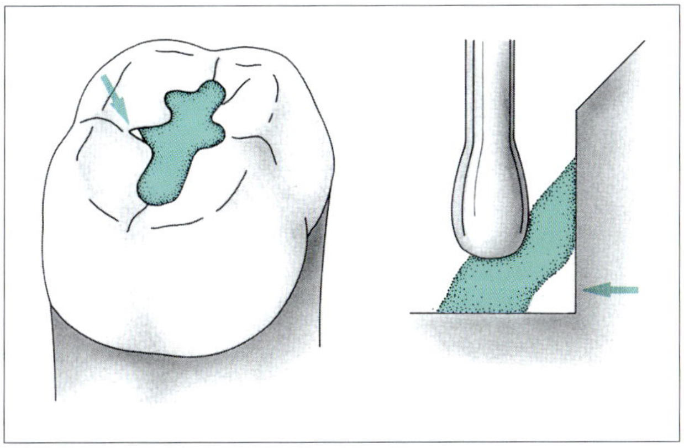

Abb. 50 Bridging-Effekte des Füllungsmaterials bei scharfkantiger Präparation beim Aufziehen der Fissur (links) bzw. am Boden der Kavität (rechts).

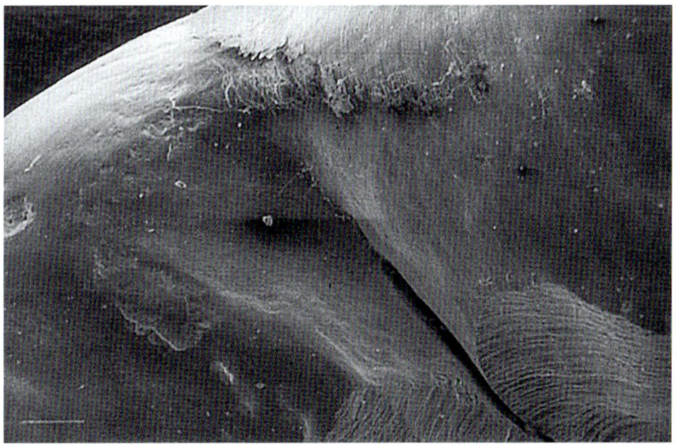

Abb. 51 Rasterelektronenmikroskopische Darstellung einer tief eingezogenen und bei der Präparation angeschnittenen Fissur (Objektivvergrößerung 40 ×).

Auch die Mißachtung der Beziehung zwischen Kavitätenbreite und Neigung der Kavitätenwände kann zum späteren Mißerfolg der Füllung führen, da entweder Füllungsrand oder Schmelzrand Schwachstellen aufweisen (s. Abb. 52). An dieser Stelle soll nochmals auf das bei den Grundprinzipien der Kavitätengestaltung beschriebene Finieren der Kavitätenränder hingewiesen werden. Nur wenn diesem Arbeitsgang genügend Beachtung geschenkt wird, können die im Füllungsmaterial begründeten Randveränderungen minimiert werden.

Die Divergenz der Wände darf die Pulpenhörner nicht gefährden. Im allgemeinen sollte der Boden der Kavität senkrecht zur Kronenachse präpariert werden. Die Ausdehnung der Karies kann diesem Ziel bei Gefährdung der Pulpa eine Grenze setzen. Der Kavitätenboden wird dann muldenförmig gestaltet und mit einer entsprechend gestalteten Unterfüllung plan rekonstruiert. Nach dem Legen der Unterfüllung muß darauf geachtet werden, daß nun nicht erneut ein kantiger Übergang zwischen Zement und Kavitätenrand entsteht, sondern daß dieser wiederum bogenförmig gestaltet wird, um ein sogenanntes *Bridging* des plastischen Füllungsmaterials zu vermeiden (Abb. 50).

Black postulierte, daß die Wände der Kavität senkrecht zum Boden derselben stehen sollten. Gleichzeitig wird aber gefordert, die Neigung der Kavitätenwände der Richtung des Verlaufs der Schmelzprismen anzupassen. Nadal stellte diese beiden Forderungen einander gegenüber [124]: Zum einen können nach okklusal divergierende Wände die Schmelzprismen im Randbereich schwächen. Dies bedingt Sekundärkaries durch Ausbrechen von Schmelzprismen. Zum anderen können bei Parallelpräparation die Füllungsränder geschwächt sein, wobei Randfrakturen und damit ein erneuter Kariesbefall zu befürchten sind (Abb. 52).

Wahrscheinlich müssen beide Argumente als zutreffend angesehen werden, abhängig vom Ausgangsbefund des kariösen Befalls. Je breiter der okklusale Anteil der Kavität eröffnet werden muß, desto eher wird sich die Seitenwand der Kavität der Senkrechten nähern. Bei eben noch diagnostizierbarer Karies im Fissurenbereich lassen sich die Seitenwände am ehesten konvergierend präparieren.

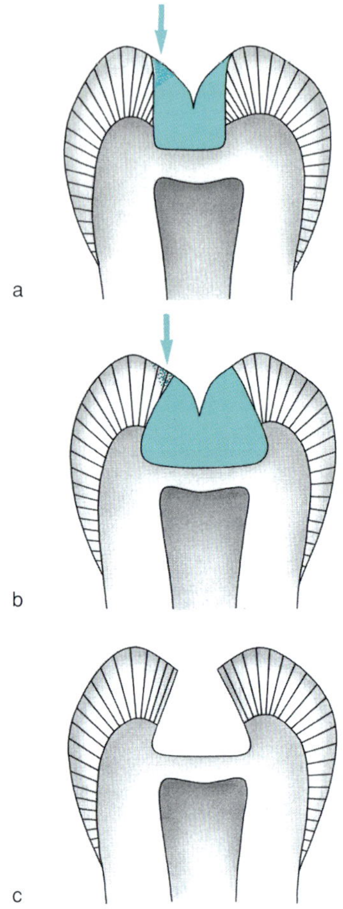

Abb. 52 Schwachstellen bei der Versorgung mit Füllungen.

a) Dünn auslaufende Füllungsränder neigen bei plastischen Füllungsmaterialien zur Fraktur.

b) Unterminierte, nicht gestützte Schmelzprismen neigen unter Belastung zur Fraktur.

c) Korrekt ist der Kavitätenrand im Prismenverlauf präpariert.

Kavitätenrandbereich

Letztendlich schreibt der Kariesbefall vor, welche Art von Präparation anzuwenden ist, eine konservative oder eher parallelwandige Präparationsform.

Elderton und Boyde haben sich mit den Winkeln beschäftigt, die sich bei der Präparation von Kavitäten ergeben, den *Kavitätenrandwinkeln* (cavo surface angle = CSA, Abb. 53) [14, 40, 41, 42]. Die Autoren gehen von einigen Prinzipien aus, die in der Literatur immer wieder beschrieben sind, so von dem rechtwinkligen, wenn auch gerundeten Übergang der Seitenwände zum Kavitätenboden nach Black und der Idealvorstellung, daß auch der Kavitätenrandwinkel ca. 90° betragen sollte. Diese Prinzipien kollidieren mit dem Schmelzprismenverlauf, vor allem wenn der Randbereich im Höckerabhang zu liegen kommt. Messungen der Randwinkel von beliebig alten Präparationen nach sorgfältiger Entfernung der Füllung und an neu erstellten Präparationen verschiedener Behandler ergaben durchschnittliche CSA-Winkel von 118°. Diese Durchschnittswerte ergeben einen repräsentativen

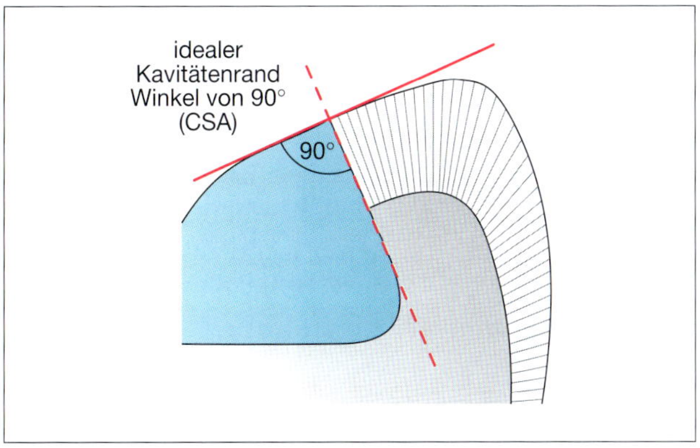

Abb. 53 Winkel am Kavitätenrandbereich CAS = cavo surface angle = Kavitätenrandwinkel nach ELDERTON sind Winkel bis zu 100°–118° tolerabel, dies hängt von der Breite der Kavität ab. KORNFELD gibt 100° als ideal an [42].

Querschnitt (ohne Berücksichtigung der Kavitätenbreite). ELDERTON weist jedoch darauf hin, daß sich die Winkel verändern müssen, wenn die Breite der Kavität miteinbezogen wird [90]. So sollen bei breiten Kavitäten die CSA-Winkel ca. 100–118° betragen. Werden schmälere Kavitäten (ca. $^1/_8$ der Höcker-Höcker-Abstände) präpariert, so können sich die CSA-Winkel 90° nähern, was Frakturresistenz gewährleistet. Dies ist jedoch unmöglich, wenn, der Karies folgend, breiter präpariert werden muß.

Eine Hilfestellung mögen folgende *Empfehlungen* geben:

- Oberstes Postulat bleibt die Übersicht und das vollständige Entfernen der Karies.
- Die Präparation richtet sich nach der Ausdehnung der Karies.
- Die Stabilität der Höcker muß gewährleistet bleiben.
- Es darf nicht unterminierend präpariert werden (keine Radbohrer oder umgekehrten Kegel verwenden).
- Bei schmalen Kavitäten sollte stärker nach okklusal konvergierend präpariert werden und die Füllungsoberfläche flacher modelliert sein.
- Bei breiten Kavitäten sollten die Kavitätenwände parallel präpariert werden, und es sollte der ehemaligen Höckerneigung folgend modelliert werden.

Die Maßgabe, eine Präparation für ein nonadhäsives Material habe grundsätzlich plumper, breiter und tiefer auszufallen, als dies beispielsweise für eine Gußrestauration notwendig sei, hat sich als nicht haltbar erwiesen. Die Materialeigenschaften heutiger Amalgame sind dergestalt, daß sich durchaus zierliche Präparationen füllen lassen, daß dies sogar wünschenswert ist, um Füllungsfrakturen zu vermeiden [60, 61, 124]. Dies spricht wiederum dafür, kariöse Läsionen möglichst frühzeitig zu behandeln, und stützt die Tendenz hin zur konservativen Präparation.

Präparationstiefe

Neben der Frage des „Kavitätendesigns" stellt sich auch die Frage nach der Präparationstiefe. In erster Linie ist dies sicher von der Kariestiefe und der reaktiven Sekundärdentinablagerung abhängig; bei tiefer Karies also davon, ob die Pulpa eröffnet werden muß. Exakter läßt sich die Präparationstiefe anhand einer erstmals eröffneten Kavität bei Fissurenkaries festlegen. Minimalwerte von Schmelz und Dentin, die einen Anhaltspunkt für die Präparationstiefe zulassen, sind der Abbildung 54 zu entnehmen [82, 83, 95, 146, 147, 152]. Diese Werte lassen eine primäre Präparationstiefe zwischen 2,5 und 2,8 mm als optimal erscheinen.

Es ist nicht ungewöhnlich, daß beim ersten Eröffnen einer Kavität, vor allem bei *Jugendlichen,* eine *profunde Karies* vorliegt, die sich auf den zentralen Bereich des Zahnes beschränkt. Die Gestaltung einer Kavität kann in diesem Falle einige Schwierigkeiten bereiten, die dazu zwingen, von den Grundprinzipien der okklusalen Präparation abzuweichen. Während man bei der „Grundform" der Kavität der Klasse I von einem planen Kavitätenboden ausgeht, könnte dies im Falle einer Caries profunda die Gefahr der Eröffnung der Pulpa mit sich bringen. In erster Linie sollte hier die Vitalerhaltung des Zahnes im Auge behalten werden. Bei tiefen Präparationen können Unebenheiten des Kavitätenbodens ohne weiteres in Kauf genommen werden. Diese

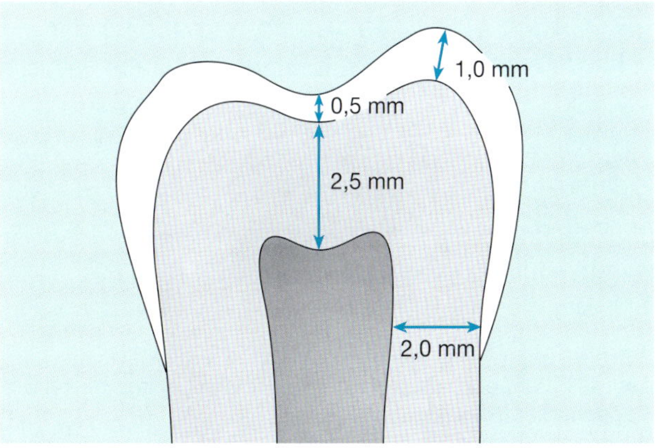

Abb. 54 Minimalwerte von Schmelz und Dentin (nach [95]).

sollten dann aber mit einer ausreichend dimensionierten Unterfüllung ausgeglichen werden, nachdem ein Pulpenschutz (Kalziumhydroxid-Präparat) aufgebracht worden ist. Im allgemeinen weisen solche Kavitäten auch eine größere Breite auf, sowohl in mesial-distaler als auch in bukkolingualer Richtung.

Nach dem Exkavieren müssen die verbliebenen Höckeranteile ebenso wie die Schmelzwülste des Approximalbereiches auf ihre Stabilität hin überprüft werden. Die Entscheidung, ob eine okklusale Füllung noch möglich ist, muß sorgfältig erwogen werden. Selbstverständlich muß die Kariesfreiheit approximal gesichert sein (Zahnfilm, Bißflügelaufnahmen). Sind Höcker oder approximale Wände unterminiert, so ist auf andere Kavitätenformen auszuweichen (mehrflächige Füllungen oder höckerstabilisierende Präparationen). Abbildung 55 zeigt die Folgen, die eine fehlende Dentinunterstützung der Schmelzwände haben kann. Würde man, wie in Abbildung 56a und b schematisiert dargestellt, versuchen, die Seitenwand divergierend zu präparieren, so liefe man Gefahr, die Pulpa im Bereich der Pulpenhörner zu eröffnen.

Abb. 55 Nicht dentingestützter Schmelz im Randbereich einer ungenügend extendierten approximalen Füllung.

Kavitäten der Klasse II

(s. Übersichtstafel II, S. 144)

Interdentalraum

Definitionsgemäß wird bei der Präparation einer Kavität der Klasse II der Interdentalraum eröffnet. Dieser Bereich stellt einen Bezirk dar, der nicht nur im Diskussionsfeld der Kariologen, sondern auch der Parodontologen liegt. KRÖNCKE definierte den Interdentalraum nach klinisch-praktischen Gesichtspunkten als den im jugendlichen Gebiß von den Approximalflächen der Zähne, dem Kontaktpunkt und der Oberfläche der Interdentalpapille begrenzten Raum [91, 92, 94]. Dieser Bereich unterliegt sowohl altersbedingten als auch pathologischen Veränderungen infolge von Karies, Gingivitis und Parodontitis [90].

Nach LASWELL befinden sich Interdentalraum und Sulkus in einem „delikaten" Balancezustand [79, 92, 97, 98, 101, 132, 140]. In diesem eng umschriebenen Bereich spielen sich komplizierte Abwehrvorgänge ab, die nicht ohne Einfluß auf unsere

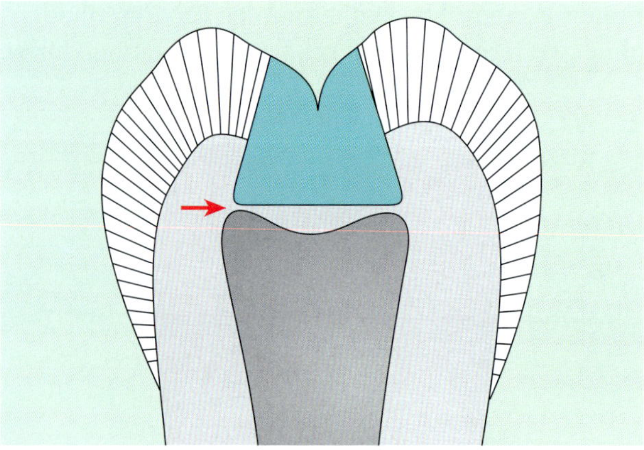

a

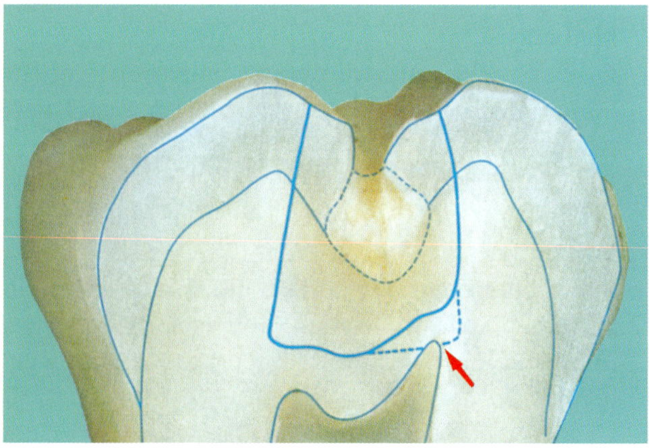

b

Abb. 56 Wird bei tieferliegender Karies stark unterminierend präpariert, besteht die Gefahr der Eröffnung der Pulpa im Bereich der Pulpenhörner (Pfeile).

a) Schematische Darstellung.

b) Zahnschliff.

Überlegungen bezüglich der Kavitätenpräparation bleiben dürfen. Jegliche Präparationsmaßnahme, die den Interdentalraum eröffnet, sollte den anatomischen und physiologischen Gegebenheiten Rechnung tragen.

Wenn der eröffnete Interdentalraum einsehbar wird, sollte die Bearbeitung der Hartsubstanz unterbrochen werden, um die Verhältnisse im Zahnzwischenraum zu kontrollieren [91]. Bei genauer Inspektion, eventuell nach Blutstillung, wird offenbar, ob und wie tiefgreifend eine Entzündung im Papillen- oder Colbereich vorliegt, wo Konkremente am präparierten Zahn (und dem Nachbarzahn!) anhaften und ob Demineralisationszonen im Bereich der Primärpräparation vorliegen (Abb. 57 und 58a u. b). Die Behandlung entsprechend dem vorliegenden Krankheitsbild hat Vorrang vor der definitiven konservierenden Versorgung! Erst wenn hier für einwandfreie Verhältnisse gesorgt wurde, kann die Präparation erfolgreich abgeschlossen und die Grundlage für eine erfolgreiche Füllung geschaffen werden. Möglicherweise bedeutet dies einen zusätzlichen Behandlungstermin. In der Übergangszeit bis zur endgültigen Versorgung der Kavität muß für einen provisorischen Verschluß gesorgt werden, der keinen zusätzlichen Insult für die approximale Gingiva bedeutet (s. S. 114). Kröncke hält deshalb den Einsatz von Kunststoffprovisorien für einen gerechtfertigten Arbeitsaufwand [91].

Kavitätenform

Eine Kavität der Klasse II ist indiziert bei Kariesbefall im Approximalbereich von Seitenzähnen. Der Einsatz verschiedener Hilfsmittel sichert die Indikation einer solchen Präparationsform. Die Ausdehnung der Karies entscheidet über das Vorgehen – eventuell abwartende Behandlung mittels Fluoriden oder präparationstechnische Beseitigung [29, 166].

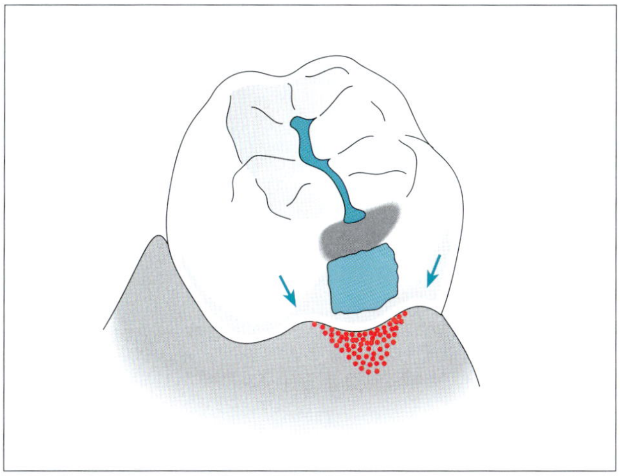

Abb. 57 Eine Entzündung der angrenzenden Gingiva ist bei einer approximalen Karies fast immer festzustellen.

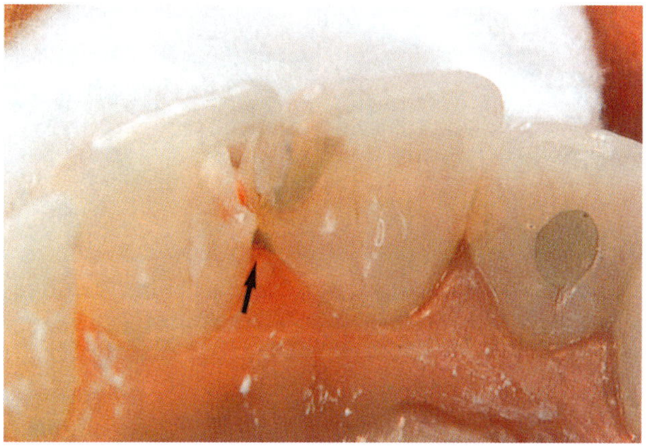

a

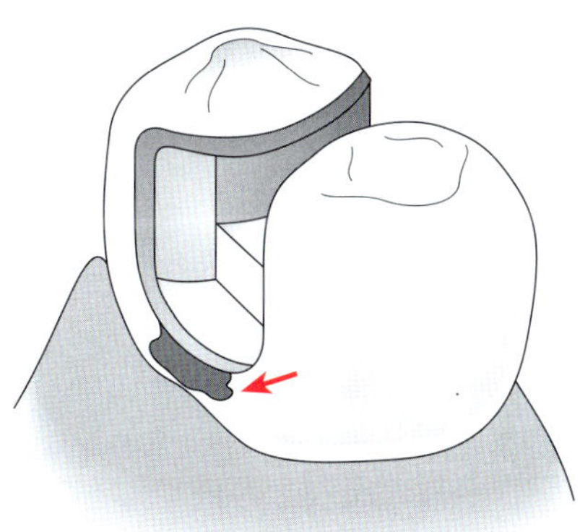

b

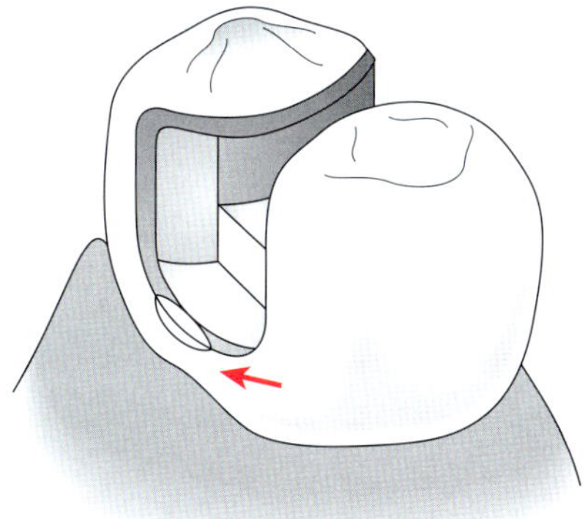

c

Abb. 58 Nach der Eröffnung des Approximalraumes ist auf Konkremente und Entmineralisierungszonen (Pfeile) zu achten.

a und b) Zervikal der approximalen Präparation finden sich häufig Konkrementablagerungen. Beispielhaft wird dies hier mesial von Zahn 11 deutlich.

c) Bei trockenem Operationsfeld werden entmineralisierte Bereiche im zervikalen Schmelz erkennbar.

Approximale Läsionen werden in vier unterschiedliche Stadien unterteilt, die mit D1, D2, D3 und D4 bezeichnet werden [29]. Diese Gruppen werden wie folgt gekennzeichnet (Abb. 59 a–f):

D1: Transluzenz bis maximal zur Mitte der Schmelzdicke vorgedrungen
D2: Transluzenz bis zur Dentingrenze vorgedrungen
D3: Transluzenz bis in das Dentin vorgedrungen
D4: Transluzenz bis in pulpennahe Bezirke vorgedrungen

Ergänzend muß hinzugefügt werden, daß sich gezeigt hat, daß die Aussage des Röntgenbildes ungenau ist [108]. Bei der Behandlung von D2-Transluzenzen mußte festgestellt werden, daß die Läsion klinisch schon bis in das Dentin vorgedrungen war [56], somit eigentlich schon der D3-Klassifikation angehörte. Jede Transluzenz, die das Dentin erreicht hat, muß unbedingt mit einer Füllung therapiert werden.

Eine *beginnende Karies* im Approximalbereich wird vorwiegend im Röntgenbild oder bei der Durchleuchtung des Approximalraumes erkannt (s. S. 85 ff.). Sie ist mit der Sonde selten zu ertasten, da der Kontakt der Zähne dies nicht zuläßt. In diesen Fällen kann meist sehr zierlich präpariert werden. Der Mittelteil der approximalen Kastenpräparation liegt dann im Kontaktpunktbereich, also nach bukkal verschoben, die Extension nach lingual oder palatinal ist in der Regel sehr schwach ausgeprägt. Die Entscheidung, wie weit die Kavität okklusal eröffnet werden muß, ist von der Morphologie des Okklusalfeldes abhängig. Wird dieses von

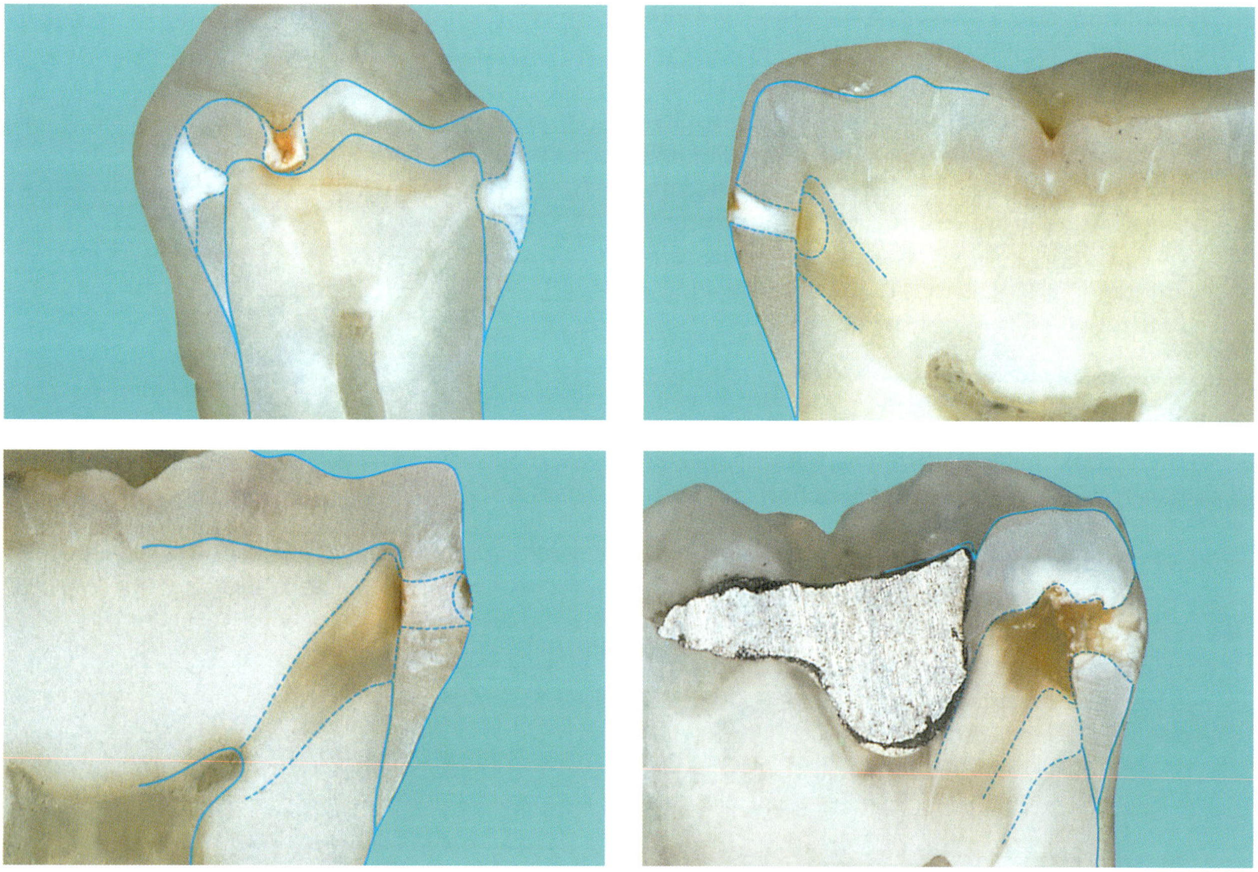

Abb. 59

a) Schnittbild eines Prämolaren (Klasse D2): Entmineralisierungszonen mesial und distal, die den Dentinbereich schon erreicht haben. Von approximal ist noch keine Kavitation zu erkennen. Fissurenkaries in der Zentralfissur.
b) Schnittbild eines Molaren (Klasse D3): Approximalkaries mit beginnender Dentinkaries, die Dentinkanälchen Richtung Pulpa sind bereits infiziert.
c) Schnittbild eines Molaren (Klasse D3): typische „Reißnagelform“ der Dentinkaries unter einem approximalen Defekt. Veränderungen in den Dentinkanälchen haben das Pulpenhorn bereits erreicht.
d) Schittbild eines Molaren (Klasse D3): massive Approximalkaries mit Unterminierung des approximalen Schmelzwulstes.

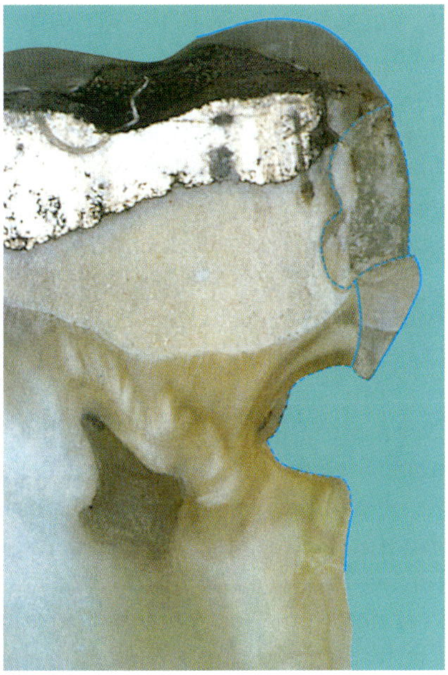

e

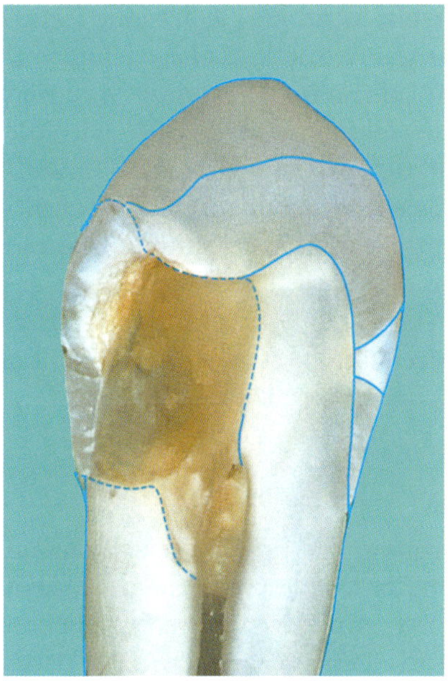

f

Abb. 59

e) Schnittbild eines Molaren (Klasse D4): massive Interproximalkaries mit großer Defektbildung, Retraktion des Pulpenhorns und Schmelzausbruch koronal des Defektes.
f) Schnittbild eines Prämolaren (Klasse D4): massive Approximalkaries mit Einbruch des approximalen Schmelzwulstes und breitflächiger Eröffnung der Pulpenkammer.

einer breiten intakten Schmelzleiste durchzogen, so sollte die okklusale Extension vor dieser Schmelzleiste enden.

Gerade bei diesen zierlichen Kavitätenformen ist es notwendig, den Kontakt zum Nachbarzahn nicht mit rotierenden Instrumenten zu eröffnen. Der kariöse Defekt wird von okklusal hinter der Schmelzwand „trepaniert" und von hier aus die Kavität sukzessive, je nach Kariesausdehnung, erweitert, bis kariesfreie Bereiche erreicht sind. Eine beginnende Karies wird oft schon bei der Gestaltung der Umrißform beseitigt.

Die Umrißform *ausgedehnter Kavitäten* muß sich entweder am starken Kariesbefall oder an vorher vorhandenen und nun revisionsbedürftigen Füllungen orientieren. Hierbei muß häufig mit unterminierten Schmelzbezirken gerechnet werden, was zur Folge hat, daß breitere Extensionen in allen Kavitätenbereichen, sowohl okklusal als auch approximal, resultieren. In diesen Fällen kann selten eine ideale Kavitätenform erreicht werden, und oft ist mit der Zwischenbehandlung einer Caries profunda oder gar einer Eröffnung des Pulpenraumes zu rechnen. In diesen Fällen muß häufig der gesamte okklusale Kastenanteil mit Hilfe von Unterfüllungsmaterial aufgebaut und nachpräpariert werden.

Eine spezielle Präparation erfordern vor allem die *Prämolaren im Unterkiefer*, bedingt durch ihre anatomische Form (großer bukkaler und sehr kleiner lingualer Höcker sowie Kronenflucht). Bei diesen Zähnen gilt es, den okklusalen Kastenboden senkrecht zur Kronenachse zu gestalten, um die lingualen Höcker nicht zu schwächen und damit frakturanfällig zu machen (Abb. 60). Der Verlauf der Zentralfissur sollte die linguale Begrenzung des okklusalen Kastenanteils darstellen.

Sonderfälle stellen auch Präparationen dar, die ein *zweizeitiges Füllen* einer Kavität bedingen. Dieser

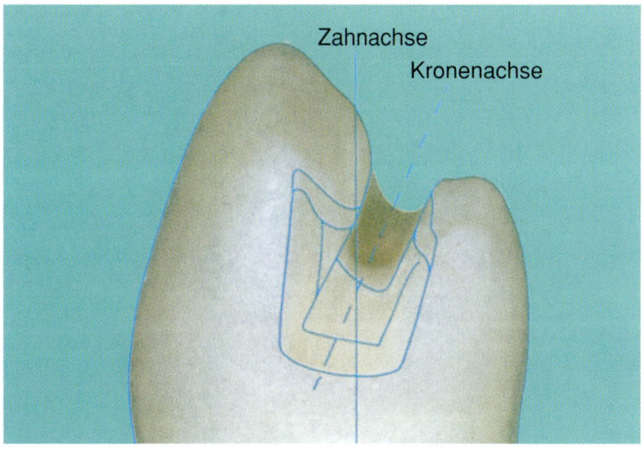

Abb. 60 Der Kavitätenboden muß insbesondere bei Unterkieferprämolaren und -molaren mit ausgeprägter Kronenflucht senkrecht zur Kronenachse präpariert werden, um die Gefahr der Fraktur des lingualen Höckers zu verringern.

Fall tritt beispielsweise dann ein, wenn eine Zahnhalskavität nach interproximal so ausgedehnt verläuft, daß sie mit einer MOD-Kavität vereinigt werden muß (s. Abb. 69d). In diesem Falle wird die MOD-Kavität zuerst gefüllt, im Bereich des Kontaktes zur Zahnhalskavität dann frisch angeschnitten, und die Zahnhalskavität in einem zweiten Schritt gefüllt. Ist der Kariesbefall im Zahnhalsbereich besonders stark, d. h. eine breite Kavität erforderlich, oder trifft dasselbe für die MOD-Kavität zu, so sollte eine Kronenpräparation ins Auge gefaßt werden.

Approximalbereich

Klassische Formgebung. Die approximale Präparation bezieht immer einen Teil der Kaufläche mit ein [2, 20, 61, 68, 142, 149], muß also den beschriebenen Anforderungen an die Präparation der Klasse I genügen (s. S. 84 ff.). Black beschrieb die anzustrebende approximale Kavität als eine retentive Kastenform, kantig präpariert, stufig abgesetzt vom okklusalen Anteil (Abb. 61a und b). Die Lage der Ränder des approximalen Kastens orientiert sich nach Black an der Form und Ausdehnung der bukkolingualen (interdentales Dreieck) und der okklusogingivalen Kurvatur des Zahnes.

Bronner wollte diese Kavitätenformen in Richtung einer trapezoiden Außenumrißform variieren (Abb. 61c und d), wobei er zwei Argumente anführte: zum einen die Ausbreitungsform der Karies im Approximalbereich, zum anderen die Forderung nach Eigenretention des seitlichen Füllungsanteils. Er überführte die Schwalbenschwanzform nach approximal. Mit dem Hinweis auf die Ausdehnung der Karies in diesem Bereich löste er sich ansatzweise von der rein mechanisch begründeten Ansicht der Kavitätenform, die jedoch auch bei seiner Sichtweise noch dominiert. Erst eine Reihe von spannungs-

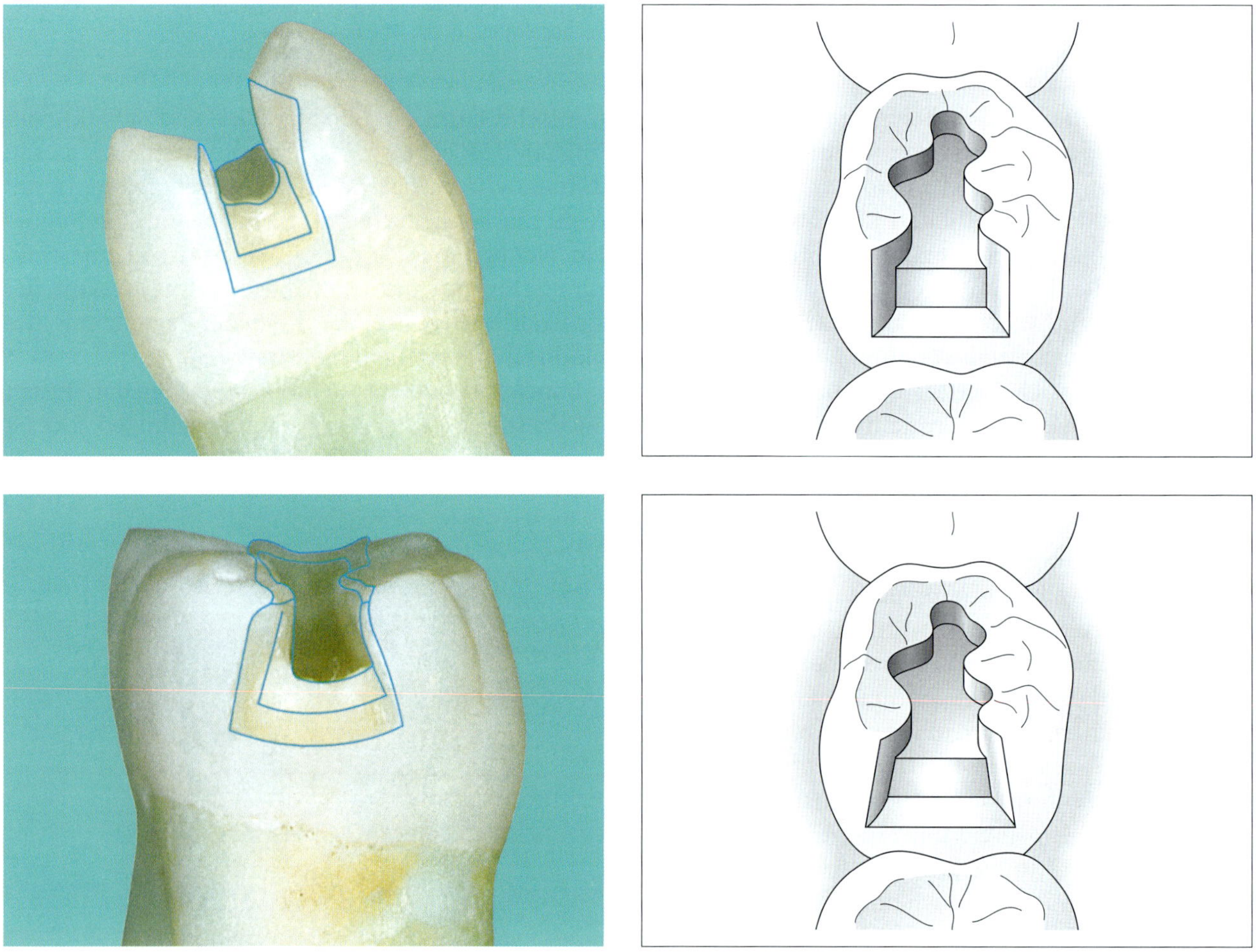
a b c d

Abb. 61 Klassische Kavitätenformen.

a) und b) Rechtwinklige Black-Präparation, Präparationsbeispiel (a) und Schemazeichnung (b).
c) und d) Trapezförmige Präparation nach Bronner, Präparationsbeispiel (c) und Schemazeichnung (d).

optischen Untersuchungen veränderte die Ansicht über Ausgestaltung der approximalen und okklusalen Präparationsformen [2, 60, 61]. Das elastische Verhalten des Zahnes selbst wird in die Überlegungen mit einbezogen. Die heutige Ansicht über Form und Ausprägung der Kavität berücksichtigt mehrere Faktoren:

- biologisch-strukturelle Aspekte
- mechanisch-retentive Aspekte
- materialtechnische Aspekte
- parodontologische Aspekte

Die reine Kastenform und die stark divergierende Kastenform bieten zwar gute Retention, weisen jedoch scharfe Winkel auf, zumeist Produkte der überwiegenden Verwendung von Schmelzmeißeln und -beilen, die schwer zu füllen sind. Die Präparation mit birnenförmigen, rotierenden Instrumenten gewährleistet gerundete Kavitätenbereiche, die mit plastischen Materialien besser versorgt werden können.

Für die *endgültige Ausgestaltung des approximalen Kastens* sind verschiedene Vorschläge gemacht worden, vor allem im Hinblick auf die gefürchtete Fraktur bei mehrflächigen Füllungen. Seit der von Bronner eingeführte Begriff von „Selbstretention" aufgenommen wurde [20], sind hierfür verschiedene Vorgehensweisen in Diskussion gewesen:

- reine, rechtwinklige Kastenpräparation
- trapezförmige Kastenpräparation
- Kombination der Kastenpräparation mit:
  Retentionsrillen in der gesamten Höhe der lateralen Kastenwand
  Retentionsgruben im zervikalen Anteil der lateralen Kastenwand
  feinen Retentionsrillen im Kastenboden

Hinzu kommen noch einige andere generelle Beobachtungen: Mahler richtete sein Augenmerk auf die Zugkräfte, die auf eine Füllung wirken, und zwar insbesondere auf deren Oberfläche [104]. Sie sind um so größer, je weiter sich der Kavitätenrand von der Mittellinie entfernt. Sowohl tief modellierte Fissuren und Höcker als auch Oberflächenrauhigkeiten verstärken die Wirkung von Zugkräften. Je breiter und tiefer eine Kavität präpariert ist, desto größer ist ihre innere Belastung.

Diese Erwägungen werden auch von Mondelli gestützt, der mit Frakturversuchen an gefüllten und ungefüllten Prämolaren nachwies, daß Zähne mit schmalen Kavitäten frakturresistenter sind als solche mit Kavitäten, deren Breite eine Distanz von $^1/_4$ der Höcker-Höcker-Distanz überschreitet [115].

Was die *laterale Extension des approximalen Kastens* betrifft, wollte Black die Wände so weit ausgestellt wissen, daß die Kavitätenränder in „kariesimmunen Zonen" zu liegen kommen. Diese Aussage ist auf viele Arten interpretiert worden. Vorgehensweisen, dies mit Trennscheiben durchzuführen oder so weit zu extendieren, daß ein Schleifinstrument, ohne den Nachbarzahn zu tangieren, aus dem Kasten lateral heraustreten kann, führen zu extrem weit präparierten Kastenformen [149]. Die Visierregel nach Pichler führt zu demselben Ergebnis [133]. Fusajama empfahl einen Winkel von ca. 60°, der sich ergebe, wenn Tangenten vom behandelten Zahn und dem Nachbarzahn approximal angelegt werden [52]. Nach Simons ist eine so weite Ausdehnung zu wählen, daß eben eine Sonde zwischen präparierter Kastenwand und Nachbarzahn hindurchgeführt werden kann [152]. Nach Almquist und Mitarbeitern sollte der Kasten gerade so weit extendiert werden, daß der Füllungsrand approximal von der Bürste erreicht werden kann [1].

Gerade bei zierlichen Kavitäten sollte das Aufheben des Kontaktes zum Nachbarzahn durch Gingivalrandschräger und Schmelzmeißel erfolgen. Der Mindestabstand zum Nachbarzahn sollte $^1/_2$–1 mm betragen. Auf keinen Fall darf noch Kontakt zwischen der Zahnsubstanz des präparierten und des Nachbarzahnes bestehenbleiben (Abb. 62).

Der kritische Kontaktbereich der Zähne liegt zwischen der Kontaktpunktreihe und der Verbindung der Zentralfissuren. Die Extension der approximalen Präparation sollte diesen Bereich präparativ erfassen, ihn jedoch nur wenn notwendig überschreiten.

Allgemein anerkannt ist das Vorgehen bei der Präparation des approximalen Bereiches. Das Eröffnen des approximalen Defektes erfolgt von okklusal [12, 19, 69, 83, 98, 134, 141, 149]. Mit der Führung des Diamanten wird der Kasten grob vorgeformt, und zwar in einer Weise, daß die approximale Schmelzwand vorerst erhalten bleibt, jedoch vom Inneren der Kavität aus dünn ausgeschliffen wird. Diese dünne Wand wird nachfolgend mit einem kräftigen Exkavator ausgebrochen (Abb. 63a u. b und 64a u. b).

Dies gilt nicht nur für das primäre Eröffnen einer mehrflächigen Kavität, sondern auch dann, wenn der betroffene Zahn bereits mit einer Füllung versehen ist. In diesem Fall wird die aus Füllungsmaterial bestehende dünne Wand mit dem Instrument ausgebrochen. Nur auf diese Weise bleibt der Nachbarzahn intakt. Ein zwischengelegtes Matrizenband bietet keinen ausreichenden Schutz.

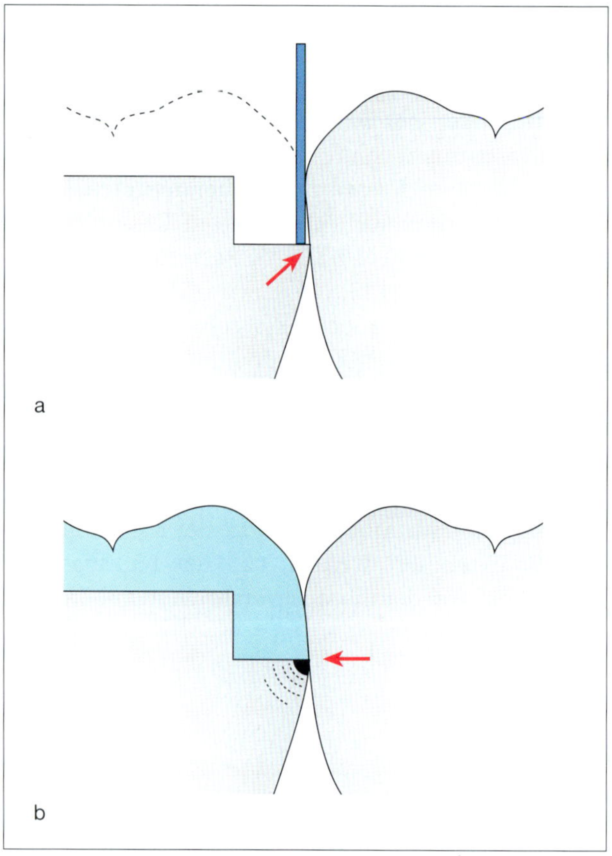

Abb. 62 Folgen eines nicht aufgehobenen Kontaktpunktes bei der Präparation im Approximalbereich.

a) Ein Matrizenband läßt sich nicht korrekt anlegen.
b) Karies am Füllungsrand wird begünstigt.

Mit keinem noch so kleinen rotierenden Instrument kann der Kontakt zum Nachbarzahn aufgehoben werden, ohne den Nachbarzahn zu tangieren. Dies muß aber unter allen Umständen vermieden werden (s. Abb. 20 a).

Eventuell doch verursachte Schliffspuren am Nachbarzahn oder an der Nachbarfüllung müssen zu diesem Zeitpunkt sorgfältig geglättet, mit Fluorid behandelt und wieder poliert werden. Dies ist auch der günstige Moment, frühere am Nachbarzahn gelegte Amalgamfüllungen zu kontrollieren und zu polieren. Nach Überprüfung und eventueller Behandlung des Interdentalbereiches (Gingiva, Konkremente) erfolgt das endgültige Auspräparieren der Kavitätenränder zervikal und lateral im Approximalbereich.

Approximale Stufe

Auch am Boden des approximalen Kastens muß der Kontakt zwischen den Zähnen aufgehoben werden, eine Forderung, die vor allem bei flächig engstehenden Zähnen (Oberkiefer-Molaren) unter Umständen viel gesunde Hartsubstanz kosten mag, die aber aus zwei Gründen unumgänglich ist (s. Abb. 62):

- Sicherstellung des korrekten Anlegens der Matrize
- Vermeidung eines Kariesneubefalles, der ansonsten mit Sicherheit am zervikalen Füllungsrand eintritt.

Auf keinen Fall darf aber der Füllungsrand gedankenlos in den Sulkusbereich extendiert werden mit der Maßgabe, ihn in eine Zone relativer Kariesimmunität zu verlagern. Kein Füllungsmaterial ist in der Lage, einen ähnlich guten Adaptationsschluß zur Gingiva zu gewährleisten wie die intakte natürliche Zahnoberfläche. Der Sulkusbereich ist alles andere als steril oder immun. Problematische Folgen solchen Vorgehens sind weniger die sekundäre Karies als eine Gingivitis/Parodontitis, die sich hier etablieren kann.

Die präparative Gestaltung des Kastenbodens ist ebenfalls Gegenstand der Diskussion. Black gestaltete den Kastenboden plan und empfahl eine Anschrägung mittels Gingivalrandschrägers (Abb. 65 a) [12]. Bronner stellte die Forderung auf, einen nach pulpenwärts abfallenden Winkel zu präparieren, im Bestreben, eine nach lateral gerichtete Bewegung der Füllungsmasse zu vermeiden (Abb. 65 b). Granath konnte nachweisen, daß diese Konzeption nur in Verbindung mit einem rechtwinkligen Übergang von okklusalem Kasten zur approximalen Stufe funktionsfähig ist [61]. Wird diese Kante aber abgerundet, so wird dies als Rotationspunkt eine Auswärtsbewegung der lateralen Füllungsmasse verstärken. Von Gabel stammt die Empfehlung, die Präparationsvorschläge von Black und Bronner zu kombinieren [53]. Er schlägt vor, die Außenschrägung mit einem Gingivalrandschräger durchzuführen und mit dem entsprechenden Instrument auf der Gegenseite eine pulpenwärts abfallende Schrägung zu präparieren (Abb. 65 c).

Die *Schmelzbruchkanten* an Boden und Wänden des Kastens müssen geglättet werden. Dies geschieht mit Schmelzmeißeln, Randschrägern und Gingivalrandschrägern (Abb. 66). Die Anwendung von rotierenden Instrumenten ist nur eingeschränkt möglich, da der Zugang zur zervikalen Stufe ausreichend Raum für solche Maßnahmen voraussetzt. Bei einer konservativ gehaltenen Kavität mit einem minimalen Extensionsabstand von $^{1}/_{2}$–1 mm nach lateral und zervikal ist dies nicht durchführbar. Rotierende Instrumente können lediglich eingesetzt werden bei:

- Fehlen eines Nachbarzahnes
- Vorliegen breit geöffneter Kavitäten durch eine frühere Versorgung
- Eröffnung einer Kavität am Nachbarzahn

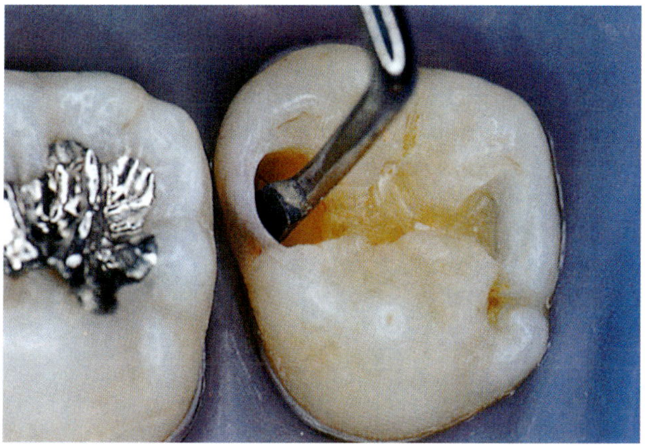

a

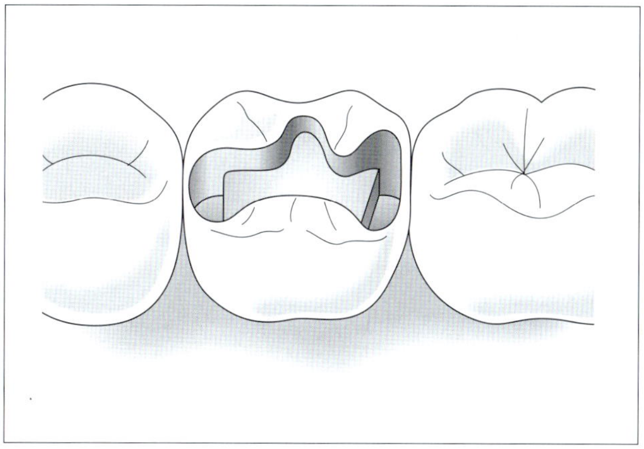

b

Abb. 63 Kavität mit erhaltener approximaler Schmelzwand.

a) Klinische Situation.
b) Schemazeichnung.

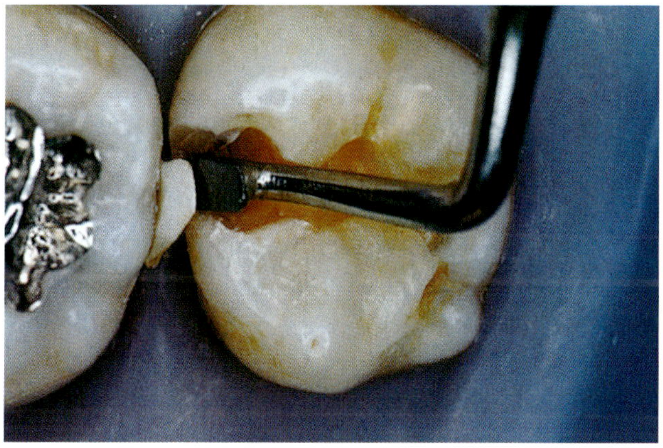

a

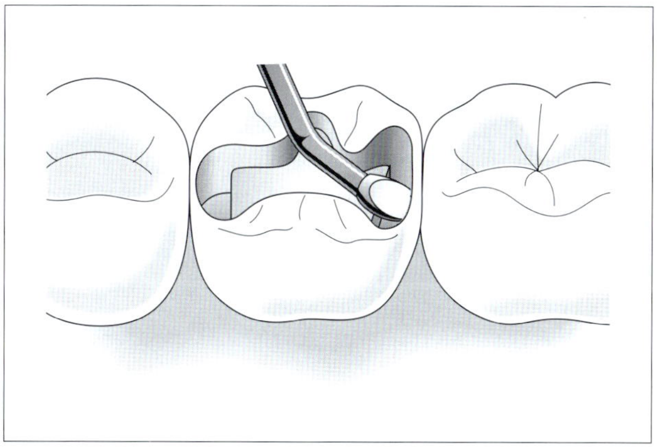

b

Abb. 64 Mit einem kräftigen Exkavator wird die Schmelzwand ausgebrochen.

a) Klinische Situation.
b) Schemazeichnung.

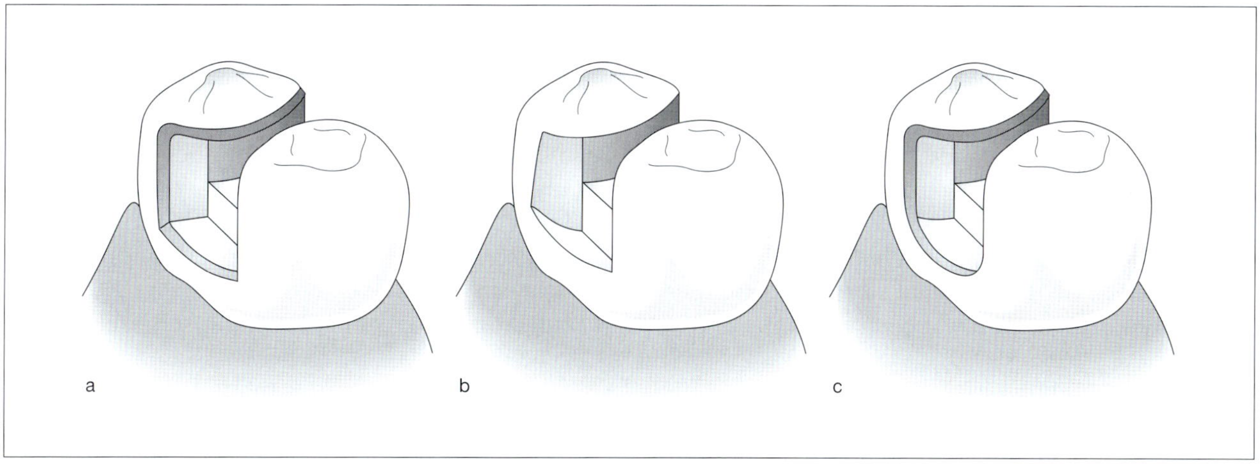

Abb. 65 Ausgestaltung des approximalen Kastens.

a) Nach der Empfehlung von Black ist der Kastenboden plan zu gestalten [12].
b) Nach Bronner fällt der Kastenboden nach zentral ab [20].
c) Nach Gabel wird die Bronner-Schrägung mit einer Außenschrägung kombiniert [20]. Verbunden mit der gerundeten Umrißform und mit einer nur dezenten Innenschrägung wird diese Präparationsform heute als ideal angesehen.

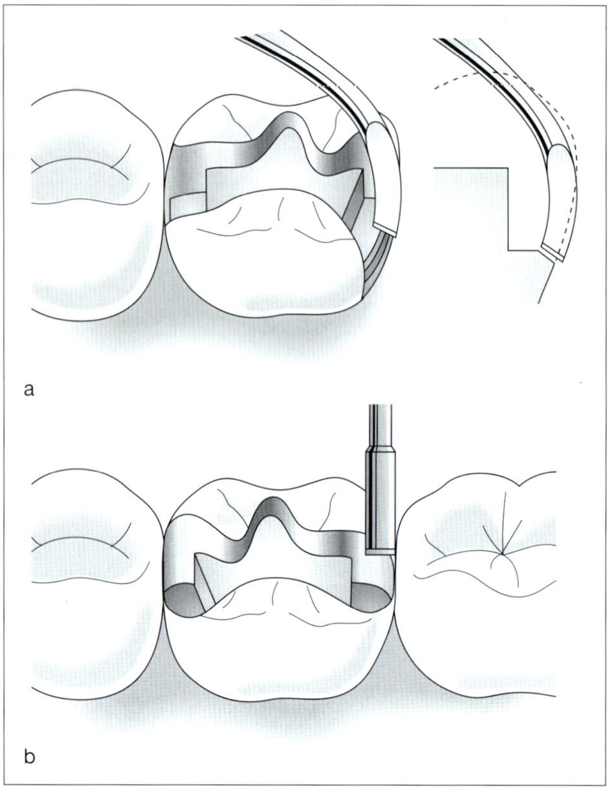

Abb. 66 Glättung der Bruchkanten.
a) Mit einem Gingivalrandschräger wird der zervikale Schmelzrand geglättet.
b) Mit einem Schmelzmeißel wird die lateral absteigende Kastenwand geglättet.

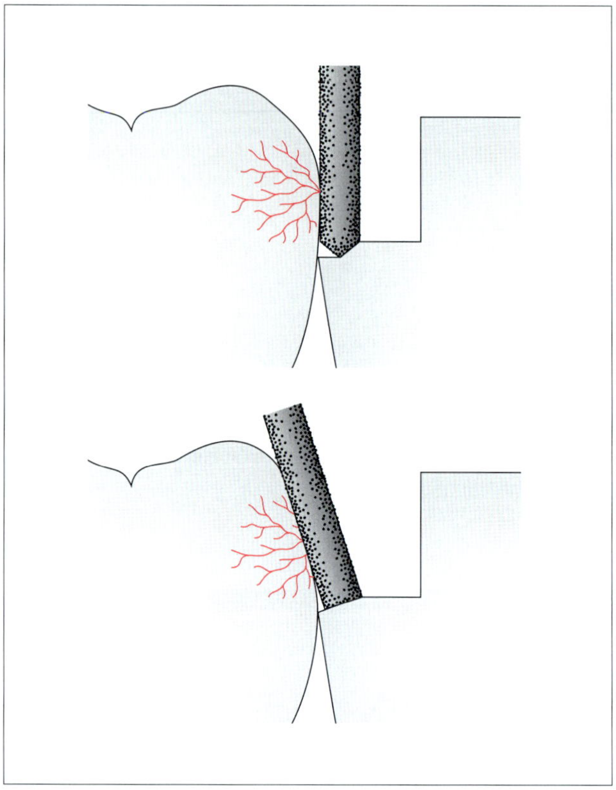

Abb. 67 Das Anschrägen des approximal-zervikalen Schmelzes ist bei engen Kontaktverhältnissen mit den empfohlenen Diamantenformen selten möglich (siehe Text).

Nur in diesen Fällen kann mit gewendelten Hartmetallfinieren oder Superfeinkorndiamanten finiert werden. BAKER empfiehlt dieses Vorgehen und beschreibt zu diesem Zweck die Anwendung eines torpedoförmigen Feinkorndiamanten mit einem Stirnwinkel von 135° oder einem schräg aufgesetzten zylindrischen Diamantschleifer [6]. Diese Vorstellung läßt sich aber nicht in Einzelzahnrestaurationen verwirklichen und ist bei frühzeitig und zierlich durchgeführten Präparationen kaum möglich, ohne den benachbarten Zahn zu verletzen (Abb. 67) (s. a. Abb. 24–26). Werden hingegen mehrere Kavitäten nebeneinander präpariert, sind diese Diamantenformen sinnvoll zu verwenden.

Zusammenfassung

Aus den Ausführungen verschiedener Autoren lassen sich einige prinzipielle Aspekte ableiten, die sowohl die Retentionsfähigkeit im Approximalbereich, dessen Gesunderhaltung und die Frakturvermeidung betreffen [2, 12, 20, 38, 39, 53, 60, 61, 65, 69, 71, 98, 104, 124, 128, 129, 147, 149, 154]:

- Der okklusale Kastenboden und die Wände gehen gerundet ineinander über. Dabei verlaufen die Kastenwände je nach Kavitätenbreite nach okklusal konvergierend (schmale Kavitäten) bzw. fast parallel (breite Kavitäten).
- Die pulpenaxiale Wand verläuft senkrecht zum okklusalen Kastenboden mit gerundetem Übergang.
- Absenken des okklusalen Kastenbodens nach approximal zur Verstärkung des Füllungsmaterials am Isthmus verringert nicht die Gefahr einer Isthmusfraktur der Füllung.
- Unterschnitte in den lateralen Kastenwänden, teilweise oder über die gesamte Länge, schwächen den Schmelzbereich, führen zu Kerbspannungen und sind materialtechnisch nicht erforderlich.
- Der BRONNER-Inklinationswinkel wird nur dezent ausgeführt.
- Die Extension nach lateral wird nur so breit wie eben nötig durchgeführt (ideal $^1/_2$–1 mm).
- Aus parodontalprophylaktischen Gründen sollte das Präparieren in den Sulkusbereich hinein nach Möglichkeit vermieden werden.

Kavitäten der Klasse V

(s. Übersichtstafel III, S. 145)

Kavitäten der Klasse V betreffen die Versorgung von Defekten im gingivalen Drittel von bukkalen oder lingualen Flächen der Zähne. Defekte in diesem Bereich können Erosionen, Zahnhalskaries oder keilförmige Defekte sein, sie können aber auch durch Abrasion entstanden sein. Sie stehen fast immer in Kontakt mit der Gingiva und sind häufig mit gingivalen Rezessionen assoziiert. Gerade dieser Faktor macht sowohl die Kavitätenpräparation als auch die spätere Versorgung problematisch [88].

Nach ROULET ist für die Klassifikation dieser Defekte die Lokalisation und die Beschaffenheit der Kavitätenwände von entscheidender Bedeutung [145]. Er unterteilt die Zahnhalsdefekte in vier Gruppen (Abb. 68):

- reine Schmelzlokalisation
- im Bereich der Schmelz-Dentin-Grenze, d. h. marginal im Schmelz, zervikal im Dentin oder Zement
- auf freiliegenden Wurzeloberflächen, d. h., die Kavitätenwände sind nur von Dentin begrenzt
- Ausweitung der Kavität in den Approximalbereich mit Gefahr des Kontaktes zu einer eventuell vorhandenen approximalen Füllung

Diese unterschiedliche Beschaffenheit der Kavitätenwände wirkt sich auf die Gestaltung der Kavität und die Wahl des Füllungsmaterials aus.

Indikation

Da in diesem Kapitel die Versorgung eines Defektes mit nicht adhäsiven Materialien besprochen wird, sollen hier jene Indikationen abgehandelt werden, die tatsächlich eine umfangreiche Präparation erfordern. Nicht jede Erosion, jeder keilförmige Defekt oder jede Abrasion muß zur Versorgung ausprāpariert werden. Andere Füllungsmaterialien wie Gla-

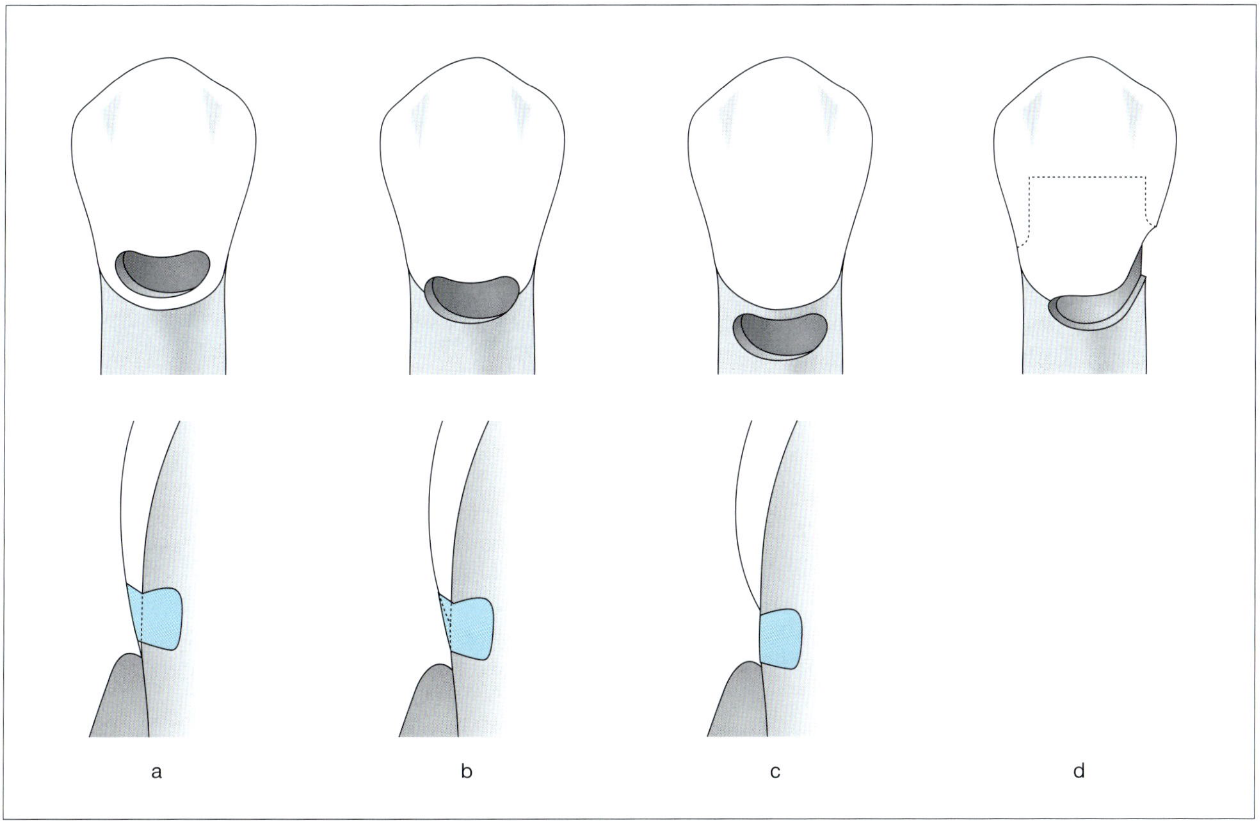

Abb. 68 Verschiedene Lokalisationen von Kavitäten im Zahnhalsbereich in Aufsicht und Querschnitt.

a) Reine Schmelzlokalisation.
b) Lokalisation im Bereich der Schmelz-Dentin-Grenze, d. h. koronal im Schmelz, zervikal im Dentin oder Zement.
c) Lokalisation auf freiliegenden Wurzeloberflächen, d. h. die Kavitätenwände sind nur von Dentin begrenzt.
d) Ausweitung der Kavität in den Approximalraum mit Gefahr des Kontaktes zu einer eventuell vorhandenen approximalen Füllung.

sionomerzemente oder Komposite verlangen nur geringfügige oder gar keine Präparation. Gerade bei Kavitäten der Klasse V wird die Konkurrenz anderer Füllungsmaterialien zu Amalgam besonders deutlich. Composites und Glasionomerzemente haben hier die Amalgamanwendung stark eingeschränkt. Molaren und Zähne, über die Klammerarme hinweg laufen, bilden den wesentlichen Indikationsbereich. Als Indikationsbereich der Klasse-V-Amalgamfüllung soll hier vor allem der kariesbedingte Zahnhalsdefekt genannt sein oder eine der obengenannten Erscheinungen, die mit starker Dentinsensibilität verknüpft und im Seitenzahnbereich lokalisiert sind. Defekte und Kavitäten an Prämolaren, Eck- und Frontzähnen bleiben zumeist anderen Füllungsmaterialien vorbehalten.

Zahnhalskavität und Sulkusbereich

Ein Aspekt darf bei dieser Kavitätenklasse nicht außer acht gelassen werden: Ist der Defekt ausschließlich kariesbedingt, so muß davon ausgegangen werden, daß die häusliche Mundhygiene mangelhaft ist. Liegt ein Defekt vor bei gleichzeitiger gingivaler Rezession, so muß die mangelnde Widerstandsfähigkeit von Zement und Dentin gegen den kariösen Angriff mit bedacht werden.

Die Therapie mit Füllungen bei Kavitäten der Klasse V wird immer ungenügend sein, wenn die Mundhygiene des Patienten nicht verbessert wird [98, 106, 116, 124, 143].

Diese Füllungen liegen stets im Bereich der frühen Plaquebildung. Füllungsrand und Plaqueretentionsstellen treffen, abgesehen vom zervikalen Rand approximaler Füllungen, hier immer aufeinander. Der gesamte Füllungsrand ist von dieser Situation betroffen. Im Gegensatz zur Klasse-II-Füllung ist aber der Kavitätenrand gut kontrollierbar, soweit er nicht weit unter den Gingivalsaum präpariert wurde. Untersuchungen von DUNKER und EIFINGER [32] sowie FRANKE [148] bestätigen die kritische Situation im gingivalen Randbereich und widersprechen damit der Ansicht BLACKS von einer „relativen Kariesimmunität" dieser Zone.

Die Lokalisation der Kavität im Sulkusbereich, die einen ständigen Kontakt mit der Gingiva bedingt, stellt besondere Anforderungen an das Füllungsmaterial, vor allem an dessen Gewebeverträglichkeit und Polierbarkeit. Unter diesen Aspekten sind metallische Materialien, also gegossene Füllungen und das hochglanzpolierbare Amalgam, besonders aber die aus der Praxis leider weitgehend verschwundenen Goldhämmerfüllungen [121, 158] hervorragend geeignet.

Hier wie bei den bereits beschriebenen Kavitäten der Klasse I und II gilt es, für das Füllungsmaterial eine kastenförmige Retentionsform zu präparieren. Die Umrißformen ergeben sich im wesentlichen aus der Lokalisation der die Entmineralisierung verursachenden Plaque.

Kavitätenform

Die klassische Nierenform der Kavität ist heute nur noch für gegossene Restauration Basis der Präparation (Orientierung beim Zementieren). Sowohl der zervikale als auch der koronale Kavitätenrand folgen dem Verlauf der marginalen Gingiva und werden bogenförmig miteinander verbunden.

Der Boden der Kavität wird nicht plan gearbeitet, sondern parallel zur Außenkurvatur der Zahnoberfläche. Die Seitenwände sollten senkrecht auf den Kavitätenboden auftreffen. Ein Planieren des Kavitätenbodens kann die Pulpa gefährden (Abb. 69a u. b).

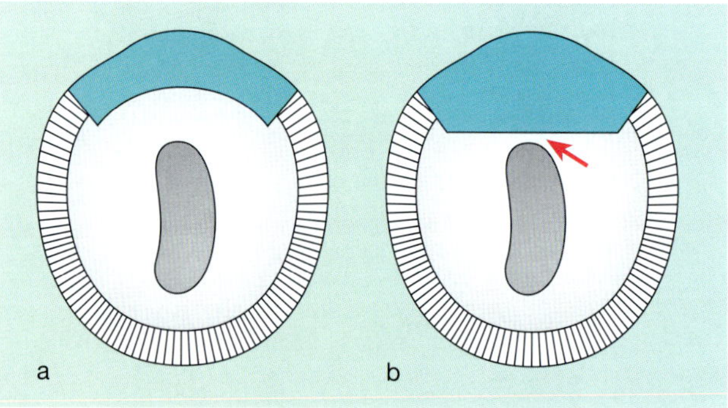

Abb. 69 Das Planieren des Kavitätenbodens bei Zahnhalskavitäten kann die Pulpa gefährden (b). Korrekt ist die Gestaltung parallel zur Außenkurvatur des Zahnes (a).

Um dies sowie eine gleichmäßige Tiefe der Kavität zu erreichen, sollten hier zur primären Ausformung der Kavität zylindrische Schleifkörper mit gerundeten Kanten eingesetzt werden (Abb. 70a u. b). Eine Präparationstiefe von $1^1/_2$–2 mm sollte eingehalten werden, eine Kariesfreiheit in dieser Tiefe

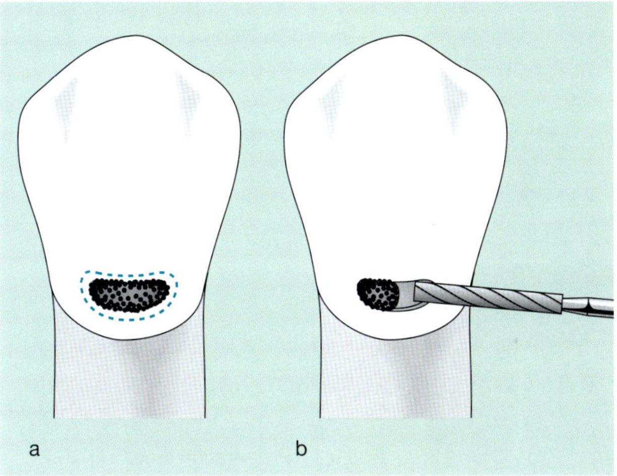

Abb. 70 Zahnhalskaries (a): Eröffnung der Kavität mit einem zylindrischen Schleifkörper (b).

vorausgesetzt. Die laterale Ausdehnung der Kavität kann oftmals Schwierigkeiten bereiten, wenn die Entmineralisation bis in den Interproximalraum vorgedrungen ist und damit die Gefahr besteht, sowohl eventuell vorhandene MOD-Füllungen zu tangieren als auch die Füllung in Bereiche auszudehnen, die der Mundhygiene weniger gut zugänglich sind. Je weiter die Ausdehnung in den Interproximalraum reicht, desto schwieriger werden Präparation und Füllbarkeit der Kavität.

Nach Vorschlägen von FERRIER soll der Umriß der Zahnhalskavität trapezförmig gestaltet werden, mit der breiteren Basis nach koronal (Abb. 71 a u. b) [46]. Sein Konzept ist eine koronale, der Okklusionsebene parallele Kavitätenbegrenzung. Dazu wiederum parallel ist die gingivale Wand, die immer subgingival liegen soll. Dieses Vorgehen entsprach dem damaligen Konzept der „relativen Kariesimmunität" des gingivalen Sulkusbereiches. Es wurde von MARKLEY in Form einer etwas schmäleren gingivalen Basis minimal modifiziert [106]. GAINSFORD folgte zumindest im zervikalen Kavitätenrand wieder dem Verlauf der Gingiva [54].

Die Umrißformen, die FERRIER beschrieb, sind im wesentlichen an den Erfordernissen einer Goldfolienfüllung orientiert. Auch die Modifikation nach MARKLEY brachte wenig Änderung. Bei der heutigen Ansicht über gerundete Kavitätenformen erscheint diese Kavitätenform zumindest fraglich. Während MARKLEY sogar empfiehlt, mit Hilfe der Bildung eines kleinen Zahnfleischlappens die zervikale Kavitätenwand subgingival zu versenken [54], sollte nach heutigen Erkenntnissen auch hier eine subgingivale Präparation, wenn immer möglich, unterbleiben.

Zahnhalsfüllungen unterliegen fast ausschließlich Zugkräften. Daher müssen bei dieser Kavitätenform für das Füllungsmaterial unter sich gehende Bereiche gefordert werden.

Der gesamte Kavitätenbereich sollte möglichst leicht unter sich gehend präpariert werden, um zu vermeiden, daß Schmelzpartien unterminiert werden (Abb. 72 a u. b).

Eine Besonderheit stellt die Lage der Dentinkanälchen im zervikalen Bereich dar. Nicht nur vom Boden der Kavität, sondern auch von der zervikal gelegenen Seitenwand ziehen diese pulpenwärts [147]. Dem sollte beim Aufbringen der Unterfüllung und beim Anlegen der Retentionen Rechnung getragen werden.

Kavitätenrandbereich

Im Bereich des zervikalen Schmelzrandes ist auf den Neigungswinkel der Schmelzprismen zu achten, die hier mit einer Neigung von ca. 20–30° nach außen abfallen [68]. Zusätzlich wird darauf hingewiesen, daß der zervikale Schmelzbereich minderstruktu-

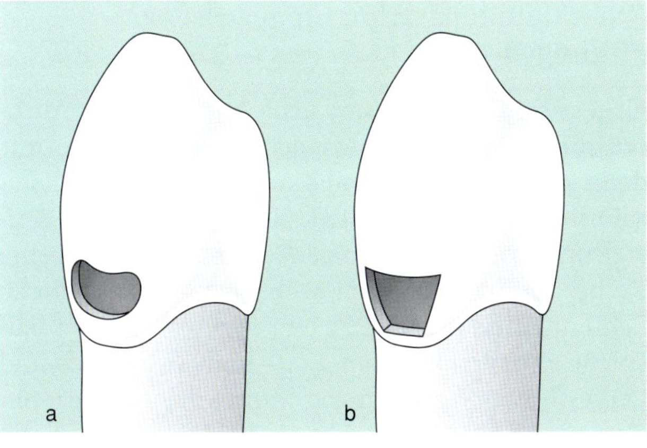

Abb. 71 Umrißform für Zahnhalskavitäten nach der Empfehlung von BLACK a) und FERRIER (b).

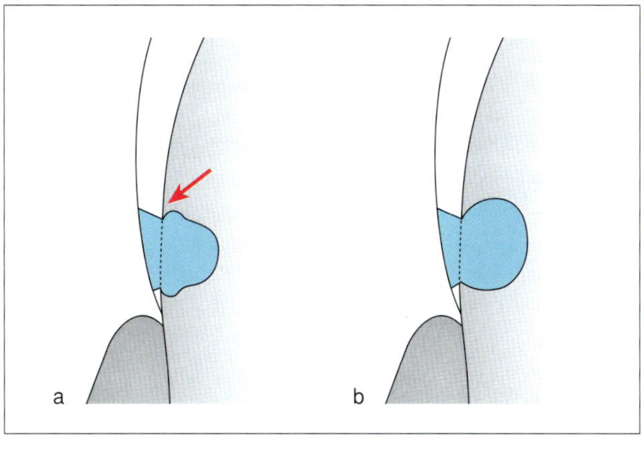

Abb. 72 Bei der Präparation von Zahnhalskavitäten muß darauf geachtet werden, daß die Schmelzanteile nicht unterminiert werden (a), sondern möglichst die gesamte Kavität unter sich gehend gestaltet wird (b).

a

b

Abb. 73 Präparation einer Zahnhalskavität.

a) Nach der Primärpräparation (Objektivvergrößerung 40 ×).
b) Nach dem Finieren des Schmelzrandes zervikal (Objektivvergrößerung 160 ×).

riert und -mineralisiert ist [68, 147]. Dies hat Konsequenzen in bezug auf seine Belastbarkeit. Hier, wie auch bei den vorher beschriebenen Kavitätenformen, ist es unerläßlich, den Schmelzrand nach der Primärpräparation nachzuarbeiten (Abb. 73a u. b). Arkansassteinchen oder Feinkorndiamanten (15 µm) sind das Mittel der Wahl. Liegt zervikal noch Schmelz vor, so ist die Bearbeitung vor allem im Unterkieferbereich oftmals durch die beengten Raumverhältnisse im Mundvorhof erschwert. Sowohl vom Anlagewinkel als auch von der Handhabung her erweisen sich schwach gebogene Schmelzmeißel als hervorragend geeignet, diesen Arbeitsschritt zu bewältigen (Abb. 74). Ist zervikal nur noch wenig Schmelz vorhanden, so ist dieser ebenfalls mit dem Handinstrument sorgfältig zu entfernen. Erweist sich die Gingiva als entzündet oder überragt sie die zervikale Kavitätenwand, so sollte sie durch eine lokale, dezente Gingivektomie entfernt werden. Die Abheilung der Schnittwunde sollte vor dem Legen der definitiven Füllung abgeschlossen sein, um ein Einsickern von Sekreten während des Füllungsvorganges zu verhindern. Ein Kofferdam mit speziellen Zahnhalsklammern stellt sicher, daß die Füllung unter trockenen Verhältnissen gelegt wird. Diese Vorgehensweise ermöglicht es, gerade diesen kritischen Randbereich gut kontrolliert finieren zu können.

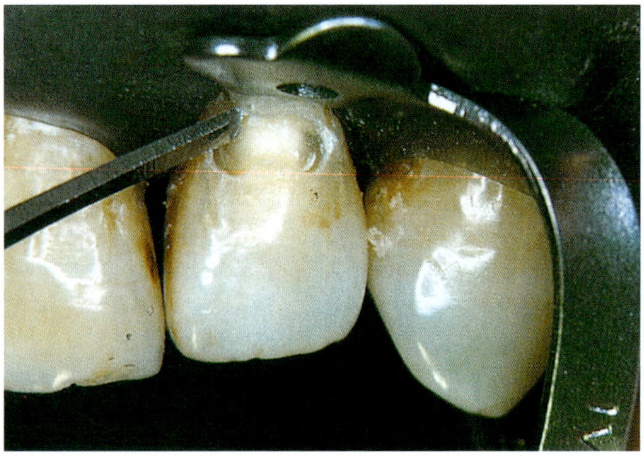

Abb. 74 Flach gebogene Schmelzmeißel eignen sich besonders gut zum Glätten zervikaler Schmelzränder bei Zahnhalskavitäten.

Kavitätenpräparation für gegossene Füllungen

Gegossene Füllungen sind nach Ansicht vieler Autoren die dauerhafteste Art der Versorgung, die mit dem geringsten Sekundärkariesrisiko verbunden sein soll [11, 68, 83, 85, 131, 136, 142, 149]. Die Herstellung von Gußfüllungen erfordert jedoch eine Reihe von Arbeitsgängen, wobei jeder eine mögliche Fehlerquelle darstellt [22]. Um zu gewährleisten, daß solche mit erheblichem Zeit- und Kostenaufwand hergestellten Versorgungen während der erwarteten Tragezeit sicher ihre Funktion erfüllen, müssen alle Arbeitsschritte mit peinlichster Sorgfalt durchgeführt werden. Ein gutes Ergebnis der Restauration im Metallgußverfahren erfordert Vorleistungen, die besonders sorgfältige Präparation voraussetzt, was die spätere Einschubrichtung der gefertigten Restauration angeht. In allen Bereichen müssen die Kavitätengrenzen in der Abformung für den Techniker deutlich nachvollziehbar sein. Eventuell müssen Maßnahmen, wie Papillektomie, Gingivoplastik oder Gingivektomie der Gestaltung der definitiven Präparationsgrenzen vorausgehen.

Generell sollten Kavitätenpräparationen für Goldgußfüllungen so gestaltet sein, daß die Gußfüllung über Retention in der Kavität verankert wird. Der Zement beim Einsetzen allein genügt nicht, um den Halt der Füllung zu sichern.

Indikation der gegossenen Metallrestauration

Der heutige Einsatzbereich dieser Füllungstechnik liegt schwerpunktmäßig bei der Zweit- (Dritt-, usw.) Versorgung von Kavitäten.

Der kariöse Befall von Fissuren oder die Entmineralisierung im Bereich des approximalen Schmelzes sind zuverlässig mit sehr viel substanzschonenderen Präparationen für adhäsive Füllungsmaterialien zu versorgen.

Da auch gegossene Metallrestaurationen bei ein- oder zweiflächigen Kavitäten mit einer Neuerkrankungsrate von 40–60 % in den ersten fünf Jahren belastet sind, erscheint der Aufwand für Präparation, Abformung, Labortechnik bei geringer Defektausdehnung kaum gerechtfertigt.

Somit ist die Indikation vor allem bei größeren Defekten zu sehen, insbesondere dann, wenn im Sinne von Teilkronen das okklusale Feld und Höcker zu rekonstruieren sind. Ebenso können sie Hilfsmittel sein, die Bißhöhe wiederzuherstellen.

Prinzipiell ist eine Präparation für gegossene Restaurationen mit höherem Substanzverlust auch gesunder Hartsubstanzen verbunden, als dies bei plastisch zu füllenden Kavitäten der Fall ist.

Aus ästhetischen Erwägungen sind heute gegossene Edelmetallrestaurationen aus dem Bereich der Versorgung im Frontzahnbereich völlig verschwunden. Approximale Füllungen der Klasse III oder Kantenaufbauten sind heute nur noch sehr selten im Patientenmund zu finden.

Definierte Präparationsgrenze

Die Präparationsgrenze einer Goldgußfüllung muß so gestaltet werden, daß der Techniker einen möglichst nicht mehr sondierbaren Übergang zum gesunden Schmelz gestalten kann. Beim Anlegen einer solchen Präparationsgrenze muß darauf geachtet werden, daß Kontakte der okkludierenden Höcker des Gegenzahnes nicht direkt auf diesem Übergang liegen, da ansonsten die Gefahr des Aufbiegens dünner Metallränder besteht. Die Okklusionskontakte sollten vor der Präparation der Anschrägung markiert werden. Der Behandler muß nun die Entscheidung treffen, ob er diesen Kontakt mit in die Präparation einbezieht und damit zu einem okklusalen Kontakt auf der Gußfüllung macht, oder ob er diesen im gesunden Schmelzareal beläßt und die Präparation vor dem Kontaktareal enden lassen kann.

Diese Schrägung verringert die Breite des Zementspaltes und ermöglicht einen guten Übergang zum gesunden Schmelz, der mit der Sonde nicht fühlbar sein soll. Hier stellt sich die Frage nach der Gestaltung dieses „Federrandes". Für die *Randgestaltung* bei Goldgußfüllungen sind viele verschiedene Vorschläge gemacht worden. Die Frage berührt sowohl das Problem der Randdichte einer Goldgußfüllung als auch der Belastung der verbliebenen Höcker.

Nach den Empfehlungen von Black sollte das obere Viertel der Schmelzschicht in einem Winkel von ca. 25° angeschrägt werden [12]. Walkhoff und Hess empfehlen eine Schrägung von 30–40° [164]. Nach E. Harndt ist eine divergierende Schmelzzone mit einer Neigung von 15° zu präparieren [66, 67]. Nach R. Harndt und Motsch sollte der Winkel der Schrägung 45° betragen [69, 120, 122]. Fuchs und Meier empfehlen, von exakt definierten Winkelgraden abzugehen und die Schrägung „möglichst breit zu gestalten" [51, 109]. Dies steht im Einklang mit den Empfehlungen von Motsch [119]. Auch er will die okklusale Schrägung bis fast zur Höckerspitze ausgedehnt wissen. Er begründet dies damit, daß der Zementspalt bei zunehmender Breite des Federrandes gegen 0 geht. Dieses Vorgehen sichert auch die Paßgenauigkeit der Goldgußfüllung trotz Gußschrumpfung (Abb. 75). Das Problem „Federrand" und dessen Präparation wird durch die Arbeiten von Tucker

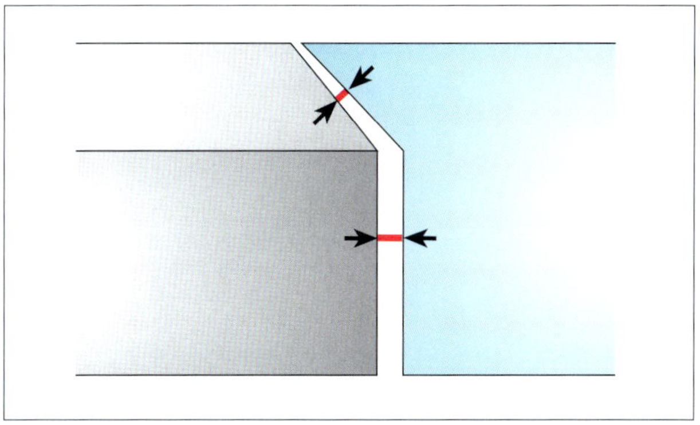

Abb. 75 Bei zunehmender Breite des Federrandes wird der Zementspalt schmäler.

in Frage gestellt [158]. Neue Randbearbeitungstechniken und genaueste Auswahl der Metallegierung führen zu Überlegungen, möglicherweise gänzlich auf dessen Präparation zu verzichten.

Kavitäten der Klasse I

(s. Übersichtstafel IV, S. 146)

Wie oben erwähnt, ist das rein okklusale Inlay nur in wenigen ausgewählten Fällen indiziert. Die Absicherung der Kariesfreiheit approximal sollte über alle einsetzbaren Methoden erfolgt sein (Röntgenbild, Durchleuchtung und sorgfältige Untersuchung mit der gebogenen Sonde).

Die *Primärpräparation* erfolgt mit einem zylindrischen Diamanten mit gerundeten Kanten. Die Wände der Kavität sollten parallel zueinander präpariert werden, um Retention zu schaffen und die Einschubrichtung zu sichern; auch eine leichte Konizität, ca 3–6°, wurde beschrieben [25, 80]. Die Kavitätenränder sollen eine gut definierte Anschrägung aufweisen, die in allen Bereichen der Kavität und in der späteren Abformung erkennbar sein muß.

Die Integrität des *approximalen Schmelzwulstes* muß bei der Präparation für ein okklusales Inlay erhalten bleiben. Zur Präparation der Schrägung sind Arkansassteine oder Feinkorndiamanten zu verwenden (Abb. 76).

Beim späteren Einsetzen der Gußfüllung sollte der dünn auslaufende Metallrand durch den Brüniervorgang besser an die Zahnhartsubstanz adaptiert werden. Bei dieser Schrägung der Schmelzränder gilt es, dieselben Vorsichtsmaßnahmen zu beachten, die beim Finieren der Kavitätenränder besprochen wurden (s. S. 126ff.). Höchsttourige Präparationen vermögen den Randschmelz irreversibel zu schädigen; die Drehzahlen sollten daher den Hochgeschwindigkeitsbereich nicht überschreiten. Für die Randschrägung bei der Gußfüllung wird auch die Anwendung von Schmelzmeißeln und Margintrimmer (Randschräger) beschrieben [158].

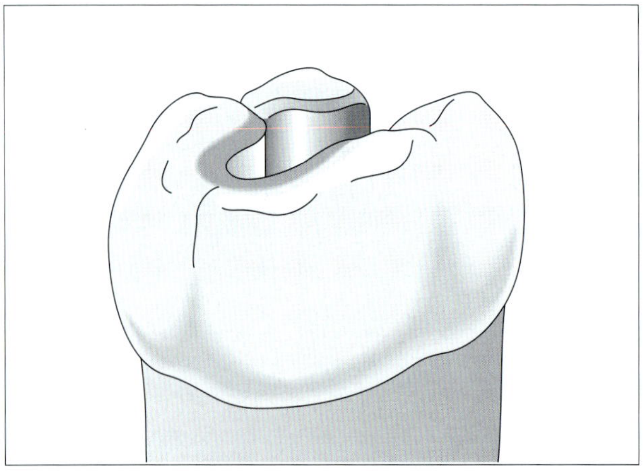

Abb. 76 Der Federrand muß deutlich erkennbar sein.

Kavitäten der Klasse II (s. Übersichtstafel V, S. 147)

Die mehrflächige Füllung, mit Schutz für einen oder mehrere Höcker präpariert, wird mit unterschiedlichen Begriffen bezeichnet. Nach Klaiber wird folgende Unterscheidung getroffen [86]:

Inlay:	Die Kaufläche ist nicht vollständig mit Metall bedeckt.
Onlay:	Die gesamte Kaufläche und die Höckerspitzen sind mit Metall bedeckt.
Overlay:	Die gesamte Kaufläche ist mit Metall bedeckt, die Höcker sind überdeckt (bukkal und lingual mit einem Außenschliff versehen).
Stufen und Teilkronen:	Im Gegensatz zum Overlay sind die zentrischen Höcker mit einer außen geschrägten Stufe präpariert. Die Scherhöcker sind mit einfachem Außenschliff versehen oder, wie beim Onlay, überdeckt. Die Präparationsränder liegen supragingival.

Ingraham verwendet die Begriffe Inlay und Onlay auch im Sinne des Overlays und unterscheidet sie von Teil- und Dreiviertelkronen [75]. Bei Le Huche ist der Begriff Overlay nicht zu finden [99]. Selbst die dargestellten Teilkronen werden dort als Onlays bezeichnet. Auch in den kürzlich erschienenen Neuauflagen von Baum und Sturdevant werden ausschließlich die Begriffe Onlay und Inlay verwendet [7, 157].

Im weiteren soll der Begriff *Inlay* für eine Gußfüllung mit rein intrakoronaler Präparation des okklusalen Bereiches verwendet werden, *Onlay* für eine Präparation, die einen oder mehrere Höcker übergreift, sowie *Teilkrone* für eine Präparation, die den lingualen Anteil der klinischen Krone bis supra- oder auch subgingival (falls notwendig) faßt, sei der bukkale Kronenanteil nun übergriffen oder nicht.

Die mehrflächige Inlay-Präparation folgt im wesentlichen den Erfordernissen und Gegebenheiten, wie sie schon bei der Präparation für mehrflächige Amalgamfüllungen beschrieben wurden (s. S. 297ff.). Die Prinzipien der Kombination von okklusaler und approximaler Kastenpräparation sind identisch, auch wenn hier mit zylindrischen Präparationsinstrumenten gearbeitet werden sollte. Die Extension nach zervikal und lateral im Approximalbereich folgt ebenfalls denselben Kriterien.

Unterschiedlich erfolgt auch die *Randpräparation* für Goldgußfüllungen in Form der Randschrägung okklusal (wie oben beschrieben) und der Präparation im Randbereich des approximalen Kastens. Einige Hochschulen formen Inlay-Präparationen absolut klassisch ohne Randschrägungen aus [70].

Bei der Inlay-Präparation sollte insbesonders darauf geachtet werden, daß die *Einschubrichtung* für das spätere Inlay gesichert bleibt. Kleinere *Ungenauigkeiten* können am Modell ausgeglichen werden, soweit sie nicht im Randbereich der Präparation entstanden sind. Dies betrifft vor allem unter sich gehende Bezirke der Präparation. Um solche Komplikationen zu vermeiden, kann die gesamte kariesfreie Kavität mit Phosphatzement oder Glasionomerzement aufgefüllt werden; erst dann wird die endgültige Präparation herausgearbeitet.

Deutlich *angeschnittene Nebenfissuren* werden im Sinne der Schmelzplastik (enamelo-plastic [7, 157]) ausgeschliffen und in die Randschrägung einbezogen oder, wenn sie tiefgehend eingezogen sind (Dentinbereich), mit in die Präparation der Gesamtkavität einbezogen.

Nach Abschluß der Präparation sollte nochmals die *Stabilität der einzelnen Höckeranteile* und ihr Bezug zu den okklusalen Verhältnissen überprüft werden. Hier muß die Entscheidung getroffen werden, ob eine rein intrakoronale Präparation beibehalten werden kann, oder ob ein einzelner Höcker oder mehrere Höcker im Sinne einer Onlay-Präparation gefaßt werden müssen.

Werden einer oder mehrere Höcker geschützt, so ist das Vorgehen das gleiche wie bei der Kronenpräparation, mit dem Unterschied, daß möglichst supragingival präpariert wird (s. Bd. 5).

Für die Randgestaltung approximal bieten sich verschiedene Schleifertypen an: torpedoförmige, flammenförmige und spitz zulaufende Diamanten verschiedener Größe, je nachdem, ob für Prämolaren oder Molaren vorgesehen (Abb. 77a u. b) [6, 9, 14, 36, 68, 80, 109, 134, 136, 142]. Die Schliffbilder, die sich hieraus ergeben, sind schulter- oder hohlkehlenähnlich oder ein glatter Anschliff. Auch Stufenpräparationen mit anschließender Abschrägung werden empfohlen. Die Tendenz, wie bei Kronenpräparationen für den Zahntechniker klar sichtbare Präparationsgrenzen zu schaffen, bestimmt weitgehend die Anforderungen. Neben der Präparation mit rotierenden Instrumenten wurde von TUCKER vorgeschlagen, die Sekundärpräparation für Inlays mit Handinstrumenten durchzuführen [158, 159]. Die Primärpräparation erfolgt, wie vorgehend beschrieben, mit Diamantschleifern. TUCKER empfiehlt eine Divergenz der seitlichen Kavitätenwände von 10°. Er ist der Ansicht, daß eine Randbearbeitung der Kavität ausschließlich mit Handinstrumenten genügend genau sein kann. Nur auf diese Weise sei es möglich, exakte Winkel zu schaffen. Er empfiehlt Schmelzmeißel, Randschräger und Gingivalrandschräger. Die letzteren sind, verglichen mit denselben Instrumenten für die Amalgamfüllung, mit einem steileren Schnittwinkel versehen (s. S. 101).

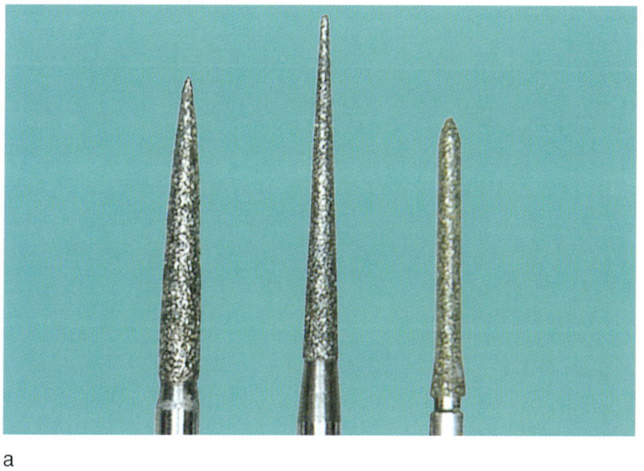

a

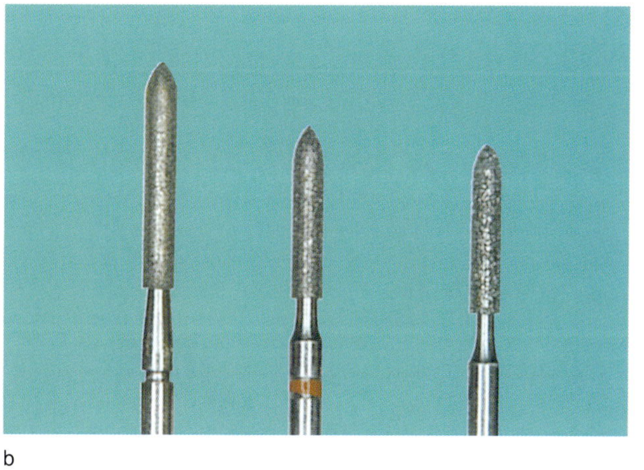

b

Abb. 77 Diamantschleifer für die approximale Randgestaltung.

a) Flammenförmige, nadelförmige und torpedoförmige Diamantschleifer.

b) Verschiedene torpedoförmige Diamantschleifer.

Die Randpräparation im okklusalen Anteil erfolgt mit rotierenden Instrumenten. TUCKER empfiehlt einen Anlagewinkel von 15°. Auf keinen Fall dürfe die Anschrägung in der Ebene der Höckerflächen liegen, um eine klare, aber nicht zu breite Abgrenzung zum intakten Schmelz zu schaffen. Da Goldgußfüllungen vor allem dann angezeigt sind, wenn größere Hartsubstanzverluste vorliegen (s.a. S. 261ff.) [134], ist die Kombination der Inlay-Präparation mit höckerschützenden Maßnahmen ein häufiger Fall. Für die Außenpräparation überkuppelter Höcker gelten dieselben Kriterien wie für die Kronenrandpräparation.

Empfehlungen reichen vom sogenannten Außenschliff in dachförmiger Gestaltung [119] über die Gestaltung mit torpedoförmigen Schleifern zur Schulterpräparation mit abgeschrägter Stufe. Bei der Überdeckung der Höcker muß bedacht werden, ob okklusionstragende Höcker oder sogenannte Scherhöcker präpariert werden. Im Bereich der ersteren sollte die Außenpräparation tiefer nach zervikal reichen als bei den nichttragenden Höckern und als Stufe mit Abschrägung oder als Hohlkehle präpariert werden (Abb. 78a u. b).

Es besteht keine Notwendigkeit, sich starr auf ein Präparationssystem für den Approximalbereich zu fixieren. Form und Ausdehnung des kariösen Defekts stellen uns immer wieder vor die Aufgabe, die Entscheidung zu treffen, wie ein bestimmter Zahn möglichst substanzsparend versorgt und präpariert werden kann. Dabei sollten alle einsetzbaren Präparationstechniken überdacht und auch eingesetzt werden können (Abb. 79a–d, 80, 81a–c).

Inlay oder Onlay?

PRESERN und STURB kommen in einer Untersuchung zu dem Fazit: „Die höhere Mißerfolgsquote der Inlays (intrakoronale Präparation) gibt Anlaß dazu, sie aus dem Repertoire des rekonstruktiv tätigen Zahnarztes zu streichen." [137] Auch KAISER und Mitarbeiter vertreten diese Auffassung [80]. Hauptargument gegen die Präparation von Inlays ist bei diesen Autoren die Frakturgefahr der verbliebenen Höcker. In sogenannten Streßuntersuchungen, meist an zweidimensionalen Modellen, stellt EL-EBRASHI fest, daß nur eine ausreichende Metalldicke die Belastung der Resthöcker reduziere [28, 43]. Die Kombination mit Pins trage wenig zur Verminderung der Belastung bei. FARAH differenziert zwischen breiten und schmalen Kavitätenpräparationen und empfiehlt bei schmalen Kavitäten, die Federränder nicht zu breit anzulegen [44]. FISHER empfiehlt aufgrund seiner Belastungsuntersuchungen der Zentralfissur generell die Onlay-Präparation [47]. KAYSER bezieht sich auf SHILLINGBURG, der feststellt, daß durch eine intrakoronale Präparation die Länge der Höcker bei gleicher Basis 2–3mal größer sei [150]. Entsprechend wirke ein größerer Hebelarm. Inlays sollen wie ein Keil auf den verbliebenen Zahn einwirken, vor allem wenn leicht konisch präpariert wurde. Die plastische und elastische Verformung der Gußfüllung sprenge die Höcker auseinander.

Dieser Ansicht tritt MOTSCH entgegen [119]. Er weist einen Stauchungsmechanismus der verbliebenen Höcker nach. Die vorgenannte Feststellung besitzt jedoch auch Gültigkeit bei Präparationen für alle anderen Füllungsmaterialien. Es ist aber undenkbar, aus diesem Grunde auch andere Füllungsmaterialien abzulehnen. Wäre dieser Mechanismus zutreffend, unsere Klinik wäre, wie andere auch, permanent damit beschäftigt, frakturierte Höcker wieder aufzubauen, werden doch Jahr für Jahr Hunderte von intrakoronal präparierten Inlays angefertigt. Selbst wenn die Frakturrate bei ca. 3,85% läge [137], so ist dies unseres Erachtens noch kein Grund, von vornherein umfangreiche Präparationen vorzunehmen, die als mögliche Zweitversorgung nur noch die Gußkrone zulassen. Die von PRESERN angegebene Sekundärkariesrate für Inlays wird nicht dahingehend aufgeschlüsselt, ob es sich in der Kontrolle ausschließlich um MOD- oder auch um okklusale und zweiflächige Inlays gehandelt hat [137]. Werden bei der Präparation von Goldgußfüllungen, wie es PANTKE empfiehlt, ausschließ-

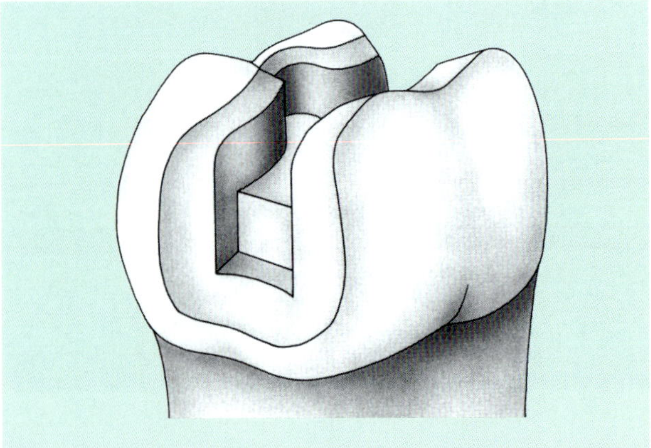

a

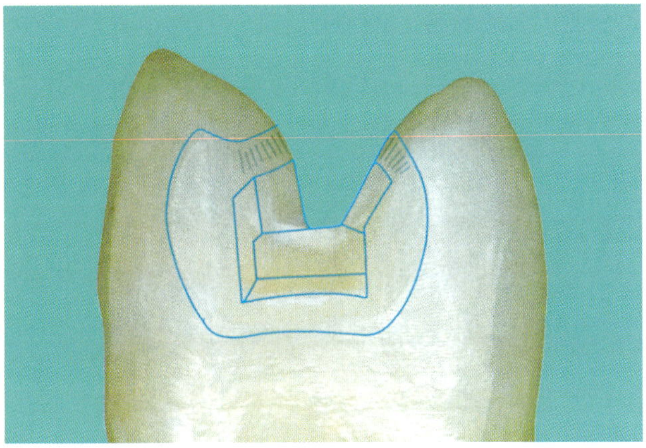

b

Abb. 78a und b Die Hohlschliffpräparation ist insbesondere bei Prämolaren substanzsparend.

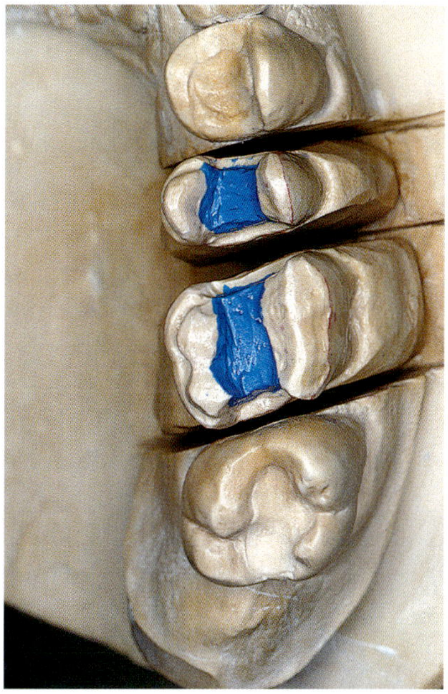
a

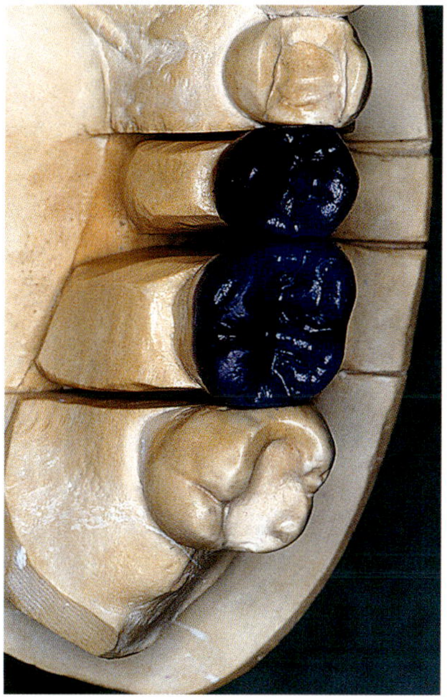
b

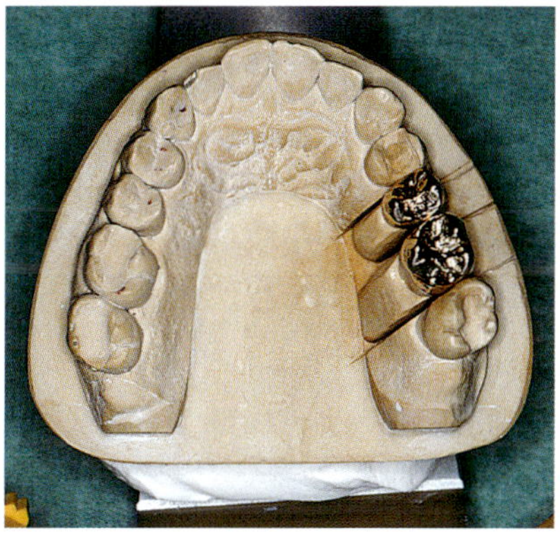
c

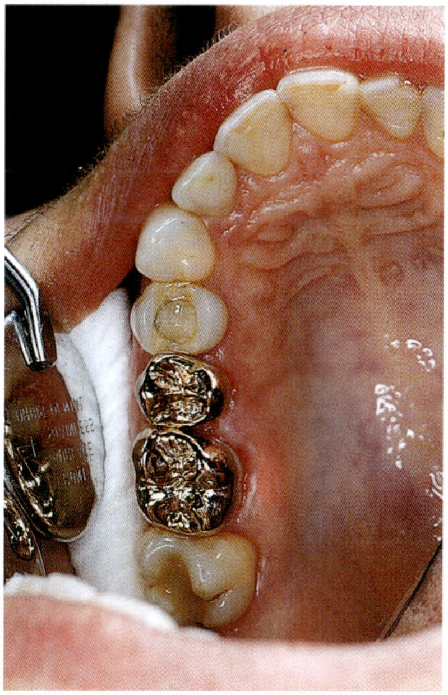
d

Abb. 79 Präparation zweier Teilkronen.

Verschiedene Randpräparationsinstrumente sind hier eingesetzt worden. Gerundete Zylinder für die Stufen palatinal (Arbeitshöcker), flammenförmige für die Approximalbegrenzung und die Bukkalfläche und die Abschrägung der Stufe.

a) Arbeitsmodell.
b) Wachsmodellation.
c) Fertiggestellte Restauration.
d) Klinische Situation (Spiegelaufnahme).

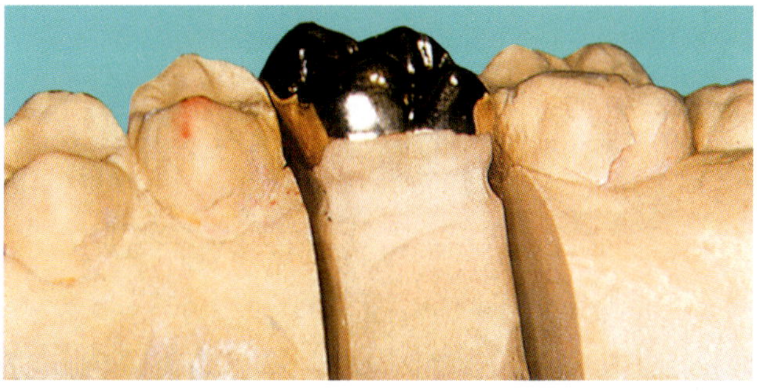

Abb. 80 Arbeitsmodell für einen präparierten Molaren nach endodontischer Behandlung mit dem fertiggestellten Höckerschutz-Inlay. Hier wurden keine Metallstifte im Kanal eingebracht.

lich MOD-Inlays angefertigt, dürfte diese Zahl wesentlich geringer sein. Auch Tucker sieht keine Notwendigkeit, die Inlay- zugunsten der Onlay-Präparation aufzugeben [157]. Gründliche rasterelektronenmikroskopische Untersuchungen von Dietrich und Erpenstein konnten zeigen, daß auch mit Inlays, also intrakoronalen Präparationen, gute Randschlußergebnisse zu erzielen sind [30]. Ausdrücklich relativieren die beiden Autoren die vorher zitierte Aussage von Presern. Vielmehr wurde aus diesen Untersuchungen deutlich, wie stark die Randdichte bei ein und demselben Gußobjekt variieren kann, somit also auch bei einer Onlay-Präparation. Besonders kritisch ist der Übergang vom okklusalen zum approximalen Kavitätenbereich, der unter allen Umständen abgerundet werden muß, um Stauchungen des Federrandes (Aufbiegen) und den Ausbruch von Schmelzprismen, der bei

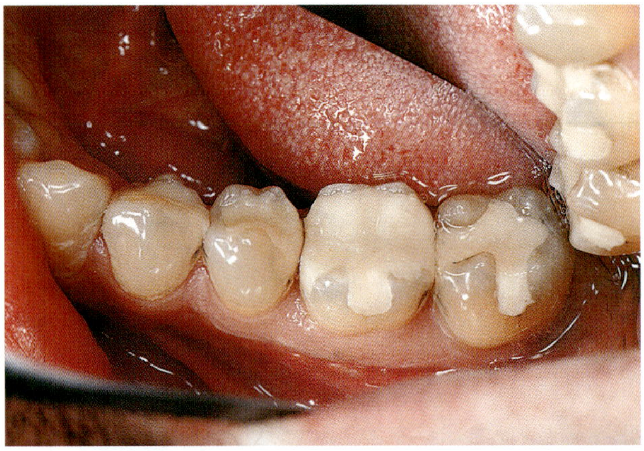

a

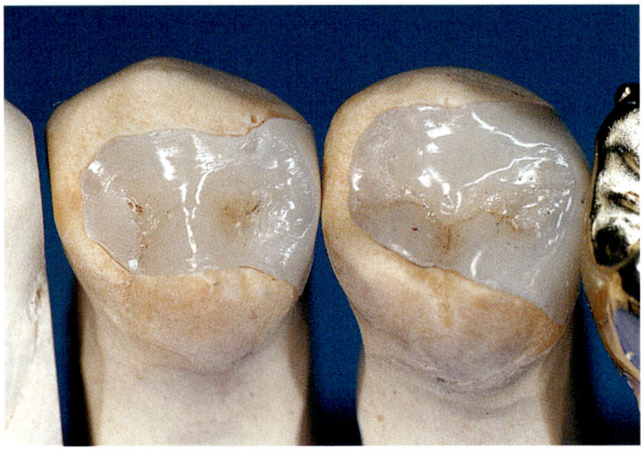

b

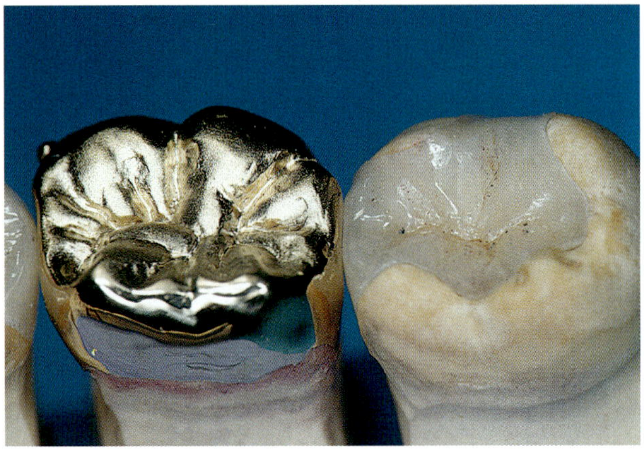

c

Abb. 81 Mischversorgung bei einer Inlay-Straße.

Die Wahl des Versorgungsmaterials und damit der Präparation orientierte sich an der vorhandenen Zahnhartsubstanz.

a) Zunächst sind die Defekte nach dem Exkavieren komplett mit Glasionomerzement wieder gefüllt. Die Präparation erfolgte zwei Wochen später.

b) Die ehemals mit Amalgam gefüllten Zähne 44 und 45 konnten für Keramik-Inlays präpariert werden (Lingualansicht).

c) Der Substanzverlust an Zahn 46 führte zu einer Teilkronenversorgung. An Zahn 47 waren die Höcker durch Nichtbeachtung der Kronenflucht sehr schmal geworden. Die adhäsivtechnische Versorgung erschien hier sinnvoll.

mehrfacher Anprobe des Gußobjektes erfolgen kann, zu vermeiden. Paßungenauigkeiten am Präparationsrand führen zu verbreiterten Zementspalten. KNAPPWOST konnte nachweisen, daß Zementauswaschungen bei Vergrößerung des Spaltes mit der dritten Potenz zunehmen [139].

Wichtigstes Ziel der Versorgung mit einer Füllung sollte wohl sein, substanzsparend zu arbeiten, d. h., den kariösen Defekt so früh wie möglich zu diagnostizieren und auch zu behandeln. Nur dann sind vielfältige therapeutische Möglichkeiten gegeben, angefangen mit einer erweiterten Fissurenversiegelung über streng konservativ gehaltene Kavitäten für Amalgam, über eventuell notwendige umfangreichere Füllungen bis hin zu Kavitäten, die dann der Rekonstruktion einer Kaufläche mit Hilfe einer Goldgußfüllung dienen. Es ist nicht sinnvoll, frühzeitige Zahnsubstanz zu opfern, wenn andere Behandlungsmöglichkeiten zur Verfügung stehen. Sicherlich gehört die Versorgung mit Goldgußfüllungen zur „Hohen Schule“ der Präparationstechnik, die, wie natürlich alle anderen Arbeiten des Zahnarztes, Präzision verlangt [81]. Wird die Präparation für ein Inlay mit Sorgfalt durchgeführt, so ist nicht einzusehen, warum die Sekundärkariesanfälligkeit besonders hoch sein sollte, zumal wenn, wie vorhin erwähnt, die entsprechende Mundhygieneaufklärung vorher durchgeführt und auch beachtet wird (über weitere Arbeitsgänge für die Inlay-Versorgung s. S. 219 ff.).

Daß gut verarbeitete Goldgußfüllungen bei einwandfreier Mundhygiene eine sehr hohe Lebenserwartung haben können, zeigt Abbildung 82.

ROULET weist auf die Schwierigkeiten bei Abformung und Handhabung der kleinen Gußobjekte hin und sieht darin den Grund, daß diese Versorgungsart aus der kassenzahnärztlichen Praxis fast ver-

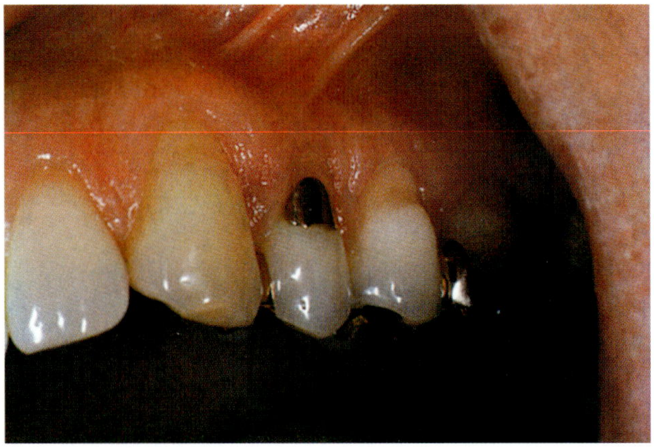

Abb. 82 Zahnhals-Inlay nach 13jähriger Tragezeit. Mittlerweile ist die Gingivarezession weitergeschritten.

schwunden ist [145]. Ergänzend ist hier anzumerken, daß wie bei anderen Klasse-V-Füllungen auch ein Bereich versorgt werden muß, der eventuellen Mängeln der Mundhygiene besonders stark ausgesetzt ist. Zusätzlich liegt die Füllung in einem Bereich des Zahnes, der Biegebelastungen ausgesetzt sein kann. Alternativen sind Goldhämmerfüllungen oder die von ROULET erwähnte Methode, Füllungen aus Goldpulver, die mit einer Polyäthylglykol-Trägerpaste verarbeitet werden, herzustellen. Beide Methoden sind aber für die Praxis entweder zu teuer oder noch nicht genügend erprobt [145].

Kavitätenpräparation für Kompositfüllungen

Kavitäten der Klasse III

(s. Übersichtstafel VII, S. 149)

Die Zahl der aus Kompositmaterialien gefertigten Füllungen erreichte 1980 bereits das zahlenmäßige Niveau der Amalgamfüllungen [23]. Es ist damit zu rechnen, daß sich dieser Trend heute noch verstärkt. Bis vor wenigen Jahren lag der Indikationsbereich mit den Klassen III, IV und V noch im Bereich der klassischen zahnfarbenen Füllungsmaterialien wie den Silikatzementen oder der Methylmethacrylate. Inzwischen dringen die Komposite immer stärker in den Indikationsbereich der Klassen I und II vor. Spezielle Materialvarianten verschärfen die Diskussion Amalgam versus Komposite zusehends. Eine häufigere Verwendung der Komposite im Seitenzahnbereich käme vor allem den Wünschen der Patienten nach zahnfarbenen Füllungsmaterialien entgegen. Für die Indikation im Seitenzahngebiet sind Amalgame, man muß sagen noch, überlegen. Zur Zeit liegt der empfohlene Indikationsbereich noch immer bei den Klassen III, IV und V.

Zweifellos ist durch die Verbindung von Kompositen mit der Technik des Schmelzätzens ein völlig neues Teilgebiet der Präparationstechnik entstanden. Lagen anfangs die Erwartungen so hoch, daß nach der Entfernung der Karies keine weitere Präparation außer dem Ätzen des Randschmelzes notwendig sei, so hat sich im Laufe der Zeit doch eine Verbindung zwischen konventioneller Präparationstechnik und Adhäsivtechnik (s. S. 177ff.) ergeben.

Für die Versorgung der Defekte im approximalen Bereich der Front- und Eckzähne sind die Composites heute unbestritten die Materialien der Wahl. Die klassischen Silikatzemente sind fast völlig verdrängt. Dementsprechend hat sich auch die Präparationstechnik verändert.

Im Vordergrund der Präparationstechnik für approximale Füllungen stehen die Anforderungen an die Ästhetik. Abweichend von den üblichen Regeln der Präparationstechnik müssen hier Kompromisse gemacht werden, die vor allem die Belassung von nicht Dentin-unterfüttertem Schmelz betreffen. Die bukkale Schmelzlamelle sollte möglichst geschont werden, um die Schwierigkeiten bei der Farbgebung der Füllung in Grenzen zu halten.

Das Eindringen der Karies vom Kontaktbereich zum Nachbarzahn aus ist die häufigste Form des kariösen Befalls im Frontzahnbereich. Bevor die Kavität aufgezogen wird, muß die Entscheidung getroffen werden, ob die Kavität von palatinal/lingual oder von bukkal eröffnet wird. Im allgemeinen wird dies von der oralen Seite her erfolgen, um möglichst viel Schmelzanteile im bukkalen Bereich zu erhalten (Abb. 83). Liegt jedoch bereits eine vorwiegend nach labial ausgedehnte Füllung vor, so erscheint es sinnvoll, die alte Füllung und auch die Karies von labial her zu entfernen. Dieses Vorgehen gilt auch für Zahnfehlstellungen, wenn der Zugang von labial sinnvoller erscheint oder der kariöse Defekt seine größte Ausdehnung auf der Labialseite aufweist. Dies sind jedoch keine Regelfälle bei Approximalkaries im Frontbereich.

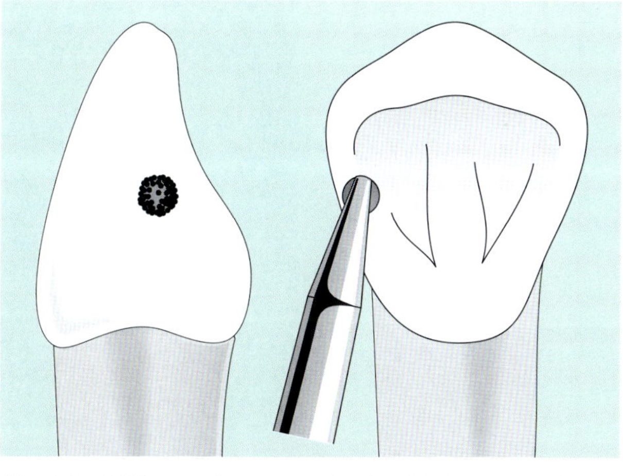

Abb. 83 Eröffnung einer approximalen Kavität von palatinal/lingual. Vorzugsweise sollte mit sehr kleinen runden Diamantschleifern gearbeitet werden.

Die Kavität wird mit einem sehr kleinen, runden Diamanten eröffnet und nach axial und bukkal extendiert (Abb. 84). Die weitere Ausdehnung im Dentinbereich wird vom Umfang der Karies diktiert. Bei der Ausdehnung der Kavitätenränder muß der behandelte Zahn einen minimalen Abstand von 0,5 mm zum Nachbarzahn aufweisen. Der Kontaktbereich wird aufgelöst, was die weiteren Arbeitsgänge erleichtert. Auch die Ausdehnung nach inzisal und zervikal sollte so klein wie möglich gehalten werden, ohne jedoch den Überblick über den Defekt zu behindern. Insgesamt sind auch hier gerundete Kavitätenformen anzustreben.

Das Exkavieren erfolgt mit kleinen Rosenbohrern (ISO 008 bis 012), wobei sämtliche Karies entfernt wird und die Kavität im Dentin eine größere Ausdehnung erhält als im eröffneten Schmelzbereich (Abb. 85a–d). Sorgfältigste Kontrolle der Kariesfreiheit ist besonders in Bereichen überhängenden Schmelzes erforderlich. Gewährleistet das exkavierte Dentin keine ausreichende Retention, so müssen zusätzlich nach inzisal und zervikal Retentionsstellen eingearbeitet werden (Abb. 86).

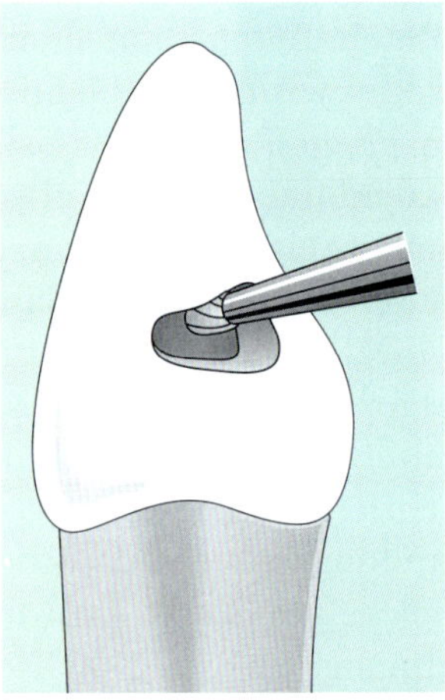

Abb. 84 Extension der Kavität nach bukkal, zervikal und inzisal.

Die Bearbeitung der Kavitätenränder, Anschrägen, Glätten und Finieren erfolgt, wo immer möglich, mit gewendelten Hartmetallfinierern oder Feinkorndiamanten (Abb. 87). Wenn die Extension der Kavität die Anwendung rotierender Instrumente nicht erlaubt, ohne daß der Nachbarzahn tangiert werden könnte, sind auch hier Handinstrumente anzuwenden. Hierzu sind geeignete Schmelzmeißel für den Frontzahnbereich auszuwählen (Abb. 88a–c).

Aus der Zeit der Silikatzemente stammt die Warnung, wenn möglich das inzisale Drittel der Approximalfläche nicht zu tangieren, was einen Schneidekantenaufbau erforderlich machen würde [68]. Ebenso entstammt dieser Zeit die Empfehlung der Präparation eines palatinalen Schwalbenschwanzes bei großen approximalen Defekten. Diese mechanische Verankerungsmethode ist bei Anwendung von Kompositen in Adhäsivtechnik nicht notwendig. Erforderlich dagegen ist für den Bereich der Sekundärpräparation eine Anschrägung des Schmelzes rund um den Kavitätenbereich. Je größer der gesunde Schmelzbereich im Umriß der Kavität erhalten bleibt, desto günstiger ist die Retentionsfläche für die Verankerung mittels Adhäsivtechnik. Hieraus folgerte LUTZ, daß eine verbleibende Inzisalkante, wenn auch geschwächt und nur noch teilweise oder nicht von Dentin gestützt, als Retentionsanteil für die Adhäsivtechnik mit verwendet werden soll

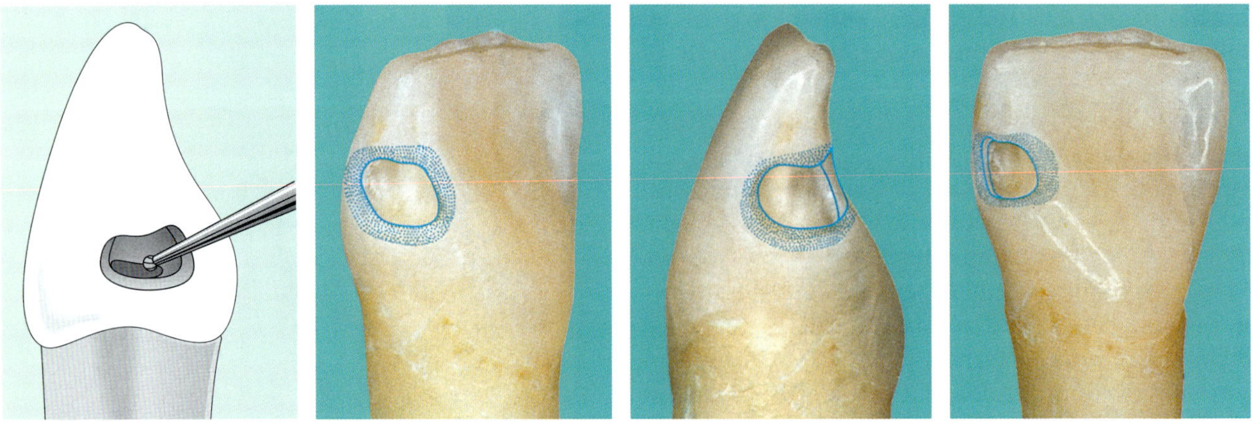

a b c d

Abb. 85 (a) Im Dentinbereich wird tiefer präpariert als im Umrißbereich des Schmelzes, ohne diesen zu unterminieren. In der Schrägansicht (b), in der Ansicht von approximal (c) und von palatinal (d), sind der erweiterte Dentinbereich und die geschrägte und geätzte Randzone erkennbar.

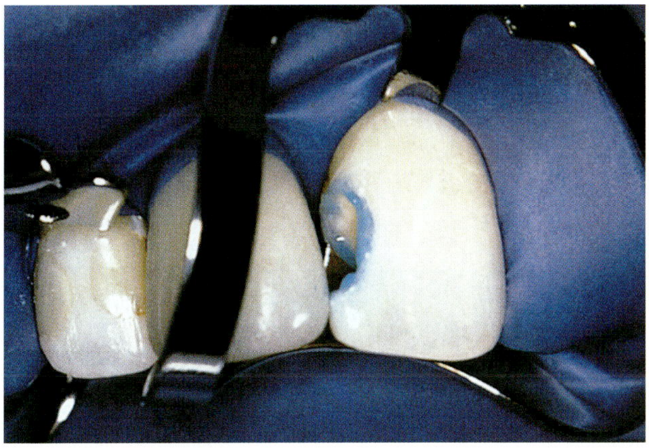

Abb. 86 Klasse-III-Kavität mit aufgebrachtem Ätzgel.

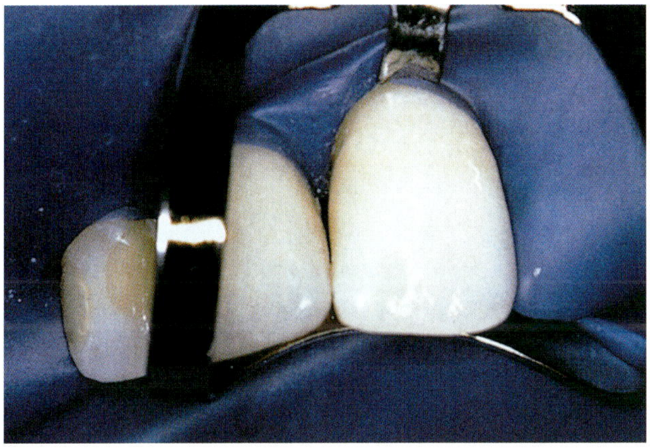

Abb. 87 Die fertiggestellte Kompositfüllung an Zahn 11 (bukkal-distal-palatinal).

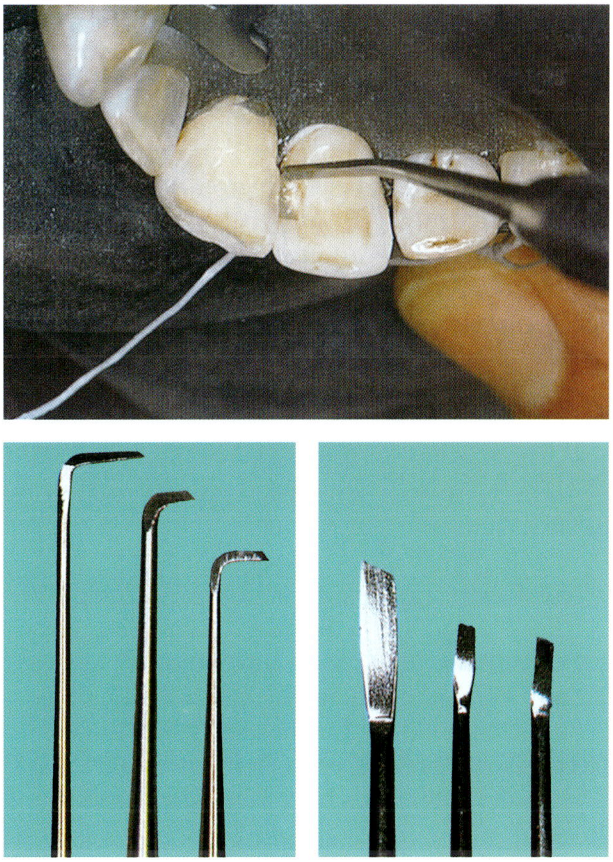

a

b c

Abb. 88 Geeignete Handinstrumente zum Brechen und Anschrägen von Schmelzbereichen, die für rotierende Instrumente unzugänglich sind: Schmelzmeißel (a), hauenförmige Instrumente (b) oder Randschräger (c). Hierbei sollten sehr zierliche Instrumente eingesetzt werden.

(Abb. 89) [103]. Insofern wird die Präparation für Kavitäten in Verbindung mit der Adhäsivtechnik als substanzschonend bezeichnet.

Die Randschrägung des Schmelzes hat zwei Aufgaben zu erfüllen:

- Markierung der Fläche, die mit Säure angeätzt wird
- Möglichkeit, den Farbübergang zwischen Restaurationsmaterial und gesundem Schmelz fließend zu gestalten

Die in anderem Zusammenhang schon erwähnte Zerrüttung der Schmelzprismen bei höchsttouriger Präparation (s. S. 91 ff.) muß ganz besonders im Frontzahnbereich vermieden werden [93]. Geschieht dies nicht, so stellt sich im Bereich der Schrägung der Schmelz als weißlicher Rand unter dem aufgebrachten Composite dar, der sogenannte *weiße Halo.* Um den weiteren Arbeitsablauf bei der Kavi-

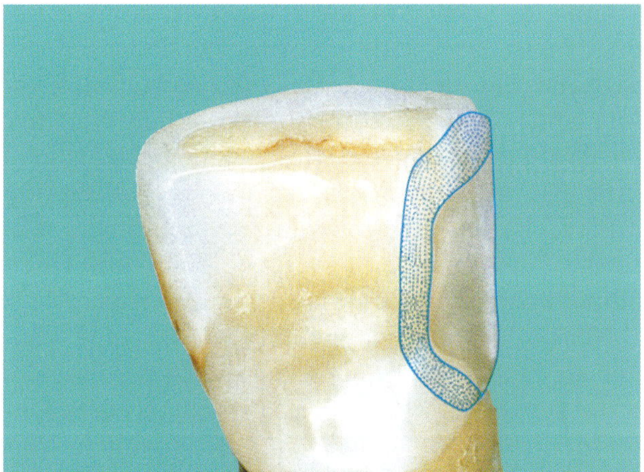

Abb. 89 Nicht mit Dentin unterfütterte Schmelzkanten können bei Anwendung der Adhäsivtechnik mit genutzt werden. Sie müssen nicht abgetragen werden.

tätenpräparation für das verarbeitungssensible Composite zu optimieren, sollte von nun an unter Kofferdam weitergearbeitet werden. Der nächste Schritt bei der Ausgestaltung der Kavität ist die Anwendung der Säure im Bereich der einpräparierten Anschrägung. Nach der heute gängigen Meinung sollte die Einwirkdauer der Säure bei Verwendung von Phosphorsäure eine Minute betragen (s. S. 190) [5, 7, 21, 103, 125, 126, 127, 134, 142, 147, 155]. Danach liegt meist ein ausreichendes Ätzmuster im Schmelz vor, durch das mattweiße Erscheinungsbild des behandelten Bereiches zu erkennen (s. Abb. 85).

Kavitäten der Klasse IV

(s. Übersichtstafel VIII, S. 150)

Die Kavitätenpräparation für die Klasse IV ist indiziert, wenn Schmelz- oder Schmelz-Dentin-Frakturen oder ausgedehnte Karies zum Verlust der Schneidekante des Zahnes beigetragen haben. Auf diesem Gebiet liegt die klassische Indikation für Composites, die mit Hilfe der Adhäsivtechnik verankert werden.

Ausreichende Retention für ein plastisches Füllungsmaterial zu finden oder herzustellen, ist gerade bei Vorliegen einer glatten Fraktur ein großes Problem. Eine Alternative stellt lediglich die Kronenpräparation dar, deren Indikation vor der Füllung immer überprüft werden sollte, die sich aber bei Jugendlichen oftmals aufgrund der Ausdehnung der Pulpa verbietet.

Um eine Schneidekante ersetzen zu können, genügt meist ein relativ geringfügiger Präparationsaufwand. Eine der Größe der Fraktur angepaßte Anschrägung als Vorbereitung für die Adhäsivtechnik ist als alleinige präparative Maßnahme ausreichend (Abb. 90a u. b). Da gerade bei diesem Füllungstyp ästhetische Ansprüche im Vordergrund stehen, sollte die Anschrägung breit genug sein, um einen allmählichen Farbübergang zu gewährleisten.

Neben der Anwendung der Adhäsivtechnik können als Retentionselemente zusätzlich *parapulpäre Stifte* verwendet werden. Diese Kombination bedeutet für einen Inzisalrandaufbau eine erhebliche Verstärkung [18]. Nach dem Überätzen des angeschrägten Bereiches kann die Füllung mittels Formhilfen, Stripkronen oder auch frei erfolgen. Solche Aufbauten sind eher als Langzeitprovisorien anzusehen, die der späteren Versorgung durch eine Krone vorausgehen [96].

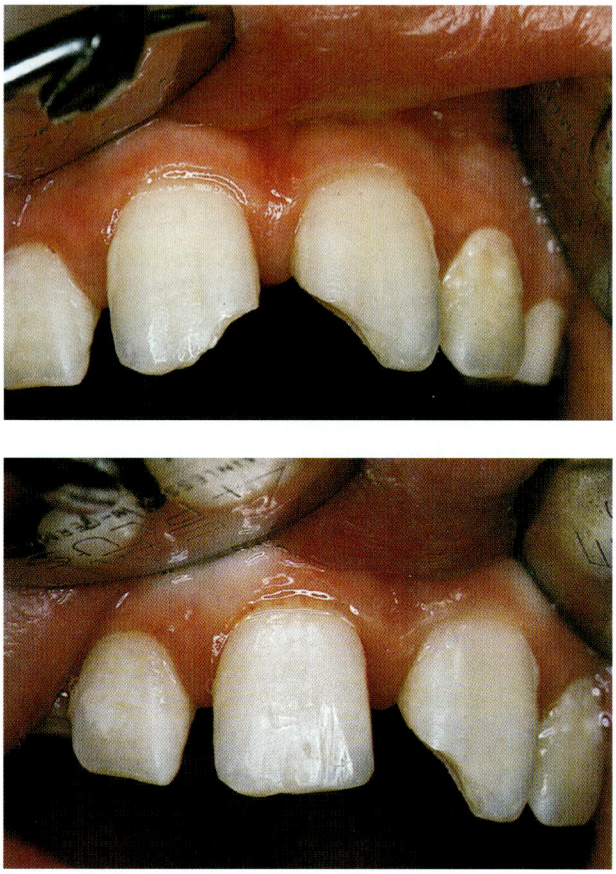

a

b

Abb. 90 Frontzahnfrakturen an den mittleren Schneidezähnen eines 13jährigen Mädchens.

a) Zustand vor Versorgung
b) Zahn 11 bereits aufgebaut.

Kavitäten der Klasse V

(s. Übersichtstafel IX, S. 151)

Im Gegensatz zu den Erfordernissen der Orientierung und Einschubrichtung für Inlays im Zahnhalsbereich richtet sich hier die Umrißform ausschließlich nach dem Auftreten und der Ausdehnung der Karies. Auf exakte, retentive Grundpräparationen wird heute auch im Zusammenhang mit Compositefüllungen nicht mehr verzichtet [7, 157].

Die *Primärpräparation* erfolgt mit einem zylindrischen oder leicht konischen Diamantschleifer oder Hartmetallinstrument. Hierbei muß wie bei den Klasse-V-Amalgamfüllungen darauf geachtet werden, daß der Boden der Kavität parallel zur Außenkurvatur des Zahnes verläuft und demzufolge ein gewölbtes Erscheinungsbild erhält. Die Präparation wird zunächst bis in 1,25 mm Tiefe vorgetrieben, die Seitenwände des so präparierten Kastens entstehen von selbst. Erst danach wird die eventuell vorhandene Karies, am besten mit Fissurenbohrern, endgültig entfernt, der Kavitätenboden mit Unterfüllungsmaterial abgedeckt und eventuell nachpräpariert.

Die *Randschrägung* im Schmelzbereich wird mit rotierenden Instrumenten durchgeführt (Feinkorndiamanten oder Hartmetallfinierer). Dies läßt sich im koronalen und lateralen Bereich gut und sicher bewerkstelligen. Oftmals bereitet der zervikale Bereich Schwierigkeiten bei der Anschrägung, vor allem dann, wenn der Kavitätenrand sehr nah der Gingiva zu liegen kommt. Die Anwendung von Randschrägern (Schmelzmeißeln) vereinfacht diesen Präparationsschritt (s. S. 101).

Im inzisalen und zervikalen Dentinbereich können eventuell notwendige Retentionsstellen einpräpariert werden. Hierzu empfehlen sich kleinste Rosenbohrer (s. S. 93).

Je nach Lage der Kavität muß die Breite der Anschrägung variiert werden (Abb. 91) [96]. Liegt die Kavität mit ihrem zervikalen Bereich im Zement oder Dentin, so wird die Anschrägung ausschließlich koronal, dafür aber breiter präpariert und für die Ätztechnik verwendet (Abb. 92).

Liegen lateral der eigentlichen Kavität nach interproximal vorstrebend Entkalkungen oder oberflächlich kariöse Bereiche vor, so werden diese, ausgehend vom Randbereich der Kavität, furchenförmig im Schmelz ausgeschliffen, angeätzt und mitgefüllt.

Dringen diese bis ins Dentin vor, so sind sie in die Hauptpräparation mit einzubeziehen. Je weiter eine Klasse-V-Kavität nach zervikal ausgedehnt wird, desto fragwürdiger wird ein guter Randschluß mit Compositematerialien. Bei dieser Kavitätenart muß zum einen eine konventionelle Kastenpräparation zervikal angestrebt werden, zum anderen müssen Materialien verwendet werden, die eine bessere Haftung zum Dentin aufweisen. Glasionomerzemente bieten sich für diesen Zweck an [145]. Die empfohlene *Sandwichtechnik* sollte sich ebenfalls für diesen Indikationsbereich eignen. Zunächst wird die Kavität wie oben beschrieben präpariert, um mit Glasionomerzement gefüllt zu werden. Dieser wird nach dem Abbinden unter Belassung einer feinen Randzone zervikal abgeschliffen, mit Ätzagentien aufgerauht und nachfolgend mit einem Composite überschichtet [110]. Gerade das Belassen des Glasionomerzementes im zervikalen Bereich gestaltet sich jedoch sehr schwierig.

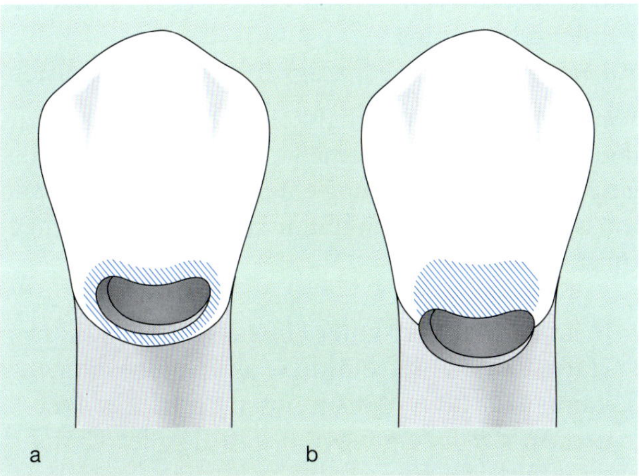

Abb. 91 Je nach Lage der Kavität im Zahnhalsbereich variiert die Breite der angeschrägten und angeätzten Retentionszone.
a) Sie kann schmäler ausfallen, wenn die gesamte Kavität von Schmelz umgeben ist.
b) Sie wird nach inzisal ausgeweitet, wenn zervikal keine Schmelzzone mehr vorhanden ist.

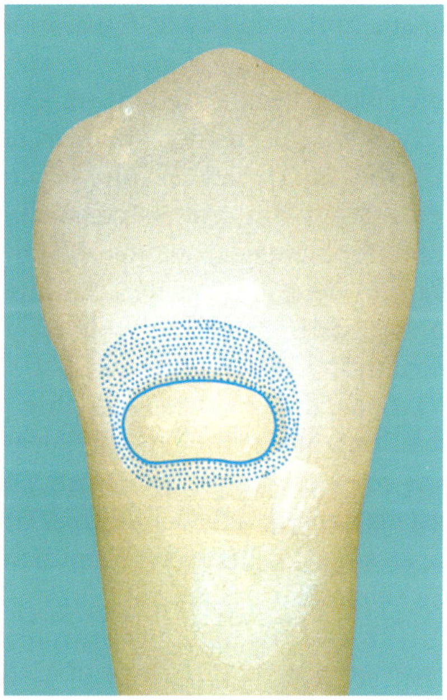

a

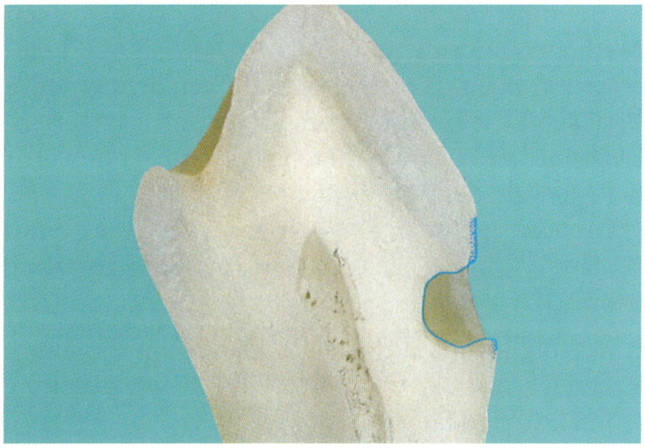

b

Abb. 92 Fertiggestellte Präparation für Zahnhalsfüllung aus Composite mit deutlich erkennbarer Ätzzone in Aufsicht (a) und im Schnittbild (b).

Kavitätenpräparation für Glasionomerzementfüllungen

Die Technik, insbesondere Zahnhalsdefekte in Form von Erosionen oder keilförmigen Defekten mit diesen Zementen zu füllen, erfordert praktisch keine präparativen Maßnahmen. Hier wird eine chemisch erzielte Adhäsion zur Verbindung zwischen Zement und Dentin bzw. Schmelz zur Verankerung der Füllung benutzt. Der Defekt muß, wenn kariesfrei, gereinigt und eventuell mit Zitronensäure angeätzt werden. Danach wird das Füllungsmaterial aufgebracht und ausgearbeitet.

Wenn in unseren Nachbarländern die Reduktion der Karies zu mehr konservativem Verhalten führen muß, so ist dies für die Bundesrepublik Deutschland noch ein wünschenswertes Ziel.

Diskussion entsteht vor allem, wenn Adhäsivpräparationstechnik und Black-Präparation miteinander verglichen werden. Von LUTZ und anderen wurden die Black-Regeln schon totgesagt [103]. Auch andere Autoren sprechen von der „neuen Füllungslehre" [140, 141]. Dabei sollte berücksichtigt werden, daß BLACK die Adhäsivtechnik und die Compositematerialien noch gar nicht kannte. Es hat sich im Verlauf der Jahre gezeigt, daß die Composites für einen bestimmten Indikationsbereich von großem Vorteil sind, aber auch hier haben sich Kompromisse zwischen der Adhäsivtechnik und den BLACKschen Prinzipien gefunden. Ein Beispiel ist die Anwendung von Composites bei Klasse-V-Kavitäten mit Verlust des zervikalen Schmelzes. Im Bereich der Klasse II sind die deutschen Schulen zurückhaltend bis ablehnend geblieben.

Es soll an dieser Stelle nicht der Stab über die eine oder andere Methode gebrochen werden. Unter den heutigen Voraussetzungen (Kariesfrequenz, Prophylaxe) sollte der Zahnarzt über alle vorhandenen Methoden informiert sein und sie alle sinnvoll einsetzen können. So sollte sich die Versorgung eines kariösen Defektes mehr an Größe und Lage orientieren als an einem vorhergefaßten Entschluß über die Auswahl des Füllungsmaterials.

Die Abfolge in der langfristigen Versorgung eines Molaren könnte sich folgendermaßen gestalten (Abb. 93):

- Versorgung punktförmiger Karies im Fissurenbereich mittels erweiterter Fissurenversiegelung (nicht okklusionstragend)
- Versorgung beim Auftreten einer Approximalkaries mittels konservativ präparierter MO/BO/MOD-Amalgamfüllung (okklusionstragend)

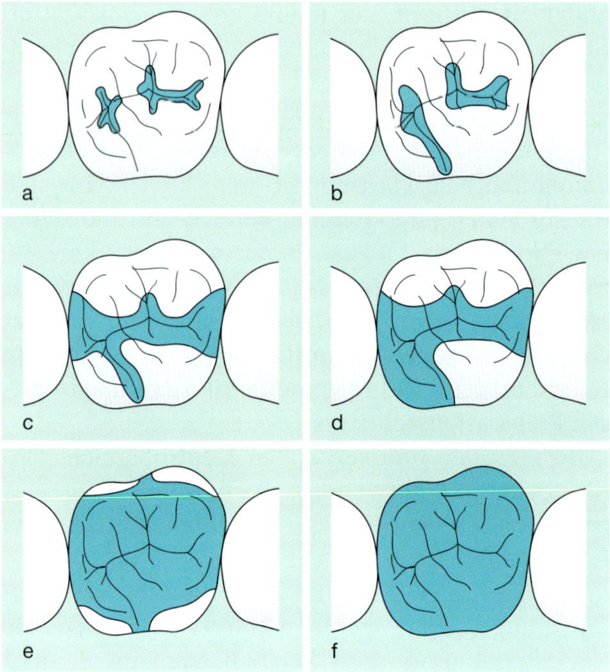

Abb. 93 Abfolge der langfristigen Versorgung eines Molaren.

a) Fissurenversiegelung.
b) Geteilte okklusale Kavität.
c) MOD-Kavität.
d) Ersatz eines Höckers (eventuell mit Unterstützung durch einen parapulpären Stift).
e) Höckerschutz-Inlay.
f) Krone.

- bei Erneuerungsbedürftigkeit Wiederholung oder Erweiterung der Amalgamfüllung, eventuell Ersatz eines einzelnen Höckers mit Hilfe von parapulpären Stiften
- bei Erneuerungsbedürfntigkeit Wiederholung oder Erweiterung durch eine höckerschützende Inlay-Präparation
- bei Erneuerungsbedürftigkeit Kronenpräparation

Somit wären alle Möglichkeiten der konservierenden Versorgung altersgemäß und defektbezogen ausgeschöpft. Bei Einhaltung einer guten Mundhygiene müssen diese Möglichkeiten ja nicht alle durchgeführt werden.

Je länger ein sparsamer Umgang mit gesunder Hartsubstanz als Prämisse gilt, desto länger kann der Zahn konservierend versorgt werden. In der Übergangszeit von florider Karies zu effektiver Kariesreduktion in der Bevölkerung kann die Forderung von BLACKS *extension for prevention* zwar durch den Begriff *constriction with conviction* ergänzt, aber noch nicht ersetzt werden.

Literatur

[1] Almquist, T. C., Cowan, R. D., Lambert, R. L.: Conservative amalgam restorations. J Prosthet Dent 28, 524 (1973).

[2] Altmann, J.: The biophysical basis for new rounded cavity form. Int Dent J 13, 582 (1963).

[3] Anderhalden, K., Kiel, R. A., Lang, N.: Veränderungen der subgingivalen Mikroflora unter dem Einfluß von überhängenden Füllungen. Schweiz Monatsschr Zahnheilk 93, 590 (1983).

[4] Arends, J., et al.: The nature of early caries lesions in enamel. J Dent Res 65, 2 (1986).

[5] Assmussen, E.: Marginal adaption of restorative resins in acid etched cavities. Acta Odontol Scand 35, 125 (1977).

[6] Baker, D. L., Curson, I.: A high speed method for finishing cavity margins. Br Dent J 137, 391 (1974).

[7] Baum, L., Philips, R. W., Lund, M. R.: Textbook of operative dentistry, 2. ed. Saunders, Philadelphia 1985.

[8] Becker, J., Schriever, A., Heidemann, D.: Haftfähigkeit von Fissurenversiegelungen nach Laser-Konditionierung. Dtsch Zahnärztl Z 49, 145 (1994).

[9] Bell, J. G., Smith, M. C., de Pont, J. J.: Cuspal failures of MOD restored teeth. Austr Dent J 27, 283 (1982).

[10] Betz, W., Eben, I., Heidemann, D.: Sind Schnelläufer-Winkelstücke für die Pulpa gefährlich? Jahrestagung der Arbeitsgemeinschaft für Grundlagenforschung, Mainz 1994.

[11] Binus, W., Wehner, E.: Mißerfolgsquote bei Amalgam- und Gußfüllungen. Dtsch Stomatol 21, 302 (1971).

[12] Black, G. V.: Konservierende Zahnheilkunde, Bd. II: Die Technik der Zahnfüllung. Meuser, Berlin 1914.

[13] Boyde, A.: Finishing techniques for the exit margins of the approximal portion of class II cavities. Br Dent J 134, 319 (1973).

[14] Boyde, A.: Enamel structure and cavity margins. Oper Dent 1, 13 (1976).

[15] Boyde, A., Knight, P. J.: Scanning electron microscope studies of the preparation of the embrasure walls of class II cavities. Br Dent J 129, 557 (1970).

[16] Boyde, A., Knight, P. J.: Scanning electron microscope studies of class II cavity margins. Br Dent J 133, 331 (1972).

[17] Bowen, R. L.: Bonding of restaurative materials to dentine: the present status in the United States. Int Dent J 35, 155 (1985).

[18] Brauner, A.: Vergleichende Untersuchungen zur mechanischen Festigkeit von Schneidekantenaufbauten an Frontzähnen. Med Diss, Mainz 1984.

[19] Bronner, F. J.: Engineering principles applied to class II cavities. J Dent Res 10, 115 (1929).

[20] Bronner, F. J.: Mechanical, physiological and pathological aspects of operative procedures. Dent Cosmos 75, 577 (1931).

[21] Buonocore, M. G., Davila, J.: Nuva-seal and Nuva-Fil. Quintess Zahnärztl Lit Ref 147, 45 (1974).

[22] Busch, M.: Paßgenaue Inlay-Herstellung von der Präparation bis zur Politur. Dent-Labor 33, 873 (1985).

[23] Castagnola, L., Wirz, J.: Plastische Füllungsmaterialien – ihr Verbrauch durch den Schweizer Zahnarzt. Schweiz Monatsschr Zahnheilk 90, 431 (1980).

[24] Cecconi, B. T., Asgar, K.: Pins in amalgam. A study of reinforcement. J Prosthet Dent 28, 159 (1971).

[25] Christensen, G. J.: Marginal fit of gold inlay castings. J Prosthet Dent 16, 297 (1966).

[26] Comte, A.-L., Frank, R. M.: Etude comparative en MEB des effects de fraises et d'instruments diamantés sur les tissus dentaires. Schweiz Monatsschr Zahnheilk 93, 469 (1983).

[27] Courtades, G. I., Timmermans, J. J.: Pins in restorative dentistry. Mosby, St. Louis 1971.

[28] Craig, R. G., El-Ebraschi, M. K., Le Peak, P. J., Peyton, F. A.: Experimental stress analysis of dental restoratives, part I: Two-dimensional photoelastic stress analysis of inlays. J Prosthet Dent 17, 277 (1967).

[29] Curilovic, Z., Saxer, U. P.; Marthaler, T. M.: Radiologische Kariesläsion im Schmelz – Füllen oder Abwarten? Schweiz Monatsschr Zahnheilk 93, 930 (1983).

[30] Diedrich, P., Erpenstein, H.: Rasterelektronenmikroskopische Randspaltenanalyse von in vivo eingegliederten Stufenkronen und Inlays. Schweiz Monatsschr Zahnheilk 95, 575 (1985).

[31] Dilts, W. F., Mollaney, T. P.: Relationships of pinhole location and tooth morphology in pin-retained silver amalgam restorations. J Am Dent Assoc 76, 104 (1968).

[32] Dunker, L., Eifinger, F. F.: Die Klasse V-Kavität und ihre Versorgung. Dtsch Zahnärztebl 21, 7 (1967).

[33] Duperon, D. F., Neville, M. D., Kasloff, E.: Clinical evaluation of corrosion resistance of conventional alloy, spherical alloy and dispersion phase alloy. J Prosthet Dent 25, 650 (1971).

[34] Duperon, D. F., Kasloff, Z.: The effects of three types of pins and the tensile strength of dental amalgam. J Can Dent Assoc 39, 111 (1973).

[35] Edgar, W. M.: Demineralisation and remineralisation of the teeth. JRL Press Ltd., Oxford 1983.

[36] Eichner, K.: Untersuchungen über den Füllungs- und Kronenrand. Dtsch Zahnärztl Z 28, 166 (1973).

[37] Eichner, K.: Normal-, hoch- und höchsttouriges Bohren und Schleifen. Dtsch Zahnärztl Z 15, 103 (1960).

[38] Eifinger, F. F.: Präparationstechnik und Kavitätenrand. Dtsch Zahnärztl Z 17, 1324 (1962).

[39] Einfeldt, H.: Zur Verbesserung unserer Amalgamfüllung. Quintess Zahnärztl Lit Ref 4755, 51 (1973).

[40] Elderton, R. J.: The prevalence of failure of restorations – a literature review. J Dent 4, 207 (1976).

[41] Elderton, R. J.: The causes of failure of restorations – a literature review. J Dent 4, 257 (1976).

[42] Elderton, R. J.: Cavo-surface angles, amalgam margin angles and occlusal cavity preparations. Br Dent J 156, 319 (1984).

[43] El-Ebrashi, M. K., Craig, R. G., Peyton, F. A.: Experimental stress analysis of dental restorations, part V: The concept of occlusal reduction and pins. J Prosthet Dent 22, 565 (1969).

[44] Farah, J. W., Dennison, J. B., Powers, J. M.: Effects of design and stress distribution in intracoronal gold restorations. J Am Dent Assoc 94, 1151 (1977).

[45] Fejerskov, O., Melson, B., Karring, T.: Morphometric analysis of occlusal fissures in human premolars. Scand J Dent Res 81, 505 (1973).

[46] Ferrier, W. J.: Treatment of proximal cavities in anterior teeth with gold foil. J Am Dent Assoc 21, 571 (1934).

[47] Fisher, D. W., Caputo, A. A., Shiningburg, H. Tr. jr., Duncanson, M. G. jr.: Photoelastic analysis of inlay and onlay preparations. J Prosthet Dent 33, 47 (1975).

[48] Franke, J.: Die Zahnhalsfüllung. Dtsch Zahnärztl Z 20, 572 (1969).

[49] Frentzen, M.: Bearbeitung von Zahnhartgeweben mit einem Excimer-Laser. Dtsch Zahnärztl Z 44, 431 (1989).

[50] Friedrich, K., Heidemann, D., Stender, E., Ketterl, W.: Korrosion an parapulpären Stiften in-vitro. Dtsch Zahnärztl Z 41, 813 (1986).

[51] Fuchs, W. B., Mayer, R.: Untersuchungen über die Abschlußdichte einzementierter Fußfüllungen mit unterschiedlicher Präparation der Kavitäten-Rand-Zone. Dtsch Zahnärztl Z 25, 757 (1970).

[52] Fusajama, T.: zitiert in: Schug-Kösters, M., Ketterl, W.: Karies und Füllungsmethoden. Banaschweski, München 1964.

[53] Gabel, A.: Present-day concepts of cavity preparation. Dent Clin North Am 3, 3 (1957).

[54] Gainsford, J. D.: Silberamalgam in der zahnärztlichen Praxis. Thieme, Stuttgart 1983.

[55] Garman, T., Outhwaite, W., Hawkins, J., Smith, D.: A clinical comparison of pin vs. slot retention. I. A. D. R. Annual Meeting, New Orleans 1982.

[56] Germann, M.: Vergleich zwischen röntgenologischer und visueller Beurteilung von kariösen Frühläsionen auf Glattflächen extrahierter bleibender menschlicher Zähne. Med Diss, Zürich 1969.

[57] Gilmore, H. W., Lund, M. R., Bales, D. J., Vernetti, J. P.: Operative dentistry. Mosby, St. Louis 1982.

[58] Godt, H.: Über die Scheibenschliffpräparation für die indirekte Gußherstellung. Dtsch Zahnärztl Z 17, 1669 (1962).

[59] Goldstein, P. M.: Retention pins are friction-locked without use of cements. J Am Dent Assoc 73, 1103 (1966).

[60] Granath, L.-E.: Photoelastic studies on certain factors influencing the relation between cavity and restoration. Odont Rev 14, 278 (1963).

[61] Granath, L.-E.: Photoelastic studies on occlusal-proximal sections of class II restorations. Odont Rev 15, 169 (1964).

[62] Gröndahl, H. G., et al.: Dental caries and restorations in teenagers, I: Index and score system for radiographic studies of proximal surfaces. Swed Dent J 1, 45 (1977).

[63] Gröndahl, H. G., et al.: Dental caries and restorations in teenagers, II: A longitudinal radiographic study of the caries increment of proximal surfaces among urban teenagers in Sweden. Swed Dent J 1, 51 (1977).

[64] Gross, W.: Schnittbilder im Schmelz bei Anwendung verschiedener rotierender Instrumente. Med Diss, Mainz (im Druck).

[65] Guard, W. F., Haack, M. S., Ireland, R. I.: Photoelastic stress analysis of buccolingual sections of class II cavity restorations. J Am Dent Assoc 57, 631 (1958).

[66] Harndt, E.: Der Goldguß in der zahnärztlichen Praxis. Dtsch Zahnärztl Wochensch 20, 710 (1933).

[67] Harndt, E.: Die Gußfüllung. Barth, Leipzig 1953.

[68] Harndt, R.: Die Kavitätenpräparation: In: Haunfelder, D., Hupfauf, L., Ketterl, W., Schmuth, G. (Hrsg.): Praxis der Zahnheilkunde, Bd. 1. Urban & Schwarzenberg, München–Wien–Baltimore 1977.

[69] Harndt, R.: Zur Kavitätenpräparation für Inlays. Dtsch Zahnärztl Z 36, 231 (1981).

[70] Harndt, R.: Mündliche Mitteilung, 1987.

[71] Haskins, R. C., Haack, D. C., Ireland, R. L.: Study of stress pattern variations in class II cavity restorations, as a result of different cavity designs. J Dent Res 33, 757 (1954).

[72] Hefferren, J. J.: Counsel of dental materials and devices. A review of approaches to the detection of dental caries. J Am Dent Assoc 86, 1358 (1973).

[73] Hofmann, N., Klaiber, B., Haller, B., Haghi, M., Hausmann, P.: Interproximal margin quality of class-II resin restorations in vitro. IADR-CED-Tagung, Lyon, Abstr. No. 151 (1994).

[74] Hugo, B., Lussi, A., Hotz, P.: Die Präparation der Schmelzrandschrägung bei approximalen Kavitäten. Schweiz Monatsschr Zahnmed 102, 1181 (1992).

[75] Ingraham, R., et al.: Der Goldguß. Quintessenz, Berlin 1968.

[76] Johnson, E. W., Castaldi, C. R., Gau, D. J., Wysocki, G. P.: Stress pattern variations in operatively prepared human teeth, studied by three-dimensional photoelasticity. J Dent Res 47, 548 (1968).

[77] Kai Chiu Chan, Svare, C. W.: Leakage around various types of retention pins. J Prosthet Dent 33, 191 (1975).

[78] Kai Chiu Chan, Chalkley, J. M., Reinhardt, J. W.: Leakage between retentive pins and restorations. J Prosthet Dent 44, 270 (1980).

[79] Karlsen, K.: Gingival reactions to dental restorations. Acta Odontol Scand 28, 895 (1970).

[80] Kayser, A. F., Battistuzzi, P. G., Snoek, P. A., Spanauf, A. J.: The rationale for the indication and design of the MOD inlay. Australian Dent J 27, 22 (1982).

[81] Kerschbaum, Th., Voss, R.: Die praktische Bewährung von Krone und Inlay. Dtsch Zahnärztl Z 36, 243 (1981).

[82] Ketterl, W.: Präparationsmethoden für Kavitäten und Kronenstümpfe. Quintess Zahnärztl Lit Ref 5001, 67 (1974).

[83] Ketterl, W.: Rationelle Kavitätenpräparation. Quintess Zahnärztl Lit Ref 5593, 45 (1977).

[84] Kimmel, K., Buchs, H., Eibofner, E.: Zahnärztliche Präparationstechnik. Hüthig, Heidelberg 1986.

[85] Klaiber, B.: Füllung oder Krone für kariöse Seitenzahnläsionen. Zahnärztl Mitt 76, 762 (1986).

[86] Klaiber, B.: Gußfüllung oder Teilkrone. Deutscher Zahnärztekalender. Hanser, München 1986.

[87] Klaiber, B., Eibofner, E., Gleisner, A., Lingenhölle, B.: Der Kühleffekt verschiedener Spraysysteme bei Turbine und Schnellaufwinkelstück. Dtsch Zahnärztl Z 40, 1194 (1985).

[88] Klähn, K.-H., Kohler, K. U., Kreter, F., Motsch, A.: Spannungsoptische Untersuchungen zur Entstehung der sogenannten keilförmigen Defekte am Organum dentale. Dtsch Zahnärztl Z 29, 923 (1974).

[89] König, K. G.: Dental morphology in relation to caries resistance with special reference to fissures as susceptible areas. J Dent Res 42, 461 (1963).

[90] Kreter, F.: Die Approximalfüllung unter dem Aspekt ausreichender Kontaktverhältnisse. Zahnärztl Welt/Ref 71, 665 (1970).
[91] Kröncke, A.: Der Interdentalraum aus der Sicht zahnerhaltender Maßnahmen. Dtsch Zahnärztl Z 23, 937 (1968).
[92] Kröncke, A.: Füllungsrand und marginales Parodontium. Dtsch Zahnärztl Z 32, 7 (1977).
[93] Kröncke, A., Kimmerle, G.: Über die Härte des kavitätennahen Schmelzes nach konventioneller und höchsttouriger Präparation. Dtsch Zahnärztl Z 17, 1158 (1962).
[94] Kröncke, A., Petschelt, A.: Parodontologische Aspekte bei restaurativen Maßnahmen. Dtsch Zahnärztl Z 41, 899 (1986).
[95] Kuroszezyk, A.: Topographie von Schmelz und Dentin der menschlichen Zähne. Med. Diss, Mainz 1978.
[96] Lampert, F.: Der derzeitige Stand der Compositefüllungsmaterialien. Deutscher Zahnärztekalender 42, 130 (1983).
[97] Lang, N. P., Kiel, R. A., Anderhalden, K.: Clinical and microbiological effects of subgingival restorations with overhanging or clinical perfect margins. J Clin Periodontol 10, 563 (1983).
[98] Laswell, H. R., et al.: Rationale for designing cavity preparations. Dent Clin North Am 2, 241 (1986).
[99] Le Huche, R.: Füllungen, Inlays/Onlays und Kronen als Funktion der Form des Zahnes. Quintess, Berlin 1971.
[100] Letzel, H., Vrijhoef, M. M. A.: Experimental clinical research and dental restorations. Biomaterials 341 (1982).
[101] Listgarten, M. A., Hellden, C.: Relative distribution of bacteria at clinically healthy and periodontally diseased sites in humans. J Clin Periodontol 5, 115 (1978).
[102] Lussi, A., Gygax, M.: Präparationstechnik zur signifikanten Minimierung von Nachbarzahnverletzungen. Acta Med Dent Helv 1, 3 (1996).
[103] Lutz, F., Luscher, B., Ochsenbein, H., Mühlemann, H. R.: Adhäsive Zahnheilkunde. Juris, Zürich 1976.
[104] Mahler, D. B.: Analysis of stresses in a dental amalgam restoration. J Dent Res 37, 516 (1958).
[105] Mangklabruks, S., Heidemann, D.: Axiale Belastbarkeit von Amalgamfüllungen in Abhängigkeit von der Präparation. Dtsch Zahnärztl Z 44, 942 (1989).
[106] Markley, M. R.: Amalgam restoration for class V cavities. J Am Dent Assoc 50, 306 (1955).
[107] Markley, M. R.: Pin reinforcement and retention of amalgam foundations and restorations. J Am Dent Assoc 56, 675 (1958).
[108] Mayer, R.: Die Approximalkaries im Röntgenbild und die Grenzen ihrer Darstellung. Dtsch zahnärztl Z 22, 294 (1967).
[109] Mayer, R.: Untersuchungen zu einer prognostisch günstigen Defektversorgung mit gegossenen Füllungen. Dtsch Zahnärztl Z 36, 235 (1981).
[110] McLean, J. W., Prosser, H. J., Wilson, A. P.: The use of glass ionomer cements in bonding composite resins to dentine. Br Dent J 158, 410 (1985).
[111] Merte, K.: Pers. Mitteilungen (1996).
[112] Moffa, J. P., Rozanno, M. R., Doylem, G.: Pins: A comparison of their retentive properties. J Am Dent Assoc 78, 529 (1969).
[113] Moffa, J. P., Courtade, G. K., Timmermans, J.: Pins: Restorative dentistry. Mosby, St. Louis 1971.
[114] Mondelli, J., Vicira, D. F.: The strength of class II amalgam restorations with and without pins. J Prosthet Dent 28, 179 (1972).
[115] Mondelli, J., Steagau, L., Ishikiriama, A., Fidela de Lima, Navarro, M., Soares, F. B.: Fracture strength of human teeth with cavity preparations. J Prosthet Dent 43, 419 (1980).
[116] Monteiro, S. jr., et al.: Evaluation of material and techniques for restoration of erosion areas. J Prosthet Dent 55, 434 (1986).
[117] Moopnar, M., Faulkner, K.D.B.: Accidental damage to teeth adjacent to crown-prepared abutment teeth. Austr Dent J 36, 136 (1991).
[118] Motsch, A.: Die Approximalfüllung, ein karies- und parodontalprophylaktisches Problem. Dtsch Zahnärztl. Z 23, 83 (1968).
[119] Motsch, A.: Rationelle Onlay-Technik. Zahnärztl Mitt 58, 1151 (1968).
[120] Motsch, A.: Die Okklusion der Gußfüllung – Konsequenzen für die Kavitäten-Präparation. Dtsch Zahnärztl Z 36, 242 (1981).
[121] Motsch, A.: Konservierende Behandlungsmaßnahmen im Konflikt mit dem marginalen Parodontium. Zahnärztl Welt 80, 227 (1971).
[122] Motsch, A., Nobmann, K.: Klinische und spannungsoptisch-experimentelle Untersuchungen verschiedener Präparationsformen in der Onlaytechnik. Dtsch Zahnärztl Z 26, 415 (1971).
[123] Motsch, A.: Persönliche Mitteilung.
[124] Nadal, R.: Amalgam restorations: Cavity preparation, condensing and finishing. J Am Dent Assoc 65, 66 (1962).
[125] Nakabayashi, N.: Bonding of restorative materials to dentine: the present status in Japan. Int Dent J 35, 145 (1985).
[126] Nolden, R.: Klinische Erfahrungen mit der Ätz-Technik bei Composite-Aufbaufüllungen. Quintess Zahnärztl Lit Ref 5368, 29 (1975).
[127] Nolden, R.: Die Frontzahnfüllung. Deutscher Zahnärztekalender 44, 41 (1985).
[128] Noonan, M. A.: Use of photoelasticity in a study of cavity preparations. J Dent Children 4, 16 (1949).
[129] Osborne, J. W., Gale, E. N.: Failure at the margins of amalgams as affected by cavity width, tooth position and alloy selection. J Dent Res 60, 681 (1981).
[130] Ovist, V., Johannesen, L., Bruun, M.: Progression of approximal caries in relation to iatrogen preparation damage. J Dent Res 71, 1370 (1992).
[131] Pantke, H., Horn, R.: Kavitätenpräparation und sekundäre Randkaries. Zahnärztl Prax 17, 253 (1966).
[132] Patenstein-Helderman, W. H. van: Microbial etiology of periodontal disease. J Clin Periodontol 8, 261 (1981).
[133] Pichler, O.: Zitiert in: Schug-Kösters, M., Ketterl, W.: Karies und Füllungsmethoden. Banaschweski, München 1964.
[134] Pickard, H. M.: A manual of operative dentistry. Oxford University Press, Oxford–New York–Toronto 1983.

[135] Pieper, K., Schurade, B.: Die Untersuchung mit der Kaltlicht-Diagnosesonde – eine Alternative zum Flügelbißstatus? 14. Jahrestagung der Deutschen Gesellschaft für Zahnerhaltung, Aachen 1986.

[136] Pilz, W.: Praxis der Zahnerhaltung und oralen Prävention. Hanser, München 1985.

[137] Presern, J. F., Strub, J. R.: Inlay versus Onlay. Eine klinische und röntgenologische Nachuntersuchung. Schweiz Monatsschr Zahnheilk 93, 154 (1983).

[138] Radlanski, R., Jäger, A., Schwestka, R., Bermbach, F.: Plaque accumulations caused by interdental stripping. Am J Orthod Dentofac Orthop 94, 416 (1988).

[139] Rehberg, H. J.: Exakter Randschluß – was ist das? Dtsch Zahnärztl Z 26, 696 (1971).

[140] Renggli, H. H.: Reaktion der Gingiva auf überhängende Füllungsränder. Dtsch Zahnärztl Z 27, 322 (1972).

[141] Riethe, P.: Die Indikation zur Amalgamanwendung und die Bedeutung der Kavitätenpräparation. Dtsch Zahnärztl Z 35, 462 (1980).

[142] Riethe, P., Schmelzle, R., Schwenzer, N.: Zahn-Mund-Kieferheilkunde, Bd. 4: Konservierende Zahnheilkunde und Mundschleimhauterkrankungen. Thieme, Stuttgart–New York 1985.

[143] Robinson, A. D.: Caries, class V cavity preparation and amalgam fillings. Br Dent J 122, 558 (1967).

[144] Rodda, J. C.: Modern class II amalgam cavity preparations. New Zealand Dent J 66, 132 (1972).

[145] Roulet, J. F.: Die Zahnhalsfüllung. Deutscher Zahnärztekalender. Hanser, München 1987.

[146] Sauerwein, E.: Grundlagen und Fortschritte der Kavitätenpräparation. Dtsch Zahnärztl Z 20, 522 (1965).

[147] Sauerwein, E.: Zahnerhaltungskunde. Thieme, Stuttgart–New York 1981.

[148] Schuhmacher, G. H., Schmidt, H.: Anatomie und Biochemie der Zähne. Fischer, Stuttgart–New York 1983.

[149] Schug-Kösters, M., Ketterl, W. (Hrsg.): Karies und Füllungsmethoden. Banaschweski, München 1964.

[150] Shillingburg, H., Hobo, S., Whitsett, C.: Grundlagen der Kronen- und Brückenprothetik. Quintess, Berlin 1977.

[151] Sigurjons, H.: „Extension for Prevention". Historical development and current status of GV Black's concept. Oper Dent 8, 57 (1983).

[152] Simons, O.: Zitiert in: Schug-Kösters, M., Ketterl, W.: Karies und Füllungsmethoden. Banaschweski, München 1964.

[153] Spörlein, E.: Substanzverlust bei unterschiedlichen Inlaypräparationen an Unterkiefermolaren. Med Diss, Mainz 1985.

[154] Stachniss, V., Darwish, M., Hoppe, W.: Die Qualität der approximalen Amalgamfüllung in bezug auf die Kavitätenform. Dtsch Zahnärztl Z 32, 472 (1977).

[155] Standford, J. W.: Bonding of restorative materials to dentine. Int Dent J 35, 133 (1985).

[156] Stein, U.: Die thermischen und mechanischen Einflüsse auf die Zahnhartsubstanzen durch normal-, hoch- und höchsttourige Präparation. Dtsch Zahnärztl Z 19, 894 (1964).

[157] Sturdevant, C. M., Barton, R. E., Brauer, C.: The art and science of operative dentistry, 2. ed. McGraw Hill, New York 1985.

[158] Tucker, R. V.: Variations of inlay cavity design. J Am Dent Assoc 84, 616 (1972).

[159] Tucker, R. V.: Inlay-Präparation. In: Schmidseder, J. (Hrsg.): Phillip's restaurative Zahnmedizin, Bd. 1. Phillip, München 1985.

[160] Twesme, D. A. et al.: Air rotor stripping and enamel demineralisation in vitro. Am J Orthod Dentofac Orthop 105, 142 (1994).

[161] Ullmann, K.: Die topographische Anatomie der Zahnhartgewebe in Abhängigkeit vom Lebensalter. Med Diss, Berlin 1972.

[162] Vale, W. A.: Cavity preparation and further thoughts on high speed. Br Dent J 107, 333 (1959).

[163] Wacker, D. R., et al.: Rententive pins. Their use and misuse. Dent Clin North Am 29, 327 (1985).

[164] Walkhoff, O., Hess, W.: Lehrbuch der konservierenden Zahnheilkunde. Barth, Berlin 1943

[165] Weber, H.: Präparation und temporäre Versorgung. In: Ketterl, W. (Hrsg.): Praxis der Zahnheilkunde, Bd. 5: Festsitzender Zahnersatz. Urban & Schwarzenberg, München 1993.

[166] Wiedemann, W.: Remineralisation beginnender Karies. Deutscher Zahnärztekalender. Hanser, München 1982.

[167] Wirz, J., Mazenauer, B., Castagnola, L.: Gamma-2-freie Amalgame: Einfluß der Verarbeitungstechnik (Trituration) auf die physikalischen Testwerte. Schweiz Monatsschr Zahnheilk 88, 403 (1978).

[168] Wirz, J., Johner, M., Pohler, O.: Zahnaufbauten mit nichtedelmetallhaltigen Schrauben und Stiften. Schweiz Monatsschr Zahnheilk 69, 1162 (1979).

[169] Wirz, J., Christ. R.: Korrosionserscheinungen an Schrauben und Stiften bei Zahnaufbauten – Eine in-vitro-Studie. Schweiz Monatsschr Zahnheilk 92, 408 (1982).

[167] Wirz, J.: Endodontische und parapulpäre Verankerungselemente für die restaurative Therapie. Deutscher Zahnärztekalender. Hanser, München–Wien 1983.

[171] Zuhrt, R., Vierus, H.: Zur metrischen Bestimmung und pathogenetischen Bedeutung der Fissurenformen. Stoma 4, 20 (1967).

Der Autor dankt
ZA H. Kaltenborn, ZÄ H. Kaltenborn, Dr. H. W. Gockel, Dr. Th. Gerhard und Frau R. Vogel für ihre freundliche Mithilfe bei der Erstellung des Bildmaterials.

Übersichtstafel I:

Präparation von Kavitäten der Klasse I für die Versorgung mit einer Amalgamfüllung.

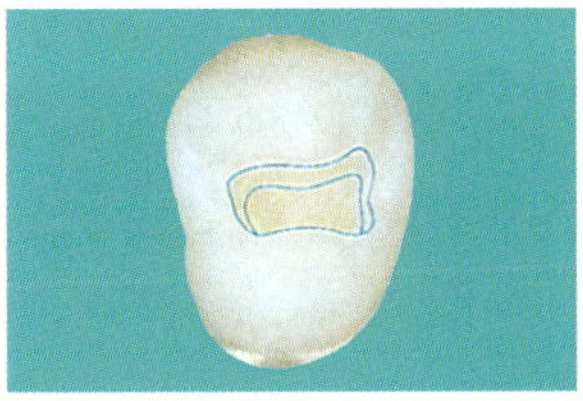

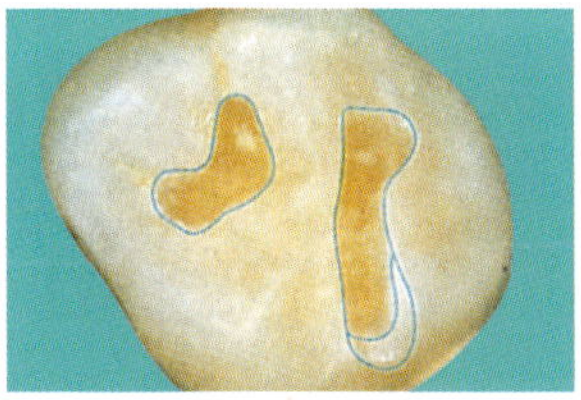

Primärpräparation

birnenförmiger Diamant

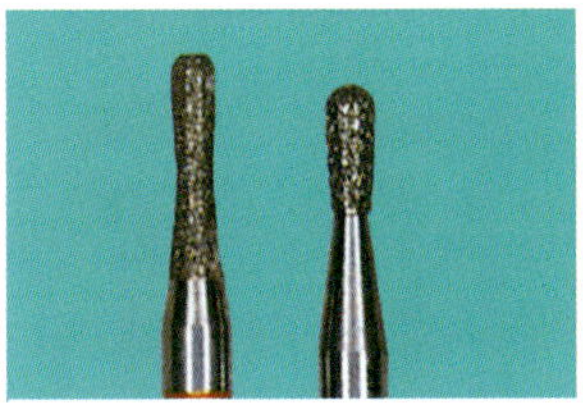

Schnellaufwinkelstück und Standardturbine

Exkavieren

Rosenbohrer

gerundeter Fissurenbohrer

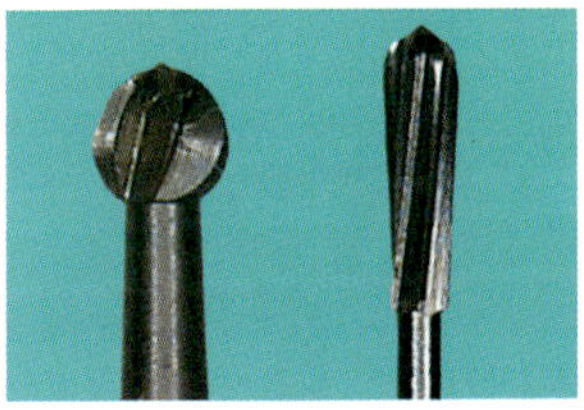

Winkelstück grün

Sekundärpräparation

gewendelter Hartmetallfinierer

Diamanten, fein und superfein

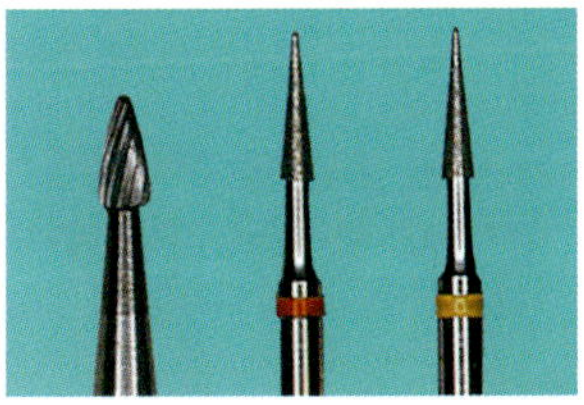

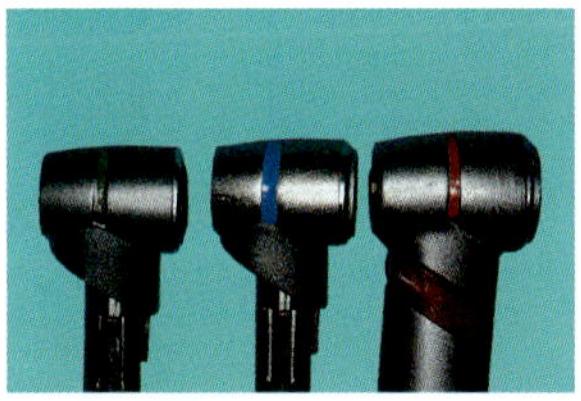

Winkelstücke grün/blau/rot

Randschräger

Übersichtstafel II:

Präparation von Kavitäten der Klasse II für die Versorgung mit einer Amalgamfüllung.

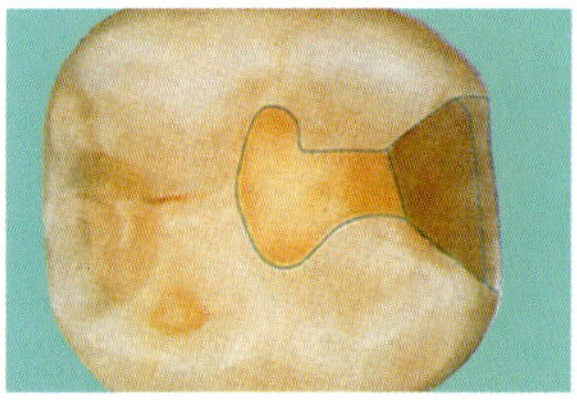

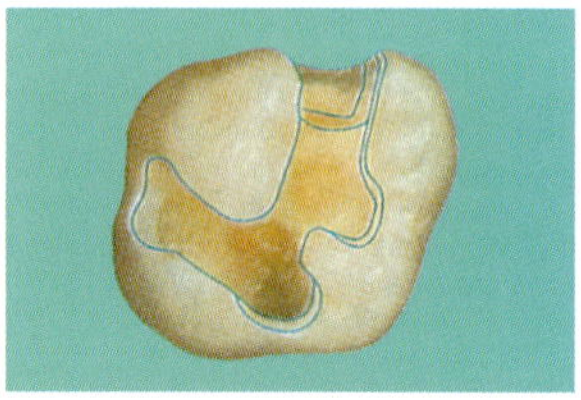

Primärpräparation

birnenförmiger Diamant

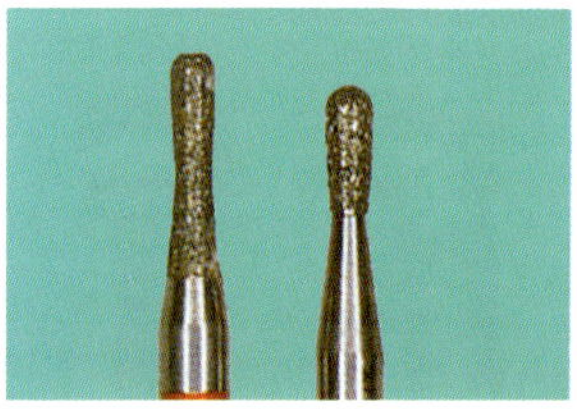

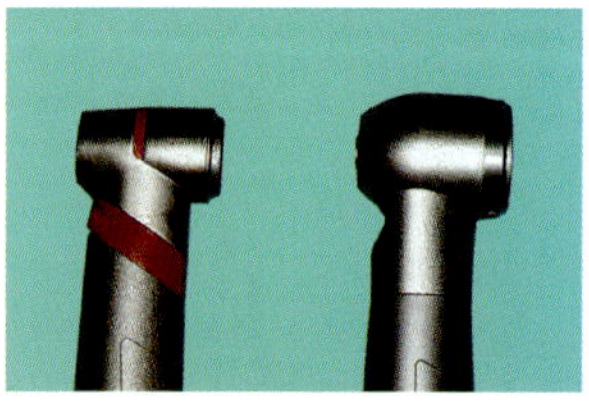

Schnellaufwinkelstück und Standardturbine

Exkavieren

Rosenbohrer

gerundeter Fissurenbohrer

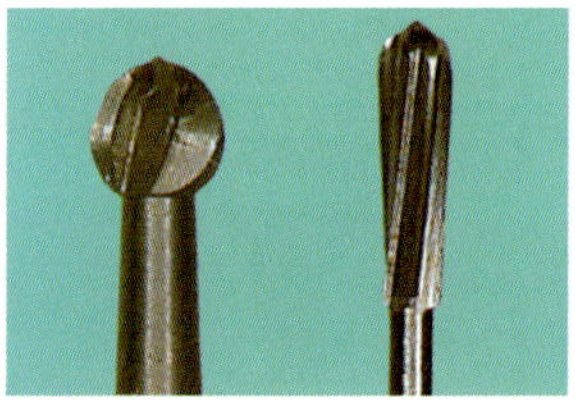

Winkelstück grün

Sekundärpräparation

gewendelter Hartmetallfinierer

Diamanten, fein und superfein

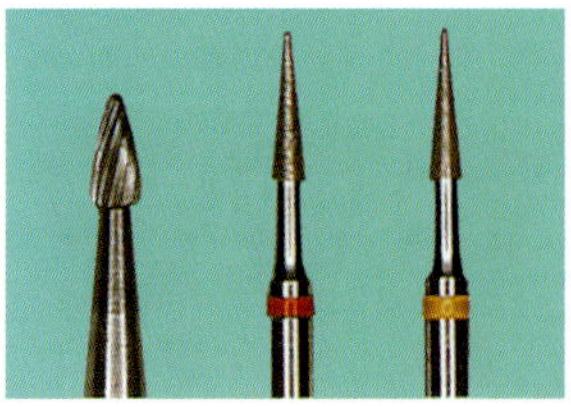

Winkelstücke grün/blau/rot

Gingival-randschräger

Schmelzmeißel

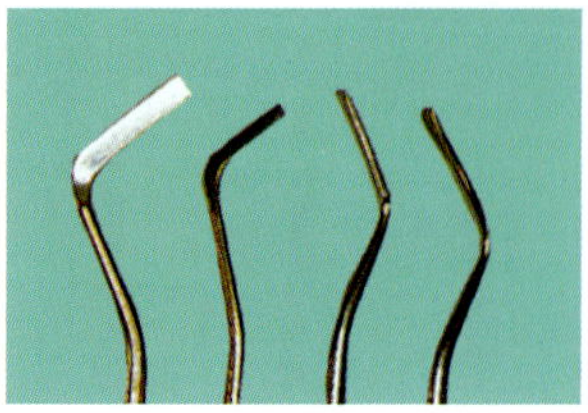

Übersichtstafel III:

Präparation von Kavitäten der Klasse V für die Versorgung mit einer Amalgamfüllung.

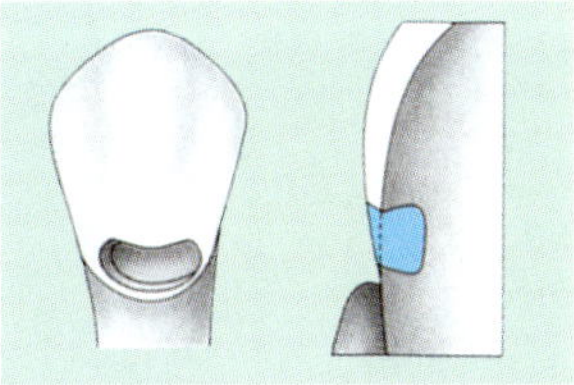

Primärpräparation

zylindrischer Diamant, gerundet

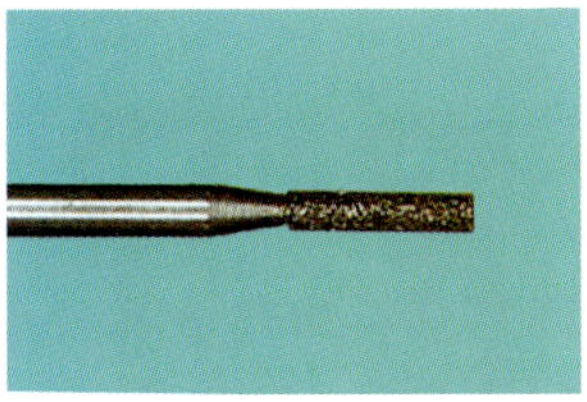

Schnellaufwinkelstück und Standardturbine

Exkavieren

Rosenbohrer

gerundeter Fissurenbohrer

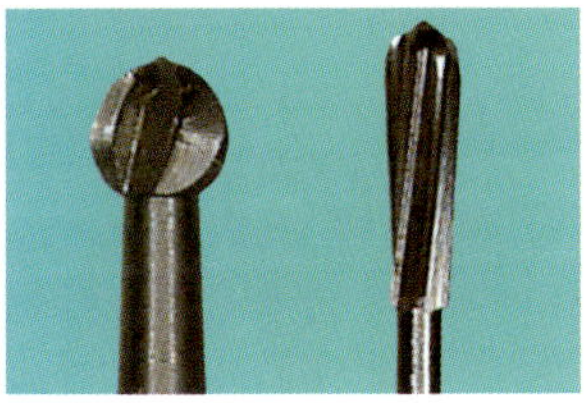

Winkelstück grün

Sekundärpräparation

gewendelter Hartmetallfinierer

Diamanten, fein und superfein

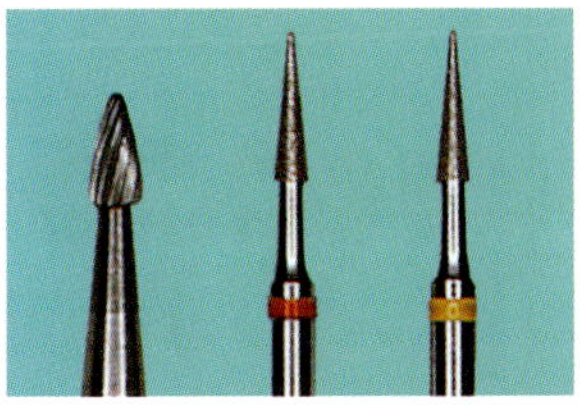

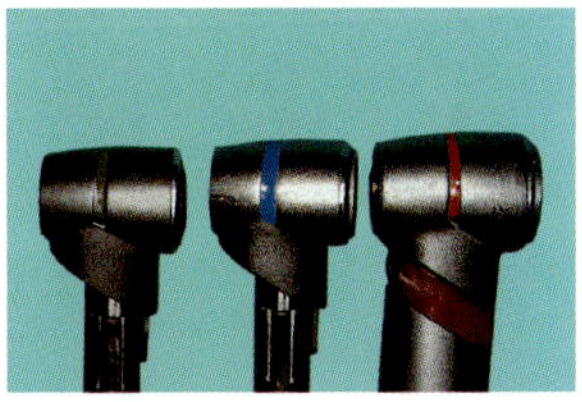

Winkelstücke grün/blau/rot

Schmelzmeißel

Randschräger

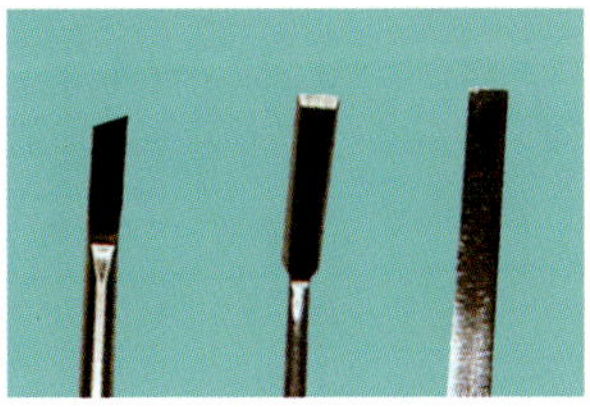

Übersichtstafel IV:

Präparation von Kavitäten der Klasse I für die Versorgung mit einem Inlay.

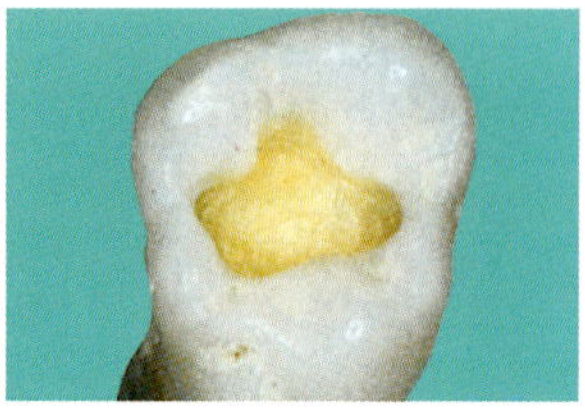

Primärpräparation

Präparationsdiamanten

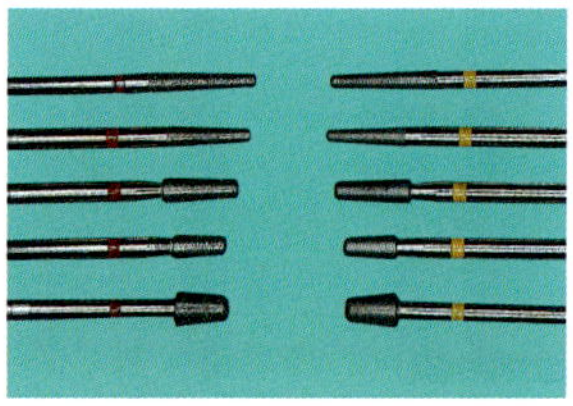

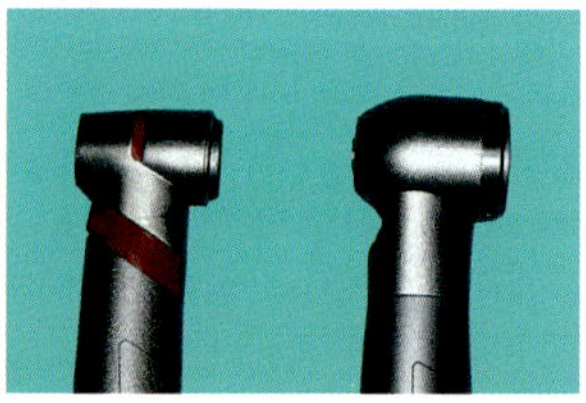

Schnellaufwinkelstück und Standardturbine

Exkavieren

Rosenbohrer

gerundeter Fissurenbohrer

Winkelstück grün

Sekundärpräparation

gewendelter Hartmetallfinierer

Diamanten, fein und superfein

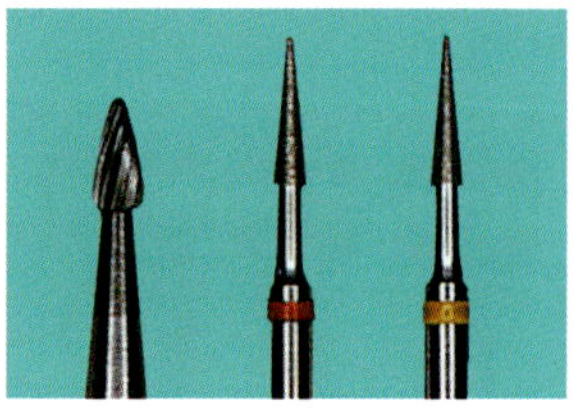

Winkelstücke grün/blau/rot

Übersichtstafel V:

Präparation von Kavitäten der Klasse II für die Versorgung mit einem Inlay bzw. Onlay.

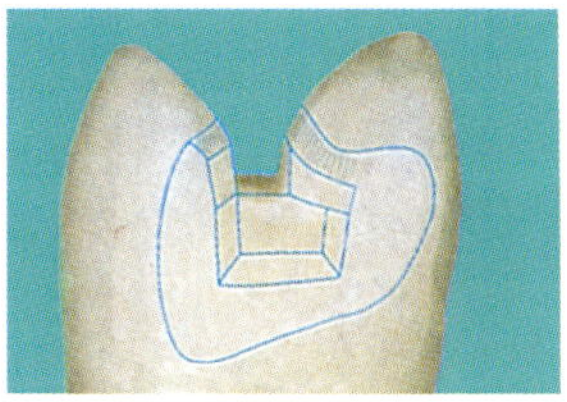

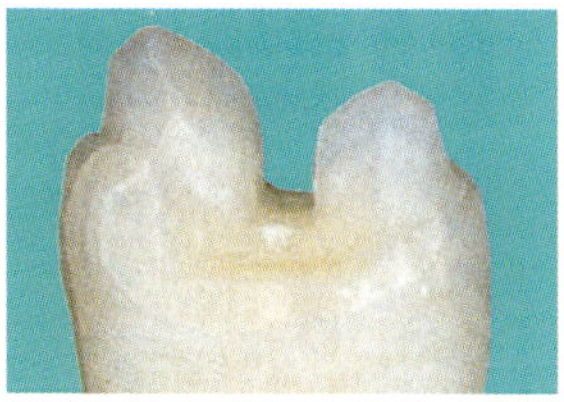

Primärpräparation

Präparationsdiamanten

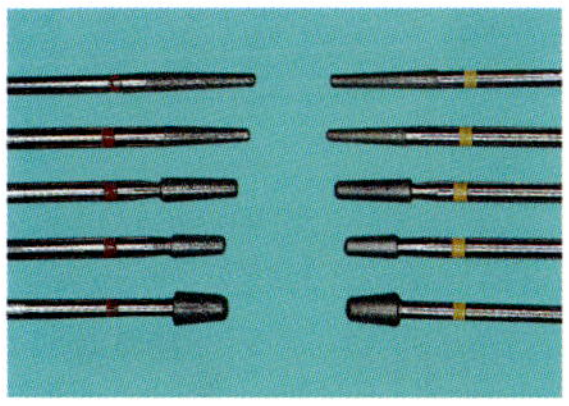

Schnellaufwinkelstück und Standardturbine

Exkavieren

Rosenbohrer

gerundeter Fissurenbohrer

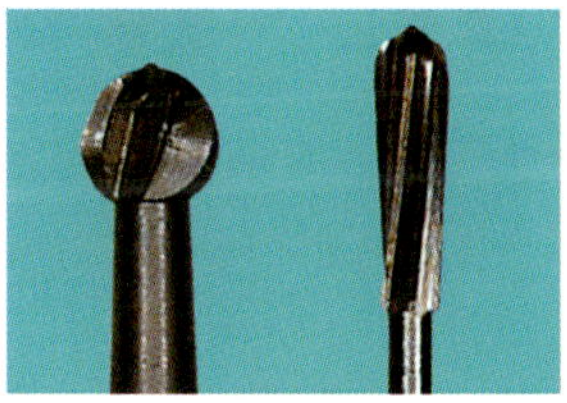

Winkelstück grün

Sekundärpräparation

spezielle Diamantenformen

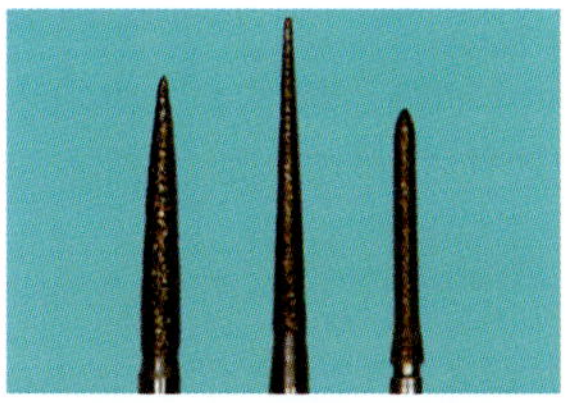

gewendelter Hartmetallfinierer

Diamanten, fein und superfein

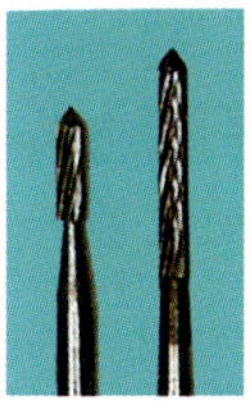

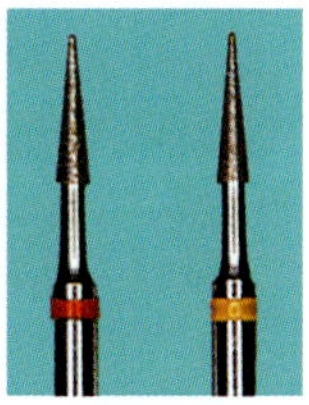

Winkelstücke grün/blau/rot

Schmelzmeißel

Randschräger

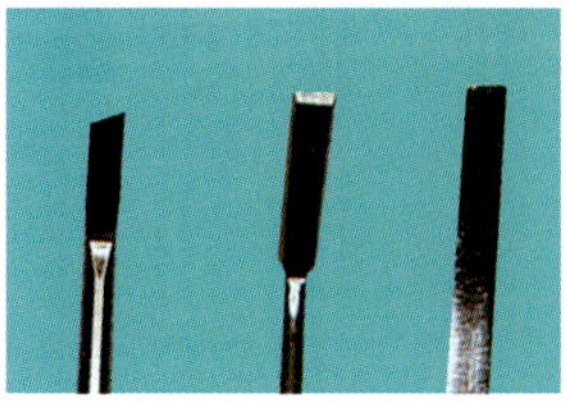

Übersichtstafel VI:

Präparation von Kavitäten der Klasse V für die Versorgung mit einem Inlay.

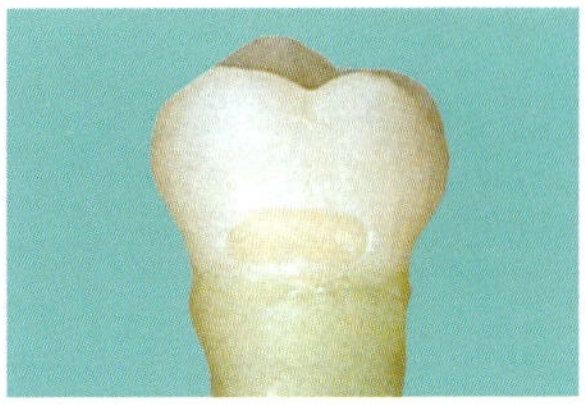

Primärpräparation

Präparationsdiamanten

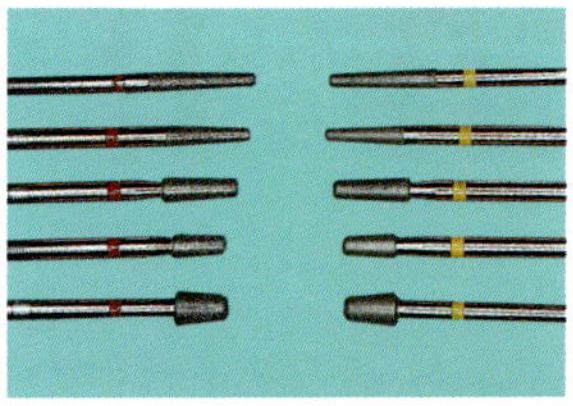

Schnellaufwinkelstück und Standardturbine

Exkavieren

Rosenbohrer

gerundeter Fissurenbohrer

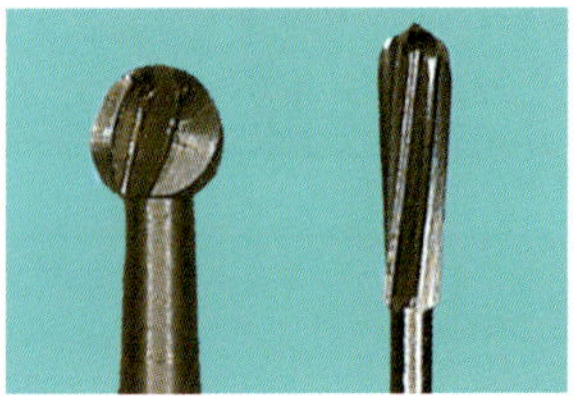

Winkelstück grün

Sekundärpräparation

Diamanten, fein und superfein

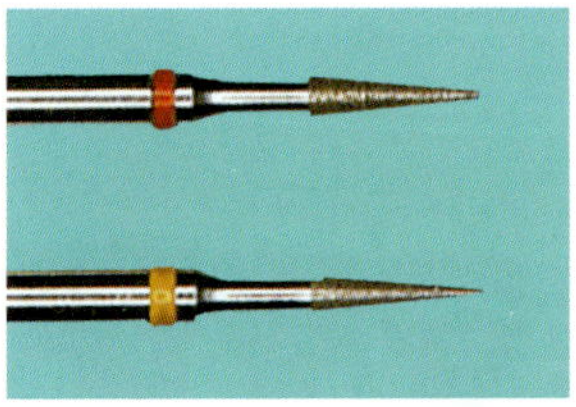

Winkelstücke grün/blau/rot

Randschräger

Übersichtstafel VII:

Präparation von Kavitäten der Klasse III für die Versorgung mit einer Compositefüllung.

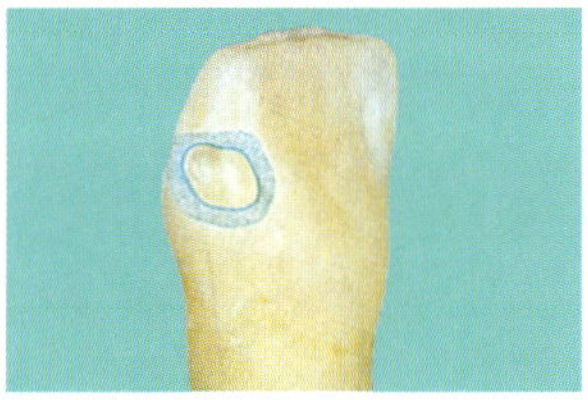

Primärpräparation

kugelförmiger Diamant

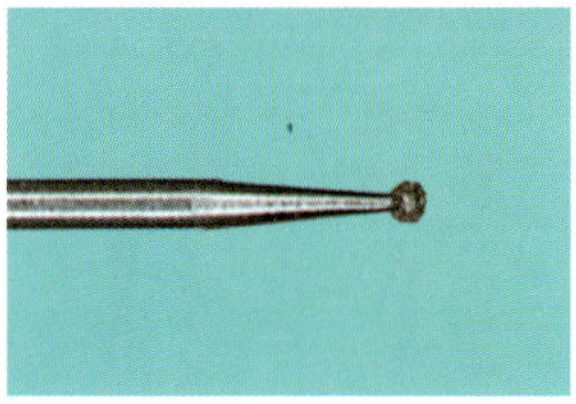

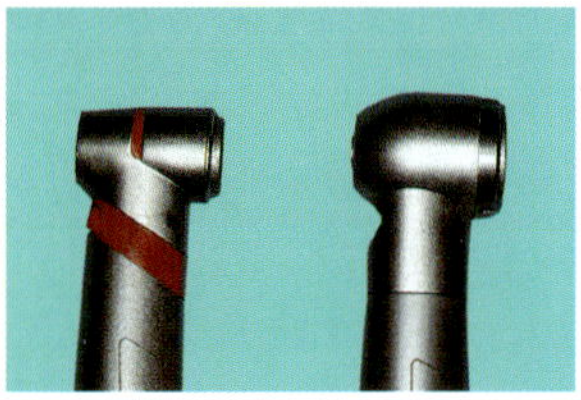

Schnellaufwinkelstück und Standardturbine

Exkavieren

Rosenbohrer

gerundeter Fissurenbohrer

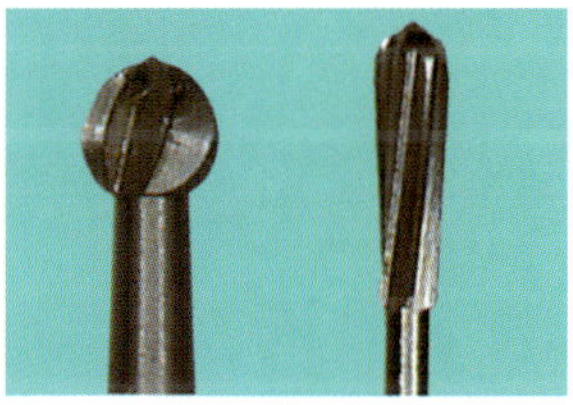

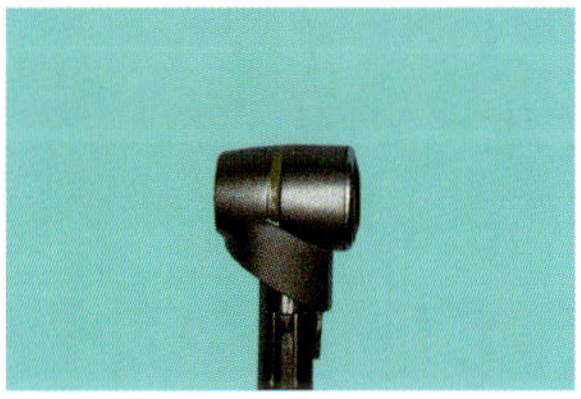

Winkelstück grün

Sekundärpräparation

gewendelter Hartmetallfinierer

Diamanten, fein und superfein

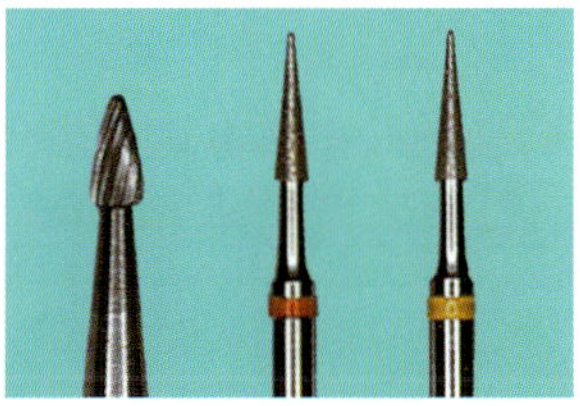

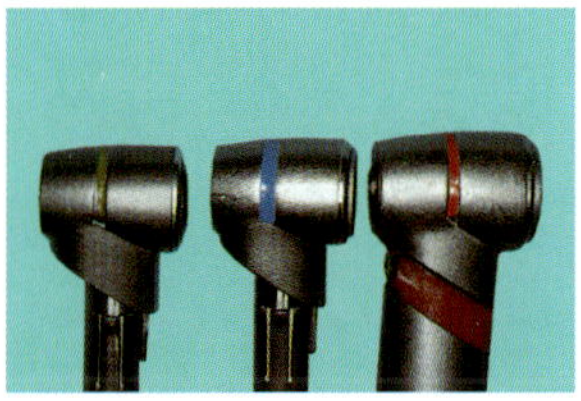

Winkelstücke grün/blau/rot

Randschräger

hauenförmige Instrumente

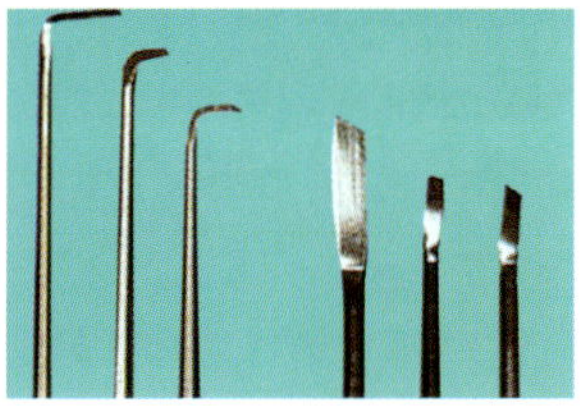

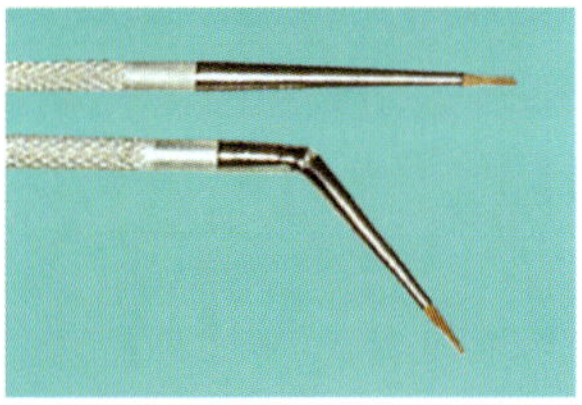

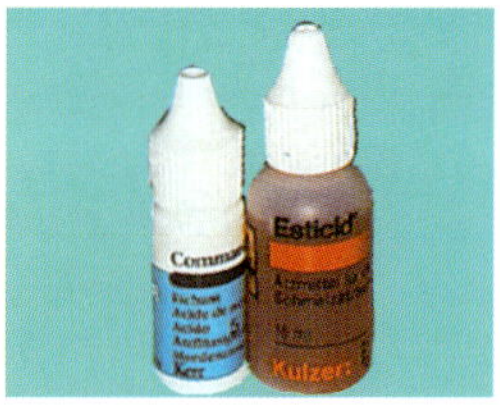

Phosphorsäure

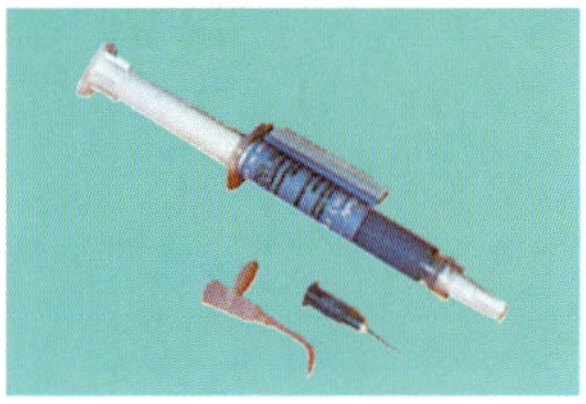

Übersichtstafel VIII:

Präparation von Kavitäten der Klasse IV für die Versorgung mit einer Compositefüllung.

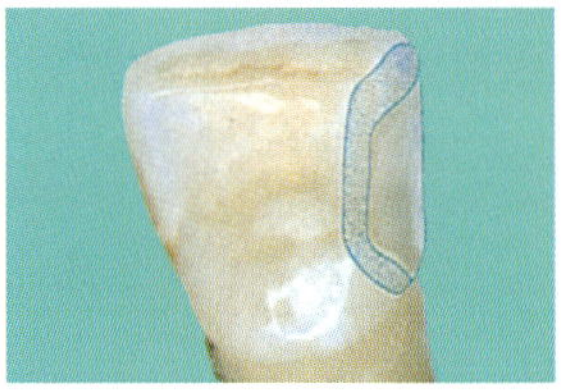

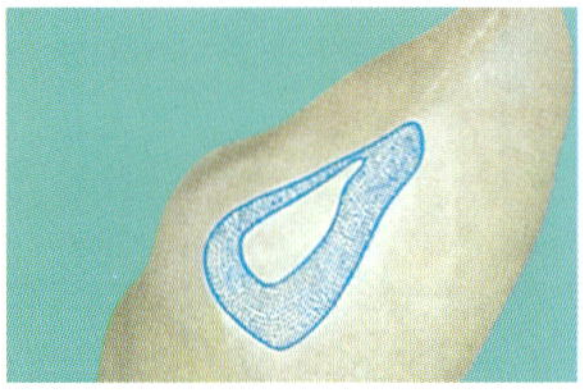

Primärpräparation

kugelförmiger Diamant

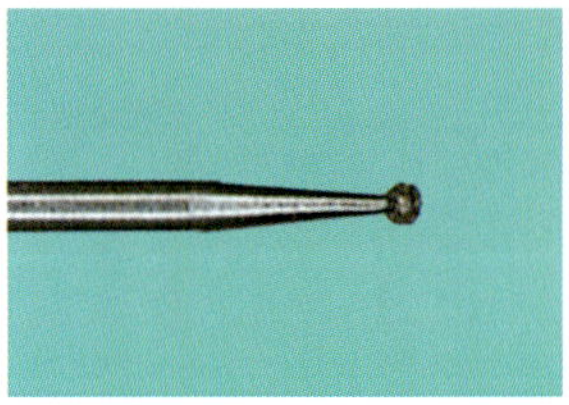

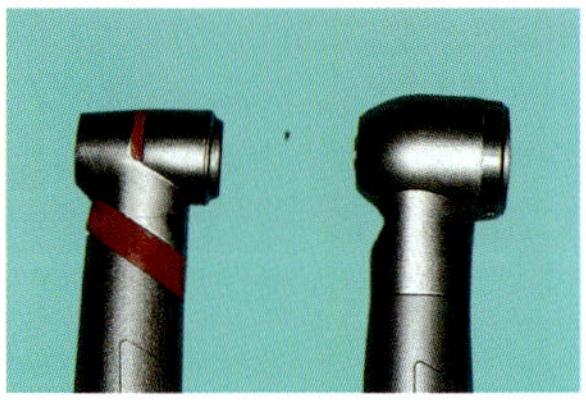

Schnellaufwinkelstück und Standardturbine

Exkavieren

Rosenbohrer

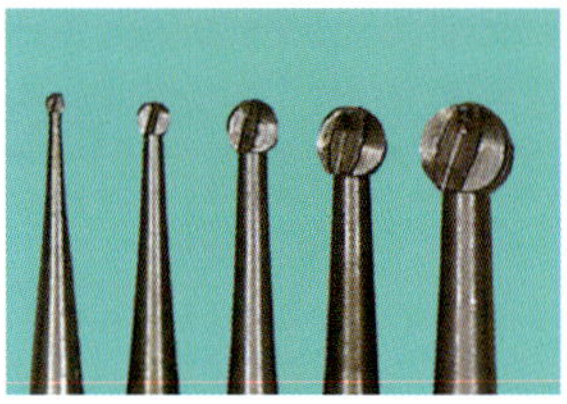

Winkelstück grün

Sekundärpräparation

gewendelter Hartmetallfinierer

Diamanten, fein und superfein

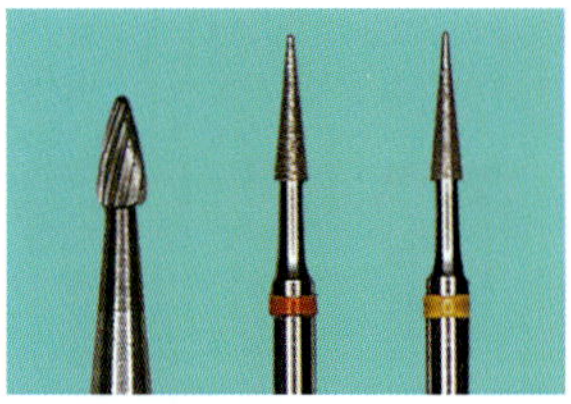

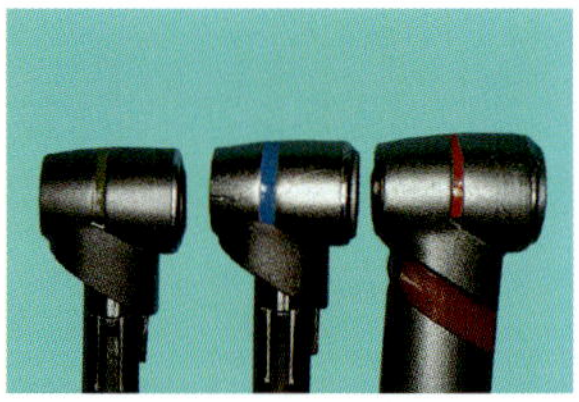

Winkelstücke grün/blau/rot

Randschräger

hauenförmige Instrumente

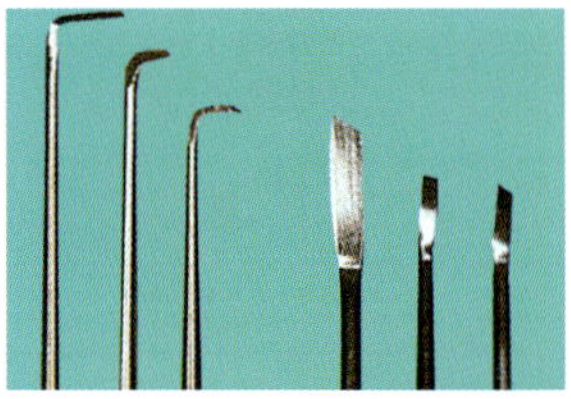

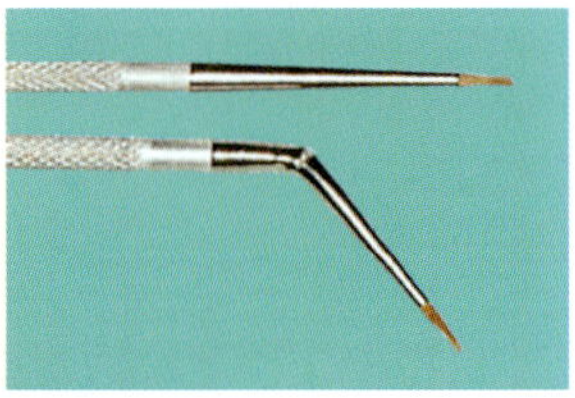

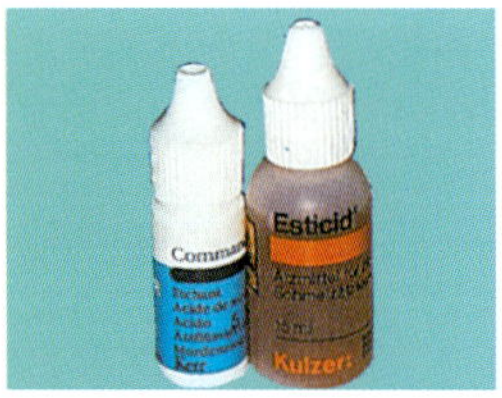

Phosphorsäure

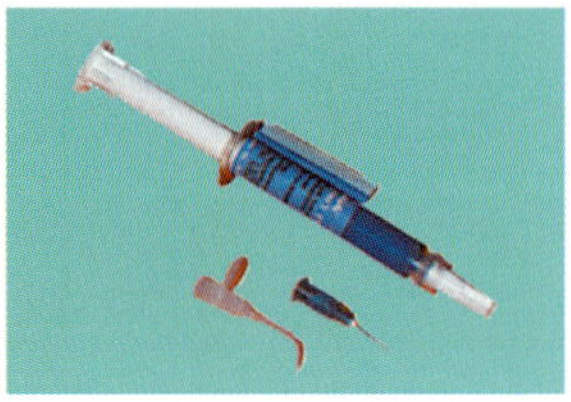

Übersichtstafel IX:

Präparation von Kavitäten der Klasse V für die Versorgung mit einer Compositefüllung.

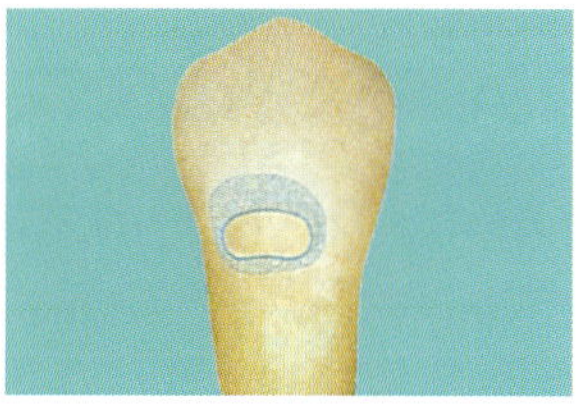

Primärpräparation

kugelförmiger Diamant

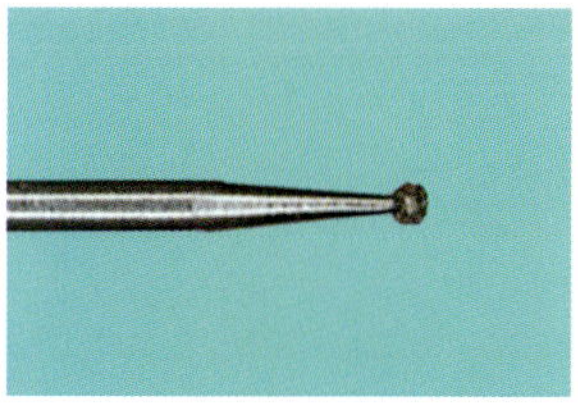

Schnellaufwinkelstück und Standardturbine

Exkavieren

Rosenbohrer

gerundeter Fissurenbohrer

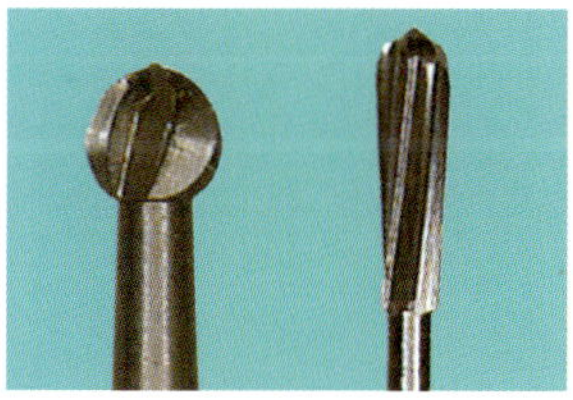

Winkelstück grün

Sekundärpräparation

gewendelter Hartmetallfinierer

Diamanten, fein und superfein

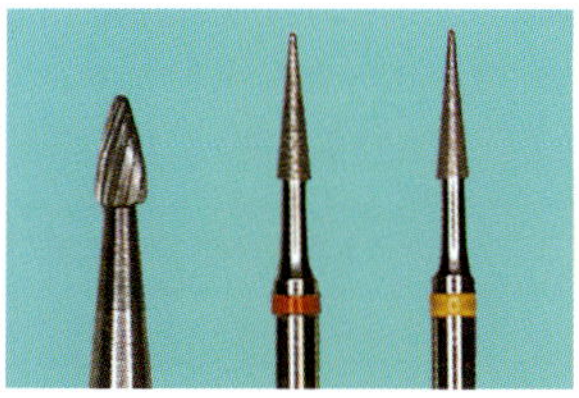

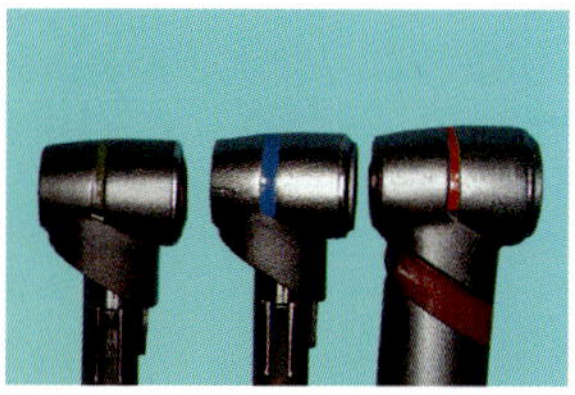

Winkelstücke grün/blau/rot

Randschräger

hauenförmige Instrumente

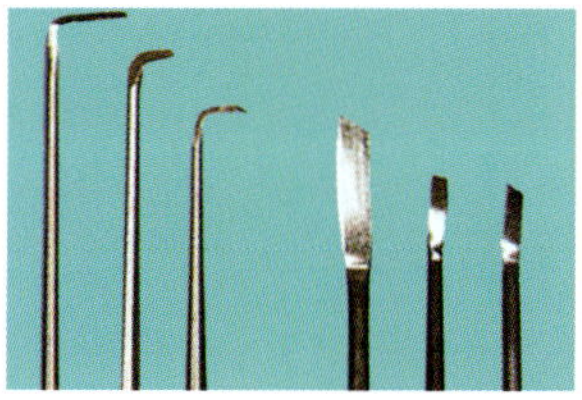

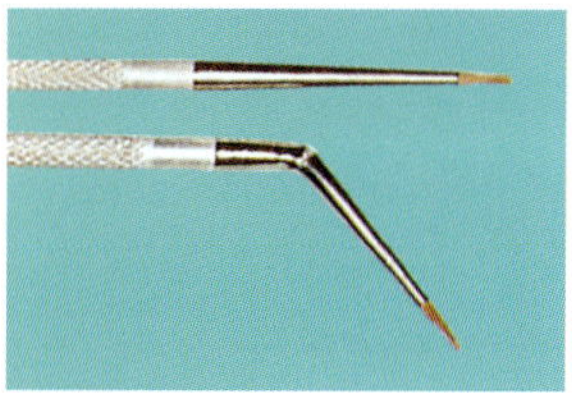

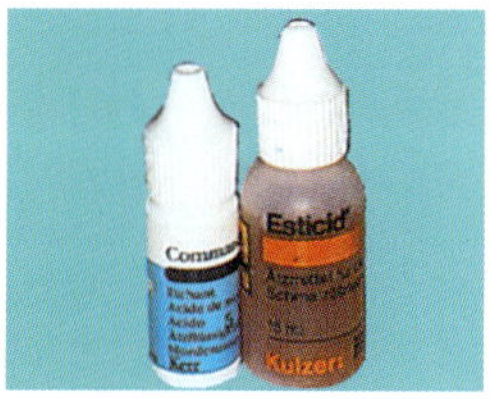

Phosphorsäure

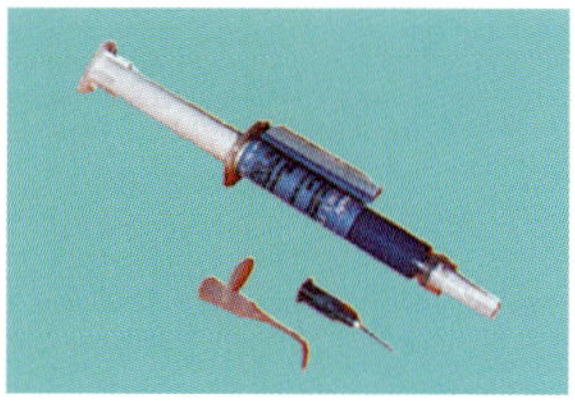

Glasionomer- und Kompomerfüllung

von Reinhard Hickel und Karl-Heinz Kunzelmann

Inhaltsübersicht

Einleitung

Die kontroversen Diskussionen zu Amalgam einschließlich der Indikationseinschränkungen durch das Bundesinstitut für Arzneimittel und Medizinprodukte (BfArM) sowie die gestiegenen ästhetischen Ansprüche in der Bevölkerung veranlaßten und veranlassen immer mehr Patienten, zahnfarbene Restaurationen zu bevorzugen.

Nach Vorgaben des BfArM (früher BGA) sollte Amalgam seit 1992 u.a. nicht mehr bei Milchzähnen, im Zahnhalsbereich, als Stumpfaufbau oder retrograde Wurzelfüllung eingesetzt werden. Bei Klasse-I- und Klasse-II-Füllungen sollten nach Empfehlung des BfArM, wenn möglich, andere plastische Werkstoffe und Inlays vorgezogen werden [16]. Diese Vorgaben des Bundesinstitutes standen allerdings in mehreren Punkten im Widerspruch zu zahlreichen deutschen und internationalen Fachgesellschaften und sind nicht durch wissenschaftliche Untersuchungen belegt.

In den letzten Jahren sind auch alle anderen Füllungsmaterialien, insbesondere aber Füllungskunststoffe, wegen angeblicher Nebenwirkungen in die Kritik geraten. Allgemein darf festgehalten werden, daß zahlreiche Behauptungen über Nebenwirkungen ohne wissenschaftlich fundierte Untersuchungen abgegeben wurden. Wie bei allen Arzneimitteln kann ein gewisses Risiko von Nebenwirkungen („Restrisiko") nie ganz ausgeschlossen werden.

> Nach heutigem Kenntnisstand muß aber betont werden, daß bei keinem der empfohlenen Füllungsmaterialien einschließlich Kompositen, Kompomeren und Glasionomerzementen ein unvertretbares Risiko besteht.

Von allergischen und lichenoiden Reaktionen abgesehen, wurden bislang auch keine der diskutierten Nebenwirkungen klinisch festgestellt [54, 98].

Das *Konsensuspapier* des Bundesgesundheitsministeriums (BMG) gemeinsam mit dem BfArM, der Bundeszahnärztekammer, der Kassenzahnärztlichen Bundesvereinigung, der Deutschen Gesellschaft für Zahn-, Mund- und Kieferheilkunde (DGZMK), der Deutschen Gesellschaft für Zahnerhaltung (DGZ) vom 1. 7. 1997 stellt jedoch klar, daß die (durch das BfArM seit 1992 bestehende) Vorgabe einer Reihung von Restaurationsmaterialien aufgrund der vorliegenden Erkenntnisse als nicht gerechtfertigt angesehen wird [17]. Die Entscheidung, welches Füllungsmaterial verwendet wird, ist im Einzelfall unter Berücksichtigung der individuellen Situation des Patienten zu fällen. Dabei sind die Vor- und Nachteile aller in Frage kommenden Füllungsmaterialien zu berücksichtigen und der Patient in die Entscheidung einzubeziehen.

Materialien auf Glasionomer- und Kompositbasis

In den letzten zwei Jahrzehnten wurden zahlreiche neue Füllungsmaterialien bzw. Materialgruppen entwickelt, insbesondere in den letzten fünf Jahren stieg die Auswahl rapide an (Abb. 1). Die Vielfalt der Produkte führte bei vielen Zahnärzten zu Schwierigkeiten bei der Eingruppierung und zu Unsicherheiten bei der Indikationsstellung.

Um die Klassifikation bei zahnfarbenen direkten

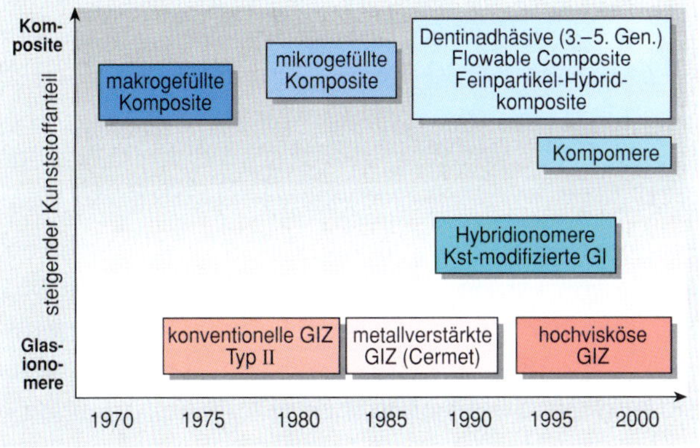

Abb. 1 Historische Entwicklung der verschiedenen Materialgruppen.

Tabelle 1 Einteilung der direkten Füllungsmaterialien auf Glasionomer- und Kompositbasis. Innerhalb der beiden Hauptgruppen der Glasionomerzemente (GIZ) und Komposite werden weitere Untergruppen nach Füllkörpergehalt und Matrix unterschieden. Die konventionellen (rein makrogefüllten) Komposite wurden von den Hybridkompositen abgelöst.

Glasionomerzemente (enthalten Wasser)	Komposite (kein Wasser zugefügt)
konventionelle GIZ	Hybridkomposite
metallverstärkte GIZ (Cermet)	Mikrofüllerkomposite
hochvisköse GIZ	Kompomere
kunststoffmodifizierte GIZ (Hybridionomere)	polyacrylsäuremodifizierte Kunststoffe (PAMR)

Tabelle 2 Übersicht der kommerziell verfügbaren Produkte in den verschiedenen Werkstoffgruppen (Stand Ende 1997, * Vertrieb 1998 eingestellt).

Hersteller	Konventionelle GIZ	Metallverstärkte GIZ	Hochvisköse GIZ	Hybrid-ionomere	PAMR	Kompomere
3M				Vitremer		F 2000
Degussa						Xeno
Denmat					Geristore	
Dentsply	Chemfil II/ superior				Variglass*	Dyract, Dyract AP
DMG	Alpha fil			Ionosit Fil P/L		Luxat
ESPE	Ketac fil, Chelon fil	Ketac silver, Chelon silver	Ketac Molar	Photac Fil Quick		Hytac
GC	Fuji II	Miracle Mix	Fuji IX GP	Fuji II LC Improved		
Shofu	Glasionomer Type II	Hi Dense	Hi Fi, Hi Dense			
Vivadent	Vivaglass fil					Compoglass F
Voco	Aqua Ionofil	Argion molar	Inonofil molar			

Füllungswerkstoffen übersichtlich zu gestalten, wurde von Hickel 1997 [54] vorgeschlagen, die Materialien nach dem Wassergehalt bzw. der möglichen Säure-Base-Reaktion während des Abbindens einzuteilen. Somit entstehen zwei Hauptgruppen – *Glasionomerzemente* (GIZ) und *Komposite* – mit verschiedenen Unterteilungen. Die plastisch verarbeitbaren zahnfarbenen Materialien werden heute in die Gruppen konventionelle und hochvisköse Glasionomerzemente, kunststoffmodifizierte GIZ bzw. Hybridionomere, polyacrylsäuremodifizierte Kunststoffe und Kompomere sowie Komposite (Hybrid- und Mikrofillerkomposite) einschließlich Dentinadhäsiven unterteilt (Tab. 1). Dazu sind mittlerweile zahlreiche Produkte auf dem Markt verfügbar (Tab. 2).

Konventionelle, metallverstärkte und hochvisköse Glasionomerzemente

Die konventionellen, die metallverstärkten und die hochviskösen Glasionomerzemente sind die einzigen Gruppen der in Tabelle 1 gegebenen Einteilung ohne Zusatz von Monomeren. Dies ist bei Patienten mit *Allergien* gegen Kunststoffe von besonderer Bedeutung.

Konventionelle Glasionomerzemente

Ende der 60er Jahre wurden die Glasionomerzemente (GIZ) von Wilson und Kent [162] entwickelt und 1972 das erste Präparat unter dem Namen *ASPA* vorgestellt, eine Abkürzung für *Alumino-Silikat-Poly-Acrylat*. Der Name ASPA weist auf die Herkunft und Zusammensetzung hin. Die GIZ haben sich aus den *Carboxylat-* und den *Silikatzementen* entwickelt [41, 163]. Von den Silikatzementen stammt das Pulver, Kalzium-Aluminium- bzw. Strontium-Fluoro-Silikat-Gläser, von den Carboxylaten die Flüssigkeit, Polyacryl- bzw. Polycarbonsäuren.

Beim Mischen von Pulver und Flüssigkeit erfolgt eine Säure-Base-Reaktion. Durch Wasserstoffionen werden aus dem Glaspulver z.B. Ca^{2+} und Al^{3+} in Form von Fluoridkomplexen herausgelöst. Diese Kationenkomplexe vernetzen die Polycarbonsäuren. Die *Aushärtung* läuft in zwei Phasen ab (Abb. 2). In der ersten *Abbindephase*, die je nach Präparat ca. 5–10 min dauert, bildet sich überwiegend Kalziumpolycarboxylat, das sehr wasserempfindlich ist. Erst die Bildung der räumlich besser vernetzten Aluminiumpolycarboxylatkomplexe, die mehr Zeit benötigt und nach 24 h größtenteils abgeschlossen ist, führt zu einem stabileren Zement-

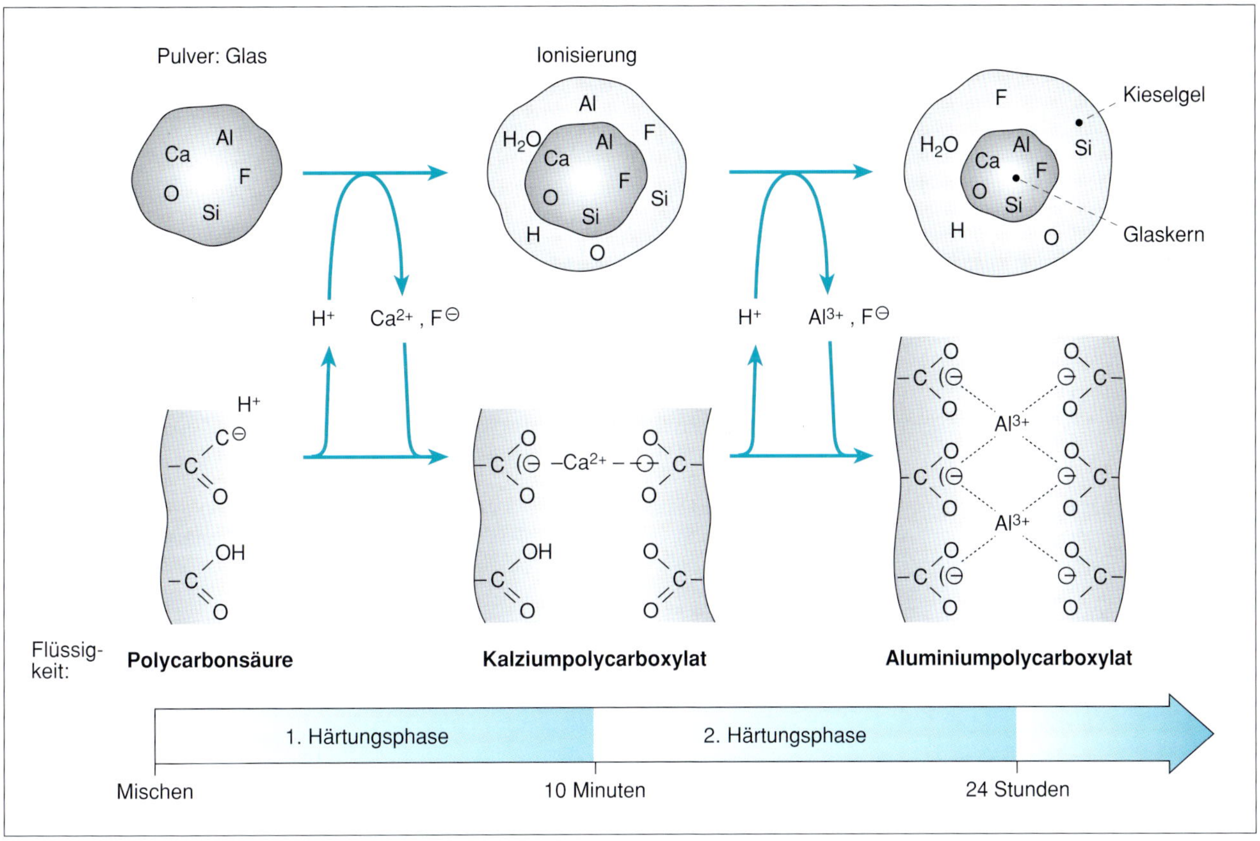

Abb. 2 Abbindereaktion von Glasionomerzement.

system. Aber auch nach Wochen „reift" der Zement noch geringfügig.

Die konventionellen GIZ benötigten erst zahlreiche Verbesserungen [2, 41, 79, 165, 166], um in den 80er Jahren einen beachtlichen Aufschwung zu erleben. Veränderungen wurden sowohl bei den Gläsern als auch bei der Säurezusammensetzung getroffen. Als ein wesentlicher Punkt konnte damals die Abbindegeschwindigkeit erhöht und so die Empfindlichkeit gegenüber Feuchtigkeit in der Anfangsphase reduziert werden.

Die GIZ wurden im Gegensatz zu vielen anderen zahnärztlichen Werkstoffen für ein sehr breites Spektrum von Anwendungsmöglichkeiten angeboten bzw. klinisch erprobt: Zementieren von Kronen, Inlays oder kieferorthopädischen Bändern, Unterfüllung, zervikale Füllung, Sandwichtechnik, Versorgung von Black-III-Kavitäten, Milchzahnfüllung, erweiterte Fissurenversiegelung, Stumpfaufbau, retrograde Wurzelfüllung, Funktionsaufbauten, Tunnelpräparation, Befestigung von kieferorthopädischen Brackets oder Wurzelkanalfüllung [6, 18, 33, 69, 92, 93, 97, 107, 111, 129, 143, 152, 156].

Die konventionellen GIZ werden i.d.R. in drei verschiedene Gruppen unterteilt:

- Befestigungszemente zum Zementieren von Gußfüllung, Kronen und kieferfunktionsorthopädischen Bändern (meist mit dem Suffix „-cem" oder „Typ I" gekennzeichnet, z.B. Aquacem®, Ketac-cem®, Fujiionomer Type I®).
- Füllungszemente (Suffix „fil" oder „Typ II", z.B. Ketacfil®, Chelonfil®, Chemfil II®, Fujiionomer Type II®).
- Unterfüllungszemente in verschiedenen Konsistenzen, sog. „Base" oder „Liner" oder als Fissurenversiegelungsmaterial (Suffix „-bond", „-line" oder „Typ III", z.B. Ketacbond®, Baseline®, Fujiionomer Type III®).

Im Rahmen dieses Kapitels wird primär nur auf Füllungsmaterialien eingegangen.

Chemische und physikalische Eigenschaften. GIZ haften über polare und ionische Bindungen an der Zahnhartsubstanz. Die Haftung am Dentin ist meist 30–50% geringer als am Schmelz. Im Vergleich zu Kompositen nach Schmelzätztechnik sind die Verbundkräfte bei der Schmelzätztechnik etwa drei- bis fünfmal so groß wie die chemische Haftung von konventionellem GIZ am Schmelz, wobei die

Meßergebnisse je nach Untersucher und verwendetem GIZ weit differieren [1, 58, 63, 79, 81, 84, 85, 136, 144] (Tab. 3). Der Zeitpunkt der Messung kann sich ebenfalls auf die Ergebnisse auswirken. Während z.B. Chemfil® zunächst höhere Haftwerte als Ketacfil® bzw. Ketacbond® aufwies, war die Haftung nach 1 bzw. 5 Monaten geringer, da sie bei Chemfil® abnahm, während sie sich bei den Ketac®-Präparaten erhöhte [6, 136].

Die Haftung wird auch durch unterschiedliche Konditionierungsmaßnahmen beeinflußt [116]. Während die früher empfohlene Konditionierung des Dentins mit Phosphor- oder Zitronensäure keine Verbesserung der Haftfestigkeit der konventionellen GIZ brachte, erhöhen Vorbehandlungen der Zahnhartsubstanz mit 25%iger Gerbsäure, 10- bis 25%iger Polyacrylsäure oder 5%igem Natriumhypochlorit für 10–30 s die Verbundfestigkeit und belassen den Smearlayer teilweise auf der Dentinwunde [3, 6, 11, 24, 103, 117].

Die thermische Expansion von GIZ und Cermet-Zement kommt der von Zahnhartsubstanz relativ nahe, die thermische Leitfähigkeit ist gering [147, 158]. GIZ sind im abgebundenen Zustand weitestgehend als elektrische Isolatoren zu bezeichnen. Auch die silberhaltigen Cermet-Zemente lassen –

Tabelle 3 Physikalisch-chemische Eigenschaften der verschiedenen Materialgruppen. Die angegebenen Bereiche ergeben sich aus eigenen Untersuchungen und aus zahlreichen Literaturstellen, die mindestens drei der Materialgruppen untersuchten. Die Haftwerte bei Komposit und Kompomer entstanden in Verbindung mit den jeweils zugehörigen Primern/Adhäsiven. Die Fluoridabgaben sind kumulative Werte nach 90 Tagen [54].

Materialgruppe	Zugfestigkeit (MPa)	Biegefestigkeit (MPa)	Druckfestigkeit (MPa)	Vickershärte (kg/mm²)	E-Modul (GPa)	Schmelzhaftung (MPa)	Dentinhaftung (MPa)	Fluoridabgabe (µg/cm²)
Amalgam	45–65	110–150	350–520	(120)	25–60	–	–	–
Hybridkomposit	35–60	100–145	280–480	70–130	10–25	20–28	12–25	0–10
Mikrofüllerkomposit	35–45	40–90	350–500	50–60	3–7	18–25	12–25	0–10
Kompomer	35–40	90–125	200–260	50–60	5–8	14–22	12–22	30–60
Hybridionomer	20–40	30–60	100–200	35–45	5–20	6–20	5–18	50–600
hochvisköse GIZ	12–15	30–35	140–220	60–90	12–20	3–12	2–8	150–600

Tabelle 4 Abrasionsverhalten der einzelnen Werkstoffgruppen in verschiedenen Simulatoren im Größenordnungsvergleich (Daten aus [33] und eigenen unpublizierten Versuchsreihen; Angaben in µm, ACTA nach 200 000 Zyklen, Kausimulator 20 000 Zyklen). Während die ACTA-Maschine eine Dreimedien-Abrasion mittels Hirsebrei vornimmt, wird im Kausimulator der Verschleiß durch direkten Antagonistenkontakt bei gleichzeitigem Thermocycling erzeugt. Da bei beiden Simulatoren unterschiedliche Verschleißphänomene (sliding wear, impact stress, fatigue, delamination wear etc.) eine Rolle spielen, ist der gemessene Abrieb bei gleichen Materialien unterschiedlich groß. Um Verschleiß besser einschätzen zu können, sollte deshalb möglichst mehr als ein Simulator herangezogen werden [33].

Materialgruppe	Münchner Kausimulator	ACTA-Maschine
Kompomere	110–260	30–60
Hybridionomere	> 1000	40–150
hochvisköse GIZ	280–380	28–50
metallverstärkte GIZ	450–500	30–85
konventionelle GIZ	800–900	30–150

im Gegensatz zu Amalgam- oder Metallgußfüllungen – ebenso wenig Stromfluß zu [145, 146].

Konventionelle GIZ abradieren wesentlich schneller als Komposite, die Indikation wird dadurch stark eingeschränkt (Tab. 4). Die Biege- bzw. Kantenfestigkeit ist ebenfalls erheblich schlechter als bei Kompositen, so daß der Einsatz im Kauflächenbereich oder im Bereich der Schneidekante nicht nur aus ästhetischen Gründen nicht in Frage kommt.

Bei den GIZ wird durch die Abgabe von Fluorid ein kariostatischer Effekt beschrieben; diese Fluoridfreisetzung wird von fast allen Autoren höher als bei den heute nicht mehr empfohlenen Silikatzementen angegeben [19, 29, 36, 58, 84, 105, 121, 132, 139, 142, 144, 148, 164] (s. a. Tab. 3).

Der GIZ ist opak; durch Änderung der Gläser (mehr SiO_2 und gleichzeitig stärkere Säuren) konnten trotz deutlicher Verbesserungen die Ästhetik und die Transparenz der Komposite bzw. Kompomere nicht erreicht werden. Im Bereich des Zahnhalses hingegen führen die GIZ i.d.R. zu befriedigenden ästhetischen Ergebnissen (Abb. 3).

Verarbeitungshinweise. Weicht man vom idealen Mischungsverhältnis Pulver zu Flüssigkeit ab, dann werden die Eigenschaften wie Abrasionsfestigkeit und Ästhetik schlechter. Bei bestimmten Präparaten wird die Säure in gefriergetrockneter Form dem Pulver beigegeben; das GIZ-Pulver wird nur noch mit Wasser angemischt, um Fehler bei der Dosierung zu verringern. Das richtige Mischungsverhältnis ist mit vordosierten Präparaten in Kapselform gewährleistet.

Der GIZ ist während der ersten Härtungsphase (je nach Präparat etwa 5–10 min) gegenüber Feuchtigkeit und Austrocknung sehr empfindlich und sollte durch Matrize, Lack bzw. Bond geschützt werden. Nach 5–10 min wird die Matrize abgenommen; die groben Überschüsse werden entfernt, die Oberfläche des GIZ muß nochmals mit Bond oder Lack vor Feuchtigkeit geschützt werden. Die Anfälligkeit gegenüber *Austrocknung* bleibt auch nach dem Aushärten in gewissem Umfang bestehen. Ein Übertrocknen des GIZ ist daher unbedingt zu vermeiden. Bei Patienten mit Mundatmung sind Füllungen mit konventionellen GIZ (ohne Abdeckung mit Kompositen) im durch Austrocknung gefährdeten Frontzahnbereich nicht indiziert. Falls Zähne mit GIZ-Füllungen für längere Zeit, z.B. unter Kofferdam, trockengelegt werden, empfiehlt es sich, den GIZ mit einem Lack gegen Austrocknung zu schützen [48].

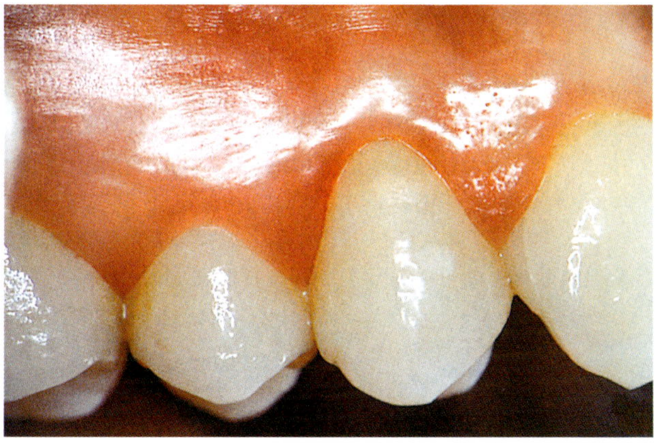

Abb. 3 Ästhetisch befriedigende zervikale GIZ-Füllung nach vier Jahren, die GIZ-Oberfläche ist aufgrund der stets vorhandenen Rauhigkeit typisch mattglänzend.

Im Vergleich zu mikrogefüllten Kompositen ist die *Politur* hin zu einer glatten Oberfläche nicht möglich. Die Oberflächenrauhigkeit ist eher der von makrogefüllten Kompositen vergleichbar. GIZ darf erst nach dem Abbinden ausgearbeitet und poliert werden, da sonst die Ästhetik leidet und die Abrasion zunimmt. Schneller abbindende Produkte erlauben die Politur in der gleichen Sitzung, es bedarf aber entsprechender Vorsicht, um den noch relativ anfälligen GIZ dabei nicht zu schädigen [35]. Die Füllung darf nur mit Wasserkühlung poliert werden, da sonst Rißbildung auftreten kann. Trotz der relativ rauhen Oberfläche war keine erhöhte Plaqueanlagerung festzustellen [141, 155].

Folgendes Vorgehen hat sich bei konventionellen GIZ (Klasse V) bewährt:

Je nach Präparat wird nach etwa 5–10 min die Matrize abgenommen und der grobe Überschuß im Randbereich trocken (z.B. mit einem Skalpell) entfernt, wobei immer von der Füllung zur Zahnhartsubstanz hin gearbeitet werden muß und nicht in umgekehrter Richtung, da sonst Teile des GIZ ausbrechen können. Danach wird die GIZ-Oberfläche wieder mit Bond abgedeckt und so vor Feuchtigkeit bzw. Austrocknung geschützt. Wenn möglich erst in der nächsten Sitzung wird die Füllung ggf. konturiert und poliert. Die Politur muß unbedingt naß erfolgen; wird der GIZ bei trockener Ausarbeitung erhitzt, kommt es durch Wasserentzug zur Rißbildung im Zement. Die Konturierung erfolgt mit feinstkörnigen Diamanten (Körnung 15 µm). Die abschließende Politur wird mit feinsten flexiblen Aluminiumoxid-Schleifscheibchen (Sof-Lex®) erreicht [2, 58, 78]. Wasserkühlung ist stets notwendig.

Pulpaverträglichkeit. Die kontroverse Diskussion zur Pulpaverträglichkeit hat vor allem in den ersten Jahren viele Zahnärzte verunsichert. In einer großen Zahl von Veröffentlichungen wird den GIZ einerseits eine ausreichende bis gute Pulpaverträglichkeit zugesprochen [4, 5, 9, 34, 40, 43, 60, 67, 104, 108, 109, 115, 122, 123, 137, 150, 151, 168], andererseits wurden jedoch auch aufgrund anderer Untersuchungen – vor allem nach Zellkulturtests – Bedenken geäußert [20, 28, 42, 67, 70, 82, 95, 96, 110, 113, 127, 159].

Bei prinzipiell gleicher Zusammensetzung zeigen schnell abbindende GIZ im Zellkulturtest eine bessere Biokompatibilität als langsam aushärtende, weil bei letzteren über eine längere Zeit Anteile des GIZ in Lösung gehen können.

Wenn der GIZ nicht direkt mit der Zellkultur in Berührung kommt, sondern in Nachahmung klinischer Verhältnisse durch eine Dentinschicht von ihr getrennt ist, zeigte er keine oder nur geringe Zytotoxizität [60].

Histologischye Studien in Tierversuchen wie auch an menschlichen Zähnen ergaben nach Applikation von GIZ auf das Dentin (Abstand zur Pulpa 0–1,7 mm) meist nur eine leichte Entzündungsreaktion, die geringfügig über der von Zinkoxid-Eugenol lag, aber weit unter der von Silikatzementen [9, 39]. Bei einer Dentinstärke von mehr als 1,5 mm traten keine Veränderungen der Pulpa auf [127].

In direktem Kontakt von GIZ zur Pulpa kam es stets zu starken Entzündungen oder Nekrosen [40, 127]. Appliziert man GIZ in tiefe Kavitäten mit nur geringer Dentinschicht zur Pulpa, kann es u.U. zu stärkeren Entzündungsreaktionen der Pulpa kommen [9, 39]. Dies bedeutet klinisch, daß bei Caries profunda eine Abdeckung pulpanaher Dentinbereiche mit $Ca(OH)_2$ notwendig ist, um eine eventuelle Reizung der Pulpa zu vermeiden.

Weitere Untersuchungen führen Pulpareaktionen nicht auf eine direkte toxische Wirkung des GIZ, sondern auf unter dem GIZ verbliebene Bakterien zurück [14, 15, 115, 127]. BÖSSMANN et al. [13] sowie SCHMALZ [128] konnten zeigen, daß GIZ im Vergleich zu Phosphatzement kaum bakterizide Wirkung besitzt. Dies steht in gewissem Widerspruch zu Untersuchungen von DE SHEPPER [30, 31] und SCHERER [126], zwischen den einzelnen GIZ-Präparaten können aber erhebliche Unterschiede bestehen.

Eine entsprechende Kavitätendesinfektion sollte nicht vernachlässigt werden.

Klinische Studien zeigten, daß bei korrekter Anwendung des GIZ, d.h. Kavitätendesinfektion, richtige Verarbeitung (insbesondere exaktes Anmischverhältnis Pulver/Flüssigkeit) und bei Caries-profunda-Abdeckung pulpanaher Dentinbereiche mit Kalziumhydroxid – wie auch bei Phosphatzement notwendig und üblich –, keine Pulpaschäden beobachtet wurden [46, 71, 83, 106, 114, 155].

Probleme mit *hypersensiblen Zähnen* wurden nach Zementieren von Kronen mit GIZ beschrieben [24, 72]. Die Ursache dieser sog. postoperativen Beschwerden, die meist einige Wochen anhielten, ist bislang nicht eindeutig geklärt. Verschiedene Faktoren wie falsches Anmischen, niedriger pH-Wert, Übertrocknung der Pfeilerzähne, zu hoher Druck beim Einsetzen sowie frühzeitige Kontamination mit Speichel mit nachfolgendem Auswaschen des Zements und bakterielle Kontamination werden diskutiert [18, 22, 23, 133, 167]. Mögliche Pulpareaktionen aufgrund von Konditionierungsmaßnahmen des Dentins wurden ebenfalls in Erwägung gezogen [34].

Studien von JOHNSON et al. [64] sowie KLEINMEYER et al. [68] belegten jedoch, daß bei GIZ keine höhere Hypersensibilität bzw. nicht mehr Probleme auftreten.

Von kunststoffverstärkten GIZ (Hybridionomeren) gibt es weniger Untersuchungen bzw. klinische Erfahrungen bezüglich der Biokompatibilität. Bei Caries profunda sollte aber das pulpanahe Dentin mit Kalziumhydroxid ebenfalls abgedeckt werden [140]. Im Gegensatz zu Bedenken, die nach einer Zellkulturuntersuchung gegenüber Cermet-Zement geäußert wurden [160], konnte tierexperimentell bei Ketacsilver® eine gute Gewebeverträglichkeit nachgewiesen werden [12]. Klinisch ergaben sich weder bei Cermet-Zement noch bei kunstoffverstärkten oder konventionellen Giz-Füllungen Probleme [47].

Metallverstärkte GIZ

Cermet-Zement wurde 1984/85 aus den GIZ entwickelt [87, 88, 94]; der Name ist eine Abkürzung von *„ceramic"* und *„metal"*. Durch Einsinterung von Metallpartikeln in die Glasphase sollten die mechanischen Eigenschaften (Abrasions- und Biegefestigkeit) verbessert werden [86, 88, 94, 101, 143].

Bereits zuvor waren Versuche unternommen worden, dies durch einfaches Zumischen von Alloy zum GIZ-Pulver zu erreichen. Das Produkt wurde als „miracle mix" bezeichnet [130, 131]. Metallverstärkte GIZ besitzen einen ausgezeichneten Röntgenkontrast [161]. Durch die Metallpartikel sind sie

Tabelle 5 Mißerfolge von GIZ und Cermet-Füllungen (Frakturen) in Klasse-II-Kavitäten.

Erstautor/Jahr	Dentition	Dauer	Mißerfolgsquote
HICKEL 1988	Permanentes	3 J.	67%
LIDUMS 1993	Permanentes	2 J.	43%
WILKIE 1993	Permanentes	2 J.	55%
KRÄMER 1994	Permanentes	8 J.	59%
HICKEL 1989/90	Milchzähne	3 J.	41%
HUNG 1990	Milchzähne	1 J.	40%
QVIST 1997	Milchzähne	3 J.	50%

allerdings nicht mehr zahnfarben, vereinzelt wurden anfangs auch Verfärbungen des Zahns durch oxidierte Silberpartikel beschrieben [125]. Die Haftung an der Zahnhartsubstanz und die Fluoridabgabe werden meist als etwas geringer als bei den GIZ angegeben [10, 36, 65, 105, 112, 134, 143, 148, 149], ein kariostatischer Effekt im Vergleich zu Amalgam und Kompositen wurde in einer Studie nachgewiesen [144].

Cermet-Zement ist nur mit *Silberpartikeln* erhältlich (Suffix „-silver", Ketacsilver®, Chelonsilver®); Varianten mit Gold wurden wegen des zu hohen Preises nicht am Markt eingeführt. Die metallverstärkten GIZ bzw. Cermet-Zemente konnten die von MCLEAN postulierten hohen Erwartungen als Amalgamalternative aber nicht erfüllen [87] und zeigten in Klasse-II-Kavitäten wie konventionelle GIZ häufig Frakturen (Tab. 5).

Hochvisköse GIZ

Aufgrund der geringen Sekundärkariesrate durch Fluoridabgabe und der vergleichsweise einfachen Verarbeitung der konventionellen GIZ wurden Weiterentwicklungen für Seitenzahnversorgungen der ersten und zweiten Dentition vorgenommen. Diese hochviskösen GIZ werden derzeit insbesondere im Rahmen der von der WHO geförderten *A.R.T.-Versorgungen* (Atraumatic Restorative Treatment mit Fuji IX) in Entwicklungsländern verwendet. Ziel war ein Füllungsmaterial, das ohne moderne technische Hilfsmittel (wie z.B. Polymerisationslampe, Mischgerät etc., die Strom benötigen) eingesetzt werden kann. Darüber hinaus wurde ein Material mit hoher Fluoridabgabe gefordert, da die Kariesentfernung mit Handexkavatoren (Mikromotoren sind aufgrund häufig fehlender Stromversorgung nicht einsetzbar) oft nicht vollständig war und durch Fluoridabgabe die Gefahr von Kariesrezidiven bzw. eine Sekundärkaries bei nicht perfekten Kavitätenrändern reduziert werden sollte.

Nach ersten positiven Erfahrungen werden diese hochviskösen GIZ mittlerweile auch in Industrieländern teils in verbesserter Kapselversion angeboten (z.B. Fuji IX GP, Ketac-Molar). Bei Zahnhalsfüllungen und Klasse-III-Defekten haben sie wegen ihrer starken Opazität ästhetische Nachteile. Indikationsbereiche sind deshalb vor allem *Milchmolarenfüllungen* und *Interimsversorgungen an permanenten Seitenzähnen.*

Von wenigen Kurzzeitstudien abgesehen, gibt es bislang zu hochviskösen Glasionomerzementen noch keine klinischen Resultate [25, 26]. Erste Auswertungen einer Studie bei Klasse-I- und Klasse-II-Kavitäten zeigen nach sechs Monaten akzeptable Ergebnisse [25], so daß diese Materialien als Interimsversorgung eingesetzt werden können. Solange jedoch keine Langzeitdaten vorliegen, kann der Einsatz als definitives Füllungsmaterial im okklusionstragenden Seitenzahnbereich nicht empfohlen werden. Für Milchzähne hingegen liegen bereits sehr gute Ergebnisse vor [55].

Konventionelle, metallverstärkte und hochvisköse GIZ weisen im Gegensatz zu Hybridionomeren (sog. lichthärtenden GIZ) keine Zusätze von Kunststoffen (Monomeren) auf. Diese Glasionomerzemente *(ohne Kunststoffzusätze)* sind von Vorteil bei Patienten mit Allergien gegen Kunststoffbestandteile. Aufgrund der aus Skandinavien berichteten zunehmenden Allergisierungsquoten gegen HEMA könnte dies in Zukunft möglicherweise eine größere Rolle spielen [30]. Weiterhin ist die positive Wirkung der Fluoridabgabe dieser Materialgruppe seit Jahren belegt, unter anderem auch bei Fissurenversiegelungen (s. S. 69ff.).

Kunststoffmodifizierte Glasionomerzemente (Hybridionomere)

Nachdem aufgrund photopolymerisierbarer Komposite Ende der 70er bzw. Anfang der 80er Jahre die weite Verbreitung von Polymerisationsgeräten begann und sich diese Komposite mit ihren Handlingsvorteilen nach wenigen Jahren durchsetzten, wurden einige Jahre später *„lichthärtende" Glasionomerzemente* entwickelt. Der Begriff „lichthärtend" ist eigentlich nicht korrekt, da der Glasionomerzement selbst nicht mit Licht aushärtet; die Lichthärtung erfolgt nur durch Polymerisation der zugefügten Kunststoffanteile. Deshalb wird diese Materialgruppe besser als *Hybridionomere* oder *kunststoffmodifizierte Glasionomerzemente* („resin modified glass ionomers") bezeichnet. Bezeichnungen wie Hybridglasionomerzement oder Hybridionomerzement werden nur selten verwendet.

Hybridionomere sollten neben der Lichthärtung auch eine *Säure-Base-Reaktion* des Glasionomerzementes (sog. Dunkelreaktion) aufweisen. Der Begriff *„Dunkelreaktion"* ist für eine eindeutige Definition der Materialgruppe ohne weitere Erläuterung nur unzureichend und mißverständlich, da es auch Materialien mit radikalischer Autopolymerisation gibt, die im Dunklen aushärten. Aufgrund der fehlenden eindeutigen Definition wurden in diese Gruppe oft sehr unterschiedliche Materialien eingereiht, die entweder noch eng bei den konventionellen Glasionomerzementen lagen oder aufgrund hoher Kunststoffanteile und fehlender bzw. nicht nachvollziehbarer Dunkelreaktion sehr nahe den Kompositen stehen und besser der Gruppe der polyacrylsäuremodifizierten Kunststoffe bzw. Kompomere zuzuordnen sind.

Die meisten mechanischen Eigenschaften der Hybridionomere, wie z.B. Biegefestigkeit, sind durch den Kunststoffzusatz verbessert worden. Die Fluoridabgabe liegt bei vielen Präparaten in der gleichen Größenordnung wie die von konventionellen GIZ (s. Tab. 3). Bei Patienten mit hoher Kariesaktivität dürfte daher diese Materialgruppe auch entsprechende Vorteile wie konventionelle GIZ haben. Allerdings ist die Abrasionsfestigkeit meist sehr gering (s. S. 163f.).

Der Indikationsbereich der kunststoffmodifizierten GIZ entspricht weitgehend dem der konventionellen GIZ, d.h., primäre Indikation ist die Versorgung von Zahnhalsdefekten. Weiterhin werden sie für Klasse-III-Kavitäten sowie für Milchzahnfüllungen empfohlen. Im Bereich von Klasse-I- und Klasse-II-Kavitäten im bleibenden Gebiß sind sie aufgrund der niedrigen Abrasionsfestigkeit (s. Tab. 4) wie die konventionellen GIZ ebenfalls nur als Interimsversorgung einzustufen.

Aufgrund der für Zahnärzte praktischen Lichthärtung haben zahlreiche Behandler von konventionellen zu kunststoffmodifizierten Glasionomerzementen gewechselt. Ein Vorteil neben der Handhabung ist u.a. die geringere Neigung zur Krakuelierung im Vergleich zu konventionellen GIZ. In tiefen Kavitäten muß jedoch berücksichtigt werden, daß bei rein lichthärtenden Produkten nur dünne Schichten vollständig durchgehärtet werden können und auch in schwer zugänglichen Bereichen die Polymerisationslampe möglichst nahe an das Füllungsmaterial gebracht werden muß.

Polyacrylsäuremodifizierte Kunststoffe (PAMR) und Kompomere

Der Begriff *„polyacid modified resins"* (PAMR) wurde von McLean et al. [45] vorgeschlagen. Polyacrylsäure- bzw. polycarbonsäuremodifizierte Kunststoffe und Kompomere weisen im Gegensatz zu GIZ und Hybridionomeren während der Aushärtung der Füllung keine bzw. nur eine unbedeutende Säure-Basen-Reaktion auf (s. Tab. 1). Durch Wasseraufnahme der Füllung im Laufe der Liegedauer kann es später aber zu einer (geringgradigen) Säure-Basen-Reaktion kommen. PAMR stehen chemisch den Kompomeren sehr nahe und werden gelegentlich auch in einer Gruppe zusammengefaßt. Während Kompomere Einkomponenten-Füllungsmaterialien sind, müssen PAMR angemischt werden (z.B. Variglass, Geristore). Mit Einführung der Kompomere ist die Bedeutung der anzumischenden PAMR deutlich geschwunden.

Der Begriff Kompomer, anfangs teilweise auch Kompoionomer genannt, setzt sich aus *Kompo*sit und Glasiono*mer* zusammen. Die Kompomere wurden 1993/94 in Europa auf dem Markt eingeführt. Das erste Produkt war Dyract, gefolgt von Compoglass 1995. Mittlerweile sind mehrere Produkte erhältlich (s. Tab. 2). Kompomere sind chemisch den Kompositen sehr ähnlich, besitzen aber reaktive, ionenfreisetzende Glaspartikel und saure, polymerisierbare Monomere. Sie enthalten im Gegensatz zu

GIZ kein Wasser und werden nicht angemischt (*Ein-Komponenten-Systeme,* ausgenommen dualpolymerisierende Befestigungskompomere). Eine geringe Säure-Base-Reaktion erfolgt erst dann, wenn über Speichel Wasser in die Füllung aufgenommen wird, d.h. nicht während der Abbindereaktion wie bei GIZ und Hybridionomeren üblich.

Kompomere zeichnen sich durch folgende *chemische Eigenschaften* aus:

- kein Wassergehalt
- keine Säure-Base-Reaktion während der Aushärtung
- reaktive, iononenfreisetzende Glaspartikel (die bei späterem Wasserzutritt reagieren)
- Fluoridabgabe
- saure, polymerisierbare Harze (mit Doppelbindung und Carboxylgruppe)
- meist eine Komponente (kein Anmischen)
- Anwendung eines Primer für guten Verbund zur Zahnhartsubstanz nötig (Einkomponenten-Primer)

Bezüglich der physikalischen Daten, v.a. Zug- und Biegefestigkeit, sind die Kompomere den Glasionomeren und Hybridionomeren überlegen, erreichen jedoch nicht ganz die der Komposite (s. Tab. 3 und 4). Kompomere müssen stets mit einem Primer eingesetzt werden, um einen guten Verbund zur Zahnhartsubstanz zu erzielen. Während die Glasionomere chemisch an Schmelz und Dentin haften, handelt es sich bei Kompomeren wie bei Dentinadhäsiv/Komposit-Systemen um einen *mikromechanischen Verbund* (Tags und Hybridlayer). Kompomere stehen chemisch den Kompositen wesentlich näher als den konventionellen Glasionomeren.

Hauptvorteil ist die *einfache Verarbeitung,* dadurch haben die Kompomere schnell einen großen Marktanteil erreicht. Bezüglich der Ästhetik und der Polierbarkeit sind Kompomere den konventionellen, aber auch den kunststoffmodifizierten GIZ überlegen. Die Hauptindikation liegt wie bei den konventionellen und Hybridionomeren im zervikalen Bereich sowie bei Klasse-III- und Milchzahnfüllungen. Derzeit erfolgen Weiterentwicklungen und klinische Prüfungen, um die Indikation für Kompomere als definitive Klasse-I- und Klasse-II-Füllungen im bleibenden Gebiß zu erweitern (z.B. Dyract AP). Umfangreichere klinische Ergebnisse stehen aber noch aus.

Die Fluoridabgabe aus Kompomeren ist wesentlich geringer als bei kunstofffreien Glasionomerzementen und Hybridionomeren (s. Tab. 3), jedoch wurden Verbesserungen diesbezüglich vorgenommen und z.B. Aminfluorid zum neuen Primer hinzugefügt sowie der Anteil der fluoridhaltigen Füllkörper erhöht (z.B. Dyract, Compoglass F). Entscheidend für die Reduzierung von Sekundärkaries ist nicht die Abgabe von Fluorid in den Speichel, sondern die Aufnahme von Fluorid in die benachbarte Zahnhartsubstanz. Diese ist auch bei Materialien mit geringerer Fluoridabgabe noch nachweisbar, da Fluorid in der Zahnhartsubstanz abgefangen wird und das Gleichgewicht hin zur Aufnahme in die Zahnhartsubstanz verschoben ist.

Je höher der Fluoridgehalt ist, um so günstiger ist aber auch die kariesprotektive Wirkung.

Das Ausmaß der Kariesreduktion hängt klinisch von zahlreichen weiteren allgemeinen und lokalen Faktoren (Mundhygiene, Ernährung etc.) ab [18].

Materialeigenschaften

Die Materialgruppen Komposit, Kompomer und PAMR, Hybridionomer, hochvisköse GIZ und konventionelle GIZ unterscheiden sich in ihren physikalischen Eigenschaften in dieser Reihenfolge zunehmend von Amalgam (s. Tab. 3). Wichtige Probleme bei Füllungsmaterialien sind neben der Biokompatibilität die Randdichte, die Verschleißfestigkeit sowie ausreichende Frakturresistenz. Besondere Bedeutung kommt weiterhin der Verarbeitbarkeit sowie bei Klasse-II-Kavitäten der Gestaltung eines korrekten Approximalkontaktes zu.

Füllungsfrakturen und Verschleiß

Für Klasse-III- und Klasse-V-Kavitäten sind alle genannten Materialgruppen von Komposit bis zu konventionellem Glasionomerzement als ausreichend fraktur- und verschleißfest einzustufen. Bei Klasse-IV-Füllungen werden allerdings Hybridkomposite mit Adhäsivtechnik empfohlen, da sie von den zahnfarbenen Füllungsmaterialien die besten Biegefestigkeits- und sehr gute Haftwerte aufweisen.

Bei okklusionstragenden Füllungen aus konventionellen und metallverstärkten Glasionomerzementen wurden häufiger Frakturen beobachtet als bei Amalgam, so daß sie insbesondere bei Klasse-II-Kavitäten nicht als definitives Füllungsmaterial an bleibenden Zähnen geeignet sind (Tab. 5).

Inwieweit hochvisköse GIZ bzw. Kompomere hier indiziert sind, muß noch abgeklärt werden. Eine allgemeine Empfehlung dieser Materialien für größere, okklusionstragende definitive Seitenzahnfüllungen wäre aufgrund fehlender klinischer Resultate derzeit noch verfrüht (Tab. 6).

Bezüglich des Verschleißes von Seitenzahnfüllungen muß Amalgam ebenfalls als Vergleichsstandard herangezogen werden. Von den zahnfarbenen direkten Füllungsmaterialien kommen die Hybridkomposite in den Verschleißwerten dem Amalgam noch am nächsten. In-vitro-Untersuchungen ergaben bei Kompomeren wesentlich höhere Abrasionswerte als bei Kompositen [10, 11, 34]. In direkten Vergleichen lagen die hochviskösen GIZ meist in der gleichen Größenordnung wie Kompomere und besser als Hybrid-GIZ (s. Tab. 4). Klinische Daten zu Abrasion von Kompomeren bzw. hochviskösen GIZ in Klasse I und II fehlen bislang.

Randschluß

In zahlreichen In-vitro-Studien wurde mittels Bestimmung der *Haftwerte* (z.B. Zug- bzw. Scherfestigkeit etc.) sowie *Randspaltanalysen* (Farbpenetration, REM-Beurteilung) versucht, Randschlußverhalten und klinische Eignung vorherzusagen. Für direkte Materialvergleiche sowie bei der Entwicklung neuer Produkte sind diese Versuche sicherlich sinnvoll. Jedoch darf deren Aussagekraft vor allem bei nur geringen Unterschieden nicht überbewertet werden. Die *Variabilität im biologischen Material* (z.B. Sklerosierung des Dentins etc.) kann zu großen Abweichungen bei Haftung und Randschluß führen. Auch die Art der Kavitätenform, Dentinkonditionierung, Dentintrocknung (Restfeuchtigkeit), der Wartezeiten nach Primerapplikation, der Applikation der Materialien (Schichtstärken etc.) und der Polymerisation kann den Randschluß beeinflussen [21, 22].

Für dentinbegrenzte Klasse-II- und Klasse-V-Kavitäten wurden mit neueren Dentinadhäsiv-Komposit-Systemen zwar bessere Verbundwerte erzielt, die allerdings immer noch ungünstiger als bei schmelzbegrenzten Kavitätenrändern sind. Wie lange dieser Verbund zum Dentin unter klinischer Belastung stabil ist, kann heute ebenfalls noch nicht vorhergesagt werden.

Bei mehreren Herstellern bestehen zwischen DBA der Komposite und Primer/Adhäsiven der Kompomere kaum bzw. keine Unterschiede mehr. Die *Polymerisationsschrumpfung* sowie die *Abbindekinetik* und das *E-Modul* können sich auf den Verbund ebenfalls auswirken. Bei Kompomeren stellt sich die Frage, ob zusätzliche Ätzung mit Phosphorsäure nötig bzw. sinnvoll ist. Bei zusätzlicher Schmelzätzung ist zwar der Randschluß zum Schmelz verbessert, jedoch waren in Klasse-V-Kavitäten mehr Spalten in den dentinbegrenzten Bereichen erkennbar. Eine eindeutige generelle Empfehlung kann deshalb noch nicht gegeben werden.

In *Klasse-V-Kavitäten* sind heute meist *zahnfarbene Restaurationen* erwünscht. Da die Kavitätenränder der Inspektion und der täglichen Mundhygiene gut zugänglich sind, können GIZ, Hybridionomere, Kompomere und Komposite mit DBA

Tabelle 6 Indikation der verschiedenen Gruppen von Füllungsmaterialien in unterschiedlichen Lokalisationen und Defektgrößen. Die Haftung von DBA in frisch präpariertem Dentin ist i. d. R. besser als in sklerotischem Dentin, z. B. bei keilförmigen Defekten ohne Präparation).

(+++ gut geeignet, ++ geeignet, + eingeschränkt geeignet, – nicht geeignet)

Black-Klasse	III	IV	V frisch präp.	VI sklerotisch	I Milchmolar	II Milchmolar	I klein	I groß	II schmelzbegrenzt	II dentinbegrenzt
Komposit	+++	+++	+++	++	++	++	+++	+	++	+
Kompomer	++	(+)	+++	++	+++	+++	+	–?	(+)	(+)
Hybrid-GIZ	+	–	++	+++	+++	++	–	–	–	–
hochvisköse GIZ	+	–	++	+++	+++	++	+	–?	–	–
konventionelle GIZ	+	–	++	+++	+	(+)	–	–	–	–

dort gut eingesetzt werden, auch wenn der Randschluß bei allen Materialien einschließlich DBA bekanntermaßen am dentinbegrenzten Randbereich nicht überall perfekt ist. Bei Approximaldefekten bzw. -füllungen ist aber die Kontrolle und Mundhygiene schwieriger als an Glattflächen bzw. Klasse-V-Defekten. Wenn bei dentinbegrenzten *Klasse-II-Kavitäten* dies der Patient nach Aufklärung wünscht, sollte diese adhäsive Füllung nur gelegt werden, wenn bestimmte Voraussetzungen wie gute Approximalraumhygiene, Trockenlegung, Überschußkontrolle und Ausarbeitung sowie regelmäßiges Recall gegeben sind.

Sekundärkaries

Von GIZ ist aus zahlreichen Untersuchungen bekannt, daß durch Fluoridabgabe Sekundärkaries reduziert wird und im Vergleich zu Kompositfüllungen weniger Randkaries auftrat. Lediglich MJÖR [6] hat in einem vorläufigen Bericht gegenteilige Beobachtungen beschrieben. In den letzten Jahren wurde

Tabelle 7 Handhabung und andere Eigenschaften von GIZ, Hybrid-GIZ und Kompomer im direkten Vergleich. Zwischen einzelnen Produkten innerhalb einer Gruppe können durchaus erhebliche Unterschiede bestehen.

Füllungs-materialien	Konventionelle Glasionomerzemente	Hybridionomere	Kompomere
Verarbeitung	Pulver/Flüssigkeit, wäßrige Basis, Anmischen per Hand oder Kapsel	Pulver/Flüssigkeit, Wasser-Monomer-Basis, Anmischen per Hand oder Kapsel	nur eine Komponente, kein Anmischen, kein Wasser
Verarbeitungzeit	1–2 min	mehrere Minuten, Start der Aushärtung durch Licht	nicht begrenzt, da nur Lichthärtung
Aushärtung	Säure-Base-Reaktion (ca. 4–8 Minuten), 2. Härtungsphase innerhalb von 24 h	Lichthärtung (40 s), radikalische Polymerisation und Säure-Base-Reaktion	nur Lichthärtung (40 s), Schichttechnik bei tiefen Kavitäten unbedingt nötig
Feuchtigkeits-empfindlichkeit	stark, v. a. in ersten Minuten (Abdecklack)	mäßig bis gering	keine
Polierbarkeit	akzeptabel	gut	sehr gut
Haftung	selbsthaftend an Schmelz und Dentin	selbsthaftend, bei einzelnen Produkten Primer nötig	Dentinkonditionierung und Primer nötig
Festigkeit	Druckfestigkeit gut, Biegefestigkeit gering	Druckfestigkeit gut, Biegefestigkeit mäßig	Druckfestigkeit gut, Biegefestigkeit gut
Abrasions-festigkeit	gering (hochvisköse GIZ: mäßig bis akzeptabel)	gering	mäßig bis gut
Randschluß	akzeptabel	akzeptabel bis gut	gut bis sehr gut
Fluoridabgabe	sehr hoch	mäßig bis sehr hoch	mäßig bis gut
Ästhetik/ Transparenz	gut (hochvisköse GIZ: mäßig, da sehr opak)	gut bis sehr gut	sehr gut
typische Probleme	Krakelierung, gelegentlich zu opak	Neigung zur Verfärbung der Füllung im Laufe der Zeit	Neigung zur Randverfärbung durch Quellen, oft entfernbar
Indikation bei Allergien gegen Kunststoffe	ja, keine Bedenken	nein, allergologische Abklärung empfohlen	nein, allergologische Abklärung empfohlen

deshalb verstärkt daran gearbeitet, auch bei DBA und Kompositen durch Zusätze eine Fluoridfreisetzung zu erreichen. Bei kariesaktiven Patienten ist daher bei zervikalen Füllungen konventioneller GIZ aufgrund der hohen Fluoridfreisetzung nach wie vor gut geeignet. Bei Kompomeren wurde mittlerweile auch die anfangs geringfügige Fluoridfreisetzung wiederholt verbessert.

Ästhetik

Bezüglich Ästhetik sind die Komposite unter den direkten Füllungsmaterialien als am besten einzustufen, gefolgt von Kompomeren und Hybridionomeren. Die GIZ sind wegen ihrer Opazität zwar klinisch akzeptabel, aber ungünstiger als kunststoffhaltige Produkte. Auch die Polierbarkeit ist bei konventionellen GIZ am schlechtesten.

Indikation

Aufgrund der beschriebenen Materialeigenschaften sind die verschiedenen GIZ-Gruppen bis hin zu den Kompomeren auch in ihrer Indikation teilweise unterschiedlich (s. Tab. 6).

Konventionelle GIZ werden aufgrund des breiteren Materialangebotes heute meist nur bei Klasse-V-Läsionen eingesetzt, v.a. bei kariesaktiven Patienten sowie in sklerotischem Dentin. Möglich wären auch kleinere Klasse-III-Defekte, wobei hier aber Kompomere und vor allem Komposite aus ästhetischen Gründen i.d.R. vorgezogen werden.

Hochvisköse GIZ sind aufgrund der starken Opazität von der Ästhetik allen anderen genannten Gruppen unterlegen und werden deshalb neben der A.R.T.-Technik nur bei Milchmolaren und als Interimsversorgungen im Seitenzahnbereich eingesetzt (Tab. 7).

Zervikale Läsionen

Die Hauptindikation des GIZ als Füllungsmaterial ist die Versorgung von zervikalen kariösen Läsionen, Erosionen und keilförmigen Defekten (s. Abb. 3). Solange die Kavität zirkulär von Schmelz begrenzt ist, sind aber Kompositfüllungen mit Adhäsivtechnik den GIZ-Füllungen vorzuziehen.

Im nicht schmelzbegrenzten zervikalen Randbereich kommen heute neben Kompositen mit Dentinadhäsiven der 3. bis 5. Generation vor allem auch Kompomere, Hybridionomere und konventionelle GIZ zur Anwendung.

Verschiedene Autoren [46, 76, 102] empfehlen GIZ bzw. Cermet-Zement zur Versorgung bei Wurzelkaries, vor allem wenn aufgrund des schwierigen Zuganges eine direkte (ausreichende) Lichthärtung nicht möglich ist. Der konventionelle GIZ scheint trotz seiner Schwächen unter den derzeitigen Füllungsmaterialien bei diesen Problemfällen eine akzeptable Alternative zu sein.

Tabelle 8 Klinisches Vorgehen bei zervikalen GIZ-Füllungen.

- Karies entfernen und Kavitätenpräparation (kleine, 0,5–1 mm tiefe zirkuläre Stufe)
- Kavitätenreinigung mit H_2O_2 oder Chlorhexidindigluconat, ggf. kurze Konditionierung der Kavität mit Polyacrylsäure (z. B. Ketac-Konditoner®) für 10 Sekunden [24]
- Farbauswahl (im Zweifelsfall lieber den dunkleren Farbton wählen)
- Anpassen einer Zervikalmatrize, Isolieren mit Kakaobutter oder Paraffinöl
- Anmischen des GIZ nach Vorschrift, ggf. Kapselpräparate bevorzugen
- Einbringen in die Kavität, Zervikalmatrize adaptieren, anschließend die Ränder mit Lack abdecken
- nach 5–10 min Matrize abnehmen, den GIZ sofort mit einem Tropfen Bond abdecken, dann grobe Überschüsse im Randbereich vorsichtig entfernen (z.B. mit Skalpell)
- wenn möglich in der zweiten Sitzung Ausarbeitung und Politur mit feinkörnigen Finierdiamanten und Aluminiumoxid-Schleifscheibchen unter ständiger Wasserkühlung

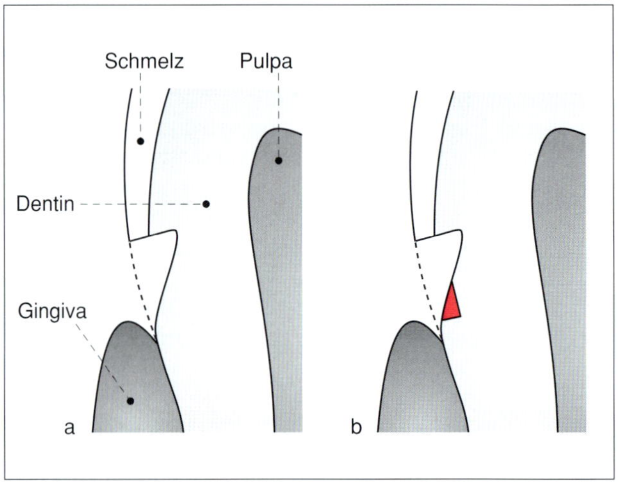

Abb. 4 Auch bei keilförmigen Defekten sollte in dünn auslaufenden Randbereichen eine 0,5–1 mm tiefe Stufe präpariert werden, um Randfrakturen des GIZ zu vermeiden.

Nach Hickel und Voss traten bei konventionellen GIZ-Restaurationen Defekte am Füllungsrand bzw. Verlust der Füllung auf, wenn bei *keilförmigen Defekten* keine Kavität präpariert, sondern der Defekt nur gesäubert worden war [46]. Nach diesen Erfahrungen sollte deshalb – entgegen früheren Empfehlungen [21] – auch bei keilförmigen Defekten eine definierte Kavität mit einer zirkulären, mindestens 0,5–1 mm tiefen Stufe präpariert werden (Abb. 4; Tab. 8). Im koronalen Randbereich liegt diese Stufe bei keilförmigen Defekten in aller Regel vor, während in der Gegend des Zahnfleischrandes geringe Präparationsmaßnahmen (niedrigtourig mit umgekehrtem Kegel) notwendig sind. Auffällig ist, daß GIZ-Füllungen an keilförmigen Defekten schneller abradieren als bei zervikalen Kariesläsionen. Die Ursache hierfür dürfte in der weiterhin falschen Zahnputztechnik der Patienten begründet sein.

Von McLean [89] wurde 1985 erstmals die sog. *Sandwichtechnik* empfohlen – synonym auch als Laminiertechnik oder biomimetische Füllung bezeichnet [41, 124]. Der GIZ ergibt nach Ätzung eine retentive Oberfläche, mit dem sich darübergeschichtetes Komposit wie bei der Schmelzätztechnik mikromechanisch gut verbindet. Durch diese Technik wurde versucht, den Randspalt von zervikalen Kompositfüllungen zu vermeiden bei besserer Ästhetik gegenüber GIZ-Füllungen (Abb. 5). Aufgrund der verbesserten DBA und der Einführung der Kompomere findet die zeitaufwendige Sandwichtechnik heute kaum noch Anwendung, da darüber hinaus die klinischen Resultate auch nicht immer überzeugen konnten [51, 120] (Tab. 9). Kompomere und Komposite weisen außerdem die besten ästhetischen Resultate auf (Abb. 6).

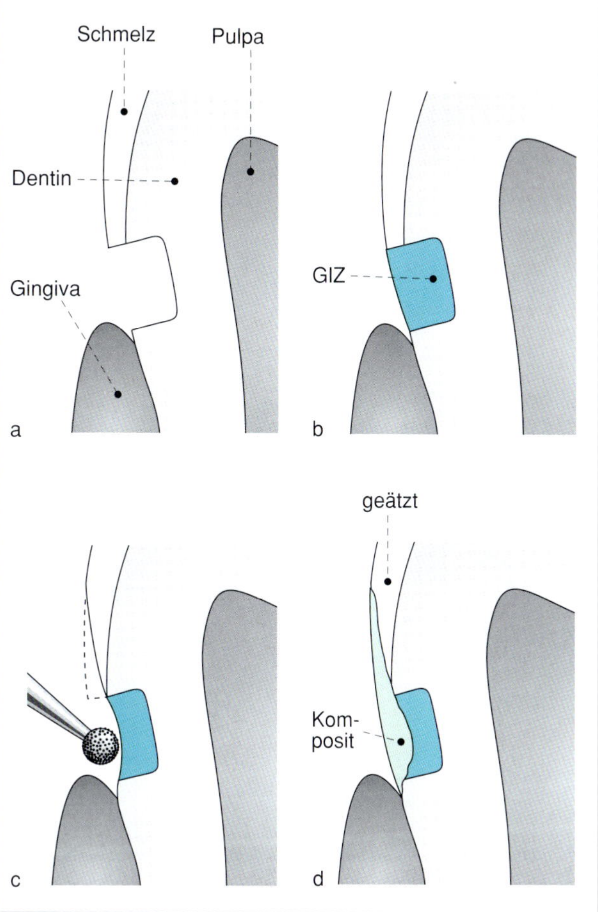

Abb. 5a–d Das Vorgehen bei der Sandwichtechnik: Nach Entfernen der Karies (a) wird die Kavität komplett mit GIZ gefüllt (b). In einer zweiten Sitzung wird der GIZ gering zurückgeschliffen und der Schmelz im koronalen Randbereich angeschrägt (c). Nach Anätzung des angeschrägten Schmelzes wird das Komposit in dünnen Schichten aufgetragen und ausgehärtet (d).

Tabelle 9 Lebensdauer von Füllungen in Klasse-V-Läsionen (Zusammenfassung der publizierten klinischen Ergebnisse). Während bis vor wenigen Jahren GIZ den Kompositfüllungen zervikal überlegen waren, wurden mit neueren DBA mit Komposit ausgezeichnete Ergebnisse erzielt.

Materialgruppe	Jahre	Erfolgsquote
GIZ	5–10	56–90%
Hybridionomer	1–3	70–83%
Kompomer	3	90–98%
Komposit	3–5	42–100%

Frontzahnfüllungen

Zu Klasse-III-Füllungen liegen nur wenige Studien mit konventionellen GIZ, Hybridionomeren oder Kompomeren vor (Tab. 10). Komposite sind weiterhin das am häufigsten verwendete Füllungsmaterial in diesem Bereich. In Klasse-IV-Läsionen sollten Hybridkomposite wegen der besten Frakturstabilität bevorzugt werden.

Milchzahnfüllungen

Die Lebensdauer von Milchzahnfüllungen weicht bei allen Materialien so stark gegenüber derjenigen von bleibenden Zähnen ab, daß die Bewertung in einer eigenen Gruppe sinnvoll ist [50]. GIZ wurden in den letzten 15 Jahren auch in zunehmendem Maße zur Füllungstherapie im Milchgebiß eingesetzt [21, 25, 27, 32, 38, 49, 73, 77, 114, 135, 138, 154,

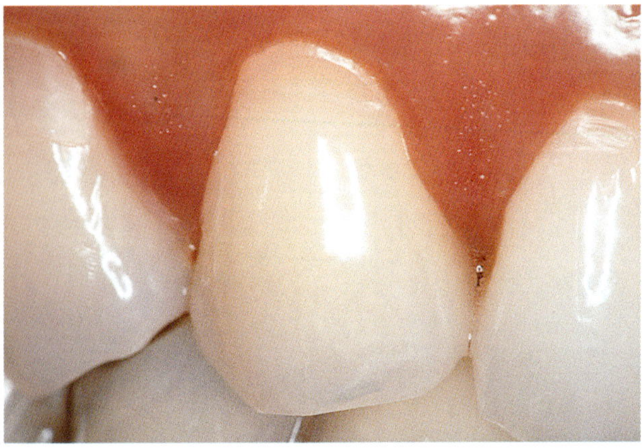
a

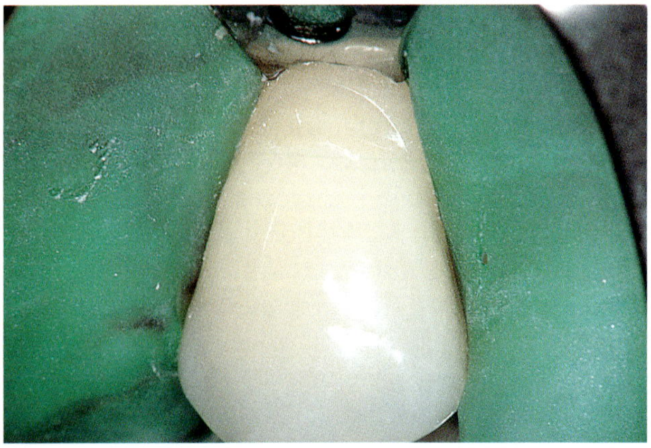
b

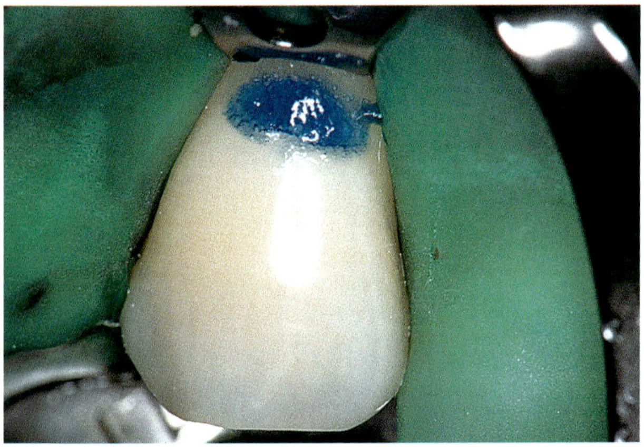
c

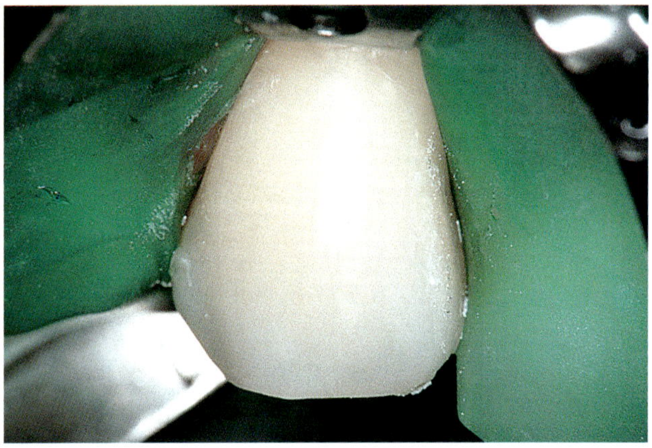
d

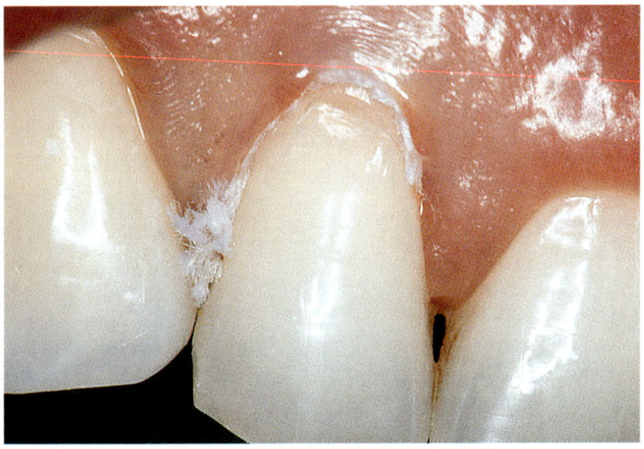
e

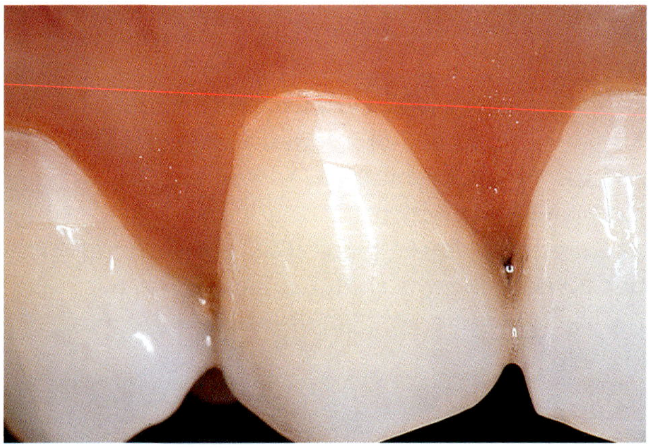
f

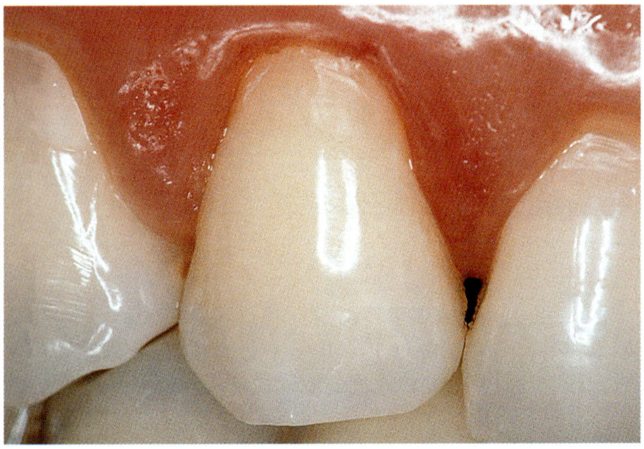
g

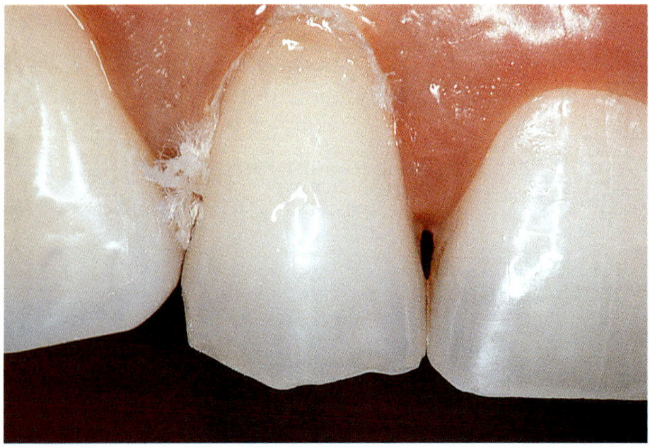
h

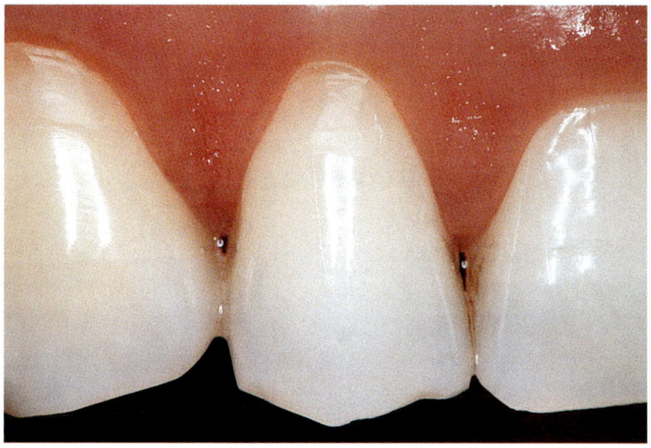
i

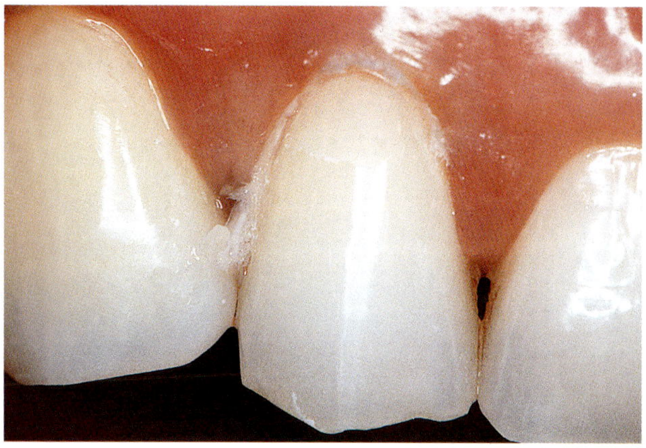
j

Abb. 6a–j Die stark überempfindlichen Zahnhalsdefekte an den Zähnen 13 und 12 wurden im Rahmen einer klinischen Studie mit Komposit bzw. Kompomer versorgt. Das Vorgehen erfolgte nach Herstellerangaben, die Kompositfüllung wurde mit Kofferdam, die Kompomerfüllung ohne Kofferdam gelegt.

a) Ausgangssituation.
b) Zahn 13 wird mit Polierpaste gereinigt und mit Kofferdam isoliert.
c) Geringgradige Anschrägung des koronalen Schmelzrandes und Konditionierung der Kavität mit Phosphorsäure (Total etch), anschließend Dentinbonding (Total bond).
d) Zustand nach dem Aushärten von Komposit.
e) Zustand nach Politur der Füllung und Entfernen von Kofferdam. Die Gingiva mußte durch die Kofferdamklammer zum Legen der Füllung etwas nach zervikal gedrängt werden. Diese geringgradige Verletzung heilt aber innerhalb von zwei bis drei Tagen wieder aus. Bei weiter apikal gelegenen Kavitäten muß ggf. der Kavitätenrand mittels Elektrotom freigelegt werden, jedoch darf die Attached gingiva nicht komplett entfernt werden.
f) Zustand bei der Nachkontrolle nach einem Jahr.
g) Zum Vergleich das Vorgehen bei Kompomerfüllungen am Zahn 12. Zur Trockenlegung der Kavität wurde nach Reinigung ein Retraktionsfaden in den Sulkus eingelegt.
h) Zweimalige Applikation von Primer, der anschließend jeweils ausgehärtet wird.
i) Kompomerfüllung vor der Politur.
j) Zustand bei der Nachkontrolle nach einem Jahr.

Tabelle 10 Lebensdauer von Füllungen in Klasse-III-Kavitäten. Die längsten und umfangreichsten Ergebnisse liegen zu Kompositfüllungen vor. Mit GIZ, Hybridionomeren und Kompomeren gibt es nur wenige Studien, die Lebensdauer war im direkten Vergleich mit Komposit gleich gut, die Ästhetik jedoch bei Komposit meist am besten.

Materialgruppe	Jahre	Erfolgsquote
GIZ	1–3	97–100%
Hybridionomer	3	98%
Kompomer	3	98%
Komposit	5–10	77–95%

157]. WALLS und Mitarbeiter zeigten im Halbseitenvergleich an über 100 Füllungen, daß GIZ bei Seitenzahnrestaurationen nach zwei Jahren mit Amalgam vergleichbare Ergebnisse bringt [157].

QVIST [118, 119] findet wie andere Autoren [57, 100] bei Kindern bis vier Jahren für Amalgamfüllungen eine mittlere Lebensdauer von weniger als zwei Jahren, bei Kompositfüllungen an Milchzähnen von nur einem Jahr. Nach HOLLAND und Mitarbeitern kommt es gerade bei kleinen Kindern häufiger zu Mißerfolgen bei Amalgamfüllungen, weil die Kavität während des Kondensierens oft nicht lange genug trocken gehalten werden kann [57]. Gegenüber Amalgam bietet der GIZ in dieser Hinsicht Vorteile, weil er vor allem bei Anwendung von Kapselsystemen schneller appliziert werden kann. Bei Kleinkindern haben deshalb Cermet-Zementfüllungen mit Amalgamfüllungen vergleichbare Erfolgsquoten, bei älteren Kindern und größeren Füllungen ist Amalgam überlegen [49].

Tabelle 11 Lebensdauer von Füllungen in Milchmolaren. Die besten Ergebnisse wurden mit Kompomeren erzielt.

Materialgruppe	Jahre	Erfolgsquote
GIZ	3–5	67–77%
hochvisköse GIZ	1	55–94%
Hybridionomer	1–2	80–100%
Kompomer	1–3	91–100%

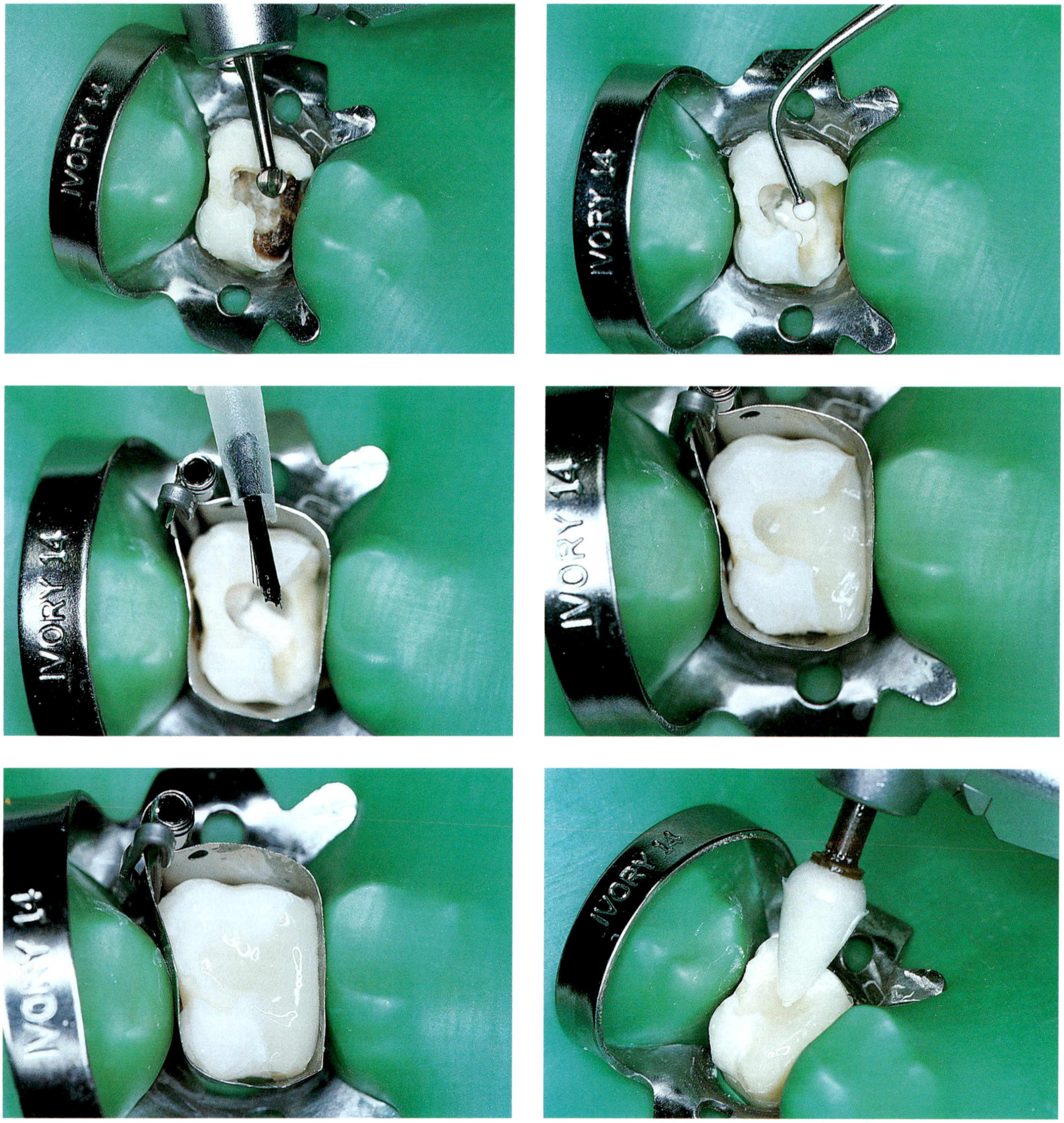

Abb. 7a–f Kompomerfüllung an einem kariös zerstörten Milchmolaren.

a) Exkavieren der Karies.
b) Abdecken der pulpanahen Bereiche mit Kalziumhydroxyd-Zement (Cp-Behandlung).
c) Konditionierung mit dem Kompomerprimer.
d) Schichtweise Applikation und Aushärtung des Füllungsmaterials.
e) Zustand nach Polymerisation der Füllung.
f) Ausarbeitung und Politur der Kompomerfüllung.

Mit Einführung der Hybridionomere und Kompomere ging die Zahl der Anwendungen von konventionellem GIZ und Cermet im Milchgebiß erheblich zurück. Kompomere zeigen derzeit die besten Erfolgsquoten von allen Materialien (Tab. 11; Abb. 7).

Seitenzahnrestaurationen

Konventionelle und hochvisköse GIZ, Cermet-Zement, Hybridionomere und Kompomere sind derzeit für okklusionstragende Füllungen im Seitenzahnbereich nur als Interimsversorgung einzustufen. Inwieweit Kompomere oder hochvisköse GIZ in bestimmten Indikationen als definitive Füllung an permanenten Zähnen verwendet werden können, wird derzeit noch abgeklärt (Abb. 8 und 9).

Tunnelpräparation und minimal-invasive Präparation

1984 wurde von HUNT [61] und KNIGHT [74] die sog. Tunnelpräparation beschrieben, die von MCLEAN [90, 92] synonym auch als „interne Präparation" bezeichnet und mittlerweile auch von anderen Autoren empfohlen wurde [25, 26, 56, 62, 92]. Ziel dieser Präparation ist es, bei weitestgehender Schonung der Zahnhartsubstanz auch die okklusale Randleiste zu erhalten. Aufgrund mangelnder Übersicht kann jedoch Karies versehentlich belassen werden. Probleme entstehen außerdem bei der Reinigung der Kavität, der randständigen, blasenfreien Füllung sowie bei der Entfernung von Füllungsüberschüssen im Approximalbereich. Ausreichende klinische Langzeiterfahrungen fehlen. Diese Präparationstechnik kann deshalb als Routineversorgung nicht empfohlen werden [45, 153].

Durch Einführung von Sonicsys®micro sowie niedrig viskösen lichthärtenden Kompositen (sog. flowable Komposites, z.B. Tetric flow®) können heute approximal minimal-invasive Präparationen ohne Verletzung des Nachbarzahns durchgeführt und adhäsive Füllungen gelegt werden [59].

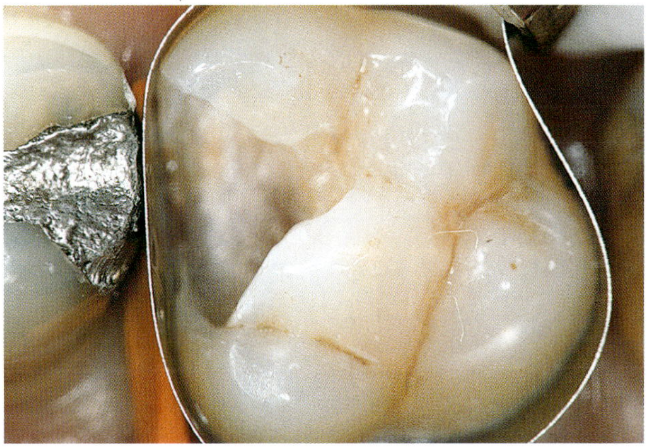

a

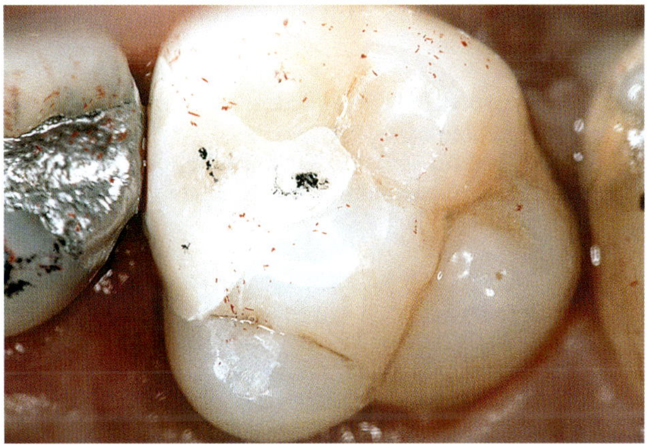

b

Abb. 8a und b Interimsversorgung eines Oberkiefermolaren mit hochviskösem GIZ für mehrere Monate bis nach Abschluß der Parodontalbehandlung.

a) Exkavieren der Karies.

b) Überprüfung der Okklusion des mit Ketac-Molar gefüllten Zahns 16.

Zusammenfassung

Die konventionellen Glasionomerzemente (GIZ) besitzen trotz wesentlicher Verbesserungen in den 80er Jahren Schwächen hinsichtlich Wasserempfindlichkeit, Polierbarkeit, Abrasions- und Biegefestigkeit. Wenn auch ihre chemische Haftung an Schmelz und Dentin und die Fluoridfreisetzung Vorzüge bringen, können sie in der Füllungstherapie nur für bestimmte Indikationen verwendet werden.

Aufgrund der Entwicklung neuer Materialgruppen ist die Anwendung von konventionellen GIZ und Cermet-Zementen zurückgedrängt worden. Bei Patienten mit Allergien gegen Monomere werden sie aber auch in Zukunft eine wichtige Alternative sein.

Kunststoffverstärkte GIZ haben den gleichen Indikationsbereich wie konventionelle GIZ. Beide weisen nur eine geringe Abrasionsfestigkeit auf. Deshalb sollten sie nicht im Kauflächenbereich eingesetzt werden. Inwieweit die hochviskösen GIZ

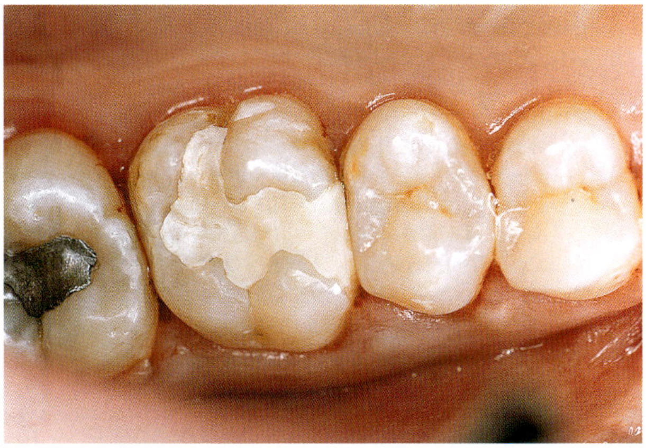

Abb. 9 Interimsversorgung mit hochviskösem GIZ, die am palatinalen Ausleger teilweise ausgebrochen ist (Zustand 6 Monate nach Legen der Füllung).

und Kompomere im okklusionstragenden Bereich ohne Einschränkung appliziert werden dürfen, muß in klinischen Studien noch abgeklärt werden. Im Milchgebiß stellen sie bereits eine ausgezeichnete Alternative dar.

Literatur

[1] Aboush, Y. E. Y., Jenkins, C. B. C.: An evaluation of the bonding of glass-ionomer restoratives to dentine and enamel. Br Dent J 161, 179 (1986).

[2] Atkinson, A. S., Pearson, Cl.: The evolution of glass ionorner cements. Br Dent J 159, 335 (1985).

[3] Barakat, M. M., Powers, J. M., Yamaguchi, R.: Parameters that affect in vitro bonding of glass ionomer liners to dentin. J Dent Res 67, 1161 (1988).

[4] Bauer, C., Kunzelmann, K.-H., Hickel, R.: Simulierter Nahrungsabrieb von Kompositen und Ormoceren. Dtsch Zahnärztl Z 50, 635 (1995).

[5] Bauer, C., Kunzelmann, K.-H., Hickel, R.: Silikophosphat- und Glasionomerzemente – eine Amalgamalternative? Dtsch Zahnärztl Z 51, 339 (1996).

[6] Bauer, Y., Hickel, R., Voß, A.: Verbundfestigkeit von mit GIZ befestigten Bracketbasen. Dtsch Zahnärztl Z 48, 543 (1993).

[7] Bauer, J. C., Al-Rubayi, A.: Tissue response to direct filling materials. J Prosthet Dent 58, 584 (1987).

[8] Beet, R.: Biologische Prüfung des Glasionomerzementes Chemfil II unter Anwendungsbedingungen. Quintess Zahnärztl Lit 41, 783 (1990).

[9] Beet, R., Gängler, P., Wutzler, P., Krehan, F.: Vergleichende biologische Prüfung des Glasionomerzementes Ketacbond®. Dtsch Zahnärztl Z 45, 202 (1990).

[10] Berg, J. H., Donly, K. J., Posnicj, W. R.: Glass ionomer silver restorations: a demineralization-remineralization concept. Quintess Int 19, 639 (1988).

[11] Bitter, N. C.: The effect of 25% tannic acid on prepared dentin: A scanning electron microscope-methylene blue dye study. J Prosthet Dent 64, 12 (1990).

[12] Blackman, R., Gross, M., Seltzer, S.: An evaluation of the biocompatibility of a glass ionomer silver cement in rat connective tissue. J Endodont 15, 76 (1989).

[13] Bößmann, K., Hoppe, W., Staehle, H. J.: Experimentelle Untersuchungen über die antimikrobielle Wirksamkeit verschiedener Unterfüllungsmaterialien. Dtsch Zahnärztl Z 39, 725 (1984).

[14] Brännström, M., Mattsson, B., Torstenson, B.: Unterfüllung bei Kompositrestaurationen. Quintess Zahnärztl Lit 39, 219 (1988).

[15] Brännström, M.: Communication between the oral cavity and the dental pulp associated with restorative treatment. Oper Dent 9, 57 (1984).

[16] BGA (Bundesgesundheitsamt): Amalgame in der zahnärztlichen Therapie. Eine Informationsschrift des Bundesgesundheitsamtes. ISBN 3-89254-129-9 (1992).

[17] Bundesministerium für Gesundheit: Konsensuspapier Füllungsmaterialien. Zahnärztl Mitt 87 1812 (1997).

[18] Christensen, G. J.: Glass ionomer as a luting material. J Am Dent Assoc 120, 59 (1990).

[19] Cooley, R. L., Barkmeier, W. W., Hicks, J. L.: Fluoride release from orthodontic adhesives. Am J Dent 2, 86 (1989).

[20] Cooper, I. R.: The response of the human dental pulp to glass ionomer cements. Int Endodont J 13 (1980).

[21] Council on Dental Materials and Devices: Status report on the glass ionomer cements. J Am Dent Assoc 99, 221 (1979).

[22] Council on Dental Materials, Instruments and Equipment: Reported sensitivity to glass ionomer luting cements. J Am Dent Assoc 109, 476 (1987).

[23] Council on Dental Materials, Instruments and Equipment: Biocompatibility and postoperative sensitivity. J Am Dent Assoc 116, 767 (1988).

[24] Council on Dental Materials and Devices: Using glass ionomers. J Am Dent Assoc 121, 181 (1990).

[25] Croll, T. P.: Glass ionomer silver cermet class II tunnel restorations for primary molars. J Dent Child 55, 177 (1988).

[26] Croll, T. P.: Glass ionomer silver cermet bonded Komposite resin class II tunnel restorations. Quintess Int 19, 533 (1988).

[27] Croll, T. P.: Glass ionomer for infants, children and adolescents. J Am Dent Assoc 120, 65 (1990).

[28] Dahl, B. L., Tronstad, L.: Biological tests of an glass-ionomer (silicopolyacrylate) cement, J Oral Rehabil 3, 19 (1976).

[29] Demand, T., Johansson, B.: Experimental secondary caries around restorations in roots. Caries Res. 18, 548 (1984).

[30] DeShepper, E. J., White, R. R., von der Lehr, W.: Antibacterial effects of glass ionomers. Am J Dent 2, 51 (1989).

[31] DeShepper, E. J., Thrasher, M. R., Thurmond, B. A.: Antibacterial effects of light cured liners. Am J Dent 2, 61 (1989).

[32] Engelsmann, U., Kocher, Th., Albers, H.-K.: Vergleichende Langzeituntersuchung über die Füllungsmaterialien KetacFil und Amalgam an Milchzähnen. Dtsch Zahnärztl Z 43, 291 (1988).

[33] Fajen, V. B., Duncanson, M. G., Nanda, R. S., Currier, G. F., Angolkar, P. V.: An in vitro evaluation of bond strength of three glass ionomer cements. Am J Orthod Dentofac Orthop 97, 316 (1990).

[34] Felton, D. A., Cox, C. F., Odom, M.: Histologic study of a light cured glass ionomer cavity liner. J Dent Res 67, 1517 (1988).

[35] Fédération Dentaire Internationale: Guide to the use of glass ionomer filling materials. Technical Report No. 27 Int Dent J 37, 183 (1987).

[36] Forss, H., Seppä, L.: Prevention of enamel demineralization adjacent to glass ionomer filling materials. Scand J Dent Res 98, 173 (1990).

[37] Forsten, L.: Fluoride-release of glassionomers. In: Hunt, P. R.: Proceedings of the 2nd International Symposium on Glass Ionomers Philadelphia 1994, p. 241.

[38] Forsten, L., Karjalainen, S.: Glass ionomers in proximal cavities of primary molars. Scand J Dent Res 98, 70 (1990).

[39] Gängler, P.: Biocompatibility of glass ionomer cements – results of complex toxicity screening and usage tests. 2. Internationales Glasionomer Symposium, Genf 1988.

[40] Gängler, P., Beer, R., Krehan, E: Bio-evaluation of glass-ionomers in different usage tests. J Dent Res 67, 302 (1988).

[41] Gasser, O.: Glasionomer-Zemente: Gegenwart und Zukunft aus werkstoffkundlicher Sicht. Schweiz Monatsschr Zahnheilk 97, 328 (1987).

[42] Hanks, C. T., Anderson, M., Craig, R. G.: Cytotoxic effects of dental cements in two cell culture systems. J Oral Pathol 10, 101 (1981).

[43] Heys, R. J., Fitzgerald, M., Heys, D. R., Charbeneau, G. T.: An evaluation of a glass ionomer luting agent: pulpal histological response. J Am Dent Assoc 114, 607 (1987).

[44] Hickel, R.: Der kariöse Zahnhals. Dtsch Zahnärztl Z 47, 654 (1992).

[45] Hickel, R., Voß, A.: Untersuchungen zur Tunnelpräparation. Dtsch Zahnärztl Z 424, 545 (1987).

[46] Hickel, R., Voß, A.: (Langzeit-)Erfahrungen mit Glasionomerzementen. Dtsch Zahnärztl Z 43, 263 (1988).

[47] Hickel, R., Petschelt, A., Maier, J., Voß, A., Sauter, M.: Nachuntersuchungen zu Cermet-Zementen. Dtsch Zahnärztl Z 43, 884 (1988).

[48] Hickel, R.: Einsatzgebiete und -Verfahren von Glasionomerzement als Füllungsmaterial. Zahnärztl Mitt 79, 914 (1989).

[49] Hickel, R., Voß, A.: A comparison of glass cermet cement and amalgam restorations in primary molars. J Dent Child 57, 184 (1990).

[50] Hickel, R.: Ästhetik und Dauerhaftigkeit plastischer Füllungsmaterialien in Abhängigkeit von Topographie, Material und Verarbeitung. In: Bayrische Landeszahnärztekammer: Ästhetik in der Zahnheilkunde, S. 43. Quintessenz, Berlin 1990.

[51] Hickel, R.: Die zervikale Füllung. Dtsch Zahnärztl Z 49, 13 (1994).

[52] Hickel, R.: Glass ionomers, Cermets, Hybridionomers and Compomers – Long-term clinical evaluation. Trans Acad Dent Mat 9, 105 (1996).

[53] Hickel, R., Dasch, W., Janda, R., Tyas, M., Anusavice, K.: New direct restorative materials. FDI-Project. Int Dent J 48, 3 (1998).

[54] Hickel, R.: Moderne Füllungsmaterialien. Dtsch Zahnärztl Z 52, 573 (1997).

[55] Hickel, R., Manhart, J.: Glass ionomers and compomers in Pedodontics. In: Davidson, C., Mjör, I.: Glass-ionomers. Quintess Berlin–Chicago 1998 (im Druck 1998).

[56] Hill, E. J., Halasch, F. J.: A laboratory investigation of tunnel restorations in premolar teeth. Br Dent J 165, 364 (1988).

[57] Holland, I. S., Walls, A. W. G., Wallwork, M. A., Murray, J. J.: The longevity of amalgam restorations in the deciduous molars. Br Dent J 161, 255 (1986).

[58] Hotz, P. R.: Glasionomer-Zement – Verarbeitung, Antikariogenität. Schweiz Monatsschr Zahnheilk 97, 336 (1987).

[59] Hugo, B.: Neue Präparations- und Restaurationsmethoden zur defektbezogenen Versorgung approximaler Karies. Quintessenz 47, 911 (1996).

[60] Hume, W. R., Mount, G. J.: In vitro studies on the potential for pulpal cytotoxicity of glass-ionomer cements. J Dent Res 67, 915 (1988).

[61] Hunt, P. R.: A modified class II preparation for glass ionomer restorative materials. Quintess Int 15, Ref. 2341 (1984).

[62] Hunt, P. R.: Microconservative restorations for approximal carious lesions. J Am Dent Assoc 120, 37 (1990).

[63] Janda, R., Newesely, H.: Zemente, Komposites, Adhäsive und Kleber. In: Voß, R., Meiners, H. (Hrsg.): Fortschritte der zahnärztlichen Prothetik und Werkstoffkunde, S. 393. Hanser, München 1987.

[64] Johnson, G. H., Powell, L. V., Derouen, T. A.: Pulpal sensitivity from zinc phosphate and glass ionomer cements following crown cementation. J Dent Res 71, 704 (1992).

[65] Kakaboura, A., Vougiouklakis, G., Mountouris, G.: The effect of an air powder abrasive device on the bond strength of glass ionomer cements to dentin. Quintess Int 20, 9 (1989).

[66] Karlson, S.: Persönliche Mitteilung (Publikation im Druck 1998).

[67] Kawahara, H., Imanishi, Y., Oshima, H.: Biological evaluation on glass ionomer cement. J Dent Res 58, 1080 (1979).

[68] Kleinmeier, B., Kern, M., Schaller, H. G., Strub, J. R.: Is glass ionomer cement an alternative to zinc phosphate cement. J Dent Res 71, 600 (1992).

[69] Klockowski, R., Davis, E. L., Joynt, R. B., Wieczkowski, G., MacDonald, A.: Bond strength and durability of glass ionomer cements used as bonding agents in the placement of orthodontic brackets. Am J Orthod Dentofac Orthop 96, 60 (1990).

[70] Klötzer, W. T.: Pulp reactions to a glass-ionomer cement. J Dent Res 54, 678 (1975).

[71] Knibbs, P. J.: A clinical report on the use of a glass ionomer cement to restore cervical margin lesions. J Oral Rehabil 14, 105 (1987).

[72] Knibbs, P. J.: Glass ionomer cement: 10 years clinical use. J Oral Rehabil 15, 103 (1988).

[73] Knibbs, P. J., Plant, C. G.: An evaluation of a rapid setting glass ionomer cement used by general practitioners to restore deciduous teeth. J Oral Rehabil 17, 1 (1990).

[74] Knight, G. M.: The tunnel restoration. Dent. Outlook 10, 53 (1984).

[75] Krämer, N.: Moderne Füllungstherapie im Milch- und Wechselgebiß. Dtsch Zahnärztl Z 52, 89 (1997).

[76] Kröncke, A, Petschelt, A.: Parodontologische Aspekte bei restaurativen Maßnahmen. Dtsch Zahnärztl Z 41, 899 (1986).

[77] Kullmann, W., Freers, M.: Klinische Studie zur Restauration von Milchzähnen mit einem Glasionomerzement im Vergleich zu einem Amalgam. Dtsch Zahnärztl Z 39, 333 (1984).

[78] Kullmann, W., Triadan, H.: Die Oberflächenbearbeitung von Glasionomer-Füllungsmaterialien. Schweiz Monatsschr Zahnheilk 94, 634 (1984).

[79] Kullmann, W.: Werkstoffkundliche Eigenschaften von Glasionomer-Zementen im Vergleich zu konventionellen Materialien. II. Untersuchungen zur Haftfestigkeit am Rinderzahn. Dtsch Zahnärztl Z 41, 660 (1986).

[80] Kunzelmann, K.-H.: Glass ionomers, cermets, hybridionomers and compomers – Laboratory trials – Wear resistance. Transactions Acad Dent Mat 9, 89 (1996).

[81] Lacefield, W. R., Reindl, M. C., Retief, D. H.: Ten-

sile bond strength of a glass ionomer cement. J Prosthet Dent 53, 194 (1985).
[82] Lampert, F.: Glasionomerzement als Füllungsmaterial für den Zahnhals. Dtsch Zahnärztl Z 37, 191 (1982).
[83] Low, T.: The treatment of hypersensitive cervical abrasion cavities using ASPA cement. J Oral Rehabil 8, 81 (1981).
[84] Maldonado, A., Swartz, M. L., Phillips, R. W.: An in vitro study of certain properties of a glass ionomer cement. J Am Dent Assoc 96, 785 (1978).
[85] Marolf, R.: Glasionomerzemente – Materialeigenschaften und klinische Anwendung. Eine Literaturübersicht. Schweiz Monatsschr Zahnheilk 94, 117 (1984).
[86] McKinney, J. E., Antonucci, J. M., Rupp, N. W.: Wear and microhardness of a silver-sintered glass-ionomer cement. J Dent Res 67, 831 (1988).
[87] McLean, J. W.: Alternatives to amalgam alloys: 1. Br Dent J 157, 432 (1984).
[88] McLean, J. W., Gasser, O.: Glass cermet cements. Quintess Int 16, 333 (1985).
[89] McLean, J. W., Powis, D. R., Prosser, H. J., Wilson, A. D.: The use of glass-ionomer cements in bonding Komposite resins to dentin. Br Dent J 158, 410 (1985).
[90] McLean, J. W.: Beschränkungen bei Komposit im Seitenzahnbereich: Zusätzliche Einsatzmöglichkeiten durch Glasionomerzemente. Quintess Zahnärztl Lit 39, 1483 (1988).
[91] McLean, J. W., Nicholson, J. W., Wilson, A. D.: Proposed nomenclature for glass-ionomer dental cements and related materials. Quintess Int 25, 587 (1994).
[92] McLean, J. W., Wilson, A. D.: Glasionomerzemente. Quintessenz, Berlin 1988.
[93] McLean, J. W.: Glasionomerzement. Quintess Zahnärztl Lit 40, 1415 (1989).
[94] McLean, J. W.: Cermet cements. J Am Dent Assoc 120, 43 (1990).
[95] Meryon, S. D.: An in-vitro study of the cytotoxicity of three glass-ionomer cements. J Dent Res 62, 424 (1983).
[96] Meryon, S. D., Stephens, P. C., Browne, R. M.: A comparison of the in-vitro cytotoxicity of two glass-ionomer cements. J Dent Res 62, 769 (1983).
[97] Mizrahi, E.: Glass ionomer cements in orthodontics – an update. Am J Orthod Dentofac Orthop 93, 505 (1988).
[98] Mjör, I. A.: Problems and benefits associated with restorative materials: side effects and long-term cost. Adv Dent Res 6,7 (1992).
[99] Mjör, I. A.: Glass-ionomer cement restorations and secondary caries: A preliminary report. Quintess Int 27, 171 (1996).
[100] Mjör, I. A.: The safe and effective use of dental amalgam. Int Dent 37, 147 (1987).
[101] Moore, B. K., Swartz, M. L., Phillips, R. W.: Abrasion resistance of metal reinforced glass ionomer materials. J Dent Res 64, 371 (1985).
[102] Mount, G. T.: Glass ionomer cements in gerodontics. A status report for the American Journal of Dentistry. Am J Dent 1, 123 (1988).
[103] Mount, G. J.: Restoration of eroded areas. J Am Dent Assoc 120, 31 (1990).
[104] Nordenvall, K. J., Brännström, M., Torstensson, B.: Pulp reactions and microorganisms under ASPA and concise Komposite fillings. J Dent Child 6, 1 (1979).
[105] Olsen, B. T., Garcia-Godoy, F., Marshall, T. D., Barnwell, G. M.: Fluoride release from glass ionomer lined amalgam restorations. Am J Dent 2, 89 (1989).
[106] Osborne, J. W., Berry, I. G., Lambert, R. L., Andrejkovics, C.: The clinical assessment of glass ionomer cements as class III restorations: A one-year report. J Dent Res 64, 315 (1985).
[107] Osborne, J. W., Berry T. G., Friedman, S. J., Gale, E. N., Andrejkovics, C.: A three-year clinical evaluation of glass ionomer cements as a class III restoration. J Dent Res 66, 112 (1987).
[108] Pameijer, C. H., Segal, E., Richardson, J.: Pulpal response to a glass-ionomer cement in primates. J Prosthet Dent 46, 36 (1981).
[109] Pameijer, C. H., Stanley, H. R.: Biocompatibility of a glass ionomer luting agent. Am J Dent 1, 71 (1988).
[110] Paterson, R. C., Watts, A.: The response of the rat molar pulp to glass-ionomer cement. Br Dent J 151, 228 (1981).
[111] Petschelt, A., Ebert, J., Hickel, R.: Dichtigkeit von Wurzelfüllungen in schmierschichtfreien Wurzelkanälen. Dtsch Zahnärztl Z 43, 884 (1988).
[112] Peutzfeld, A., Asmussen, E.: Bonding and gap formation of glass ionomer cement used in conjunction with Komposite resin. Acta Odontol Scand 47, 141 (1989).
[113] Plant, C. G., Browne, R. M., Knibbs, P. J., Britton, A. S., Soharan, T.: Pulpal effects of glass ionomer cements. Int Endodont J 17, 51 (1984).
[114] Plant, C. G., Shovelton, D. S., Vlietstra, J. P.: The use of a glass-ionomer cement in deciduous teeth. Br Dent J 143, 271 (1977).
[115] Plant, C. G., Knibbs, P. I., Tobias, R. S., Britton, A. S., Rippin, J. W.: Pulpal response to a glass ionomer luting cement. Br Dent J 165, 54 (1988).
[116] Powis, D. R., Folleras, T., Merson, S. A., Wilson, A. D.: Improved adhesion of a glass ionomer cement to dentin and enamel. J Dent Res 61, 1416 (1982).
[117] Prati, C., Nucci, C., Montanari, G.: Effects of acid and cleansing agents on shear bond strength and marginal microleakage of glass ionomer cements. Dent Mat 5, 260 (1989).
[118] Qvist, V., Thylstrup, A., Mjör, I. A.: Restorative treatment patterns and longevity of resin restoration in Denmark. Acta Odontol Scand 44, 351 (1986).
[119] Qvist, V., Thylstrup, A., Mjör, I. A.: Restorative treatment patterns and longevity of amalgam restoration in Denmark. Acta Odontol Scand 44, 344 (1986).
[120] Reich, E.: Glasionomer-Zement und Sandwich-Füllungen nach vier Jahren in vivo. Dtsch Zahnärztl Z 47, 689 (1992).
[121] Retief, D. H., Bradley, E. L., Denton, J. C., Switzer, P.: Enamel and cementum fluoride uptake from a glass ionomer cement. Caries Res 18, 250 (1984).
[122] Roulet, J. E, Rui, J., Ritz, B., Hotz, P.: Die Pulpaverträglichkeit von Glasionomer-Zement (eine tierexperimentelle Studie). Schweiz Monatsschr Zahnheilk 90, 1116 (1980).

[123] Saito, S.: Clinical studies on glass ionomer. Int J Dent Med 6, 2 (1977).
[124] Salm, M.: Laminiertechnik und klinische Anwendung der Glas-Cermet-Zemente nach McLean. Schweiz Monatsschr Zahnheilk 97, 340 (1987).
[125] Sarkar, N. K., El-Mallakh, B., Graves, R.: Silver released from metal reinforced glass ionomers. Dent Mat 4, 103 (1988).
[126] Scherer, W., Lippman, N., Kaim, J.: Antimicrobial properties of glass ionomer cements and other restorative materials. Oper Dent 14, 77 (1989).
[127] Schmalz, G., Schmalz, Ch., Rotgans, J.: Die Pulpaverträglichkeit eines Glasionomer-Zementes und Zinkoxidphosphat-Zementes. Dtsch Zahnärztl Z 41, 806 (1986).
[128] Schmalz, G.: Antimikrobielle Eigenschaften eines Zinkoxidphosphat-Zementes und eines Glasionomer-Zementes mit und ohne Silberzusatz. Dtsch Zahnärztl Z 42, 628 (1987).
[129] Seeholzer, H. W.: Glasionomerzement zur Befestigung von Bändern und weitere Verwendungen in der orthodontischen Praxis. Schweiz Monatsschr Zahnmed 97, 344 (1987).
[130] Simmons, J. J.: The miracle mixture: glass ionomer and alloy powder. Texas Dent J 100, 6 (1983).
[131] Simmons, J. J.: Silver-alloy powder and glass ionomer cement. J Am Dent Assoc 120, 49 (1990).
[132] Skartveit, L., Tveit, A. B., Totdal, B., Övrebö R., Raadal, M.: In vivo fluoride uptake in enamel and dentin from fluoride-containing materials. J Dent Child 57, 97 (1990).
[133] Smith, D. C., Ruse, N. D.: Acidity of glass ionomer cements during setting and its relation to pulp sensitivity. J Am Dent Assoc 112, 654 (1986).
[134] Staehle, H. J.: Experimentelle Untersuchungen über die Haftung von drei verschiedenen zahnärztlichen Präparaten am Dentin bei unterschiedlichen Versuchsbedingungen. Dtsch Zahnärztl Z 41, 743 (1986).
[135] Staehle, H. J.: Glasionomerzementfüllungen bei Milchzähnen – ein Erfahrungsbericht. Zahnärztl Welt 93, 62 (1984).
[136] Staehle, H. J., Waßmann, A., Pioch, T., Meiners, H.: Die Haftung von Glasionomerzementen an den Zahnhartsubstanzen bei unterschiedlichen Versuchsbedingungen. Zahnärztl Welt 96, 445 (1989).
[137] Stanley, H. R.: Pulpal response to ionomer cements – biological characteristics. J Am Dent Assoc 120, 25 (1990).
[138] Stratman, R. G., Berg, J. H., Donly, K. J.: Class II glass ionomer silver restorations in primary molars. Quintess Int 20, 43 (1989).
[139] Strübig, W.: Fluoridaufnahme im Zahnschmelz aus Glasionomerzementen. Dtsch Zahnärztl Z 43, 789 (1988).
[140] Suzuki, M., Jordan, R. E.: Glass ionomer Komposite sandwich technique. J Am Dent Assoc 120, 55 (1990).
[141] Svanberg, M., Mjör, I. A., Orstavik, D.: Mutans streptococci in plaque from margins of amalgam, Komposite and glass ionomer restorations. J Dent Res 69, 861 (1990).
[142] Swartz, M. L., Phillips, R. W., Clark, H. E.: Long-term release from glass ionomer cements. J Dent Res 63, 158 (1984).
[143] Swift, E. T.: Silver glass ionomers. A status report for the American Journal of Dentistry. Am J Dent 1, 81 (1988).
[144] Swift, E. J.: Effects of glass ionomers on recurrent caries. Oper Dent 14, 40 (1989).
[145] Tay, W. M., Braden, M.: Dielectric properties of glass ionomer cements. J Dent Res 60, 1311 (1981).
[146] Tay, W. M., Braden, M.: Dielectric properties of glass ionomer cements. Further studies. J Dent Res 63, 74 (1984).
[147] Tay, W. M., Braden, M.: Thermal diffusivity of glass ionomer cements. J Dent Res 66, 1040 (1987).
[148] Thornton, J. B., Retief, D. H., Bradley, E. L.: Fluoride release from and tensile bond strength of Ketac-Fil and Ketac-Silver to enamel and dentin. Dent Mat 2, 241 (1986).q
[149] Tjan, A. H. L., Morgan, D. L.: Metal-reinforced glass ionomers: Their flexural and bond strengths to tooth substrates. J Prosthet Dent 59, 13 (1988).
[150] Tobias, R. S., Browne, R. M., Plant, C. G., Ingram, D. V.: Pulpal response to a glass-ionomer cement. Br Dent J 144, 345 (1978).
[151] Valcke, C. F., Cleaton-Jones, P. E., Austin, J. C., Sam, C.: Pulpal responses to two luting cements. J Dent Assoc South Africa 37, 858 (1982).
[152] Van de Voorde, A., Gerdts, G. J., Murchinson, D. F.: Klinische Anwendungsgebiete für Glasionomerzement. Quintess Zahnärztl Lit 39, 1903 (1988).
[153] Van Waes, H., Krejci, I., Lutz, F.: Die Tunnelrestauration. Schweiz Monatsschr Zahnmed 98, 1105 (1988).
[154] Vlietstra, J. R., Plant, C. C., Shovelton, D. S., Bradnock, G.: The use of glass-ionomer cement in deciduous teeth. Br Dent J 145, 164 (1978).
[155] Voß, A., Hickel, R.: Nachuntersuchung von zervikalen Glasionomerzement- und Kompositfüllungen. Dtsch Zahnärztl Z 43, 944 (1988).
[156] Voß, A., Lechner, K., Hickel, R.: Cermet als temporäre Aufbißschiene. Dtsch Zahnärztl Z 43, 1109 (1988).
[157] Walls, A. W. G., Murray, J. J., McCabe, J. F.: The use of glass polyalkenoate (ionomer) cements in the deciduous dentition. Br Dent J 165, 13 (1988).
[158] Watts, D. C., Smith, R.: Thermal diffusivity in finite cylindrical specimens of dental cements. J Dent Res 60, 1972 (1981).
[159] Welker, D.: ASPA – eine Darstellung anhand der Literatur und eigener Untersuchungsergebnisse. Dtsch Stomat 30, 671 (1980).
[160] Willershausen, B., Lemmen, C., Sonnabend, E.: Versuche mit Glasionomerzementen in der Zellkultur bei längerer Liegezeit. Dtsch Zahnärztl Z 42, 342 (1987).
[161] Williams, J. A., Billington, R. W.: The radiopacity of glass ionomer dental materials. J Oral Rehabil 17, 245 (1990).
[162] Wilson, A. D., Kent, B. E.: A new translucent cement for dentistry: the glass-ionomer cement. Br Dent J 132, 133 (1972).
[163] Wilson, A. D., Prosser, H. J.: A survey of inorganic and polyelectrolyte cements. Br Dent J 157, 449 (1984).

[164] Wilson, A. D., Groffman, D. M., Kuhn, A. T.: The release of fluoride and other chemical species from a glass-ionomer cement. Biomaterials 6, 431 (1985).
[165] Wilson, A. D.: Developments in glass ionomer cements. Int J Prosthodont 2, 438 (1989).
[166] Wilson, A. D., Hill, R. G., Warrens, C. P., Lewis, B. G.: The influence of polyacid molecular weight on some properties of glass ionomer cements. J Dent Res 68, 89 (1989).
[167] Woolford, M. J.: The surface pH of glass ionomer cavity lining agents. J Dent 17, 295 (1989).
[168] Yaskushiji, M., Kinumatsu, T., Fuchino, I., Machida, Y.: Effects of glass ionomer cement on the dental pulp and its efficacy as a base material. Bull Tokyo Dent Coll 20, 47 (1979).

Kunststoffüllung

von Werner Geurtsen

Inhaltsübersicht

Einleitung

Die Ära der Füllungskunststoffe begann mit der Einführung der in Deutschland Anfang der vierziger Jahre entwickelten *selbsthärtenden Acrylate*. Damals war es gelungen, ein Initiatorsystem zu entwickeln, das die Härtung der ursprünglich für die Herstellung zahnärztlicher Prothesen gedachten Acrylat-Kunststoffe schon bei Mundhöhlentemperatur auslöste. Eines der ersten klinisch angewendeten und relativ gut untersuchten Präparate war „Rapid-Palapont", das 1949 auf den Markt kam [194]. Als Alternative zu den bis dahin fast ausschließlich für zahnfarbene plastische Füllungen im Frontzahnbereich eingesetzten Silikatzementen stießen die selbsthärtenden Kunststoffe auf sehr großes Interesse. Man hoffte, die mit gravierenden Nachteilen behafteten Silikatzemente (ausgeprägte Pulpatoxizität, geringe Oberflächenglätte, Tendenz zur Auswaschung und Austrocknung) ersetzen zu können. Bald mußte man aber erkennen, daß auch die neuen Kunststoffe große werkstoffkundliche Schwächen aufwiesen. Genannt seien hier nur die hohe Polymerisationsschrumpfung mit Randspaltbildung und Gefahr der Sekundärkaries sowie der geringe Polymerisationsgrad und dementsprechend hohe Restmonomergehalt mit nachfolgender Pulpaschädigung. Das relativ kleine Methylmethacrylat-Molekül konnte nachweislich sehr rasch, und zwar bereits während der Polymerisationsphase, über die Dentinkanälchen zum Zahnmark vordringen und dieses Gewebe schädigen oder gar devitalisieren. Selbst eine Unterfüllung aus einem Phosphatzement bot keinen zuverlässigen Pulpaschutz. Das Monomer durchdrang zwar nicht den Zement, konnte sich aber entlang des Spaltes zwischen Kavitätenwand bzw. -boden und Unterfüllung schnell ausbreiten und so bis zum Zahnmark diffundieren [194]. Selbsthärtende Acrylate waren demnach keine echte Alternative zu den Silikatzementen, zumal diese als Vorläufermaterialien der Glas-Polyalkenoat-(Ionomer-)Zemente (GIZ) eine gewisse kariostatische Wirkung entfalteten.

Der entscheidende Durchbruch bei der Herstellung eines klinisch brauchbaren Füllungskunststoffes gelang Bowen [13]. Bereits seit den fünfziger Jahren arbeitete er daran, durch Synthese eines höhermolekularen Monomers, dem Bisphenol-A-Glycidyl-Methacrylat (Bis-GMA), sowie durch Beifügung anorganischer Silikatpartikel die Polymerisationsschrumpfung zu reduzieren sowie die Abriebfestigkeit zu erhöhen. Ferner hatte diese Formulierung einen niedrigeren Restmonomergehalt und damit auch eine geringere Pulpatoxizität zur Folge. Basierend auf dieser 1963 [13] beschriebenen Zusammensetzung wurden schließlich Mitte der sechziger Jahre, also knapp zwanzig Jahre nach den selbsthärtenden Acrylaten, die ersten gefüllten Kunststoffe, die sog. *Komposite* auf den Markt gebracht. Die Bedeutung der Idee und Arbeit von Bowen [13] läßt sich daran ermessen, daß sich trotz Synthese neuer Monomere, Additiva (z.B. photosensible Initiatoren) und Füllersysteme an der Zusammensetzung der Komposite seit deren Einführung vor 25 Jahren prinzipiell nichts geändert hat und der Indikationsbereich dieser Materialien ständig erweitert wird.

Zusammensetzung der Komposite

Ein zahnärztlicher Komposit-Füllungskunststoff besteht aus einer organischen und einer anorganischen Komponente, die durch eine dritte Komponente, einem „Kopplungsagens", verbunden werden.

Organische Komponente

Diese *Kunststoff-Matrix* setzt sich aus Monomeren, Comonomeren (Verdünner) und verschiedenen Additiva wie Initiatoren (Katalysatoren), Coinitiatoren (Akzeleratoren), Inhibitoren und Fotostabilisatoren zusammen.

Die wichtigsten *Monomere* sind heute das von Bowen [13] entwickelte Bis-GMA sowie das *Urethandimethacrylat (UEDMA)*. Durch Polymerisation dieser Verbindungen härtet das Komposit ab. Sie dienen gleichsam als Matrix für die anorganischen Füller und werden dementsprechend auch als *Matrixharze* bezeichnet. Die meisten Komposite enthalten Bis-GMA, während UEDMA heute selten allein, sondern überwiegend zusammen mit dem starreren Basismonomer Bis-GMA verwendet wird [171, 172, 192]. Diese Monomere sind durch eine relativ hohe Polymerisationsschrumpfung gekennzeichnet. Deshalb konzentriert sich das Interesse seit mehreren Jahren zunehmend auf die Entwicklung von Kompositen, die keine bzw. nur eine geringe Kontraktion bei der Härtung aufweisen, z.B. durch den Zusatz von Spiro-Orthocarbonat-Monomeren. Entsprechende Produkte sind gegenwärtig allerdings noch nicht auf dem Markt [59].

Da sich in die sehr viskösen höhermolekularen Matrixharze nur eine relativ geringe Menge an anorganischen Füllstoffen einmischen läßt, müssen niedermolekulare *Comonomere* zur Verdünnung beigegeben werden. Dadurch läßt sich der Fülleranteil auf bis zu 85 Gew.% bei den modernen Feinpartikel-Hybridkompositen erhöhen. Diese Verdünner, die nur zu einem geringen Teil mit den Monomeren reagieren und dadurch in die polymerisierte Kunststoff-Matrix fest eingebaut werden, stellen den höchsten Anteil an Restmonomeren dar [12, 79, 193, 194].

Die Härtung eines gefüllten Kunststoffes wird durch ein *Redox-Initiator/Coinitiator*-System gestartet und in Gang gehalten. Hierbei muß man zwischen Auto- und Photopolymerisation unterscheiden. Bei den selbsthärtenden Kompositen, i.d.R. Zwei-Pasten-Systeme, enthält die sog. Katalysatorpaste den Initiator (meist Dibenzoylperoxid), die Basispaste häufig ein tertiäres Amin als Coinitiator (Akzelerator). Die photoaktivierte Polymerisation erfolgt heute bei sichtbarem Licht. Der wichtigste Photoinitiator, das Campherchinon, wird von Licht einer Wellenlänge von 470 nm aktiviert. Als reduzierendes Agens dient meist ein tertiäres Amin oder Phosphin [79]. Sowohl selbst- als auch lichthärtende (dualhärtende) Kunststoffe enthalten mehrere Initiatoren und Coinitiatoren in reduzierten Konzentrationen. Diese Materialien werden für die adhäsive Befestigung von Keramik- oder Kompositinlays verwendet. *Inhibitoren*, wie das Antioxidans „Butyliertes Hydroxytoluol" (BHT) oder Eugenol, dienen dazu, die Härtungsreaktion zu verlangsamen und damit eine ausreichende Verarbeitungsbreite zu gewährleisten. Ferner verhindern diese Verbindungen eine Spontanpolymerisation im Vorratsgefäß und ermöglichen damit eine genügend lange Lagerbarkeit. Die beispielsweise im Tageslicht enthaltene ultraviolette Strahlung kann im Laufe der Zeit zu einer allmählichen Gelbverfärbung der Kunststoffüllung führen. Diese UV-induzierte Diskoloration läßt sich recht zuverlässig durch Zugabe eines *Fotostabilisators* (2-Hydroxy-4-Methoxybenzophenon) verhindern.

Anorganische Komponente

Die *Füllstoffe* der Komposite sind wesentlich für die physikalisch-mechanischen Eigenschaften verantwortlich. Ihr Anteil beträgt heute durchweg über 50 Gew.%. Durch die Beimengung anorganischer Partikel zur Kunststoffmatrix erreicht man zum einen eine Verminderung der Polymerisationsschrumpfung, der Wasseraufnahme sowie des thermischen Expansionskoeffizienten, zum anderen erhöht man dadurch die Abrieb-, Druck-, Zugfestigkeit usw. Entsprechend der Größe unterscheidet man *Makro-* und *Mikrofüller* [70, 79, 190].

Makrofüller (> 0, 1–100 µm) bestehen meist aus Quarz, Glas (z.B. Ba-/Sr-Glas) oder Keramik (Li-Al-Silikat) [59, 218]. Vor allem von Materialien, die für die Versorgung von Klasse-I- und -II-Defekten geeignet sein sollen, aber auch von modernen Frontzahnkompositen, wird eine ausreichende *Röntgendichte* gefordert, um dadurch vor allem approximal-zervikal die Randständigkeit der Füllung überprüfen zu können und die röntgenologische Diagnose einer Sekundärkaries zu ermöglichen. Als optimal gilt, wenn die Röntgenopazität des Füllungskunststoffs die des Schmelzes erreicht oder geringfügig überschreitet [81, 218]. Zu diesem Zweck werden den Makrofüllern Elemente wie Barium (am besten geeignet), Strontium, Zink und Zirkonium beigegeben [218]. Mehrere Untersuchungen mit modernen Kompositen zeigten, daß durch die Verwendung radiopaquer Füller im großen und ganzen eine ausreichende Röntgendichte erreicht wird [83, 92, 218]. Allerdings konnte man *in vitro* feststellen, daß radiopaque Füller wasserlöslicher sind als nicht röntgendichte Partikel, wobei aber nur sehr geringe Mengen an Barium, Strontium oder Zink abgegeben werden. Eine Gesundheitsgefährdung kann deshalb mit allergrößter Wahrscheinlichkeit ausgeschlossen werden, zumal auch klinische Beobachtungen hierfür keinerlei Anlaß geben [59, 76, 191].

Mikrofüller (< 0,1 µm) werden synthetisiert. Es lassen sich somit äußerst feine SiO_2-Partikel mit Durchmessern im Nanometerbereich (bis zu 10 nm) herstellen. Man bezeichnet diese Füller als *feinstteiliges* SiO_2 oder *amorphes Silika*. Um auch Mikrofüllerkompositen eine genügende Röntgenopazität zu verleihen, kann man beispielsweise Ytterbium-Trifluorid zugeben (z.B. in Heliomolar® radiopaque). Diese Verbindung soll zusätzlich durch eine Fluoridabgabe eine kariesprotektive Wirkung entfalten [4, 5]. Aufgrund der im Vergleich zu Glasionomerzementen sehr geringen Menge wird ein solcher Effekt jedoch in Zweifel gezogen [206].

Verbindung von organischer und anorganischer Komponente

Eine direkte Verbindung zwischen den beiden unterschiedlichen Phasen ist nicht möglich. Hierzu benötigt man ein „Kopplungsagens", das sowohl hydrophil als auch hydrophob ist. Man verwendet für diesen Zweck i.d.R. ein *Silan* (meistens 3-Methacryloxypropyl-Trimethoxysilan), das sich durch eine Esterreaktion chemisch mit dem Füller verbindet und über den hydrophoben Molekülteil in das Polymergeflecht der organischen Matrix eingebunden wird.

Werkstoffkundliche Merkmale

Polymerisation

Zur Härtung eines **autopolymerisierenden Kunststoffes** werden die beiden Pasten vermischt. Dabei ist darauf zu achten, möglichst wenig Luft in das Material einzubringen und die Füllung unter Sauerstoffabschluß (Matrize) polymerisieren zu lassen. Sauerstoff inhibiert die Polymerisation. Luftblasen und damit Hohlräume in der Füllung oder an deren Oberfläche beeinträchtigen die Druck- und Abrasionsfestigkeit sowie das ästhetische Erscheinungsbild. Der große Vorteil der selbsthärtenden Komposite ist die gleichmäßige Polymerisation der Restauration unabhängig von der Schichtdicke des Materials. Sie eignen sich damit vornehmlich für ausgedehnte Defekte, die nicht in allen Bereichen sicher mit Licht bestrahlt werden können, aber auch für Stumpfaufbauten. Die Verarbeitungsbreite läßt sich in gewissem Rahmen variieren, indem man das Mischungsverhältnis der beiden Pasten bis maximal 2 : 1 bzw. 1 : 2 verändert. Allerdings kann man aufgrund der in den einzelnen Fabrikaten unterschiedlichen Konzentration des Inhibitors keine generellen Richtlinien zum Zusammenhang zwischen Polymerisationszeitraum und Mischungsverhältnis angeben. Dies muß gesondert für jedes Präparat bestimmt werden. Es ist aber darauf zu achten, die oben angegebenen „Grenzrelationen" nicht zu überschreiten, da das zu einer Beeinträchtigung der Zug- und Abrasionsfestigkeit führen würde [45].

Bei lichthärtenden Kunststoffen ist vorteilhaft, daß sich der Beginn der Polymerisation steuern läßt. Photosensible Kunststoffe werden deshalb heute bevorzugt. Eingeschränkt wird die individuelle Verarbeitungsbreite allerdings dadurch, daß bereits das intensive Licht der Behandlungseinheit die Polymerisation initiieren kann. Die Härtung eines *photosensiblen Komposits* wird durch die Bestrahlung mit kurzwelligem sichtbaren Licht in Gang gesetzt. Zur Erzielung des bestmöglichen *Polymerisationsgrades (Monomer-Polymer-Konversion)* muß das Emmissionsspektrum der Polymerisationslampe auf das Absorptionsmaximum des Initiatorsystems

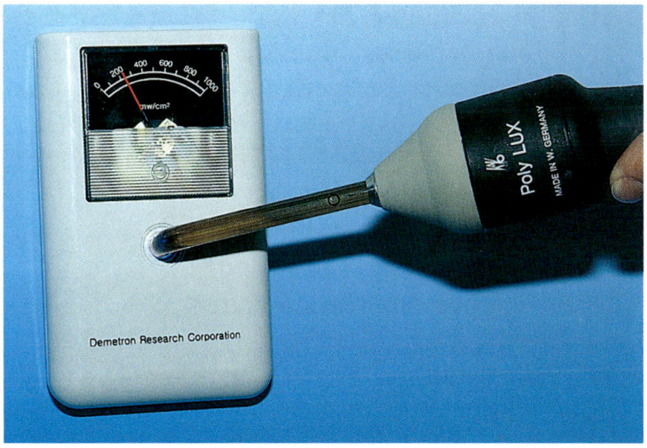

Abb. 1 Meßgerät zur Bestimmung der Lichtintensität (mW/cm²). Die hier getestete Polymerisationslampe weist einen Wert von weniger als 300 mW/cm² auf. Das Gerät sollte deshalb überprüft werden, z.B. auf Verschmutzung oder Beschädigung des Lichtleiters bzw. auf die Funktionsfähigkeit der Birne (Sammlung Dr. HARMS).

des Kunststoffes abgestimmt sein. Die Lichtintensität sollte mindestens 300 mW/cm², besser jedoch 400 W/cm² sein, wobei die Schichtdicke des Komposits maximal 2 mm betragen sollte [170, 182]. Interessanterweise zeigten neuere Untersuchungen, daß bei sofortiger Applikation der maximalen Lichtintensität die Randspaltbildung von Klasse-V-Kompositfüllungen deutlich ausgeprägter war als bei initialer Bestrahlung mit 56% oder 70% der Maximalintensität für 20 s und erst nachfolgender Bestrahlung bei voller Intensität für 40 s [144]. Wahrscheinlich wird durch diese sog. „Softstartpolymerisation" der interne Streß im Komposit reduziert und dadurch die Randständigkeit verbessert. Entsprechende Polymerisationsgeräte sind bereits auf dem Markt erhältlich (z.B. Elipar Highlight, ESPE).

Die Lichtstärke wird wesentlich vom Behandler beeinflußt. Bei der *Handhabung des Gerätes* und *der Verarbeitung des Komposits* sollten deshalb folgende Punkte beachtet werden [58, 61, 62, 70, 126, 130, 156, 182, 202]:

- Der Abstand der Lichtleiteröffnung zur Füllung muß möglichst gering sein.
- Das Fenster muß sauber sein.
- Die Birne ist regelmäßig auszutauschen.
- Ein Spannungsabfall kann die Lichtintensität deutlich reduzieren. Akkubetriebene Geräte sollten deshalb nur bei voller Ladung verwendet werden.
- Die Lichtintensität (besonders bei Akkugeräten) sollte regelmäßig mit Hilfe eines Lichtmeters überprüft werden (Abb. 1).

- Streulinsenaufsätze für die Lichtleiter zur Vergrößerung der Bestrahlungsfläche sind abzulehnen, da sie auch bei verlängerter Beleuchtungsdauer nicht zu einer ausreichenden Polymerisation sowie zu unregelmäßigen Härtungsmustern im Komposit führen.
- Das Füllungsmaterial sollte in Schichten von maximal 2 mm polymerisiert werden.
- Jedes Inkrement muß mindestens 40 s, besser 60 s bestrahlt werden. Letzteres gilt generell für dunkle Farben und bei Bestrahlung durch Schmelz oder Dentin.
- Auf keinen Fall darf die vom Hersteller angegebene Bestrahlungsdauer unterschritten werden, da dies die Qualität und Haltbarkeit der Füllung gravierend beeinträchtigt.
- Größere Füllungen müssen segmentweise überlappend bestrahlt werden.
- Mikrofüllerkomposite weisen vermutlich wegen der dichten Packung der kolloidalen Silikapartikel eine stärkere *Lichtstreuung* auf als Kunststoffe mit Makrofüllern [55]. Diese Materialien sollten deshalb meiner Meinung nach in Schichten von etwa 1 mm polymerisiert werden.

Im Zusammenhang mit der *Lichtpolymerisation* werden vor allem zwei *Nebenwirkungen* diskutiert: Ein Temperaturanstieg im Pulpakavum des zu füllenden Zahnes mit Irritation des Zahnmarks sowie eine Schädigung der Augen durch das sehr intensive kurzwellige Licht.

Eine Untersuchung zur Temperaturerhöhung während der Lichtpolymerisation eines Seitenzahnkomposits ergab einen Anstieg um durchschnittlich 12,2 °C. Eine etwa 0,3 mm dicke Unterfüllung, ein durchaus realistischer Wert bei Kompositrestaurationen, reduzierte den Wärmeanstieg nur unwesentlich [187]. Diese Beobachtung wurde durch eine klinische Studie an Oberkiefer-Frontzahnfüllungen bestätigt. Die Gefahr einer thermischen *Pulpaschädigung* durch die Photopolymerisation ist somit durchaus gegeben. Es wird deshalb empfohlen, zum Schutz vor einer Wärmeschädigung der Pulpa eine Unterfüllung zu applizieren bzw. so viel Dentin wie möglich zu erhalten [103].

Seit längerem ist bekannt, daß das kurzwellige blaue Licht der modernen Photopolymerisationsgeräte *augenschädlich* ist. Wichtig ist, daß auch unterschwellige Dosen durch einen kumulativen Effekt zur irreversiblen Schädigung der Retina und damit zur Degeneration der Makula führen können. Anfällig für solche Verletzungen sind vor allem die Augen junger Menschen, da die im Laufe des Lebens sich gelb färbende Linse bei älteren Personen eine Filterwirkung gegen kurzwelliges Licht entfaltet und somit eine gewisse Schutzfunktion ausübt [70, 112]. Gefährdet sind dabei weniger die Patienten als vielmehr das zahnärztliche Personal. Es empfiehlt sich deshalb, die Augen des Praxisteams zu schützen. Es gibt hierfür eine Reihe von verschiedenen Vorrichtungen wie Schilde, Brillen bzw. Brillenclips. Bei der Wahl des Schutzes ist besonders wichtig, daß dessen Filterwirkung auf das Emissionsspektrum des Polymerisationsgerätes abgestimmt ist, also möglichst vom gleichen Hersteller bezogen wird [57].

Neben den bereits erwähnten Empfehlungen sollte zur Erzielung der bestmöglichen Monomer-Polymer-Konversion darauf geachtet werden, keine verfallenen Chargen zu verwenden. Die Komposite sollten immer im Kühlschrank aufbewahrt werden, um eine vorzeitige Qualitätsverschlechterung zu vermeiden. Sie können trotz Kühlung sofort verarbeitet werden [47]. Abschließend sei betont, daß der *Polymerisationsgrad* eines Komposits von beträchtlicher klinischer Bedeutung ist. Eine geringe Monomer-Polymer-Konversion führt zu einer deutlichen Verschlechterung der Druck-, Zug- und Abriebfestigkeit, die Wasseraufnahme und -löslichkeit des Kunststoffes steigt an, die Tendenz zur externen und internen Verfärbung sowie der Restgehalt an Doppelbindungen bzw. Monomeren ist erhöht. Die Liegedauer einer Kompositfüllung wird deutlich verringert [33, 156, 167, 189].

Nebenwirkungen der Komposite

Studien zur Restmonomerkonzentration zeigen, daß ein Großteil der Doppelbindungen nicht in die Polymerisationsreaktion einbezogen wird. Der Anteil an sog. *nichtreagierten Doppelbindungen* oder *Restdoppelbindungen* schwankt auch bei optimalen Polymerisationsbedingungen zwischen 25% und 55%. Davon ist ein nicht unerheblicher Teil (ca. 10%) auf Restmonomere zurückzuführen [59] (Tab. 1), von denen insbesondere die relativ gut wasserlöslichen Comonomere Mono-, Di- und Triethylen-Glycol-Dimethacrylat (EGDMA, DEGDMA, TEGDMA) in höheren Konzentrationen aus einem Komposit in ein wäßriges Milieu freigesetzt werden können. Neben diesen Restmonomeren können auch nicht fest in das Polymergeflecht eingebaute Additiva (z.B. Initiatoren, Stabilisatoren usw.) sowie während der Härtung entstandene Reaktionspro-

Tabelle 1 Aus polymerisierten Prüfkörpern von Kompositen lassen sich sowohl sämtliche organische Verbindungen extrahieren, die im nicht gehärteten Material enthalten sind, als auch Substanzen, die erst während der Polymerisation als Reaktionsprodukte entstehen. Von diesen Kompositmonomeren und -additiva werden einige als haut-/augenreizend oder als gesundheitsschädlich klassifiziert.
Die folgende Liste gibt die Ergebnisse einer entsprechenden Studie mit den Polymerisaten von vier modernen Kompositen wieder [193].

Verbindung	Funktion	Nebenwirkung
Bisphenol-A-Glycidylmethacrylat	Matrixmonomer	reizend
Urethandimethacrylat	Matrixmonomer	reizend
Methacrylsäure	Comonomer	ätzend
Methylmethacrylat	Comonomer	reizend
Ethylenglycoldimethacrylat	Comonomer	reizend
Triethylenglycoldimethacrylat	Comonomer	reizend
Benzil	Initiator	reizend
N, N-Diethylaminoethanol	Coinitiator	toxisch
2-Hydroxy-4-Methoxybenzophenon	Fotostabilisator	reizend
Triphenylphosphan	Fotostabilisator	toxisch
Triphenylstiban	Fotostabilisator	toxisch
2,6-Dit-butyl-4-methylphenol	Inhibitor	toxisch
Benzoesäuremethylester	Reaktionsprodukt	toxisch
2-Ethylhexansäure	Reaktionsprodukt	reizend

dukte aus dem Kunststoff abgegeben werden [194]. Viele dieser Verbindungen werden als haut-/augenreizend oder gesundheitsschädlich klassifiziert (Tab. 1) und dürften demnach auch in der Lage sein, die Pulpa zu irritieren oder zu devitalisieren [193]. Dies konnte in einer Vielzahl von tierexperimentellen Studien sowie in klinischen Untersuchungen und Erfahrungsberichten deutlich gezeigt werden [69] (Abb. 2). Das Schädigungspotential der zahnärztlichen Komposite wird gemäß verschiedener Studien zwar als nur mäßig, aber lang andauernd eingeschätzt. Eine Irritation des Zahnmarks durch diese Materialien kann dann mit großer Sicherheit verhindert werden, wenn eine über die gesamte Liegedauer der Kunststoffrestauration dichte Unterfüllung das Dentin und damit die Pulpa schützt. Sehr wichtig ist ferner, durch die richtige Verarbeitung des Materials den Restmonomergehalt so gering wie möglich zu halten. Neben Pulpairritationen wurden im Zusammenhang mit Kompositrestaurationen auch orale lichenoide Reaktionen der angrenzenden Mundschleimhaut beschrieben, die ebenfalls auf eluierbare Substanzen zurückzuführen sein dürften [131]. Systemische Nebenwirkungen, ausgehend von polymerisierten Kunststoffen, sind, abgesehen von Allergien, bislang allerdings nicht beschrieben worden [107, 116].

Ein weiterer Aspekt, der für die Pulpaschädigung von Komposit-versorgten Zähnen verantwortlich gemacht wird, ist die durch die sog. Perkolation unterstützte *Penetration von Mikroorganismen* und deren Proliferation im Spalt zwischen Füllung und Kavitätenwand [15, 20, 120, 133, 177, 201] (Abb. 3).

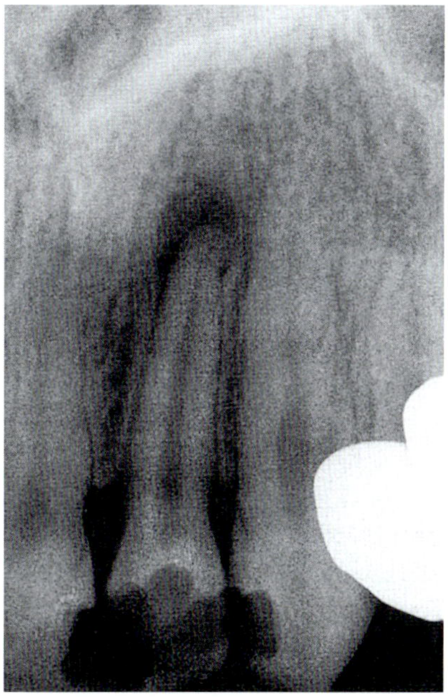

Abb. 2 Zahn 22 einer jungen Patientin. Periapikal erkennt man eine ausgeprägte Veränderung, die wahrscheinlich durch die beiden ohne Unterfüllung gelegten Kompositrestaurationen (mesial und distal) verursacht wurde. Sowohl licht- als auch chemischhärtende Kunststoffe enthalten selbst bei optimaler Polymerisation einen sehr hohen Anteil an eluierbaren Restmonomeren und Additiva, die bei ungenügendem oder fehlendem Schutz des Zahnmarks dessen Schädigung oder gar Devitalisierung bedingen können [193].

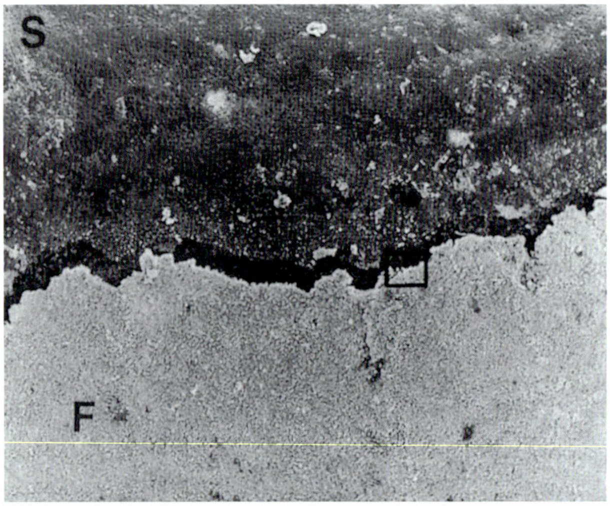

Abb. 3a Zervikaler Rand einer *in vivo* gelegten Klasse-V-Füllung aus einem mikrogefüllten Komposit nach der Extraktion des Zahns. Es zeigt sich ein durchschnittlich 30 µm breiter Spalt. Kunststoff und Spalt sind dicht von Mikroorganismen besiedelt. REM, µ-Marker 500 µm (F = Füllung, S = Schmelz) (Sammlung Prof. KLIMM).

Abb. 3b Ausschnittsvergrößerung des markierten Bereichs von Abbildung 3a. Die Füllungsoberfläche ist im Spalt dicht mit Keimen bewachsen. Diese Mikroorganismen bzw. deren Toxine können zur schädigenden Wirkung einer Kompositrestauration beitragen. REM, µ-Marker: 10 µm.

Unter *Perkolation* versteht man den Pumpeffekt im Spalt zwischen Füllung und Zahn, der durch die thermisch bedingten Volumenveränderungen des Komposits verursacht wird. Studien mit den wichtigen kariespathogenen Keimen *Streptococcus sobrinus* und *Lactobacillus acidophilus* ergaben, daß deren Wachstum durch die beiden Comonomere TEGDMA und EGDMA gefördert wird. Wie bereits oben ausgeführt, werden insbesondere diese Comonomere aus Kompositen freigesetzt. Ergänzend dazu fand man, daß das wäßrige Eluat eines Komposits mit hoher TEGDMA-Konzentration das Wachstum dieser beiden Keime ebenfalls begünstigte, während der Wasserextrakt eines anderen Fabrikates mit geringer TEGDMA-Konzentration die bakterielle Proliferation nicht beeinflußte [91].

Eine Irritation des Zahnmarks kann von mikrobiellen Stoffwechselprodukten oder Infektionen ausgelöst werden. Einige Autoren meinen, die im Zusammenhang mit Kunststoffüllungen beobachteten Pulpaschäden ausschließlich auf diese mikrobiellen Randspaltphänomene zurückführen zu können [15]. Dies ist aber unwahrscheinlich. So treten an Amalgamfüllungsrändern zumindest vergleichbare Keiminvasionen auf [20, 120]. Die für Komposit-induzierte Schäden typischen Pulpasymptome werden dabei aber kaum beobachtet. Die mikrobielle Komponente dürfte zwar ein unter Umständen wichtiger Cofaktor sein, aber im Gegensatz zum Materialfaktor nicht die überwiegende Ursache für die bei Kompositrestaurationen möglichen Irritationen darstellen.

Eine weitere häufige lokale Nebenwirkung bei zervikalen Kompositfüllungen ist die Reizung der Gingiva. Folgende Faktoren können eine Rolle spielen: Eine Plaqueakkumulation auf der an das Zahnfleisch grenzenden Kompositoberfläche, der mechanische Reiz durch den Füllungsrand auch bei sorgfältiger Behandlung sowie eine chemische Schädigung, ausgehend von Kunststoffmonomeren und -additiva [69].

Polymerisationsschrumpfung

Die Verringerung des Volumens der Kunststoffmatrix bei der Zusammenfügung der Monomere zu Polymeren führt zu einer Schrumpfung der Füllung. Selbsthärtende Komposite schrumpfen dabei zum Zentrum der Restauration, während man bei Photopolymerisaten bisher davon ausging, daß diese in Richtung der Lichtquelle schrumpfen. Dies hätte zur Folge, daß beispielsweise eine Klasse-I- oder -V-Füllung inklusive der Unterfüllung vom Boden der Kavität unter Ausbildung eines Spaltes oder Hohlraumes weggezogen würde. In zwei Studien konnte ein solcher Effekt nicht mit Sicherheit nachgewiesen werden, so daß nach REINHARDT [166] Spaltbildungen unter Restaurationen mit photosensiblen Kompositen in den allermeisten Fällen durch das Abbindeverhalten des Unterfüllungsmaterials verursacht werden [50, 166]. Die Polymerisationsschrumpfung der heutigen gefüllten Kunststoffe bewegt sich im Bereich von *1,5–3 Vol.-%* [46].

Folgende Faktoren dürften das Ausmaß dieser Volumenverkleinerung bestimmen: Konzentration und Typ des Matrix- und des Comonomers, Polymerisationsgrad und die Menge des in das Material eingemischten Sauerstoffs. So geht man davon aus, daß Komposite mit zunehmendem Füllergehalt weniger schrumpfen. Mit höherem Anteil niedermolekularer kurzkettiger und reaktiver Comonomere in der Kunststoffmatrix wird die Volumenveränderung größer ausfallen, da der Konversionsgrad ansteigt [80, 221]. Im Hinblick auf den Zusammenhang zwischen Polymerisationsgrad und Härtungsschrumpfung fanden WALLS und Mitarb. [229], daß bei photosensiblen Kompositen bei gleicher Bestrahlungsdauer dunkle Farben weniger schrumpfen als helle, eine Verdopplung der Beleuchtungszeit die Volumenverringerung aber verstärkte. Dies wird auf den höheren Polymerisationsgrad bei hellen Farben sowie bei einer längeren Bestrahlungszeit zurückgeführt. Ferner konnte festgestellt werden, daß bei chemisch härtenden Kompositen die Polymerisationsschrumpfung proportional zur Menge an eingemischtem Sauerstoff ist [80]. Bislang ging man generell davon aus, daß die durch die Polymerisationsschrumpfung bedingte Randspaltbildung zum Teil durch Aufbau der Füllung in Schichten kompensieren kann. Hierdurch soll der bei der Härtung jeder einzelnen Schicht entstehende Spalt immer wieder aufgefüllt werden. Mehrere neue Studien zeigten jedoch, daß die Inkrementtechnik nicht zu einer Verringerung der Randspaltbildung führt. Demnach könnten flache Kavitäten mit einer Portion Komposit gefüllt werden, wenn die Schichtdicke dabei 2 mm nicht übersteigt [225, 236]. Eine Verkleinerung der initialen Spalten erfolgt auch durch die Wasseraufnahme mit Quellung des Materials [155]. Schließlich ermöglicht die Schmelzätztechnik es vielfach, durch eine mikromechanische Verankerung des Kunststoffes am Schmelz eine Randspaltbildung zu vermeiden.

Klassifikation und Bewertung der Komposite

Die physikalisch-mechanischen und klinischen Eigenschaften eines Komposits werden wesentlich von der anorganischen Komponente bestimmt. Es liegt deshalb nahe, diese Kunststoffe „füllerorientiert" zu klassifizieren. Die auch heute noch vielfach gebrauchte Einteilung wurde 1983 von LUTZ und Mitarb. eingeführt [137]. Vereinfachte Klassifikationen basierend auf dem Füllergehalt und zweier Füllerdurchmesser (größer bzw. kleiner als 3 µm) [233] oder lediglich beruhend auf dem Durchmesser der größten Füller (mikro-, mini-, midigefüllt) [9] konnten sich bislang nicht durchsetzen.

LUTZ et al. unterscheiden zwischen *konventionellen Kompositen, Mikrofüller-* und *Hybridkompositen* [137]. Diese drei Haupttypen können in verschiedene Subklassen unterteilt werden (Tab. 2). Die *konventionellen Komposite* enthalten Makrofüller aus Quarz, Glas (z.B. Ba-, Sr-, Boro-Silikat-Glas) oder Keramik (Li-Al-Silikat) mit einem Partikeldurchmesser von 1 µm und größer. Die Teilchengröße des bei den Mikrofüllerkunststoffen eingesetzten feinstteiligen SiO_2 liegt dagegen im Bereich von etwa 10–40 nm. Aufgrund der sehr großen Oberfläche dieser feinen Partikel läßt sich direkt nur ein vergleichsweise geringer Füllstoffanteil in die Matrix einbringen. Diese sog. *homogenen Mikrofüllerkomposite* weisen deshalb eine relativ große Polymerisationsschrumpfung sowie einen hohen thermi-

Tabelle 2 Klassifikation der Komposite auf Basis der Füller [nach 137]. Die zu bevorzugenden, modernen Feinpartikel-Hybridkomposite enthalten „Makrofüller" mit einem durchschnittlichen Durchmesser von 0,6–1 µm (z.B. Brillant®, Charisma® und Tetric®).

Typ	Füllerart und -material	Füllergröße
Konventionelle Komposite	nur Makrofüller (Quarz, Glas, Keramik)	> 1 µm
Mikrofüllerkomposite	Mikrofüller (feinstteiliges SiO_2)	
a) homogen	direkt beigefügte Mikrofüller	0,01–0,04 µm
b) inhomogen	Vorpolymerisat mit SiO_2 (splitter- oder kugelförmig) und feinstteiliges SiO_2	1–200 µm 0,01–0,04 µm
Hybridkomposite	Mikrofüller (feinstteil. SiO_2) und Makrofüller (Quarz usw.)	0,01–0,04 µm Typ I > 10 µm Typ II < 10 µm Typ III > 2 µm Typ IV < 2 µm

a
b
c
d
e

schen Expansions- und Kontraktionskoeffizienten auf. Die kleinen regelmäßigen Teilchen erlauben andererseits eine dichte Packung der Füller mit sehr geringen Abständen zwischen den Partikeln. Dadurch läßt sich eine glatte glänzende Oberfläche erzielen. Um den anorganischen Anteil bei Mikrofüllerkompositen erhöhen zu können, behilft man sich damit, feinstteiliges SiO_2 und Monomere vorzupolymerisieren. Die Vorpolymerisate werden anschließend zermahlen und als anorganisch/organische „Makrofüller" mit weiterem feinstteiligen SiO_2 und der organischen Matrix zum *inhomogenen Mikrofüllerkomposit* vermischt. Hierdurch läßt sich ein Füllstoffanteil bis zu etwa 80 Gew.% erzielen.

Durch Kombination von Mikro- und Makrofüller lassen sich die Vorteile der beiden bisher besprochenen Komposittypen größtenteils vereinigen, wobei der Anteil der Makrofüller weit überwiegt. Die dadurch geschaffenen Kunststoffe werden als *Hybridkomposite* bezeichnet [152]. Der Füllstoffgehalt der Hybridkomposite beträgt bis zu 85 Gew.% (Abb. 4a–e).

Eine *praxisrelevante Bewertung* der verschiedenen Komposittypen sollte folgende Gesichtspunkte berücksichtigen:

- marginale Adaptation
- Volumenbeständigkeit
- Verarbeitbarkeit, Oberflächenstruktur
- optisches Erscheinungsbild
- Röntgenopazität
- Abriebfestigkeit

Konventionelle, rein makrogefüllte Kunststoffe werden heute kaum noch verwendet. Die Beurteilung entsprechend obiger Kriterien kann deshalb auf Mikrofüller- und Hybridkomposite beschränkt werden. Die *Randständigkeit* und *Volumenkonstanz* werden wesentlich von der Polymerisationsschrumpfung bestimmt. Diese ist bei den Hybrid-

◁ *Abb. 4* Oberflächenstruktur verschiedener Komposittypen nach Glättung bzw. Politur mit flexiblen extrafeinen Scheiben (Sof-Lex®). REM, µ-Marker: 10 µm.

a) Konventionelles makrogefülltes Komposit. Der Durchmesser der Füller beträgt auf diesem Bild bis zu 45 µm, die Oberfläche ist trotz Feinausarbeitung noch relativ inhomogen.
b) Hybridkomposit des Typs III mit relativ gleichmäßiger Struktur.
c) Feinpartikel-Hybridkomposit (Typ IV) mit sehr homogener Oberflächenstruktur (annähernd entsprechend dem homogen mikrogefüllten Präparat von Abb. 4e).
d) Mikrofüllerkomposit mit glatter Oberfläche. Man erkennt deutlich sehr große, unregelmäßig geformte Präpolymerisate. Es handelt sich somit um ein inhomogenes Mikrofüllerkomposit.
e) Homogenes Mikrofüllerkomposit mit sehr gleichmäßiger, glatter Oberfläche.

materialien sicherlich geringer [229]. Dieser Komposittyp ist wegen des hohen Füllergehaltes zudem einfacher zu verarbeiten, eine Röntgendichte läßt sich unproblematisch durch Zugabe entsprechender Makrofüller erzielen [214, 215, 218]. Klinische Studien, in denen das ästhetische Erscheinungsbild von Kunststoffrestaurationen mittel- und langfristig untersucht wurde, zeigten, daß auch in dieser Hinsicht Hybridkunststoffe den Mikrofüllerkompositen deutlich überlegen sind [124, 214, 215, 219]. Der größte Vorteil der Mikrofüllerkomposite ist deren Polierbarkeit. Allerdings gestatten dies in vergleichbarem Rahmen auch die Feinpartikel-Hybridkomposite, also Materialien mit „kleinen" Makrofüllern mit einem Durchmessers von durchschnittlich 0,6–1 µm (Tab. 2) [22, 59, 210, 215]. Bei der *Abriebfestigkeit*, der komplexe Mechanismen zugrunde liegen, spielen Größe und Abstand der Füllerpartikel eine besondere Rolle, wobei durch kleinere Füller der Abstand verringert wird [10, 114]. Vergleicht man in dieser Hinsicht Mikrofüller- und Hybridkomposite, so zeigen beide Kunststofftypen vergleichbare Abriebeigenschaften. Allerdings fand man bei Mikrofüllerkompositen eine ausgeprägte marginale Degradation und eine Aufrauhung der Oberflächen in Kontaktzonen [59]. Insgesamt überwiegen somit die Vorteile der Hybridkunststoffe. Die sehr gut polierbaren Mikrofüllerkomposite sollten lediglich in Bereichen ohne große mechanische Belastung eingesetzt werden, in denen das ästhetische Erscheinungsbild sehr wichtig ist. Allerdings kann man auch mit Feinpartikel-Hybridkompositen vergleichbare Ergebnisse erzielen.

Moderne Feinpartikel-Hybridkomposite sind unserer Meinung nach die Materialien der Wahl für alle zahnfarbenen plastischen Restaurationen im bleibenden Gebiß.

Schmelzätztechnik

Morphologische Aspekte

Neben den werkstoffkundlichen Fortschritten war die Einführung und Weiterentwicklung der Schmelzätztechnik (SÄT) ausschlaggebend für den heute sehr breiten Anwendungsbereich der Komposite. Die SÄT baut auf einer Arbeit von Buonocore aus dem Jahr 1955 auf [21]. Durch eine *Säurekonditionierung* wird die für ein Komposit nichtretentive Schmelzoberfläche auf mikroskopischer Ebene umstrukturiert. Es kommt dadurch zu einer enormen Oberflächenvergrößerung sowie zu einer Erhöhung der Oberflächenenergie und damit zu einer besseren Benetzbarkeit des Schmelzes [86]. Ein Kunststoff kann dann oft ohne zusätzliche makroskopische Verankerung „adhäsiv" am Zahn befestigt werden. Die Grundlage dafür ist die unterschiedliche Säurelöslichkeit der Zentren und Peripherien der Schmelzprismen. Es entstehen dabei *Ätzmuster* vom Typ 1 oder 2. Welches dieser Muster resultiert, hängt von der Richtung des Säureangriffes auf die Prismen und die Hydroxylapatit-Kristallite in den Prismen ab. Letztere sind in Richtung ihrer C-Achse besser säurelöslich (Abb. 5) [108, 183]. Ferner geht man davon aus, daß eine Säureeinwirkung parallel zu den Prismenachsen ein Typ-1-Muster erzeugt, ein senkrecht dazu stattfindender Säureangriff zu einem Ätzmuster des Typs 2 führt [108]. Zeigt der konditionierte Schmelz keine Zuordnung zur Prismenmorphologie, spricht man von einem Ätzmuster des Typs 3, das einem Kunststoff kaum Retention bietet. Eine solche Struktur erhält man beim Konditionieren aprismatischen Schmelzes (Abb. 5 und 6). Besonders bei Milchzähnen sowie im gingivalen Drittel der bleibenden Zähne ist die oberste Schmelzschicht bis in eine Tiefe von durchschnittlich 20 µm bis maximal 220 µm prismenlos [86, 87, 108, 183] (Abb. 6). Alle drei Ätzmuster können gleichzeitig nebeneinander auf einer konditionierten Schmelzoberfläche vorliegen.

Unregelmäßige Ätzmuster resultieren auch beim Konditionieren der vor allem im zervikalen Drittel der Zahnkrone vorhandenen Perikymatien sowie beim Anätzen fluoridreichen Schmelzes [70]. Eine sehr hohe Fluoridkonzentration konnte in Schmelzflecken („mottled enamel") sowie in der obersten aprismatischen Schmelzschicht (bis zu 1%) festgestellt werden [17]. Alle im Hinblick auf das Konditionieren negativen Faktoren beschränken sich somit im wesentlichen auf die oberste, etwa 30 µm dicke Zone, die demnach vor dem Anätzen mechanisch entfernt werden muß.

Keinen Einfluß auf das Ätzmuster und damit auf die Haftung eines Komposits hat eine vorangegangene topische Fluoridierung der Schmelzoberfläche [18, 41]. Dies gilt auch für die Reinigung des Zahnes direkt vor dem Anätzen. Es spielt somit keine Rolle, ob hierfür eine fluoridhaltige oder -freie Paste verwendet wird [86, 87]. Ferner konnte man ganz klar nachweisen, daß sich Milchzähne sowie die bleibenden Zähne von jungen und alten Menschen gleichermaßen anätzen lassen [139, 148, 180].

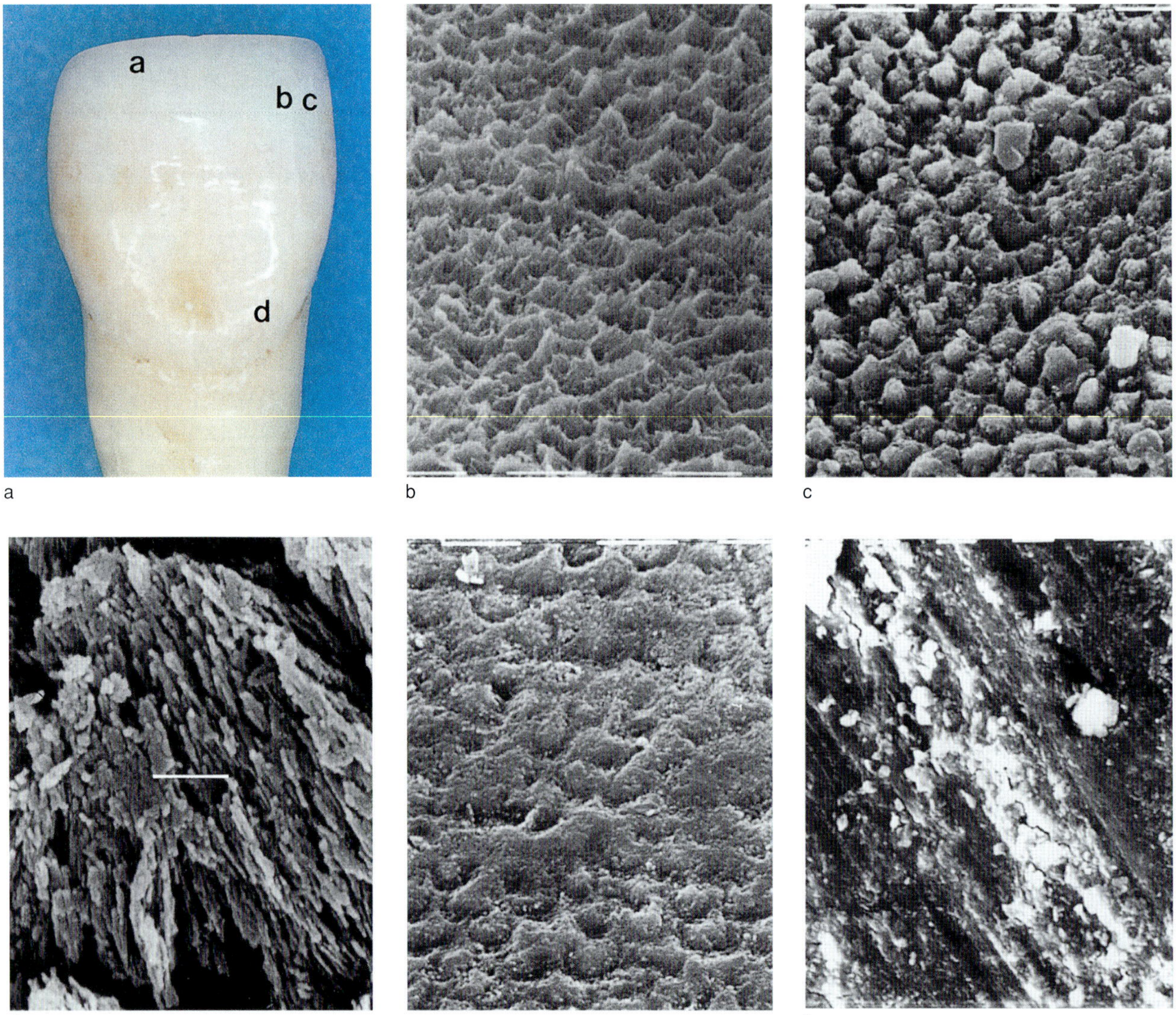

a b c

d e f

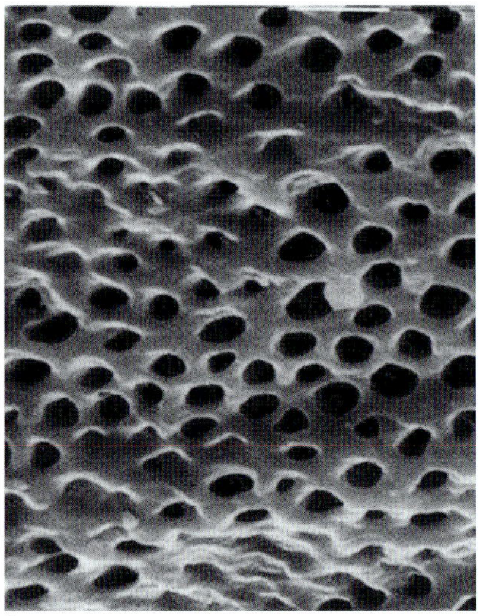

g

Abb. 5 a) Bukkalfläche eines bleibenden mittleren Oberkieferinzisivus eines älteren Patienten zur Darstellung der verschiedenen Ätzmuster nach 60 s. Konditionieren mit 37,5%iger H_3PO_4 [86, 87, 183].

b) Nach Abtragung der obersten Schmelzschicht resultierte an dieser Stelle ein Ätzmuster vom Typ 1 (Prismenzentren aufgelöst; Hufeisen-, Honigwaben-, Schlüssellochmuster [70]. REM, μ-Marker: 10 μm.

c) Präparation und REM wie Abbildung 5a, jedoch Ätzmuster vom Typ 2 (Prismenperipherien gelöst; Zapfen-, Fasermuster [70], die Zentren sind zapfen- oder faserförmig freigelegt.

d) Vergrößerte Darstellung eines Prismazapfens aus Abbildung 5b. Die Kristallitstruktur tritt deutlich zutage. Einige Autoren gehen davon aus, daß diese von Kunststoffmatrix bzw. dem ungefüllten Haftvermittler umgeben werden und so eine innige Verbindung von Komposit und angeätztem Schmelz resultiert [86]. REM, μ-Marker: 1 μm.

e) Ätzmuster vom Typ 3 ohne Zuordnung zur Prismenmorphologie. Eine solche Struktur, die kaum mikromechanische Retention bietet, findet man i.d.R. im zervikalen Schmelzbereich oder bei Anätzen der nicht mechanisch präparierten Oberfläche. REM, wie Abbildung 5a.

f) Durch maschinell-mechanische Präparation freigelegtes Dentin wird von einer Schmierschicht (Smearlayer) bedeckt, die auch die Tubuli verbolzt. REM, μ-Marker: 10 μm.

g) Durch eine Säurekonditionierung wird die Schmierschicht vollständig entfernt, die Dentintubuli liegen frei. REM, wie Abbildung 5b.

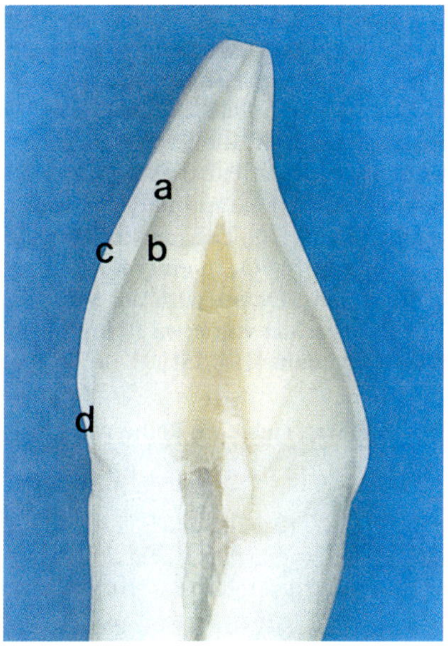

a

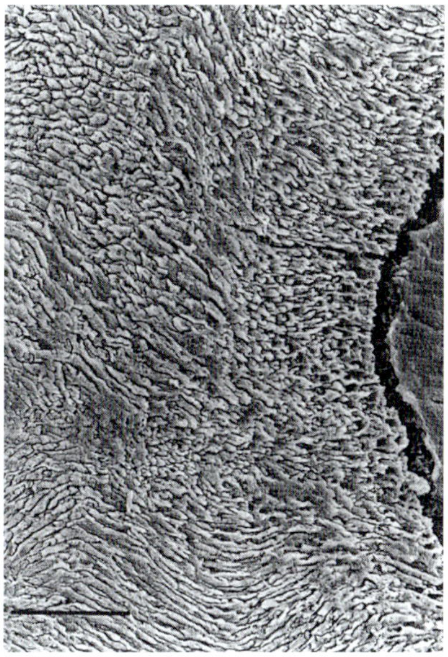

b

c

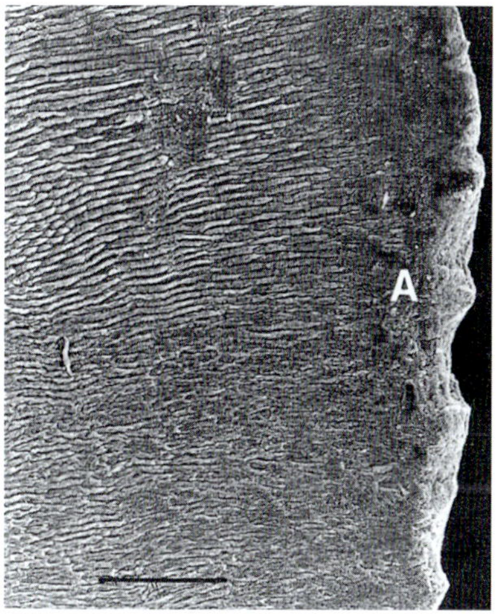

d

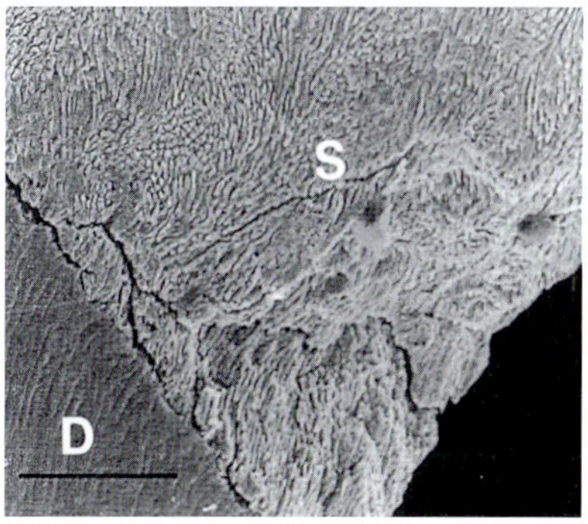

e

Abb. 6 a) Orovestibulärer Schnitt durch einen bleibenden mittleren Oberkieferschneidezahn eines älteren Patienten zur Verdeutlichung der „vertikalen" Struktur von Dentin und Schmelz. Zur Darstellung der Dentinkanälchen und der Schmelzprismen wurde der Zahn für 60 s mit 37,5%iger H_3PO_4 angeätzt.

b) Dentinnaher Schmelz. Das Präparat zeigt einen Trocknungsriß an der Grenze zum Dentin. Die Prismen verlaufen in diesem Bereich sehr wellenförmig. Dadurch läßt sich dentinnah kein homogenes Ätzmuster im Schmelz erzeugen. REM, µ-Marker: 100 µm.
c) Schmelznahes Dentin mit freigelegten Tubuli, über die Mikroorganismen, deren Toxine oder schädigende Komponenten vom Füllungsmaterial zur Pulpa vordringen können. REM, wie Abbildung 6a.
d) Äußere Schmelzhälfte. Im Gegensatz zu Abbildung 6a verlaufen hier die Prismen weitgehend geradlinig und parallel zueinander sowie nahezu senkrecht zur Oberfläche. Es ließe sich deshalb in diesem Bereich ein homogenes retentives Ätzmuster produzieren. Allerdings ist deutlich zu erkennen, daß die Prismen nicht die Oberfläche erreichen. Diese aprismatische Schicht (A) mit einer Dicke von etwa 20 bis maximal 220 µm muß vor dem Anätzen mechanisch entfernt werden, um die Prismenenden freizulegen. Diese prismenlose Zone wird von parallel zueinander aber senkrecht zur Oberfläche angeordneten Hydroxylapatit-Kristalliten gebildet. In den Prismen fächern sich die Kristallite dagegen dreidimensional auf [86]. Dadurch ist die Säurelöslichkeit innerhalb eines Prismas unterschiedlich. Zudem ist die Schmelzoberfläche bis in eine Tiefe von durchschnittlich 30 µm fluoridangereichert [17] und damit säureresistenter als innere Schichten. REM, µ-Marker: 100 µm.
e) Schmelz-Zementgrenze, die Prismen verlaufen völlig unregelmäßig, zum Teil sogar parallel zur Oberfläche. In diesem Bereich läßt sich in den allermeisten Fällen kein retentives Ätzmuster hervorrufen. REM, wie Abbildung 6d (D = Dentin, S = Schmelz).

Vorbereiten des Zahnes

Zur Erzielung der für einen Kunststoff „retentiven" Ätzmuster vom Typ 1 oder 2 muß der Schmelz folgendermaßen behandelt werden. Zunächst sind alle organischen und anorganischen Auflagerungen mit einer Reinigungspaste und einem Gummikelch zu beseitigen. Da, wie bereits oben ausführlich dargestellt, an der Schmelzoberfläche oft ein nur ungenügendes Ätzmuster erzielt wird, muß die äußerste Schicht (etwa 30 µm) mechanisch entfernt werden. Hierzu eignen sich besonders mittelfeine Diamanten. Die Verwendung von Hartmetallfinierern führt zu schlechteren Haftwerten [1]. Von großer klinischer Bedeutung ist ferner, daß in senkrechter Richtung säurekonditionierte Schmelzprismen ein tieferes Ätzmuster ergeben als von lateral angeätzte [37]. Diese Beobachtung ist die Grundlage der Adhäsivpräparation von Kompositkavitäten [136]. Hierzu wird der marginale Schmelz in einer Breite von 0,5–1 mm federrandähnlich angeschrägt, auf zusätzliche innere makroskopische Retentionen wie Unterschnitte wird verzichtet. Die Adhäsivpräparation bzw. -restauration bietet folgende wesentliche Vorteile [70, 85, 123, 159, 160]:

Vergrößerung der anätzbaren Schmelzfläche
- Gewährleistung eines gleichmäßigen, retentiven Ätzmusters (Typ 1 oder 2) durch Abtragung der häufig prismenfreien und fluoridreichen obersten Schmelzschicht
- Prävention von Belastungsbrüchen der ungestützten und evtl. im Gefüge aufgelockerten marginalen Schmelzprismen
- Verbesserung der Haftung und der Randdichte der Kompositfüllung unter Schonung der Zahnhartsubstanzen
- Verbesserung der Ästhetik durch den allmählichen Farbübergang Füllung/Zahn
- Bei der Anschrägung ist darauf zu achten, nur die äußere Schmelzhälfte abzutragen.

In Nähe des Dentins weist Schmelz einen höheren organischen Anteil auf, die Prismen verlaufen nicht geradlinig und parallel, sondern eher wellenförmig. Dies hätte ein minderwertigeres Ätzmuster zur Folge. Problematisch ist in dieser Hinsicht auch der Zahnhalsbereich mit oft irregulär angeordneten Prismen bzw. aprismatischem Schmelz (Abb. 6d). Auf eine Anschrägung wird selbstverständlich verzichtet, wenn der Kavitätenrand im Zement oder Dentin liegt. Auch eine okklusale Kompositkavität wird gemäß den meisten Autoren nicht oder nur geringfügig marginal angeschrägt (s. Abb. 19a–c).

Schmelzkonditionierung

Verschiedenene organische und anorganische Säuren wie Milch-, Zitronen-, Brenztrauben-, Polyacryl- oder Orthophosphorsäure und das komplexbildende EDTA wurden auf ihre Eignung zur Schmelzkonditionierung untersucht. Im allgemeinen verwendet man heute für die Adhäsivrestauration mit Kompositen H_3PO_4 [135, 183]. Wichtig in diesem Zusammenhang ist die Konzentration der Orthophosphorsäure sowie die Ätzdauer. Es konnte festgestellt werden, daß H_3PO_4 im Konzentrationsbereich von 20–50 Gew.% zu einem vergleichbaren oberflächlichen Schmelzverlust führt, wobei das Maximum bei 40 Gew.% liegt [138, 240]. Bei einer höheren Konzentration wird zunehmend weniger Kalzium herausgelöst. Ferner fanden andere Autoren, daß bei einer Konzentration von weniger als 30 Gew.% ein schwer wasserlösliches Kalziumsalz ausfällt, das die Schmelzoberfläche kontaminiert und damit die Kunststoffadhäsion vermindert [86]. Die meisten Ätzgele oder -lösungen enthalten deshalb H_3PO_4 in einer Konzentration von 30–40 Gew.%. Damit wird der Schmelz nach einem initialen Substanzverlust von etwa 10 µm bis in eine Tiefe von 20–30 µm aufgerauht [138, 183]. Mehrere klinische Studien und Laboruntersuchungen haben sich mit dem Einfluß der Ätzdauer auf die Morphologie und Adhäsivität des Schmelzes beschäftigt. Bislang galt eine Ätzzeit von 60 s als optimal. In neueren Studien konnte jedoch nachgewiesen werden, daß auch mit Zeiten von 15, 20 oder 30 s eine in qualitativer und quantitativer Hinsicht vergleichbare Konditionierung möglich ist [8, 54, 77, 148, 150]. Wird der Schmelz wesentlich länger als 2 min angeätzt, führt dies nicht zu einer Vertiefung des Ätzmusters und damit zu einer Verbesserung der Kunststoffretention. Es kommt vielmehr zu einer Einebnung der zunächst erzeugten Rauhigkeiten und damit zu einem mehr oder minder gleichmäßigen Abtrag an der Schmelzoberfläche mit einer deutlichen Verringerung der Komposithaftung [183]. Man kann deshalb an dieser Stelle folgendermaßen zusammenfassen [86, 135]:

> Die Schmelzkonditionierung erfolgt mit 30–40%iger Orthophosphorsäure (Gel oder Lösung) über einen Zeitraum von 30–60 s.

Sowohl Reste des Ätzmediums als auch damit produzierte mineralische Präzipitate (vor allem Kalziumphosphatsalze) können die umstrukturierte Oberfläche kontaminieren und damit die Haftung des Kunststoffs sehr beeinträchtigen. Den Abschluß des Konditionierens bildet deshalb das sorgfältige Säubern und ein anschließendes gründliches Trocknen des angeätzten Schmelzes [135]. Es wird deshalb empfohlen, den Zahn mit dem Wasserspray gut abzusprühen. Bei Verwendung einer Ätzlösung dürften dafür 15–20 s ausreichen. Benutzt man ein Gel, ist hierfür eine Zeit von 30 s anzusetzen, da sich diese viskösen Materialien in den Schmelzvertiefungen gut festsetzen [86]. Abschließend muß der feuchte Zahn für etwa 30 s ausgiebig getrocknet werden. Dabei ist darauf zu achten, daß im Luftbläser kein Öl oder Wasser enthalten ist [135]. Als Faustregel kann man sich merken:

> Der angeätzte Schmelz wird für je 30 Sekunden mit Wasser gereinigt und getrocknet.

Rekonditionierung kontaminierten Schmelzes

Die gesamte Schmelzkonditionierung, also Anätzen, Waschen und Trocknen sollte unter Kofferdam erfolgen. Hierdurch läßt sich eine Verunreinigung des umstrukturierten Schmelzes mit Blut oder Speichel zuverlässig verhindern. Erfolgt eine Kontamination, führt das zu einer gravierenden Verschlechterung der Kompositadhäsion [99, 184]. In einem solchen Fall genügt es nicht, den verunreinigten Zahn nur mit Wasser zu reinigen und zu trocknen. Es ist eine Rekonditionierung erforderlich. Dazu wird der Schmelz erneut für 5–10 s angeätzt und erst dann für je 30 s gewaschen und getrocknet. Diese kurze Ätzdauer reicht aus, um Speichel- und Blutverunreinigungen vollständig zu entfernen. Das retentive Ätzmuster bleibt erhalten [8, 99, 184].

Nebenwirkungen durch die Schmelzätztechnik

Im Zusammenhang mit der Schmelzkonditionierung sind im wesentlichen zwei lokale Nebenwirkungen von Belang: Ein iatrogenes Anätzen nicht präparierten Schmelzes und dessen Prädisponierung für eine Karies und eine Säureschädigung der Pulpa evtl. verstärkt durch zytotoxische Restmonomere und/oder Kompositadditiva.

Eine erhöhte Kariesgefährdung unbeabsichtigt angeätzten Schmelzes angrenzend an die Füllung oder auf dem Nachbarzahn wurde bisher nicht mit Sicherheit nachgewiesen. Man geht davon aus, daß durch Speichelpräzipitate eine Remineralisation der aufgerauhten Oberfläche stattfindet, allerdings ohne Ersatz der äußersten, vollständig abgetragenen Schmelzschicht von etwa 10 µm Dicke. Man sollte diesen Vorgang unterstützen, indem man den fälschlicherweise angeätzten Bezirk poliert und anschließend fluoridiert [66, 70, 86, 109, 135, 146].

Unterfüllung versus „Totalbonding"

Die Gefahr einer Irritation des Zahnmarkes durch den Schmelzkonditionierer besteht dann, wenn freigelegtes, pulpanahes Dentin nicht durch eine säurebeständige Unterfüllung abgedeckt wird. In diesem Fall wird durch die Säure bei üblicher Applikation die Schmierschicht auf dem Dentin entfernt, die Tubuli werden eröffnet (Abb. 5e und f), die Permeabilität des Zahnbeins steigt an. Es kann zunächst zu einer Schädigung der Pulpa durch die Säure und später durch Restmonomere kommen. In einer klinisch-experimentellen Studie mit kariesfreien, zur Extraktion vorgesehenen Zähnen konnte eindeutig ein dementsprechender Zusammenhang festgestellt werden [198].

Eine Unterfüllung sollte deshalb das gesamte pulpanahe Zahnbein abdecken, biokompatibel sein und folgenden Ansprüchen genügen: Druckstabilität, Unlöslichkeit in Wasser und Säure sowie Undurchlässigkeit für den Schmelzkonditionierer und Restmonomere. Diese Forderungen zeigen, daß Kalziumhydroxidpräparate, auch abhärtende, zur alleinigen Unterfüllung nicht geeignet sind, da sie generell zu Auflösungserscheinungen tendieren und nicht säurestabil sind [15, 71, 197]. $Ca(OH)_2$-Präparate werden demnach nur punktuell bei der Versorgung tiefer Kavitäten im Sinne einer indirekten Überkappung appliziert und müssen generell von einem beständigen Unterfüllungsmaterial abgedeckt werden. Glas-Polyalkenoat-(Ionomer-)Zemente (GIZ) können mit dem Dentin chemische Bindungen eingehen [125]. Sie gelten wegen der deshalb möglichen Dentinhaftung und des Verbundes mit Komposit als besonders gut geeignetes Unterfüllungsmaterial bei Kunststoffrestaurationen [228]. Problematisch ist bei diesen Materialien die relativ schwierige Verarbeitung und die Sensibilität gegenüber dabei auftretenden Fehlern. Die vom Hersteller angegebenen Richtlinien zum Anmischen (Dosierung usw.) und Applizieren müssen genauestens eingehalten werden [125]. Vor allem unter diesem Blickwinkel sind Kapselpräparate vorzuziehen. Trotz der recht guten Voraussetzungen (Dentin- und Kompositverbund) lassen sich damit keine randdichten Kompositrestaurationen erzielen [28, 231]. Die durch die Polymerisationskontraktion des Kunststoffes auftretenden Kräfte dürften die Haftung des fest mit dem Komposit verbundenen GIZ zum Dentin überschreiten, so daß die Unterfüllung von der Kavitätenwand weggezogen wird [15]. Nach wie vor wird auch Zinkphosphatzement zur Unterfüllung bei Kompositrestaurationen verwendet, wobei allerdings heute i.d.R. GIZ bevorzugt wird.

Alternativ zur Applikation einer Unterfüllung wird von verschiedenen Autoren ein sog. „Totalbonding" bzw. eine „kohäsive Hybridisierung" des Dentins empfohlen und auch praktiziert. Zum Schutz der Pulpa wird dabei direkt auf das gesamte Zahnbein ein Dentinadhäsiv aufgetragen. Cox und Suzuki [34] merken hierzu an, daß hydrophile Primer, die i.d.R. einen hohen Anteil des Monomers HEMA (Hydroxyethylmethacrylat) aufweisen, in das vitale Dentin eindringen. Trotz des Dentinliquors würde dadurch eine dauerhafte Hybridschicht aus Kunststoff und Dentin entstehen, welche postoperative Beschwerden aufgrund einer Pulpairritation verhindert. Ferner wäre eine langfristig randspaltfreie Kompositfüllung gewährleistet und zudem würde geschwächte Zahnhartsubstanz stabilisiert. Neuere In-vivo-Studien zeigen tatsächlich eine zufriedenstellende Pulpaverträglichkeit moderner Dentinadhäsivsysteme, wobei die Versuchsdauer (bis zu 80 Tagen) jeweils nur relativ kurz war [78, 153, 232]. In zukünftigen langfristigen klinischen Untersuchungen muß sich nun herausstellen, ob die konventionelle Unterfüllung durch die Applikation eines Dentinadhäsivs ersetzt werden kann und die von Cox und Suzuki [34] genannten Vorteile zutreffen.

Dentinadhäsion

In den letzten Jahren ist es zu einer bemerkenswerten Weiterentwicklung der Dentinadhäsive gekommen. Allerdings bleibt festzustellen, daß die Verbindung von Komposit mit angeätztem Schmelz nach wie vor einfacher zu erreichen ist und zuverlässiger funktioniert.

Bei der Beurteilung bzw. Klassifizierung der Dentinadhäsive spielt die Struktur des „Bindungssubstrates", also des Zahnbeins, eine wesentliche Rolle. Im Gegensatz zum relativ homogenen, fast ausschließlich aus anorganischen Bestandteilen aufgebauten Schmelz (bis 98%) besteht Dentin zu ca. 50% aus anorganischen Verbindungen, zu etwa 30% aus organischen Substanzen (hauptsächlich Kollagen) und zu annähernd 20% aus Wasser. Zudem ist Dentin von einer wechselnden Anzahl an Tubuli mit zum Teil unterschiedlicher Verlaufsrichtung durchzogen. Schließlich muß noch bedacht werden, daß nach jeder Kavitätenpräparation eine variabel dicke Schmierschicht dem Zahnbein aufgelagert ist bzw. die Öffnungen der Tubuli verschließt (s. Abb. 5e und f). Die Schmierschicht haftet zudem unterschiedlich fest auf dem Dentin [154].

Diese relative inhomogene Struktur war Anlaß, mit Dentinhaftvermittlern zunächst in erster Linie eine chemische Verbindung zwischen organischen bzw. anorganischen Bestandteilen des Zahnbeins und der Kompositmatrix anzustreben [6]. Die auf diesem Prinzip basierenden Produkte (z.B. Prisma Universalbond® 3) wiesen allerdings keine ausreichende Haftung auf, da die Adhäsion dabei primär von der unsicheren Verbindung der Schmierschicht mit dem Dentin und von der Kohäsion der Schmierschicht abhing. Heute geht man vornehmlich von einer mikromechanischen Verbindung zwischen Adhäsiv und Dentin aus, die durch verschiedene Behandlungsschritte bzw. Komponenten in den einzelnen Produkten in wechselndem Ausmaß erreicht wird. Eine wichtige Rolle spielen in diesem Zusammenhang *Konditionierer* und *Primer* bzw. *selbstkonditionierende Primer*.

Ein Konditionierer dient dazu, die Oberfläche umzustrukturieren, also die Schmierschicht zu entfernen sowie das oberflächliche peri- und intertubuläre Dentin zu entmineralisieren. Für diesen Zweck verwendet man Säuren (z.B. 10–40%ige H_3PO_4, Maleinsäure) oder Komplexbildner (5–16%iges EDTA) [89]. Saure Konditionierer demineralisieren das Dentin bis in eine Tiefe von etwa 2–5 µm, die Hohlräume zwischen den freigelegten Kollagenfasern sind ca. 20 nm weit [53].

Aufgabe des Primers ist es hingegen, das Wasser zu verdrängen, das nach Entmineralisierung des Dentins zurückbleibende Kollagengeflecht zu erweitern oder wiederaufzurichten und dadurch letztendlich das hydrophile Dentin für die hydrophoben Kunststoffmonomere besser penetrierbar bzw. benetzbar zu machen. In der Regel sind Primer Monomerlösungen in Wasser, Aceton oder Ethanol, wobei Aceton im Vergleich zu Wasser aufgrund dessen polymerisationshemmender Wirkung eine bessere Adhäsion ergibt [53, 106]. Ein sehr wichtiges „Primermonomer" ist das vergleichsweise hydrophile Hydroxyethylmethacrylat (HEMA). Diese Verbindung begünstigt nachweislich die Monomerdiffusion und die Entstehung einer Hybridschicht [147].

Im Anschluß an den Primer wird schließlich ein Adhäsiv und ein Bonding agent aufgetragen und polymerisiert. Diese Haftvermittler (enthalten beispielsweise BisGMA TEGDMA, UDMA, HEMA) füllen dann mehr oder weniger dicht die Eingänge der Dentintubuli unter Formation von Zotten (Tags) und das Kollagengeflecht unter Bildung einer Hybridschicht aus [53]. Bei einigen Produkten (z.B. Optibond) wird anstelle eines ungefüllten Bonding Agents die Applikation eines niedrigviskösen gefüllten Kunststoffes empfohlen. In-vitro-Studien ergaben, daß dadurch möglicherweise eine bessere Randdichte erzielt wird. Klinische Ergebnisse stehen hierzu aber noch aus [204].

Wichtig ist in diesem Zusammenhang, daß bei tieferer Demineralisation des Dentins das freigelegte Kollagengeflecht eher kollabiert und dadurch das Eindringen der Monomere erschwert wird.

Diese unvollständige Ausfüllung der tiefsten Schicht des entmineralisierten Dentins durch

Kunststoff führt zum sog. „Nanoleackage". Klinisch kann sich dies dadurch manifestieren, daß auch randdichte Füllungen im Laufe der Zeit marginal verfärben [173, 174].

Verschiedene Forscher sind deshalb der Meinung, daß durch die Konditionierung lediglich die Schmierschicht entfernt und das Dentin nur so tief entmineralisiert werden sollte, daß dadurch eine dichte Versiegelung der Dentinoberfläche ermöglicht wird. Diesem Ziel am nächsten kommen offensichtlich die *selbstkonditionierenden Primer*, bei denen ein saurer Konditionierer mit einem Resinprimer kombiniert wurde. Beispiele hierfür sind Syntac classic (4% Maleinsäure in 25% TEGDMA/Wasser) oder Scotchbond 2 (2,5% Maleinsäure in 55% HEMA/Wasser). Diese Materialien entfernen die Schmierschicht und entmineralisieren nur das oberste Dentin. Gleichzeitig mit der Konditionierung dringen Monomere in das freigelegte Kollagengeflecht ein. Da man diese Primer nicht mit Wasser wegspült, werden die zunächst aufgelösten anorganischen Anteile wieder ausgefällt und tragen dadurch ebenfalls zum Verschluß der Hohlräume im Kollagengeflecht bei. Das nachfolgend aufgetragene Bonding agent copolymerisiert dann mit den zuvor in das entmineralisierte Dentin eingedrungenen Monomeren des Primers. Die dabei entstehende Hybridschicht aus Dentin und Kunststoff ist etwa 1 bis max. 2 µm dick [53] (Abb. 7a und b).

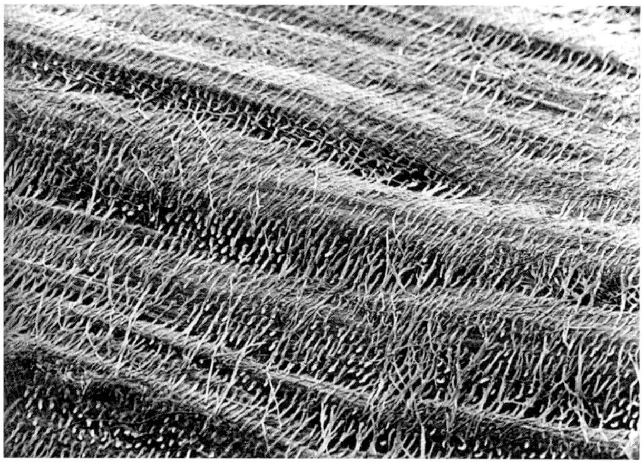

Abb. 7a Grenzfläche Dentinadhäsiv – Dentin nach Entfernung der Zahnhartsubstanz, vitaler Zahn. Im Gegensatz zu Abb. 7b sind die Tags aufgrund des Dentinliquors maximal bis etwa 50 µm lang (REM, Originalvergr. 300 ×, µ-Marker: 100 µm)

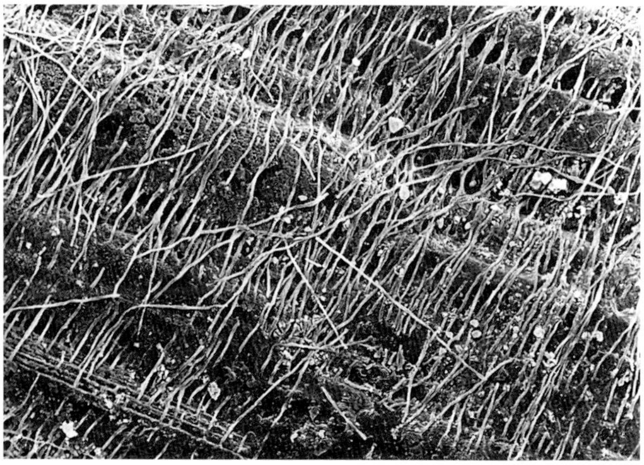

Abb. 7b Wie Abbildung 7a, jedoch avitaler Zahn. Durch das Fehlen des Dentinliquors konnten sich sehr lange Zotten von zum Teil mehr als 100 µm ausbilden (REM, µ-Marker: 100 µm) (Abb. 7a, b Sammlung Dr. Harms).

Ein Kollaps des freigelegten Kollagengeflechtes soll auch durch das *Wet bonding* verhindert oder zumindest reduziert werden. Dabei wird die Kavität nicht vollständig trocken geblasen, um ein Zusammenbrechen des entmineralisierten Dentins zu verhindern und die Diffusion des Primers zu erleichtern. Es gibt tatsächlich einige Produkte, die auf feuchtem Dentin besser als auf trockenem haften, wohingegen dies bei anderen Fabrikaten umgekehrt ist [29, 158]. Keinesfalls darf dies jedoch dazu veranlassen, auf eine sorgfältige Isolation der Kavität zu verzichten. Denn ein oberflächlicher Wasserfilm bzw. eine Speichel- oder Blutkontamination reduzieren die Adhäsion signifikant. In einem solchem Fall muß die Konditionierung bzw. das Priming wiederholt werden [207, 239]. Ergänzend sei darauf hingewiesen, daß *in vivo* auf pulpanahem Dentin eine dünnere Hybridschicht als peripher gefunden wurde. Diese Ergebnisse und In-vitro-Beobachtungen an perfundiertem Dentin deuten darauf hin, daß auch der Dentinliquor die Adhäsion negativ beeinflussen kann [176, 181] (s. Abb. 7a und b).

Ebenfalls noch nicht ausreichend geklärt ist die Frage, ob und in welcher Weise eine Kontamination des Schmelzes mit Dentinadhäsiv die Haftung zwischen Komposit und Schmelz beeinflußt. Hierzu gibt es widersprüchliche Ergebnisse. Während Woronko et al. [238] produktspezifisch nach Kontamination mit einem Dentinhaftvermittler entweder eine Reduktion der Schmelzhaftung oder keinen Effekt feststellten, fanden Hadavi et al. [88] eine Verschlechterung der Haftfestigkeit von Komposit um 31–44%. Ähnliche Angaben macht Haller [89]. Um diese Probleme zu umgehen, werden Konditionierer verwendet, die sowohl zur Schmelz- als auch Dentinätzung geeignet sein sollen (z.B. 10%ige Maleinsäure, 10%ige Phosphorsäure). Man fand allerdings, daß diese Universalkonditionierer eine im Vergleich zu 35%iger H_3PO_4 deutlich geringere Schmelzhaftung zur Folge haben [205]. Auch dieser

Gesichtspunkt bedarf also noch weiterer experimenteller und vor allem klinischer Studien. Dies gilt auch für Effizienz der neueren Einflaschensysteme (*„Onebottle-Adhäsive"*). Bisher publizierte Daten weisen darauf hin, daß deren Adhäsion durchweg geringer ist als bei Mehr-Flaschen-Adhäsiven [95].

Die *Biokompatibilität* verschiedener Dentinadhäsive wurde sowohl *in vivo* als auch *in vitro* untersucht. Hierbei können drei Aspekte eine Rolle spielen: Die Anätzung des Dentins (Säureschädigung), Diffusion von Monomeren zur Pulpa sowie bakterielle Effekte. In Humanstudien wurden Klasse-V- bzw. Klasse-I-Kavitäten mit einem Dentinadhäsiv/Komposit gefüllt. Es wurde festgestellt, daß weder die Applikation von 10%iger H_3PO_4 für 20 s noch 10%ige Maleinsäure zu pulpalen Irritationen führten [78, 82]. Ähnliche Ergebnisse mit verschiedenen Produkten wurden auch in Tierstudien ermittelt [34, 153, 232]. In Zellkulturversuchen mit primären Kulturen und Dauerzellinien erwiesen sich Dentinadhäsive i.d.R. als mäßig toxisch [26, 129]. Etwas umstritten ist das in einigen Produkten enthaltene Glutaraldehyd. Man vermutet, daß diese Verbindung u.a. aufgrund seiner proteindenaturierenden Wirkung das nach Demineralisation freiliegende Kollagengeflecht stabilisiert und einen gewissen antibakteriellen Effekt ausübt [89]. Andererseits nimmt man an, daß Glutaraldehyd für die *in vitro* festgestellte Mutagenität verschiedener Dentinadhäsive verantwortlich ist [179]. Allerdings dürften diese Effekte aufgrund der sehr geringen eingesetzten Mengen klinisch kaum relevant sein. Die biologische Verträglichkeit der Dentinadhäsive wird insgesamt als zufriedenstellend eingeschätzt, so daß nach Haller [89] nur in tiefen Kavitäten eine Unterfüllung (z.B. $Ca(OH)_2$) für nötig erachtet (s. S. 191f. Totalbonding) wird.

Wünschenswert wäre natürlich eine antibakterielle Wirksamkeit der Dentinadhäsive oder zumindest einzelner Komponenten, z.B. des Konditionierers oder des Primers. Hierzu gibt es nur sehr wenige Studien.

In vitro konnte man feststellen, daß beispielsweise die Primer einiger Produkte einen 0,2%igem Chlorhexidin vergleichbaren, antibakteriellen Effekt hervorrufen, während andere Fabrikate keinerlei Effizienz zeigten [56]. Auch *in vivo* wurden materialspezifische Unterschiede gefunden [35].

Klinisch dürften die i.d.R. nur kurzfristigen bakteriotoxischen Effekte ohnehin nicht die entscheidende Rolle spielen. Wesentlich wichtiger ist sicherlich eine langfristig zufriedenstellende Randständigkeit, um eine Bakterienpenetration in den Spalt zwischen Füllung und Kavitätenwand zu verhindern.

Eine *Einteilung der Dentinadhäsive* kann beispielsweise nach dem Entwicklungsstand erfolgen, gegenwärtig wäre dies die erste bis dritte, vierte oder gar bereits fünfte Generation. Da verschiedene Autoren unterschiedliche Meinungen zur Eingruppierung der Adhäsive in die einzelnen Generationen haben [23], ist meines Erachtens die von Haller [89] vorgeschlagene Klassifikation anhand der Dentinvorbehandlung wesentlich sinnvoller:

- lediglich Applikation eines Primers (ohne Konditionierung) (z.B. Prisma Universalbond® 3)
- Konditionierung und anschließend Primeranwendung (z.B. Gluma®, Scotchbond; MP, Optibond, Tenure)
- Verwendung eines selbstkonditionierenden Primers (z.B. A.R.T. Bond, Syntac)

Wie bereits oben ausgeführt wurde, ist die Adhäsion bei alleiniger Verwendung eines Primer von der Kohäsion der Schmierschicht und deren Haftung am Dentin abhängig. Eine mikromechanische Verzahnung zwischen Kunststoff und Dentin wird so nicht erreicht, die Adhäsion ist damit relativ gering. Dementsprechend sind heute nahezu ausschließlich Produkte gebräuchlich, bei denen entweder eine Konditionierung mit nachfolgendem Priming erfolgt oder selbstkonditionierende Primer appliziert werden. Klinische Langzeitstudien müssen noch zeigen, welches das bessere Konzept ist.

Generelle klinische Maßnahmen bei einer Kompositfüllung

Wesentlich bei der Verwendung eines Komposits ist die Erzielung einer langfristig ästhetischen Restauration. Das bedeutet, daß es zum einen zu keinen externen oder internen Verfärbungen des Materials kommen darf und daß zum anderen die Farbe des Materials möglichst gut mit der des Zahns übereinstimmt. Obwohl Mikrofüllerkunststoffe zunächst ein hervorragendes ästhetisches Resultat ermöglichen, sind sie doch langfristig hinsichtlich Formstabilität und Farbbeständigkeit schlechter zu beurteilen als Hybridmaterialien. Mikrofüllerkomposite sollten daher lediglich im anterioren, wenig belasteten Bereich eingesetzt werden [39, 124, 213, 215]. Ein langfristig ästhetisch zufriedenstellendes Ergebnis bei guter Formstabilität bieten am ehesten Feinpartikel-Hybridkomposite. Daneben entscheidet

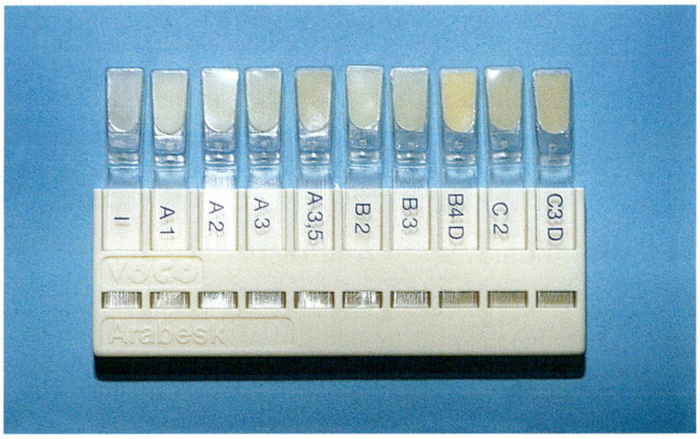

Abb. 8a Aus Komposit hergestellte Farbmuster.

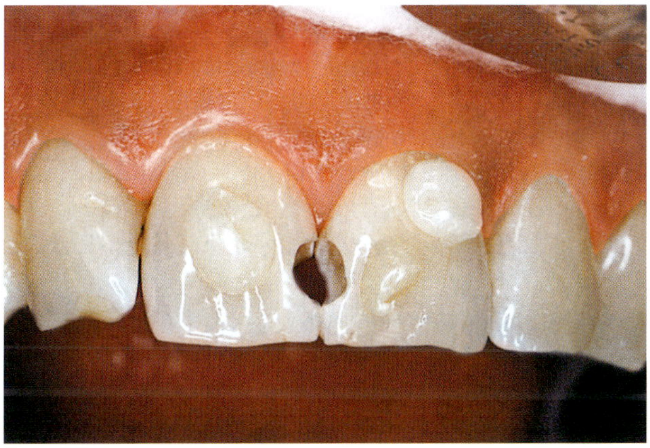

Abb. 8b In Zweifelsfällen kann das Komposit in den zur Wahl stehenden Farben auf nicht konditionierten Schmelz aufgetragen und polymerisiert werden. Dadurch ist ein direkter Farbvergleich möglich. Anschließend lassen sich die Proben ohne Probleme wieder absprengen.

natürlich die individuelle Farbwahl über den „kosmetischen" Therapieerfolg. Häufig bestehen Diskrepanzen zwischen der anhand der Muster bestimmten Farbe und der Farbe der Füllung, z.B. bei Farbringen, die nicht aus dem dazugehörigen Komposit, sondern aus ungefülltem eingefärbten PMMA bestehen. Ferner wird sich durch Reinigen, Desinfizieren usw. die Farbe des Ringes im Laufe der Zeit verändern. In Zweifelsfällen, z.B. beim Mischen zur Herstellung von Zwischenfarben, empfiehlt es sich deshalb, die ausgewählte Farbe direkt auf dem Zahn zu testen. Dazu trägt man etwas Kunststoff auf nicht angeätztem Schmelz auf und polymerisiert diesen. So ist ein direkter Vergleich möglich (Abb. 8a und b). Anschließend kann das Material ohne Probleme wieder vom Zahn abgesprengt werden. Keinesfalls darf nicht gehärteter Kunststoff zur Farbwahl verwendet werden, da sich dessen Färbung durch die Polymerisation deutlich verändert [70, 112].

Folgende allgemeine Regeln sollten bei der Farbwahl beachtet werden [112]:

- Die Farbe sollte *nach* Reinigung des Zahns und Exkavation des Defektes aber *vor* der Unterfüllung bestimmt werden.
- Muster und Zahn sollten angefeuchtet werden.
- Die Auswahl sollte bei künstlichem und natürlichem Licht erfolgen.
- Der Patient sollte immer mitentscheiden.

Bei der abschließenden Kontrolle des ästhetischen Ergebnisses muß bedacht werden, daß sich die Farbe des Zahns während der Füllung durch das Trockenlegen verändert hat. Die Übereinstimmung der Farbe von Füllung und Zahn kann deshalb erst nach etwa einem Tag endgültig beurteilt werden.

Sekundärpräparation und Schmelzkonditionierung

Nach der Unterfüllung erfolgt die *Sekundärpräparation* der Kavitätenränder. Die Breite dieser Anschrägung richtet sich nach der Größe und Form der Kavität: Bei kleinen Defekten sowie großen „untersichgehenden" Kavitäten reicht meistens eine 0,5 mm breite Anschrägung aus (Abb. 13). Ausgedehnte Läsionen ohne makroskopische Retention, wie z.B. nach Verlust der Schneidekante, sollten mit einer breiteren marginalen Anschrägung bis zu 1 mm versehen werden (Abb. 14). Eine noch breitere Sekundärpräparation ist i.d.R. nicht erforderlich. Lediglich bei Klasse-V-Kavitäten, die zervikal an das Zement/Dentin grenzen, ist unter Umständen eine nach okklusal bis zu 1,5 mm breite Anschrägung notwendig (Abb. 17 und 18). Die Sekundärpräparation erfolgt entweder mit einem gewendelten Hartmetallfinierer oder einem mittelfeinen Diamanten, wobei letzterer zu höheren Haftwerten führt [1].

Im Anschluß an die marginale Anschrägung muß der Zahn sorgfältig isoliert werden, da durch eine Speichel- oder Blutkontamination der Verbund zwischen angeätztem Schmelz und Kunststoff drastisch reduziert wird [99, 184] (s. S. 192 ff.). Kofferdam ist dafür sicherlich am besten geeignet (Abb. 9b, 14). Im Frontzahnbereich kann als Kompromiß auch eine Trockenlegung mit Watterollen und Speichelzieher akzeptiert werden [217], während im Seitenzahnbereich generell mit Kofferdam gearbeitet werden sollte [70].

Die *Schmelzkonditionierung* erfolgt zur besseren Kontrolle der Applikation immer mit einem gefärbten *H_3PO_4-Gel* oder *-Lösung*. Beide Darreichungs-

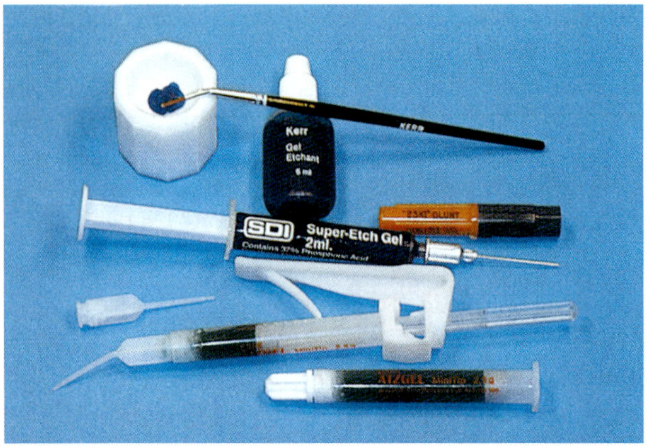

Abb. 9a Zum Anätzen können sowohl Lösungen als auch Gele verwendet werden, die Orthophosphorsäure in einer Konzentration von 30–40% enthalten. Die Qualität der Schmelzkonditionierung ist bei beiden Darreichungsformen vergleichbar. Allerdings ist die klinische Handhabung der Gele wesentlich besser. Am günstigsten zu bewerten sind Ätzgele in Spritzen.

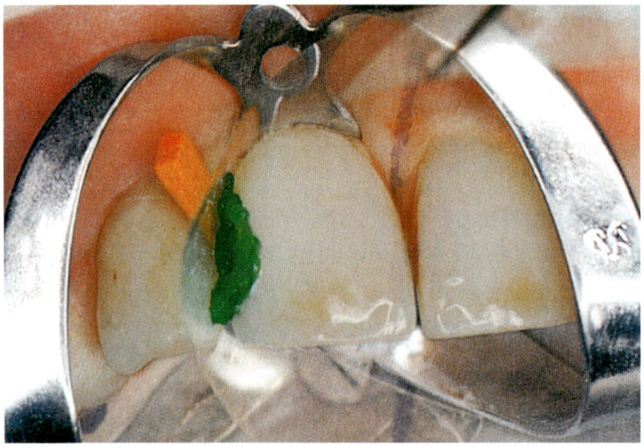

Abb. 9b Nach dem Anschrägen wird die Kavität sorgfältig trockengelegt (am besten mit Kofferdam). Optimal für das Anätzen sind Gele aus Applikationsspritzen, die man punktgenau plazieren kann und die nicht unkontrolliert verlaufen. Zum Schutz des Nachbarzahnes sollte bereits die Matrize angelegt und verkeilt sein.

formen führen zu einem quantitativ und qualitativ vergleichbaren Ätzmuster [168]. Die Handhabung spricht jedoch für die Verwendung eines Gels, das sich vor allem in Spritzenform genau auftragen läßt und während des Konditionierens nicht unkontrolliert verläuft (s. Abb. 9b). Bei Gebrauch einer Lösung ist darauf zu achten, diese nicht eintrocknen zu lassen. Das würde zu kristallinen Präzipitaten und damit zu einer reduzierten Verbundfestigkeit führen. Das erneute Auftragen der Ätzlösung muß tupfend und nicht reibend erfolgen, um eine qualitative Verschlechterung des Ätzmusters durch Abbrechen bereits freigelegter Prismen und Kristallite zu vermeiden [86, 99]. Nach 30–60 s wird der Zahn für jeweils 30 s gründlich gewaschen und getrocknet. Ausreichend angeätzten Schmelz erkennt man an der weißlichopaquen Farbe (Abb. 14, 20).

Die Verbindung zwischen konditioniertem Schmelz und dem Komposit erfolgt am besten durch einen ungefüllten oder nur leichtgefüllten Kunststoff bzw. *Haftvermittler* (Bonding agent) [72, 93, 94, 165, 216]. Eine direkte Applikation des Komposits führt bei konventionellen Kompositen, Hybrid- und inhomogenen Mikrofüllerkunststoffen oft zu ausgeprägten Hohlräumen an der Grenzfläche zwischen Füllung und Schmelz. Bedingt wird dies wahrscheinlich durch die relativ großen Füllerpartikel, die nicht in die Mikrovertiefungen des Ätzmusters eindringen können [73, 86, 159, 160]. Lediglich ein homogen mikrogefüllter Kunststoff kann wegen der kleinen SiO_2-Partikel und des relativ hohen Anteils an organischer Matrix direkt auf angeätztem Schmelz aufgetragen werden [73, 86].

Die Verzahnung zwischen Komposit und Zahn erfolgt über etwa 20–30 µm lange *Kunststoffzotten („Tags")* [72]. Das Bonding agent wird mit einem Pinsel dünn aufgetragen, evtl. vorsichtig verblasen und vor der Applikation des Komposits polymerisiert. Auf der Oberfläche entsteht dabei durch die *Sauerstoffinhibition* eine nichtpolymerisierte Schicht *(SIS)*, über die dann die chemische Verbindung mit dem gefüllten Kunststoff erfolgt [112, 221].

Verwendet man einen chemisch härtenden Kunststoff, wird die Kavität mit einer Portion gefüllt. Das gleiche gilt für lichthärtende Materialien, wenn ein kleiner Defekt zu versorgen ist. Größere Defekte sollte man generell schichtweise mit einem photosensiblen Komposit füllen. Die Schichtung verschiedener Farben erlaubt eine individuelle Gestaltung der Restauration. Verfeinern kann man dies durch *Malfarben* und *Opaquer*. Die pigmentreichen transluzenten Farbmodizierer werden zwischen einzelnen Schichten dünn appliziert, die Farbtiefe der Restauration bleibt dabei erhalten. Mit den nicht transluzenten Opaquern sollte man nur dunkel verfärbten Schmelz abdecken, da sonst die Füllung sehr leicht stumpf erscheint. Sowohl Malfarben als auch Opaquer müssen immer mit Komposit überschichtet werden [112, 140].

Mikrofüllerkomposite können wegen der relativ weichen Silikatpartikel sowohl mit Kunststoff- als auch Metallinstrumenten aufgetragen und modelliert werden. Die harten „Makrofüller" der Hybridkomposite können dagegen Metallpartikel abradieren, die die Füllung möglicherweise verfärben. Zur Verarbeitung dieser Komposittypen verwendet man am besten Kunststoffinstrumente [70]. Die Applika-

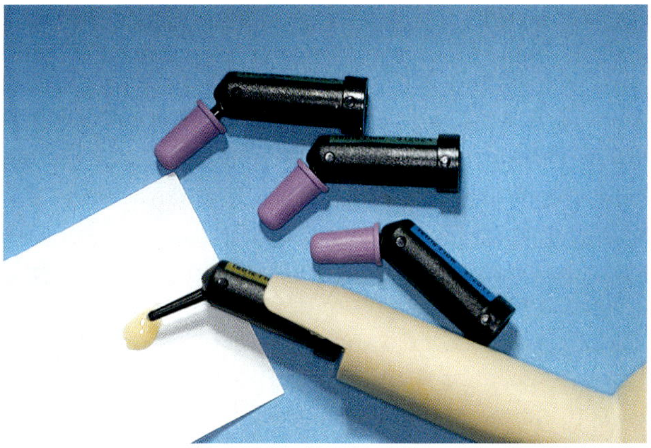

Abb. 10 Vordosiertes Komposit (Cavifils®/Tetric Flow®), das mit Hilfe eines „Injektors“ weitgehend blasenfrei appliziert werden kann.

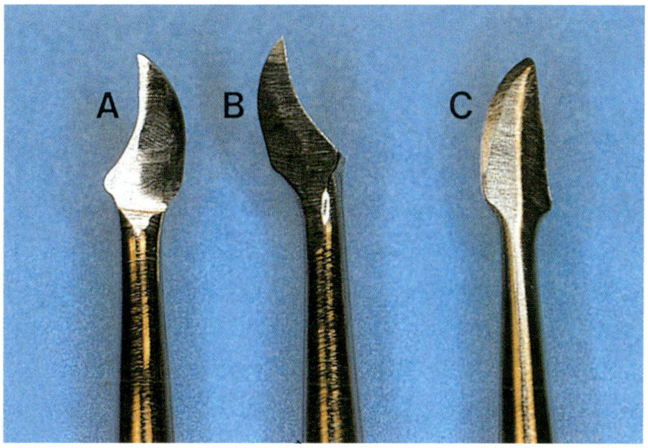

Abb. 11 Handinstrumente zur Entfernung größerer Überschüsse bei der ersten Ausarbeitung einer polymerisierten Kompositfüllung, A und B für die approximal-zervikalen Ränder, C für die Übergänge auf den Glattflächen.

tionsinstrumente kann man ohne Qualitätsverlust für die Füllung mit etwas Haftvermittler isolieren, um ein Ankleben des Komposits am Instrument zu verhindern [209]. Die geringsten Lufteinschlüsse und Oberflächenporositäten werden bei Spritzenapplikation festgestellt [84, 141]. Es gibt für diesen Zweck spezielle Spritzen. Verschiedene Hersteller bieten Compulen an, in die das Komposit unter Sauerstoffabschluß gefüllt wird (z.B. Pertac® II, ESPE; Tetric® Ceram und Flow, Vivadent, Abb. 10). Das Komposit sollte generell in der Kavität nicht mit einem Stopfer kondensiert werden, da man hierdurch zusätzliche Hohlräume und Poren produziert [27]. Die Polymerisation der letzten Schicht sollte unter einer Matrize oder Abdeckung mit einem speziellen transparenten Polymerisationsgel (z.B. Airblock®, De Trey/Dentsply oder Liquid Strip®, Vivadent) erfolgen, um den die Polymerisation hemmenden Sauerstoff möglichst fern zu halten. Approximal-zervikal muß die Formhilfe fest mit einem Holz- oder Plastik(leucht)keil adaptiert werden, um einen möglichst fugenlosen Übergang zu erzielen (s. Abb. 9b). An der Matrize reichert sich Kunststoffmatrix an, man erhält so eine sehr glatte Oberfläche. Die Entstehung einer nicht polymerisierten, sauerstoffinhibierten Schicht wird weitgehend verhindert.

Bearbeitung der Füllung

Die **Ausarbeitung, Glättung und Politur** der Kunststoffüllung erfolgt manuell und maschinell. Grobe Überschüsse entfernt man am besten mit Kompositschnitzmessern (Abb. 11), um eine Verletzung des angrenzenden Schmelzes oder Dentins zu vermeiden. Die Konturierung nimmt man mit gewendelten Hartmetallfinierern, mittelfeinen Kompositdiamanten und flexiblen Scheiben vor. Auf keinen Fall sollte man für die erste maschinelle Bearbeitung grobkörnige Instrumente verwenden. Dabei würde man Aufrauhungen produzieren, die sich durch die nachfolgenden Arbeitsschritte nicht mehr vollständig beseitigen lassen. Zur Glättung und Politur eignen sich Hartmetallfinierer sowie feine und extrafeine (15 µm und feinkörniger) Kompositdiamanten (z.B. Composhape, Intensiv) [81]. Die Übergänge nach approximal bearbeitet man mit entsprechend gekörnten Aluminiumoxid-beschichteten flexiblen Scheiben (z.B. Soflex, 3M). Approximal-zervikal kann sowohl manuell mit feinen und extrafeinen Finierstreifen als auch mit maschinell betriebenen feinen und extrafeinen Feilen gearbeitet werden (Abb. 12). Spezielle Komposit-Polierpasten oder -gummis finden heute kaum noch Anwendung. Kontrovers diskutiert wird, ob zum Schluß trocken

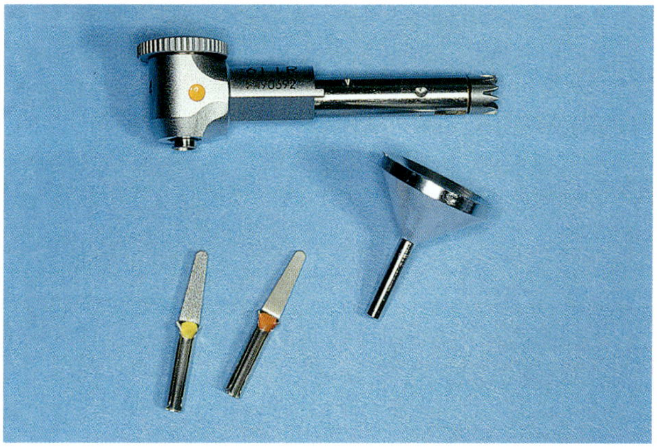

Abb. 12 Maschinell betriebene, einseitig belegte Feilen zur Kavitätenpräparation und Ausarbeitung approximaler Füllungsbereiche (Cavishape®-Feilen/Intensiv, Prophylux®- Kopf/KaVo).

oder feucht poliert werden sollte. Die trockene Endbearbeitung mit einer extrafeinen Scheibe oder einem Diamanten kann zu einer gewissen Nachpolymerisation der oberflächlichen Schicht und damit zu einer Erhöhung der Härte und Abrasionsfestigkeit beitragen [42]. Andererseits befürchtet man dabei eine marginale Überhitzung der Restauration mit Aufwölbung der Ränder, unter die sich Schleifstaub setzen kann. Dies führt dann zu einem weißlichen Füllungsrand [81].

Endversiegelung

Die *Endversiegelung (Glazing)* einer polierten Kompositfüllung erfolgt mit einem ungefüllten oder leicht gefüllten Kunststoff nach Anätzung der Füllungsoberfläche und des angrenzenden Schmelzes für 10 s. Diese Maßnahme erhöht zwar nicht dauerhaft die Oberflächenqualität, verbessert aber zumindest mittelfristig die Randdichte (Abb. 13f, g) [32, 67, 105, 128, 159, 160].

Reparatur einer Kompositfüllung

Die *Reparatur* einer Kunststoffüllung ist dann vertretbar, wenn von einer kürzlich gelegten Restauration ein Stück abgebrochen ist. Ferner ist eine Ausbesserung oder Ergänzung dann möglich, wenn eine alte Füllung, die man selbst angefertigt hat, abradiert ist. Grundvoraussetzung ist jedoch, daß die Kavität mit Sicherheit kariesfrei ist. Zur Reparatur sollte das Komposit verwendet werden, aus dem auch die Füllung besteht. Die Oberfläche der Restauration und gegebenenfalls des direkt angrenzenden Schmelzes wird mit einem mittelfeinen Diamanten reduziert, um Kontaminationen abzutragen und Restdoppelbindungen freizulegen, so daß das neue Material anpolymerisieren kann. Nun folgt eine Säurekonditionierung der bearbeiteten Fläche des Kunststoffs und evtl. des Schmelzes in üblicher Weise. Nach Auftragen und Härtung des zugehörigen Haftvermittlers wird das Komposit appliziert. Mit dieser Methode erzielt man Verbundfestigkeiten von etwa 75–100% der Kohäsion des Komposits. Klinische Langzeiterfahrungen bestätigen die Tauglichkeit dieser Technik [31, 40, 85].

Besonderheiten der einzelnen Füllungsklassen

Füllungstherapie im Frontzahnbereich

Seit mehr als 30 Jahren werden Komposite zur Versorgung von Kavitäten der Klassen III bis V verwendet. Aufgrund der sehr guten mechanischen und ästhetischen Eigenschaften werden auch im Frontzahnbereich heute fast ausschließlich Feinpartikel-Hybridkomposite verwendet [39, 95, 145, 151, 214] (Abb. 13 und 16). Die durchschnittliche Überlebensrate von Frontzahn-Kunststoffüllungen beträgt gemäß verschiedener Untersuchungen drei bis zehn Jahre [3, 161, 188, 214]. In einer amerikanischen Untersuchung, an der 108 niedergelassene Zahnärzte beteiligt waren, betrug die durchschnittliche Liegedauer von Kompositfüllungen der Klasse III zehn Jahre, während Klasse-IV- und -V-Restaurationen i.d.R. bereits nach fünf Jahren erneuert werden mußten [16]. Erneuerungsbedürftig waren ältere Kompositfüllungen der Klassen III und V vor allem wegen Sekundärkaries, Randspaltbildung und marginaler Verfärbung, während Fraktur das primäre Problem bei Klasse-IV-Restaurationen war [16, 64].

Klasse-III-Kavitäten

Die Exkavation eines *Klasse-III-Defektes* sollte möglichst von palatinal erfolgen, so daß die bukkale Schmelzwand erhalten bleibt. Das erleichtert die Formung und ästhetische Gestaltung der Füllung (Abb. 13a–c). Die Restauration wird primär mikromechanisch über eine etwa 0,5 mm breite Anschrägung verankert. Es sind also keine zusätzlichen Unterschnitte erforderlich. Die Sekundärpräparation nimmt man auf den Glattflächen am besten mit ovalen Diamanten vor. Approximal sollte man Handinstrumente (Randschräger, Hauen, Meißel) oder nur einseitig diamantierte maschinell betriebene Ansätze, z.B. des Sonicsys-Systems (s. S. 204f.), verwenden, um eine Beschädigung des Nachbarzahns zu vermeiden. Ein wichtiger Punkt ist die Plazierung der Unterfüllung (Abb. 13e). Bedeckt man damit auch die bukkale Schmelzschicht, kann dies zu unschönen weißen Rändern in der Füllung führen. Als Formhilfe reicht in den meisten Fällen ein fest mit einem Holzkeil adaptierter glasklarer Plastikstreifen aus (s. Abb. 9b).

Klasse-IV-Kavitäten

Eine Klasse-IV-Kavität erfordert eine etwas breitere Anschrägung von 1 mm (Abb. 14). Unnötig ist aber eine zusätzliche Verankerung durch parapulpäre Stifte. Erfahrungsgemäß überwiegen die Nachteile dieser Verankerungselemente wie die Gefahr der Pulpaverletzung und der Schmelz-/Dentininfraktion mit nachfolgender Korrosion des Stiftes bei weitem den zweifelhaften Gewinn an Retention [70, 72,

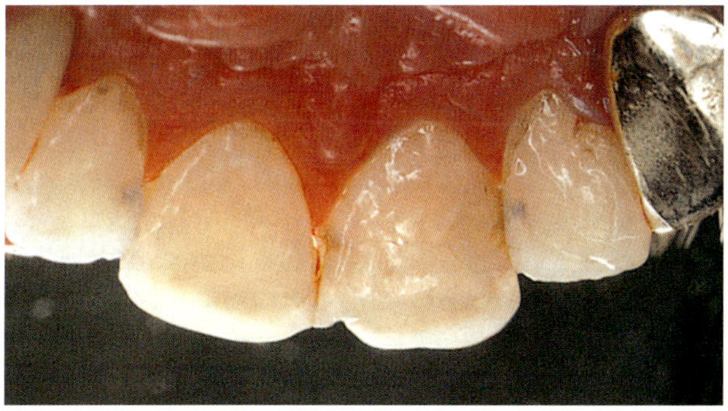
a

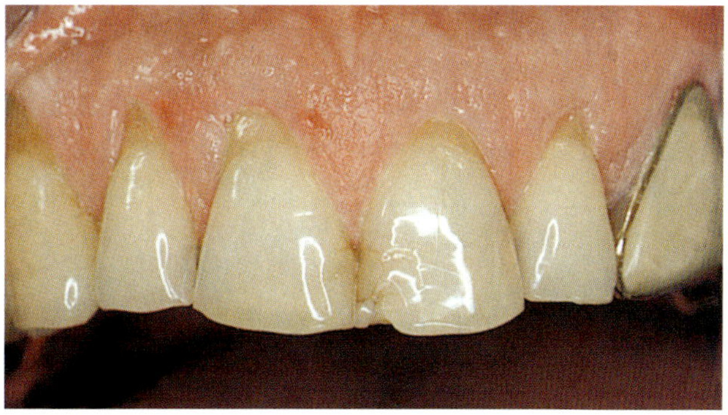
b

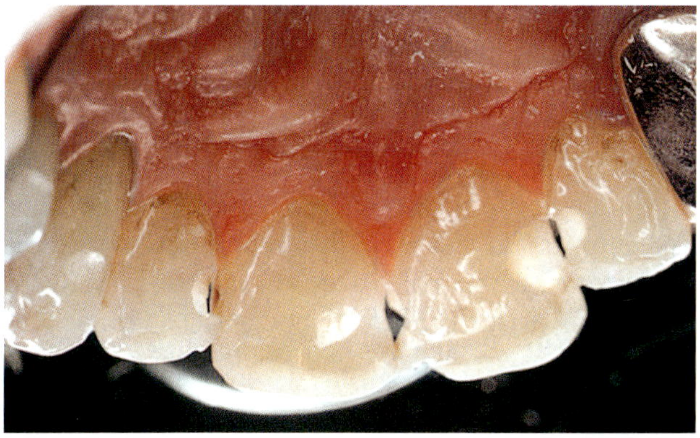
c

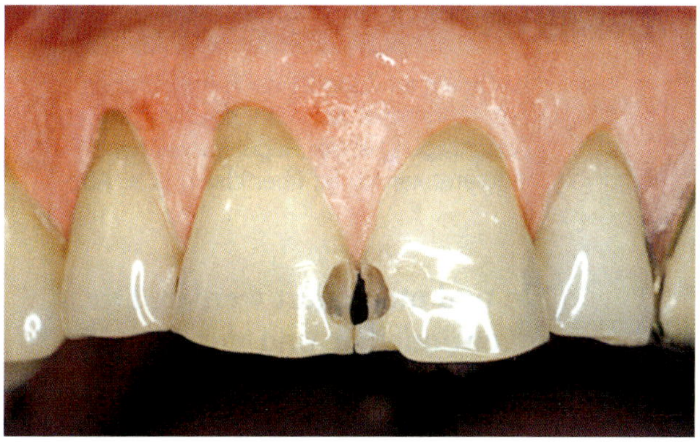
d

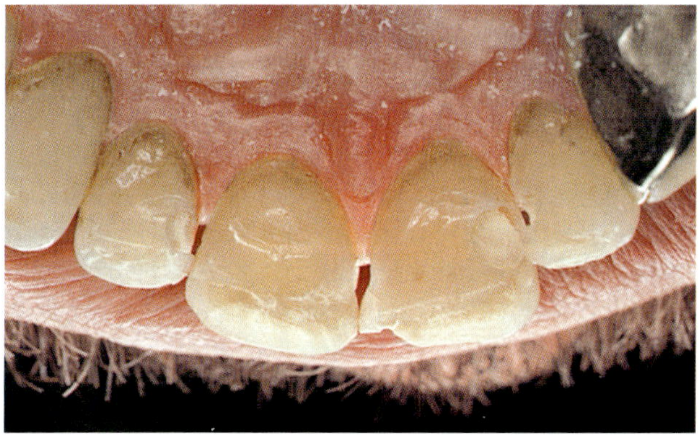
e

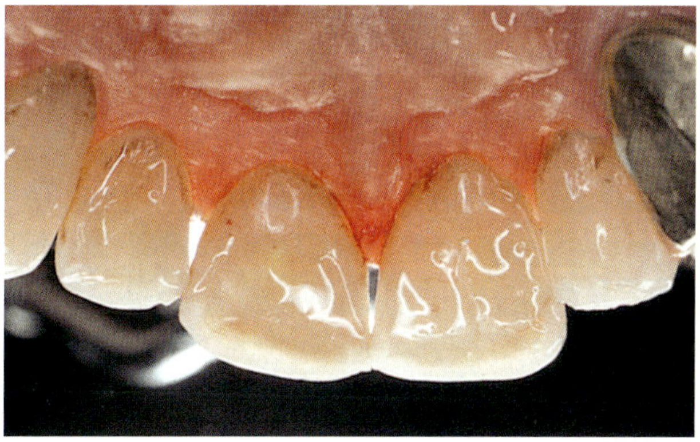
f

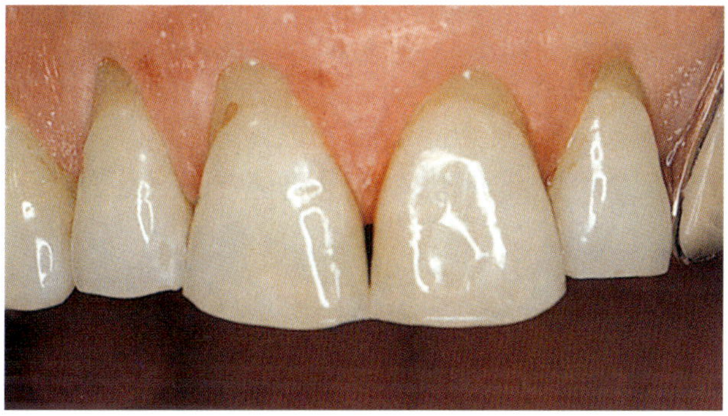
g

Abb. 13 Kompositfüllung im Frontzahnbereich.

a) Spiegelbildliche Palatinalansicht einer erneuerungsbedürftigen Kompositfüllung an Zahn 11 sowie mehrerer kariöser Läsionen.
b) Ansicht von bukkal.
c) Zustand nach Entfernung der alten Füllung und Exkavation der kariösen Bezirke. Die neuen Kavitäten wurden möglichst substanzschonend ohne Überschreitung der Randwülste präpariert. Bei beiden Klasse-III-Kavitäten blieben die bukkalen Schmelzwände erhalten. Hierdurch wird die ästhetische Gestaltung erleichtert.
d) Ansicht von bukkal nach Exkavation. Die mesiale Ecke von Zahn 21 muß ebenfalls mit Komposit aufgebaut werden.
e) Alle Kavitäten wurden mit Zinkphosphat-Zement-Unterfüllungen versehen. Dabei ist zu beachten, daß die bukkalen Schmelzwände von Unterfüllungsmaterial frei bleiben. Der Zement würde durch den transparenten Schmelz scheinen und so das kosmetische Ergebnis stark beeinträchtigen.
f) Palatinalansicht nach Ausarbeitung und Endversiegelung der Füllungen aus einem Hybridkomposit.
g) Bukkalansicht der Klasse-III-Kompositfüllungen und des mesialen Eckenaufbaues an Zahn 21.

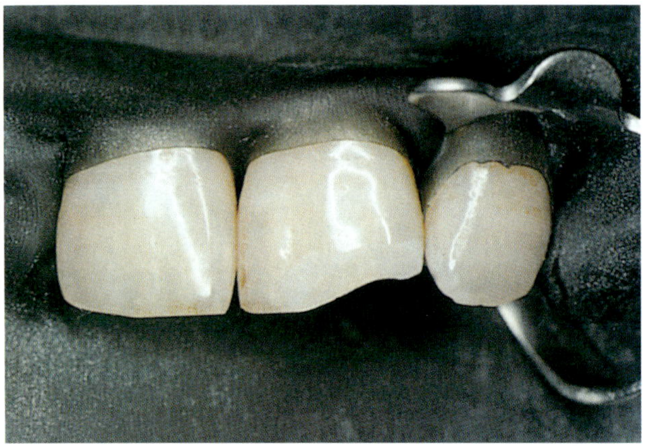

Abb. 14 Klasse-IV-Defekt an Zahn 21 nach Anschrägen und Konditionieren des Kavitätenrandes. Auch bei solchen Defekten bietet eine 1 mm breite Anschrägung i.d.R. ausreichend Retention. Eine zusätzliche Stiftverankerung ist überflüssig (s.a. Abb. 16).

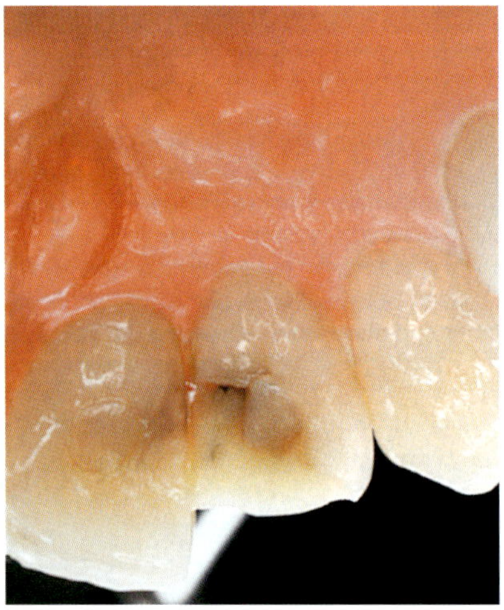

Abb. 15 Dringend erneuerungsbedürftige, stark gelockerte Kompositfüllung an Zahn 22 mesial mit Sekundärkaries am zervikalen Rand. Der parapulpäre Stift ist ungeeignet, die Füllung randdicht zu verankern.

112]. Genügt die durch die Säureätztechnik erreichte mikromechanische Haftung nicht, ist auch ein parapulpärer Stift nicht in der Lage, die Füllung dauerhaft zu verankern und zu stabilisieren. Häufig lockert sich dann die Restauration, im breiten Randspalt entsteht eine Sekundärkaries (Abb. 15).

Gängige Matrizen für kleinere Klasse-IV-Kavitäten sind wiederum einfache transparente Plastikstreifen. Für größere Ecken- oder Schneidekantenaufbauten eignen sich glasklare Stripkronen (Abb. 16). Diese Hülsen perforiert man inzisal, damit keine Lufteinschlüsse in der Füllung entstehen.

Versorgung von zervikalen Kavitäten

Erosive und abrasive Prozesse, funktionelle und morphologische Faktoren sowie die Karies oder Kombinationen dieser Ursachen können zur Entstehung einer zervikalen Läsion führen. Die häufigste Lokalisation dürfte derzeit noch die Schmelz-Zementgrenze sein (Abb. 17 und 18). Epidemiologische Studien zeigen aber, daß in Zukunft die Wurzeloberflächenkaries eine immer größere Rolle spielen wird [212].

Unproblematisch ist die Verankerung einer Klasse-V-Kompositfüllung nur dann, wenn der Defekt vollständig von Schmelz begrenzt wird. In diesem allerdings recht seltenen Fall kann man zirkulär anätzen. Bei einer Kavität an der Schmelz-Zementgrenze ist dagegen nur am okklusalen Rand eine vollwertige Konditionierung möglich, da bereits die lateralen Kavitätenwände irregulären Schmelz aufweisen (s. Abb. 6d). In dieser Situation sollte man deshalb unter Umständen okklusal bis zu 1,5 mm anschrägen, um so die mikromechanische Haft-

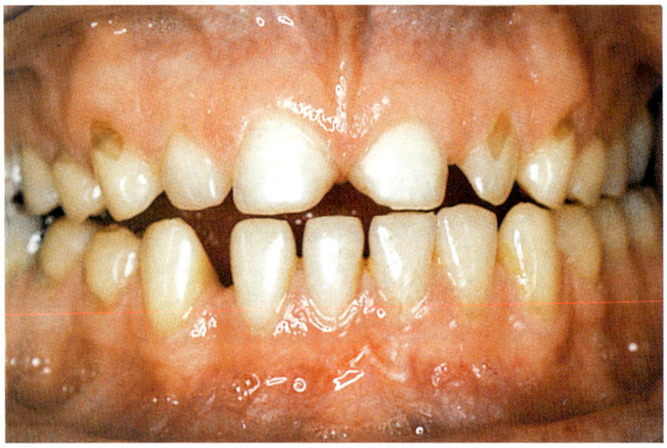

Abb. 16a 20jährige Patientin mit bulimischer Magersucht. Durch das häufige Erbrechen kam es zur Erosion des palatinalen Schmelzes mit Verlust der beiden mesialen Ecken der mittleren Oberkiefer-Schneidezähne.

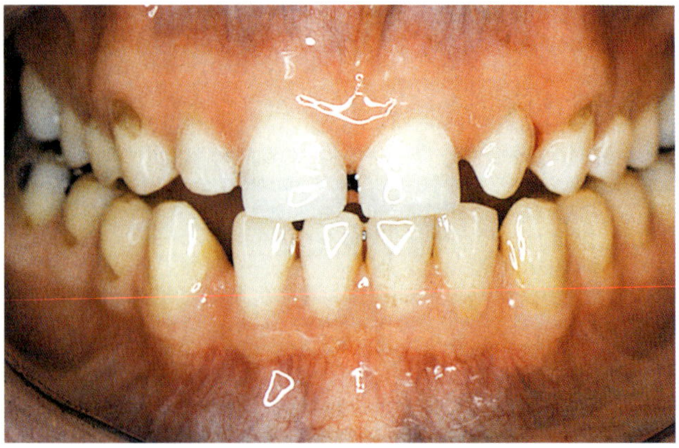

Abb. 16b Fertige Eckenaufbauten aus einem Hybridkomposit. Die Verankerung der beiden Füllungen erfolgte ausschließlich adhäsiv durch 1 mm breite Anschrägungen bukkal und palatinal.

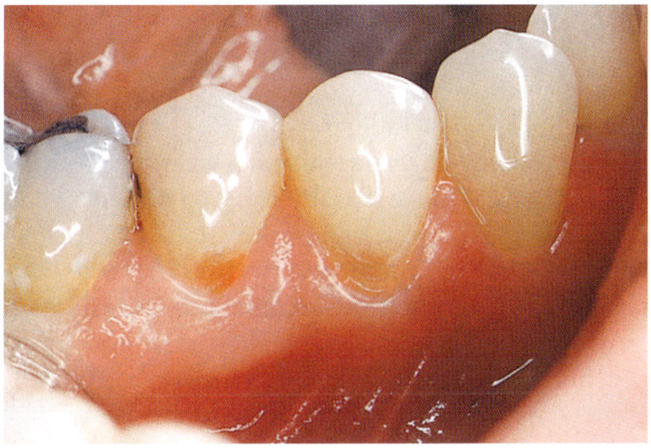

Abb. 17a Die Zähne 34 und 35 zeigen zervikale kariöse Läsionen, die typischerweise an der Schmelz-Zementgrenze lokalisiert sind.

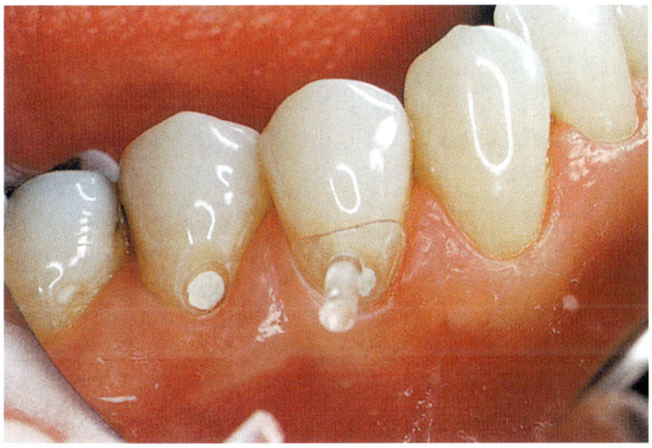

Abb. 17b Zustand nach Anschrägung der lateralen und okklusalen Kavitätenränder. Bei solchen Kavitäten, die nur geringfügige makroskopische innere Retentionen aufweisen, kann die Anschrägung nach okklusal bis zu 1,5 mm ausgedehnt werden. Nach lateral läuft die Sekundärpräparation aus, da im gingivalen Bereich meist nur irregulärer Schmelz vorliegt (s. Abb. 6d). Vor dem Anlegen des Kofferdams wird eine möglichst gut passende Zervikalmatrize ausgewählt (Zervikalmatrize Transparent, Hawe).

fläche zu vergrößern. Nach lateral läuft die Sekundärpräparation schmal aus (Abb. 17b). Zusätzlich müssen lateral und zervikal Retentionsrillen bzw. Unterschnitte zur makroskopischen Retention präpariert werden [164, 211]. Häufig ist eine zufriedenstellende Trockenlegung der Kavität, die oft durch die enge räumliche Beziehung zur Gingiva erschwert wird, nur mit Kofferdam unter Verwendung spezieller Klammern (z.B. Ivory® Labial Klammern, Sigma Dental) möglich. Bei einem geringfügig subgingival plazierten Kavitätenrand kann das Zahnfleisch durch die Kofferdamklammer oder einen Retraktionsfaden verdrängt werden. Erstreckt sich die Kavität weit nach subgingival, muß unter Umständen vor der Füllung eine Gingivektomie evtl. in Kombination mit einem vorangehenden mukogingival chirurgischen Eingriff durchgeführt werden [169].

Wegen der Polymerisationsschrumpfung des Komposits sowie zur besseren Farbgestaltung wird meistens ein Aufbauen der Füllung in zwei bis drei Schichten empfohlen. Die Verringerung der Polymerisationsschrumpfung durch die Schichttechnik ist allerdings heute umstritten, wie bereits erwähnt wurde (s. S. 184f.). Als Formhilfe stehen verschiedene Zervikalmatrizen zur Verfügung. Bei der Wahl der Matrize muß auf eine gute Adaptation am gingivalen Rand der Kavität geachtet werden (Abb. 17b). Die Ausarbeitung der Füllung erfolgt mit flammenförmigen Kompositdiamanten und flexiblen Scheiben. Der Glättung ist besondere Aufmerksamkeit zu schenken, um die Gefahr einer Gingivairritation vor allem durch eine Plaqueakkumulation gering zu halten [69]. Im Hinblick auf die zervikale Randspaltbildung ist eine Endversiegelung sehr zu emp-

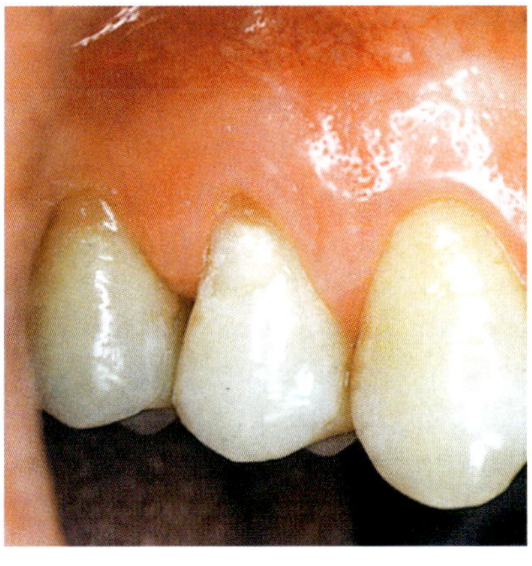

Abb. 18a Zustand nach Entfernung einer erneuerungsbedürftigen Klasse-V-Kompositfüllung an Zahn 24 (spiegelbildliche Ansicht).

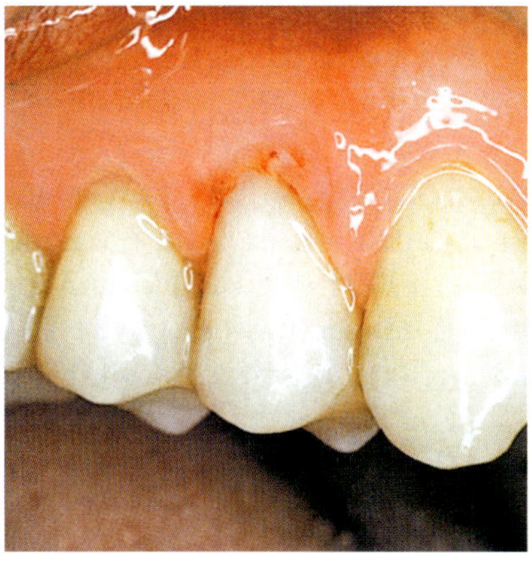

Abb. 18b Neue Kompositrestauration direkt nach dem Polieren. Hierfür eignen sich besonders feine und extrafeine flammenförmige Kompositdiamanten.

fehlen (s. Abb. 13). Klasse-V-Kompositfüllungen neigen aufgrund der Wasserquellung zervikal zur Ausbildung von Überhängen, wenn der gingivale Rand im Zement/Dentin liegt. Es wird deshalb geraten, solche Zahnhalsrestaurationen einige Wochen nach dem Legen auf Überstände zu überprüfen und gegebenenfalls nachzubearbeiten [118].

Speziell zur Versorgung zervikaler Erosionen und Abrasionen wurde die sog. *Sandwichtechnik* entwickelt [112]. Dadurch soll das Komposit indirekt über die chemische Bindung eines GIZ auch am Dentin/Zement adhäsiv befestigt werden. Die Kavität wird zunächst mit einem schnellhärtenden GIZ aufgefüllt. Nach der Härtung reduziert man den Zement und schrägt den okklusalen Schmelzrand an. Ursprünglich beließ man zervikal ein dünne GIZ-Schicht bis zum Kavitätenrand. Man hoffte, so das Komposit auch dort adhäsiv mittels des GIZ befestigen zu können [169]. Heute bevorzugt man dagegen die vollständige Abdeckung des GIZ mit Komposit, um so einer mechanischen Desintegration und Abrasion des im Vergleich zum Kunststoff weicheren Zementes mit Gefahr der Randspaltbildung vorzubeugen [98]. Nun wird der angeschrägte Schmelz in üblicher Weise konditioniert. Eine Anätzung des bereits mechanisch aufgerauhten GIZ ist nicht notwendig. Auf Schmelz und GIZ wird ein Haftvermittler aufgetragen und dann das Komposit in Schichten appliziert [112, 119, 154, 199].

Eine klinische Untersuchung über zwei Jahre ergab eine zufriedenstellende Retentionsrate von 90% bei Zahnhalsfüllungen, die nach der Sandwichtechnik gelegt wurden. Dieses relativ gute Ergebnis war jedoch davon abhängig, daß am okklusalen Rand Schmelz angeätzt wurde und zervikal Unterschnitte bestanden [211]. Langfristige klinische Erfahrungen stehen nach wie vor nicht zur Verfügung, so daß eine fundierte Bewertung dieser Technik nicht möglich ist. Es werden neuerdings auch Zweifel an der Effizienz der Sandwichtechnik geäußert [237].

In den letzten Jahren wurde deshalb primär sowohl experimentell als auch klinisch die Effizienz von Dentinadhäsiven (s. S. 192 ff.) bei der Füllung der Klasse-V-Kavität mit Komposit untersucht. Hierbei spielen zwei Aspekte eine besondere Rolle: Die Randständigkeit im Bereich der Wurzeloberfläche und die Retention der Füllung. Verschiedene In-vitro-Studien zeigten, daß die zervikale Randdichte einer Zahnhals-Kompositfüllung durch die Verwendung eines Dentinadhäsives, insbesondere in Kombination mit einem GIZ, deutlich verbessert wird, ohne daß dadurch allerdings die Qualität von Kompositrändern im Schmelz nach Säureätztechnik erreicht wird [90, 97, 164]. Auch bei Verwendung eines Dentinadhäsives sollte zur weiteren Verbesserung der Randständigkeit nicht auf eine mechanische Retention verzichtet werden, d.h., man sollte Unterschnitte zusätzlich präparieren, wenn diese nicht durch die Kariesexkavation bereits entstanden sind [164]. Interessanterweise konnte man feststellen, daß auch bei exzellenter Randständigkeit ein sog. „Nanoleackage" bestehen kann, vermutlich dadurch, daß die Monomere nicht vollständig das angeätzte Dentin durchdringen. Dies kann zur Folge haben, daß eine voll funktionsfähige, dichte Klasse-V-Kompositfüllung am zervikalen Rand verfärbt [173]. In verschiedenen klinischen Untersuchungen wurden die In-vitro-Ergebnisse zum Teil bestätigt. Nach zwei Jahren ergaben sich gute bis sehr gute Retentionsraten von ca. 80–100% [2, 113, 142, 143]. Nach wie vor unverzichtbar ist jedoch das Anschrägen und Anätzen des okklusalen Schmelzrandes, da dies die Erfolgsrate signifikant verbessert.

Klasse-I- und -II-Kavitäten

Moderne Feinpartikel-Hybridkomposite weisen physikalische Eigenschaften (einschließlich Abrasionsfestigkeit) auf, die denen von Amalgam entsprechen: Druckfestigkeit 280–480 MPA, Biegefestigkeit 100–145 MPA, Vickershärte 70–130 kg/mm^2 [95, 234]. Durch Verwendung röntgendichter Füller ist zudem eine ausreichende Radioopazität gewährleistet. Unter werkstoffkundlichen Gesichtspunkten ist die Füllung von Klasse-I- und -II-Kavitäten mit einem Feinpartikel-Hybridkomposit durchaus gerechtfertigt. Von Nachteil ist allerdings nach wie vor die schwierige klinische Verarbeitung, speziell in tiefen approximalen Bereichen. Probleme bereiten zudem die richtige Gestaltung des approximalen Kontaktpunktes und die Erzielung einer guten zervikalen Randdichte bei Kavitäten, die an der Schmelz-Zementgrenze oder apikal davon enden. Zwar kann durch die Verwendung eines Dentinadhäsives die marginale Adaptation in diesem Bereich deutlich verbessert werden, insbesondere bei Rändern, die knapp koronal des Zahnhalses oder direkt an der Schmelz-Zementgrenze liegen. Bei Rändern auf der Wurzeloberfläche ist auch bei Verwendung eines modernen Dentinadhäsives die Randdichte unzureichend, vermutlich aufgrund des ungünstigen bzw. oft unregelmäßigen Verlaufes der zervikalen Dentintubuli [25, 178]. Somit kommen primär Klasse-I-Defekte und Klasse-II-

Kavitäten mit allseitiger Schmelzbegrenzung für eine Kompositfüllung in Frage [60, 75]. Relativ häufig klagten Patienten im Anschluß an eine Seitenzahn-Kompositfüllung über eine postoperative Überempfindlichkeit [111]. Als Ursache hierfür vermutet man u.a. das Anätzen von freiliegendem Zahnbein, vor allem an der approximal-zervikalen Schmelz-Dentingrenze. Solche Hypersensibilitäten treten allerdings deutlich seltener auf, wenn das Ätzgel ausschließlich auf den Schmelz aufgetragen wird, man ein übermäßiges Trocknen des Dentins vermeidet und nachfolgend ein Dentinadhäsiv verwendet [208].

Erschwert wird die generelle Beurteilung der Klasse-I-/-II-Kompositfüllung dadurch, daß die experimentellen und klinischen Daten für ein Fabrikat aufgrund der relativ inhomogenen werkstoffkundlichen Eigenschaften innerhalb der Materialgruppe nur eingeschränkt auf andere Produkte übertragen werden können.

In einer prospektiven klinischen Studie mit sechs verschiedenen Kompositen konnte eine Fünf-Jahres-Überlebensrate von 85% festgestellt werden [163]. Die retrospektive Analyse von 1209 in einer Praxis gelegten Klasse-I- und -II-Kompositrestaurationen zeigte eine Überlebensrate von 87% nach vier Jahren, die 50%-Überlebensdauer wurde mit annähernd neun Jahren berechnet [75]. Ferner ergab eine Meta-Analyse von 16 Langzeitstudien eine Überlebensrate von 84% nach fünf Jahren. Diese Ergebnisse sind mit denen für Klasse-II-Amalgamfüllungen vergleichbar [149].

Feinpartikel-Hybridkomposite können demnach im Seitenzahnbereich alternativ zu Amalgam eingesetzt werden. Gute Langzeitergebnisse lassen sich allerdings nur dann erreichen, wenn alle materialspezifischen Anforderungen (Trockenlegung/Kofferdam, SÄT, Schichttechnik, evtl. Dentinadhäsiv usw.) erfüllt werden [222]. Dies unterstreicht eine In-vivo-Studie. Varpio und Mitarb. stellten an exfoliierten Milchmolaren mit durchschnittlich drei Jahre alten Klasse-II-Kompositfüllungen fest, daß nur 25% davon approximal-zervikal dicht waren. Die restlichen 75% der Restaurationen zeigten beträchtliche Randspalten mit mikrobieller Besiedelung, die Pulpen dieser Zähne waren entzündet [223].

Bei großen, okklusionsbelasteten Füllungen oder bei Patienten mit einem hohen Kariesrisiko und/oder mangelhafter Mundhygiene sollte von einer Klasse-II-Kunststoffüllung abgesehen werden [220].

Experimentelle und klinische Untersuchungen ergaben ferner, daß plastische Kompositfüllungen anders als Keramik- oder laborgefertigte Kunststoffinlays nicht zur Stabilisierung geschwächter, frakturgefährdeter Zähne geeignet sind [115].

Das Legen einer Klasse-I- oder -II-Kompositfüllung erfordert generell einen relativ hohen Zeitaufwand. Schon bei einer kleinen Klasse-I-Kompositfüllung ist durchschnittlich 35% mehr Zeit erforderlich als für eine vergleichbare Amalgamrestauration [49]. Bei ausgedehnteren Defekten ist ein noch größerer Mehraufwand anzusetzen.

Klasse-I-Kavitäten. Okklusale Defekte können i.d.R. ohne Probleme mit Komposit versorgt werden (Abb. 20 und 21). Die Kavität wird, wie bei der erweiterten Fissurenversiegelung beschrieben, möglichst substanzschonend präpariert (Abb. 21). Eine Anschrägung der Ränder wie bei Klasse-III- bis -V-Kavitäten wird von einigen Autoren empfohlen [11, 110]. Problematisch dabei ist jedoch, daß die Kavität bei einer zu breiten Sekundärpräparation unnötig weit in die okklusalen Kontaktzonen ausgedehnt wird und dünne Kompositränder entstehen, die bei Kaubelastung leicht frakturieren [65]. Wir brechen deshalb lediglich den marginalen Schmelz. Wie Abbildung 19 zeigt, sind die Prismen bei einer parallelwandigen Kavität bereits im Winkel von etwa 45° angeschnitten. Nach Anlegen des Kofferdams wird der Schmelz konditioniert (Abb. 20 und 21b) und anschließend der Haftvermittler dünn appliziert (Abb. 21c). Als Füllungsmaterial sollte ein lichthärtendes Feinpartikel-Hybridkomposit (Typ IV der Tab. 2) verwendet werden. Der Kunststoff wird in zwei bis drei Schichten aufgetragen, jeweils für 60 s polymerisiert und dann sukzessive mit runden und ovalen Kompositdiamanten sowie flexiblen Scheiben abnehmender Körnung geglättet und poliert (Abb. 21d) [162]. Nach Kontrolle und eventueller Berichtigung der okklusalen Kontakte erfolgt abschließend eine Endversiegelung. Hierdurch soll zum einen die Randständigkeit verbessert werden [235]. Zum anderen erhofft man sich eine Steigerung der Abriebsfestigkeit durch Verschluß von oberflächlichen Polymerisationsdefekten wie Mikrosprüngen und Poren [48].

Klasse-II-Kavitäten. Kleine, rein approximale kariöse Läsionen bis zur Schmelz-Zementgrenze bei okklusal unversehrten Zähnen können mit der SÄT und mit Komposit sehr *konservativ* therapiert werden. Der Zugang zum Defekt erfolgt von okklusal (Abb. 23 und 24). Der Randwulst sollte dabei nicht überschritten werden, um das Fissurensystem nicht zu eröffnen. Nach zervikal, oral und vestibulär wird nur so weit extendiert, daß alle Approximalkontakte aufgehoben sind und damit alle Ränder der häuslichen Mundhygiene zugänglich sind. Zur Präparation von approximalen Minikavitäten und deren marginalem Finieren gibt es spezielle Instrumentensets, z.B. das Piccolo®-Präparationsset mit Cavishape (Intensiv) oder das Sonicsys-micro-System (KaVo), zu dem der Airscaler Sonicflex 2000N und vier Mikropräparationsansätze (Halbkugel-, Halbtorpedo-, Winkelansatz) gehören [101, 134] (Abb. 22). Besonders mit den nur einseitig diamantierten Halbkugeln des Sonicsys-micro-Systems lassen sich sehr zahnhartsubstanzschonend Minikavitäten präparieren, die Gefahr einer Nachbarzahnverletzung besteht nicht. Für die Füllung dieser approximalen Minikavitäten gibt es spezielle mittelvisköse Feinpartikel-Hybridkomposite (z.B. Tetric® Flow, Vivadent, s. Abb. 10), die sich mit Hilfe dünner Kanülen in den Defekt einspritzen lassen. Verschiedene In-vitro-Studien haben die prinzipielle Tauglichkeit dieses Systems bzw. Konzeptes gezeigt [101, 102]. Klinische Langzeitstudien stehen aber noch aus, so daß eine Bewertung unter Praxisgesichtspunkten gegenwärtig noch nicht möglich ist.

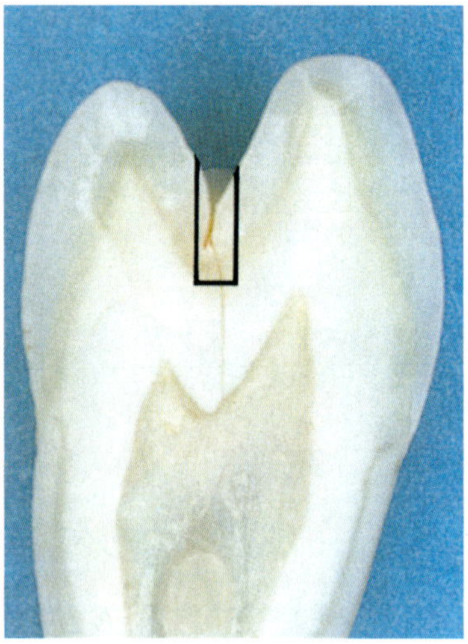

a

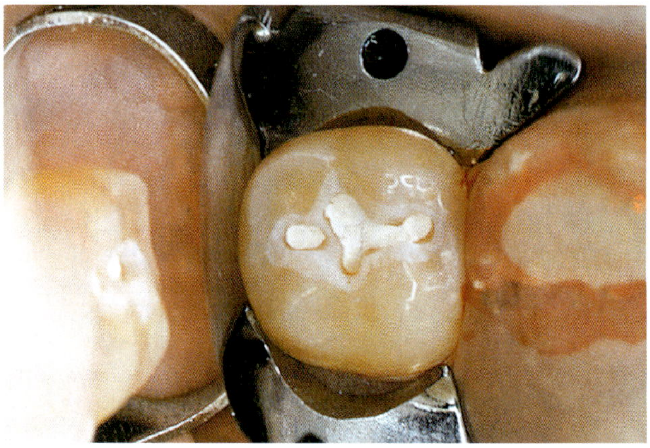

Abb. 20 Zustand nach Anätzen der Kavitätenränder und der verbliebenen Fissuren im Rahmen einer erweiterten Fissurenversiegelung. Der konditionierte Schmelz ist durch die weißlich-opaque Färbung gut zu erkennen.

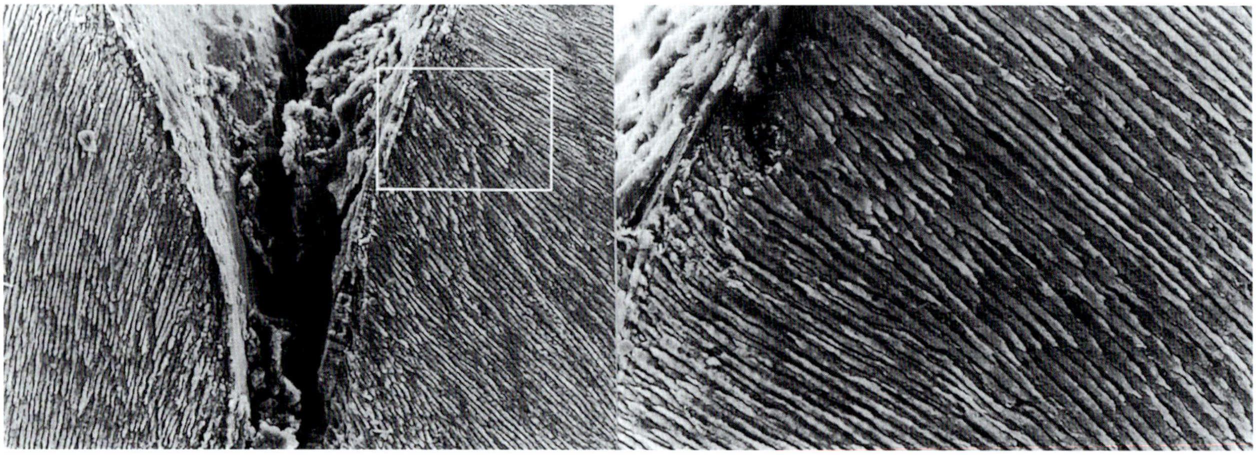

b c

Abb. 19a–c
a) Schnitt durch einen ersten Oberkieferprämolaren zur Darstellung des Umrisses einer okklusalen Kavität für eine Kompositfüllung.
b) REM-Bild einer Fissur. Nach Anätzen des Schmelzes für 60 s wird der Verlauf der Prismen deutlich. Man erkennt, daß bei einer parallelwandigen oder leicht konischen Kavität die Schmelzprismen bereits im Winkel von etwa 45° angeschnitten sind. Eine zusätzliche Anschrägung des Kavitätenrandes ist somit überflüssig. Man würde nur die Kavität und damit die Füllungsränder bis in die okklusalen Kontaktbereiche ausdehnen. Man beachte die im Zusammenhang mit einer prophylaktischen Versiegelung wichtige ausgeprägte Belagsbildung in der trichterförmigen Fissur. REM, µ-Marker: 200 µm.
c) Vergrößerung des markierten Ausschnittes von Abbildung 19b. Die Schmelzprismen erreichen hier die Oberfläche, sie werden nur durch Beläge abgedeckt. REM, µ-Marker: 100 µm.

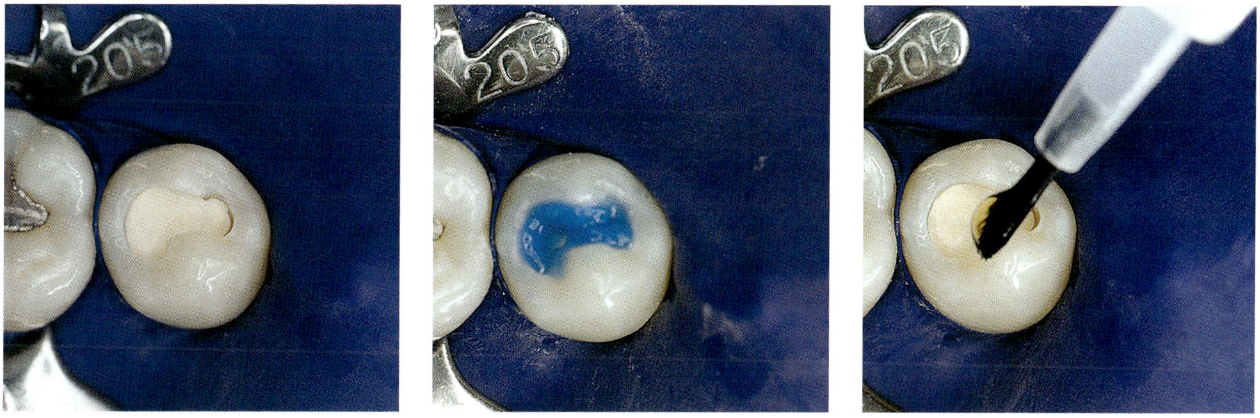

a b c

Abb. 21 Okklusionstragende Klasse-I-Kompositfüllung an Zahn 35 eines 18jährigen Patienten.

a) Nach Exkavation des Defektes wurde das pulpanahe Dentin mit einer GIZ-Unterfüllung abgedeckt.
b) Anätzen der Kavitätenränder mit einem H_3PO_4-Gel für 30 s.
c) Auftragen des zum Komposit gehörenden Haftvermittlers (Bonding agent).
d) Fertige Füllung aus einem Feinpartikel-Hybridkomposit.

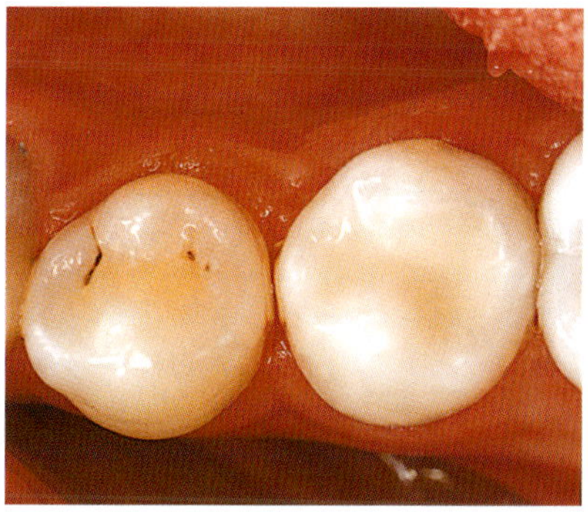

d

Am gingivalen Rand der Kavität sollte möglichst Schmelz zur adhäsiven Verankerung erhalten bleiben. Die *Sekundärpräparation* (Anschrägung) nimmt man approximal mit Handinstrumenten bzw. Sonicsys-Ansätzen vor, um den Nachbarzahn nicht zu verletzen (Abb. 24a). Die Kavität wird nun unter Kofferdam marginal konditioniert, mit Haftvermittler abgedeckt und schichtweise mit Komposit gefüllt (Abb. 25) [30, 51, 121]. Die zervikalste Schicht kann zuerst mit Hilfe eines Leuchtkeiles von approximal polymerisiert werden, um so möglicherweise die Randspaltbildung zu minimieren [122]. Die weiteren Inkremente werden dann schrittweise bukkal und oral appliziert und polymerisiert. Die Füllung wird wie beschrieben ausgearbeitet und endversiegelt (Abb. 24b und c). Abschließend sei betont, daß diese sehr konservative, zahnhartsubstanzschonende und ästhetisch vorteilhafte Füllungstechnik sich klinisch bewährt hat.

Ausgedehntere okklusal-approximale Klasse-II-Defekte werden zunächst approximal gefüllt. Es gibt inzwischen zahllose Empfehlungen zum „Design" der Schichtung. Vielfach wird folgende Schichttechnik praktiziert: Zuerst wird der approximale Boden mit einer 1 mm bis höchstens 2 mm dicken Kompositschicht abgedeckt. Bei Verwendung einer transparenten Plastikmatrize, die im übrigen dicker als eine Metallmatrize ist [95], kann mittels eines Leuchtkeiles zunächst von approximal bestrahlt werden. Nach Härtung der ersten Schicht wird der

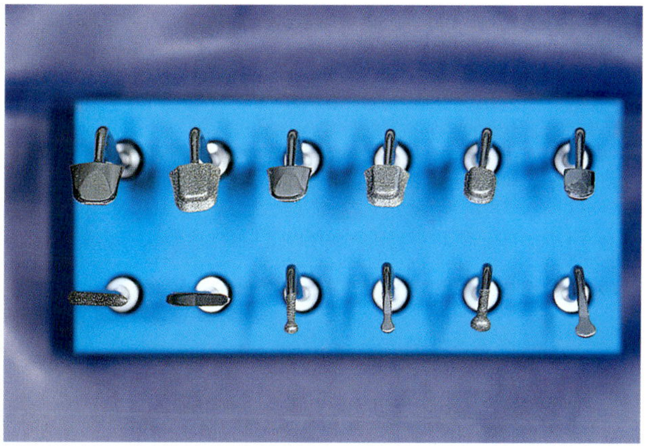

Abb. 22 Lediglich einseitig belegte Mikropräparationsansätze des Sonicsys-micro-Systems zur Präparation approximaler Minikavitäten und derem marginalen Finieren.

approximale Anteil der Füllung durch zwei jeweils diagonal aufgetragene Schichten aufgebaut [19]. Der okklusale Defekt wird ebenfalls durch zwei diagonale Schichten gefüllt. Jedes Inkrement sollte maximal 2 mm dick sein und für jeweils 60 Sekunden bestrahlt werden (Abb. 25) [170].

Schwierig ist bei Klasse-II-Defekten vor allem die physiologische Gestaltung des approximalen Füllungsanteils. Insbesondere die Formung des Rand-

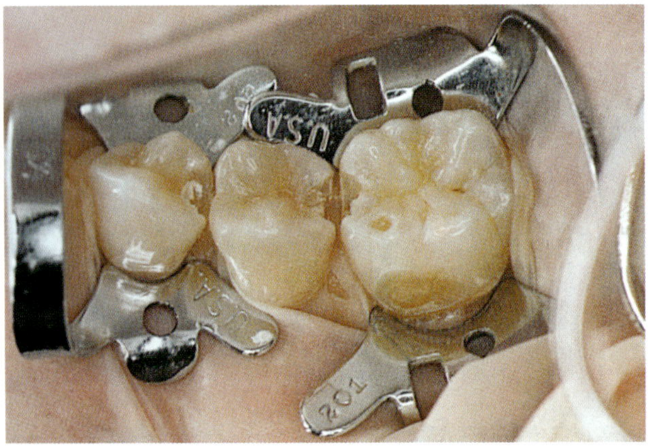
a

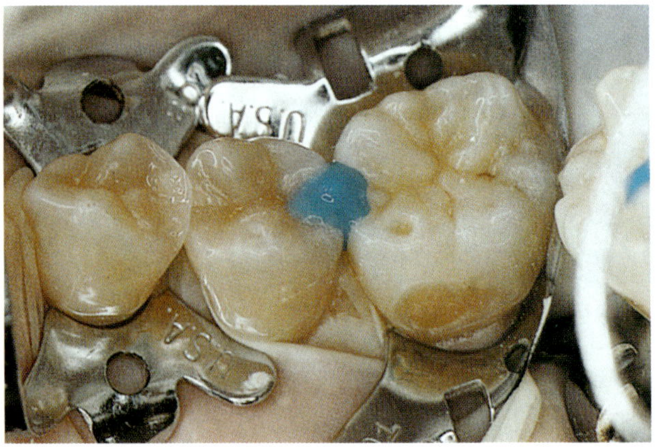
b

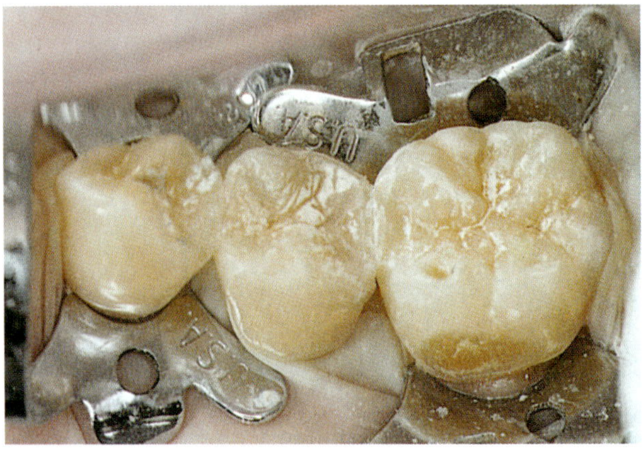
c

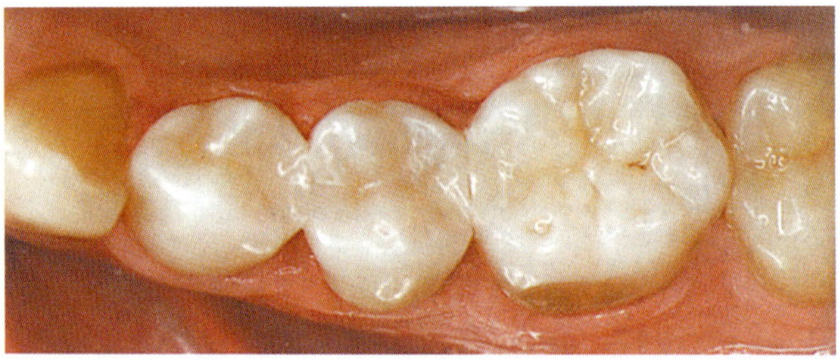
d

Abb. 23 Konservative Klasse-II-Kompositfüllungen an den Zähnen 34–36 eines 30jährigen Patienten.

a) Zustand nach Exkavation und Unterfüllung. Aufgrund der adhäsiven Verankerung des Komposits ist es möglich, bei rein approximalen kariösen Läsionen auf eine Ausdehnung der Kavität in das kariesfreie okklusale Fissurensystem aus Gründen der Verankerung der Füllung zu verzichten. Der okklusale Zugang zum Defekt bleibt auf den Randwulst beschränkt. Allerdings muß die Kavität nach bukkal bzw. oral und nach zervikal so weit extendiert werden, daß der Kontakt zum Nachbarzahn aufgehoben ist und alle Füllungsränder damit der häuslichen Mundhygiene zugänglich sind. Wichtig ist ferner, daß der approximal-zervikale Rand der Kavität sich im Schmelz befindet, um vor allem in diesem für eine Sekundärkaries anfälligen Bereich die Kunststoffüllung durch die Säureätztechnik möglichst randdicht zu legen.
b) Die OD-Kavität an Zahn 34 ist bereits mit Komposit gefüllt, Anätzen der beiden Kavitäten an 35/36 mit einem Ätzgel. Der Kofferdam verhindert zervikal eine iatrogene Verletzung der Gingiva durch die Säure. Ist der Nachbarzahn gesund, muß dieser während des Konditionierens durch eine Matrize geschützt werden.
c) Weitestgehendes Ausarbeiten der Füllungen unter Kofferdam mit Handinstrumenten (s. Abb. 11), feinen und extrafeinen kugelförmigen Diamanten sowie entsprechend gekörnten flexiblen Scheiben.
d) Fertige Klasse-II-Kunststoff-Restaurationen an den Zähnen 34–36.

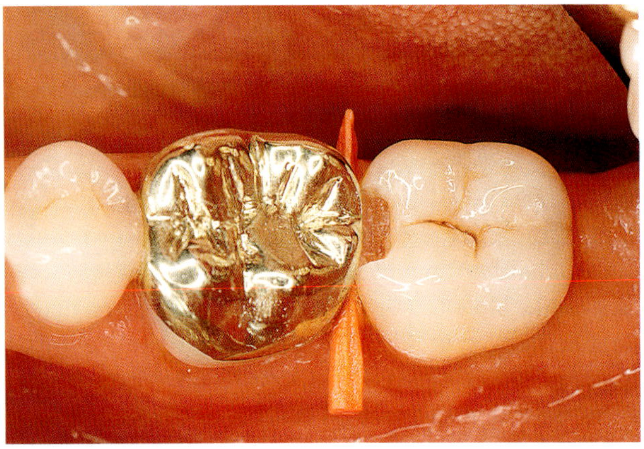

Abb. 24a Zahn 37 mit Karies an der Mesialfläche. Durch die Verkeilung ist der Defekt besser zugängig, die Erzielung eines ausreichenden Kontaktpunktes wird erleichtert.

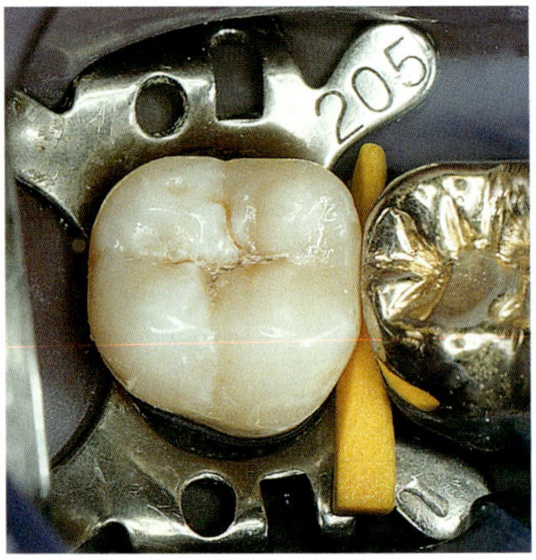

Abb. 24b Die Ausarbeitung des Randwulstes erfolgt unter Verkeilung (Spiegelaufnahme).

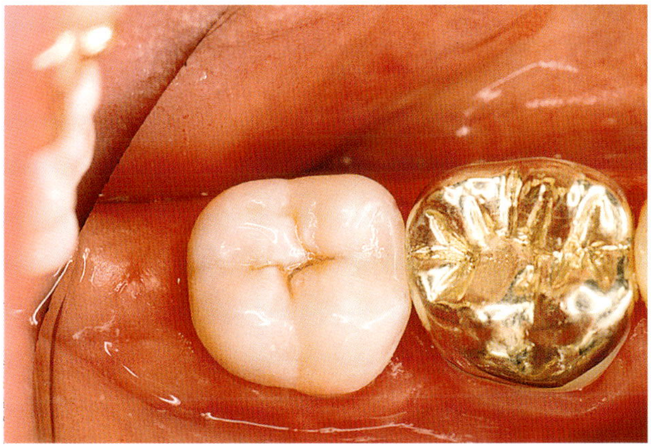

Abb. 24c Fertige mesio-okklusale Kompositfüllung (Spiegelaufnahme).

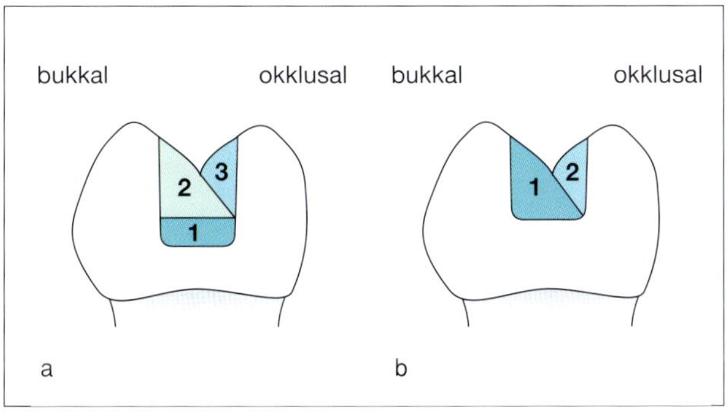

Abb. 25 Schichtung des Komposits bei einer Klasse-II-Füllung [modifiziert nach 19]. Approximal wird zunächst eine Schicht Komposit (1) (ca. 1 mm dick) horizontal auf den Boden des Kastens gebracht und polymerisiert. Hierauf wird der approximale Defekt und dann der okklusale Teil durch zwei „schräge" Inkremente aufgefüllt (b = bukkal, o = oral).

wulstes und die Erzielung eines richtig lokalisierten, ausreichend starken Kontaktpunktes bereitet oft Probleme. Nach unserer Erfahrung empfiehlt es sich, bereits während der Exkavation durch einen Holzkeil ausgeprägt vorzuverkeilen („prewedging") und die Zähne möglichst weit zu separieren, so daß nach deren Rückstellung ein fester Kontaktpunkt entsteht. Den Randwulst arbeiten wir nach der Polymerisation bei noch bestehender Verkeilung mit flexiblen Scheiben aus und erreichen dadurch die gewünschte abgerundete Form (Abb. 24)

Die Ausarbeitung erfolgt in der bereits beschriebenen Weise, wobei abschließend wiederum eine Endversiegelung zur Verringerung der Abrasion angeraten wird [48].

Keramikinserts. Um u.a. die Kontaktpunktgestaltung zu erleichtern, wurden sog. Keramikinserts entwickelt. Von BOWEN wurden beispielsweise β-Quarz-Glaskeramik-Inserts, sog. Megafüllkörper, vorgestellt, während SCHUMACHER PMX/MX-Feldspatkeramik-Inserts bevorzugt (Abb. 26). Durch die Kombination aus Komposit und den in verschiedenen Formen und Größen erhältlichen Inserts wird die Polymerisationsschrumpfung reduziert und die Abrasionsfestigkeit der Füllung erhöht, zumindest im Bereich der Inserts [68, 117]. Zudem wird das im Vergleich zu Amalgam relativ schlecht stopfbare Komposit besser an die Kavitätenwand und die Matrize gepreßt und dadurch die Kontaktpunktgestaltung erleichtert [52]. Ein weiterer großer Vorteil ist, daß Inserts als „Lichtleiter" fungieren können und somit wieder auf die einfacher handzuhabenden Metallmatrizen zurückgegriffen werden kann [132].

Durch Verbindung eines Instrumentariums zur Präparation weitgehend standardisierter Kavitäten mit darauf in Größe und Form abgestimmten Inserts kann man heute Defekte mit „konfektionierten Keramikinlays" versorgen (Cerafil, Sonicsys approx) [101, 196]. Entscheidend für den Erfolg einer Komposit-/Insert-Füllung ist der Verbund zwischen der Keramik und dem Kunststoff. In diesem Zusammenhang konnte festgestellt werden, daß die industrielle Silanisierung von β-Quarz-X-10-Inserts nicht ausreicht, um einen dauerhaften Verbund zwischen Keramik und Komposit zu gewährleisten. Es besteht dadurch die Gefahr, daß es zu Spaltbildungen und Verfärbungen zwischen Insert und Komposit bis hin zum Abbrechen von Kunststoff oder dem Verlust der Keramikeinlage kommt. Es wird deshalb empfohlen, das Insert erst vor dem Einsetzen am Behandlungsstuhl mit Flußsäure anzuätzen und dann zu silanisieren, und zwar auch industriell silanisierte Inserts nach Abtragung der „vorsilanisierten" Oberfläche [63].

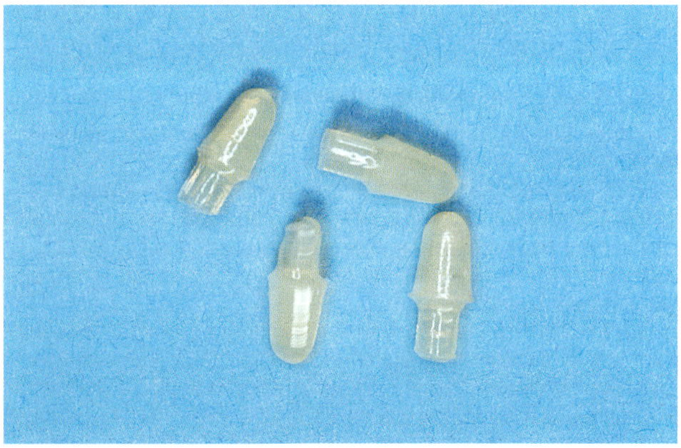

Abb. 26 β-Quarz-Glas-Keramik-Inserts, industriell silanisiert.

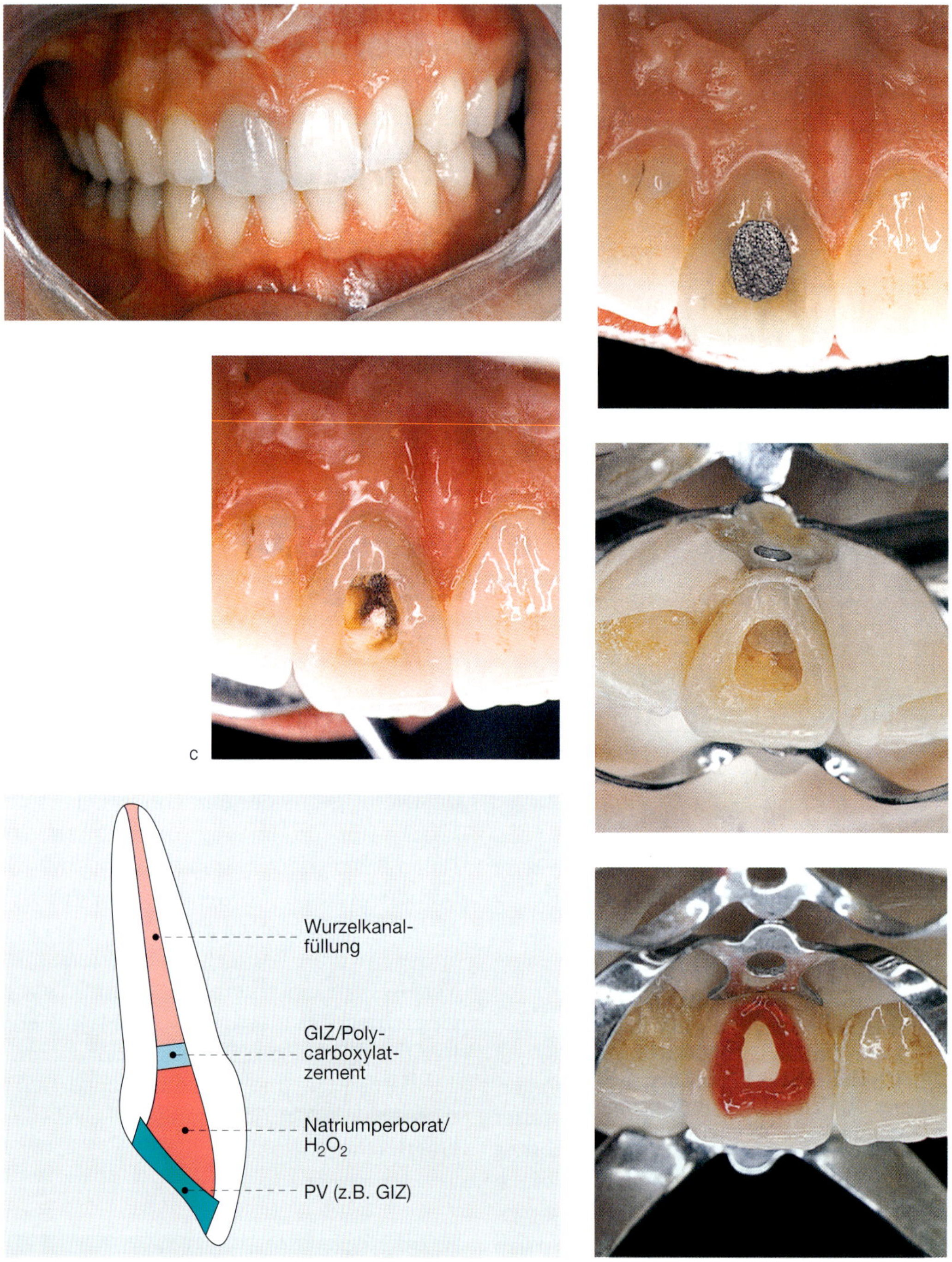

Abb. 27 Bleichen eines avitalen verfärbten Frontzahnes als vorbereitende Maßnahme für eine Kompositfüllung.

a) Der avitale Zahn 11 dieser 17jährigen Patientin ist zwei Jahre nach einem Trauma und anschließender Wurzelkanalbehandlung stark verfärbt.

b) Verstärkt wird diese Diskoloration durch den ästhetisch sehr ungünstigen Verschluß der Hilfskavität mit Amalgam.

c) Nach Entfernen der Amalgamfüllung erkennt man nekrotische Pulpareste, die wesentlich zur Verfärbung beitragen.

d) Zustand nach Entfernen des nekrotischen Weichgewebes und Abdecken der Wurzelkanalfüllung mit einem GIZ. Die Applikation des Bleichmittels (hier Natriumperborat mit 30%igem H_2O_2) sollte generell unter Kofferdam erfolgen, um eine Verätzung der Mundschleimhaut zu verhindern.

e) Zum Schutz des marginalen Parodontiums und des apikalen Bereiches vor chemischen Noxen wird die Wurzelkanalfüllung mit einem GIZ abgedeckt. Die Bleichung erfolgt durch Natriumperborat, das mit 30%igem H_2O_2 zu pastenförmiger Konsistenz angemischt wird. Die Hilfskavität muß dicht verschlossen werden, am besten mit einem GIZ [224].

f) Anätzen des Kavitätenrandes nach Abschluß der Bleichungstherapie. Die endgültige adhäsive Versorgung sollte erst einige Tage nach Entfernen der letzten Bleichungseinlage erfolgen.

g und h) *Siehe gegenüberliegende Seite.* ▷

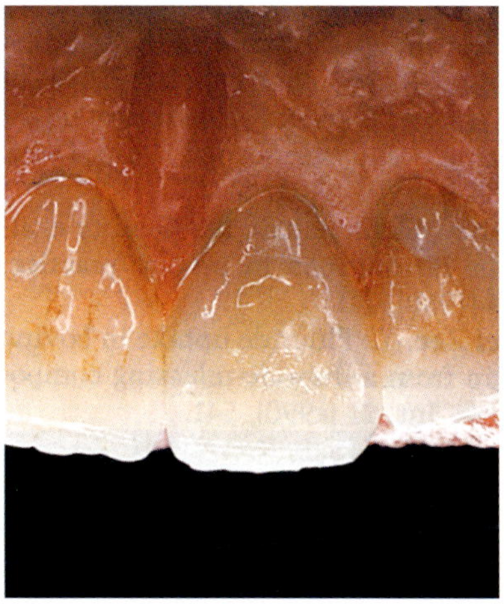

g

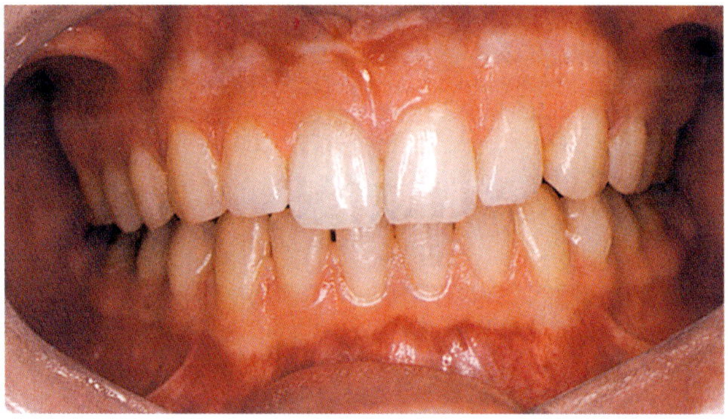

h

Abb. 27 Fortsetzung

g) Fertige Kompositfüllung.

h) Zustand fünf Tage nach Beginn der Bleichungstherapie. Bei dieser Patientin reichte eine einmalige Natriumperborat-Einlage aus, um die gewünschte Aufhellung zu erzielen. In der Regel sind hierzu vier bis fünf Sitzungen in Wochenabständen erforderlich.

Klinische Langzeiterfahrungen mit Insertsystemen wurden bislang nicht veröffentlicht, so daß derzeit noch keine Bewertung möglich ist. Wichtig für einen langfristigen Therapieerfolg dürfte besonders die Einhaltung aller Verarbeitungsrichtlinien sein, insbesondere die sorgfältige Oberflächenbehandlung des Inserts.

Feinpartikel-Hybrid-Komposite können heute alternativ zu Amalgam für Klasse-I- und -II-Füllungen verwendet werden, wobei allseits von Schmelz begrenzte Kavitäten die besten Voraussetzungen bieten. Bei ausgedehnten, okklusal stark belasteten Füllungen oder bei approximal tiefreichenden Defekten sollte jedoch von einer Kompositfüllung abgesehen werden.

Bleichen verfärbter Zähne

Eine interne Verfärbung von Zähnen kann u.a. durch systemische Erkrankungen (z.B. Gallengangsdefekt), Medikamente (Tetrazyklin) oder lokale, zum Teil auch iatrogene Faktoren verursacht werden [74]. In weitaus überwiegender Zahl verfärben sich Zähne aufgrund einer Wurzelkanalbehandlung (Abb. 27a und b).

Die wichtigste Ursache für eine Diskoloration marktoter Zähne sind Blutungen im Kronenkavum durch ein Trauma oder eine Vitalamputation bzw. -exstirpation. Dabei kommt es in den Dentinkanälchen zur Einlagerung der Blutabbauprodukte Hämosiderin und Hämotoidin, die dann die Krone verfärben. Ebenfalls sehr häufig liegt eine fehlerhaft ausgeführte Wurzelkanalbehandlung der Verfärbung zugrunde. In diesem Zusammenhang sind als verfärbende Komponente nekrotische Pulpareste unter Dentinüberhängen bei falsch angelegter endodontischer Zugangskavität zu nennen oder der Verschluß des Zahns mit Amalgam (Abb. 27b) [224].

Bleichung mit Natriumperborat/H_2O_2

Häufig ist eine *kombinierte Bleichungs-/Kompositfüllungstherapie* eine interessante Alternative zur Überkronung eines verfärbten, marktoten Zahns. Ein bewährte, komplikationsarme Methode ist die Langzeitbleichung mit Natriumperborat und 30%igem H_2O_2. Bei geringem Zeitaufwand lassen sich damit sehr gute ästhetische Effekte erzielen. Eine nachfolgende Komposit-Füllungstherapie wird dadurch sehr erleichtert [224].

Zunächst muß der Zahn von allen verfärbenden Substanzen wie Amalgam und/oder nekrotischem Pulpagewebe befreit werden (Abb. 27c und d). Ferner muß anhand einer Röntgenkontrollaufnahme überprüft werden, ob der Zahn eine dichte und vollständige Wurzelkanalfüllung aufweist. Gegebenenfalls ist diese zu revidieren. Nach Säuberung der Zugangskavität wird die Wurzelkanalfüllung mit einer etwa 1 mm dicken Schicht aus GIZ abgedeckt. Dies soll verhindern, daß gewebsirritierende Verbindungen aus dem Natriumperborat und dem Wasserstoffsuperoxid über die im Zahnhalsbereich oft auf der Wurzeloberfläche mündende Dentintubuli in das marginale Parodontium gelangen und dort möglicherweise als Spätkomplikation eine externe Resorption hervorrufen. Das Kronenkavum wird mit Natriumperborat aufgefüllt, das mit 30%igem H_2O_2 zu sahniger Konsistenz angemischt wurde. Der Verschluß der Zugangskavität muß dicht sein. Dafür eignet sich wiederum ein GIZ (Abb. 27e). Die Sauerstoff-Freisetzung wird beschleunigt, wenn man den Zahn von bukkal während der Abbindung des Verschlußmaterials mit einer Kunststoff-Polymerisationslampe bestrahlt. Die Einlage wird wöchentlich gewechselt, bis die gewünschte Aufhellung erzielt ist. In der Regel benötigt man hierzu drei bis fünf Sitzungen. Die definitive Kunststoffüllung sollte erst einige Tage nach Abschluß der Bleichung erfolgen, um eine Minderpolymerisation des Komposits an der mit inhibierendem Sauerstoff und Peroxiden angereicherten Schmelzoberfläche zu vermeiden (Abb. 27f–h) [74].

Schienenbleichung mit Carbamidperoxid

Die Schienenbleichung mit Carbamidperoxid kann man sowohl bei vitalen als auch avitalen Zähnen anwenden. Auf einem Modell wird zunächst nach einer Ausblockung der zu bleichenden Zähne eine individuelle Tiefziehschiene angefertigt, die knapp koronal des Gingivarandes enden soll und dort dicht anliegen muß. Zur Bleichung wird in den ausgeblockten Bereich der Schiene 10–15%iges Carbamidperoxid-Gel gefüllt. Nach Vermischung mit der Mundflüssigkeit wird u.a. ca. 3–5%iges H_2O_2 freigesetzt, das weiter zu verschiedenen Radikalen zerfällt, die schließlich die Zahnhartsubstanz bleichen (Abb. 28, 29a und b). Die Behandlungszeit beträgt i.d.R. zwischen zwei und drei Wochen, wobei es unterschiedliche Empfehlungen zur täglichen Tragedauer gibt: Während der Nacht (acht Stunden) oder tagsüber für dreimal eine Stunde bzw. zweimal vier Stunden [7, 74]. Der damit erzielte Effekt ist vergleichbar. Vitale Zähne mit hypoplastischen Veränderungen, einer Fluorose oder ausgeprägten Schmelzsprüngen entwickeln oft bei den soeben erwähnten Tragezeiten massive Hypersensibilitäten. Kürzere tägliche Tragezeiten sind deshalb in diesen Fällen ratsam. Bei Beachtung der Behandlungsrichtlinien sind keine irreversiblen lokalen oder systemischen Nebenwirkungen zu befürchten. Dies erfordert natürlich eine Therapie durch den Zahnarzt; eine Selbstbehandlung durch Patienten ist daher strikt abzulehnen.

Im wesentlichen wurden bislang als reversible Nebenwirkungen ein Brennen der Gingiva/Mundschleimhaut sowie Hypersensibilität beschrieben. Die Erfolgsrate nach zwei Jahren beträgt zwischen 75 und 92%. Gegebenenfalls ist nach ein bis zwei Jahren eine erneute Schienenbleichung erforderlich [74].

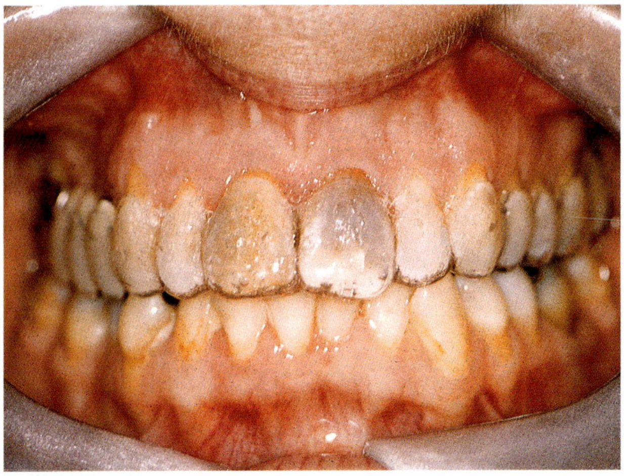

Abb. 28 Eingesetzte Bleichungsschiene. Im Bereich der verfärbten Zähne 11 und 21 ist die Schiene zur Aufnahme des Carbamidperoxid-Gels ausgeblockt. Im Zahnhalsbereich liegt die Schiene, die generell supragingival enden sollte, allerdings eng an. Der Überschuß an Gel, der beim Einsetzen der Schiene herausgepreßt wird, kann mit einer Zahnbürste oder einem Papiertaschentuch leicht entfernt werden.

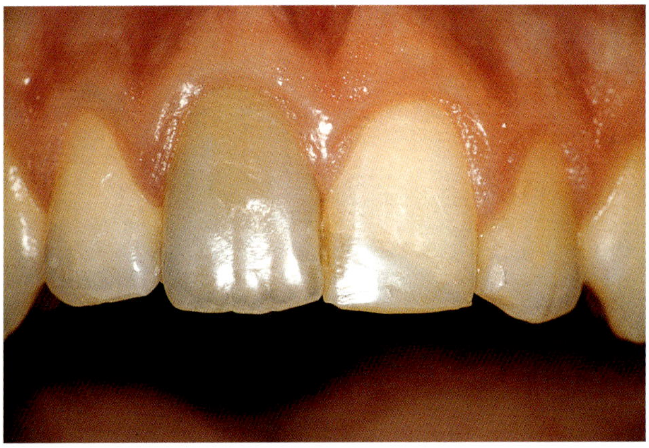

Abb. 29a Verfärbter Zahn 11.

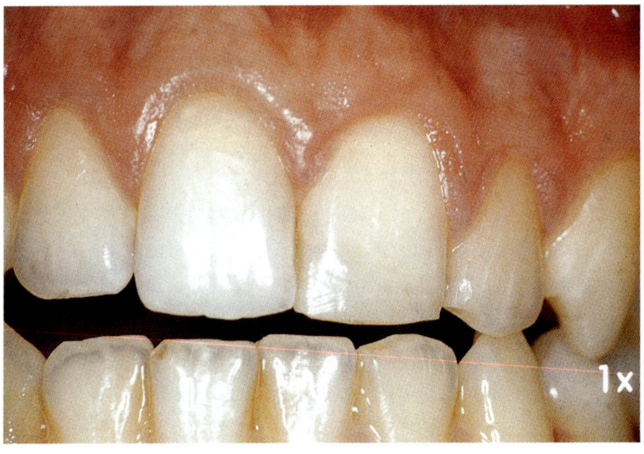

Abb. 29b Zustand vier Tage nach Beginn einer Schienenbleichung. Der Zahn 11 entspricht in der Farbe wieder den Nachbarzähnen.

Literatur

[1] Aker, D. A., Aker, J. R., Sorensen, S. E.: Effect of methods of tooth enamel preparation on the retentive strength of acid etch composite resins. J Am Dent Assoc 99, 185 (1979).

[2] Alhadainy, H. A., Abdalla, A. I.: 2-year clinical evaluation of dentin bonding systems. Am J Dent 9, 77 (1996).

[3] Allander, L., Birkhed, D., Bratthall, D.: Quality evaluation of anterior restorations in private practice. Swed Dent J 13, 141 (1989).

[4] Arends, J., Van der Zee, Y.: Fluoride uptake in bovine enamel and dentin from a fluoridereleasing composite resin. Quintess Int 21, 541 (1990).

[5] Arends, J., Ruben, J., Dijkman, A. G.: The effect of fluoride release from a fluoridecontaining composite resin on secondary caries: an in vitro study. Quintess Int 21, 671 (1990).

[6] Asmussen, E., Munksgaard, E. C.: Adhesion of restorative resins to dentinal tissues. In: Vanherle, G., Smith, D. C. (Hrsg.): Posterior composite resin dental restorative materials. 3M, St. Paul, 217 (1985).

[7] Attin, T.: Sicherheit und Anwendung von carbamidperoxidhaltigen Gelen bei Bleichtherapien. Dtsch Zahnärztl Z 53, 11 (1998).

[8] Bates, D., Retief, D. H., Jamison, H. C., Denys, F. R.: Effects of acid etch parameters on enamel topography and composite resin enamel bond strength. Ped Dent 4, 106 (1982).

[9] Bayne, S. C., Heymann, H. O., Swift, E. J.: Update on dental composite restorations. J Am Dent Assoc 125, 687 (1994).

[10] Bayne, S. C., Taylor, D. F., Heymann, H. O.: Protection hypothesis for composite wear. Dent Mater 8, 305 (1992).

[11] Bergmann, P., Noack, M. J., Roulet, J.-F.: Der Einfluß der Kavitätenform auf das Randverhalten von Klasse-I-Kompositfüllungen. Dtsch Zahnärztl Z 45, 663 (1990).

[12] Bjornson, E. J., Collins, D. E., Engler, W. O.: Surface alteration of composite resins after curette, ultrasonic, and sonic instrumentation: an in vitro study. Quintess Int 21, 381 (1990).

[13] Bowen, R. L.: Properties of a silica reinforced polymer for dental restorations. J Am Dent Assoc 66, 57 (1963).

[14] Bowen, R. L., Eichmiller, F. C., Marjenhoff, W. A.: Glassceramic inserts anticipated for „megafilled" composite restorations. J Am Dent Assoc 122, 71 (1991).

[15] Brännström, M., Mattson, B., Torstenson, B.: Unterfüllung bei Kompositrestaurationen: Eine kritische Beurteilung. Quintess 39, 219 (1988).

[16] Browning, W. D., Dennison, J. B.: A survey of failure modes in composite resin restorations. Oper Dent 21, 160 (1996).

[17] Brudevold, F., Gardner, D. E., Smith, F. A.: The distribution of fluoride in human enamel. J Dent Res 35, 420 (1956).

[18] Bryant, S., Retief, D. H., Bradley, E. L., Denys, F. R.: The effect of topical fluoride treatment on enamel fluoride uptake and the tensile bond strength of an orthodontic bonding resin. Am J Orthod 87, 294 (1985).

[19] Bryant, R. W.: Direct posterior composite resin restorations: A review. 2. Clinical technique. Austr Dent J 37, 161 (1992).

[20] Buchmann, G., Klimm, W., Gabert, A., Edelmann, J.: Detection of microecological phenomena in filled teeth. I. Phenomena in gap between restoration and cavity wall. Microbial Ecology in Health and Disease 3, 51 (1990).

[21] Buonocore, M. G.: A simple method of increasing the adhesion of acrylic filling materials to enamel surfaces. J Dent Res 34, 849 (1955).

[22] Burbach, J.: Profilometrische und rasterelektronenmikroskopische Untersuchungen zur Oberflächenbeschaffenheit von „Kompositinlay"-Materialien. Med Diss Hannover 1994.

[23] Burke, F. J. T., McCaughey, A. D.: The four generations of dentin bonding. Am J Dent 8, 88 (1995).

[24] Burrow, M. F., Makinson, O. F., Orth, D.: Pits and fissures: remnant organic debris after acidetching. J Dent Child 57, 348 (1990).

[25] Cagidiaco, M. C., Ferrari, M., Vichi, A., Davidson, C. L.: Mapping of tubule and intertubule surface areas available for bonding in Class V and Class II preparations. J Dent 25, 379 (1997).

[26] Camps, J., Tardieu, C., Dejou, J., Franquin, J. C., Ladaique, P., Rieu, R.: In vitro cytotoxicity of dental adhesive systems under simulated pulpal pressure. Dent Mater 13, 34 (1997).

[27] Chadwick, R. G., McCabe, J. F., Walls, A. W. G., Strorer, R.: The effect of placement technique upon the compressive strength and porosity of a composite resin. J Dent 17, 230 (1989).

[28] Chan, K. C., Swift, E. J.: Leakage of chemical and lightcured basing materials. J Prosthet Dent 62, 408 (1989).

[29] Charlton, D. G., Beatty, M. W.: The effect of dentin surface moisture on bond strength to dentin bonding agents. Oper Dent 19, 154 (1994).

[30] Cheung, G. S. P.: Reducing marginal leakage of posterior composite resin restorations: A review of clinical techniques. J Prosthet Dent 63, 286 (1990).

[31] Chiba, K., Hosoda, H., Fusayama, T.: The addition of an adhesive composite resin to the same material: Bond strength and clinical techniques. J Prosthet Dent 61, 669 (1989).

[32] Chow, M. H.: Effects of sealant placed over composite resin restorations. J Prosthet Dent 44, 531 (1980).

[33] Cook, W. D.: Polymerization defects in composite resins. In: Vanherle, G., Smith, D. C. (Hrsg.): Posterior composite resin dental restorative materials. 3M, St. Paul, 273 (1985).

[34] Cox, C. F., Suzuki, S.: Revaluating pulp protection: calcium hydroxide liners vs. cohesive hybridization. J Am Dent Assoc 125, 823 (1994).

[35] Cox, C. F., Felton, D., Bergenholtz, G.: Histopathological response of infected cavities treated with Gluma and Scotchbond dentin bonding agents. Am J Dent 1, 189 (1988).

[36] Crawford, P. J. M.: Sealant restorations (preventive resin restorations). Br Dent J 165, 250 (1988).

[37] Crawford, P. J. M., Whittaker, D. K., Owen, G. M.: The influence of enamel prism orientation on leakage of resin bonded restorations. J Oral Rehabil 14, 283 (1987).

[38] Croll, T. P.: Repair of defective class I composite resin restorations. Quintess Int 21, 695 (1990).
[39] Crumpler, D. C., Heyman, H. O., Shugars, D. A., Bayne, S. C., Leinfelder, K. F.: Five year clinical investigation of one conventional composite and three microfilled resins in anterior teeth. Dent Mater 4, 217 (1988).
[40] Crumpler, D. C., Bayne, S. C., Sockwell, S., Brunson, D., Roberson, T. M.: Bonding to resurfaced posterior composites. Dent Mater 5, 417 (1989).
[41] Damon, P. L., Bishara, S. E., Olsen, M. E., Jakobsen, J. R.: Effects of fluoride application on shear bond strength of orthodontic brackets. Angle Orthodontist 66, 61 (1996).
[42] Davidson, C. L., Duysters, P. P. E., De Lange, C., Bausch, J. R.: Structural changes in composite surface material after dry polishing. J Oral Rehabil 8, 431 (1981).
[43] De Craene, C. P., Martens, C., Dermaut, R.: The invasive pit and fissure sealing technique in pediatric dentistry: an SEM study of a preventive restoration. J Dent Child 55, 34 (1988).
[44] De Craene, C. P., Martens, C., Dermaut, R., Surmont, P. A. S.: A clinical evaluation of a lightcured fissure sealant (Helioseal®). J Dent Child 56, 97 (1989).
[45] De Gee, A. J., Ten Harkel, H. C., Davidson, C. L.: The influence of mixing ratio on the working time, strength and wear of composites. Austr Dent J 34, 466 (1989).
[46] De Gee, A. J., Feilzer, A. J., Davidson, C. L.: True linear polymerization shrinkage of unfilled resins and composites determined with a linometer. Dent Mater 9, 11 (1993).
[47] Dermann, K.: Können Füllungskunststoffe ohne Qualitätsverlust direkt aus dem Kühlschrank verarbeitet werden? Dtsch Zahnärztl Z 37, 954 (1982).
[48] Dickinson, G. L., Leinfelder, K. F., Mazer, R. B., Russell, C. M.: Effect of surface penetrating sealant on wear rate of posterior composite resins. J Am Dent Assoc 121, 251 (1990).
[49] Dilley, D. C., Vann, W. F., Oldenburg, T. R., Crisp, R. M.: Time required for placement of composite versus amalgam restoration. J Dent Child 57, 177 (1990).
[50] Donly, K. J., Dowell, A., Anixiadis, C., Croll, T. P.: Relationship among visible light source, composite resin polymerization shrinkage, and hygroscopic expansion. Quintess Int 21, 883 (1990).
[51] Eakle, W. S., Ito, R. K.: Effect of insertion technique on microleakage in mesioocclusodistal composite resin restorations. Quintess Int 21, 369 (1990).
[52] Eberhard, J., Dörfer, C., Staehle, H. J.: Einfluß der Inserttechnik auf approximale Kontaktstärken bei Kompositrestaurationen in vitro. Dtsch Zahnärztl Z 51, 184 (1996).
[53] Eick, J. D., Gwinnett, A. J., Pashley, D. H., Robinson, S. J.: Current concepts on adhesion to dentin. Crit Rev Oral Biol Med 8, 306 (1997).
[54] Eidelman, E., Shapira, J., Houpt, M.: The retention of fissure sealant using twenty second etching time: three year followup. J Dent Child 55, 119 (1988).
[55] Eliades, G. C., Vougliouklakis, G., Caputo, A.: Degree of double bond conversion in light cure composites. Dent Mater 3, 19 (1987).
[56] Emilson, C. G., Bergenholtz, G.: Antibacterial activity of dentinal bonding agents. Quintess Int 24, 511 (1993).
[57] Fan, P. L., Wozniak, W. T., McGill, S., Moser, J. B., Stanford, J. W.: Evaluation of light transmission characteristics of protective eyeglasses for visible lightcuring units. J Am Dent Assoc 113, 770 (1986).
[58] Fan, P. L., Wozniak, W. T., Reyer, W. D., Stanford, J. W.: Irradiance of visible lightcuring units and voltage variation effects. J Am Dent Assoc 115, 442 (1987).
[59] Ferracane, J. L.: Current Trends in Dental Composites. Crit Rev Oral Biol Med 6, 302 (1995).
[60] Ferrari, M., Davidson, C. L.: Sealing performance of Scotchbond Multi-Purpose – Z100 in Class II restorations. Am J Dent 9, 145 (1996).
[61] Forsten, L. C.: Curing depth of visible light activated composites. Acta Odontol Scand 42, 23 (1984).
[62] Fowler, C. S., Swartz, M. L., Moore, B. K.: Efficacy testing of visible light curing units. Oper Dent 19, 47 (1994).
[63] Frankenberger, R., Sindel, J., Krämer, N., Pelka, M.: Zur Komposithaftung von Glaskeramikinserts. Dtsch Zahnärztl Z 53 (1998).
[64] Friedl, K.-H., Hiller, K.-A., Schmalz, G.: Placement and Replacement of Composite restorations in Germany. Oper Dent 20, 34 (1995).
[65] Fukushima, M., Setcos, J. C., Phillips, R. W.: Marginal fracture of posterior composite resins. J Am Dent Assoc 117, 577 (1988).
[66] Garberoglio, R., Cozzani, G.: In vivo effect of oral environment on etched enamel: A scanning electron microscopic study. J Dent Res 58, 1859 (1979).
[67] Garman, T. A., Fairhurst, C. W., Heuer, G. A., Williams, H. A., Beglau, D. L.: A comparison of glazing materials for composite restorations. J Am Dent Assoc 95, 950 (1977).
[68] George, L. A., Richards, N. D., Eichmiller, F. C.: Reduction of marginal gaps in composite restorations by use of glassceramic inserts. Oper Dent 20, 151 (1995).
[69] Geurtsen, W.: Die zelluläre Verträglichkeit zahnärztlicher Komposite. Hanser, München (1988).
[70] Geurtsen, W.: Klinik der Kompositfüllung. Hanser, München (1989).
[71] Geurtsen, W.: Kalziumhydroxid-Präparate und ihre Anwendung in der konservierenden Zahnmedizin. In: Ketterl, W. (Hrsg.): Deutscher Zahnärztekalender 1989. Hanser, München 1989.
[72] Geurtsen, W.: Infraktionen – Diagnose und Therapie. In: Ketterl, W. (Hrsg.): Deutscher Zahnärztekalender 1991. Hanser, München 1991.
[73] Geurtsen, W., Schmahl, V., Hilgers, R.: Untersuchungen über den Verbund zweier Komposittypen mit angeätztem Schmelz. Dtsch Zahnärztl Z 45, 299 (1990).
[74] Geurtsen, W., Günay, H.: Bleichen von Zähnen. In: Hupfauf, L., Nolden, R.: Ästhetik in der Zahn-, Mund- und Kieferheilkunde – PdZspezial. Urban & Schwarzenberg, München–Wien–Baltimore 1995, S. 141.
[75] Geurtsen, W., Schoeler, U.: A 4-year retrospective clinical study of Class I and Class II composite restorations. J Dent 25, 229 (1997).
[76] Geurtsen, W.: Substances released from dental resin composites and glass ionomer cements. Eur J Oral Sci 106, 687 (1998).

[77] Gilpatrick, R. O., Ross, J. A., Simonsen, R. J.: Resintoenamel bond strengths with various etching times. Quintess Int 22, 47 (1991).

[78] Gilpatrick, R. O., Johnson, W., Moore, D., Turner, J.: Pulpal response to dentin etched with 10% phosphoric acid. Am J Dent 9, 125 (1996).

[79] Glenn, J. F.: Composition and properties of unfilled and composite resin restorative materials. In: Smith, D. C., Williams, D. F. (Hrsg.): Biocompatibility of Dental Materials, Bd. III. (Boca Raton 1982), 97, CRC Press, 97 (1982).

[80] Goldman, M.: Polymerization shrinkage of resin based restorative materials. Austr Dent J 28, 156 (1983).

[81] Goldstein, R. E.: Finishing of composites and laminates. Dent Clin North Am 33, 305 (1989).

[82] Goracci, G., Mori, G., Bazzucchi, M.: Marginal seal and biocompatibility of a fourth generation bonding agent. Dent Mater 11, 343 (1995).

[83] Goshima, T., Goshima, Y.: Radiographic detection of recurrent carious lesions Associated with composite restorations. Oral Surg, 70, 236 (1990).

[84] Gotfredsen, P., Horsted, P., Kragstrup, J.: Porosity of restorative materials. Scand J Dent Res 91, 312 (1983).

[85] Grieve, A. R., Glyn Jones, J. C.: An in vitro study of marginal leakage associated with composite restorations using an acidified agar technique. J Oral Rehabil 7, 215 (1980).

[86] Gwinnett, A. J.: Acid etching for composite resins. Dent Clin North Am 25, 271 (1981).

[87] Gwinnett, A. J., Smith, D. C.: Fissure sealants. In: Smith, D. C., Williams, D. F. (Hrsg.): Biocompatibility of dental materials. (Boca Raton 1982), 15, CRC Press, 15 (1982).

[88] Hadavi, F., Hey, J. H., Ambrose, E. R., Louie, P. W., Shinkewski, D. J.: The effect of dentin primer on the shear bond strength between composite resin and enamel. Oper Dent 8, 61 (1993).

[89] Haller, B.: Mechanismen und Wirksamkeit von Dentinhaftvermittlern. Dtsch Zahnärztl Z 49, 750 (1994).

[90] Hasegawa, T., Retief, D. H.: Quantitative microleackage of some dentinal bonding restorative systems. Dent Mater 9, 114 (1993).

[91] Hansel, C., Leyhausen, G., Mai, U. E. H., Geurtsen, W.: Effects of various composite resin (co)monomers and extracts on two caries associated microorganisms in vitro. J Dent Res 77, 60 (1998).

[92] Hein, C. M., Noack, M. J., Roulet, J.-F.: Die Röntgenopazität von Kompositmaterialien und Zahnhartsubstanzen. Dtsch Zahnärztl Z 44, 536 (1989).

[93] Hembree, J. H.: Microleakage of composite resin restorations with different cavosurface designs. J Prosthet Dent 44, 171 (1980).

[94] Heng-Chang, X., Tong, W., Hungying, W.: A study of the state and depth of resin penetration into acid etched enamel. Austr Dent J 28, 359 (1983).

[95] Hickel, R.: Moderne Füllungswerkstoffe. Dtsch Zahnärztl Z 52, 572 (1997).

[96] Hicks, M. J.: Preventive resin restorations: etching patterns, resin tag morphology and the enamelresin interface. J Dent Child 51, 116 (1984).

[97] Hillmann, G., Dammann, R., Geurtsen, W.: Untersuchungen zur Randständigkeit von Glasionomerzementen und Kompositen bei der Versorgung von Zahnhalskavitäten. Dtsch Zahnärztl Z 51, 177 (1996).

[98] Holtan, J. R., Nystrom, G. P., Douglas, W. H., Phelps, R. A.: Microleakage and marginal placement of a glassionomer liner. Quintess Int 21, 117 (1990).

[99] Hormati, A. A., Fuller, J. L., Denehy, G. E.: Effects of contamination and mechanical disturbance on the quality of acid etched enamel. J Am Dent Assoc 100, 34 (1980).

[100] Houpt, M., Eidelman, E., Shey, Z., Fuks, A., Chosack, A., Shapira, J.: The composite/sealant restoration. Five year results. J Prosthet Dent 55, 164 (1986).

[101] Hugo, B.: Entwicklung und Anwendungsmöglichkeiten oszillierender Verfahren in der Präparationstechnik. Dtsch Zahnärztl Z 51, 637 (Teil I) und 718 (1997) (Teil II).

[102] Hugo, B., Stassinakis, A., Hoffmann, O., Hofmann, N., Klaiber, B.: Vergleich verschiedener Präparationstechniken und Kavitätengestaltungen zur approximalen Erstversorgung. Dtsch Zahnärztl Z 53, (1998).

[103] Hussey, D. L., Biagioni, P. A., Lamey, P.-J.: Thermographic measurement of temperature change during resin composite polymerization in vivo. J Dent 23, 267 (1995).

[104] Ismail, A. I., King, W., Clark, D. C.: An evaluation of the Saskatchewan pit and fissure sealant program: a longitudinal followup. J Public Health Dent 49, 206 (1989).

[105] Itoh, K., Iwaku, M., Fusayama, T.: Effectiveness of glazing composite resin restorations. J Prosthet Dent 45, 606 (1981).

[106] Jacobsen, T., Söderholm, K.-J.: Some effects of water on dentin bonding. Dent Mater 11, 132 (1995).

[107] Jacobsen, N., Hensten-Pettersen, A.: Occupational health complaints and adverse patients reactions as perceived by personnel in public dentistry. Community. Dent Oral Epidemiol (in press)

[108] Janda, R.: Die Konditionierung der Zahnhartsubstanzen mit Säuren und Komplexbildnern. Teil I: Der Zahnschmelz. Phillip. J 4, 210 (1988).

[109] Jendresen, M. D., Glantz, P.-O., Baier, R. E., Eick, J. D.: Microtopography and clinical adhesiveness of an acid etched tooth surface. Acta Odontol Scand 39, 47 (1981).

[110] Jensen, M. E., Chan, D. C. N.: Polymerization shrinkage and microleakage. In: Vanherle, G., Smith, D. C. (Hrsg.): Posterior composite resin dental restorative materials. 3M, St. Paul, 243 (1985).

[111] Johnson, G. H., Gordon, G. E., Bales, D. J.: Postoperative sensitivity associated with posterior composite and amalgam restorations. Oper Dent 13, 66 (1988).

[112] Jordan, R. E.: Ästhetik mit Komposits. Deutscher Ärzte-Verlag, Köln 1989.

[113] Jordan, R. E., Suzuki, M., Davidson, D. F.: Clinical evaluation of an universal dentin bonding resin: Preserving dentition through new materials. J Am Dent Assoc 124, 71 (1993).

[114] Jörgensen, K. D.: Discussion paper: Fatigue and fracture mechanics of composite resins. In: Vanherle, G., Smith, D. C. (Hrsg.): Posterior composite resin dental restorative materials. 3M, St. Paul, 309 (1985).

[115] Joynt, R. B., Wieczkowski, G., Klockowski, R., Davis, E. L.: Effects of composite restorations on resistance to cuspal fracture in posterior teeth. J Prosthet Dent 57, 431 (1987).
[116] Kallus, T., Mjör, I. A.: Incidence of adverse effects of dental materials. Scand. J Dent Res 99, 236 (1991).
[117] Kawai, K., Leinfelder, K. F.: Effect of glass inserts on resin composite wear. Am J Dent 8, 249 (1995).
[118] Kemp-Scholte, C. M., Davidson, C. L.: Overhang of class V composite resin restorations from hygroscopic expansion. Quintess Int 20, 551 (1989).
[119] Kemp-Scholte, C. M., Davidson, C. L.: Complete marginal seal of class V resin composite restorations effected by increased flexibility. J Dent Res 69, 1240 (1990).
[120] Klimm, W., Buchmann, G., Geurtsen, W.: Microecological phenomena of marginal gaps. J Dent Res 70, 368 (Abstr.) (1991).
[121] Koeningsberg, S., Fuks, A., Grajower, R.: The effect of three filling techniques on marginal leakage around class II composite resin restorations in vitro. Quintess Int 20, 117 (1989).
[122] Krejci, I., Lutz, F., Lüscher, B., Maffioli, E.: Optimierung der marginalen Adaptation von Seitenzahnkompositfüllungen durch seitlich reflektierende Leuchtkeile. Swiss Dent 7, 47 (1986).
[123] Kröncke, A., Kimmerle, G.: Über die Härte des kavitätennahen Zahnschmelzes nach konventioneller und höchsttouriger Präparation. Dtsch Zahnärztl Z 17, 1158 (1962).
[124] Kullmann, W.: Hybrid- und Mikropartikel-Komposite im klinischen Vergleich. Dtsch Zahnärztl Z 40, 910 (1985).
[125] Kullmann, W.: Glas-Ionomer-Zemente – Entwicklung, Eigenschaften und Verarbeitung. In: Ketterl, W. (Hrsg.): Deutscher Zahnärztekalender 1986. Hanser, München 1986.
[126] Kullmann, W.: Emmissionsspektren und Oberflächenhärtungsmuster von 35 verschiedenen Photopolymerisationsgeräten. Zahnärztl Welt 96, 320 (1987).
[127] Kullmann, W.: Werkstoffe zur Fissurenversiegelung – Materialeigenschaften und Verarbeitung. Zahnärztl Welt 96, 638 (1987).
[128] Lambrechts, P., Ameye, C., Vanherle, G.: The use of glazing materials for finished dental composite resin surfaces. J Oral Rehabil 9, 107 (1982).
[129] Leyhausen, G., Harms, T., Sapotnik, A., Geurtsen, W.: In vitro compatibility of a new dentin adhesive. J Dent Res 72, 220 (Abstr.) (1993).
[130] Liberman, R., Ben-Amar, A., Urstein, M., Judes, H.: The photocure attachment lens: its effect on polymerization of visiblelightcure resin composite. Dent Mater 6 , 10 (1990).
[131] Lind, P. O.: Oral lichenoid reactions related to composite restorations. Acta Odontol Scand 46, 63 (1988).
[132] Loesche, G. M.: Klasse-II-Kompositfüllungen mit und ohne konfektionierte Glaskeramik-Inserts. Dtsch Zahnärztl Z 51, 389 (1996).
[133] Lundin, S.-A., Noren, J. G., Warfvinge, J.: Marginal bacterial leakage and pulp reactions in class II composite resin restorations in vivo. Swed Dent J 14, 185 (1990).
[134] Lussi, A., Gygax, M., Hotz, P.: Die Mini-Präparation approximaler Kavitäten. Schweiz Monatsschr Zahnmed 97, 186 (1987).
[135] Lutz, F.: Die Adhäsiv-Versiegelung. Schweiz Monatsschr Zahnheilk 4, 1082 (1974).
[136] Lutz, F., Burkhart, R.: Das Concise-Enamel-Bond-System, eine Alternative? Schweiz Monatsschr Zahnheilk 84, 1113 (1974).
[137] Lutz, F., Phillips, R. W., Roulet, J.-F., Imfeld, T.: Komposits – Klassifikation und Wertung. Schweiz Monatsschr Zahnheilk 93, 14 (1983).
[138] Manson-Rahemtulla, B., Retief, D. H., Jamison, H. C.: Effect of concentrations of phosphoric acid on enamel dissolution. J Prosthet Dent 51, 495 (1984).
[139] Mayer, R.: Defekt- und Füllungstherapie mittels Schmelzätzung im Milchgebiß. Dtsch Zahnärztl Z 34, 185 (1979).
[140] McInnes-Ledoux, P. M., Zinck, J. H., Weinberg, R.: The effectiveness of opaquer and colormodifier materials: a laboratory study. J Am Dent Assoc 114, 205 (1987).
[141] Medlock, J. W., Zinck, J. H., Norling, B. K., Sisca, R. F.: Composite resin porosity with hand and syringe insertion. J Prosthet Dent 54, 47 (1985).
[142] Meerbeck Van, B., Braem, M., Lambrechts, P., Vanherle, G.: Two year clinical evaluation of two dentineadhesive systems in cervical lesions. J Dent 21, 195 (1993).
[143] Meerbeck Van, B., Braem, M., Lambrechts, P., Vanherle, G.: Evaluation of two dentin adhesives in cervical lesions. J Prosthet Dent 70, 308 (1993).
[144] Mehl, A., Hickel, R., Kunzelmann, K.-H.: Physical properties and gap formation of lightcured composites with and without „softstartpolymerization". J Dent 25, 321 (1997).
[145] Millar, B. J., Robinson, P. B., Inglis, A. T.: Clinical evaluation of an anterior hybrid composite resin over 8 years. Br Dent J 182, 26 (1997).
[146] Mühlemann, H. R., Lenz, H., Rossinsky, K.: Electron microscopic appearance of rehardened enamel. Helv Odontol Acta 8, 108 (1964).
[147] Nakabayashi, N., Takaranda, K.: Effect of HEMA on bonding to dentin. Dent Mater 8, 125 (1992).
[148] Nordenvall, K.-J.: Brännström, M., Malmgren, O.: Etching of deciduous teeth and young and old permanent teeth – A comparison between 15 and 60 seconds of etching. Am J Orthod 78, 99 (1980).
[149] Nowak, M., Ketterl, W., Geurtsen, W.: Eine klinische Untersuchung an Amalgamfüllungen unterschiedlicher Liegedauer. Dtsch Zahnärztl Z 39, 732 (1984).
[150] Olsen, M. E., Bishara, S. E., Boyer, D. B., Jakobsen, J. R.: Effect of varying etching times on the bond strength of ceramic brackets. Am J Orthod Dentofac Orthop 109, 403 (1996).
[151] Osborne, J. W., Norman, R. D., Gale, E. N.: A 12-year clinical evaluation of two composite resins. Quintess Int 21, 111 (1990).
[152] Pallav, P., De Gee, A. J., Davidson, C. L., Erickson, R. L., Glaspoole, E. A.: The influence of admixing microfiller to small particle composite resin on wear, tensile strength, hardness, and surface roughness. J Dent Res 68, 489 (1989).

[153] Pameijer, C. H., Stanley, H. R.: Pulp reaction to a dentin bonding agent. Am J Dent 8, 140 (1995).
[154] Papagiannoulis, L., Eliades, G., Lekka, M.: Etched glass ionomer liners: surface properties and interfacial profile with composite resins. J Oral Rehabil 17, 25 (1990).
[155] Pashley, D. H., Ciucchi, B., Sano, H.: Dentin as a bonding substrate. Dtsch Zahnärztl Z 49, 760 (1994).
[156] Pearson, G. J., Longman, C. M.: Water sorption and solubility of resinbased materials following inadequate polymerization by a visible light curing system. J Oral Rehabil 16, 57 (1989).
[157] Penning, C., Van Amerongen, J. P.: Microleakage of extended and nonextended class I composite resin and sealant restorations. J Prosthet Dent 64, (1990) 131.
[158] Plasmans, P. J. J. M., Reukers, E. A. J., Vollenbrock-Kuipers, L., Vollenbrock, H. R.: Air humidity: a detrimental factor in dentin adhesion. J Dent 21, 228 (1993).
[159] Quist, V.: Marginal adaptation of composite restorations performed in vivo with different acid etch restorative procedures. Scand J Dent Res 93, 68 (1985).
[160] Quist, V., Quist, J.: Replica patterns of composite restorations performed in vivo with different acid etch restorative procedures. Scand J Dent Res 93, 360 (1985).
[161] Quist, V., Quist, J., Mjör, I. A.: Placement and longevity of toothcolored restorations in Denmark. Acta Odontol Scand 48, 305 (1990).
[162] Ratanapridakul, K., Leinfelder, K. F., Thomas, J.: Effect of finishing on the in vivo wear rate of a posterior composite resin. J Am Dent Assoc 118, 333 (1989).
[163] Rasmussen, C.-G., Lundin, S.-A.: Class II restorations in six different posterior composite resins: Five year results. Swed Dent J 19, 173 (1995).
[164] Rauch, R. U., Lösche, G. M., Rosansky, J., Roulet, J.-F.: Der Einfluß der Kavitätenform auf die Randdichte von Klasse-V-Füllungen in vitro. Dtsch Zahnärztl Z 49, 825 (1994).
[165] Reid, J. S., Saunders, W. P., Chen, Y. Y.: The effect of bonding agent and tissue sealant on microleakage of composite resin restorations. Quintess Int 22, 295 (1991).
[166] Reinhardt, K.-J.: Die Schrumpfungsrichtung von Photopolymerisaten und ihre Wechselwirkung mit Unterfüllungsmaterialien. Dtsch Zahnärztl Z 44, 165 (1989).
[167] Reinhardt, K.-J.: Restdoppelbindungen und Grenzflächeneffekt von Kunststoffmaterialien. Dtsch Zahnärztl Z 46, 204 (1991).
[168] Rock, W. P., Weatherill, S., Anderson, R. J.: Retention of three fissure sealant resins and the effects of etching agent and curing method – 1 year results. J Pedr Dent 5 , 15 (1989).
[169] Roulet, J.-F., Noack, M., Blunck, U.: Die Zahnhalsfüllung. In: Ketterl, W. (Hrsg.): Deutscher Zahnärztekalender 1987. Hanser, München–Wien 1987.
[170] Rueggeberg, F. A., Caughman, W. F., Curtis, J. W.: Effect of light intensity and exposure duration on cure of resin composite. Oper Dent 19, 26 (1994).
[171] Ruyter, I. E.: Monomer systems and polymerization. In: Vanherle, G., Smith, D. C. (Hrsg.): Posterior composite resin dental restorative materials. 3M, St. Paul 1985.
[172] Ruyter, I. E., Oysaed, H.: Composites for use in posterior teeth: Composition and conversion. J Biomed Mat Res 21, 11 (1987).
[173] Sano, H., Shono, T., Takatsu, T., Hosoda, H.: Microporous dentin zone beneath resinimpregnated layer. Oper Dent 19, 59 (1994).
[174] Sano, H., Shono, T., Takatsu, T., Hofoda, H.: Nanoleakage: Leakage within the hybrid layer. Oper Dent 20, 18 (1995).
[175] Saunders, W. P., Strang, R., Ahmad, I.: In vitro assessment of the microleakage around preventive resin (laminate) restorations. J Dent Child 57, 433 (1990).
[176] Schaller, H. G., Kielbassa, A. M., Daiber, B.: Die Zughaftung verschiedener Dentinhaftvermittler in Abhängigkeit von der Dentinpermeabilität. Dtsch Zahnärztl Z 49, 830 (1994).
[177] Schmalz, G.: Die lokale Gewebeverträglichkeit von Komposit-Kunststoffen. In: Schriftenreihe der Akademie Praxis und Wissenschaft: Neue Füllungsmaterialien – Indikation und Verarbeitung. Hanser, München 1990.
[178] Schuckar, M., Geurtsen, W.: Proximocervical adaptation of Class II-composite restorations after thermocycling: a quantitative and qualitative study. J Oral Rehabil 24, 766 (1997).
[179] Schweikl, H., Schmalz, G., Bey, B.: Mutagenicity of dentin bonding agents. J Biomed Mat Res 28, 1061 (1994).
[180] Shay, K., Lloyd, P. M., Panhans, M. A., Bates, D. M.: The absence of an age effect on enamel solubility in phosphoric acid. J Prosthet Dent 60, 531 (1988).
[181] Shimada, Y., Harnirattisai, C., Inokoshi, S., Burrow, M. F., Takatsu, T.: In vivo adhesive interface between resin and dentin. Oper Dent 20, 204 (1995).
[182] Shortall, A., Harrington, E.: Guidelines for the selection, use, and maintenance of visible light activation units. Br Dent J 180, 383 (1996).
[183] Silverstone, L. M.: The structure and characteristics of human dental enamel. In: Smith, D. C., Williams, D. F. (Hrsg.): Biocompatibility of dental materials, Bd. I. CRC Press, Boca Raton 1982, p. 39.
[184] Silverstone, L. M., Hicks, M. J., Featherstone, M. J.: Oral fluid contamination of etched enamel surfaces: an SEM study. J Am Dent Assoc 110, 329 (1985).
[185] Simonsen, R. J.: Conservation of tooth structure in restorative dentistry. Quintess Int 16, 15 (1985).
[186] Simonsen, R. J.: Retention and effectiveness of a single application of white sealant after 10 years. J Am Dent Assoc 115, 31 (1987).
[187] Smail, S. R. J., Patterson, C. J. W., McLundie, A. C., Strang, W.: In vitro temperature rises during visible-light curing of a lining material and a posterior composite. J Oral Rehabil 15, 361 (1988).
[188] Smales, R. J., Gerke, D. C.: Clinical evaluation of four anterior composite resins over five years. Dent Mater 8, 246 (1992).
[189] Smith, D. C.: Posterior composite dental restorative materials: materials development. In: Vanherle, G., Smith, D. C. (Hrsg.): Posterior composite resin dental restorative materials. 3M, St. Paul 1985, p. 47.

[190] Söderholm, K.-J. M.: Filler systems and resin interface. In: Vanherle, G., Smith, D. C. (Hrsg.): Posterior composite resin dental restorative materials. 3M, St. Paul 1985, p.139.
[191] Söderholm, K.-J. M.: Filler leachability during water storage of six composite materials. Scand J Dent Res 98, 82 (1990).
[192] Spahl, W.: Analyse zahnmedizinischer Komposite auf extrahierbare Restmonomere und Additive mit Hilfe der Gaschromatographie/Massenspektrometrie und der Hochleistungsflüssigkeitschromatographie/Massenspektrometrie. Chem. Diss., Köln 1995.
[193] Spahl, W., Budzikiewicz, H., Geurtsen, W.: Eine Untersuchung zum Restmonomer- und Additiva-Gehalt verschiedener lichthärtender Hybridkomposite. Dtsch Zahnärztl Z 46, 471 (1991).
[194] Spahl, W., Budzikiewicz, H., Geurtsen, W.: Determination of leachable components from four commercial dental composites by gas and liquid chromatography/ mass spectrometry. J Dent 26, 137 (1998).
[195] Spreter von Kreudenstein, Th.: Kariestherapie mit schnellhärtendem Kunststoff. Hanser, München 1952.
[196] Stachniss, V., Pust, M.: Keramik-Inserts und konfektionierte Inlays als Amalgam-Nachfolgetechnologien. Dtsch Zahnärztl Z 51, 736 (1996).
[197] Staehle, H.-J.: Die Versorgung der Dentinwunde (pharmakokinetische, morphologische, werkstoffkundliche und klinische Gesichtspunkte). Med. Habil., Münster 1985.
[198] Stanley, H. R., Going, R. E., Chauncey, H. H.: Human pulp response to acid pretreatment of dentin and to composite restorations. J Am Dent Assoc 91, 817 (1975).
[199] Subrata, G., Davidson, C. L.: The effect of various surface treatments on the shear strength between composite resin and glassionomer cement. J Dent 17, 28 (1989).
[200] Surmont, P., Martens, L., D'Hauwers, R.: The preventive class II restoration: clinical application. Quintess Int 22, 211 (1991).
[201] Svanberg, M., Mjör, I. A., Orstavik, D.: Mutans streptococci in plaque from margins of amalgam, composite, and glassionomer restorations. J Dent Res 69, 861 (1990).
[202] Swartz, M. L., Phillips, R. W., Rhodes, B.: Visible light activated resins – depth of cure. J Am Dent Assoc 106, 634 (1983).
[203] Swift, E. J.: Preventive resin restorations. J Am Dent Assoc 114, 819 (1987).
[204] Swift, E. J., Triolo, P. T., Barkmeier, W. W., Bird, J. L., Bounds, S. J.: Effect of lowviscosity resins on performance of dental adhesives. Am J Dent 9, 100 (1996).
[205] Swift, Jr. E. J., Cloe, B. C.: Shear bond strength of new enamel etchants. Am J Dent 6, 162 (1993).
[206] Takahashi, K., Emilson, C. G., Birkhed, D.: Fluoride release in vitro from various glass ionomer cements and resin composites after exposure to NaF solutions. Dent Mater 9, 350 (1993).
[207] Tay, F. R., Gwinnett, A. J., Wie, S. H. Y.: The overwet phenomenon: A scanning electron microscopic study of surface moisture in the acidconditioned, resindentin interface. Oper Dent 9, 109 (1996).
[208] Thonemann, B., Federlin, M., Schmalz, G., Schams, A.: Clinical evaluation of heatpressed glassceramic inlays in vivo: 2-year results. Clin Oral Invest 1, 27 (1997).
[209] Tjan, A. H. L., Glancy, J. F.: Effects of four lubricants used during incremental insertion of two types of visible lightactivated composites. J Prosthet Dent 60, 189 (1988).
[210] Tjan, A. H. L., Chan, C. A.: The polishability of posterior composites. J Prosthet Dent 61, 138 (1989).
[211] Tyas, M. J., Toohey, A., Clark, J.: Clinical evaluation of the bond between composite resin and etched glass ionomer cement. Austr Dent J 34, 1 (1989).
[212] Ueberschär, M.: Die Wurzeloberflächenkaries – Literaturübersicht und vergleichende klinische Untersuchung zur chemotherapeutischen Prophylaxe. Med. Diss., Hannover 1991.
[213] Van der Veen, H. J., Pilon, H. F., Henry, P. P.: Clinical performance of one microfilled and two hybrid anterior composite resins. Quintess Int 20, 547 (1989).
[214] Van Dijken, J. W. V.: A clinical evaluation of anterior conventional, microfiller, and hybrid composite resin fillings. Acta Odontol Scand 44, 357 (1986).
[215] Van Dijken, J. W. V.: Conventional, microfilled and hybrid composite resins: Laboratory and clinical evaluations. Odont. Diss., Umea 1987.
[216] Van Dijken, J. W. V., Hörstedt, P.: Marginal adaptation of composite resin restorations placed with or without intermediate low viscous resin – An SEM investigation. Acta Odontol Scand 45, 115 (1987).
[217] Van Dijken, J. W. V., Hörstedt, P.: Effect of the use of rubber dam versus cotton rolls on marginal adaptation of composite resin fillings to acidetched enamel. Acta Odontol Scand 45, 303 (1987).
[218] Van Dijken, J. W. V., Wing, K. R., Ruyter, I. E.: An evaluation of the radiopacity of composite restorative materials used in class I and class II cavities. Acta Odontol Scand 47, 401 (1989).
[219] Vanherle, G., Lambrechts, G., Braem, M.: Overview of the clinical requirements for posterior composites. In: Vanherle, G., Smith, D. C. (Hrsg.): Posterior composite resin dental restorative materials. 3M, St. Paul 1985, p. 21.
[220] Vanherle, G., Lambrechts, P., Braem, M.: Erfahrungen mit Komposit-Füllungsmaterialien im Seitenzahnbereich. Dtsch Zahnärztl Z 44, 664 (1989).
[221] Vankerckhoven, H., Lambrechts, P., Van Beylen, M., Davidson, C. L., Vanherle, G.: Unreacted methacrylate groups on the surfaces of composite resins. J Dent Res 61, 791 (1982).
[222] Varpio, M.: Proximoclusal composite restorations in primary molars: a sixyear followup. J Dent Child 52, 435 (1985).
[223] Varpio, M., Warfvinge, J., Noren, J. G.: Proximoocclusal composite restorations in primary molars: Marginal adaptation bacterial penetration, and pulpal reactions. Acta Odontol Scand 48, 161 (1990).
[224] Vernieks, A. A., Geurtsen, W.: Das Bleichen verfärbter marktoter Zähne. Zahnärztl Welt 95, 130 (1986).
[225] Versluis, A., Douglas, W. H., Cross, M., Sakaguchi, R. L.: Does an incremental filling technique reduce polymerization shrinkage stresses? J Dent Res 75, 871 (1996).

[226] Vesterhus Strand, G., Raadal, M.: The efficiency of cleaning fissures with an airpolishing instrument. Acta Odontol Scand 46, 113 (1988).

[227] Walker, J. D., Jensen, M. E., Pinkham, J. R.: A clinical review of preventive resin restorations. J Dent Child 57, 257 (1990).

[228] Walls, A. W. G.: Glass polyalkenoate (glassionomer) cements: a review. J Dent 14, 231 (1986).

[229] Walls, A. W. G., McCabe, J. F., Murray, J. J.: The polymerization contraction of visiblelight activated composite resins. J Dent 16, 177 (1988).

[230] Welbury, R. R., Walls, A. W. G., Murray, J. J., McCabe, J. F.: The management of occlusal caries in permanent molars. A 5-year clinical trial comparing a minimal composite with an amalgam restoration. Br Dent J 169, 361 (1990).

[231] Welbury, R. R., Murray, J. J.: A clinical trial of the glassionomer cementcomposite resin „sandwich" technique in class II cavities in permanent premolar and molar teeth. Quintess Int 21, 507 (1990).

[232] White, K. C., Cox, C. F., Kanka, J., Farmer, J. B., Snuggs, H. M.: Pulpal response to adhesive resin systems applied to acidetched vital dentin: Damp versus dry primer application. Quintess Int 25, 259 (1994).

[233] Willems, G., Lambrechts, P., Braem, M., Celis, J. P., Vanherle, G.: A classification of dental composites according to their morphological and mechanical characteristics. Dent Mater 8, 310 (1992).

[234] Willems, G., Lambrechts, P., Lesaffre, E., Braem, M., Vanherle, G.: Threeyear followup of five posterior composites: SEM study of differential wear. J Dent 21, 79 (1993).

[235] Wilson, E. G., Mandradjeff, M., Brindock, T.: Controversies in posterior composite resin restorations. Dent Clin North Am 34, 27 (1990).

[236] Winkler, M. M., Katona, T. R., Paydar, N. H.: Finite element stress analysis of three filling techniques for class V lightcured composite restorations. J Dent Res 75, 1477 (1996).

[237] Woolford, M.: Composite resin attached to glass polyalkenoate (ionomer) cement – the laminate technique. J Dent 21, 31 (1993).

[238] Woronko, G. A., Germain, H. A. S., Meiers, J. C.: Effect of dentin primer on the shear bond strength between composite resin and enamel. Oper Dent 21, 116 (1996).

[239] Xie, J., Powers, J. M., McGuckin, R. S.: In vitro bond strength of two adhesives to enamel and dentin under normal and contaminated conditions. Dent Mater 9, 295 (1993).

[240] Zidan, O., Hill, G.: Phosphoric acid concentration: Enamel surface loss and bonding strength. J Prosthet Dent 55, 388 (1986).

Zahnfarbene Inlays

von RAINER HAHN

Inhaltsübersicht

Einleitung

Bis vor wenigen Jahren beherrschten vorwiegend restaurativ geprägte Überlegungen die Maßnahmen der Zahnerhaltung. Aus dem Vorliegen eines Moment-Zustandes, z.B. der Diagnose „Karies" oder „Randimperfektion", wurde ein restaurativer Handlungsbedarf abgeleitet. In der Folge wurde invasiv behandelt. Im Mittelpunkt standen die Präparationen nach *Black-Regeln* mit einer anzustrebenden kastenförmigen Kavitätengrundgeometrie, Kavitätenrandwinkel von hohem Völligkeitsgrad, der Entfernung nicht von gesundem Dentin unterstützten Schmelzes und der Extension der Kavitätenränder wenigstens in den Bereich der Zone der Bürstenreinigung. Begriffe wie Retentions- und Widerstandsform oder die *Philosophie „Extension for prevention"* waren kennzeichnend für das Bestreben, durch über die Entfernung erkrankter Zahnhartsubstanzen hinausgehende Präparationsmaßnahmen eine Verbesserung der Prognose der Restauration zu erlangen. Zähne mit derartig behandelten Primärläsionen wiesen schnell Füllungen von erheblichem Volumen auf. Nicht selten wurden zukünftig fällige Sekundärrestaurationen nicht mehr als plastische Füllung, sondern als Inlay ausgeführt. Zur Realisation der dafür notwendigen nach okklusal divergenten Kavitätenwände wurde wiederum vorwiegend gesunde Zahnhartsubstanz präpariert.

Trotz dieser vergleichsweise extensiven Präparationen waren non-adhäsiv eingegliederte Inlayrekonstruktionen mit einer hohen Sekundärkariesinzidenz behaftet [16]. Für größere Primärkariesläsionen, vorwiegend aber für Sekundärversorgungen, galt daher lange Zeit die Empfehlung, die Höcker durch Überschliffe im Sinne von Onlay- und Teilkronenrestaurationen mit in die Rekonstruktion einzubeziehen. Erneut wurde zur Verbesserung der Prognose der Restauration zusätzlich gesunde Zahnhartsubstanz geopfert. Ausgefeilte Restaurationstechniken und herkömmliche zahnärztliche Kontrollen, zumeist in Jahresintervallen, konnten die Progredienz der Karies jedoch nicht mindern. Üblicherweise sind wenige Jahre nach einer „Füllungstherapie" sowohl die „therapierten" Zahnflächen wie auch weitere ursprünglich gesunde Zahnflächen von neuen Kariesläsionen betroffen [3]. Eine besonders hohe Kariesinzidenz weisen die ursprünglich intakten Approximalflächen in der Nachbarschaft zu bereits restaurierten Zähnen auf, welche im Zuge der Füllungstherapie am Nachbarzahn häufig verletzt werden [4, 13].

Karies kann durch keine noch so ausgefeilte Füllungstherapie kausal behandelt werden. Eine ursächliche Behandlung und Vorbeugung ist nur durch ein auf das individuelle Kariesrisiko und die persönliche Situation des Patienten angepaßtes Prophylaxeprogramm möglich [1, 2].

Indikationen zur invasiven Restauration

Eine zuverlässige Diagnostik von Primär- oder Sekundärkariesläsionen ist häufig sehr schwierig. Dies zeigt sich z.B. in einer oftmals geringen Reliabilität von Therapieentscheidungen, insbesondere im Rahmen der Behandlung okklusaler und approximaler Initialkariesläsionen oder der Erneuerung alter Füllungen [14].

Andererseits ist bekannt, daß die Prognose der Zähne durch kumulative Noxen im Zusammenhang mit invasiven therapeutischen Maßnahmen, z.B. durch Induktion endodontischer Komplikationen oder durch strukturelle Schwächung, verschlechtert wird [12]. Beispielsweise beträgt die Wahrscheinlichkeit in einem Zeitintervall von fünf Jahren nach vorausgehender extensiver Kronenpräparation keinen Funktionsverlust des Endodontes zu erleiden nur 67% [20].

Es besteht daher zunehmend der Verdacht, daß viele auf der Basis unsicherer Diagnostik getroffenen, häufig nicht reproduzierbaren Therapieentscheidungen und damit einhergehende invasive Präparationen und aufwendige Rekonstruktionen vermeidbar sein könnten [5]. Möglicherweise wird die Prognose der betroffenen Zähne durch zurückhaltende restaurative „Zahnerhaltungsmaßnahmen" eher verbessert als verschlechtert [6, 7].

Derzeitig werden verbesserte, quantifizierbare Diagnosemethoden, die Konservierung initialer Kariesläsionen unter Umgehung einer herkömmlichen Füllungstherapie oder die Reparatur oder Erweiterung scheinbar defekter Restaurationen im Sinne von Alternativlösungen diskutiert. So manche Restauration nach altem Muster ist jedoch bereits heute nach sorgfältiger Kariesdiagnostik, ursächlicher Kariestherapie und Anwendung von oftmals anhaltend bakteriziden Substraten (z.B. hochkonzentrierten Chlorhexidinlacken) zugunsten einer „Lacktherapie" vermeidbar.

Primärrestauration

Die zunehmende Akzeptanz von Prophylaxemaßnahmen in der breiten Bevölkerung sowie die Fortschritte in der zahnärztlichen Diagnostik resultieren nicht nur in einem Rückgang der Kariesprävalenz, sondern in einer Verlagerung der Kariesläsionen hin zu kleineren Defekten. Dem tragen die jüngsten Entwicklungen von *präzisen Präparationsinstrumenten* zur oszillierenden Mikropräparation, *verbesserten Adhäsivwerkstoffen* und *fließfähigen Kompositen* bereits Rechnung. Der Einsatz von konfektionierten oder individuell gefertigten Paßkörpern wäre hier meistens durch notwendige forcierte Präparationen nicht defektgerecht und wenig zahnhartsubstanzschonend.

Die bei Primärläsionen anzustrebenden minimal-invasiven Präparationen beschränken sich auf eine kleine Zugangskavität und deren selektive Erweiterung zur vollständigen Kariesentfernung unter Sichtkontrolle.

Sekundärrestauration

Moderne Adhäsivsysteme und Feinpartikelhybridkomposite eignen sich gut zur Routineversorgung auch von z.B. durch alte Primärversorgungen vorgegebene okklusale und kleine approximale Defekte mit kastenförmiger Grundgeometrie. Bei großvolumigen, insbesondere approximalen Defekten, sind diese Werkstoffe, vor allem aber die Verfahrensabläufe der Adhäsivtechnik sehr aufwendig, schwierig und ausgesprochen fehleranfällig. Unsicherheiten resultieren auch aus einer wissenschaftlich noch unzureichenden Absicherung der adhäsiven Versorgung von Defekten mit zervikaler Dentinrandbegrenzung sowie aus möglichen Problemen mit einer suffizienten Trockenlegung während der vergleichsweise langen Prozedur oder der Matrizentechnik. Weitere Schwierigkeiten liegen in einer funktionellen Kauflächengestaltung ohne Verletzung der Integrität benachbarter Zahnschmelzoberflächen sowie in der Vermeidung von häufig kaum sichtbaren Überschüssen.

Großvolumige Klasse-II-Defekte können vielfach durch Einsatz von konfektionierten oder individuell gefertigten Paßkörpern im Sinne von Inserts oder von Inlays praktikabler und qualitativ hochwertiger versorgt werden.

Insert oder Inlay

Moderne Insert- oder Inlaysysteme erlauben eine definierte Grenzflächenzuordnung und präzise Fügespalten, welche in einer wesentlichen Optimierung der marginalen Adaptation und der Verschleißbeständigkeit der (Befestigungs-)Komposite resultieren.

Der klassische Zementspalt bei herkömmlich zementiertem Zahnersatz wird bei *adhäsiv befestigten Paßkörpern* zu einem Fügebereich mit weitgehend spaltfrei adsorbiertem Komposit (an die gegenüberliegenden Grenzflächen des konditionierten Paßkörpers sowie der säuregeätzten und mittels Adhäsiven infiltrierten Zahnhartsubstanz). Der Breite dieses Fügebereiches kommt nach heutigen Erkenntnissen eine weitaus weniger wichtige Bedeutung zu, als ursprünglich angenommen. Eine *bakteriendichte Randobturation* ist auch mit vergleichsweise breiten Fügeübergängen (> 100 µm) zu erzielen, obgleich der Oberflächenverschleiß der Befestigungskomposite unter Ausbildung einer negativen Stufe schneller eintritt. Im Blickpunkt kritischer Betrachtung stehen heute ein eher zu schmaler Fügespalt oder gar klemmende Restaurationen, da vermutlich aufgrund reduzierter Relaxationseffekte im Polymervolumen während des Phasenwechsels im Zuge der Polymerisation hohe Residualspannungen auftreten. Diese können in den benachbarten Oberflächenrandbereichen der Kavitätenränder und der Inlayoberfläche zu kohäsiven Randfrakturen führen. Dadurch wird die Qualität der Diffusionsbarriere für vitale Bakterien gefährdet, die durch die Rekonstruktion erzielt werden sollte.

Insert- und *Inlayrestaurationen* scheinen, jeweils korrekte Applikationstechniken vorausgesetzt, eine ähnliche Prognose zu besitzen.

Die Bestrebungen, durch Bearbeitung gesunder Zahnhartsubstanz mit formkongruenten Diamantfeilen eine Anpassung von konfektionierten Inserts zu erreichen, sind fragwürdig. Hierdurch wird die Prognose der Restauration sehr wahrscheinlich nicht verbessert. Die Prognose des restaurierten Zahnes wird durch unnötiges Zahnhartsubstanzopfer, insbesondere der für eine Verbundrestauration wichtigen zervikalen Schmelzstrukturen und die aufgrund der mittelwertig konvexen Formen bei zumeist konkaver Zahnform unvermeidbare Erzeugung approximal zervikaler Überschüsse, eher verschlechtert.

Für *großvolumige Klasse-II-Defekte* kann durch

Anwendung von aus einem Konfektionssortiment defektgerecht vorausgewählten, ggf. durch manuelle Bearbeitung weiter passungsangenäherten Inserts bei herkömmlich vorverkeilten Metallmatrizen auf die aufwendige und fehleranfällige Schichttechnik der Komposite verzichtet werden. Der zusätzliche Materialaufwand durch das Insert ist gering, der für allfällige Konditioniermaßnahmen des Paßkörpers benötigte zusätzliche Zeitaufwand wird durch den Wegfall der Schichttechnik und die insgesamt kürzere Polymerisationszeit weitgehend kompensiert.

Für *Einzelzahnrestaurationen* zeichnen sich Insertrestaurationen durch eine im Vergleich zur Inlaytechnik einfache und sehr zahnhartsubstanzschonende Präparation, die Einsparung der Laborkosten und die einzeitige Behandlung aus. Nachteilig sind die Bruchanfälligkeit bei der okklusalen Reduktion, die aufwendige Gestaltung einer funktionellen Kaufläche durch manuelles Beschleifen sowie die hohe Gefahr der Verletzung benachbarten intakten Zahnschmelzes bei der umfangreichen Ausarbeitung und Politur. Des weiteren sind die Möglichkeiten zur individuellen Rekonturierung der Approximalflächen im Gegensatz zu Inlayrestaurationen durch die Grenzen der Matrizentechnik limitiert.

Insertrestaurationen eignen sich daher gut für die Einzelzahnversorgung, für Quadrantensanierung überwiegen die Nachteile.

Demgegenüber eignen sich *Inlayrestaurationen* aufgrund der labortechnisch herstellbaren Präzisionspassung, der individuell rekonstruierten Approximalkontur und der funktionellen Kauflächengestaltung gut zur Rekonstruktion großvolumiger Defekte, z.B. im Rahmen der Erneuerung defekter Amalgamfüllungen im Zuge der Rekonstruktion von vorwiegend antagonistischen Quadranten [9]. Der durch die Abformtechnik, die funktionelle Registrierung und die provisorische Versorgung verursachte Mehraufwand relativiert sich bei mehreren Restaurationen, der zusätzliche Laboraufwand verursacht jedoch insgesamt hohe Behandlungskosten.

Bei der Kavitätenpräparation zur Aufnahme zahnfarbener Inlays ist darauf zu achten, daß ggf. unterminierte Schmelzareale erhalten und durch geeignete Aufbaumaterialien, wie z.B. farblich von der Zahnhartsubstanz unterscheidbare Komposite, vorzugsweise im Rahmen einer Vorbehandlung ausgeblockt werden. Die Stabilisierung dieser Kavitätenränder erfolgt später im Verbund mit dem Befestigungskomposit bzw. dem Paßkörper.

Alternativ zu den zweizeitig realisierten laborgefertigten Inlays haben im CAD-CAM-Verfahren *computergestützt gefertigte Inlays* den Vorteil der Präparation, Inlayfertigung und definitiven Eingliederung in einer Sitzung. Allerdings geht die zur Herstellung der Inlays benötigte Zeit zu Lasten des Behandlers und die eingesetzten Inlays bedürfen einer filigranen manuellen Bearbeitung zur Anpassung von vorzugsweise konkaven zervikalen Konturen sowie zur funktionellen Optimierung der Kaufläche. Diese sollten bei Quadrantensanierungen vorzugsweise jeweils vor Konstruktion und Eingliederung benachbarter Restaurationen abgeschlossen sein, woraus sich ein sukzessives Vorgehen ableitet, was erhebliche zeitliche Leerläufe verursacht. Vielfach werden CAD-CAM-Inlays daher als Alternative zu Insertrestaurationen im Zuge von Einzelzahnrekonstruktionen eingegliedert.

Im Gegensatz zu den Defekten nach vorausgehender Entfernung defekter Amalgamfüllungen weisen ursprünglich für *Goldgußrestaurationen* präparierte Zähne nicht selten ausgedehnte Slice-Präparationen auf.

Diese dünnen Anschrägungen können mit den meisten zahnfarbenen Paßkörpern nicht reproduziert werden. Eine Umpräparation in vorzugsweise rechtwinklige Kavitätenränder würde ein sehr hohes Opfer an gesunder Zahnhartsubstanz, insbesondere in der kritischen approximal zervikalen Region bedeuten und ist daher unvorteilhaft. In vielen Fällen sind in diesen Situationen *adhäsive eingegliederte Metallrestaurationen* nach vorausgehender silikatischer Oberflächenbeschichtung, beispielsweise im Rocatec®-Verfahren (ESPE), oder mittels partiellen Metallrändern modifizierte keramische Inlays vorteilhafte Alternativen [9]. Auch diese Restaurationen werden silanisiert und nach absoluter Trockenlegung sowie Schmelzätzung der Kavitätenränder mit licht- und chemisch (dual-)härtenden Befestigungskompositen adhäsiv eingegliedert.

Materialauswahl und Labortechnik

In den letzten Jahren ist die Nachfrage der Patienten nach *zahnfarbenen Seitenzahnrestaurationen* vor dem Hintergrund der gewachsenen ästhetischen Ansprüche und der Diskussionen um die biologische Verträglichkeit von Metallegierungen, insbesondere Amalgamen, drastisch angestiegen. An zahnfarbenen Restaurationswerkstoffen stehen derzeitig im wesentlichen Verbundwerkstoffe auf Polymerbasis mit anorganischen Füllstoffen, sogenann-

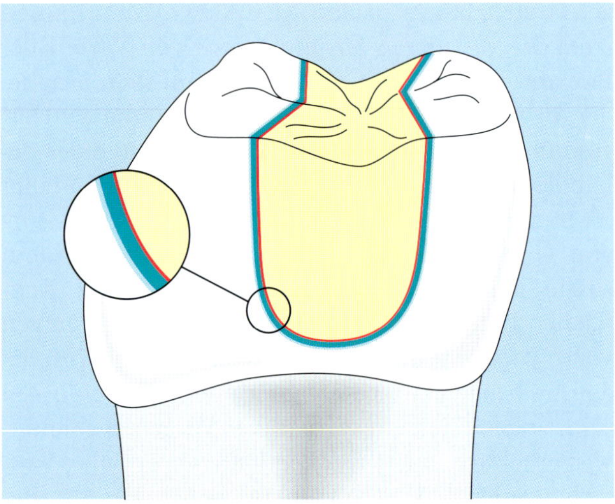

Abb. 1a Adhäsiv restaurierter Zahn als Verbundsystem (schematisch).

Inlay = gelb, Silanschicht = rot, (Befestigungs-)Komposit = dunkelblau, mit Adhäsiv infiltrierte Zahnhartsubstanz = hellblau, Zahnhartsubstanz = weiß.

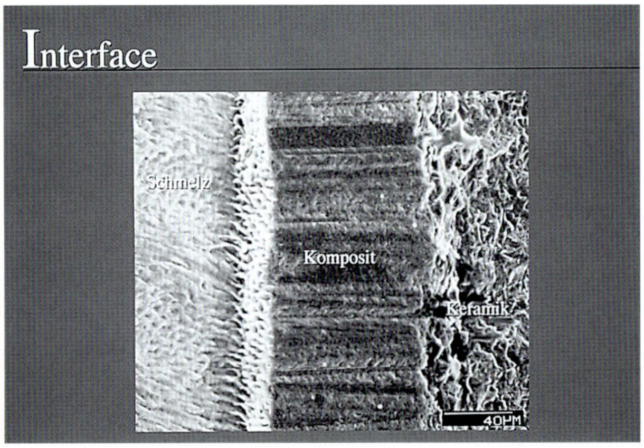

Abb. 1b Repräsentative rasterelektronenmikroskopische Detaildarstellung (geätzter Schliff) des Fügebereiches zwischen konditionierter Dentalkeramik und säuregeätztem Zahnschmelz verbunden mit Befestigungskomposit.

te Komposite, oder Dentalkeramiken auf der Basis gefüllter Glasstrukturen zur Verfügung. Neue, derzeitig jedoch noch nicht ausgereifte Entwicklungen betreffen Hybridwerkstoffe mit gleichzeitig anorganischen und organischen Eigenschaften oder Gradientenwerkstoffe mit antagonistischen funktionellen Werkstoffpolen.

Für die Prognose von mittels laborgefertigtem Zahnersatz restaurierten Zähnen ist jedoch nicht nur der Zahnersatzwerkstoff von Bedeutung, sondern gleichermaßen das Befestigungsmaterial.

Insbesondere in Adhäsivtechnik unter Anwendung von (Befestigungs-)Kompositen rekonstruierte Zähne bilden insgesamt ein komplexes Verbundsystem, welches in hohem Maße die Funktionsprognose determiniert (Abb. 1).

Komposit

Komposite unterliegen, auch als moderne, hochgefüllte Mikrohybride, ausgeprägten *Volumenschwindungen* beim Phasenwechsel im Zuge der Polymerisation. Insbesondere bei Polymersystemen mit photokatalysierten Polymerisationsreaktionen kann es durch die Induktion von Residualspannungen im Komposit zu adhäsiven Grenzflächenfrakturen und/oder zu einem Kohäsivversagen der Zahnhartsubstanz bzw. der Komposite kommen, welches die marginale Integrität der Rekonstruktion im Sinne eines Leakage beeinträchtigt.

Darüber hinaus kommt es im Mundmilieu durch Wasseraufnahme zu *Relaxations- und Quellungseffekten* mit induzierten Mikrorißbildungen und sekundären Verfärbungen, chemischen und/oder bakteriellen Degradations- und Hydrolyseeffekten sowie zu mechanischen Ermüdungs- und Verschleißerscheinungen, welche eine reduzierte Beständigkeit zur Folge haben. Ferner ist die Neigung zur *Plaqueakkumulation* hoch.

Aufgrund der nachteiligen Auswirkungen der Polymerisationsschrumpfung auf die Materialeigenschaften der Komposite und die marginale Adaptation der Restauration wird das in der Kavität zu polymerisierende Polymervolumen durch Verwendung hochgefüllter Komposite, sog. *Mikrohybride*, zu minimieren versucht. Zur Restauration kastenförmiger Kavitäten empfiehlt sich ferner eine schichtweise Applikation und Polymerisation, wobei jede Schicht eine möglichst große freie Oberfläche in Relation zu der an konditionierte Zahnhartsubstanzen oder zuvor polymerisierte Kompositschichten gebundenen Oberfläche aufweisen sollte. Zudem wird die initiale Polymerisation mit reduzierter Lichtintensität durchgeführt (soft start), was die durch den Phasenwechsel der Komposite verursachten Residualspannungen minimieren hilft [18].

Eine andere Möglichkeit zur Optimierung der marginalen Adaptation und der Verschleißbeständigkeit der Befestigungskomposite besteht in der Integration eines *Paßkörpers* mit Konfektions- oder individuell nach dem Defekt erstellten Geometrie.

Alternativ zur direkten adhäsiven Verarbeitung in Zahnkavitäten können dieselben Kompositwerkstoffe, zumeist ebenfalls Mikrohybride, auch nach vorausgehender Isolation in divergent präparierten Zahnkavitäten zu Inlays modelliert und nach photokatalytischer Vorpolymerisation aus der Kavität entnommen werden. Nach *extraoraler „Vergütung"* zumeist unter Anwendung von Licht und/oder Wärme und Ausarbeitung des Inlays kann dieses nach vorausgehender Konditionierung der Fügeoberflächen, z.B. durch Applikation von Silanen mittels Befestigungskompositen, als direktes Inlay adhäsiv in der Kavität befestigt werden.

Dieses Verfahren ist heute wenig gebräuchlich, da es immer wieder zu Schwierigkeiten bei der notwendigen Entformung der Inlays kam.

Eine Modifikation dieses Verfahrens wurde für sogenannte *semidirekte Inlays* vorgeschlagen. Diese Technik basiert auf einer Segmentabformung zur Herstellung von Modellstümpfen, oftmals aus Silikon, direkt am Patienten. Die Fertigung des Inlays auf diesen Stümpfen war jedoch häufig umständlich und zeitaufwendig und bezüglich Passung und Okklusalflächengestaltung unzufriedenstellend.

Aus diesen Gründen empfiehlt es sich, Kompositinlays (wenn überhaupt) heutzutage als herkömmliche indirekte Inlays unter Anwendung konventioneller Labortechnik zu fertigen.

Dentalkeramik

Keramische Werkstoffe zeichnen sich insbesondere durch *ihre hohe Druckfestigkeit*, ihre *Verschleißbeständigkeit* und die *hohe thermodynamische Stabilität* der wichtigsten Phasenbestandteile aus, welche in einer hohen chemischen Beständigkeit resultiert. Die verwendeten Grundwerkstoffe sowie die daraus gefertigten Komponenten sind in den meisten Fällen biokompatibel, bzw. bioaktiv, und weisen vielmals eine geringe Neigung zur Plaqueakkumulation auf. Darüber hinaus können Silikatkeramiken (Porzellane) mit hohen Transluzenzkennwerten in zahnähnlichen Eigenfarben hergestellt werden.

Aufgrund dieser Eigenschaften waren keramische Werkstoffe bereits Mitte des letzten Jahrhunderts als Füllungsmaterialien in der Diskussion. Trotz komplizierter Präparationstechniken und aufwendiger Fertigungsmethoden waren die Mißerfolgsquoten damaliger Porzellane durch Frakturen infolge ungenügender mechanischer Eigenschaften und häufig eintretender Dislokationen konventionell einzementierter Inlays hoch. Erst die Entwicklung der *Schmelzätztechnik*, verbesserter keramischer Fertigungsverfahren sowie moderner Eingliederungstechniken zur Verbundstabilisierung oberflächenkonditionierter Porzellanrestaurationen ermöglichten eine zuverlässige Anwendung vollkeramischer Einlagefüllungen, Veneers und bedingt Einzelzahnkronen [8].

Im Gegensatz zu Metallegierungen, die üblicherweise im Rahmen der Verarbeitung zu Zahnersatz lediglich umgeformt werden, sind Dentalkeramiken in den meisten Fällen das Produkt einer Materialherstellung in Form der gewünschten Restauration.

> Die mechanischen Eigenschaften keramischer Zahnrestaurationen lassen sich nicht durch die kennzeichnenden Merkmale der zu ihrer Herstellung verwendeten Werkstoffsysteme beschreiben, sondern sind vielmehr eine Funktion fertigungs- und formgebungsinduzierter Strukturcharakteristika. Aus Gründen der Qualitätssicherung steht die Prozeßführung im Rahmen der Keramikherstellung bei der Beurteilung eines keramischen „Werkstoffsystems" an erster Stelle.

Dies insbesondere, da durch Optimierung der Fertigungstechnik vermeidbare Fehler nach Fertigstellung der Komponenten, im Rahmen von Qualitätskontrollen mit zerstörungsfreien Prüfmethoden, nicht mit Sicherheit ausgeschlossen werden können.

Formsinterung (Porzellanschlicker)

Charakteristisch für das zahntechnische Formsinterverfahren ist die individuelle Materialherstellung aus einem locker geschichteten *Pulver-Flüssigkeits-Schlicker* direkt in Form der zu fertigenden Zahnrestauration (Tab. 1). Unter Temperatureinwirkung beginnen die Ecken und Kanten der verschiedenen Porzellangemengeteilchen einzuschmelzen, es kommt zu „Brückenbildungen" zwischen den einzelnen Partikeln. Mit dieser „nassen Sinterung" geht aufgrund der Reduktion der mittleren Teilchenabstände ein deutlicher *Volumenschwund* einher. Zur Kompensation der Volumenschwindung werden Inlayrestaurationen in *mehreren Brandzyklen* üblicherweise auf einem feuerfesten Einbettmassemodell *additiv* aufgebaut. Üblicherweise erfolgt der wesentliche Substanzauftrag mit dem ersten und zweiten Brand unter gezielter Steuerung der Schrumpfungsvektoren.

Tabelle 1 Fertigungsspezifische Einflüsse auf die Qualität formgesinterter Porzellanrestaurationen.

- Dimensionsänderungen bei der Herstellung eines feuerfesten Duplikatmodells
- komplexe Volumenänderungen durch Abbinde- und thermische Expansion bzw. Kontraktion (Abkühlphase) des Einbettmassemodells sowie massive Volumenschwindung der Porzellanmasse durch nasse Sinterung
- limitierte strukturelle Stabilität und ausgeprägte Festigkeitsschwankungen durch poröse silikatische Matrixstruktur, ausgeprägte Oberflächen- und Volumenfehler hervorgerufen durch mangelnde Primärverdichtung, Fremdeinschlüsse und Rückstände von Verarbeitungsadditiven sowie durch Entmischungen und Phasenbildungen
- eingeschränkte Reproduktion dünner Restaurationsanteile, scharfer Kanten oder Segmenten mit hohem Oberflächen-Volumenverhältnis
- strukturelle Schädigung durch häufig erforderliche Nachbearbeitung mit rotierenden Diamantinstrumenten
- induzierte Gasblasenbildung durch Oberflächenglasur

Tabelle 2 Fertigungsspezifische Einflüsse der Guß- bzw. Preßformgebung auf die Qualität glaskeramischer Zahnrestaurationen.

- komplizierte, fehleranfällige Abstimmung der spezifischen Volumenänderungen der Einbettmasse (Abbindeexpansion und thermische Expansion) auf die ausgeprägten Volumenschwindungen beim Erstarren, Abkühlen und Keramisieren der Glasphase. Induktion von Eigenspannungen und Initialrißbildungen während des Abkühlens geometrisch komplexer Gußstücke mit ungleichmäßiger Schichtstärke und Massenverteilung
- Ionenaustausch zwischen der Einbettmasse und der Glasphase unter Ausbildung spezifischer Oberflächenschichten mit häufig nachteiligen mechanischen, chemischen oder ästhetischen Eigenschaften (z.B. weißliche Randverfärbung bei Dicor-Inlays)
- mangelhafte Reproduktion graziler Restaurationssegmente mit hohem Oberflächen-Volumenverhältnis; Verrundung scharfer Kanten, Gußperlenbildung
- Inhomogenitäten durch Entmischungen, Phasenbildungen, Einschlüsse, Poren und Rückstände
- strukturelle Schäden durch häufig erforderliche Nachbearbeitung mit rotierenden Diamantinstrumenten

Der dritte Brand dient der funktionellen Gestaltung und der endgültigen Form-, Farb- und Transparenzabstimmung.

Nach Kontrolle und ggf. Adjustierung im Artikulator werden die funktionellen (äußeren) Oberflächen abschließend poliert bzw. falls erforderlich glasiert. Repräsentative Beispiele für diese Materialgruppe „Sinterkeramik" sind Vitadur Alpha® (Vita), Biodent-Inlay-Keramik® (De Trey Dentsply), Flexo-Ceram® (Elephant Ceramics), Optec-HSP® (Generic Pentron) oder Mirage® (Chameleon Dental Products).

Guß- bzw. Preßverformung (Glaskeramik)

Die Formgebung im Guß- bzw. Preßverfahren erfolgt nach Erwärmung von Glasrohlingen über den Schmelzpunkt. Die im Vergleich zu Edelmetallen wesentlich höhere Viskosität der Glasschmelze erfordert den Einsatz spezieller Motorschleudern oder Preßverfahren, wobei der Druck auf das Gußstück zumeist während der gesamten Erstarrungsphase aufrechterhalten wird. In einer darauf folgenden gesteuerten Temperaturbehandlung der dotierten Spezialgläser werden mit steigender Temperatur Kristallstrukturen ausgebildet oder vermehrt (Keramisierprozeß). Die Geometrie der Gußstücke kann beim Keramisieren durch Einbetten, z.B. in eine Leuzit-Gips-Einbettmasse, trotz geringer Volumenkontraktion erhalten werden (Tab. 2). Eine individuelle Farbgebung ist nur durch Verblendung mit bezüglich ihres thermischen Ausdehnungskoeffizienten abgestimmten Aufbrennmassen oder durch Verwendung eingefärbter Rohlinge und/oder Glasurmassen möglich.

CAD-CAM-Fertigung

Alternativ zu den herkömmlichen Fertigungstechniken können *Form und Dimensionen* der präparierten Zahnstümpfe, Nachbarzähne und Antagonisten digital erfaßt, computergestützt aufbereitet und verarbeitet (CAD-Technik) sowie der resultierende Datensatz der Zahnrestauration mit Hilfe computergesteuerter Fertigungsanlagen aus vorgefertigten Rohlingen herausgearbeitet werden (CAM-Fertigung) (Tab. 3).

Bei einfacheren Systemen erleichtert eine „computergerechte" Kavitätenpräparation, z.B. ein Kavitätenquerschnitt in Form einer linearen Vier-Punkt-Geometrie, die Digitalisierung, Konstruktion und Fertigung der späteren Restauration, obgleich dieses Vorgehen wenig defektorientiert ist und nicht selten einem vermehrten Opfern an gesunder Zahnhartsubstanz bedarf.

Tabelle 3 Fertigungsspezifische Wechselwirkungen und Einflüsse der CAD-CAM-Technik auf die Qualität maschinell gefertigter (Diamantbearbeitung), keramischer Zahnrestaurationen.

Präparationstechnik

- teilweise wenig defektorientierte, eher computergerechte Kavitätengeometrie

Bildentstehung

- Ungenauigkeiten durch teilweise erforderliche Beschichtung der Defektoberfläche (Reflexionsbeseitigung, Kontrast)
- Schatteneffekte bei optischen Datenaufnahmesystemen
- Überlagerung der Eigengeometrie bei mechanischen Datenaufnahmesystemen
- limitierte Auflösung im Rahmen der Datenerfassung

Bildverarbeitung

- limitierte Auflösung bzw. Kontrast der bildverarbeitenden Anzeige- und Steuergeräte
- manuelle Konstruktionsfehler
- Fehler durch automatische Konstruktionshilfen, wie z.B. mathematische Kantenfinderalgorithmen und mathematische Approximation

Formfräsen

- Limitation auf Bearbeitung von spröden Dentalporzellanen mit vergleichsweise geringer Rißzähigkeit
- mangelhafte Steifigkeit der Fräseinheit und der Bearbeitungsinstrumente
- Limitation der Anzahl, Art und Form der Bearbeitungsinstrumente
- mangelnde automatische Prozeßkontrolle und -regelung
- fehlendes Konditionieren der Bearbeitungsinstrumente während der Bearbeitung
- strukturelle Schädigung der Werkstückoberfläche und der Oberflächenrandzone durch Diamantbearbeitung

Ebenfalls subtraktiv formgestaltende Kopierfrästechniken bestehen aus einer komplizierten mehrachsigen Übersetzung zwischen einer mechanischen Abtast- und der äquivalenten Schleifeinheit. Während z.B. ein direkt in der Zahnkavität oder auf einem mittels Abformtechnik erstellten Modellstumpf aus lichthärtendem Kunststoff gefertigtes Restaurationsmodell manuell abgetastet wird, schleift die Fräseinrichtung eine analoge Form aus einem Porzellanblock heraus.

Funktionsprognose

Die Funktionsprognose vollkeramischer Zahnrestaurationen ist abhängig von der Anzahl und Größe der fertigungsbedingten Initialfehler und der individuellen Fehlertoleranz des verwendeten Werkstoffes. Die derzeitig verfügbaren additiv oder subtraktiv zu verarbeitenden Dentalkeramiken unterscheiden sich diesbezüglich wenig. Möglicherweise führt die Schleifbearbeitung der Porzellane durch CAD-CAM-Maschinen oder Kopierfräsgeräte zu einem höheren Anteil an Vorschädigungen durch bearbeitungsinduzierte volumeninhärente Initialrisse.

Aufgrund ihrer grundsätzlichen chemischen Zusammensetzung und der Gefügestruktur sowie der fertigungsbedingten Volumen- und Oberflächenfehler weisen silikatkeramische Dentalporzellane vergleichsweise geringe Biegefestigkeiten und Rißzähigkeiten auf (Sprödbruchverhalten), die darüber hinaus einer charakteristisch breiten Streuung unterliegen. Zusätzlich kommt es zu vorwiegend interkristallinen, unterkritischen Rißwachstumsvorgängen in der Glasmatrix und zur zunehmenden „Ermüdung" belasteter Volumenabschnitte, was zusammen mit feuchtigkeitsinduzierten Dehnungs- und Korrosionseffekten in einer geringen klinischen Zuverlässigkeit konventioneller oder etwa herkömmlich zementierter Porzellanrestaurationen resultiert.

Für Routineversorgungen sollte das System bevorzugt werden, welches unabhängig vom individuellen Können des Zahntechnikers ein zuverlässiges Qualitätsniveau liefert und durch einfache Fertigungsabläufe möglichst wenig Ansätze für Fehlerquellen bietet. Durch die an die Edelmetalltechnik angelehnten Verfahrensabläufe sind dies nicht selten Guß- oder Preßtechniken. Unabhängig vom Keramikmaterial ist jedoch in jedem Falle eine Stabilisierung durch einen kraftschlüssigen Verbund mit definierten Subkonstruktionen oder konditioniertem Zahnschmelz unverzichtbar.

Komposit- oder Keramikinlay?

Vorpolymerisierte und *außerhalb der Mundhöhle „vergütete" Kompositinlays* haben bis heute den Nachteil eines beeinträchtigten Verbundes zwischen dem reaktiv weitgehend abgesättigten Polymervolumen des Inlays und dem Befestigungskomposit. Bis heute ist trotz unterschiedlicher Bestrebungen zur Entwicklung eines Beschichtungsverfahrens, z.B. nach tribochemischem Funktionsprinzip (äquivalent dem Rocatec®-Verfahren), oder von speziellen Haftvermittlern kein Verfahren oder

Material erhältlich, welches mit vertretbarem Aufwand eine zuverlässige Haftung der Befestigungskomposite am Kompositinlay erlaubt.

Der klinische Aufwand zur Eingliederung von Keramik- oder Kompositrestaurationen ist extrem hoch und nahezu gleich; Unterschiede in der labortechnischen Herstellung sind verfahrensabhängig und resultieren in vergleichsweise geringen Kostendifferenzen.

Vor diesem Hintergrund haben keramische Restaurationsmaterialien aufgrund ihrer Verschleißfestigkeit, chemischen Beständigkeit, Farbstabilität und Biokompatibilität werkstoffspezifische Vorteile, obgleich Keramikrestaurationen mit grobkörniger Mikrostruktur infolge ihrer vergleichsweise hohen Oberflächenhärte einen möglicherweise forcierten Verschleiß der Antagonisten induzieren können.

Behandlungsfolgen im Sinne eines Sanierungskonzepts

Ziel einer oralen Gesamtsanierung ist die Wiederherstellung bzw. langfristige Erhaltung der oralen Gesundheit sowie der Kaufunktion, insbesondere durch Gesunderhaltung der Zahnhartsubstanz und des Parodontiums, soweit möglich unter Bewahrung der Pulpavitalität.

Die Basis jeder Therapie stellt eine umfangreiche Diagnostik des stomatognathen Systems dar mit dem Ziel, alle pathologischen Befunde, ggf. interdisziplinär, zu erfassen. Unter Einbeziehung des Patienten wird ein individuelles Therapiekonzept erstellt, das nach geeigneter Vorbehandlung Prophylaxemaßnahmen und restaurative Behandlung vereint (Abb. 2a bis c).

Der Sanierung schließt sich unmittelbar ein organisiertes Recallprogramm an. In regelmäßigen Kontrollen wird das Behandlungsergebnis kontrolliert. Der Patient erhält in individuell abgestimmten Intervallen eine professionelle Zahnreinigung, wird remotiviert und neu instruiert. Das bevorzugte Restaurationsverfahren oder -material ist von sekundärer Bedeutung. Jedes Verfahren weist eine Reihe von Vor- und Nachteilen auf; dem Behandler obliegt die Aufgabe, diese auf die persönlichen Gegebenheiten und Bedürfnisse seines Patienten abzustimmen.

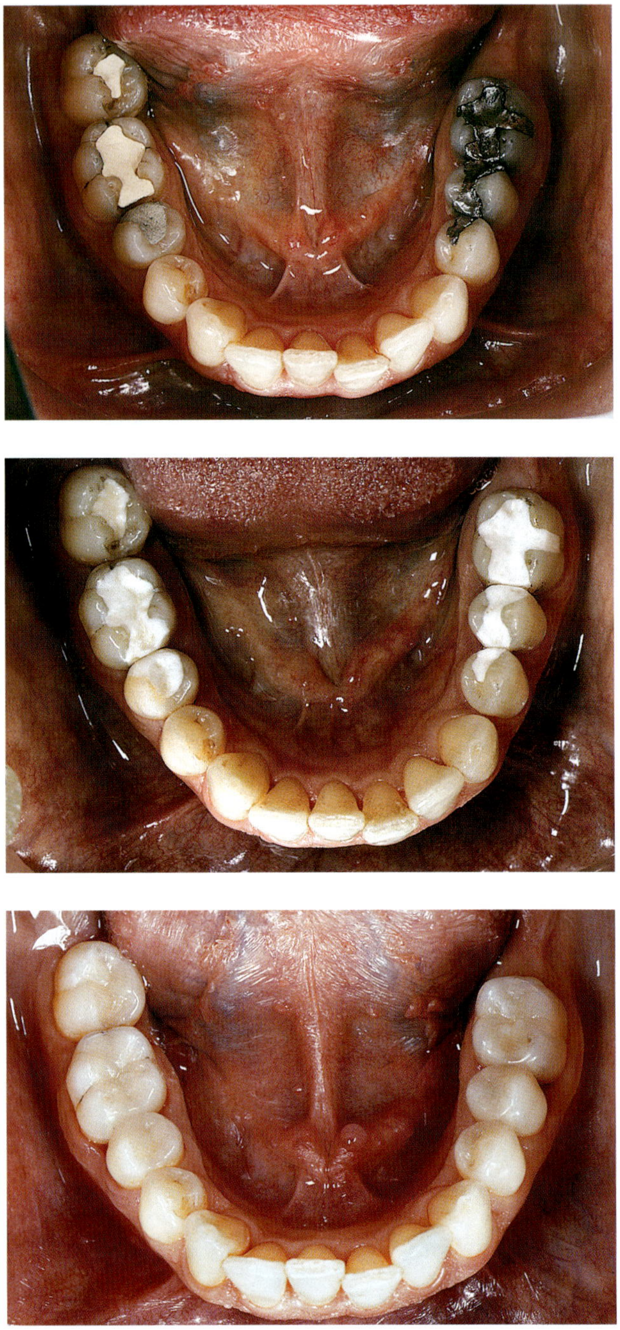

a b c

Abb. 2 Wesentliche Schritte einer Sanierungsbehandlung.

a) Ausgangsbefund.
b) Zustand nach Abschluß der Vorbehandlung und provisorischer Versorgung.
c) Zustand nach funktionell-ästhetischer Rehabilitation.

Anamnese, Befunderhebung und Behandlungsplanung

In einem persönlichen Gespräch mit dem Patienten, bevorzugt unter Verwendung von vorgedruckten Formularen und unter Anwesenheit einer Assistenz, werden die allgemeinmedizinische und behandlungsspezifische Anamnese erhoben, der Patient über die Grundlagen und Konsequenzen einer Sanierungsbehandlung unterrichtet, ggf. motiviert, und die alternativen Restaurationswerkstoffe und -techniken unter Berücksichtigung der persönlichen Wünsche des Patienten diskutiert.

Ziel einer systematisch fakultativen Diagnostik ist eine umfassende Befunderhebung als Grundlage einer vorläufigen Diagnose und Behandlungsplanung.

Die Befunderhebung erfolgt im Sinne eines systematischen Screenings. Fakultativ werden nacheinander die wesentlichen klinischen, parodontalen, funktionellen und falls erforderlich röntgenologischen Befunde erhoben (Tab. 4). Bei fraglichen Befunden kann eine weiterführende Diagnostik, ggf. unter interdisziplinärer Zusammenarbeit, erforderlich werden. Abschließend wird eine vorläufige Behandlungsplanung erstellt.

Patienteninformation

Parallel zur Erörterung der grundsätzlichen Unterschiede der verschiedenen Restaurationsverfahren und -materialien sowie der Diskussion der Vor- und Nachteile der Möglichkeiten und der Grenzen zahnfarbener Inlays wird die zentrale Bedeutung der stufenweisen Vorbehandlung und eines regelmäßigen Recalls in bedarfsorientierten Kontrollintervallen erläutert (Tab. 5).

Besondere Berücksichtigung findet eine gezielte Aufklärung des Patienten über die werkstoff- und verfahrensspezifischen Präparationstechniken und der damit eventuell erforderlichen Entfernung gesunder Zahnhartsubstanz. Dies erfolgt vor dem Hintergrund der derzeit durch kontrollierte Langzeitstudien abgesicherten Prognosen der voraussichtlich indizierten, bzw. vom Patienten gewünschten Restaurationsmaterialien bzw. -techniken. Insbesondere vor Wahleingriffen zur ästhetischen Rehabilitation oder vor einem gewünschten Austausch funktionell intakter Amalgamfüllungen sollte eine derartige Aufklärung dokumentiert werden.

Bei geplanter Anwendung von adhäsiven Restaurationstechniken sollte der Patient vor Behandlungsbeginn nach derzeitigem Kenntnisstand über den erforderlichen, z.T. erheblichen Zeitaufwand sowie das mögliche Auftreten von Postsensibilitäten, deren Prävalenz sowie möglichen Verlaufsformen unterrichtet werden.

Tabelle 4 Diagnosesystematik.

1	klinischer Befund und Sensibilitätsprüfung: Allgemeinbefund, Schleimhäute, Zahnstatus
2	Parodontalbefund: Leitsymptome einer Parodontalerkrankung
3	Funktionsbefund: Leitsymptome einer Funktionsstörung
4	Röntgenbefund: – obligatorisch: Bißflügeltechnik bzw. Mundfilmaufnahmen endodontisch fraglicher Zähne – fakultativ: Orthopantomogramm, Mundfilmstatus oder ggf. Spezialaufnahmen
5	kieferorthopädischer Befund: Leitsymptome einer Kieferanomalie
6	Speicheldiagnostik: individuelle Erfassung des Kariesrisikos
7	Modellanalyse: ggf. diagnostisches Wax-up

Tabelle 5 Patienteninformation: Vor- und Nachteile adhäsiv eingegliederter zahnfarbener Einlagefüllungen.

Vorteile
– vergleichsweise substanzschonende Kavitätenpräparation – bakteriendichte Restauration – ästhetisch brillante Rekonstruktion – mögliche Verwendung biokompatibler keramischer Werkstoffe mit vergleichsweise geringer Tendenz zur intraoralen Belagakkumulation
Nachteile
– komplizierte, zeitaufwendige Fertigungs- und Eingliederungstechnik – vergleichsweise hoher Kostenaufwand – in Risikogruppen (Dentinrandbegrenzung, wurzelkanalbehandelte Zähne, Zähne mit extensiven Artikulationskontakten) nicht auszuschließende Frakturgefahr

Tabelle 6 Behandlungsziele der Vorbehandlung und Hygienephase.

- initiale Schmerztherapie und Versorgung akuter Läsionen
- professionelle Zahnreinigung, Ernährungslenkung, Keimkontrolle
- orthodontische und/oder funktionelle und/oder endodontische und/oder parodontale und/oder chirurgische Vorbehandlung
- provisorische Versorgung der zu restaurierenden Defekte bzw. Austausch der zu ersetzenden Restaurationen durch Provisorien

Vorbehandlung und Hygienephase

Ziele der auf der Basis der vorläufigen Diagnose systematisch durchzuführenden Vorbehandlung(en) sind die initiale Versorgung akuter Läsionen, die Schaffung parodontal und endodontisch entzündungsfreier Verhältnisse sowie günstiger Voraussetzungen zu deren Erhalt durch individuelle Mundhygienemaßnahmen und reproduzierbare Okklusionsverhältnisse unter gleichzeitiger Therapie eventuell vorhandener, akuter Funktionsstörungen (Tab. 6).

Gegebenenfalls kann durch individuelle Ernährungslenkung oder antibakterielle Chemotherapie beispielsweise mit hochkonzentrierten Chlorhexidinlacken (z.B. EC 40, explore, NL-Nijmegen) eine Reduktion der Keimzahlen erreicht werden. Bei umfangreichen Rekonstruktionen wird eine interferenzfreie Rekonstruktion der bestehenden Kontaktbeziehungen durch im Rahmen der klinischen Funktionsanalyse und/oder nach funktioneller Vorbehandlung angefertigte paraokklusale Bißschlüssel erleichtert. Nicht selten können die Voraussetzungen zur korrektiven Gesamtrestauration sowie einer erfolgreichen Erhaltungsphase durch eine orthodontische Korrektur von Zahnfehlstellungen verbessert werden.

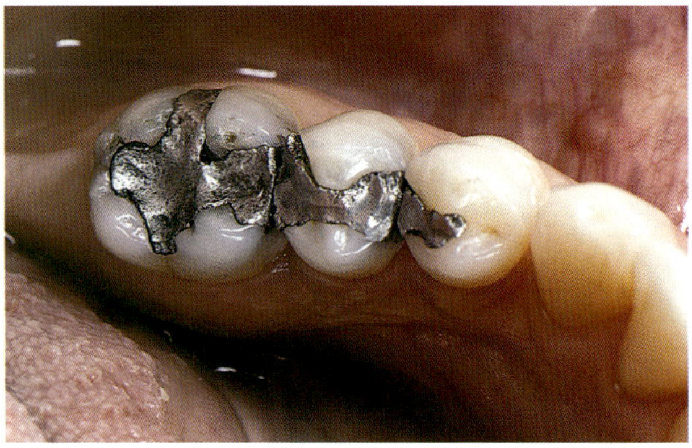

Abb. 3 Ausgangsbefund: aufgrund sichtbarer Sekundärkaries zu entfernende alte Amalgamfüllungen.

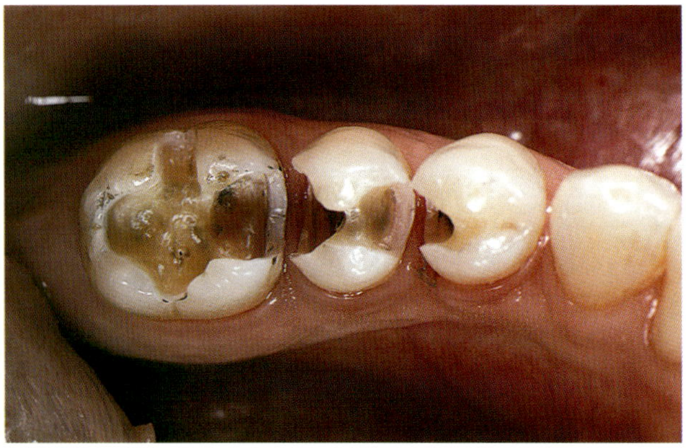

Abb. 4 Zustand nach Entfernung der Amalgamfüllungen unter Schonung unterminierter Schmelzareale und soweit möglich der approximalen Schmelzränder.

Gegebenenfalls notwendige konservierende Maßnahmen, beispielsweise die Versorgung von Approximalläsionen kavitätenbegrenzender Nachbarzähne, die ggf. unter Verwendung oszillierender Präparationsinstrumente temporär zugänglich sind, werden parallel zur Vorbehandlung mit plastischen Kompositfüllungen unter Anwendung der Adhäsivtechnik durchgeführt.

Es hat sich bewährt, sämtliche kariöse Läsionen, einschließlich aller zu erneuernden Restaurationen im Zuge der Vorbehandlung quadrantenweise zu entfernen (Abb. 3). Besondere Beachtung gilt der Erhaltung ggf. unterminierter Schmelzareale sowie intakter Schmelzränder, insbesondere zervikal (Abb. 4). Jetzt kann die zirkuläre Kontinuität des Schmelzpools entlang der gesamten Kavitätenränder, insbesondere approximal-zervikal, abschließend beurteilt werden (Abb. 4).

Besondere Beachtung gilt der zirkulären Einhaltung der biologischen Breite von wenigstens 1 mm Abstand zwischen dem tiefsten Punkt des Kavitätenbodens und dem Limbus alveolaris.

Bei geringerem Abstand erfolgt im Anschluß an die grazile Präparation eines bukkalen und oralen Mukoperiostlappens eine lokal modellierende Osteotomie zur Rekonstruktion der biologischen Breite, z.B. mit einem sterilen Rosenbohrer, unter kontinuierlicher Umspülung mit steriler Kochsalzlösung. Dabei ist zu beachten, daß harmonische Knochenkonturübergänge erzeugt und die Wurzeloberflächen der benachbarten Zähne nicht verletzt werden (Gefahr späterer Resorptionen durch Beschädigung vitalen Wurzelzementes, konkave Retentionsnischenbildung).

Eine etwaige *Kavitätendesinfektion* ist wegen ihrer fraglichen Effizienz im Hinblick auf eine geringere Sekundärkariesquote und möglicher Wechselwirkungen mit einer vitalen Pulpa wissenschaftlich umstritten; falls erwünscht kann eine 0,1%ige Chlorhexidindigluconatlösung als Kavitätendesinfektionsmittel angewandt werden. Auch die Abdeckung pulpanaher Dentinareale in Dünnschichttechnik mit selbsthärtenden Kalziumhydroxidpräparaten im Sinne einer *„indirekten Überkappung"* wird vor dem Hintergrund schwierigen Einschätzung der Restdentinschichtstärke sowie der Behandlungserfolge der „total bonding technik" zunehmend kontrovers diskutiert [12].

Zur Planung der endgültigen Versorgung können oftmals Defektmodelle hilfreich sein, die mittels Abdruck nach vollständiger Kariesentfernung angefertigt werden. Vor der provisorischen Versorgung oder der Eingliederung einer Unterfüllung empfiehlt sich ferner eine initiale Farb- und Transparenzabstimmung unter variablen Licht- und Umgebungsbedingungen.

Zum provisorischen Verschluß der Kavitäten hat sich die Verwendung definitiver Unterfüllungsmaterialien bewährt. Im Rahmen der späteren Präparation wird der provisorische Verschluß im Sinne einer Unterfüllung reduziert und zur Ausblockung untersichgehender Areale belassen.

Das Anforderungsprofil an einen zur definitiven, lasttragenden Unterfüllung unter adhäsiv eingegliederten Porzellanrestaurationen geeigneten Werkstoff bedingt eine hohe strukturelle Steifigkeit und Druckfestigkeit, um bei Belastung der Rekonstruktion die Induktion von Scherkräften in der keramischen Restauration zu vermeiden [9].

Zink-Phosphatzemente haben sich insbesondere im Rahmen der Edelmetallgußfüllungstechnik klinisch langjährig bewährt. Aufgrund der geringen Adhäsion an der Zahnhartsubstanz kann es jedoch bei der Präparation oder Abformung zur Dislokation von vor allem dünnen Phosphatzementunterfüllungen kommen.

Die im Vergleich zu Zink-Phosphatzementen höhere Dentinhaftung von *Glasionomerzementen* erleichtert das klinische Vorgehen im Zuge der Präparation und Abformung. Allerdings bedingt ihr empfindlicher Wasserhaushalt eine vergleichsweise aufwendige Verarbeitung und die Gefahr von Crackelierungsrissen im Zuge der Kavitätentrocknung im Luftstrom. Den klassischen wie auch den „lichthärtenden" Glasionomerzementen wird vor dem Hintergrund der Fortschritte in der Entwicklung der *Kompomere* und der *Komposite* – nebst zugehörender Adhäsive – als Unterfüllungswerkstoff nur noch eine untergeordnete Bedeutung beigemessen.

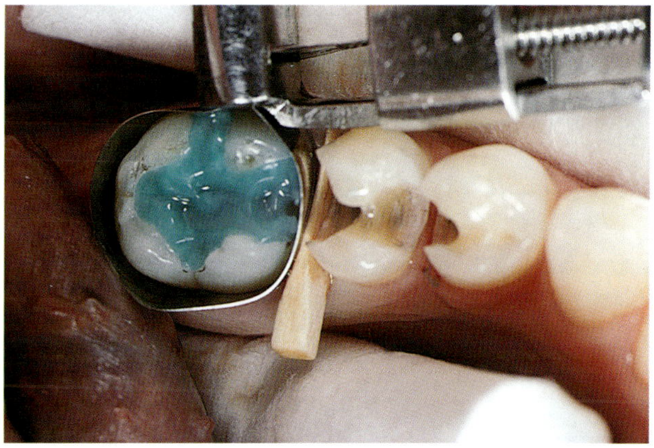

Abb. 5 Reinigung und Konditionierung der Defektoberflächen der mittels Matrizentechnik unter relativer Trockenlegung isolierten Kavität für 10 s.

Unstrittig ist die mittels moderner Adhäsive und Komposite zu erzielende gute Obturation der Dentinwundfläche im Sinne eines Wundverbandes mit hoher Qualität einer Diffusionsbarriere. Die oftmals unterstellten nachteiligen Einflüsse auf die Pulpa konnten vielfach widerlegt werden [15].

Zur Versorgung der Wundfläche einer Kavität im Sinne eines Wundverbandes und/oder als Unterfüllung oder als provisorische Füllung haben sich heute moderne Adhäsive und Kompositwerkstoffe nach vorausgehender Reinigung und Konditionierung der Dentin-, bei provisorischen Füllungen auch der Schmelzoberflächen bewährt. Unter herkömmlicher relativer Trockenlegung und Applikation und Vorverkeilung einer Metallmatrize – analog dem Vorgehen zum Legen einer Amalgamfüllung – werden die Defektoberflächen, z.B. mittels 37%iger Phosphorsäure für 10 s gereinigt und konditioniert (Abb. 5). Nach anschließendem sorgfältigen Absprayen der Kavität für 60 s werden die Watterollen gewechselt und die Kavität mittels ölfreier Druckluft gerade so weit „getrocknet", daß keine Wasserüberstände verbleiben. Eine Übertrocknung der Kavität bis zum kreidig weißen Erscheinen der Schmelzränder wird jedoch unter angestrebter Anwendung von Adhäsiven in „Wet-bonding-Technik" vermieden. Ein nicht sichtbarer Wassergehalt in der Oberflächenrandzone des Dentins erleichtert die Diffusion und Interpenetration der Adhäsive, welche einfach oder in Doppelschichttechnik, der individuellen Gebrauchsanweisung folgend, verarbeitet werden (Abb. 6). Im Anschluß an die zumeist erforderliche Polymerisation des Adhäsives wird das

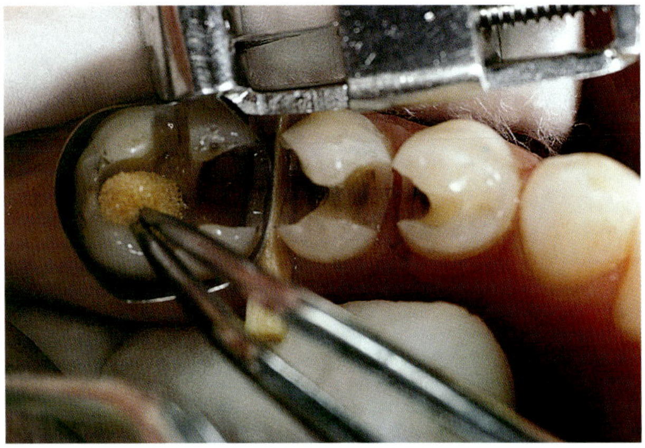

Abb. 6 Einbringen und Einmassage des Adhäsives unter Berücksichtigung einer Diffusionszeit von 60 s mit anschließender Polymerisation.

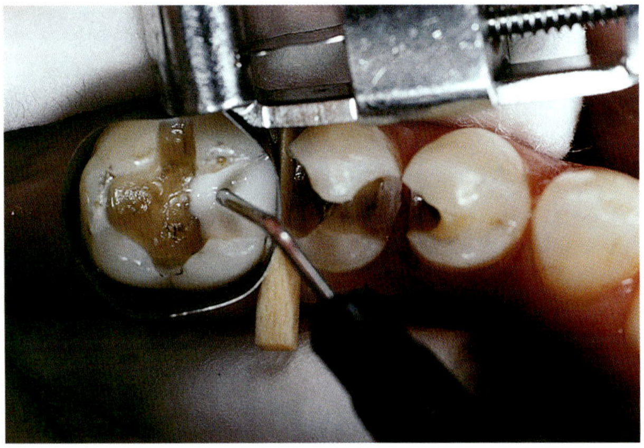

Abb. 7 Einbringen des weißlich eingefärbten fließfähigen Komposits in Spritztechnik unter Polymerisation in mehreren Schichten.

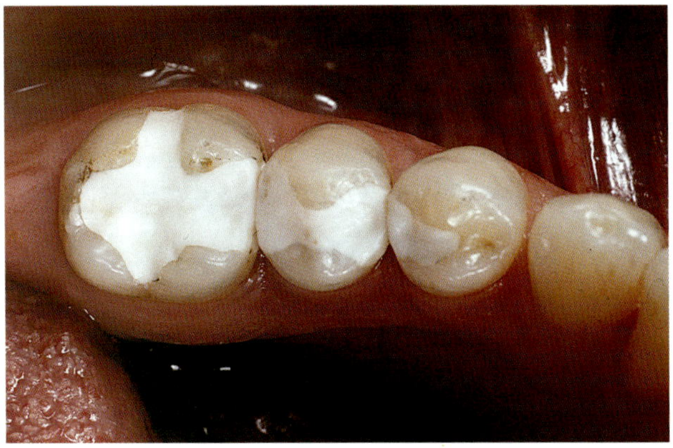

Abb. 8 Zustand nach provisorischer Versorgung der Defekte mittels Komposit in Adhäsivtechnik.

Komposit eingebracht, wobei sich für Unterfüllungen, nicht zuletzt aufgrund ihrer einfachen Verarbeitung in Spritztechnik, die vergleichsweise gut relaxierenden, fließfähigen Komposite (z.B. Poliflow LC, weiß, up to dent, FL-Balzers) bewährt haben (Abb. 2b, 7 und 8).

Zur leichteren Unterscheidung zwischen Zahnhartsubstanz, insbesondere der Schmelzränder, und der Unterfüllungskomposite ist eine nicht-zahnfarbene Einfärbung dieser Materialien hilfreich, z.B. analog der Farbe von Zink-Phosphatzement.

Vor Beginn der korrektiven Phase sollten ggf. erfolgte orthodontische, funktionelle, endodontische, parodontale oder chirurgische Vorbehandlungen definitiv abgeschlossen sein und entzündungsfreie Parodontalverhältnisse vorliegen. Sämtliche zu restaurierende Defekte sind bakteriendicht provisorisch versorgt und ggf. zu erneuernde Rekonstruktionen durch funktionelle Provisorien oder Langzeitprovisorien ersetzt. Unter Umständen trägt der Patient einen funktionellen Aufbißbehelf oder einen orthodontischen Retainer. Die Vorbehandlungs- und Hygienephase wird durch die endgültige Diagnose und Therapieplanung abgeschlossen.

Kavitätenpräparation

Die Kavitätenpräparation dient der Schaffung einer übersichtlichen Zugangskavität oder bei Sekundärrestaurationen der Entfernung alter Füllungsmaterialien zur Darstellung und vollständigen Entfernung kariöser Zahnhartsubstanz. Darüber hinausgehende Präparationsmaßnahmen sind gleichbedeutend mit einer iatrogenen Entfernung gesunder Zahnhartgewebe und ausschließlich zur fertigungsspezifischen „Konstruktion" werkstoffgerechter Kavitätengeometrien bzw. Optimierung der marginalen Adaptation der späteren Restauration erforderlich.

Unabhängig von der Kavitätenpräparation erfordert die geringe strukturelle Stabilität und Ermüdung keramischer Inlaywerkstoffe in jedem Falle eine sorgfältige Stabilisierung im adhäsiven Verbund mit der Restzahnsubstanz. Im Vergleich zur Bedeutung einer kompromißlosen adhäsiven Eingliederungstechnik für eine optimale Prognose zahnfarbener Inlays spielt jede noch so ausgefeilte Präparation nur eine vergleichsweise untergeordnete Rolle.

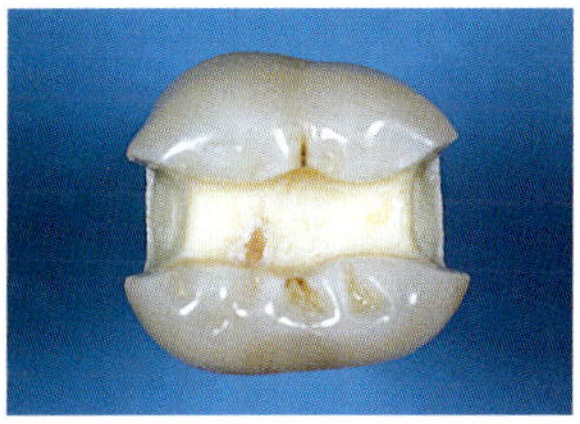
a

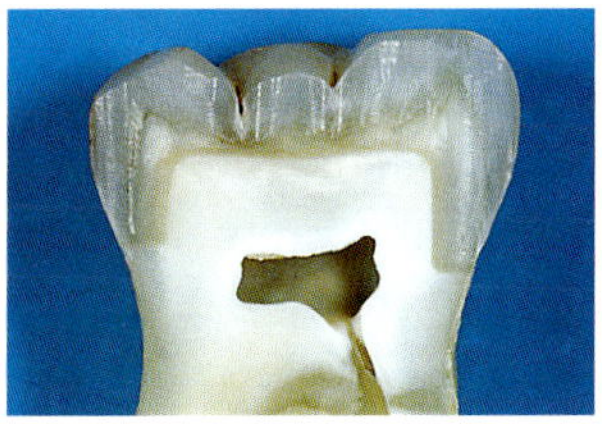
b

Abb. 9 Keramikgerechte Kavitätengeometrie.

a) Okklusalansicht.
b) Aufsicht auf einen in der Mitte der Kavität parallel zur mod-Längsfissur halbierten Zahn.

Dennoch sollte die *Kavitätengeometrie* durch eine beanspruchungsgerechte Gestaltung auf die werkstoffspezifischen Eigenschaften sprödbruchanfälliger Keramikrestaurationen abgestimmt sein. Zur Schonung der gesunden Zahnhartsubstanz und Minimierung fertigungsinduzierter Gefügefehler der Porzellanstruktur wird das Restaurationsvolumen individuell defekt-orientiert gestaltet und möglichst klein gehalten. Es hat sich bewährt, untersichgehende Dentinareale oder tiefere Kavitätenabschnitte vor der Präparation mit einer druckfesten *Unterfüllung*, z.B. Komposit in Total-bonding-Technik, auszublocken (s. S. 191). Jedes Kavitätensegment der kastenförmigen Grundgeometrie sollte eine allseitige Mindestschichtstärke der korrespondierenden Restauration von 1,5 mm gewährleisten, wobei die Kavitätenbodenebene zur Vermeidung von belastungsbedingten Scherspannungen in der Keramik senkrecht zur Zahnlängsachse verlaufen sollte (Abb. 9a und b). Scharfe Konturübergänge führen unter funktioneller Belastung zu Kerbspannungen mit möglicher Rißinduktion bzw. Rißwachstum innerhalb der belasteten Volumensegmente der Restauration und sind sorgfältig abzurunden.

> Dünn auslaufende Ränder und scharfe Kanten sollten zugunsten rechtwinkliger Kavitätenränder (90–110°) und sphärischer Konturübergänge mit glatten Oberflächen vermieden werden (Tab. 7; Abb. 10a, b).

Eine retentive Kavitätengestaltung mit geringen Konvergenzwinkeln ist bei Porzellaninlays aufgrund der adhäsiven Befestigung nicht notwendig, im Gegenteil, sie erschwert die Einprobe und erhöht die Frakturgefahr beim Einpassen der Restauration.

Der *provisorische Verschluß* aus definitivem Unterfüllungwerkstoff bzw. der Dentinkern wird unter

Tabelle 7 Kriterien einer keramikgerechten Kavitätengeometrie.

- defektorientierte, einfache, kastenförmige Grundgeometrie
- ausreichende Schichtdicke: Mindeststärke = 1,5 mm
- soweit möglich zirkulär kontinuierlicher Schmelzpool
- Ausblockung der Unterschnitte vor der Präparation durch eine geeignete Unterfüllung, z.B.: Komposit in Total-bonding-Technik
- okklusale Divergenz der Kavitätenwände (ca. 6–10° Konvergenzwinkel)
- flacher Kavitätenboden (mesiodistaler Verlauf senkrecht zur Zahnlängsachse)
- sphärische Gestaltung des Kavitätenbodens in bukko-oraler Richtung
- weiche Konturübergänge; Abrundung scharfer Ecken
- glatte Kavitätenoberflächen
- Verzicht auf Anschrägung der Kavitätenränder
- Vermeidung von Außenschliffen oder Höckerüberkupplung
- die Kavität sollte präzise abformbar sein

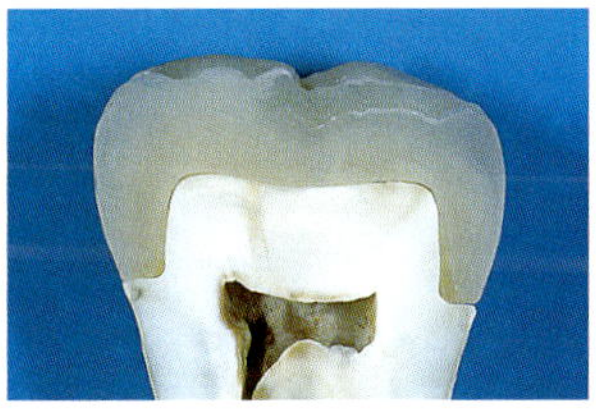
a

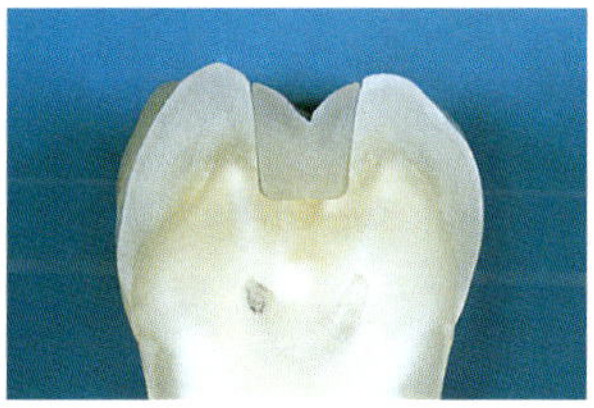
b

Abb. 10 Keramikgerechte Kavität mit lose (ohne Befestigungskomposit) zugeordnetem Inlay.

a) Längsschnitt entlang der mod-Längsfissur.
b) Querschnitt entlang der zentralen Querfissur.

Schaffung von 6–10° Konvergenzwinkel reduziert, bis die Schmelzrandbegrenzung der Kavität zirkulär von Unterfüllungsmaterial befreit ist und die allseitig erforderlichen Mindestkavitätentiefen erreicht sind. Der verbleibende Rest an Unterfüllungsmaterial dient als Dentinwundverband bzw. zur Ausblockung untersichgehender Kavitätenabschnitte (Tab. 8, Abb. 11 bis 13).

Zur *exakten Präparation graziler Kavitäten* haben sich hochtourig übersetzte Schnellaufwinkelstücke mit präziser Instrumentenlagerung und Drei-Düsen-Spray (mindestens 50 ml/min) bewährt. Aus der Vielzahl der angebotenen, zum Teil spezifischen Präparationsinstrumente und -sets (z.B. Cerinlay Set, Intensiv) sollten diejenigen normalkörnigen (80 µm) Diamantinstrumente individuell ausgesucht werden, mit denen der Behandler die geforderten Kavitätengeometrien schnell und einfach ge-

Tabelle 8 Präparationssystematik.

1	Anästhesie
2	definitive Farb- und Transparenzbestimmung
3	(quadrantenweise) Präparation
4	Freilegung der Präparationsgrenzen
5	schädel- und gelenkbezügliche Registrierung der Oberkieferposition
6	Abformung
7	definitive Kieferrelationsbestimmung
8	provisorische Versorgung
9	Instruktion des Patienten

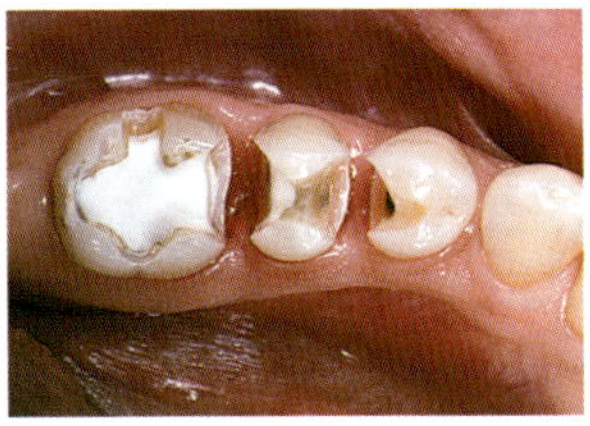
11

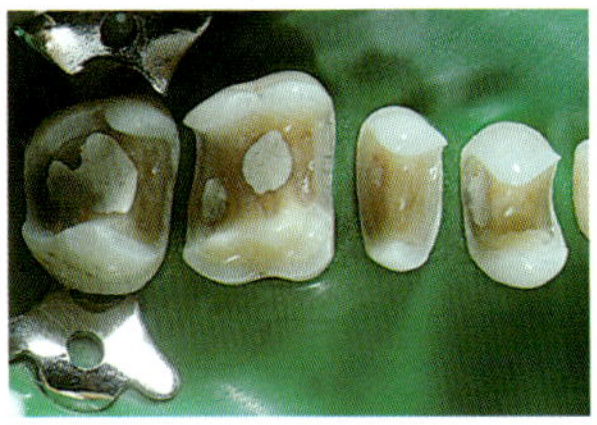
12

Abb. 11 Keramikgerechte Präparation des in Abbildung 3 bis 8 vorbehandelten Falles.

Abb. 12 Fallbeispiel 1: keramikgerechte Präparation für Inlays und einer Teilkrone (1. Molar).

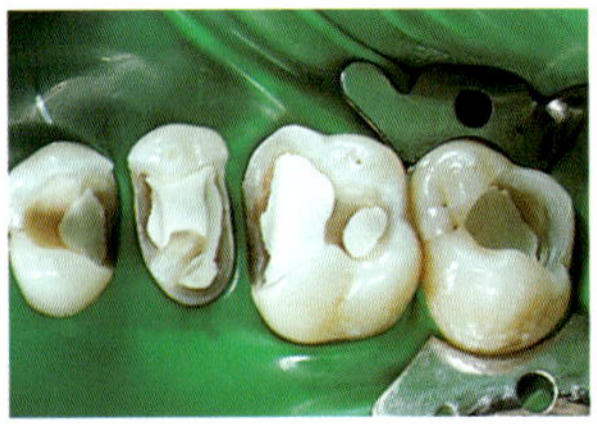
13

Abb. 13 Fallbeispiel 2: keramikgerechte Präparation für Inlays und einer Teilkrone (2. Prämolar).

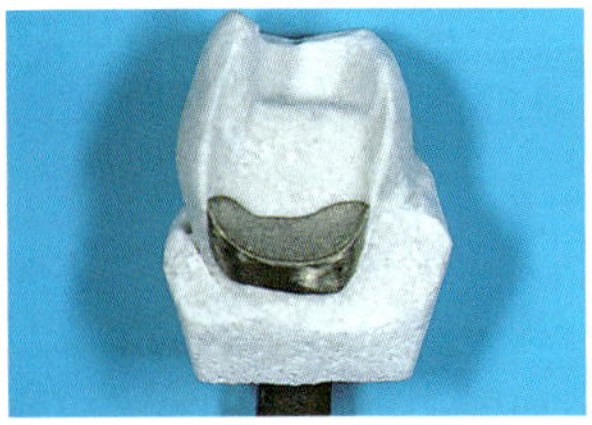
14

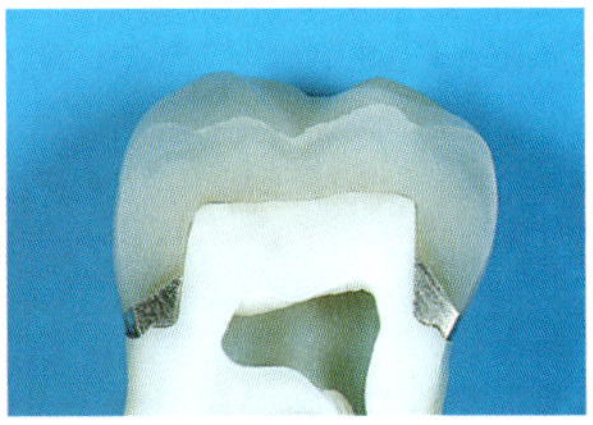
15

Abb. 14 Übertragung des in Edelmetallfeingußtechnik erstellten partiellen Metallrandes auf ein feuerfestes Stumpfmodell vor Aufschichtung der Keramikmasse.

Abb. 15 Längsschnitt (entlang der mod-Längsfissur) durch eine Kavität mit approximalen Federrändchen und lose zugeordnetem keramischen Inlay mit mesialem und distalem partiellem Metallrand.

stalten kann. Zur *Begradigung von Nasenbildungen* im Bereich der axialen Approximalkästen ohne Verletzung der Nachbarzahnflächen eignen sich insbesondere dünne flammenförmige rotierende oder feilenförmige oszillierende Instrumente. Nasenbildungen im Bereich der approximal-zervikalen Stufen können z.B. mit selektiv stirnseitig belegten Diamantfinierern entfernt werden.

Handinstrumente und schneidende Hartmetallbohrer bzw. -finierer führen zu Ausbrüchen und Prismenauflockerungen im Schmelzrandbereich. Auf deren Verwendung zur Kavitätenpräparation sollte grundsätzlich verzichtet werden.

Bei *subgingival extendierten Approximalläsionen im Seitenzahngebiet* kann die Zugänglichkeit im Rahmen der Präparation bzw. Abformung durch bogenförmige Exzision der Approximalpapille wesentlich verbessert werden [19].

Im Anschluß an die Präparation werden die Kavitätenoberflächen mit formgleichen Diamantfinierern (Körnung 20–40 µm) finiert. Die Verwendung optischer Sehhilfen (z.B. Stereolupe, Vergr. 3,6fach) hat sich klinisch vielfach bewährt.

Die mit Finierinstrumenten erzielbaren *glatten Oberflächen, verrundeten Konturübergänge* und *klaren Präparationsgrenzen* erleichtern die Abformung und reduzieren fertigungsinduzierte Paßungenauigkeiten der späteren Restauration. Darüber hinaus werden eventuell durch normalkörnige Präparationsinstrumente gelockerte Schmelzprismenbündel im Kavitätenrandbereich schonend entfernt.

Zur geometrischen Optimierung der Randobturation können im Dentin lokalisierte Füllungsränder – zusätzlich zur Dentinkonditionierung im Zuge der Eingliederungstechnik – nach Fertigstellung der herkömmlichen Präparation mit einem selektiven Federrand (Bevel) versehen werden (s. S. 187ff.). Die Reproduktion dieses Bevels (welche in Keramik nicht möglich wäre) im Rahmen der Inlayfertigung erfolgt durch einen partiellen Metallrand, welcher entweder elektrogalvanisch oder in Gußtechnik gefertigt und auf das Feuerfestmodell übertragen wird (Abb. 14). Die Keramikfüllung wird bevorzugt in Formsintertechnik darüber aufgeschichtet (Abb. 15). Ein manuelles Anbrünieren des plastisch verformbaren Metallrändchens während des Verarbeitungsintervalls des dual polymerisierenden Befestigungskomposits verbessert die Versiegelung des kritischen approximalen Fügebereiches zusätzlich. Die

Indikation ist im wesentlichen durch die Grenzen der Kofferdamtechnik limitiert.

Abformung

Die Abformung der Zahnreihen ist der wichtigste Schritt einer *Negativ-Positiv-Reproduktion* zum Erhalt eines Präzisionsmodelles der präparierten Zähne in Relation zu den Nachbarzähnen und ggf. Stützzonen (Präparationsmodell) sowie dem antagonistischen Zahnbogen (Gegenkiefermodell). Die Abdrucknahme schließt sich unmittelbar an die Präparation und ggf. Freilegung der Präparationsgrenzen an; auf die vorausgehende Verwendung von Kavitätendesinfektions- oder Netzmitteln wird verzichtet. Bis zum spontanen Stillstand von Sickerblutungen, z.B. nach Gingivektomie oder Papillektomie, kann zwischenzeitlich die Oberkieferposition schädel- und gelenkbezüglich registriert werden. Die Kieferrelationsbestimmung, z.B. mit Abdruckgips, sowie die Anfertigung von Provisorien sollte jedoch erst nach der Abformung erfolgen, um unerwünschte Materialrückstände im Abdruck zu vermeiden.

Grundsätzlich sind zur intraoralen Präzisionsabformung bekannte Materialien und Abdrucktechniken unter Beachtung der jeweils spezifischen Verarbeitungsrichtlinien geeignet.

Thermoreversible Hydrokolloidabformmassen haben sich aufgrund ihrer hohen Dimensionstreue und ihrer einfachen Entformbarkeit, insbesondere bei grazilen Präparationen, gut bewährt. Allerdings sollten zwei identische Abformungen erzeugt werden, die jeweils einmal, unmittelbar nach Abdrucknahme, mit superhartem Modellgips in material- und chargenspezifischem Anmischverhältnis ausgegossen werden.

Alternativ eignen sich *insbesondere Polyäther-* oder *oberflächenaktivierte additionvernetzte Silikonabformmassen in Doppelmischtechnik.* Bei grazilen Inlay- oder Stufenteilkronenpräparationen ist es vorteilhaft, zur Doppelmischtechnik starre individuelle Löffel einzusetzen, um eventuelle Verzüge (beispielsweise durch mögliche Wirbelbildungen der plastischen Abformmassen unterhalb von senkrecht zur Zahnlängsachse angebrachten Stufen) zu minimieren. Es hat sich ferner bewährt, die individuellen Löffel vor der Entformung der Modelle aufzutrennen, um somit Frakturen dünner Gipsscherben zu vermeiden (Abb. 16).

Bei der Beurteilung von Abdrücken gilt es zu beachten, daß die gesamte Zahnreihe abgeformt wurde (Voraussetzung zur Rekonstruktion funktioneller Kontaktbeziehungen), die dünnflüssige Abformmasse blasenfrei zu einem gleichmäßig dünnen Film ausgepreßt ist (Gefahr von Distorsionen), das Abdruckmaterial nirgends bis auf die Löffelbasis perforiert wurde (Gefahr von okklusalen Divergenzen) sowie keine Verzüge, Verpressungen oder Fahnenbildungen vorliegen.

Darüber hinaus sollten der zirkuläre Verlauf der Präparationsgrenzen und die apikal der zervikalen Kavitätenränder dargestellten Zahnoberflächen auf einer Länge von wenigstens 1 mm präzise reproduziert werden, um die Voraussetzungen zur Gestaltung eines kontinuierlichen Konturüberganges der Restauration mit präziser marginaler Adaptation zu schaffen.

Eventuelle Blutrückstände sollten sich durch kurzes Ausspülen bzw. vorsichtiges Aussprayen leicht entfernen lassen. Sind Blutreste in die Abformmasse eingelagert, so muß der Abdruck wiederholt werden.

Wurde nur ein Kiefer präpariert, so sollte zugunsten einer exakten Reproduktion der Kieferrelation sowie der Okklusionsbeziehungen die Gegenkieferabformung mit derselben Sorgfalt und der gleichen Technik bzw. unter Verwendung desselben Materials vorgenommen werden wie die Abformung der präparierten Zahnreihe.

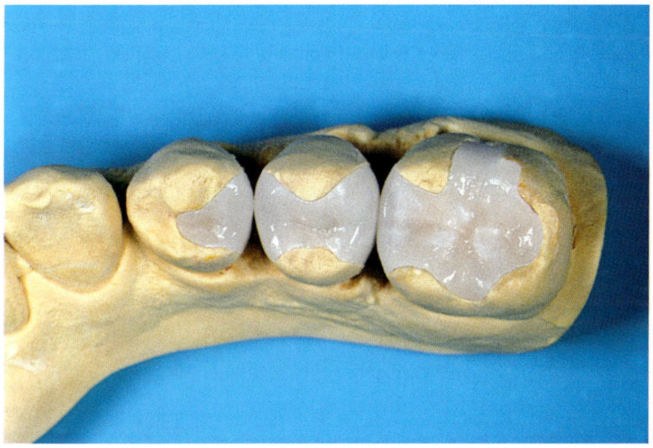

Abb. 16 Überprüfung der Primärpassung und der Approximalkontakte der fertigen Inlayrestaurationen auf dem unzersägten Kontrollmodell.

Registrierung der Oberkieferposition und Kieferrelationsbestimmung

Zur individuellen oder individualisierten Montage des Oberkiefermodelles in einen voll- oder semiadjustierbaren Artikulator wird die Oberkieferposition mit Hilfe eines Gesichtsbogens in Bezug zur Scharnierachsen-Orbitalebene am Patienten bestimmt (z.B. Almore-Bogen). In den meisten Fällen sind jedoch Schnellübertragungsbögen mit mittelwertigen Relationen der individuellen Scharnierachsen-Orbitalebene zu einfachen Bezugspunkten, wie z.B. Traguspunkte oder Glabella, ausreichend.

Die Kieferrelationsbestimmung dient der präzisen Übertragung der individuellen Kontaktbeziehungen des Ober- und Unterkieferzahnbogens in maximaler Interkuspidation (IKP) im Rahmen der Modellmontage in einen Artikulator. Voraussetzung jeder definitiven Kieferrelationsbestimmung ist die präzise Reproduzierbarkeit der Schlußbißstellung unter maximaler Interkuspidation durch den Patienten, die bereits im Rahmen der Vorbehandlung überprüft und ggf. korrigiert wurde.

Bei umfangreichen Rekonstruktionen, insbesondere bei Verlust der vertikalen Abstützung nach Präparation der distalen Pfeiler, werden zur Übertragung der ursprünglichen Kieferrelation zunächst nur die gegenüberliegenden Quadranten einer Seite präpariert. Ferner hat es sich bewährt, das Spritzregistrat der präparierten Seite jeweils vor der Präparation des distalen Antagonistenpaares unter maximaler Interkuspidation und Reposition der initialen, im Rahmen der Befunderhebung angefertigten Bißschlüssel (Front- und Gegenseite) anzufertigen.

Bei vereinzelten Präparationen und präziser Verzahnung der antagonistischen Zahnreihen durch die Kontaktbeziehungen unbehandelter Zähne bzw. intakter Kauflächensegmente kann häufig auf die Anfertigung von Bißschlüsseln verzichtet werden.

Einige Autoren empfehlen darüber hinaus die Anfertigung von Kieferrelationsregistraten in bilateraler Exzentrik, z.B. unter Eckzahn-Eckzahn-Kontakt, zur individualisierten Programmierung halbindividueller Artikulatoren unter Verzicht auf pantographische Aufzeichnungen der Kondylarbahnkurven. Ähnliche Einstellmöglichkeiten halbindividueller Artikulatoren ergeben sich teilweise auch aus der Reproduktion individueller, bilateraler Schliffflächenbeziehungen im Artikulator.

Individuelle Ästhetik

Die Kunst der ästhetisch-funktionellen Rekonstruktion natürlicher Zahnhartsubstanz besteht darin, mit verschiedenen, artfremden Materialien Zahnrestaurationen anzufertigen, die für einen Betrachter bei variierenden- und Umgebungs-Bedingungen als solche nicht erkennbar sind.

Ästhetische Zahnrekonstruktionen erfordern eine individuelle Bestimmung von Zahnformvariationen und ggf. Zahnstellungsanomalien, Farbverläufen und Transluzenzabstufungen sowie von Oberflächen- und Glanzeffekten.

Provisorische Versorgung

Ziel einer provisorischen Versorgung der präparierten Kavitäten ist der Schutz vitalen Zahnhart- und -weichgewebes vor äußeren Noxen bzw. der Adhäsivoberflächen vor irreversibler Kontamination, die Sicherung der Lagebeziehungen zu Nachbarzähnen und Antagonisten, die Gewährleistung der Kaufunktion sowie die Wiederherstellung des ästhetischen Erscheinungsbildes nach erfolgter Kavitätenpräparation (Tab. 9).

Inwieweit die *Frakturgefahr* ggf. unterminierter (ausgeblockter) Höcker oder der präparationsbedingt angeschnittenen Schmelzprismen im Bereich der Kavitätenränder durch die Eingliederung von Provisorien verringert werden kann, ist derzeit noch nicht endgültig experimentell abgeklärt.

Auf jeden Fall ist der Patient über die wahrscheinlich erhöhte Bruchgefahr dünner Höcker

Tabelle 9 Ziele der provisorischen Kavitätenversorgung.

1	Schutz vitaler Zahnhart- und -weichgewebe vor chemischen, physikalischen und thermischen Noxen
2	ggf. In-situ-Stabilisierung von Nachbarzähnen und Antagonisten
3	Sicherung der Kaufunktion
4	Schutz vor ggf. irreversibler Kontamination der Adhäsivoberflächen
5	Wiederherstellung des ästhetischen Erscheinungsbildes nach Kavitätenpräparation
6	fragliche Stabilisierung geschwächter, ggf. unterminierter Höcker und angeschnittener Schmelzprismen im Kavitätenrandbereich

während der Tragezeit der Provisorien zu informieren. Unter Umständen sollte bis zur adhäsiven Eingliederung der definitiven Restaurationen auf harte Kost verzichtet werden. Geeignete Provisorien können, in Analogie zur Gußfüllungstechnik, mit Hilfe von Segmentabformungen (beschnittene Silikonteilabdrücke oder segmentierte Tiefziehfolien) unter Anwendung autopolymerisierender Provisorienkunststoffe (z.B. Protemp Garant, Espe) hergestellt werden. Zur Eingliederung derartiger Kunststoffprovisorien haben sich Zemente auf Kalziumhydroxidbasis bewährt (z.B. Freegenol®, GC). Bei gewünschter Verwendung eugenolhaltiger Befestigungszemente sollte zuvor eine eventuell polymerisationshemmende Wirkung des Eugenols auf das individuell ausgewählte (Befestigungs-)Komposit ausgeschlossen werden (siehe Gebrauchsinformation der Komposite).

Aus parodontalhygienischen Gründen sowie zur störungsfreien Abheilung von Gingivaverletzungen bzw. von Exzisionswundflächen ist sorgfältig darauf zu achten, daß die Provisorien bei spaltfreier marginaler Adaptation ohne Konturüberhänge und unter sorgfältiger Entfernung von Zementüberschüssen temporär eingegliedert werden.

Zur Überbrückung kurzer Zeiträume von wenigen Tagen bis zur Eingliederung der definitiven Einlagefüllungen haben sich alternativ spezielle weichbleibende Kunststoffmaterialien (z.B. Fermit®, Vivadent) oder provisorische Werkstoffe auf Gipsbasis (z.B. Cavit®, Espe) ohne zusätzliches Befestigungsmedium und unter Verzicht einer Oberflächenkonditionierung der Zahnhartsubstanzoberflächen bewährt.

Adhäsive Eingliederung

Die Adhäsion der Polymerkomposite (Adhäsiv) an der Schmelz-, Dentin- und Keramikoberfläche (Festkörper) setzt bei engsten räumlichen Beziehungen eine vollständige Benetzung der mikroretentiven Hartsubstanzgrenzflächen sowie eine möglichst geringe Polymerisationsschrumpfung der Komposite (Adhäsiv) voraus.

Um eine vollständige Benetzung der Festkörperoberflächen zu gewährleisten, müssen die Adhäsionskräfte zwischen Hartsubstanz- und Kompositmolekülen gegenüber den Kohäsionskräften innerhalb des Adhäsivs überwiegen. Unbehandelte Zahnhartsubstanz- und Keramikoberflächen sind durch eine dichte, glatte Struktur mit hohem Völligkeitsgrad gekennzeichnet; eine adäquate Grenzflächenhaftung des Polymeradhäsives bedingt daher neben einer effektvollen Reinigung eine materialspezifische Umstrukturierung (Oberflächenkonditionierung) der korrespondierenden Fügeflächen. Die im Zuge der Konditionierung physikalisch mikrostrukturell umgeformten Oberflächen werden durch Applikation von jeweils spezifischen Adhäsiven in ihren chemischen Eigenschaften verändert. Gleich-

Tabelle 10 Werkstoffgruppen der Adhäsivtechnik.

1	**Konditionierlösungen**
1.1	Zahnhartsubstanzkond. (37% wäßrige Phosphorsäurelösung + ggf. Zusätze)
1.2	Keramikkond. extraoral (z.B. 2% wäßrige Flußsäurelösung)
1.3	Keramikkond. intraoral (z.B. 37% wäßrige Phosphorsäurelösung und Natriumfluorid)
2	**Adhäsive**
2.1	Schmelz- und Dentinadhäsive – wäßrige Systeme – lösungsmittelhaltige Systeme – funktionell dotierte Systeme (Fluoridierung, Desensibilisierung)
2.2	Silane
2.3	Metallprimer
3	**Bonding agent**
3.1	licht-katalysiert
3.2	dual-katalysiert
4	**Polymerkomposit**
4.1	niedrige Viskosität, ggf. funktionell dotiert; versch. Farb- und Opazitätsabstufungen (analog Fissurenversiegler) a) lichtkatalysiert
4.2	mittlere Viskosität, ggf. funktionell dotiert (flowable Komposit); versch. Farben und Opazitätsabstufungen (transluzent, zahnfarben, weiß) a) licht-katalysiert b) dual-katalysiert
4.3	hohe Viskosität, ggf. funktionell dotiert (max. gefüllte Mikrohybride), versch. Farben und Opazitätsabstufungen (transluzent, zahnfarben, weiß) a) licht-katalysiert b) dual-katalysiert c) auto-katalysiert

zeitig wird dadurch die Benetzbarkeit für das spätere Komposit optimiert. Die zusätzliche Verwendung eines *Bonding agents* (ungefüllter Versiegelervorstrich) ist – soweit nicht Bestandteil des Adhäsivsystems – im Rahmen der Eingliederung von Inlayrestaurationen zumeist überflüssig. Die *Komposite* stehen in *drei Viskositätsklassen* zur Verfügung, wobei die mittlere und hohe Viskosität, ggf. unter zusätzlicher Ultraschalleinwirkung, zur Befestigung von Inlays herangezogen wird. Üblicherweise sind rein photokatalytisch polymerisierbare Komposite völlig ausreichend. Licht- und chemisch (dual-)katalysierte Komposite sind nur bei großen Schichtstärken (> 2,5 mm), opaken Inlays oder solchen mit (partiellen) Metallsubkonstruktionen indiziert (Tab. 10 und 11).

Tabelle 11 Adhäsive Eingliederung – Behandlungssystematik.

1	Form-, Passungs- und Funktionskontrolle der angelieferten Restaurationen auf den einartikulierten Arbeitsmodellen und den Kontrollzahnkränzen; Überprüfung der Farbschichtung und ggf. Transluzenzabstufung; Ausschluß von fertigungsinduzierten Oberflächen- und Volumenfehlern bevorzugt im Durchlicht
2	ggf. Anästhesie
3	absolute Trockenlegung und rückstandsfreie Entfernung der Provisorien
4	schonende Zahnreinigung
5	vorsichtige Einprobe, ggf. manuelle Korrekturen
6	Farbkontrolle unter lichtoptischer Ankopplung, z.B. mit Glyzeringel als Try-in-Paste
7	jeweils einzeln: materialspezifische Grenzflächenkonditionierung: Zahnschmelz und Dentin innerhalb der Kavitätenrandlinie und defektzugewandte Restaurationsoberflächen
8	jeweils einzeln: adhäsive Eingliederung unter Verwendung photo- oder dual-polymerisierbarer Komposite
9	Ausarbeitung und Fluoridierung
10	Patienteninstruktion
11	initiale Nachkontrolle

Qualitätskontrolle der Inlays und Vorbereitung des Arbeitsfeldes

Nach sorgfältiger Überprüfung der Passung, der Approximalkontakte, der Konturübergänge, der funktionellen Kauflächengestaltung und der Okklusionsbeziehungen auf den Arbeits- und Kontrollmodellen sowie der individuellen Farb- und Transparenzschichtung werden die angelieferten Restaurationen einzeln im Durchlicht auf strukturelle Oberflächen- und Volumenfehler, wie z.B. sichtbare Blasenbildungen, Phasenverläufe oder Initialrisse untersucht (Abb. 16). Darüber hinaus können die Okklusalflächen der Restaurationen zur leichteren Handhabung im Rahmen der Oberflächenkonditionierung und Eingliederung mit angeklebten (z.B. Fermit®, Vivadent) Kunststoffröhrchen versehen werden (s. Abb. 32).

Zu Beginn der Eingliederungssitzung wird der Patient nochmals über Art und Umfang der geplanten Behandlungsschritte unterrichtet. Häufig vereinfacht eine Anästhesie der zu restaurierenden Zähne das klinische Vorgehen.

Die Trockenlegung des Arbeitsfeldes erfolgt durch Applikation von Spanngummi (Kofferdam) wenigstens über die zu restaurierenden Zähne einschließlich jeweils eines nicht zu versorgenden Nachbarzahnes. Zur besseren Übersicht und einfacheren Zugänglichkeit hat es sich jedoch bewährt, eine gesamte Kieferhälfte bis zum kontralateralen Prämolarengebiet mit einzubeziehen.

In der restaurativen Zahnheilkunde hat sich aufgrund der dichten Adaptation im Zahnhalsbereich und der möglichen Retraktion von Weichgeweben, insbesondere des marginalen Gingivalsaumes, *Kofferdam der Stärke extra heavy* bewährt. Eine grüne oder blaue Einfärbung ergibt einen optimalen optischen Kontrast zur Zahnfarbe. Nach der Überprüfung der im vorgesehenen Arbeitsfeld vorhandenen Approximalkontakte auf Durchgängigkeit, z.B. mittels Zahnseide, wird der Kofferdam unter Anwendung konfektionierter Schablonen und scharfschneidender Lochkneifzangen entsprechend der individuellen Zahnstellung und dem jeweiligen Zahnhalsdurchmesser perforiert. Zur intraoralen Fixierung des Kofferdams haben sich insbesondere Kofferdamklammern bewährt, die entsprechend dem Durchmesser und dem Krümmungsradius der zur Befestigung vorgesehenen Zahnsegmente ausgewählt werden.

Am einfachsten gelingt die Applikation von Kofferdam nach vorgehender, extraoraler Befestigung der Klammerflügel am Spanngummi entsprechend der Zahnstellung. Der so vorbereitete Kofferdam wird anschließend in den Mund des Patienten übertragen und durch Fixierung der Klammern an den vorgesehenen Zähnen in situ positioniert. An-

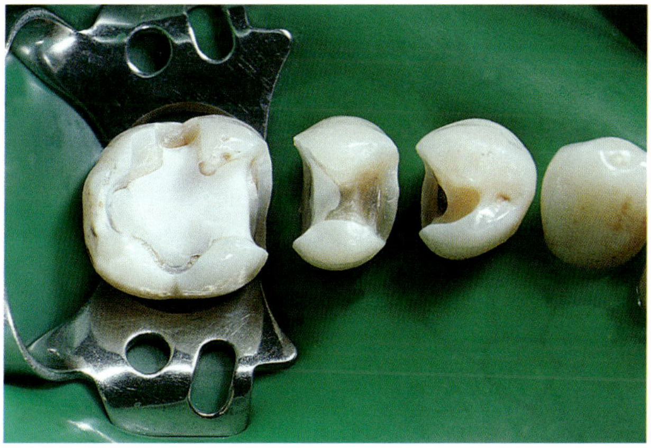

Abb. 17 Absolute Trockenlegung des Arbeitsfeldes mittels Kofferdam in Inversionstechnik.

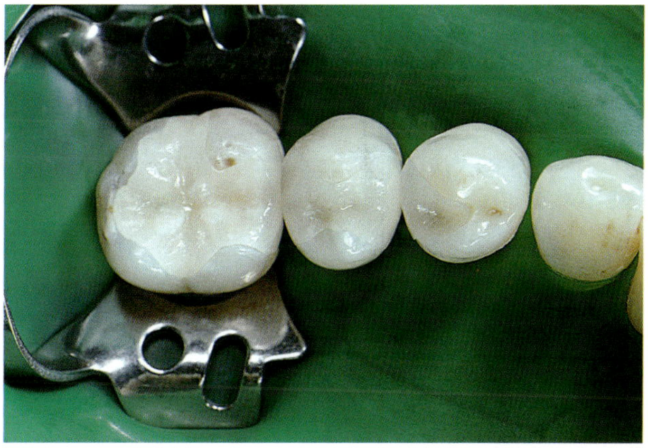

Abb. 18 Einprobe und Passungskontrolle der Inlayrestaurationen zunächst ohne Try-in-Paste.

schließend werden die Perforationen Zahn für Zahn zugeordnet und die Interdentalbrücken des Spanngummis mit Hilfe von ungewachster Zahnseide über die Approximalkontakte gedrückt.

Zur Erhöhung der Eigenstabilität sowie zur Verbesserung der Weichgeweberetraktion und des dichten marginalen Abschlusses wird der Kofferdam anschließend, z.B. mit Hilfe zweier spatelförmiger Instrumente und/oder Zahnseide sowie ggf. unter zusätzlicher Anwendung von Druckluft, im Zervikalbereich in die Zahnfleischsulci umgeklappt (Inversionstechnik) (Abb. 17).

In seltenen Fällen ist es bei approximal tiefgehenden Präparationen von Vorteil, zusätzlich ggf. individuell vorgebogene oder mit Stentsmasse an den Nachbarzähnen fixierte Zahnhalsklammern (z.B. Nr. 212, Ivory) einzusetzen. Alternativ eignet sich je nach Situation zirkulär um den Zahnhals geknotete Zahnseide oder interdental verkeilte Holzkeile bzw. Kofferdamabschnitte.

Nach Applikation des Spanngummis werden eventuelle Speichel-, Blut- oder Puderrückstände durch Wasserspray oder mit Hilfe einer feuchten Gaze sorgfältig entfernt und die Isolation des Arbeitsfeldes mittels intensiven Luftstroms kontrolliert (Speichelblasenbildung). Im Anschluß an die absolute Trockenlegung werden die isolierten Zähne von adsorbierten Speichelglykoproteinen, Bakterien sowie Belägen, Plaqueresten und ggf. Rückständen des provisorischen Füllungsmaterials gereinigt (z.B. feine rotierende Bürstchen mit Zahnreinigungspaste).

Tabelle 12 Einprobe und systematische Kontrolle funktioneller und ästhetischer Kriterien.

1	Passung und Randschluß: die Randfuge zwischen Kavitätenrand und Restauration sollte mit einer Sondenspitze kaum tastbar sein
2	Approximalkontakte: nach Kontrolle des approximalen Konturverlaufes sowie der Interdentalraumgestaltung werden die Approximalkontakte beispielsweise mit einem Metallmatrizenband oder ungewachster Zahnseide überprüft
3	Farb- und Transparenzanpassung: in fraglichen Fällen erleichtert die Verwendung von rückstandsfrei entfernbaren Fügemedien wie Wasser bzw. Glyzeringel (z.B. Airblock, Dentsply) die Beurteilung des ästhetischen Ergebnisses
4	okklusale Freiheitsgrade: die Mediotrusions- und Laterotrusionsfurchen sollten ausreichend und im richtigen Winkel angelegt sein

Einprobe

Nach Vorbereitung und Trocknung des Arbeitsfeldes werden die einzugliedernden Restaurationen nacheinander reponiert und die Primärpassung, der Randschluß, die Approximalkontakte sowie die Konturübergänge, die okklusalen Freiheitsgrade und die Farb- bzw. Transluzenzanpassung kontinuierlich entlang der Kavitätenränder kontrolliert (Abb. 18, Tab. 12).

Aufgrund der Sprödbruchgefahr bzw. zur Vermeidung initialer Rißinduktionen sollten die Porzellanrestaurationen im Zuge der Einprobe kraftfrei manipuliert werden. Auf eine Okklusionskontrolle vor der definitiven Eingliederung sollte aus gleichen Gründen unbedingt verzichtet werden.

Eine Unterfütterung mit Silikonmassen zur Kontrolle und ggf. Korrektur der einprobierten Restaurationen sollte nur in fraglichen Fällen vorgenommen werden. Die Silikonöle sind nur schwer rückstandsfrei entfernbar und können die Grenzflächenhaftung des Fügkomposits negativ beeinträchtigen. Während der Einprobe bietet die *absolute Trockenlegung* einen optimalen Schutz vor einer Speichelkontamination der im Labor gereinigten und sandgestrahlten Porzellanfügeflächen sowie forensische Sicherheit im Hinblick auf ein unbeabsichtigtes Verschlucken bzw. Aspirieren der gering röntgenopaken Restaurationen. Darüber hinaus gewährleistet die vorausgehende Applikation von Kofferdam durch Retraktion der Interdentalpapillen eine optimale Übersicht im Rahmen der optisch-taktilen Kontrolle der lose in die Kavität reponierten Restaurationen und verhindert eine Scherspannungsbelastung der Restaurationen durch unbeabsichtigtes Zubeißen des Patienten. Allerdings können mögliche Aufhellungen der natürlichen Zahnfarbe durch Dehydratation der isolierten Zahnoberflächen die Überprüfung der Farb- und Transparenzschichtung der Restauration erschweren.

Es hat sich daher bewährt, die ästhetische Beurteilung der einzugliedernden Restaurationen unverzüglich nach Kofferdamapplikation vorzunehmen bzw. die Zahnreihen z.B. mittels einer angefeuchteten Gazelage vor einer möglichen Austrocknung zu schützen.

Die Beurteilung des ästhetischen Ergebnisses während der Einprobe kann durch Verwendung rückstandsfrei entfernbarer, *optisch aktiver Fügemedien*, wie z.B. Glyzeringel zur lichtoptischen „Ankopplung" der Restauration an die Kavitätenwände (Zahnhartsubstanz), wesentlich vereinfacht werden. Die Verwendung von Glyzeringel als optisch aktives Fügemedium gewährleistet darüber hinaus eine zuverlässige Retention der Rekonstruktionen für die Dauer der Einprobe, insbesondere im Oberkiefer. Die rückstandsfreie Entfernung von Glyzeringel von den Fügeoberflächen des Inlays und der Kavitätenwände gelingt z.B. mittels Wasserspray.

Die Einprobe und Kontrolle der Farbanpassung von Porzellanrestaurationen vor Applikation von Kofferdam sollte auf besonders kritische Fälle beschränkt bleiben. Zur Minimierung der Aspirationsgefahr werden der Racheneingang zuvor z.B. mit einer Gazelage abgedeckt und die Restaurationen jeweils einzeln bzw. zur Beurteilung von Approximalkontakten ggf. zusammen mit je einer angrenzenden Rekonstruktion reponiert und beurteilt.

Eventuell erforderliche Korrekturen der Restauration im Zuge der Einprobe erfolgen grundsätzlich durch deren selektive Bearbeitung mit hochtourig rotierenden Diamantfinierern (Körnung ca. 20–40 µm) oder niedrigtourig mit flexiblen Aluminiumoxidscheibchen.

Nachträglich bearbeitete oder mit Silikonen kontaktierte Fügeflächen keramischer Inlays werden vor deren Konditionierung erneut vorsichtig mit Aluminiumoxidkorn abgestrahlt (z.B. 25 µm mittlere Korngröße, 1 bar Druck), während diamantbearbeitete funktionelle Oberflächen, z.B. unter Anwendung von Aluminiumoxidscheibchen, speziellen Silikonpolierern oder diamantbelegten Filzschwabbeln (z.B. Diafinish®, Renfert) sorgfältig bis zum Hochglanz poliert werden.

Konditionierung der Inlayoberflächen

Im Anschluß an die Einprobe und ggf. erfolgte Nachbearbeitung werden die Restaurationen in *Alkohol* (z.B. Ethanol) entfettet und die defektzugewandte Oberfläche chemisch umstrukturiert. Die chemische Umstrukturierung der Porzellanoberflächen erfolgt unter Berücksichtigung der jeweiligen Herstellerangaben mit materialspezifischen Ätzlösungen und variablen Einwirkzeiten (Abb. 19).

In den damit verbundenen Behandlungspausen wird die isolierte Zahnreihe beispielsweise mit einer feuchten Gazelage abgedeckt, um möglichen Pulpairritationen über langen Dehydratationsintervallen entgegenzuwirken.

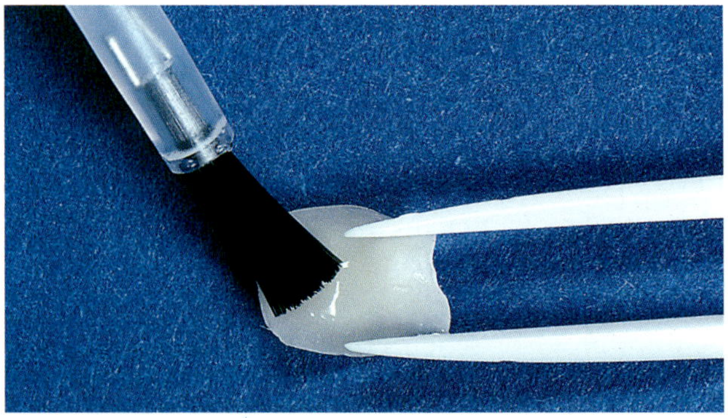

Abb. 19 Umstrukturierung der defektzugewandten Inlayoberflächen mit zumeist flußsäurehaltigen Ätzlösungen.

Die Ätzlösungen zur Schmelz- und Porzellankonditionierung sind grundsätzlich verschieden und dürfen **keinesfalls** verwechselt werden. Das Tragen einer Schutzbrille während des Umgangs mit Ätzlösungen ist unerläßlich.

Zur Manipulation der Restaurationen während der Oberflächenkonditionierung und Eingliederung haben sich *alternativ zu angeklebten Kunststoffröhrchen* (Abb. 19) *keramische Pinzetten* bewährt. Durch intensives Absprayen für mindestens 60 s werden Säurereste und gelöste Präzipitate vollständig entfernt. Zum Schutz des Handwaschbeckens und zur Vermeidung von Gefügeschäden bzw. Sprüngen bei eventuellem Abgleiten der Restauration empfiehlt sich das Unterlegen einer wassergetränkten Gazelage. Eine sorgfältige Trocknung im Luftstrom schließt die Ätzung ab. Die umstrukturierte Porzellanoberfläche ist nur selten durch makroskopisch sichtbare Oberflächendetails, z.B. Opazitäten, erkennbar.

Zur Verbesserung der Benetzbarkeit des mechanochemisch erzeugten, mikroretentiven Oberflächenreliefs der defektzugewandten Inlayoberflächen durch die Polymerphase der Fügekomposite sowie der Grenzflächenhaftung werden diese im Anschluß an die Ätzbehandlung und nach vollständiger Trocknung silanisiert. Organosilanlösungen sind als *Einkomponentenhaftvermittler* (z.B. Monobond S, Vivadent) oder als *Zweiphasensysteme* (z.B. Biodent-Haftvermittler 90, De Trey Dentsply), die unmittelbar vor Verarbeitung angemischt und dadurch aktiviert werden, erhältlich. Besondere Beachtung gilt dem Verarbeitungszeitraum aktivierter Zweiphasensilanlösungen von maximal 24 Stunden sowie der beschränkten Lagerungsfähigkeit der Systeme (Verfallsdatum beachten).

Die Verarbeitung erfolgt durch Applikation im Überschuß unter Beachtung der jeweiligen Herstellerangaben. Unter Umständen erfolgt eine anschließende Trocknung in einer sauberen Ofenatmosphäre, z.B. bei 100 °C für 5 min. Um einen optimalen Verbund zum Befestigungskomposit zu gewährleisten, sollten die Restaurationen – nach vollständiger Eintrocknung der Silanlösung bzw. nach Verflüchtigung des bei der Hydrolysierung der Glasmatrix entstandenen Wassers und ggf. Abkühlung auf Zimmertemperatur – möglichst ohne Zeitverzug eingegliedert werden (Abb. 20).

Silanisierte Porzellanoberflächen sind reaktiv und äußerst empfindlich. Es hat sich bewährt, die Restaurationen bis zur adhäsiven Eingliederung auf einer sauberen Glasplatte zu lagern und zum Schutz vor möglichen Kontaminationen mit einem Standglas abzudecken.

Konditionierung der Zahnhartsubstanz

Bei der Präparation von Zahnhartgeweben wird die Kavitätenoberfläche, die angeschnittenen Dentintubuli eingeschlossen, durch eine komplexe Schicht aus denaturiertem Kollagen, Zahnhartgewebsbruchstücken, Dentinliquor, Speichelpräzipitaten, Mikroorganismen und Schleifkörperabrieb, dem *„Smearlayer"* versiegelt. Gleichzeitig werden die im Bereich der Kavitätenwände vorwiegend senkrecht zur Oberfläche verlaufenden Schmelzprismenbündel angeschnitten.

Der erste Teilschritt der Konditionierung von Schmelz und Dentin, welcher nach unmittelbarem Auftrag von vorzugsweise 35- bis 40%iger Orthophosphorsäure zur Oberflächenkonditionierung ohne besonderes Zutun erfolgt, ist die Reinigung der Oberflächen (Abb. 21 bis 23).

Die *mikrostrukturelle Konditionierung der Schmelzoberfläche* basiert auf einer unterschiedlichen Kristallanordnung in den Schmelzprismen. Die Kristallite der Prismenzentren und der -pheripherie sind zueinander im Winkel angeordnet und werden je nach Anschliff der Prismenlängsachse selektiv

Abb. 20 Angestrebter inniger Materialverbund zwischen der durch Abstrahlen mit Aluminiumoxidkorn gereinigten, unter Ätzeinwirkung mikroretentiv umstrukturierten und silanisierten Keramikoberfläche und dem Komposit (REM-Aufnahme: experimentell induzierter Schrägbruch durch Grenzfläche Keramik/Komposit).

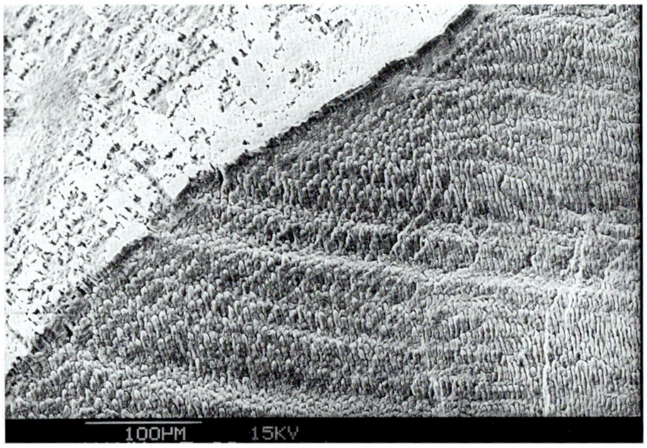

Abb. 21 Mittels rotierender Diamantinstrumente bearbeitete Schmelzoberfläche mit teilweise adsorbierter (obere Bildhälfte), teilweise unter kurzfristiger Orthophosphorsäureeinwirkung entfernter (untere Bildhälfte) Schmierschicht (REM-Aufnahme).

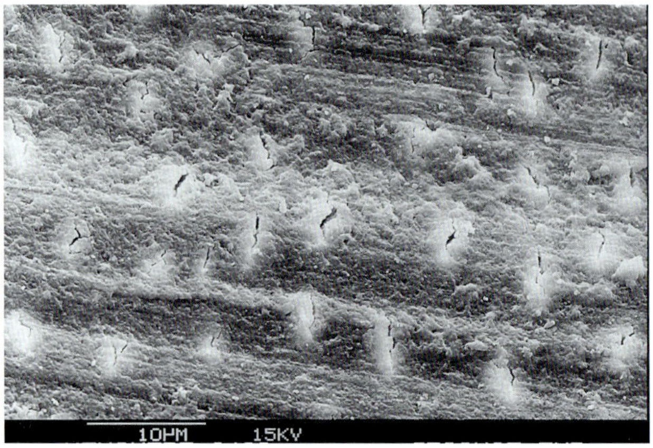

Abb. 22 Mittels rotierender Diamantinstrumente bearbeitete Dentinoberfläche mit adsorbierter Schmierschicht und vollständig verlegten Dentinkanälchen (REM-Aufnahme).

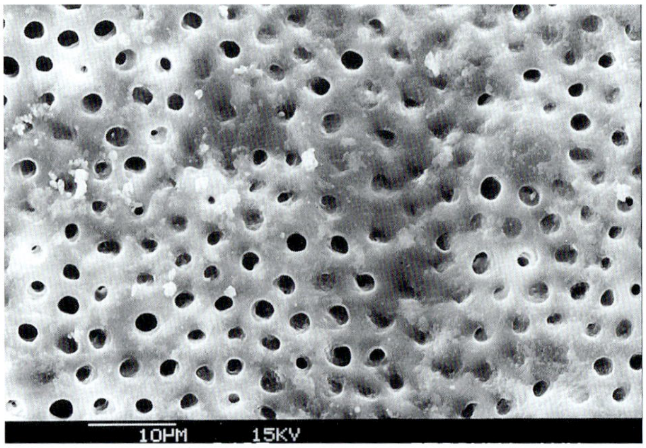

Abb. 23 Dentinoberfläche aus Abbildung 22 nach weitgehend vollständiger Entfernung der Schmierschicht unter kurzzeitiger Orthophosphorsäureeinwirkung (REM-Aufnahme).

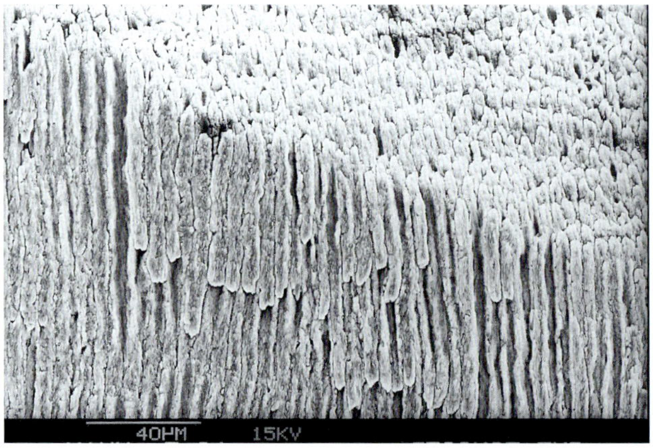

Abb. 24 Repräsentative rasterelektronenmikroskopische Übersichtsaufnahme des nach 30 s Orthophosphorsäureeinwirkung im Bereich des Kavitätenrandes erreichten Schmelzätzmusters. *Untere Bildhälfte:* präparierte Kavitätenwand. *Obere Bildhälfte:* unpräparierte Schmelzoberfläche außerhalb der Kavitätenrandlinie.

während einer durchschnittlichen Säureexpositionszeit von 30–60 s geätzt. Zur gezielten Applikation der Orthophosphorsäure haben sich tixothrope, gelartige Präparate, vorzugsweise in Mikroapplikationssystemen mit Kunststoffspitzen bewährt. In Abhängigkeit von der Konzentration und Einwirkzeit muß mit einem durchschnittlichen Substanzverlust von ca. 10 µm, und einer durchschnittlichen Ätztiefe von ca. 50 µm gerechnet werden.

In der Folge entsteht eine mit Kratern und Lakunen durchsetzte, zerklüftete, retentive Oberfläche (retentives Schmelzätzmuster), in der das adsorbierte Polymerkomposit zugfest haftet (Abb. 24). Parallel zur Längsachse angeschliffene Prismen und insbesondere prismenfreie Schmelzabschnitte, wie z. B. im Zahnhalsbereich (Abb. 25), bieten nach Ätzung nur wenig Retention und weisen eine geringe Verbundfestigkeit auf.

Abb. 25 Repräsentative rasterelektronenmikroskopische Ausschnittsvergrößerung des zervikalen Schmelzrandes im mod-Schnitt, mit gut erkennbarem prismenfreien zervikalen Schmelzrand.

Die analoge Säurekonditionierung des Dentins, ebenfalls mit 35- bis 40%iger Orthophosphorsäure, resultiert auch in einer vollständigen Entfernung der Schmierschicht mit selektiver (Teil-)Ätzung der anorganischen Dentinbestandteile (ca. 45% des Dentinvolumens) sowie einer Erweiterung der Dentintubuli (Abb. 23). Die oberflächennahen Dentinareale sind nach Säurekonditionierung in ihrer Zusammensetzung zugunsten eines relativ höheren Gehaltes an organischen Strukturen und Wasser verändert.

Unter ergonomischen Gesichtspunkten erfolgt die Konditionierung der Zahnhartsubstanzoberflächen innerhalb der Kavitätenrandlinie am günstigsten während des Eintrocknens der Silanlösung bzw. der Abkühlphase der erwärmten Restaurationen. Sind in einer Kieferhälfte mehrere Restaurationen adhäsiv zu befestigen, so werden zur Vermeidung von möglicherweise adhäsiv verankerten, kaum entfernbaren Kompositrückständen in benachbarten Kavitäten, jeweils nur die Kavitätenoberflächen einer Kavität konditioniert, wobei am günstigsten mit dem am weitesten dorsal gelegenen Zahn begonnen wird (Abb. 26 bis 28, 31 bis 35). Vor der Konditionierung der nächsten (mesial) gelegenen Kavität wird die zuvor eingegliederte Restauration, zumindest im Approximalbereich, ausgearbeitet. Eventuelle Überschüsse von erhärteten Fügekompositen in Nachbarkavitäten werden durch Absprengen rückstandsfrei entfernt.

In der Praxis hat es sich bewährt, zunächst die Schmelzränder der zu konditionierenden Kavität weitgehend selektiv mit Orthophosphorsäuregel zu beschicken und dieses nach vollständigem Auftrag für 20 s zu belassen (Abb. 26). Unmittelbar danach wird dieser primäre Säureauftrag unter vollständigem Beschicken der gesamten Kavität, einschließlich der Dentinoberflächen, ergänzt und der sekundäre Auftrag für weitere 10 s belassen (Abb. 27). Anschließend werden die Säure und gelöste Präzipitate vorsichtig ohne Verletzung des Ätzmusters abgesaugt und sorgfältig für mindestens 60 s mittels scharfem Wasserspray entfernt. Zum Schutz des Nachbarzahnes vor ungewünschter Säureapplikation kann ein verkeiltes Azetatstreifensegment verwendet werden. Phosphorsäurepräparate mit Zusätzen, z.B. an Netzmitteln, resultieren in einer höheren Verbundfestigkeit (Etch Gel Plus, Up to dent, FL-Balzers).

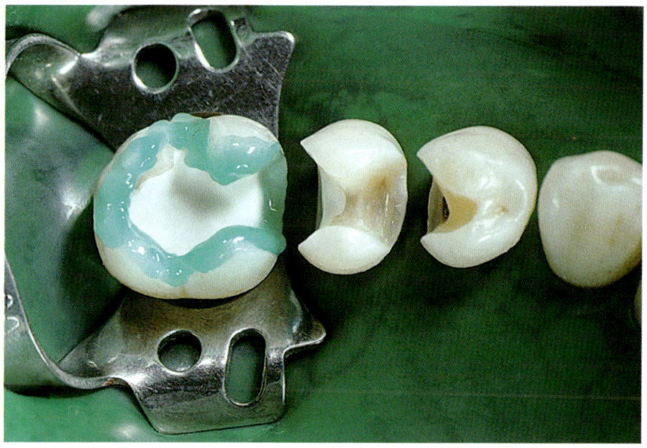

Abb. 26 Primäre Säureapplikation auf die Schmelzränder der Kavität: Einwirkzeit: ca. 20 s.

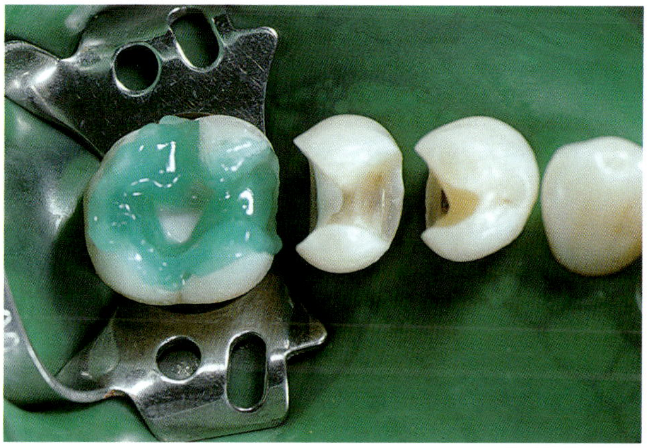

Abb. 27 Nach 20 s primärer Säureeinwirkung wird die gesamte Zahnhartsubstanzoberfläche innerhalb der Kavitätenrandlinie, bevorzugt das beim primären Säureauftrag weitgehend ausgesparte Dentin, mit Orthophosphorsäure beschickt und diese für weitere 10 s belassen.

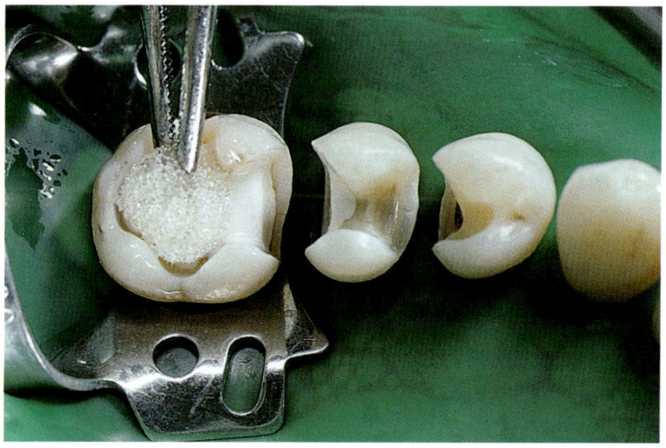

Abb. 28 Applikation und Einmassage (mind. 60 s) des Schmelz- und Dentinadhäsivs mittels eines Kunststoffschwämmchens.

Die anschließende „Trocknung" erfolgt vor dem Hintergrund einer geplanten *„Wet-bonding-Technik"* unter Verwendung von Schmelz- und Dentinadhäsiven der jüngsten Generation.

Es ist darauf zu achten, daß sämtliche Wasserüberstände aus der Kavität und den benachbarten Arealen vollständig entfernt sind, eine früher jedoch häufig empfohlene Übertrocknung unterbleibt. Als klinische Regel gilt die Trocknung unmittelbar vor kreidig weißem Erscheinen der konditionierten Schmelzgrenzflächen einzustellen (s S. 231f.).

Aus der Vielfalt der angebotenen *Adhäsive* können derzeitig beispielsweise Systeme auf *wäßriger Basis,* mit durch Zusätze an methacrylatmodifizierten Polyacrylsäuren hydrophilisierten, einkomponentig photopolymerisierbaren Monomer/Polymergemischen, empfohlen werden (z.B. Unisiv LC, Up to dent).

Besonders wesentlich bei der Verarbeitung dieser Systeme ist die Applikation im Sinne einer Einmassage mittels Pinsel oder Kunststoffschwämmchen auf bzw. in die Schmelz- und Dentinoberflächen – unter stets wiederkehrender Benetzung der zu infiltrierenden Oberflächen mit Adhäsiv – für eine Dauer von 30–60 s (Abb. 28). Nach Abschluß der Applikation werden eventuelle Überschüsse kurz verblasen *(cave: Sauerstoffinhibition)* und das Adhäsiv durch Belichtung mit einer Polymerisationslampe für 20 s gehärtet. Bei größeren Flächen wird segmentweise belichtet, wobei jedes Segment mindestens 20 s bestrahlt wird. Eine Gefahr des Auftrages eines Filmes besteht in den meisten Fällen nicht. Für viele Adhäsive hat sich eine doppelte Applikation bewährt, wobei nach Polymerisation der ersten Schicht ein weiterer Auftrag unter analogem Vorgehen, vorzugsweise unter Einmassage für etwa 30 s, wiederum mit anschließendem kurzem Verblasen und Polymerisation folgt.

Während der Applikation penetriert das Adhäsiv in die im Zuge der Konditionierung erzeugten Mikrostrukturen der Oberflächenrandzone, es kommt zu einer *gradientenartigen Anreicherung von „Kunststoff“.* Nach Verdampfen des Wassers oder Lösungsmittels bzw. nach Polymerisation liegt in dieser Übergangszone ein teilweise vernetztes Kunststoffgeflecht vor, welches zu wesentlichen Anteilen das strukturelle Korrelat der späteren Komposit-/Dentinhaftung bildet (Abb. 29a bis c).

Letztere ist sowohl für Schmelz, insbesondere aber für Dentin abhängig vom Anschliffwinkel der Schmelzprismen bzw. der Dentinkanälchen. Im zentralen Kastenboden ergeben sich durch vorwiegend quer angeschnittene Dentinkanälchen hohe

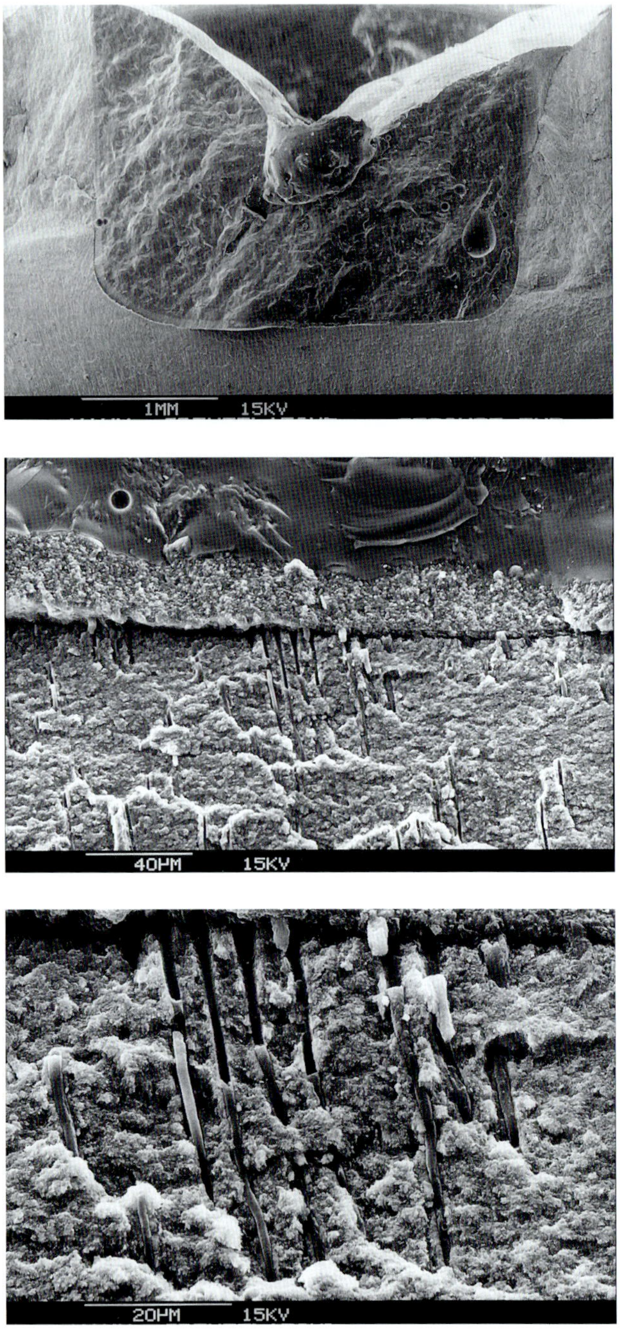

a

b

c

Abb. 29 Adhäsiver Verbund.

a) Repräsentative rasterelektronenmikroskopische Übersichtsaufnahme eines Querbruches durch einen mittels adhäsiv befestigtem keramischen mod-Inlay restaurierten Molaren.

b) Detaildarstellung aus Abbildung 29a betreffend den zentralen Kastenboden (oberes Bilddrittel: keramisches Inlay; Mitte: Befestigungskomposit; untere Bildhälfte: mittels Adhäsiv infiltriertes, zuvor säurekonditioniertes Dentin.

c) Detaildarstellung aus Abbildung 29b: Durch mikroretentive Kunststoffzapfen (sogenannte Tags) bevorzugt in den Dentinkanälchen bis in eine Tiefe von mehr als 50 µm mikrostrukturell verankerte Kompositschicht (oberer Bildrand).

a b c

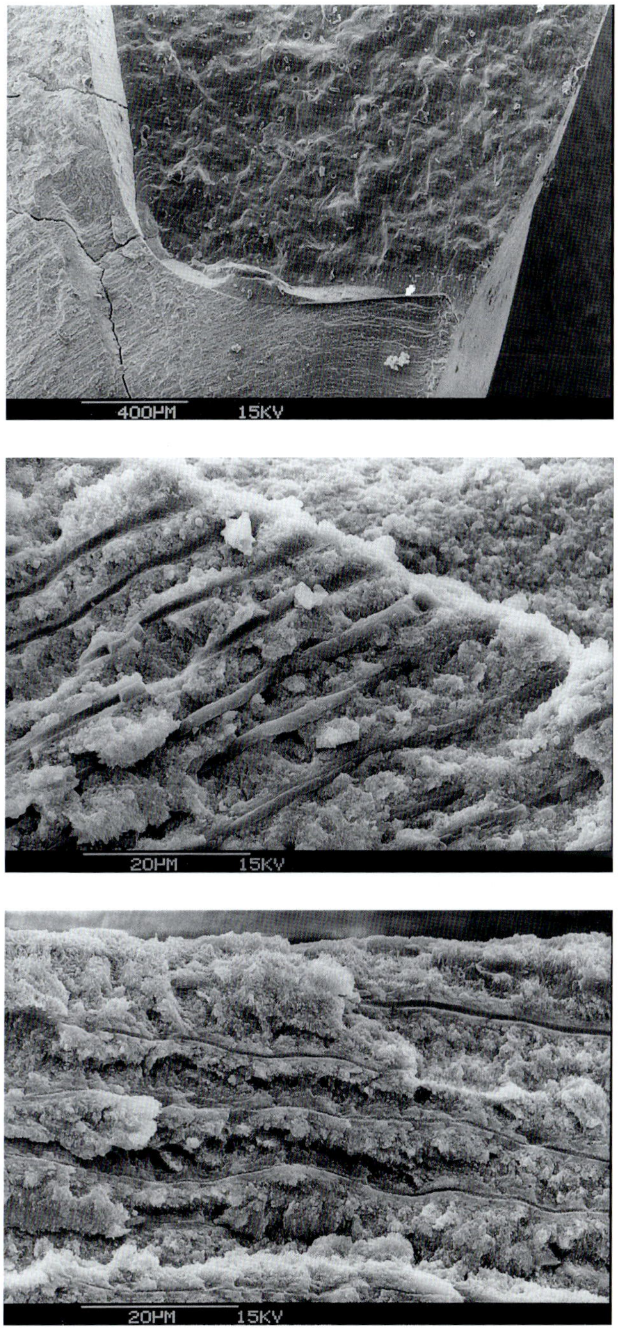

Abb. 30 Verbundqualität im Bereich des Kavitätenrandes.

a) Repräsentative rasterelektronenmikroskopische Übersichtsaufnahme des Kavitätenrandes (Längsbruch entlang der mod-Fissur) eines mittels adhäsiv befestigtem keramischen mod-Inlay restaurierten Molaren.

b) Ausschnitt aus Abbildung 30a: teilweise mit Adhäsiv infiltrierte, schräg verlaufende Dentinkanälchen im Bereich der Kurvatur zwischen axialer Kavitätenwand und zervikalem Kavitätenboden.

c) Ausschnitt aus Abbildung 30a: vorwiegend parallel angeschnittene, nicht mit adhäsiv infiltrierten Dentinkanälchen im Bereich des zervikalen Kavitätenbodens mit Spaltbildung zwischen zuvor säurekonditioniertem Dentin und Komposit (oberer Bildrand).

Haftwerte, während im kritischen approximalen Kastenboden, korrelierend mit vorzugsweise parallel angeschnittenen Dentinkanälchen, eher mit reduzierten Haftwerten gerechnet werden muß (Abb. 30a bis c).

Auf die Verwendung von herkömmlichen Bonding agents (z.B. LC Wet, Up to dent) zur zusätzlichen Verbesserung der Benetzbarkeit der mittels photopolymerisierten Adhäsiven oder Silan vorbehandelten Grenzflächen mit Komposit kann – sofern sie nicht wesentlicher Bestandteil des Adhäsivsystems sind – insbesondere im Rahmen der Inlaytechnik verzichtet werden (Gebrauchsanweisung des Adhäsivsystems beachten). Die im Zuge der Inlayplazierung und der Verdrängung von überschüssigen Kompositen auftretenden Scherkräfte führen zu einer benetzungswirksamen, zeitweisen Verringerung der Viskosität der tixothropen Kompositen.

Eingliederungstechniken

Die adhäsive Eingliederung keramischer Einlagefüllungen oder Teilkronen erfolgt vorzugsweise unter Verwendung lichthärtender, selten licht- und chemisch (dual-)härtender Kompositen. Nach der Applikation des Fügekomposits in die Kavität, vollständiger Reposition der Restauration, Entfernung von Kompositüberschüssen und Applikation von Glyzeringel zum Schutz der Komposite vor oberflächlicher Vernetzungsinhibition durch Luftsauerstoff erfolgt eine photoinduzierte Polymerisation der Fügekomposite durch Lichtapplikation.

Die bei Verwendung dual härtender Komposite zeitlich versetzt eintretende, chemische Vernetzungskatalyse sichert eine Erhärtung der Komposite auch in lichtunzugänglichen Fügespaltabschnitten sowie bei Verlusten an wirksamer Lichtintensität, z.B. durch ggf. spektralspezifische Lichtabsorption mit zunehmender Schichtstärke der Rekonstruktion und Opazität des verwendeten Restaurationswerkstoffes.

Zur adhäsiven Eingliederung von Porzellaninlays oder -teilkronen sind spezielle niedrigvisköse „Befestigungskomposite" (z.B. Dual-Cement®, Vivadent) unter Anwendung eines polymerkompatiblen Bonding agents oder hochgefüllte, zähplastische „Befestigungskomposite" unter Einwirkung von Ultraschall (z.B. Sono-Cem®, Espe) erhältlich. In den meisten Fällen eigen sich jedoch herkömmliche Füllungskomposite von mittlerer (flowable Komposit) (z.B. Poliflow LC, Up to dent) oder hoher Viskosität (z.B. Polifill LC, Up to dent). Die meisten transluzenten keramischen Inlays, die Schichtstärken von 2,5 bis 3 mm nicht überschreiten (bezogen auf die jeweiligen Durchleuchtungsstrecken in situ), können unter Verwendung herkömmlicher photopolymerisierbarer Komposite eingegliedert werden [10].

Klinisches Vorgehen zur adhäsiven Eingliederung zahnfarbener Einlagefüllungen unter Verwendung fließfähiger Komposite

Fließfähige Komposite haben den Vorteil der *leichten direkten Applikation* in die Kavität und der einfachen, *weitgehend drucklosen Reposition* des Inlays. Nachteilig ist die *aufwendige Überschußentfernung* unter kaum vermeidbarer Belassung verschmierter Kompositüberschüsse, welche nach Erhärtung als Filmschichten nur schwer erkennbar sind (Abb. 31). Auf eine blasenfreie Applikation in die Kavität und die sorgfältige Benetzung sämtlicher Kavitätenoberflächen ist besonders zu achten. Alternativ kann das Inlay zusätzlich auf der defektzugewandten Oberfläche dünn beschichtet werden. Zur Verlängerung des Verarbeitungsintervalls empfiehlt sich das Abblenden der Operationsleuchte.

Nach vollständiger Reposition der Restauration in der Kavität werden die Überschüsse an Befestigungskomposit beispielsweise mit Hilfe eines Einmalpinsels und nichtgewachster Zahnseide sorgfältig entfernt (Abb. 32). Die präzise Passung der Restauration (Randschluß) vermindert die Gefahr des Herauslösens von plastischem Befestigungskomposit aus dem Fügespalt im Zuge der Überschußentfernung. Zur Vermeidung eventueller Dislokationen wird die Restauration von okklusal sowie ggf. zusätzlich von approximal, z.B. mit Hilfe geeigneter Spatel, bis nach erfolgter Lichtpolymerisation in situ fixiert.

Zur vollständigen Durchhärtung der Befestigungskomposite bis zur Oberfläche wird der gesamte Fügebereich mit Glyzeringel (z.B. Airblock, De Trey Dentsply) überschichtet. Dadurch kann einer luftsauerstoffinduzierten Vernetzungsinhibition der Polymerphase der Befestigungskomposite und der Gefahr späterer forcierter Verschleißerscheinungen der Fügekompositoberfläche im Sinne von Niveauunterschüssen wirksam vorgebeugt werden (Abb. 33).

Die *initiale Lichtpolymerisation* (20 s/Inlayoberfläche) erfolgt zur Sicherstellung maximaler Relaxationseffekte im Kompositvolumen aus einer Distanz von ca. 10 mm oder aus unmittelbarer Nähe unter Verwendung einer die Lichtleistung hyste-

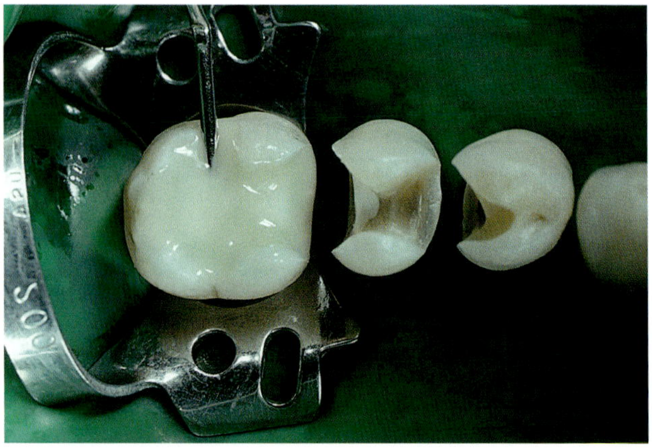

Abb. 31 Applikation von fließfähigem (flowable) Komposit mittels Einmalkanüle aus der Spritze direkt in die Kavität. Cave: Blasenbildung!

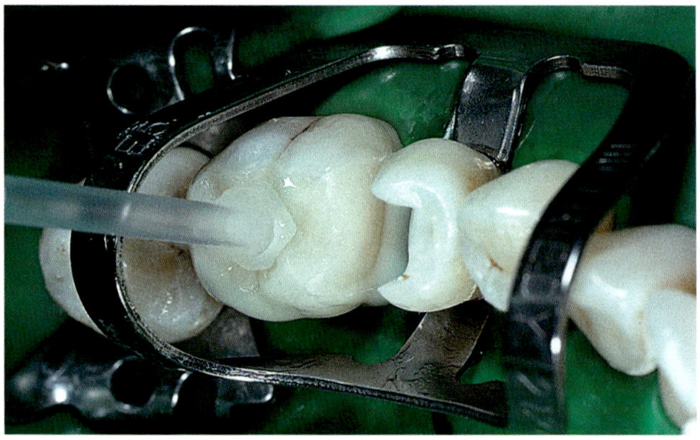

Abb. 32 Reposition eines mittels weichbleibendem Kunststoff an einem Kunststoffröhrchen lösbar befestigten Keramikinlays in die unter Vorlage von flowable Komposit gefüllte Kavität unter Ausbildung von zu entfernenden plastischen Kompositüberschüssen.

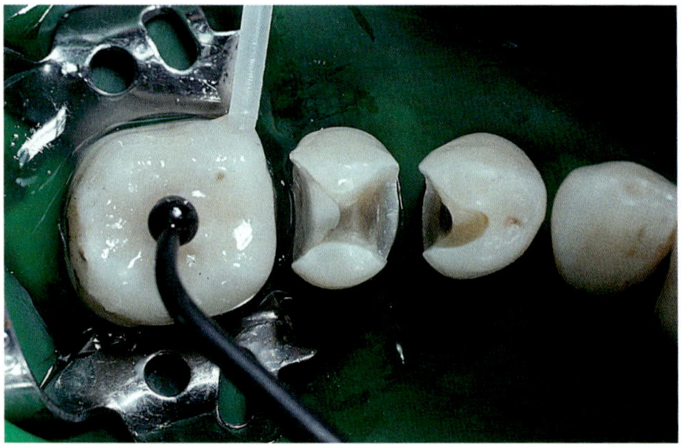

Abb. 33 Applikation von Glyceringel über die mit plastischem Komposit ausgefüllten Fügeübergänge zwischen Inlay und Zahnhartsubstanz unter sorgfältiger Fixierung des Inlays in situ.

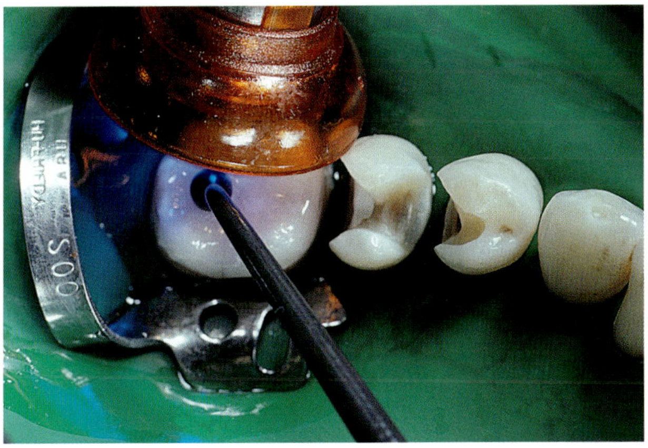

Abb. 34 Definitive Lichtpolymerisation für 60–120 s/Oberflächenabschnitt nach initialem *soft start* der Lichtintensität.

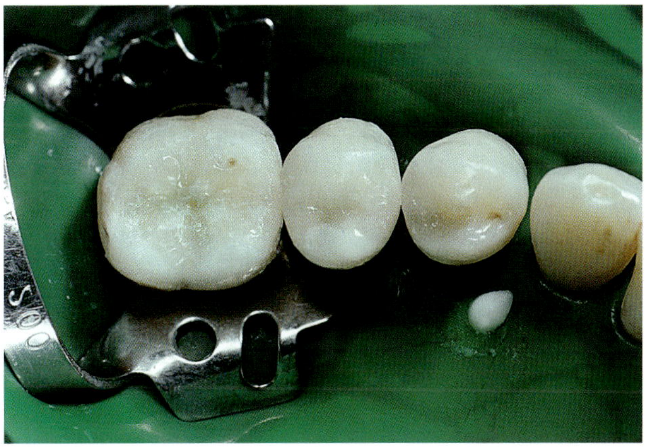

Abb. 35 Zustand nach adhäsiver Eingliederung (vor Ausarbeitung) der keramischen Inlays in einem Unterkieferquadranten.

researtig steigernden Polymerisationslampe (Soft start) (s. S. 244) [11]. Die früher vielfach empfohlene Verwendung von sogenannten Lichtreflexionskeilen ist durch die Soft-start-Polymerisation überholt und birgt die Gefahr einer möglichen Dislokation der Restauration nach inzisal. Ferner resultieren aus der häufig mangelhaften Adaptation der „Lichtkeile" an gekrümmten Zahnhalsoberflächen, auch unter Verwendung von Kunststoffmatrizen, nicht selten approximale Überschußbildungen.

Die folgende, hauptsächliche Lichtpolymerisation erfolgt im direkten Anschluß nach dem „soft start" aus unmittelbarer Nähe zur Lichtaustrittsöffnung unter Verwendung von bezüglich ihrer Lichtleistung regelmäßig kontrollierten Lichtpolymerisationsgeräten (Abb. 34 und 35).

Zur sicheren Vernetzung des photopolymerisierbaren Polymervolumens im gesamten Fügebereich haben sich Lichtexpositionszeiten der Okklusal-, Approximal-, Bukkal- und Oralflächen der Restauration bzw. des restaurierten Zahnes (transdental) von jeweils wenigstens 60 s bewährt. Große Oberflächen, z.B. im Molarengebiet, sind segmentweise zu polymerisieren. Eine Überpolymerisation der Polymerphase von zahnärztlichen Kompositen ist nicht möglich. In Zweifelsfällen, insbesondere bei tiefen Kavitäten oder weniger transluzenten Inlays, sollten zur vollständigen Umsetzung des Fotoinitiators eher längere Lichtexpositionszeiten (bis zu 120 s pro Oberflächenabschnitt) gewählt werden.

Eine *unzureichende Lichtexposition*, z.B. durch geringe Lichtleistung der Fotopolymerisationsgeräte oder zu kurze Expositionszeiten, resultiert in einer wesentlichen Verschlechterung der mechanischen Eigenschaften der Fügekomposite durch ungenügende Vernetzung der Polymermatrix, insbesondere im Bereich lichtferner Oberflächen, beispielsweise am Kavitätenboden. Darüber hinaus können frühzeitige Gelbverfärbungen der Komposite durch Rückstände unvollständig umgesetzten Fotoinitiators auftreten.

Sollte in Einzelfällen dennoch eine Eingliederung unter Verwendung dual polymerisierbarer Kompositen notwendig sein, so wird nach vorausgehendem Anmischen der Komposite aus einer Base- und einer Katalysator-Paste (z.B. Poliflow DC, Up to dent), unmittelbar vor dem Beschicken der Kavität und/oder des Inlays, äquivalent verfahren. Das angemischte Befestigungskomposit kann beispielsweise mittels eines Einmalpinsels oder eines keramisch beschichteten Spatels in die Kavität eingebracht und auf allen Kavitätenoberflächen gleichmäßig, leicht überschüssig verteilt werden.

Bei geplanter erstmaliger Verwendung von dual polymerisierenden Kompositen sollte das Zeitintervall zwischen Anmischen der Komposite und dessen Eintritt in die Gelphase unter individuellen Praxisbedingungen für jede neue Materialcharge ermittelt werden. Darüber hinaus ist die Reaktionskatalyse der fotoempfindlichen und chemischen Initiatoren der verwendeten Materialien chargenspezifisch zu kontrollieren. Am einfachsten gelingt dies durch manuelle Kontrolle der Druckfestigkeit angemischter, zylinderförmiger Proben, die ausschließlich unter Lichteinwirkung (z.B. 60 s) bzw. unter Lichtausschluß (z.B. 30 min Einlagerung in eine dunkle Schublade) polymerisiert wurden.

Klinisches Vorgehen zur adhäsiven Eingliederung zahnfarbener Einlagefüllungen unter Verwendung hochvisköser, stopfbarer Komposite

Die Verwendung hochgefüllter Komposite als Fügematerial zur adhäsiven Eingliederung von Einlagefüllungen scheiterte bis vor einer Weile an ihrer *zähplastischen Viskosität* und *knetähnlichen Konsistenz*. Trotz Aufwendung hoher Einpreßdrücke konnten die zähplastischen Füllungskomposite häufig nicht auf die zur vollständigen Reposition der Inlays erforderliche Filmstärke ausgepreßt werden.

> Bei forcierter Handhabung von Porzellanrestaurationen besteht ein hohes Frakturrisiko. Durch zusätzliche Anwendung mechanischer Oszillation während der Reposition von Einlagefüllungen, z.B. durch kurzzeitige Adaptation eines stumpfen, speziell für diesen Zweck angebotenen Ultraschallinstrumentes (ohne Wasserkühlung), können auch hochgefüllte, zähplastische Komposite für die Dauer der Oszillationseinwirkung aufgrund deren tixothropen Verhaltens „verflüssigt" werden. Die im Kontakt mit dem Ultraschallinstrument oszillierende Restauration kann in der Folge nahezu drucklos in die allseitig mit zähplastischem Fügekomposit ausgekleidete Kavität vollständig reponiert werden.

Aufgrund der kurzen Einwirkzeiten von wenigen Sekunden ist die resultierende Wärmeentwicklung und die Gefahr möglicher Pulpaschädigungen gering. Die aus dem Fügespalt herausquellenden Überschüsse unterliegen keiner weiteren Oszillationseinwirkung, was in einer schlagartigen Verfestigung entsprechend der ursprünglichen Konsistenz resultiert. Die knetähnliche Viskosität ermöglicht *eine schnelle, einfache* und *zuverlässige Entfernung sämtlicher Überschüsse,* beispielsweise mit Hilfe ungewachster Zahnseide oder einer gebogenen zahnärztlichen Sonde, ohne daß Rückstände des Fügekomposits auf den angrenzenden Oberflächen verschmiert werden. Die Gefahr einer möglichen Verursachung von Niveauunterschieden durch Herausziehen von Komposit aus der Klebefuge im Zuge der Überschußentfernung ist aufgrund des viskositätsbedingten spontanen Abrisses der Kompositfahnen im Bereich präziser Fügespalten geringer als bei fließfähigen Systemen.

Analog zu herkömmlichen Befestigungskompositen resultiert die Applikation von Glyzeringel vor der Lichtexposition durch Sauerstoffausschluß in einer vollständigen Vernetzung der verschleißbeanspruchten oberflächlichen Polymerschichten im Fügespalt. Wie bei den fließfähigen Systemen können wahlweise bei flachen Kavitäten und guten Lichtexpositionsverhältnissen ausschließlich fotopolymerisierbare Füllungskomposite (z.B. Polifill LC, Up to dent) oder bei tiefen Kavitäten spezielle dual-polymerisierbare, hochgefüllte Befestigungskomposite (z.B. Polifill DC, Up to dent) verwendet werden. Die Anwendung rein lichthärtender Komposite ermöglicht längere Verarbeitungsintervalle sowie ggf. die Kombination verschieden eingefärbter Varianten, erfordert allerdings ausreichend lange Polymerisationszeiten von wenigstens 120 s für jede Füllungs- bzw. Zahnoberfläche (ggf. transdentale Lichtexposition).

Ausarbeitung und Politur

> Bei umfangreichen Rekonstruktionen und quadrantenweiser Vorgehensweise im Zuge der Adhäsivtechnik hat es sich aufgrund der für den Patienten und den Behandler anstrengenden, langdauernden Behandlungssitzung bewährt, die unmittelbar nach der Eingliederung erfolgende Ausarbeitung auf ein Minimum zu beschränken.

Dies ist insbesondere möglich, da die laborgefertigten Restaurationen bezüglich kontinuierlicher Konturübergänge zur Zahnhartsubstanz bereits während der Einprobe überprüft und ggf. manuell nachbearbeitet sowie die im Zuge der Eingliederung induzierten Überschüsse an Fügekomposit im plastischen Zustand weitestgehend entfernt wurden. Darüber hinaus wurden die approximalen Fügeoberflächen benachbarter Restaurationen soweit als möglich bereits während der Eingliederung rekonturiert und poliert (s. S. 238 ff.).

Besondere Sorgfalt gilt der *Okklusions- und Artikulationskontrolle,* die aufgrund der Sprödbruchgefahr der Porzellanrestaurationen erstmals nach deren adhäsiver Eingliederung erfolgen kann. Auf die Entfernung von eventuellen Frühkontakten muß ebenso geachtet werden. Die unphysiologische Mundöffnung dauert während der Kofferdamapplikation sehr lange, wodurch Störungen im Bewegungsmuster des Unterkiefers möglich sind. Deshalb hat es sich bewährt, die definitive funktionelle Adjustierung der Restaurationen zusammen mit der endgültigen Ausarbeitung und abschließenden Kontrolle einer rückstandsfreien Kompositentfernung in

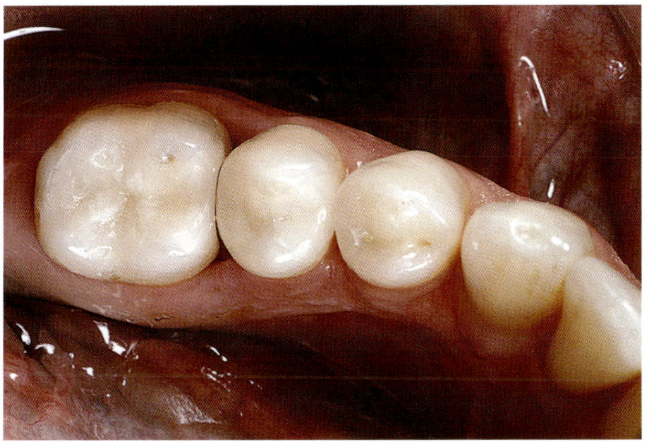

Abb. 36 Zustand im Rahmen der initialen Nachkontrolle fünf Tage nach adhäsiver Eingliederung der Inlays.

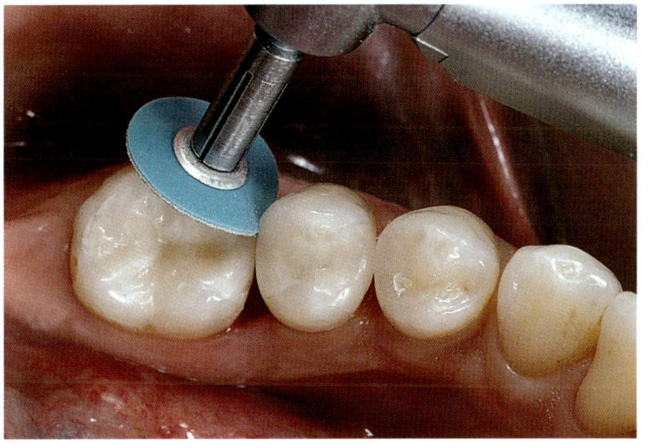

Abb. 37 Ausarbeitung und Politur des Fügebereiches mit flexiblen aluminiumoxidbelegten Scheibchen und Fluoridlösung.

einer weiteren Sitzung z.B. binnen einer Woche nach der Eingliederungssitzung vorzunehmen (Abb. 36).

Zahnfarbene Kompositüberschüsse bzw. -rückstände können einige Tage nach adhäsiver Eingliederung der Inlayrestaurationen unter relativer Trockenlegung an ihrer milchig weißen Verfärbung erkannt und beispielsweise mit Hilfe eines scharfen Skalpells von nichtkonditionierten Zahn- bzw. Restaurationsoberflächen entfernt werden. Der eigentliche Fügebereich wird ausgespart und gemäß den Empfehlungen zur Ausarbeitung und Politur von Kompositoberflächen bearbeitet.

Die schonendste Ausarbeitung der Fügeoberflächen und die besten Politurergebnisse werden unter Anwendung flexibler aluminiumoxidbelegter Scheibchen in aufsteigender Körnung erzielt (Abb. 37), wobei sich deren Handhabung im unteren Drehzahlbereich mit intermittierender Wasserkühlung bewährt hat.

Feuchte Hartpapierträgerscheiben (z.B. Sof-Lex, 3M) sind formgleichen Kunststoffscheibchen aufgrund der höheren Wärmeleitkapazität (beschleunigtes Abführen von Reibungswärme) und der aufgrund der geringeren Eigensteifigkeit besseren Adaptation an gekrümmte Zahnoberflächen – trotz geringerer Standzeiten – vorzuziehen. Die Scheibchen können z.B. intermittierend in einem wassergefüllten Gefäß benetzt werden, wobei die Zugabe von Fluorid (z.B. Elmex fluid®, Wybert) durch Herabsetzen der Oberflächenspannung der Lösung die Benetzbarkeit der zu polierenden Oberflächen erhöht. Darüber hinaus werden Schmiereigenschaften der „Kühllösung" verbessert und die bearbeiteten Schmelzoberflächen gleichzeitig refluoridiert.

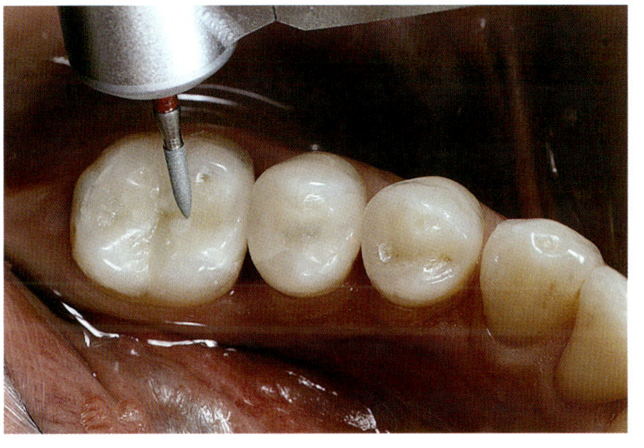

Abb. 38 Rekonturierung und Politur der Fissurenübergänge des Fügebereiches mit rotierenden Diamantfinierern unter kontinuierlicher Wasserkühlung.

Rotierende Feinkorndiamanten (z.B. Composhape Set, Intensiv) sollten nur selektiv an für flexible Scheibchen unzugänglichen Stellen des Fügebereiches, wie z.B. in Konkavitäten oder bei Fissurenübergängen, verwendet werden (Wasserkühlung!) (Abb. 38).

Die approximalen Fügespaltoberflächen von in Kontaktbeziehung eingegliederten Restaurationen sind für flexible Scheibchen oder rotierende Diamantinstrumente kaum zugänglich. Zervikal der Approximalkontakte lokalisierte Oberflächenabschnitte können z.B. mit Hilfe flexibler, oszillierender Approximalfeilen (Abb. 39) finiert und mittels aluminiumoxidbelegter Streifen in aufsteigender Körnung mehr oder weniger gut poliert werden.

Eine *sorgfältige optisch-taktile Kontrolle* der eingegliederten Restaurationen (z.B. mittels einer feinen gebogenen zahnärztlichen Sonde) schließt die Ausarbeitung ab. Sie umfaßt im wesentlichen die

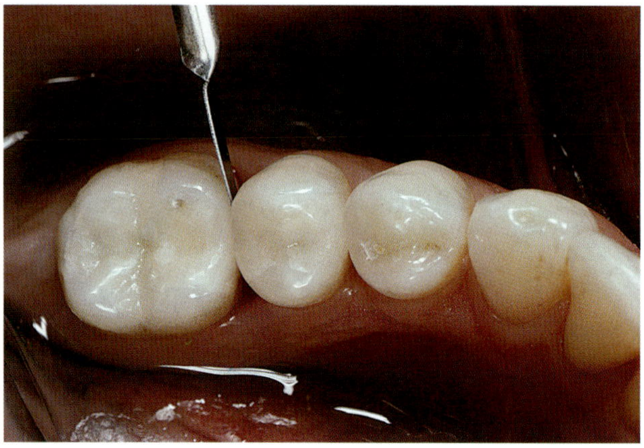

Abb. 39 Ausarbeitung und Politur der Approximaloberflächen mit flexiblen feinkorndiamantbelegten Approximalfeilen.

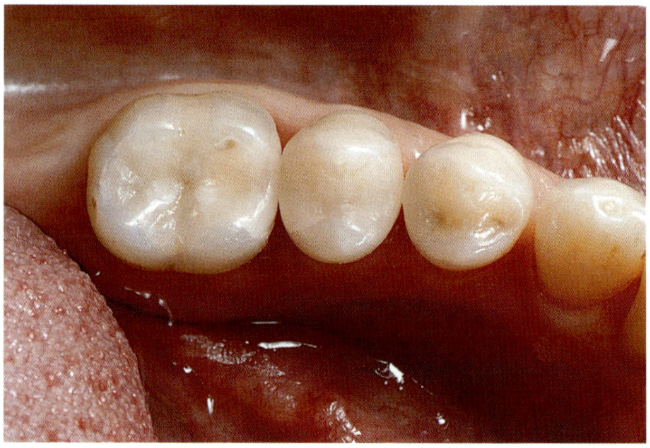

Abb. 40 Zustand drei Monate nach Eingliederung der Inlays.

Überprüfung hinsichtlich kontinuierlicher Konturübergänge, spaltfrei versiegelter Randfugen sowie der rückstandsfreien Entfernung eventueller Kompositüberschüsse von sämtlichen Oberflächen der restaurierten Zähne bzw. Nachbarzähne (insbesondere approximal und entlang des marginalen Gingivalsaumes).

Zur Kontrolle der Approximalflächen hat sich die Verwendung von ungewachster Zahnseide bewährt, die von zervikal nach okklusal den Approximalkonturen folgend entlang geführt und bezüglich eventueller Auffächerungen kontrolliert wird. Die Okklusion wird z.B. unter Anwendung selbstzeichnender Okklusionsfolien (z.B. Hanel-Folie) in maximaler Interkuspidation sowie ggf. in retraler Kontaktbeziehung auf gleichzeitige und gleichmäßige Vielpunktkontaktbeziehungen zwischen den Oberkiefer- und Unterkieferzahnreihen überprüft und ggf. mit rotierenden Feinkorndiamanten und/oder flexiblen aluminiumoxidbelegten Scheibchen adjustiert.

Besondere Beachtung gilt der *störungsfreien Rekonstruktion* des vor Restaurationsbeginns vorhandenen bzw. nach funktioneller Vorbehandlung eingestellten und überprüften, statischen und dynamischen Okklusionskonzeptes (insbesondere bei vorhandener Freedom-in-centric).

Soweit die Ausarbeitung ohne Anwendung fluoridangereicherter, wäßriger Kühlschmierlösungen erfolgte, werden die im Zuge der Randfugenbearbeitung unweigerlich touchierten Schmelzoberflächen abschließend unter Anwendung von Fluoridlösungen oder -gelen refluoridiert (z.B. Duraphat®, Rhône-Poulenc Rorer).

Um unnötige Besorgnisse und Rückfragen des Patienten zu vermeiden, wird dieser nach adhäsiver Eingliederung nochmals bezüglich eventuell auftretender Hypersensibilitäten, deren typischer Symptomatik und ggf. erforderlichen Kontrollen instruiert (Abb. 40).

Potentielle Komplikationen

Die Häufigkeit postoperativer Hypersensibilitäten variiert je nach Untersuchung zwischen 15–30% nach adhäsiver Eingliederung von Komposit- oder Keramikinlays. Typische Symptome sind Überempfindlichkeiten bei thermischen und osmotischen Reizen sowie Schmerzen bei Be- und Entlastung der versorgten Zähne (Loßlaßschmerz). Durch die Fortschritte der aus der Total-bonding-Technik resultierenden adhäsiven Wundverbände unter Kunststoffinfiltration der Dentingrenzflächen mit guter Diffusionsbarrierewirkung scheint das Problem der Postsensibilitäten weiter minimiert.

Vor einigen Jahren wurden in Fällen von *angeätzten Glasionomerzementunterfüllungen* nach der adhäsiven Eingliederung von Inlayrestaurationen höhere Postsensibilitätsquoten beschrieben, die auf polymerisationbedingte Spaltbildungen und Abrisse von Glasionomerfragmenten durch die Volumenkontraktion der Fügekomposite zurückgeführt wurden.

Neben Präparationstraumen und extensiver Dentintrocknung mit induzierten Pulpitiden werden auch verfahrensspezifische Ursachen wie Randspaltbildungen und die Induktion von Flüssigkeitsbewegungen in den Dentintubuli durch Spaltbildungen nach polymerisationsbedingter Volumen-

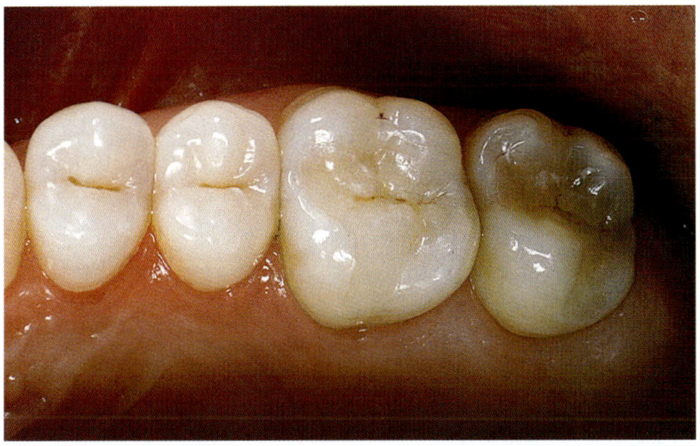

a

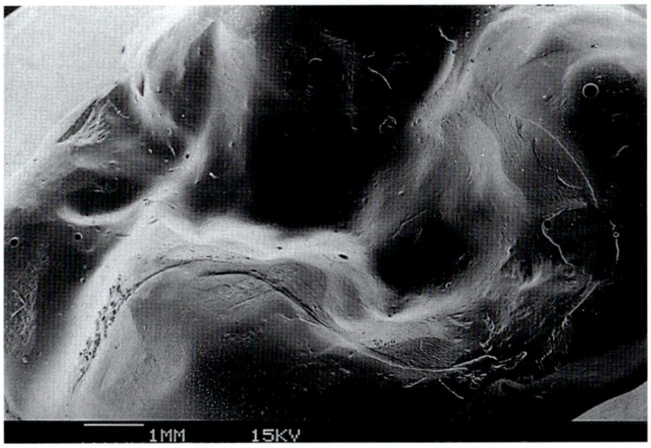

b

Abb. 41

a) Zustand sechs Monate nach adhäsiver Eingliederung von keramischen Einlagefüllungen im Oberkiefer mit klinisch scheinbar „perfekten" Fügeübergängen zwischen Inlay, Befestigungskomposit und Zahnhartsubstanz.

b) Rasterelektronenmikroskopische Übersicht eines mittels Abformung des Zustandes aus Abbildung 41 a erstellten, Gold-Palladium-besputterten Kunststoffreplikas mit okklusalen inselförmigen Kompositüberschüssen.

kontraktion der Fügekomposite bzw. durch Höckerdeformationen (hydrodynamische Theorie) als Ursachen für postoperative Hypersensibilitäten diskutiert.

In den meisten Fällen verschwinden *Postsensibilitäten* ohne spezifische Behandlungsmaßnahmen nach bis zu acht Wochen im Anschluß an die adhäsive Eingliederung spontan. Falls die Beschwerden zu intensiv oder nach mehreren Wochen unverändert vorhanden sind, müssen das (die) Inlay(s) entfernt und ggf. erneuert werden (nach kritischer Überprüfung der Indikation sowie insbesondere bei pulpanahen Defekten nach Ausschluß bzw. endodontischer Behandlung irreversibler Pulpitiden). Die in wenigen Ausnahmefällen erforderlichen Wurzelkanalbehandlungen konnten bislang nicht kausal auf die adhäsive Eingliederungstechnik zurückgeführt werden.

Kompositrückstände, Überhänge an Restaurationsmaterialien oder diskontinuierliche Konturübergänge, insbesondere im Approximalbereich, begünstigen die Bakterienretention bzw. Selektion von Spezies mit hohem pathognomischem Potential und führen kurzfristig zu Gingivaentzündungen (Überschußindikator); mittel- und langfristig können sich lokale parodontale Einbrüche ergeben (Abb. 41 a und b). Die Vermeidung sowie ggf. rückstandsfreie Entfernung von auspolymerisierten Kompositrückständen bzw. -überhängen ist somit von wesentlicher Bedeutung für die Prognose des Behandlungsergebnisses.

Prognose und Erhaltungstherapie

Die Prognose adhäsiv eingegliederter keramischer Inlayrestaurationen bei korrekter Indikationsstellung und kompromißloser Anwendung der Adhäsivtechnik bzw. der somit restaurierten Zähne ist ausgesprochen gut [8, 9] (Abb. 42a bis e). Risikofaktoren für einen vorzeitigen Verlust keramischer Inlays (vornehmlich durch Frakturen) stellen insbesondere großvolumige Defekte mit partieller Dentinrandbegrenzung oder extensiven exzentrischen Kontaktbeziehungen *(beachte: großflächige Schlifffflächen)* sowie wurzelkanalbehandelte Zähne dar (Abb. 43 und 44).

Durch die *mechanische* (abrasive Nahrungsbestandteile, Antagonistenkontakt), *chemische* (chemische Desintegration) und *biologische* (Bakterienstoffwechsel) *Beanspruchung* der durch adhäsive Eingliederung von Porzellanrestaurationen rekonstruierten Zähne kommt es im Laufe der Zeit zu mehr oder weniger ausgeprägten Verschleißerscheinungen des mit Komposit versiegelten Fügebereiches, der Zahnhartsubstanz und der funktionellen Porzellanoberflächen. In der Folge kann – häufig bereits nach kurzen klinischen Tragezeiten – eine sondierbare Furche zwischen den zumeist okklusalen Kavitätenrändern und der Restauration diagnostiziert werden (Abb. 42e). Dieser häufig als „Randauswaschung" bezeichnete Effekt steigt bis zu einem primären Fügespalt von ca. 100 µm Breite in etwa linear mit der Filmstärke der Kompositfuge an. Er kann durch den Füllergehalt der Fügekomposite nicht wesentlich beeinflußt werden. Die Gefahr von Randeinbrüchen oder Spaltbildungen an den adhäsiven Grenzflächen zwischen den Kavitätenrändern

a b c d
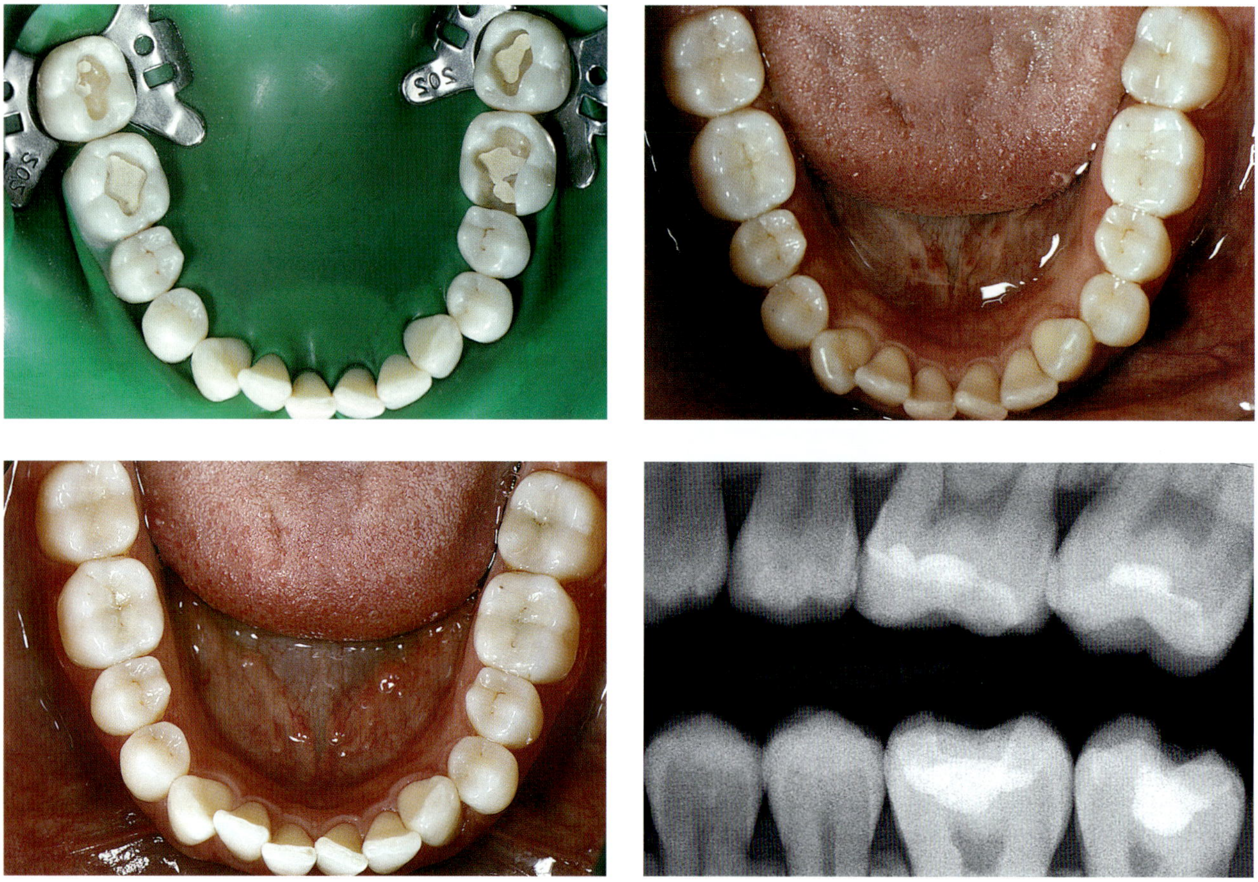

e
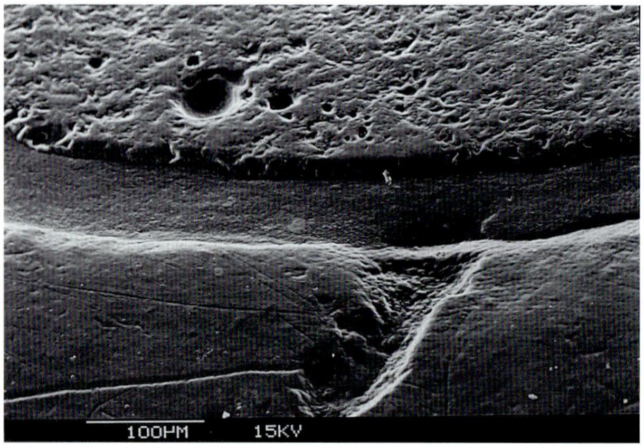

Abb. 42
a) Ausgangssituation vor adhäsiver Eingliederung von keramischen Einlagefüllungen.
b) Zustand ein Jahr nach Eingliederung.
c) Zustand fünf Jahre nach Eingliederung.
d) Röntgenbißflügelkontrolle vier Jahre nach Eingliederung.
e) Rasterelektronenmikroskopische Übersichtsaufnahme (Replikatechnik) des approximal-zervikalen Randüberganges an Zahn 36, vier Jahre nach adhäsiver Eingliederung.

und dem Fügekomposit sowie zwischen dem Fügekomposit und den Restaurationsrändern ist jedoch, unabhängig von der Randfugenbreite gering (nach den bisher durch klinisch kontrollierte Studien überschaubaren Trageintervallen von bis zu neun Jahren) [17].

Der Langzeiterfolg einer restaurativen Gesamtsanierung hängt einerseits von der Rekonstruktionstechnik oder den verwendeten Zahnersatzwerkstoffen ab, andererseits ist die Erhaltungstherapie und Plaquekontrolle im Rahmen eines bedarfsorientierten Recallsystems von entscheidender Bedeutung.

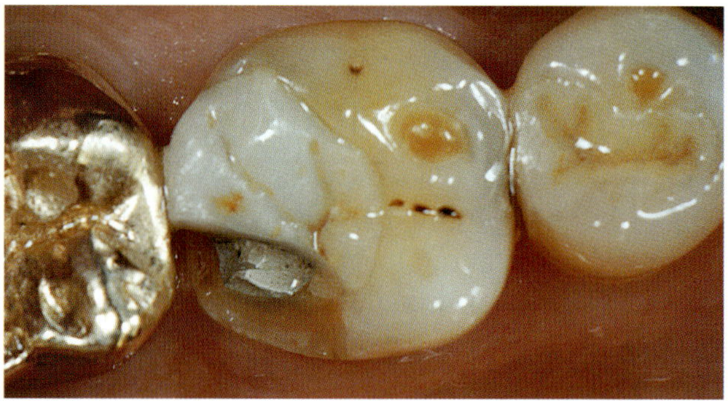

Abb. 43 Inlayfraktur 37 Monate nach adhäsiver Eingliederung bei distaler Dentinrandbegrenzung.

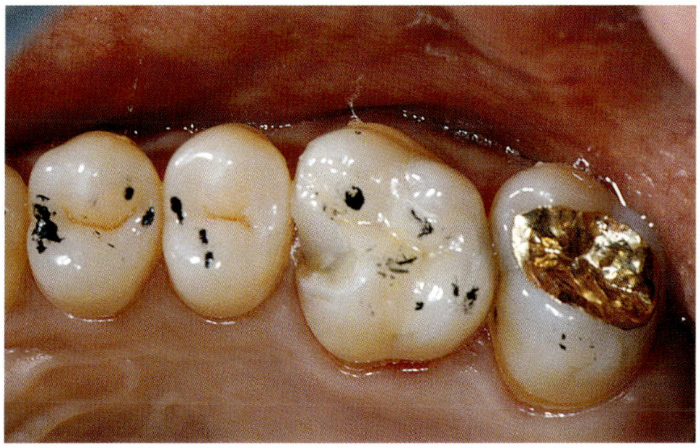

Abb. 44 Inlayfraktur neun Monate nach adhäsiver Eingliederung bei exzentrischer Parafunktion.

Durch individuelle Kontrolltermine und Prophylaxesitzungen kann der Ausbildung neuer Kariesläsionen und Parodontalerkrankungen wirksam vorgebeugt und können ggf. defekte Restaurationen rechtzeitig erkannt bzw., falls erforderlich, ausgetauscht werden.

Literatur

[1] Axelsson, P.: Präventivzahnmedizinische Programme. Schweiz Monatsschr Zahnmed 99, 1045 (1989).

[2] Axelsson, P., Lindhe, J.: Effect of controlled oral hygiene procedures on caries and periodontal disease in adults. J Clin Periodontol 5, 133 (1978).

[3] Axelsson, P., Lindhe, J.: Effect of controlled oral hygiene procedures on caries and periodontal disease in adults. J Clin Periodontol 8, 239 (1981).

[4] Cardwell, J. E., Roberts, B. J.: Damage to adjacent teeth during cavity preparation. Dent Res 51, 1269 (1972).

[5] Elderton, R. J.: Variability in the decisions-making process and implications for change toward a preventive philosophy. In: Anusavice, K. J. (ed.): Quality evaluation of dental restorations. Quintessence, Chicago 1989, p. 211.

[6] Elderton, R. J.: Clinical studies concerning re-restoration of teeth. Adv Dent Res 4, 4 (1990).

[7] Elderton, R. J.: Ist Zahnmedizin schlecht für die Zähne? Phillip Journal 14, 287 (1997).

[8] Hahn, R.: Vollkeramische Einzelzahnrestaurationen. Quintessenz, Berlin 1997.

[9] Hahn, R., Löst, C.: Adhäsiv befestigte Keramikeinlagefüllungen. Thieme, Stuttgart 1996.

[10] Hickel, R., Heid, M., Kunzelmann, K.-H., Petschelt, A.: Durchhärttiefe von lichthärtenden Kompositen unter Keramik. Dtsch Zahnärztl Z 47, 182 (1992).

[11] Koran, P., Kürschner, R.: Stress reduction in composites due to two-step-polymerization. J Dent Res 76, 313 (1997).

[12] Lee, S. J., Walton, R. E., Osborne, J. W.: Pulp response to bases and cavity depths. Am J Dent 5, 64 (1992).

[13] Lussi, A.: Verletzung der Nachbarzähne bei der Präparation approximaler Kavitäten. Schweiz Monatsschr Zahnmed 105, 1259 (1995).

[14] Noack, M.: Wie reproduzierbar kann die Qualität einer Restauration begutachtet werden. In: Walther, W., Heners M. (Hrsg.): Qualitätssicherung in der Zahnheilkunde: Anspruch und Wirklichkeit. Hüthig, Heidelberg 1997, S. 141.

[15] Pameijer, C. H., Stanley, H. R.: Pulp reactions to resin cements. Am J Dent 5, 81 (1992).

[16] Presern, Z. F., Strub, J. R.: Inlay versus Onlay. Eine klinische und röntgenologische Nachuntersuchung. Schweiz Monatsschr Zahnmed 93, 155 (1983).

[17] Roulet, J.-F., Bartsch, T., Hickel, R., Kunzelmann, K. H., Mehl, A.: Luting composite wear of glass ceramic inlays after 9 years. J Dent Res 76, 163 (1997).

[18] Rueggeberg, F. A., Jordan, D. M.: Effect of light tip distance on polymerization of resin composite. Int J Prosthodont 6, 364 (1993).

[19] Schlagenhauf, U., Rau, G., Riethe, P.: Gingivalchirurgische Maßnahmen vor konservierender oder prothetischer Versorgung approximal tief kariös zerstörter Zähne. Quintessenz 12, 2019 (1987).

[20] Walther, W.: Risk of endodontic treatment after insertion of conical crown retained dentures: a longitudinal study. Endod Dent Traumatol 11, 27 (1995).

Metallinlay und Teilkrone

von Bernd Klaiber und Burkhard Hugo

Inhaltsübersicht

Einleitung

Die Methode, kariöse Defekte mit Goldgußfüllungen zu restaurieren, ist seit über 100 Jahren bekannt. Diese Technik hat inzwischen einen so hohen Perfektionsgrad erreicht, daß mit ihr bei richtiger Indikationsstellung, korrekter Ausführung und guter Mundhygiene hervorragende Langzeitresultate zu erzielen sind.

Abgrenzung der Begriffe Inlay und Teilkrone

Je nach Umfang der Präparation wird eine Gußfüllung als Inlay oder Teilkrone bezeichnet. Während beim Inlay noch ein Teil der natürlichen Kaufläche erhalten bleibt, besteht bei der Teilkrone die gesamte Kaufläche aus Metall, wobei zumindest die zentrischen Höcker mit einem Außenschliff oder einer höckernah abgeschrägten Stufe überkuppelt sind (Abb. 1 und 2). Die Scherhöcker sind mit Metall abgedeckt oder ebenso wie die zentrischen Höcker überkuppelt. Bei der Teilkrone sind i.d.R. beide Approximalflächen in die Präparation mit einbezogen (Abb. 2b).

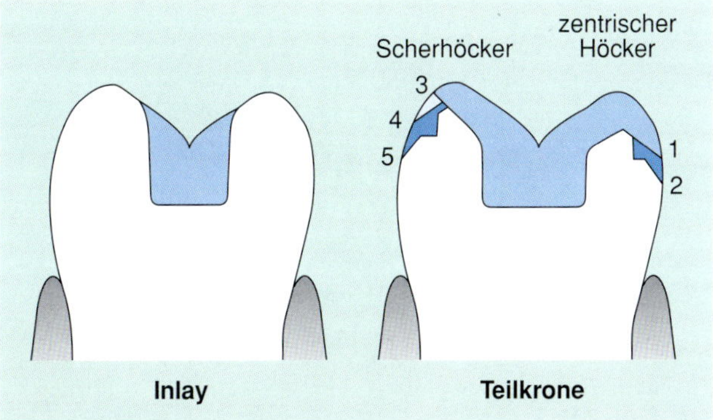

Abb. 1 Unterschiedliches Ausmaß der Kauflächenrestauration bei Inlay und Teilkrone.

Teilkrone: Überkuppelung der zentrischen Höcker mit Außenschliff (1) oder abgeschrägter Stufe (2); Abdeckung (3) oder Überkuppelung (4, 5) der Scherhöcker.

a 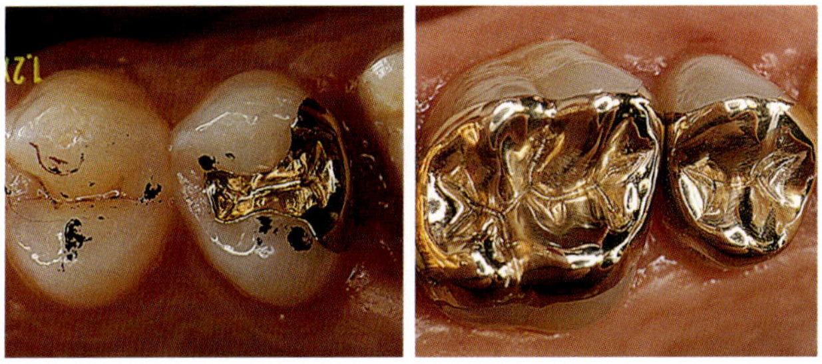 b

Abb. 2 Inlay 25 (a) , Teilkronen (b).

Das Inlay ist in der Bundesrepublik Deutschland keine kassenzahnärztliche Leistung. Es ist als Privatleistung in der Gebührenordnung für Zahnärzte (GOZ Nr. 215–217) aufgeführt. Die Teilkrone hingegen gehört auch zum Katalog der kassenzahnärztlichen Leistungen.

Indikationen

Inlays und Teilkronen eignen sich vornehmlich für *Restaurationen im Seitenzahnbereich.* Ihr Anwendungsbereich liegt zwischen der Indikation für eine plastische Füllung und der für eine Vollüberkronung.

Indikationen im Okklusalbereich

Goldinlays sind bei mittelgroßen Klasse-I- und -II-Kavitäten angezeigt, besonders bei nachgewiesener Allergie gegen Bestandteile von Kompositen oder Amalgam. Auch wenn Kavitäten von der Defektgröße her sehr gut mit Kompositen restauriert werden könnten, lehnen dennoch einige Patienten die Verwendung dieses Materials ab. Bei diesen Situationen ist der Patient nicht nur über den finanziell höheren Aufwand einer Goldrestauration zu informieren, sondern auch darüber, daß für die Restauration mit einem Inlay i.d.R. weit mehr gesunde Zahnhartsubstanz geopfert werden muß als für eine Füllung mit Komposit (Abb. 3). Auf der anderen Seite sollte bei einer Inlayversorgung die Breite des okklusalen Kastens bzw. des okklusalen Defektes die Hälfte des bukkolingualen Höckerabstandes nicht überschreiten (s. Abb. 20), da ein mit Zement konventionell befestigtes Goldinlay im Gegensatz zu einem adhäsiv eingegliederten Komposit- oder Keramikinlay die geschwächte Zahnhartsubstanz nicht stabilisieren und vor Dentininfraktionen bzw. Höckerfrakturen schützen kann (s. Abb. 13).

Teilkronen sind bei breiten und tiefen okklusalen Defekten indiziert, wo weder eine Amalgamfüllung noch ein Goldinlay einer möglichen Höckerfraktur vorbeugen kann. Sie sind auch schon bei kleineren Defekten angezeigt, wenn im Kavitätenbereich Dentininfraktionen zu diagnostizieren sind. Teilkronen eignen sich auch gut für die Restauration wurzelkanalbehandelter Zähne. Wenn immer nach der Kariesexkavation bukkal und lingual noch dünne Außenwände erhalten bleiben, bietet die Teilkrone im Vergleich zur Vollkrone bessere und im Vergleich zu einem Stiftaufbau bei wurzelkanalbehandelten Zähnen auch wesentlich einfachere und sicherere Retentionsmöglichkeiten [79] (Abb. 4 und 5).

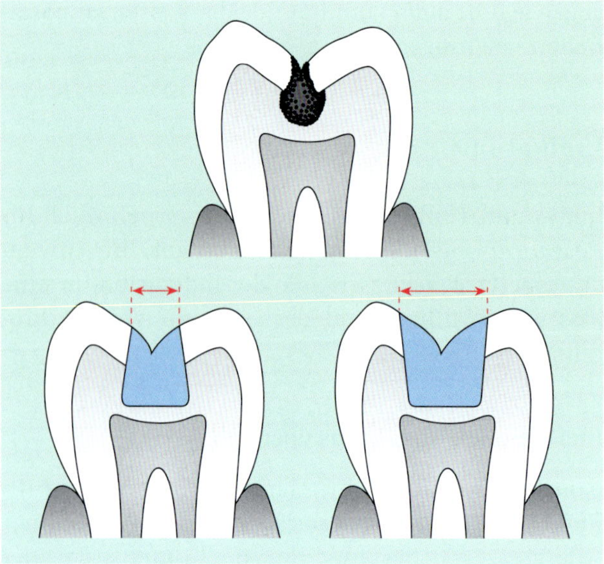

Abb. 3 Für die Restauration eines kleinen bis mittelgroßen Defektes mit einem Inlay muß mehr gesunde Zahnhartsubstanz geopfert werden als für die Restauration mit einem plastischen Füllungsmaterial.

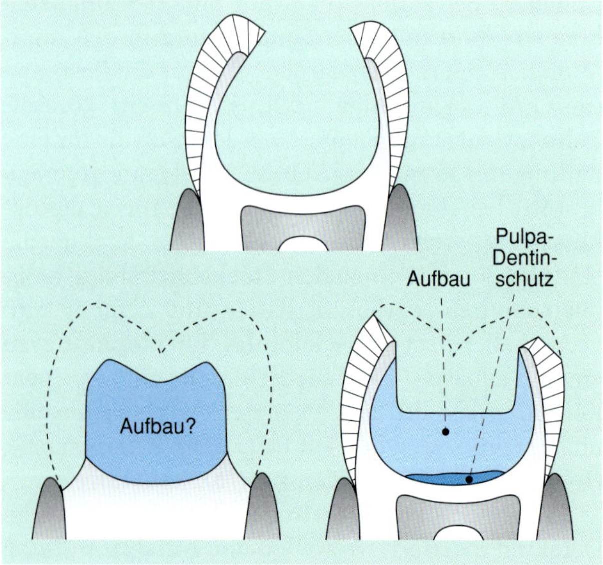

Abb. 4 Indikation für Teilkrone: ausgehöhltes Kronenkavum mit intakten Außenflächen; durch intrakoronale Kastenverankerung weniger Retentionsprobleme als bei Vollüberkronung.

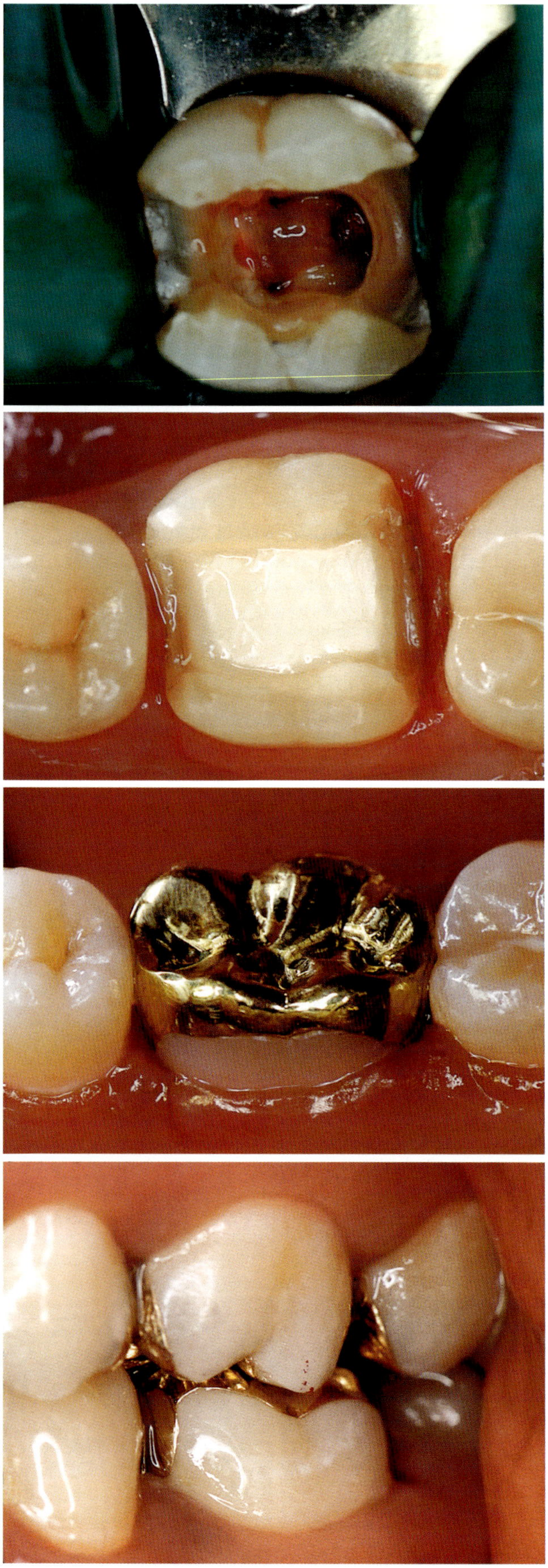

a

b

c

d

Abb. 5 Indikation für Teilkrone: Zahn 46 wurzelkanalbehandelt.

a) Nach Darstellung der Kanaleingänge. Dünne bukkale und linguale Wand, distal tiefreichender Defekt.
b) Präparation im adhäsiven Kompositaufbau, Arbeits- und Scherhöcker mit Außenschliff überkuppelt.
c und d) Ansicht der Teilkrone von lingual-okklusal (c) und bukkal (d).

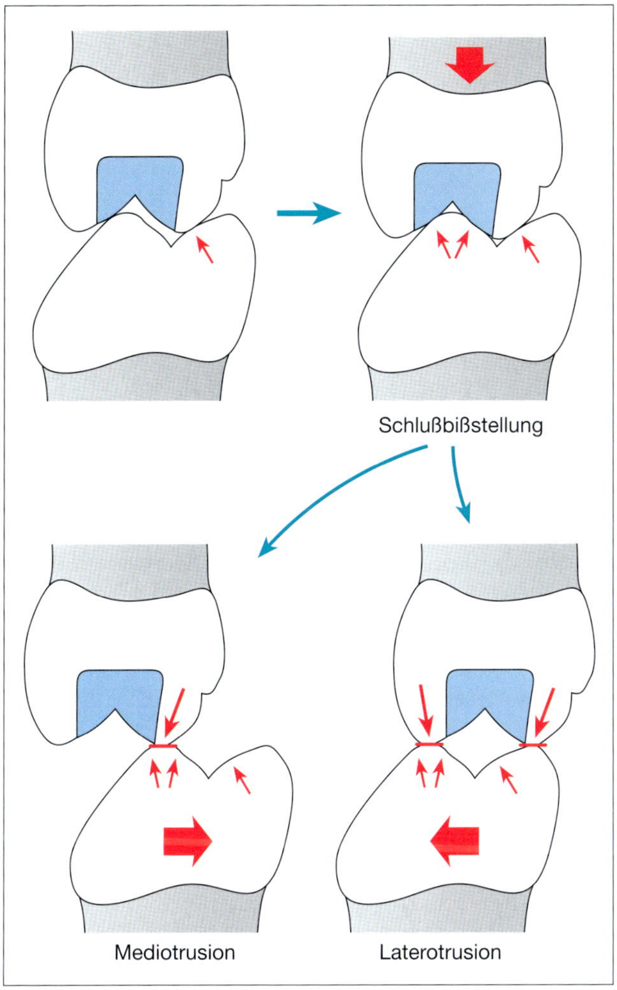

Abb. 6 Indikation für Teilkrone: durch Kippung oder Elongation hervorgerufene, durch Einschleifmaßnahmen nicht mehr zu beseitigende Interferenzen (rot) bei Exkursionsbewegungen.

Die Neugestaltung der gesamten Kaufläche mit gleichzeitiger Reduzierung der Höckerhöhe ist in den Fällen angezeigt, wo es infolge unzureichender oder fehlender okklusaler Abstützung zur Elongation oder Kippung von Zähnen gekommen ist. Wenngleich sich in einer solchen Situation in Schlußbißstellung auch eine gewisse Abstützung wiedereinstellt, so können bei Exkursionsbewegungen doch recht massive Interferenzen auftreten, die durch Einschleifmaßnahmen nicht mehr zu korrigieren sind (Abb. 6).

Teilkronen eignen sich zur Okklusionskorrektur, wenn sich z.B. nach kieferorthopädischen/kieferchirurgischen Eingriffen mit Einschleifmaßnahmen keine gesicherte Verzahnung mehr einstellen läßt. Bei deutlicher Nonokklusion kommen sie jedoch kaum in Betracht, da durch den hohen Aufbau ungünstige Kippmomente entstehen können, welche die Fixation des Gußobjektes am Zahn gefährden.

Darüber hinaus stören die massiven Goldränder besonders im Prämolarenbereich, so daß in einer solchen Situation adhäsiv befestigte zahnfarbene Restaurationen oder Vollüberkronungen vorzuziehen sind.

Indikationen im Approximalbereich

Häufig zwingt gerade die Ausdehnung der Läsion im Approximalbereich zu einer gegossenen Restauration. Bei über die *Schmelz-Zementgrenze hinausgehenden Defekten* werden die Grenzen der Matrizentechnik überschritten, sobald sich das Matrizenband nicht mehr sicher an der approximalen Stufe und weiter okklusal am Nachbarzahn adaptieren läßt. Zervikale Füllungsüberschüsse, die besonders bei Wurzeleinziehungen nicht gezielt entfernbar sind, sowie mangelhafte Approximalkontakte stellen den Erfolg solcher Füllungen von Anfang an in Frage. Solange zwischen Komposit und Dentin noch kein dauerhafter Verbund gesichert ist, gilt fehlender Schmelz im Bereich der zervikalen Stufe noch als Kontraindikation für eine direkte Kompositfüllung.

Bei Ausdehnung des approximalen Defektes auf die Bukkal- oder Lingualfläche geht mit der Kastenform der Approximalkavität auch die sichere Fixation des Amalgams im Zahn verloren. Darüber hinaus läßt sich auch hier ein akzeptabler Approximalkontakt, der für die Gesunderhaltung des Parodonts und für den Kaukomfort des Patienten äußerst wichtig ist, mit plastischen Füllungsmaterialien kaum mehr realisieren.

Im Gegensatz zu Füllungen mit plastischen Materialien läßt sich bei laborgefertigten Restaurationen die Approximalfläche mit dem besonders kritischen Kontaktbereich zum Nachbarzahn auf dem Modell ideal gestalten.

Brückenanker

Teilkronen und Inlays können auch als Brückenanker dienen. Letztere kommen vor allem bei *geteilten Brücken* in Betracht (Abb. 7). Besonders wenn die Pfeilerzähne bereits MOD-Füllungen haben, muß bei der Präparation nur noch wenig gesunde Zahnhartsubstanz geopfert werden [18, 20, 63, 65, 67, 68].

Zusammenfassung

Indikationen für ein Inlay:

- über die Schmelz-Zementgrenze reichender Ap-

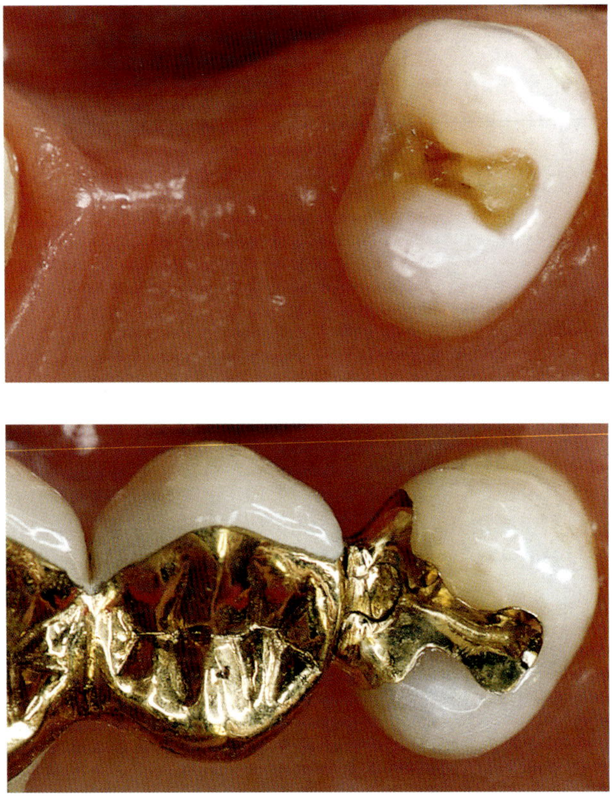

a

b

Abb. 7 DO-Inlay als Brückenanker bei geteilter Brücke. Kavität (a) und zementiertes Inlay (b).

proximaldefekt in Kombination mit relativ kleinem Okklusaldefekt
- Allergie gegen Bestandteile von Amalgam oder Komposit
- Brückenanker, besonders bei geteilter Brücke
- Vermeidung galvanischer Erscheinungen
- „Hysterie" bezüglich Kompositen oder Amalgam

Indikationen für eine Teilkrone:
- Größere Defekte im Okklusal- und Approximalbereich, die mit plastischen Materialien nur schwer oder nicht mehr zu restaurieren sind. Die Bukkal- und Lingualflächen sollten dabei weitgehend intakt sein.
- Okklusionskorrektur mit Neugestaltung der Kaufläche
- Brückenanker

Kontraindikationen

Bei kleineren okklusalen Defekten sind *Inlays* nicht indiziert. Hier würde eine Inlayversorgung gegen das Prinzip der Verhältnismäßigkeit der eingesetzten Mittel in der Therapie verstoßen. Eine direkte Restauration mit Kompositen schont nicht nur gesunde Zahnhartsubstanz, sie ermöglicht auch kleinere Füllungsoberflächen, wodurch okklusionsbedingte Probleme von vornherein vermieden werden (s. Abb. 3).

Teilkronen sind nicht mehr angezeigt, wenn der Zerstörungsgrad keine ausreichende Verankerung mehr erlaubt. Dies trifft zu, wenn die bukkale oder linguale Außenwand weitgehend fehlt oder größere Defekte im Zahnhalsbereich vorliegen. Bevor retentionsverbessernde Maßnahmen wie adhäsive Aufbaufüllungen aus Kompositen oder eingeschraubte bzw. einzementierte parapulpäre Stifte zum Einsatz kommen, sollte überdacht werden, ob die vorhandene Zahnsubstanz für eine Vollüberkronung noch genügend Retention bietet und in einer solchen Situation die Vollkrone oder eine adhäsiv verankerte Restauration nicht die risikoärmere und einfachere Therapie darstellt.

Kurze klinische Kronen, wie sie bei von Natur aus zierlichen Zähnen sowie nach übermäßigen Attritionen vorkommen, werfen erhebliche Retentions- und Stabilitätsprobleme auf, besonders wenn die Vitalerhaltung der Pulpa angestrebt wird. Auch die anläßlich einer Brückenversorgung erforderliche Reduktion eines elongierten Gegenzahns kann zur erheblichen Kürzung der klinischen Krone führen. In dieser Situation bleibt nach der für die Metallabdeckung notwendigen Kauflächenreduktion oft nur noch eine geringe Restdentinschicht zurück, welche eine okklusale Kastenverankerung ohne Gefährdung der Pulpa kaum zuläßt. Für eine Teilkrone läßt sich aber auch ohne okklusale Kastenverankerung gelegentlich noch genügend Retention und Stabilität erzielen, wenn im Approximalbereich die beiden Hohlschliffe möglichst parallel zueinander und in okklusal-zervikaler Richtung ausreichend lang angelegt sind sowie zusätzlich noch Kästen oder Rillen präpariert werden können [38, 65]. Wenn jedoch aus parodontalen Erwägungen eine Ausdehnung über den Zervikalbereich hinaus nicht angezeigt bzw. nicht möglich ist, bleibt die Vollüberkronung mit ausschließlich extrakoronaler Klammerverankerung die risikoärmere und einfachere Therapiemaßnahme.

> Inlays und Teilkronen scheiden bei zirkulären Läsionen im Zahnhalsbereich ebenso wie bei momentan hoher Kariesaktivität aus.

Da Goldinlays und Teilkronen nicht zahnfarben sind, können sie die Ansprüche hinsichtlich der

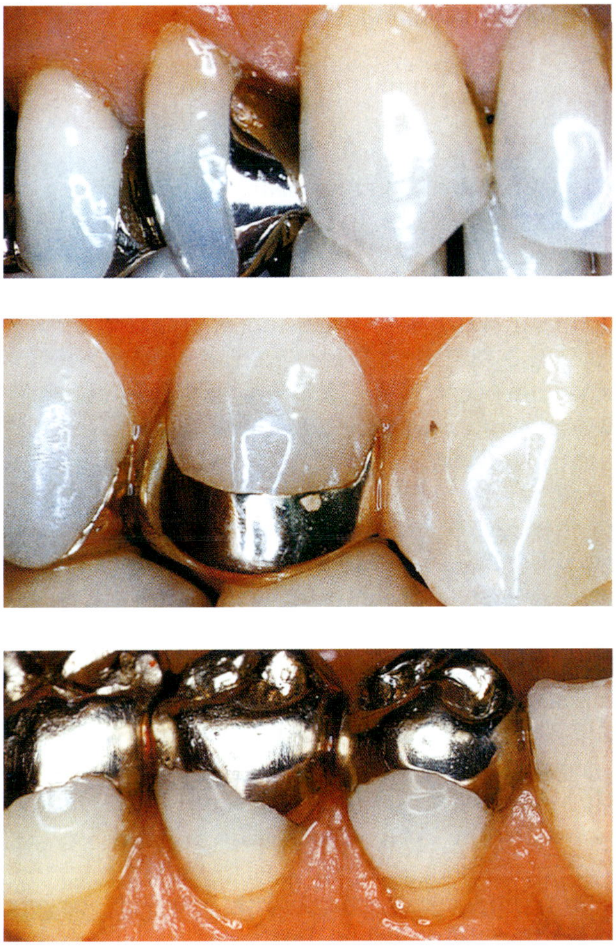

a b c

Abb. 8 Abschreckendes Beispiele für ästhetisch inakzeptable Goldgußrestaurationen: weit extendierte Mesialfläche (a), übermäßige Überkuppelung des bukkalen Scherhöckers bei Zahn 14 (b). Die Überkuppelung der zentrischen Höcker von Unterkiefermolaren (c) ist funktionell zwar richtig, bei den Möglichkeiten der modernen Zahnheilkunde für Patienten heute jedoch unzumutbar.

Ästhetik nicht erfüllen. Die Ästhetik ist jedoch nicht in allen Bereichen des Gebisses und nicht für jeden Patienten gleichermaßen wichtig. Es gibt Gebißareale, die nur bei weiter Öffnung und guter Ausleuchtung der Mundhöhle vom Zahnarzt bzw. vom Patienten bei intensiver Betrachtung im Spiegel eingesehen werden können. Bei weit nach bukkal extendierten Mesialflächen sowie bei überkuppelten bukkalen Höckern, besonders bei Prämolaren, liegen jedoch relativ große Goldflächen im sichtbaren Bereich, was verständlicherweise heute von vielen Patienten nicht mehr toleriert wird und sogar zur generellen Ablehnung nichtzahnfarbener Restaurationen führen kann (Abb. 8). Auch mit Gold abgedeckte Kauflächen unterer Prämolaren sind in dieser Hinsicht problematisch. Wenn wegen des Zerstörungsgrades viel Metall in den sichtbaren Bereich kommen sollte, erscheint eine zahnfarbene Restaurationsmethode vorteilhafter.

Zusammenfassung

Kontraindikationen für Inlays und Teilkronen:
- kleine Defekte
- ausgedehnte Goldflächen in sichtbaren Bereichen
- makromechanische Retention gering bzw. nicht ausreichend
- kurze oder zierliche Zähne
- zirkuläre Läsionen im Zahnhalsbereich
- momentan hohe Kariesaktivität
- Goldallergie

Anforderungen an gegossene Restaurationen

Inlays und Teilkronen müssen einen guten Randschluß, genügend Retention und Stabilität sowie funktionell richtig gestaltete Kau- und Approximalflächen aufweisen.

Zahnarzt und Zahntechniker müssen klare Vorstellungen darüber haben, wie diese Ziele zu erreichen sind. Von der Präparation der Kavität bis zur Befestigung des Gußobjektes können sich viele Fehler einschleichen. Nur eine konsequent exakte Arbeitsweise bei den einzelnen Behandlungs- und Herstellungsschritten führt am Ende zum Erfolg. Bereits die Kavitätenform bestimmt die erreichbare Qualität von Retention, Stabilität und Randschluß.

Retention und Stabilität

Für die dauerhafte Fixation einer konventionell befestigten Restauration ist weniger der Befestigungszement als vielmehr die geometrische Form des Zahnstumpfes verantwortlich [65].

Retentions- und Stabilitätsform sind eng miteinander verknüpft. Die Retentionsform verhindert, daß sich das Gußobjekt entlang dem Eingliederungsweg wieder vom Zahnstumpf löst. Die Stabilitätsform gewährleistet, daß sich die Restauration durch apikal, schräg oder horizontal einwirkende Kräfte nicht verschieben oder kippen läßt. Die Zahnhartsubstanz sollte durch geeignete Neigung der Wände bzw. Flächen die zu erwartenden Kippbewegungen blockieren. So bewahrt die Stabilitätsform den Befestigungszement vor stärkeren Zugspannungen. Da der Zement in der Fuge gegen Druckkräfte weitaus widerstandsfähiger ist als gegen Zugkräfte, sollten Einschub- und Belastungsrichtung der Restauration möglichst identisch sein [65].

Bei der Anprobe sollte sich das Gußobjekt reibungsfrei bis zur Endposition aufsetzen lassen und erst in dieser Lage Halt finden. Bei zentraler Belastung darf kein Federn, bei exzentrischer Belastung keine Bewegung feststellbar sein. Klemm- oder Preßpassungen sind zu vermeiden, weil das Gußobjekt beim Zementieren die Präparationsgrenze nicht mehr erreichen kann [19, 80]. Folgen der Klemmpassung sind Randspalt- bzw. Zementfugenverbreiterungen, Dentininfraktionen oder sogar Höckerfrakturen.

Kasten- und Klammerverankerung sind die wichtigsten Retentionselemente für Inlays und Teilkronen. Bei der intrakoronalen Kastenverankerung liegt zwischen zwei korrespondierenden Flächen Metall, bei der extrakoronalen Klammerverankerung hingegen Zahnhartsubstanz. In bezug zur Einschubrichtung müssen bei der Kastenverankerung die Wände nach okklusal leicht divergieren, bei der Klammerverankerung leicht konvergieren. Flache Kästen erfordern mit ca. 3% einen kleineren Divergenzwinkel als tiefe Kästen mit max. 10%, lange Approximalflächen einen größeren Konvergenzwinkel als kurze. Bei zweiflächigen Gußfüllungen tritt anstelle der Klammerverankerung die Schwalbenschwanz- und/oder Zapfenverankerung.

Randschluß

Ein völlig fugenloser Übergang zwischen Gußobjekt und Zahn ist nicht realisierbar.

> Die Zementfuge am Präparationsrand bleibt der Schwachpunkt jeder Restauration, weil wohl kein Befestigungsmaterial den Raum zwischen Zahn und Gußobjekt vollständig und dauerhaft verschließen kann [70].

Da die Löslichkeit des Zements mit der Spaltgröße zunimmt, ist ein möglichst kleiner Spalt anzustreben. Dreyer-Jörgensen [14] hat als akzeptablen Grenzwert 50 µm angegeben. Auch wenn Zementfugen von 20–50 µm realisierbar sind, werden solche Werte bei klinischen Untersuchungen jedoch nur selten registriert [13, 40, 45, 71]. Die Paßgenauigkeit hängt u.a. von den Dimensionsveränderungen des Gußobjektes sowie vom Schliffwinkel am Präparationsrand ab.

Dimensionsveränderung des Gußobjektes

Mit der Gußtechnik ist keine ganz exakte Passung im Sinne einer Übergangspassung mit völlig kongruenter Stumpfoberfläche und Gußobjektinnenfläche erreichbar [80]. Im Laufe der Herstellung einer Gußrestauration treten mehrere Volumenveränderungen [49] unterschiedlichen Ausmaßes auf (+ = Expansion, – = Kontraktion): Abdruck(+ –), Modellherstellung (+ –), Wachsmodellation (–), Einbettung und Aufheizung der Gußmuffel (+ +), Metallerstarrung (– –). Hinzu kommt, daß das Gußobjekt wegen der Rauhigkeit der Einbettmasse eine zusätzliche Metallauflagerung erfährt, wodurch es im Bereich der Kastenverankerung eher größer, im Bereich der Klammerverankerung hingegen eher kleiner wird. Am Ende kann das Gußobjekt geringfügig zu groß oder zu klein ausfallen [39].

Ein *zu großes Gußobjekt* schafft im Bereich der okklusalen und approximalen Kastenverankerung massive Probleme, da es sich nicht vollständig auf den Stumpf aufsetzen läßt (= Klemmpassung). Bei der Anprobe oder beim Zementieren eines solches Gußobjektes besteht die Gefahr einer Dentininfraktion oder gar einer Wandfraktur. Im Bereich der Klammerverankerung wirkt sich eine geringe Expansion hingegen nicht negativ aus, eine stärkere Expansion führt aber zu abstehenden Rändern und deutlich vergrößerten Zementfugen (Abb. 9).

Bei *zu kleinem Gußobjekt* verhindern vorzeitige Kontakte an den Flächen der Klammerverankerung das Erreichen der Präparationsgrenze. Beim Zementieren wird der vertikale Abstand zwischen Präparationsgrenze und Restaurationsrand noch weiter vergrößert [39] (s. Abb. 9). In Abhängigkeit vom Schliffwinkel am Präparationsrand kommt es dann zu schmäleren oder breiteren Zementfugen [16, 22, 53]. Durch bestimmte Einbettungs- und Gußverfahren läßt sich das Volumenverhalten im zahntechnischen Labor in gewissen Grenzen steuern [7]. Wegen der Kombination von Kasten- und Klammerverankerung sind bei mehrflächigen Inlays und Teilkronen jedoch weder zu große noch zu kleine Güsse erwünscht. Erst ein möglichst *dimensionsgetreuer Guß* ermöglicht einen guten Randschluß (s. Abb. 9). Nur unter dieser Voraussetzung ist dann auch die Anwendung eines *Distanzlackes* sinnvoll, der, gezielt auf den Gipsstumpf aufgetragen (s. Abb. 24c), die einbettungsbedingten Metallauflagerungen ausgleicht, den für die Zementschicht erforderlichen Raum schafft und den Zeitaufwand beim Aufpassen des Gußobjektes auf den Stumpf erheblich reduziert [15, 39].

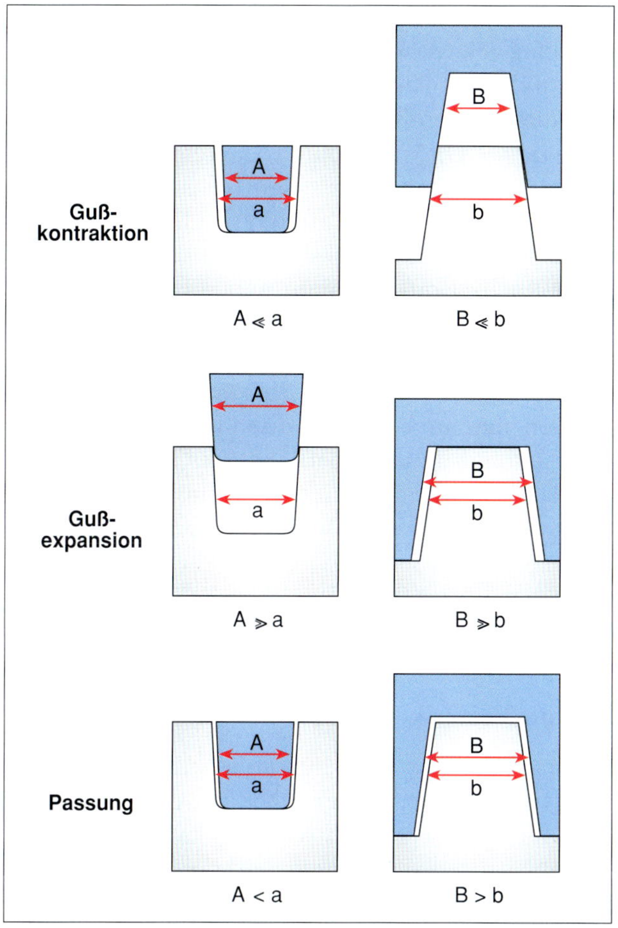

Abb. 9 Dimensionsveränderungen des Gußobjektes: zu kleine Güsse klemmen im Bereich der Klammerverankerung, zu große im Bereich der Kastenverankerung. In Hinsicht auf die Zementierung sollte das Gußobjekt im Bereich der Kastenverankerung geringfügig kleiner (A < a), im Bereich der Klammerverankerung geringfügig größer (B > b) sein.

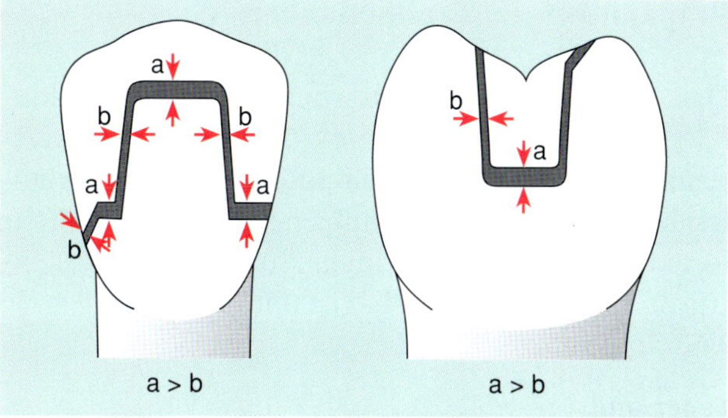

Abb. 10 Abhängigkeit der Zementfugenbreite vom Schliffwinkel am Präparationsrand. Bei einem passenden Gußobjekt ist die Zementfuge an den parallel zur Einschubrichtung orientierten Flächen (b) dünner als an den senkrecht zur Einschubrichtung gelegenen Flächen (a). Kleine Passungsimperfektionen führen besonders an den senkrecht zur Einschubrichtung gelegenen Flächen (a) unvermeidlich zur Verbreiterung der Zementfuge.

Wahllos über die gesamte Präparationsfläche applizierter Distanzlack ist jedoch strikt abzulehnen, weil dadurch eine vom Prinzip her gute Methode die Passung weiter verschlechtern wird.

Schliffwinkel am Präparationsrand

Zwischen dem Schliffwinkel am Präparationsrand und der Weite der Zementfuge besteht ein eindeutiger Zusammenhang [16, 22, 53]. Bei einem gut passenden Gußobjekt ist die Zementfuge an den parallell zur Einschubrichtung verlaufenden Flächen deutlich dünner als an den senkrecht dazu verlaufenden (Abb. 10). Abweichungen von der optimalen Paßform sowie Fehler beim Zementierungsvorgang machen sich besonders an den senkrecht zur Einschubrichtung orientierten Flächen in einer Fugenvergrößerung bemerkbar. Da am Präparationsrand die Zementfuge möglichst dünn sein soll, wäre gerade dort auch eine möglichst parallel zur Einschubrichtung liegende Schlifffläche wünschenswert.

Die Anschrägung eines okklusalen Kastens ohne ein späteres Anbrünieren führt primär zu einer Vergrößerung der Zementfuge, da die abgeschrägte Fläche nun nicht mehr parallel zur Einschubrichtung orientiert ist. Bei der Höckerüberkuppelung kann die Schlifffläche anatomisch bedingt nicht mit der Einschubrichtung kongruent sein. Zur Markierung einer scharfen Präparationsgrenze und zur Erzielung einer ausreichenden Metallstärke im Randbereich muß sich diese Schlifffläche deutlich vom Verlauf der Zahnoberfläche abheben. In bezug zu Einschubrichtung gilt ein Schliffwinkel von 30–45% als angemessen [37, 74]. Unter 30% kommt es häufig zu undeutlichen Präparationsgrenzen sowie zu dünnen und instabilen Restaurationsrändern, über 45% nimmt die Weite der Zementfuge deutlich zu.

Zusammenfassung Schliffwinkel

Die Schliffflächen am Präparationsrand sollten eher parallel als senkrecht zur Einschubrichtung orientiert sein. Sie müssen sich in ihrem Verlauf deutlich von der unpräparierten Zahnoberfläche abheben. Jede Ungenauigkeit beim Herstellen oder Zementieren eines Gußobjektes führt zur Verbreiterung der Zementfuge an den senkrecht zur Einschubrichtung liegenden Flächen, während sie an den parallel zur Einschubrichtung orientierten Flächen nahezu gleich bleibt.

Präparation im Kauflächenbereich

Das dominierende Präparationsmerkmal im Kauflächenbereich ist der nach okklusal leicht divergierende Kasten. Im Vergleich zu einer gerade verlaufenden bietet die geschwungene Umrißform mehr Retentionsfläche sowie mehr Stabilität bei exzentrischer Belastung (s. Abb. 21a und 23f).

Federrand

Für Inlaypräparationen wurde häufig empfohlen, den okklusalen Kasten zur Erzielung eines Federrandes anzuschrägen [4, 27]. Da sich diese kleindimensionierte Schlifffläche von der Wölbung der natürlichen Zahnoberfläche abheben muß, richtet sich der Abschrägungswinkel nach der Kauflächenneigung. In bezug zur Einschubrichtung wird er bei steilem Kauflächenverlauf kleiner (bis 20%), bei flachem Verlauf größer (bis 40%) ausfallen (Abb. 11).

Häufig genannte *Gründe für einen Federrand* sind Schutz der von der Schmelz-Dentingrenze abgeschnittenen Schmelzprismen sowie Ausgleich gußkontraktionsbedingter Randspalten [58]. Das wichtigste Argument für einen Federrand ist jedoch die damit mögliche Korrektur gußtechnikbedingter Unzulänglichkeiten, da sich das als Federrand spitzwinklig auslaufende Metall mit einem rotierenden Instrument (z.B. weißes Arkansassteinchen) über den Spalt an den Kavitätenrand ziehen und anschlagen läßt [50, 72]. Ohne Federrand müßte das Gold vor dem Anschlagen bzw. Anhämmern erst einmal verlängert werden [28]. Bei diesem als Brünieren bezeichneten Vorgang läßt sich ein Spalt schon auf dem Stumpfmodell deutlich verkleinern. Eine solche Kaltverformung gelingt besonders gut bei Verwendung relativ weicher Legierungen [41], welche aufgrund ungenügender Festigkeit und Härte für die Restauration größere Defekte jedoch ungeeignet sind [48, 77]. Da Metall durch Kaltverarbeitung spröde wird, ist bei mechanischen Belastungen mit einem Abbrechen der anfinierten Goldränder zu rechnen.

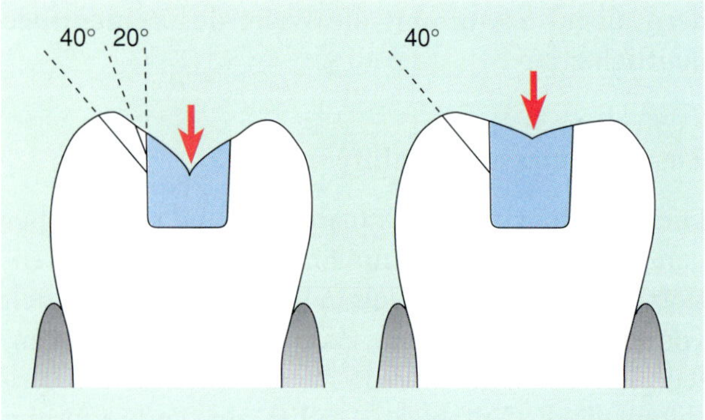

Abb. 11 Okklusale Abschrägung für einen Federrand in Abhängigkeit von der Kauflächenneigung. Abschrägung um ca. 40° bei flacher, um ca. 20° bei steiler Kaufläche. Bei steiler Kaufläche führt die 40°-Abschrägung zur flächenhaften Anschrägung bis zur Höckerspitze.

Bei Realisation der heute möglichen *Präzisionsgußtechnik* kann auf den okklusalen Federrand häufig verzichtet werden [1, 58], zumal die Zementfuge an den parallel zur Einschubrichtung gelegenen Flächen ohnehin besonders dünn ist (s. Abb. 10). Ohne Federrand ist die Oberfläche des Inlays kleiner, der Rand stabiler und die Retention bei vorgegebener Kastentiefe besser. Die Schmelzprismen sind bei schmalen okklusalen Kästen im Randbereich auch so angeschnitten, daß eine Abschrägung zu deren besonderen Schutz nicht erforderlich erscheint.

Inlayproblematik

Die nach dem Zementieren eines Inlays erreichten Randverhältnisse bleiben über Jahre stabil, wenn der Randbereich mechanisch nicht banspruchtwird. Deshalb sollte der Antagonistenkontakt vollständig auf Schmelz oder Metall, nicht aber am Restaurationsrand lokalisiert sein, da sonst mit einer Verschlechterung des Randschlusses und mit Sekundärkaries zu rechnen ist [65]. Nach Auflösung der durch die direkte Okklusionsbelastung zertrümmerten Zementschicht kann sich dort Plaque etablieren, die weder durch physiologische Selbstreinigung noch durch übliche Mundhygienemaßnahmen zu entfernen ist. Das kariöse Geschehen fällt erst spät nach unterminierender Ausbreitung im Dentin durch Verfärbungen oder Randeinbrüche auf (Abb. 12).

Neben der Randintegrität muß beim *Goldinlay* noch ein weiterer Gesichtspunkt beachtet werden. Mit der Präparation des okklusalen Kastens wird die Verbindung zwischen bukkalem und lingualem Höcker reduziert, bei gleichzeitiger Einbeziehung beider Approximalflächen sogar vollständig beseitigt. Mit zunehmender Breite und Tiefe des Kastens werden die bukkale und linguale Wand weiter geschwächt. Schon bei der Anprobe und beim Zementieren, danach bei zentraler Belastung durch Kauen oder Leermastikationen werden diese Wände infolge der Keilwirkung des Inlays auf Biegung beansprucht (Abb. 13). Bei geringer Widerstandsfähigkeit der reduzierten Zahnhartsubstanz gegenüber

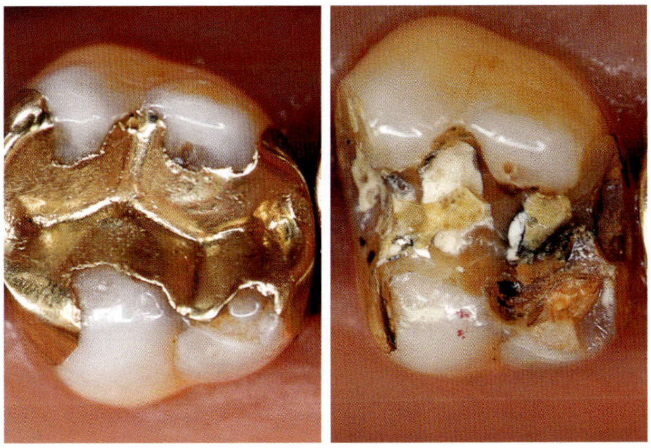
a b

Abb. 12 Sekundärkaries bei Zahn 16.
a) Einbruch im Bereich des distopalatinalen Höckers.
b) Zustand nach Inlayentfernung.

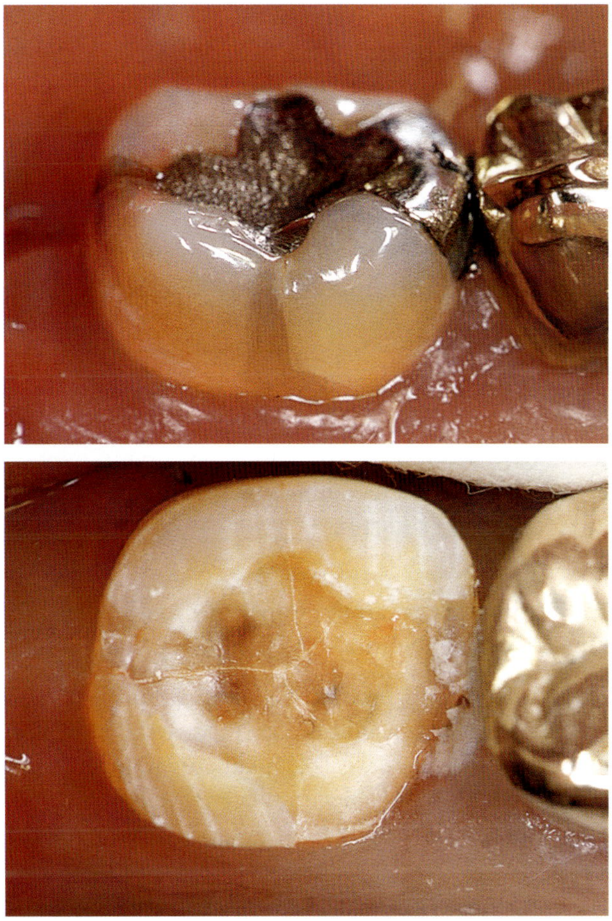
a b

Abb. 14 Höckerfraktur mesiolingual bei Zahn 47 (a). Infraktionen am Kavitätenboden nach Inlayentfernung (b).

diesen Kräften kann es neben frühzeitiger Lösung des Befestigungsmaterials von der Zahn- oder Metallfläche auch zu Rissen im Schmelz und Dentin (Abb. 14) oder gar zu Höckerfrakturen kommen [3, 8, 21, 26, 35, 42, 43, 54, 59, 62, 64].

Konventionell befestigte Goldinlays bieten daher ebenso wie Amalgamfüllungen keinen Höckerschutz, sie ersetzen lediglich fehlende Zahnhartsubstanz. Aus diesen Gründen sind sie auch eher für ein- und zweiflächige Kavitäten geeignet, bei denen die bukkalen und lingualen Wände noch über eine gesunde Approximalfläche verbunden bleiben. Ihre

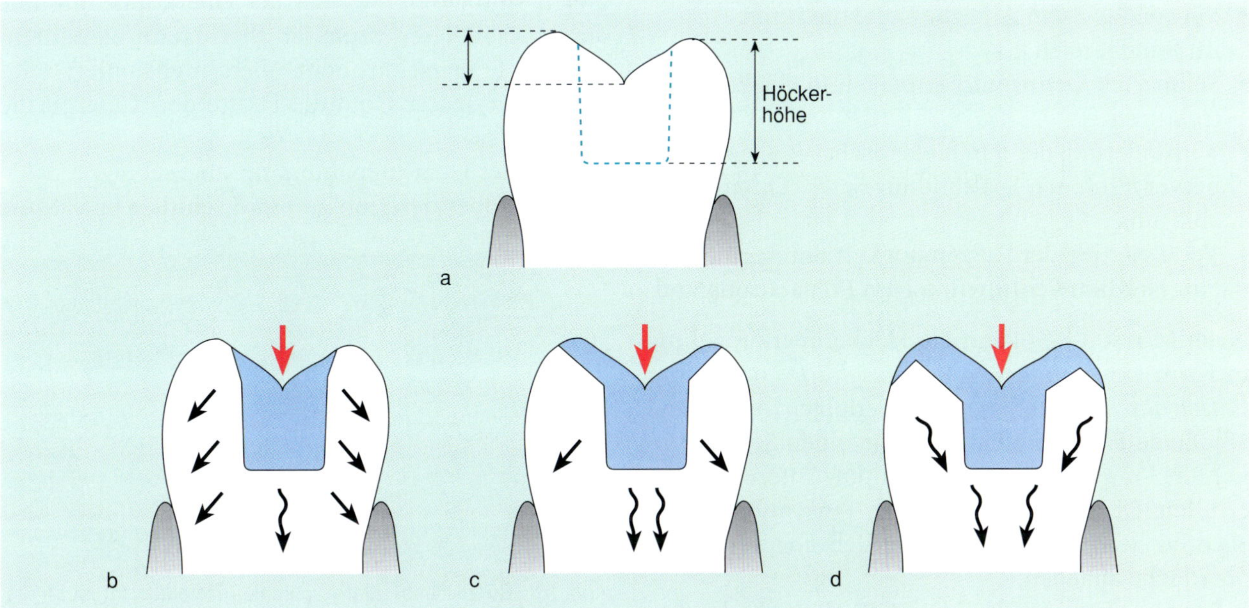

Abb. 13 Zunahme der relativen Höckerhöhe nach Präparationen eines okklusalen Kastens (a).
Bei zentraler Belastung werden die Kavitätenwände beim Inlay (b) vornehmlich auf Biegung (gerade Pfeile), bei Abdeckung der gesamten Kaufläche bis zu den Höckerspitzen (c) auf Biegung und Stauchung, bei Höckerüberkuppelung (d) nur noch auf Stauchung (gewellte Pfeile) beansprucht.

Anwendung bei der Versorgung von MOD-Kavitäten ist hingegen kritisch. MOD-Inlays sind nicht mehr indiziert, wenn die Breite des okklusalen Kastens bzw. Defektes ein Drittel des bukkolingualen Höckerabstandes deutlich überschreitet [9, 66]. Kauflächenabdeckende Teilkronen oder adhäsiv eingegliederte zahnfarbene Inlays aus Komposit oder Keramik sind in dieser Situation vorteilhafter. Letztere ersetzen nicht nur fehlende Zahnhartsubstanz, sie stabilisieren über den adhäsiven Verbund auch die geschwächte Zahnstruktur [26, 36]. Allerdings ist die Dauerhaftigkeit (> 10 Jahre) dieses adhäsiven Verbundes in klinischen Langzeitstudien noch nachzuweisen. Die Möglichkeiten und Chancen einer adhäsiven Befestigung von Goldinlays werden zur Zeit noch eruiert [2, 17].

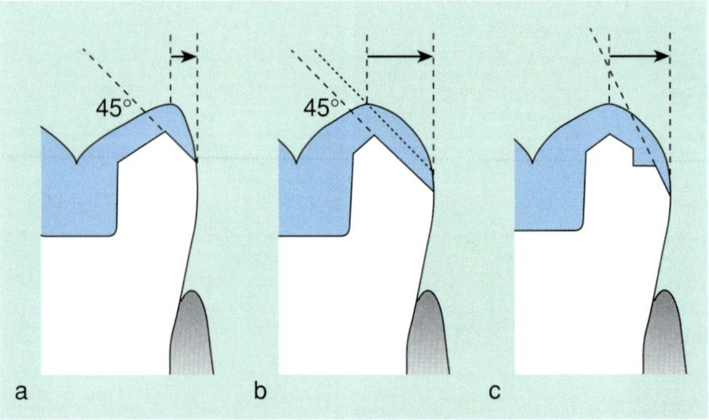

Abb. 15 Überkuppelung der zentrischen Höcker mit Außenschliff oder abgeschrägter Stufe in Abhängigkeit von der Höckerform. Bei spitzer Höckerform ist der Außenschliff (a), bei runder Form die abgeschrägte Stufe (c) vorteilhafter. Bei runder Höckerform ist der Außenschliff wegen Platzmangels bzw. einer langen, aber nicht retentiven Schlifffläche (b) eher ungünstig.

Abdeckung der gesamten Kaufläche und Höckerüberkuppelung

Die Abschrägung des okklusalen Kastens bis hin zu den Höckerspitzen und die geringe Reduktion derselben gewährleistet, daß die Außenwände bei Belastung weniger auf Biegung beansprucht werden. Spannungsoptische Untersuchungen haben jedoch gezeigt, daß die gefährlichen Biegespannungen erst mit der Überkuppelung und äußeren Umfassung der Höcker eliminiert werden [8, 21, 54] (s. Abb. 13).

Für die Überkuppelung der Höcker lassen sich folgende Argumente anführen:

- Vermeidung von Antagonistenkontakten im Randbereich
- Schutz vor Dentininfraktionen und Höckerfrakturen
- Verhinderung der durch elastische Verformung hervorgerufenen Spaltbildung bzw. Zementablösung
- Verbesserung der Paßgenauigkeit durch günstig eingestellten Schliffwinkel am Präparationsrand

Nach MOTSCH [53] kann die Höckerüberkuppelung in Form eines *einfachen Außenschliffes* oder einer *höckernah abgeschrägten Stufe* erfolgen (Abb. 1 und 15). Beide Formen müssen die an einen Schliffwinkel am Präparationsrand gestellten Anforderungen erfüllen. Dieser soll in bezug zur Einschubrichtung 30–45% betragen und sich deutlich von der Zahnoberfläche abheben.

Relativ spitze Höcker, wie z.B. alle Scherhöcker und die zentrischen Höcker von Oberkieferprämolaren mit kammnaher Lokalisation der Okklusionskontakte, lassen sich sehr gut mit einem einfachen Außenschliff überkuppeln (Abb. 15a). Bei relativ runder Höckerform – meist bei zentrischen Höckern mit eher kammferner Lokalisation der Okklusionskontakte – ist diese Überkuppelungsmethode jedoch weniger geeignet, da sich die Präparation bei richtig eingestelltem Schliffwinkel mit einer langen, wenig retentiven Schlifffläche auf der Außenfläche zervikal ausdehnt (Abb. 15b). Solche Höcker werden besser mit einer abgeschrägten Stufe überkuppelt, weil neben der Materialversteifung im Randbereich auch ein steilerer Schliffwinkel sowie als Folge der zusätzlichen Klammerverankerung eine verbesserte Retention und Stabilität zu erzielen sind (Abb. 15c). Bei der Überkuppelung mit der abgeschrägten Stufe ist aber darauf zu achten, daß die Präparation nicht überdimensioniert wird und daher später Gold die Hälfte der Außenfläche bedeckt.

Bei einer Überkuppelung mit abgeschrägter Stufe liegt bei Oberkiefermolaren die Schulter bzw. Stufe

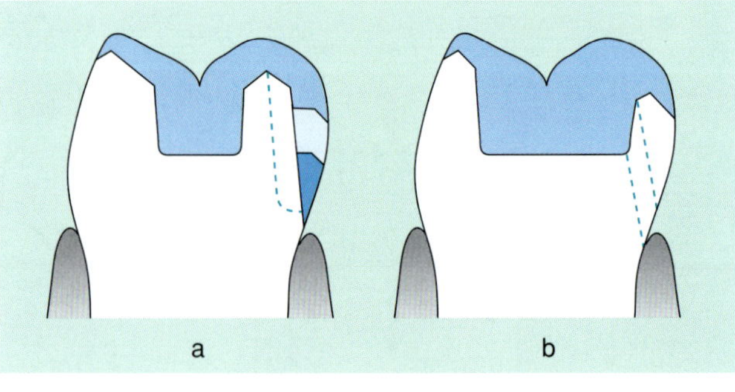

Abb. 16 Bei okklusal relativ schmalen Defekten (a) ist im Gegensatz zu relativ breiten (b) eine Ausdehnung der Präparation auf der Bukkal- oder Lingualfläche nach zervikal ohne Gefährdung der Kastenverankerung möglich. Bei ungünstigem Präparationsverlauf (punktierte Linie) wird die okklusale Kastenwand geschwächt (a) bzw. entfernt (b).

etwa in Höhe der größten Zirkumferenz (Abb. 16a). Sie ist nach Abschrägung noch ca. 1 mm breit. Eine unnötige Verbreiterung der Stufe führt zur Schwächung der entsprechenden okklusalen Kastenwand. Ein defektbedingt breiter okklusaler Kasten kann durch die Stufenpräparation sogar gefährdet werden, weshalb bei dieser Ausgangssituation das Überkuppeln mit einfachem Außenschliff vorteilhafter ist (Abb. 16b).

Muß die Präparationsgrenze zur Einbeziehung eines im Zahnhalsbereich gelegenen Defektes weiter nach zervikal verlegt werden, so ist zur Erhaltung des okklusalen Kastens eine leicht hohlgekehlte Tangentialpräparation der Stufenpräparation vorzuziehen (Abb. 16a). Der Verlust einer okklusalen Kastenwand macht aufgrund der dadurch verlorenen Verankerung i.d.R. eine Vollüberkronung notwendig.

Je breiter der okklusale Defekt ist, desto weniger weit darf die Präparationsgrenze auf der Bukkal- oder Lingualfläche nach zervikal gelegt werden.

Präparation im Approximalbereich

Für die Präparation der Approximalflächen sind in der Literatur zahlreiche Methoden beschrieben, von denen sich jedoch nur wenige in der Praxis durchsetzen konnten. Dabei werden im wesentlichen drei Präparationsformen mehr oder weniger variiert: die klassische *Kastenpräparation* mit oder ohne zervikale Abschrägung, der *Scheibenschliff* sowie der *Hohlschliff* [53].

Wegen der schwer zu kontrollierenden Extension gilt der Scheibenschliff heute als obsolet.

Von allen Methoden wird die mehr oder weniger hohlschliffartige Abschrägung des approximalen Kastens bzw. Defektes den klinischen Erfordernissen wohl am ehesten gerecht (Abb. 18, 19, 21a, 23j–l, 24b, 25a).

Mit der *Präparation des approximalen Kastens* wird der Approximalraum eröffnet und der Kontakt zum Nachbarzahn zumindest zervikal gelöst (Abb. 23g–h). Mit der Abschrägung des approximalen Kastens bzw. des approximalen Defektrandes wird das Ausmaß der Klammerretention bestimmt, die Präparationsgrenze bukkal und lingual festgelegt und die Voraussetzung für einen guten Randschluß im Zervikalbereich geschaffen. Die Abschrägung

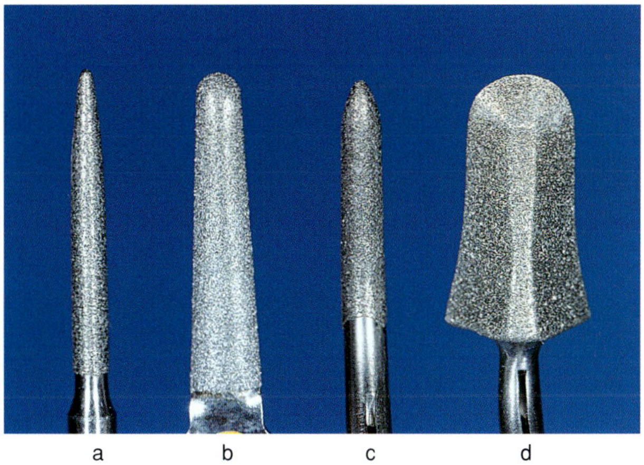

Abb. 17 Instrumente für die approximale Abschrägung: Feinkörnig belegte Hohlkehlflamme (a), Bevel-Shape®-Feile (b), Sonicsys®-Ansatz Halbtorpedo (c) und Sonicsys®-Ansatz Goldguß (d).

kann mit einer schlanken, feinkörnig diamantierten Hohlkehlflamme präpariert werden (Abb. 17a). Zur Schonung des Nachbarzahns wird diese zunächst an der zervikalen Stufe schräg angesetzt, wobei die Instrumentenspitze etwa 1 mm über die Stufe hinausragt. Nach Anlegen einer Kerbe am Übergang der zervikalen Stufe zur Zahnoberfläche kann das Instrument aufgerichtet und nach bukkal und lingual geführt werden. Beim Erreichen der Kastenwände nimmt die Kontaktfläche und damit der Schleifwiderstand plötzlich zu, so daß die Hohlkehlflamme bei unkontrollierter Führung in dieser kritischen Präparationsphase sehr schnell in den Nachbarzahn eindringt (Abb. 23j–l). Bei einer Einzelzahnpräparation in einer geschlossenen Zahnreihe führt die Anwendung der Hohlkehlflamme sehr oft zur Nachbarzahnverletzung.

Die präzise Umsetzung des *approximalen Außenschliffes* ist unter Vermeidung der Nachbarzahnverletzung bei relativ geringer Techniksensitivität mit oszillierenden Instrumenten möglich. Die hierbei verwendeten, individuell geformten Präparationsansätze sind nur einseitig auf ihrer Funktionsoberfläche diamantbelegt und tragen bei Oszillation „gerichtet" Zahnhartsubstanz ab. Verfügbar sind heute niederfrequent („EVA-Geräte") und hochfrequent oszillierende Antriebe (Sonicsys®) mit spezifischen Präparationsansätzen [29–34].

Beim „EVA-Gerät" wird die rotierende Antriebsbewegung des blauen Winkelstückes mechanisch über einen Exzenter in eine Auf- und Abbewegung umgelenkt. Zur gezielten Präparation ist jedoch eine fixierte Feileneinstellung unerläßlich. Der von der Firma KaVO entwickelte EVA-Kopf („Prepcontrol®-Kopf" 61LR) ermöglicht bei einer Hubauslenkung von 0,4 mm in 10°-Schritten das Einstellen individueller Feilenpositionen.

Die für die Abschrägung approximaler Kavitäten entwickelte *Bevel-Shape®-Feile* (Fa. Intensiv) (Abb. 17b) entspricht in ihrer Form einem längs halbierten Torpedoinstrument, wobei sich die Diamantierung (mittlere Korngröße 40 µm) auf der konvexen Oberfläche befindet. Die nichtdiamantierte konkave Rückseite des Instruments kann bei der Präparation „selbststabilisierend" auf der Approximalfläche des Nachbarzahns abgestützt werden, während die konvexe Arbeitsseite gegen die Präparationsfläche gedrückt wird. Die damit erzielten Abschrägungen entsprechen in ihrem Querschnitt einer seichten Hohlkehle und haben eindeutig definierte glatte Ränder [31–33].

Mit der Bevel-Shape®-Feile im Prepcontrol®-Kopf lassen sich auch bei engen Approximalräumen nach der Kastenpräparation sehr grazile Hohlschliffe anlegen. Im bukko-mesialen Bereich lassen sich damit nahezu unsichtbare bzw. kaum sichtbare Gußfüllungsränder realisieren (Abb. 25).

Im *Sonicsys®-Instrumentarium* stehen mit dem sonoabrasiven Halbtorpedoinstrument (Abb. 17c) und dem Präparationsansatz „Goldguß" (Abb. 17d) (Fa. KaVo) zwei Instrumentenansätze für die Abschrägung des approximalen Kastens zur Verfügung. Diese werden in einem modifizierten Airscaler (Soniflex® 2000 N, Fa. KaVo) in Schwingungen im Schallbereich (< 6,5 Hz) versetzt. Beim Kontakt dieser diamantierten Präparationsansätze (mittlere Korngröße 25 µm) mit der Zahnsubstanz kommt es wie bei rotierenden Instrumenten zu Mikrozerspanungsprozessen. Durch die sich überlappenden Abtragungsvorgänge wird bei stationärer Ansatzposition die Ansatzgeometrie im Kontaktbereich auf die Zahnsubstanz übertragen. Die resultierende Randgestaltung entspricht dann teilweise oder vollständig dem Negativabdruck des oszillierenden Präparationsinstrumentes [29].

Der *sonoabrasive Präparationsansatz „Goldguß"* hat einen wappenförmigen Umriß und dreieckigen Querschnitt mit einem umlaufenden Randwinkel von 30° bzw 45° (Abb. 18). Für die Abschrägung der lateralen Kastenwände wird der Ansatz leicht geneigt zur Einschubrichtung am Zahn positioniert und unter Druck gegen den lateralen Kastenrand gehalten. Durch Rotation um die Längsachse sind Veränderungen des Randwinkels möglich. Bei korrekter Einstellung des Neigungswinkels wird die approximo-zervikale Kurvatur bereits mit eingearbeitet. Durch Verschieben in Richtung der anderen Kastenwand bildet sich die zervikale Abschrägung aus. Die Instrumentenkante sollte hierbei immer etwas außerhalb des Kavitätenrandes geführt werden. Es folgt die Präparation der zweiten lateralen Abschrägung. Die mit diesem Instrument erzielten Schliffflächen sind plan, kontinuierlich miteinander verbunden und befinden sich genau in der zuvor eingestellten Präparationsebene. Die Randbereiche, durch den spitzeren Randwinkel nahezu defektfrei präpariert, heben sich deutlich von der unpräparierten Zahnfläche ab [30].

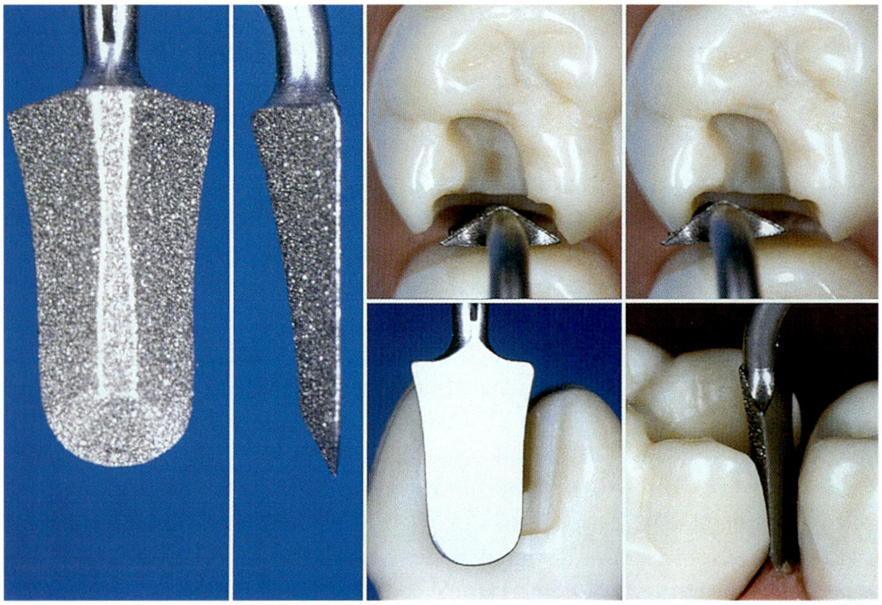

Abb. 18 Sonicsys®-Ansatz Goldguß. Die Abschrägungen im Bereich der zervikalen Stufe und der lateralen Kastenwände können gleichzeitig angelegt werden. Durch eine leichte Rotation des Instrumentes ist eine Feinkorrektur des Randwinkels möglich.

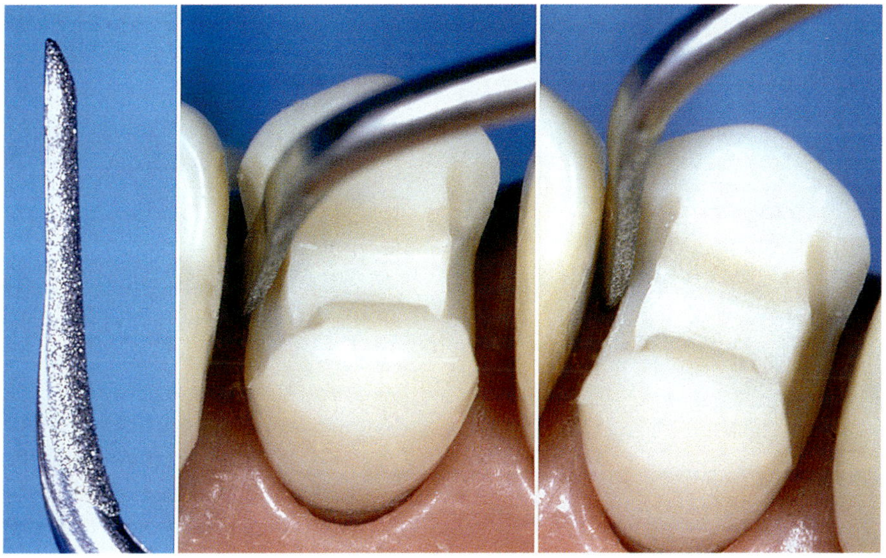

Abb. 19 Sonicsys®-Ansatz Halbtorpedo. Die Abschrägung der lateralen Kastenwand wird vereinfacht bei Abstützung der undiamantierten Rückseite auf der angrenzenden Approximalfläche.

Mit dem *sonoabrasiven Halbtorpedoinstrument* (Abb. 19) kann ebenfalls auch in engen Approximalräumen ein Hohlschliff angelegt werden. Zunächst wird das Halbtorpedo an der zervikalen Stufe leicht schräg angesetzt, wobei die Instrumentenspitze etwas über den Rand hinausragen sollte. Während der Bearbeitung des zervikalen Randes wird das Halbtorpedo aufgerichtet und gegen die lateralen Kastenwände gedrückt. Die Instrumentenposition ist so zu wählen, daß auf Kosten sowohl der Zahnaußenfläche als auch der Kasteninnenseite Zahnsubstanz abgetragen wird. Im Gegensatz zur Anwendung des „Goldgußansatzes" sind beim Halbtorpedo mehrere individuelle Ansatzpositionen notwendig. Die grazilere Form des Halbtorpedos bietet allerdings Vorteile, wenn im Bereich der zervikalen Stufe nierenförmige Einziehungen die Zugänglichkeit für den „Goldgußansatz" erschweren [30].

Systematisches Vorgehen bei der Präparation

Für die Präparation von Inlays und Teilkronen können folgende Instrumente empfohlen werden:

- zylindrische oder leicht konische Diamantschleifer mit abgerundeter Stirnkante und formgleiche Diamantfinierer
- flammenförmiger Diamantschleifer und formgleicher Diamantfinierer; alternativ: Bevel-Shape®-Feile, sonoabrasiver Halbtorpedo oder „Goldgußansatz" aus dem Sonicsys®-Instrumentarium (s. Abb. 17)
- flammenförmiges Arkansassteinchen oder formgleicher diamantierter Schleifkörper

Okklusales Inlay

1. Präparationsschritt: Kastenpräparation

Mit einem zylindrischen oder leicht konischen Diamantschleifer wird eine dem Fissurenverlauf entsprechende geschwungene Umrißform präpariert, wobei die Kastentiefe mindestens 1,5 mm beträgt. Der plane Kavitätenboden liegt senkrecht zur Einschub- und Belastungsrichtung. Die Wände divergieren leicht nach okklusal.

Ein okklusaler Kasten läßt sich präziser präparieren, wenn der zylindrische Schleifkörper zunächst schräg – am besten distal – in die Okklusalfläche eindringt und erst nach Erreichen der gewünschten Eindringtiefe in die senkrechte Position gebracht wird. Jetzt kann das Instrument unter der Beibehaltung der erreichten Tiefe einmal von distal nach mesial geführt werden. Die anschließende Einbezie-

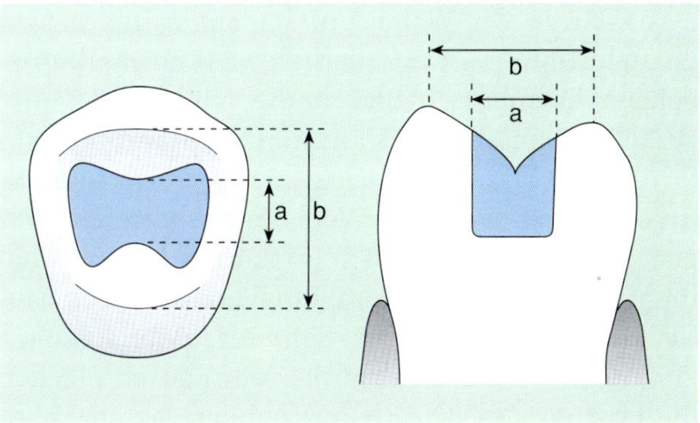

Abb. 20 Inlaybreite (a) und bukkolingualer Höckerabstand (b). Bei ein- und zweiflächigen Inlays sollte die Breite des okklusalen Kastens (a) nicht mehr als die Hälfte, bei MOD-Inlays nicht mehr als ein Drittel des bukkolingualen Höckerabstandes (b) betragen.

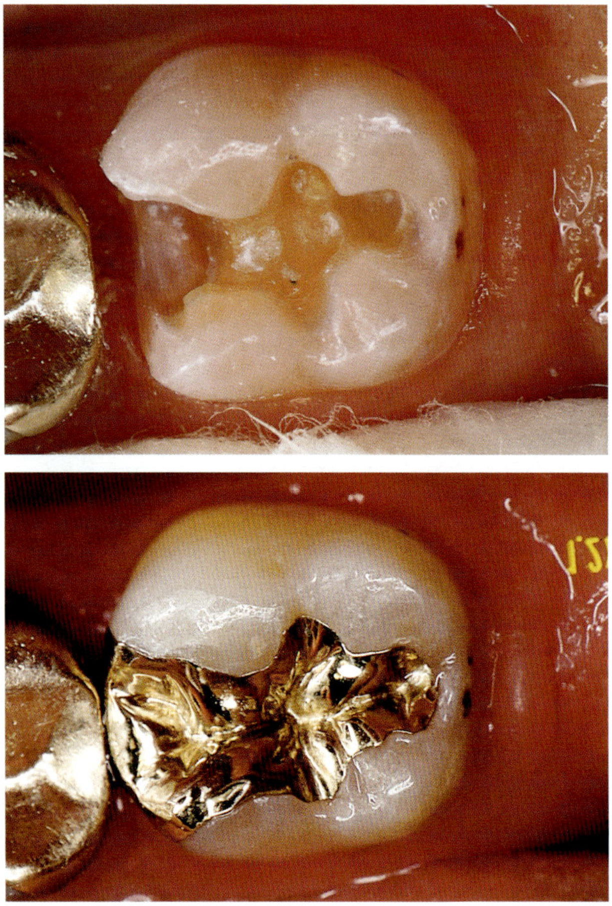

a

b

Abb. 21 DO-Inlay bei Zahn 47, Kavität (a) und zementiertes Inlay (b).

hung der Querfissuren führt zu der gewünschten geschwungenen Verlaufsform des okklusalen Kastens (Abb. 23e und f). Dieses Vorgehen verhindert eine präparationsbedingte Verbreiterung des okklusalen Defektes in bukkolingualer Richtung.

2. Präparationsschritt: Finieren

Das Glätten der Wände mit einem zylindrischen Diamantfinierer ist erforderlich, weil normalkörnig belegte Diamantschleifer rauhe Oberflächen und gezackte Kavitätenränder hinterlassen, was die Paßform der Gußobjekte beeinträchtigt. Hartmetallfinierer mit gewendelter Verzahnung schaffen zwar glattere Oberflächen als feinstkörnig belegte Diamantfinierer, sie führen im Randbereich jedoch häufig zu muschelförmigen Schmelzaussprengungen [25, 56, 57]. Da außerdem bei sehr glatten Flächen die Haftung des Befestigungszements herabgesetzt ist, werden feinstkörnig belegte Diamantfinierer bevorzugt.

Falls eine Randanschrägung für notwendig erachtet wird, erfolgt diese ebenfalls mit dem Diamantfinierer. Tucker [75] empfiehlt, etwa 0,5 mm der Kastenwand im Winkel von 15% anzuschrägen.

Zweiflächiges DO bzw. MO und dreiflächiges MOD-Inlay (Abb. 21)

1. Präparationsschritt: okklusaler Kasten

Für die sichere und stabile Positionierung eines zweiflächigen Inlays ist eine Schwalbenschwanzpräparation erforderlich. Wenn diese Verankerung bei breiten okklusalen Defekten nicht mehr möglich ist, muß neben der bei dünnen Außenwänden erforderlichen Höckerabdeckung eine Zapfen- oder Nutverankerung präpariert werden [51]. Effektiver als eine Zapfen- oder Nutpräparation ist die normierte Bohrung eines Kanals mit Verwendung eines dazu abgestimmten angußfähigen Stiftes (z.B. mit V.I.P.-System, Fa. Whaledent). Wenn bei tiefen okklusalen Defekten auch diese Verankerungsmöglichkeit ausscheidet, muß zur Erzielung von Retention und Stabilität die intakte Approximalfäche in die Präparation mit einbezogen werden.

Während die okklusale Kastenbreite (Abb. 20) bei zweiflächigen Kavitäten die Hälfte des bukkolingualen Höckerabstandes nicht überschreiten sollte, muß sie bei MOD-Kavitäten deutlich darunter liegen [9, 52, 66, 78].

2. Präparationsschritt: approximaler Kasten

Die Präparation des approximalen Kastens erfolgt ebenfalls mit einem zylindrischen oder leicht konischen Diamantschleifer. Dabei bleibt zur Schonung des Nachbarzahns zunächst eine dünne Außenlamelle stehen, welche im weiteren Verlauf der Präparation ausbricht bzw. sich mit dem stehenden Schleifkörper oder mit einem Handinstrument leicht entfernen läßt (Abb. 23g und h). Am Ende dieser Präparationsphase soll der Kontakt zum Nachbarzahn weitgehend gelöst sein und die Neigungsrichtung der approximalen Kästen mit der des okklusalen Kastens übereinstimmen.

3. Präparationsschritt: Abschrägung des approximalen Kastens

Mit der Bevel-Shape®-Feile, dem sonoabrasiven Halbtorpedo oder dem „Goldansatz" werden die Ränder des approximalen Kastens bzw. Defektes abgeschrägt. Wird in der gleichen Sitzung auch die Approximalfläche des Nachbarzahns präpariert, kann die Abschrägung auch rotierend mit der Hohlkehlflamme erfolgen.

4. Präparationsschritt: Finieren und Brechen der Kanten

Für diesen Präparationsschritt werden zylindrische oder leicht konische Diamantfinierer eingesetzt.

Das Brechen scharfer Kanten innerhalb einer Kavität ist erforderlich, weil diese die Paßgenauigkeit des Gußobjektes erheblich beeinträchtigen können. Trotz exakter Abformung werden sie auf dem Gipsstumpf oft nicht exakt wiedergegeben. Darüber hinaus brechen sie am Gipsmodell oder in der Einbettmasse leicht ab.

Teilkronenpräparation

Die Präparation einer Teilkrone (Abb. 23) unterscheidet sich von der eines Inlays durch die umfassendere Einbeziehung der Kaufläche.

Die *zentrischen Höcker* – im Oberkiefer lingual, im Unterkiefer bukkal – werden mit einem einfachen Außenschliff oder einer höckernah abgeschrägten Stufe überkuppelt. Mit Rücksicht auf die Ästhetik werden i.d.R. die *bukkalen Höcker* im Oberkiefer ohne Überkuppelung nur abgedeckt (Abb. 22c und 25), während die Scherhöcker im Unterkiefer i.d.R. mit einem lingualen Außenschliff überkuppelt werden (Abb. 22d und 5b). Nur bei gleichzeitig sehr steilen Kauflächen, dünnen Außenwänden und Gruppenführung erscheint es empfehlenswert, auch die bukkalen Höcker im Oberkiefer mit einem zierlichen Außenschliff zu überkuppeln. Wenn die Goldkanten nach dem Zementieren mit flexiblen Sandpapierscheiben abgerundet werden, fallen sie dank der Lichtdeflexion kaum auf (Abb. 22d).

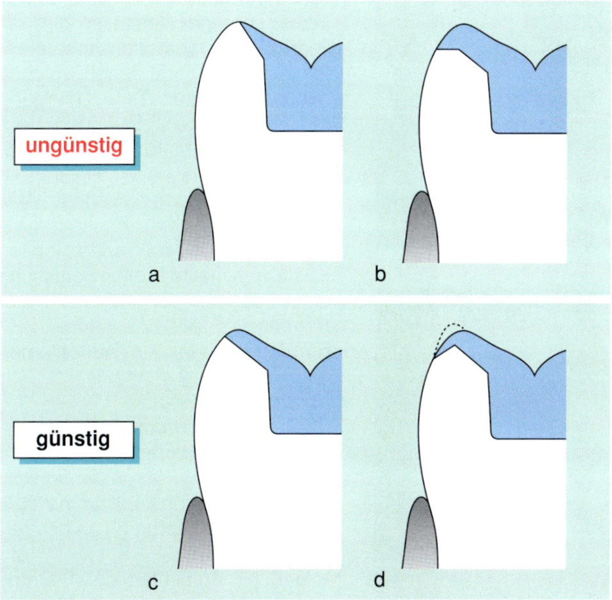

Abb. 22 Präparation der Scherhöcker.

a) Höckerspitze nicht abgedeckt (Frakturgefahr).
b) Schlifffläche im Bereich der Präparationsgrenze senkrecht zur Einschubrichtung (breite Zementfuge).
c) Höckerspitze abgedeckt. Besonders geeignet für Prämolaren und Molaren im Oberkiefer. Nur bei sehr dünnen Außenwänden dürfte eine Überkuppelung dieser Höcker (d) erforderlich sein.
d) Überkuppelung mit Außenschliff. Durch Brechen der Kante fällt der Goldrand infolge Lichtdeflexion weniger auf.

Die funktionsgerechte Okklusalgestaltung erfordert bei Teilkronen eine gezielte Reduktion der Kaufläche. Dabei werden die zentrischen Höcker um 1,2–1,5 mm, die Scherhöcker um etwa 1 mm gekürzt [65]. Somit ist in den funktionellen Bereichen der Metallkaufläche nach dem Zementieren eine Mindestschichtstärke von etwa 0,8 mm gewährleistet. Das Ausmaß der Kauflächenreduktion kann jedoch erheblich von dieser Norm abweichen. So müssen z.B. nach Elongation eines Zahns die Höcker stärker gekürzt werden, während die Reduktion der mesialen Höcker nach Mesialkippung eines Molaren unnötig bzw. sogar falsch ist. In jedem Fall ist vor Beginn der Präparation die individuelle Ausgangssituation zu überprüfen. Bei Unklarheiten wird sich eine Situationsanalyse am Modell, bei der auch die lingualen Höcker gut einsehbar sind, als hilfreich erweisen.

1. Präparationsschritt: Abtragen der Kaufläche (*Abb. 23a–d*)

Mit einem zylindrischen (∅ 1,2 mm) oder leicht konischen Diamantschleifer werden im Bereich der Höckergrate und Querfissuren Markierungsrillen angelegt. Im Vergleich zur Kauflächenneigung wird dabei das Instrument auf der Seite der zentrischen Höcker eher flacher, auf der Seite der Scherhöcker eher steiler gehalten. Dadurch ist die Kammlinie der zentrischen Höcker nach Rillenmarkierung deutlich, die der Scherhöcker vergleichsweise geringfügig unterbrochen. Nach Einebnung der Rillen ist das Kauflächenrelief noch erkennbar, wobei die Hauptfissur – bedingt durch die unterschiedliche Neigung des Präparationsinstruments – im Oberkiefer nach bukkal, im Unterkiefer nach lingual verlegt erscheint.

2. Präparationsschritt: okklusaler Kasten (*Abb. 23e und f*)

3. Präparationsschritt: approximaler Kasten (*Abb. 23g und h*)

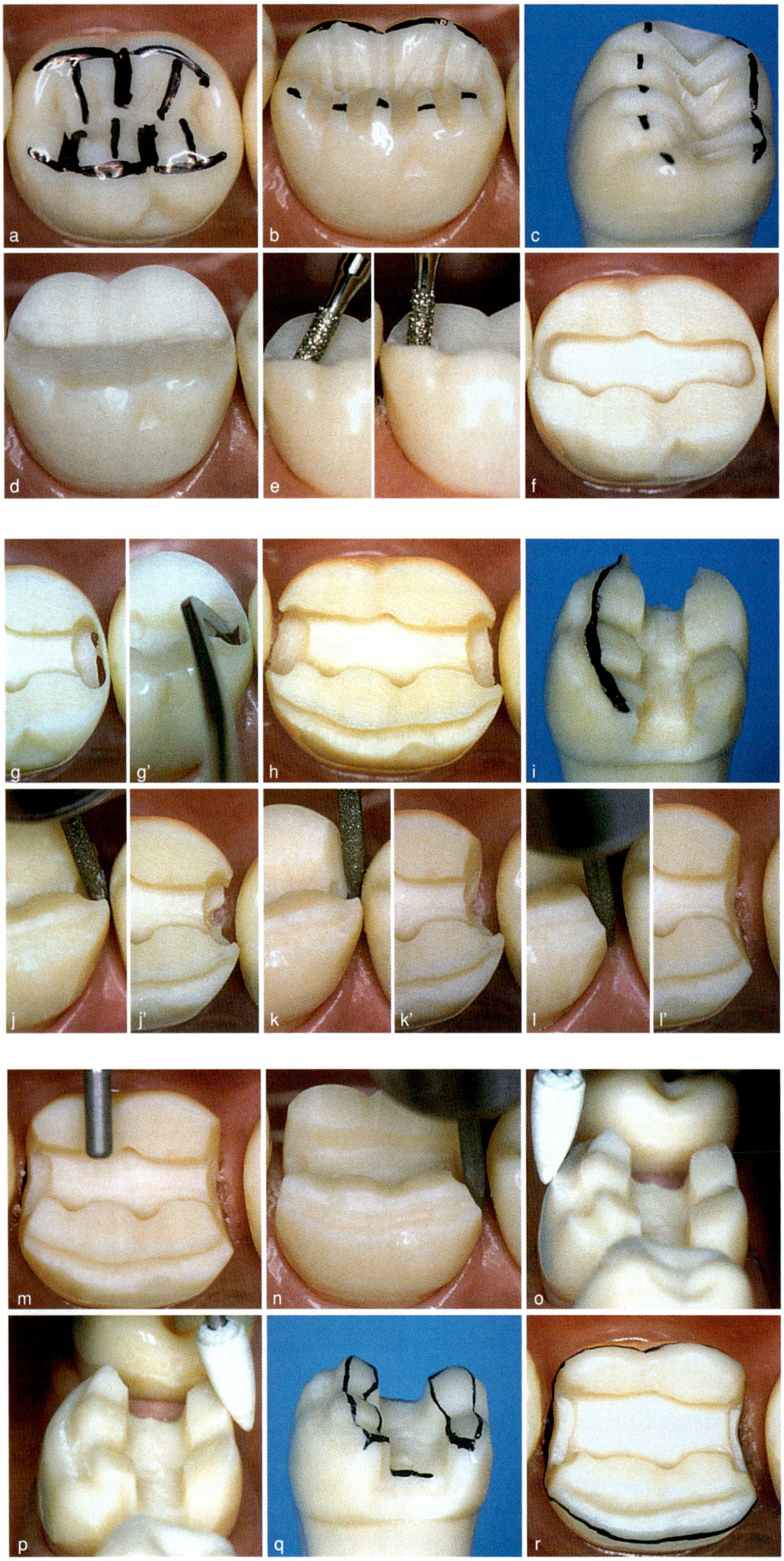

Abb. 23 Systematik der Teilkronenpräparation.

a) Einzeichnen der Kammlinien, Höckergrate und Querfissuren.
b) Markierungsrillen im Bereich der Höckergrate und Querfissuren.
c) Unterschiedliche Eindringtiefe des zylindrischen Präparationsinstrumentes auf der bukkalen und lingualen Hälfte der Okklusalfläche.
d) Reduziertes Kauflächenrelief.
e) Präparation des okklusalen Kastens: schräges Ansetzen des zylindrischen Präparationsinstrumentes zu Beginn, erst nach Erreichen der gewünschten Tiefe Übergang in senkrechte Stellung (e'), Führung des Instrumentes von distal nach mesial.
f) Geschwungener Verlauf des okklusalen Kastens.
g) Präparation des approximalen Kastens zunächst unter Belassung einer dünnen Außenlamelle zur Schonung des Nachbarzahns.
g') Wegbrechen den Außenlamelle.
h) Stufenpräparation.
i) Deutliches Brechen der okklusal-bukkalen Kante.
j) Schräges Einführen der feinkörnig belegten Hohlkehlflamme zum Anlegen einer Kerbe (j') an der zervikalen Stufe.
k und k') Aufrichten der Flamme und Führung nach lingual.
l und l') Führung der Flamme nach bukkal.
m und n) Finieren der Kavität mit formgleichen Finierinstrumenten.
o) Abschrägung der Stufe (Bevel).
p) Außenschliff bei Überkuppelung ohne Stufe.
q) Zu brechende Kanten.
r) Fertige Präparation.

Bei größeren Defekten ist die Kastenform mit einer bukkalen und lingualen Wand oft nicht mehr realisierbar. In dieser häufig anzutreffenden Situation wird wie bei der Kastenpräparation der Approximalraum zunächst mit dem zylindrischen Diamanten eröffnet und damit die Voraussetzung für eine kontrollierte Abschrägung des approximalen Defektes geschaffen.

4. ***Präparationsschritt: höckernahe Stufe*** *(Abb. 23h und i)*

Dieser Präparationsschritt entfällt, wenn der zentrische Höcker nur mit einem Außenschliff überkuppelt wird.

Zur Überkuppelung der zentrischen Höcker mit abgeschrägter Stufe wird mit dem zylindrischen Diamanten außerhalb des funktionellen Kauflächenbereiches, etwa 1 mm zervikal der bereits reduzierten Kammlinie, eine ca. 1 mm breite Stufe angelegt. Anschließend folgt die flächige Brechung der okklusalen Kante. Die Abschrägung der Stufe bzw. Schulter erfolgt erst in der letzten Präparationsphase (Abb. 23o).

5. ***Präparationsschritt: Abschrägung des approximalen Kastens bzw. Defektrandes*** *(Abb. 23j–l)*

6. ***Präparationsschritt: Finieren*** *(Abb. 23m und n)*

7. ***Präparationsschritt: Anlegen der Außenschliffe*** *(Abb. 23o und p)*

Die Präparation endet mit dem Anlegen des Außenschliffes bzw. der Abschrägung der höckernahen Stufe bei dem zu überkuppelnden Höcker. Dazu eignen sich flammenförmige weiße Arkansassteinchen oder formgleiche Diamantfinierer, mit denen sich – im Gegensatz zu Instrumenten geringeren Durchmessers und daher auch zu kleinflächiger Auflage am Zahn – ein glatter, rillenfreier Präparationsrand erzielen läßt.

8. ***Präparationsschritt: Brechen der Kanten*** *(Abb. 23q)*

Falls erforderlich können approximal die Kästen zuvor mit einem konischen Finierer nochmals nachgezogen und in ihrer Richtung korrigiert werden.

Klinisches Vorgehen

1. Vorbereitung

Vor der eigentlichen Präparation müssen eventuell vorhandene *Parodontalerkrankungen* behandelt und auffällige *Okklusionsstörungen* beseitigt werden. Die Anfertigung von Modellen beider Kiefer erleichtert die Präparationsplanung. Gerade für weniger Geübte empfiehlt es sich, vor der Präparation die erneuerungsbedürftige Restauration und die Karies vollständig zu entfernen und die Kavität zunächst mit einem adhäsiv verankerten Komposit oder Glasionomerzement aufzubauen. Der Geübte wird hingegen einen Teilaufbau des Defektes vorziehen (Abb. 24a). Schließlich darf auch der für die direkte Herstellung eines Provisoriums benötigte Vorabdruck nicht vergessen werden.

2. Präparation und Abdruck

Am Ende der Präparation müssen die zervikalen Präparationsränder gut abformbar sein (Abb. 24b). Falls die Freilegung der Präparationsgrenze im Zer-

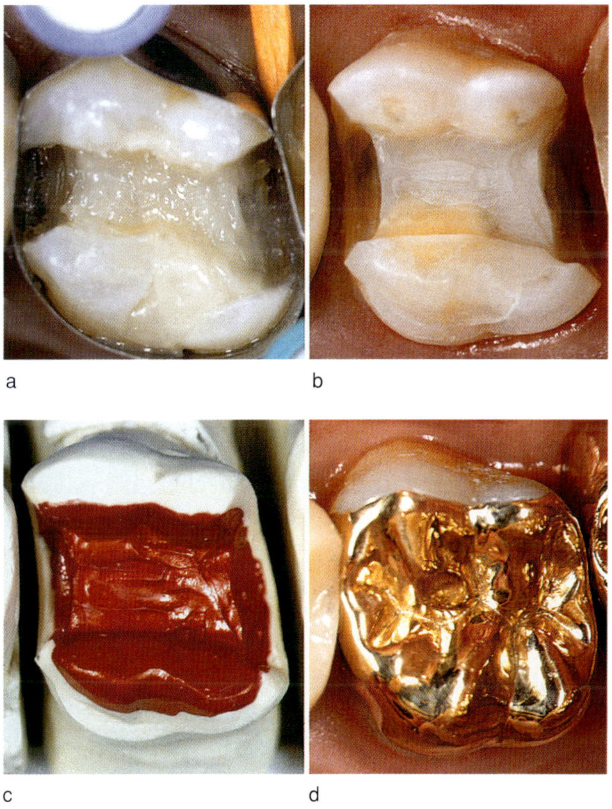

Abb. 24 Restauration des Zahns 16 mit einer Teilkrone.

a) Partieller Aufbau mit Komposit. Matrize zur Trockenlegung des distal tiefreichenden Defektes.
b) Fertige Präparation. Die Abschrägung der approximalen Kästen mit dem Sonicsys®-Ansatz Goldguß führte trotz approximaler Enge nur zu geringer Extension auf der Bukkalfläche. Die bukkalen Scherhöcker sind nur abgedeckt, der mesiopalatinale Höcker ist mit einer abgeschrägten Stufe, der distopalatinale mit einem Außenschliff überkuppelt.
c) Gezieltes Auftragen von Distanzlack auf dem Gipsstumpf in Bereichen der Klammer- und Kastenverankerung.
d) Zementierte Teilkrone.

vikalbereich mittels eingelegten Retraktionsfadens nicht gelingt, muß das störende Gingivagewebe z.B. elektrochirurgisch entfernt werden.

Die Reihenabformung kann mit Hydrokolloid, Polyäthergummimasse oder additionsvernetzendem Silikon durchgeführt werden. Die Abformung des Einzelstumpfes mit einem Kupferringabdruck ist heute nicht mehr üblich.

3. *Provisorische Versorgung der Kavität*

Inlaykavitäten können über eine kurze Zeitspanne mit einem lichthärtenden Material auf Kompositbasis (z.B. Cavit L®, Fa. Espe; Clip®, Fa. Voco; Fermit®, Fa. Vivadent) provisorisch verschlossen werden, insbesondere dann, wenn bereits ein ausreichender Pulpa-Dentinschutz durch Dentinimprägnierung mit einem Dentinadhäsiv oder durch eine Aufbaufüllung gewährleistet ist. Bei Teilkronenpräparationen geht durch die Kauflächenreduktion neben der approximalen auch die okklusale Abstützung verloren. Hier müssen mit einem Vorabdruck oder einer Tiefziehschiene direkt im Mund (z.B. mit Pro-Temp Garant, Fa. Espe; oder Luxatemp®, Fa. Voco) bzw. indirekt im Labor hergestellte Kunststoffprovisorien angefertigt und mit einem provisorischen Befestigungszement eingegliedert werden. Neben dem Schutz des Pulpa-Dentinsystems und der oralen Weichgewebe fixieren diese Provisorien die Stümpfe in horizontaler und vertikaler Richtung und beugen Höckerfrakturen vor.

4. *Herstellung im zahntechnischen Labor*

Auf das Vorgehen im zahntechnischen Labor kann an dieser Stelle nicht eingegangen werden. Wertvolle Hinweise zur präzisen Gußfüllungstechnik finden sich in der einschlägigen Literatur [5, 6, 23, 51, 61, 69].

5. *Goldlegierung*

Für Inlays und Teilkronen eignen sich hoch goldhaltige Legierungen vom Typ III (hart) und Typ IV (extrahart) [41].

6. *Anprobe*

Nur ein auf dem Modell einwandfrei passendes Gußstück sollte zur Anprobe am Patienten gelangen. Eine Restauration mit bereits auf dem Modell abstehenden oder zu kurzen Rändern, insuffizienten Okklusal- oder Approximalkontakten stiehlt kostbare Zeit am Behandlungsstuhl und ist deshalb vor einer Anprobe zu verwerfen. Nachdem die Innenseite auf Gußperlen, übermodellierte oder ungeknickte Ränder überprüft worden ist, wird das Gußobjekt zur Anprobe auf den Stumpf aufgesetzt und mit Spiegel und Sonde der Randschluß überprüft. Falls das Gußobjekt den Präparationsrand nicht ganz erreicht, sollte nicht versucht werden, es unter Kraftanwendung weiter in die Kavität hineinzupressen. Zur Fahndung nach Klemmstellen sollten zunächst Innenseite und Approximalflächen mit einem Marker bestrichen werden, bevor es erneut auf den Stumpf aufgesetzt wird. Die sich beim Wiedereinsetzen abzeichnenden Klemmstellen lassen sich dann gezielt entfernen. Das Gußobjekt paßt, wenn keine Randspalten sichtbar, die Übergänge zum Zahn kaum noch sondierbar sowie die an Retention und Stabilität zu stellenden Anforderungen erfüllt sind. Minimale Randimperfektionen können durch Anbrünieren der Ränder auf dem Modell noch verbessert werden. Sondierbare Übergänge, die auf geringfügig zu dicken oder zu kurzen Metallrändern beruhen, können im Kauflächenbereich z.B. mit langsam rotierenden weißen Arkansassteinchen, im Glattflächenbereich auch mit flexiblen Disks egalisiert bzw. nivelliert werden. Die Instrumente werden dabei parallel zur Präparationsgrenze geführt, so daß Gold und Schmelz auf gleicher Ebene geglättet werden.

Zur Überprüfung der Approximalkontakte eignet sich die von okklusal nach zervikal durch den Kontaktbereich geführte Zahnseide. Diese muß dabei denselben physiologischen Widerstand, wie er auch bei natürlichen Kontakten zu spüren ist, überwinden. Zu straffe und zu lockere Kontakte müssen korrigiert werden, da sie dem Patienten die Interdentalhygiene mit Zahnseide erschweren, verleiden oder verunmöglichen bzw. zu Speiseimpaktionen führen. Okklusion und Artikulation sind am sitzenden Patienten mit zwei dünnen, farbig unterschiedlichen Okklusionsfolien zu kontrollieren. Zur besseren Zeichnung der Kontakte und Schlifflächen sollten die Metallkauflächen zu diesem Zeitpunkt noch matt sein. Erst nach Kontrolle bzw. Korrektur der Okklusion folgt die Hochglanzpolitur. Nach Reinigung des Gußobjektes ist die Restauration zum Zementieren bereit.

7. *Eingliederung*

Zur definitiven Befestigung von Inlays und Teilkronen können *Zinkphosphat-* oder *Glasionomerzement* verwendet werden. Viele Zahnärzte bevorzugen nach wie vor den Zinkphosphatzement, der sich schon seit Jahrzehnten als Befestigungsmaterial bewährt hat. Relativ einfache Verarbeitung, geringe

Filmdicke, hohe Druckfestigkeit sowie leichte Überschußentfernung sind seine wichtigsten Vorzüge [10, 44, 60].

Die gereinigte und trockengelegte Kavität wird erst unmittelbar vor der Zementapplikation mit dem Luftbläser getrocknet. Der nach Herstellerangaben angemischte Zement wird mit einem Heidemann-Spatel oder Pinsel zunächst auf die Innenseite des Gußobjektes aufgetragen. Danach wird auch die Kavität in gleicher Weise mit Zement beschickt. Inlays werden mit einem stabilen Kugelstopfer oder mit einem angespitzen Orangenholzstab [76], Teilkronen mit einem Kronenandrücker auf den Stumpf gepreßt. Dabei wird der Druck zunächst nur langsam gesteigert, damit der Zement ohne Entmischungsvorgänge entweichen kann. Der Dauerdruck bis zum Abbinden des Zementes wird bei Inlays am besten durch Aufbeißen auf Balsa- bzw. Orangenholz [47], bei Teilkronen auch auf Watterollen erreicht. Alle weiteren Manipulationen stören den Abbindevorgang des Zementes. Erst nach Aushärtung des Zementes werden die Überschüsse, welche die Zementfuge vor frühzeitigem Speichelkontakt bewahrt haben, entfernt. Eine weitere Bearbeitung der Randbezirke mit rotierenden Instrumenten würde jetzt eher zur Verschlechterung der Randschlußqualität führen [46] (Abb. 25). Abschließend wird die Okklusion noch einmal überprüft. Geringe, einige Tage andauernde Temperaturüberempfindlichkeiten können auftreten, sind aber eher selten.

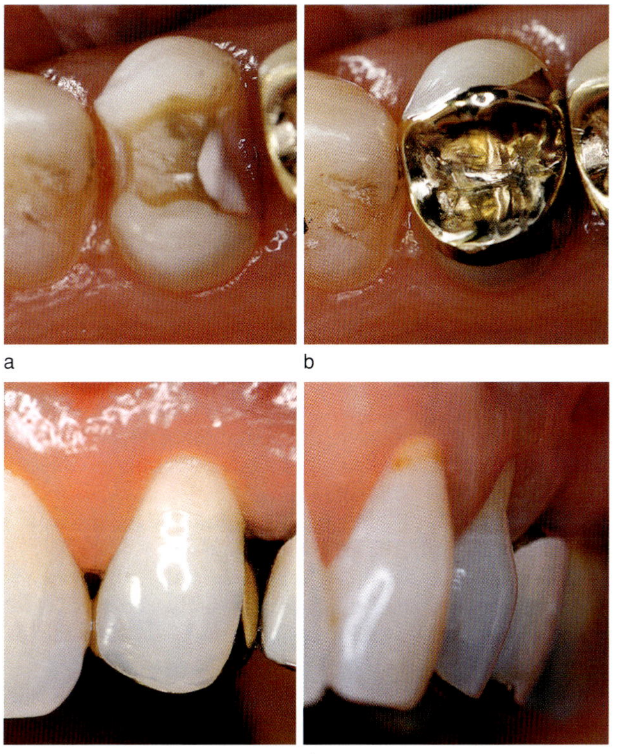

a b c d

Abb. 25 Teilkrone bei Zahn 14.

a) Präparation. Grazile Präparation mesial nach Anwendung der Bevel-Shape®-Feile.

b) Ansicht von okklusal. Bukkaler Höcker abgedeckt, palatinaler Höcker mit Außenschliff überkuppelt.

c und d) Restauration bei normaler Betrachtungsweise unauffällig. Eine Bearbeitung der Ränder während oder nach dem Zementieren ist nicht erfolgt.

Wertung und Ausblick

Eine *Goldgußrestauration* gilt seit Jahrzehnten als eine qualitativ sehr hochwertige Restauration. Diese Sonderstellung wird in jüngster Zeit durch zahnfarbene, adhäsivbefestigte Restaurationen, insbesondere aus *Keramik,* in Frage gestellt. Beide Restaurationsmethoden scheinen in Konkurrenz zueinander zu stehen. Hinsichtlich der ästhetischen Belange sind die zahnfarbenen Restaurationen nicht zu schlagen, bezogen auf die Langlebigkeit dürften die Goldgußrestaurationen jedoch als Sieger aus diesem Wettkampf [11, 12] hervorgehen. Trotz adhäsiver Befestigung können Keramikrestaurationen nämlich frakturieren, was bei Goldrestaurationen auch nach längerer Liegedauer nicht zu beobachten ist. Das Verschleißverhalten der gebräuchlichen Goldlegierungen ist schmelzähnlicher als das vieler Keramiken [24, 73]. Auch die korrekte Einstellung der Okklusion ist bei Goldrestaurationen häufig sicherer und einfacher durchzuführen, kann sie im Gegensatz zu Keramikinlays oder Keramikteilkronen vor dem Einsetzen eingeschliffen und die Restauration ggf. zunächst auch provisorisch eingesetzt werden [55]. Die Techniksensitivität und der erforderliche Zeitaufwand sind bei der adhäsiven Befestigung mit einem Komposit ungleich höher als bei der konventionellen Befestigung mit einem Zement.

Bei kritischer Betrachtung sind beide Restaurationstechniken jedoch keine konkurrierende, sondern eher sich ergänzende Behandlungsmethoden. Beide haben ihre Vor- und Nachteile und sollten vom Zahnarzt gleichermaßen beherrscht werden. Auch wenn vornehmlich wegen des nichtzahnfarbenen Aussehens Inlays und Teilkronen aus Gold künftig an Bedeutung eher verlieren dürften [12], wird die Goldgußfüllung noch über viele Jahre Anwendung finden und das bleiben, was sie schon immer war, nämlich eine hochwertige, sichere, biokompatible und langlebige Restaurationsmethode.

Literatur

[1] Barnes, I. E.: The production of inlay cavity bevels. Br Dent J 137, 379 (1974).

[2] Bertolotti, R. L., DeLuca, S. S., DeLuca, S.: Intraoral metal adhesion utilized for occlusal rehabilitation. Quintessence Int 25, 525 (1994).

[3] Blaser, P. K., Lund, M. R., Cochran, M. A., Potter, R. H.: Effects of designs of class II preparations on resistance of teeth to fracture. Oper Dent 8, 6 (1983).

[4] Berry, T. G., Kaiser, D. A., Schwartz, R. S.: Cast-gold restorations. In: Schwartz, R. S., Summitt, J. B., Robbins, J. W. (eds.): Fundamentals of operative dentistry, p. 391. Quintessenz, Chicago–Berlin 1996.

[5] Busch, M.: Paßgenaue Inlayherstellung von der Präparation bis zum Polieren. dental-labor 33, 873 (1985).

[6] Caesar, H. H.: Inlay- und Onlay-Techniken. Neuer Merkur, München 1987.

[7] Cecconi, B. T., Asgar, K.: Modified hygroscopic casting technique. J Prosthet Dent 33, 216 (1975).

[8] Craig, R. G., El-Ebrashi, M. K., LePeak, P. J., Duncanson, M. G.: Experimental stress analysis of dental restorations. I. Two-dimensional photoelastic analysis of inlays. J Prosthet Dent 33, 277 (1967).

[9] Christensen, G. J.: Clinical and research advancements in cast-gold restorations. J Prosthet Dent 25, 62 (1971).

[10] Christensen, G. J.: Dental cements: Are they the weak link? J Am Dent Assoc 122, 63 (1991).

[11] Christensen, G. J.: A void in U. S. restorative Dentistry. J Am Dent Assoc 126, 244 (1995).

[12] Christensen, G. J.: The coming demise of the cast gold restoration? J Am Dent Assoc 127, 1233 (1996).

[13] Diedrich, P., Erpenstein, H.: Rasterelektronenoptische Randspaltanalyse von in vivo eingegliederten Stufenkronen und Inlays. Schweiz Monatsschr Zahnmed 95, 575 (1985).

[14] Dreyer-Jörgensen, K.: Prüfungsergebnisse zahnärztlicher Gußverfahren. Dtsch Zahnärztl Z 13, 461 (1958).

[15] Dreyer-Jörgensen, K., Finger, W.: Die-spacing technique by diffusion precipitation. Scand J Dent Res 87, 73 (1979).

[16] Dedmon, H. W.: The relationship between open margins and margin designs on full cast crowns made by commercial dental laboratories. J Prosthet Dent 53, 463 (1985).

[17] Eder, A., Wickens, J.: Surface treatment of gold alloys for resin adhesion. Quintessence Int 27, 35 (1996).

[18] Eichner, K.: Kleine Brücken mit Inlays als Brückenanker. Dtsch Zahnärztl Z 37, 1 (1982).

[19] Einfeldt, H.: Das Einzementieren von Gußfüllungen und Kronen. Zahnärztl Mitt 73, 1000 (1983).

[20] Erpenstein, H., Diedrich, P.: Nachuntersuchungen zur Kariesanfälligkeit und gingivalen Irritation von Teilkronen. Dtsch Zahnärztl Z 32, 10 (1977).

[21] Fisher, D. W., Caputo, A. A., Shillingburg, H. T., Duncanson, M. G.: Photoelastic analysis of inlay and onlay preparations. J Prosthet Dent 33, 47 (1975).

[22] Gavelis, J. R., Morency, J. D., Riley, E. D., Sozio, R. B.: The effect of various finish line preparations on the marginal seat and occlusal seat of full crown preparations. J Prosthet Dent 45, 138 (1981).

[23] Gutowski, A.: Wie kann man die Passgenauigkeit gegossener Restaurationen verbessern? Coll Med Dent 29, 841 (1985).

[24] Hacker, C. H., Wagner, W. C., Razzoog, M. E.: An in vitro investigation of the wear of enamel on porcelain and gold in saliva. J Prosthet Dent 75 14 (1996).

[25] Haller, B., Klaiber, B.: Mikromorphologie unfinierter und finierter Schmelz- und Dentinflächen nach unterschiedlicher Vorbehandlung. Schweiz Monatsschr Zahnmed 98, 1078 (1988).

[26] Haller, B., Thull, R., Klaiber, B., Schmitz, A.: Höckerstabilisierung durch Adhäsivin lays in MOD-Kavitäten. Dtsch Zahnärztl Z 45, 660 (1990).

[27] Hess, W., Walkhoff, O.: Walkhoff's Lehrbuch der konservierenden Zahnheilkunde, S. 188. Meusser, Berlin 1931.

[28] Hoard, R. J., Watson, J.: The relationship of bevels to the adaption of intracoronal inlays. J Prosthet Dent 36, 538 (1976).

[29] Hugo B.: Entwicklung und Anwendungsmöglichkeiten oszillierender Verfahren in der Präparationstechnik (Teil I). Dtsch Zahnärztl Z 52, 637 (1997).

[30] Hugo B.: Entwicklung und Anwendungsmöglichkeiten oszillierender Verfahren in der Präparationstechnik (Teil II). Dtsch Zahnärztl Z 52, 718 (1997).

[31] Hugo, B., Lussi, A., Gygax, M.: Anwendungen des EVA-Systemes (II). Schweiz Monatsschr Zahnmed 101, 1587 (1991).

[32] Hugo, B. Lussi, A., Hotz, P.: Die Präparation der Schmelzrandabschrägung bei approximalen Kavitäten. Schweiz Monatsschr Zahnmed 102, 1181 (1992).

[33] Hugo, B., Lussi, A.: Moderne Präparations- und Restaurationstechnologie. Verschiedene Anwendungen des EVA-Systems in der zahnärztlichen Praxis (II). Quintessenz 44, 207 (1993).

[34] Hugo, B., Stassinakis, A., Hotz, P., Klaiber, B.: Reproduzierbare Präparation standardisierter Klasse-II-Kavitäten. Dtsch Zahnärztl Z 51, 746 (1996).

[35] Ingraham, R.: The application of sound biomechanical principles in the design of inlay, amalgam and gold foil restorations. J Am Dent Assoc 40, 402 (1950).

[36] Jensen, M. E., Redford, D. A., Williams, B. T., Gardner, F.: Posterior etched-porcelain restorations: An in vitro study. Compend Contin Educ Dent 8, 615 (1987).

[37] Kashani, H. G., Khera, S. C., Gulker, I. A.: The effects of bevel angulation on marginal integrity. J Am Dent Assoc 103, 882 (1981).

[38] Kishimoto, M., Shillingburg, H. T., Duncanson, M. G.: Influence of preparation features on retention and resistance. Part I. MOD onlays. J Prosthet Dent 49, 35 (1983).

[39] Klaiber, B., Langenmair, A., Haller, B.: Der Einfluß der Stumpflackierung auf die Randspaltgröße bei Teilkronen. Dtsch Zahnärztl Z 44, 469 (1989).

[40] Kluge, R., Binus, W.: Die Gußfüllungen im Approximalbereich. Dtsch Zahnärztl Z 22, 1584 (1967).

[41] Kropp, R.: Geeignete Gußlegierungen zur Herstellung von Inlays und Onlays. Dtsch Zahnärztl Z 36, 262 (1981).

[42] Larson, T. D., Douglas, W. H., Gustfeld, R. E.: Effect of prepared cavities on the strength of teeth. Oper Dent 6, 2 (1981).

[43] Mahler, D. B., Terkla, L. G.: Relationship of cavity de-

sign to restorative materials. Dent Clin North Am 9, 149 (1965).
[44] Michelini, F. S., Belser U. C., Scherrer, S. S.: Tensile bond strenght of gold and porcelain inlays to extracted teeth using three cements. Int J Prosthodont 8, 324 (1995).
[45] Oehlke, W.: Die klinische Ungenauigkeit von Gußfüllungen bei der Verwendung von ausgewählten zahnärztlichen Edelmetall-Legierungen. Dtsch Zahnärztl. Z 26, 684 (1971).
[46] Mayer, R.: Zur Präparationsgestaltung bei oraler Rehabilitation. Dtsch Zahnärztl Z 32, 120 (1977).
[47] Mayer, R.: Abhängigkeit des Randschlusses gegossener Füllungen vom Inkorporationsverfahren. Zahnärztl Praxis 35, 424 (1984).
[48] Melchers, H.-G.: Aufbiegungen und Randspaltbildung von zementierten mod-Inlays bei Belastung parallel zur Zahnachse. Dtsch Zahnärztl Z 45, 648 (1990).
[49] Meiners, H.: Das Problem der Paßgenauigkeit. Der Randschluß von Gußkronen. dental-labor 34, 1939 (1985).
[50] Metzler, J. C., Chandler H. H.: An evaluation oft techniques for finishing margins of gold inlays. J Prosthet Dent 36, 523 (1976).
[51] Meyer, G., Asselmeyer, Th., Motsch, A.: Verbesserte Passgenauigkeit durch Kühl- und Belüftungselemente. Dtsch Zahnärztl Z 45, 648 (1990).
[52] Mondelli, J., Steagall, L., Ishikiriama, A., Navarro, M. F., Soares, F. B.: Fracture strength of human teeth with cavity preparations. J Prosthet Dent 43, 419 (1980).
[53] Motsch, A.: Rationelle Onlaytechnik. Dtsch Zahnärztl Z 23, 582 (1968).
[54] Motsch, A., Nobmann, K.: Klinische und spannungsoptisch-experimentelle Untersuchungen verschiedener Präparationsformen in der Onlaytechnik. Dtsch Zahnärztl Z 26, 415 (1971).
[55] Pameijer, J. H. N.: Onlays: Is gold still the standard? In: Degrange, M., Roulet, J. F. (eds.): Minimally invasive restorations with bonding, p. 139. Quintessenz, Berlin 1997.
[56] Price, R. B., Sutow, E. J.: Micrographic and profilometric evaluation of the finish produced by diamond and tungsten carbide finishing burs on enamel and dentin. J Prosthet Dent 60, 311 (1988).
[57] Reller, U., Geiger, F., Lutz, F.: Quantitative investigation of different finishing methods in conventional cavity preparations. Quintess Int 20, 453 (1989).
[58] Rosenstiel, E.: The marginal fit of inlays and crowns. Br Dent J 117, 432 (1964).
[59] Salis, S. G., Hood, J. A., Kirk, E. E., Stokes, A. N.: Impact-fracture energy of human premolar teeth. J Prosthet Dent 58, 43 (1987).
[60] Saito, S.: Clinical studies on glass ionomer cement. Int J Dent Med 6, 2 (1976).
[61] Schmidt, T.: Inlays/Onlays. Ein praktisches Arbeitskonzept. Qintessenz, Berlin 1989.
[62] Schreiber, S., Motsch, A.: Kritische Untersuchungen der klassischen Präparationsregeln mit Hilfe spannungsoptischer Verfahren. Dtsch Zahnärztl Z 23, 171 (1968).
[63] Schray, K.: Stiftverankerte Inlays und Inlaybrücken. Zahnärztl Welt 83, 187 (1974).
[64] Shillingburg, H. T.: Conservative preparations for cast restorations. Dent Clin North Am 20, 259 (1976).
[65] Shillingburg, H. T., Jacobi, R., Brackett, S. E.: Grundlagen der Zahnpräparation. Quintessenz, Berlin 1988.
[66] Smith, G. E., Grainger, D. A.: Biomechanical design of extensive cavity preparations for cast gold. J Am Dent Ass 89, 1152 (1974).
[67] Sobkowiak, E.-M., Beetke, E.: Spätergebnisse mit Inlaybrücken. Dtsch Stomat 21, 308 (1971).
[68] Sobkowiak, E.-M.: Indikation und Bewertung der Inlaybrücken. Dtsch Zahnärztl Z 36, 260 (1981).
[69] Stachniss, V., Zimmer, B.: Funkenerosion – ein neuer Weg zu paßgenauen Gußfüllungen und Kronen aus Edelmetall und edelmetallfreien Legierungen. Dtsch Zahnärztl Z 39, 294 (1984).
[70] Strub, J. R., Rabus, H. M.: Prüfung des Abdichtungsvermögens von drei Befestigungszementen. Schweiz Monatsschr Zahnheilk 90, 529 (1980).
[71] Strub, J. R., Lehner, Ch., Sidler, P.: Elektronenmikroskopische Randspaltanalyse des Approximalbereiches von Goldgussfüllungen. Eine In-vivo-Studie. Schweiz Monatsschr Zahnheilk 92, 746 (1982).
[72] Strub, J. R., Stiffler, H. P., Lutz, F.: Prüfung des Brüniereffektes mit drei verschiedenen Instrumenten bei Goldgußfüllungen. Dtsch Zahnärztl Z 35, 795 (1980).
[73] Suzuki, S., Suzuki, S. H., Cox, C. F.: Evaluating the antagonistic wear of restorative materials. J Am Dent Assoc 127, 74 (1996).
[74] Tanner, A. N.: Inlay cavity preparation for extensive restorations. Br Dent J 129, 501 (1970).
[75] Tucker, R. V.: Inlay Präparation. In: Schmidseder, J. (Hrsg.): Phillip's Restaurative Zahnmedizin. Bd. 1, S. 1 [11] Phillip, München 1985.
[76] Tucker, R. V.: Technik der Goldgußfinierung. In: Schmidseder, J. (Hrsg.): Phillip's Restaurative Zahnmedizin Band 1, S. 1 [17] Phillip, München 1985.
[77] Viohl, J., Zimmer, M.: Messung der elastischen und bleibenden Aufbiegung von mod-Füllungen bei vertikaler Belastung. Dtsch Zahnärztl Z 45, 645 (1990).
[78] Ward, M. L.: The american textbook of operative dentistry. 6th ed., p. 3. Lea & Felbiger, New York 1926 (zit. nach Shillingburg et al. 1988).
[79] Werrin, S. P., Jubach, T. S., Johnson, B. W.: Inlays and onlays: Making the right decision. Quintess Int 11, 13 (1980).
[80] Weikart, P.: Grenzen und Prüfung der Gußgenauigkeit. Dtsch Zahnärztl Z 12, 897 (1957).

Amalgamfüllung

von Gottfried Schmalz und Birger Thonemann

Inhaltsübersicht

Einleitung

Amalgame sind *Legierungen von Quecksilber* mit anderen Metallen. Bei Amalgamen in der zahnärztlichen Füllungstherapie sind diese in erster Linie *Silber, Zinn und Kupfer*. Diese Amalgame sind nach dem Anmischen knetbar, erhärten nach einer gewissen Zeit und gehören daher zur Gruppe der *plastischen Füllungswerkstoffe.*

Amalgam soll bereits 600 v. Chr. als zahnärztlicher Füllungswerkstoff in China verwendet worden sein [19]. In Europa finden sich erste Hinweise auf seine Verwendung im Jahr 1528 [87]. Seine eigentliche Verbreitung als Füllungswerkstoff begann im 19. Jahrhundert. Witzel [122] und Black [14] erarbeiteten die ersten wissenschaftlichen Grundlagen zur erfolgreichen Verwendung dieses Werkstoffes.

Seit dieser Zeit ist Amalgam kontinuierlich weiterentwickelt und verbessert worden. So werden heute Kupferamalgame (Legierungen von Quecksilber mit ausschließlich Kupfer) nicht mehr verwendet. In den 60er Jahren wurden vermehrt Silberamalgame (γ-2-haltige Edelamalgame) appliziert, bei denen ein Mindestmaß an Silber Voraussetzung für optimale Werkstoffeigenschaften war. Seit den 70er Jahren haben sich dagegen γ-2-freie Amalgame, hauptsächlich wegen der verbesserten Langlebigkeit der entsprechenden Füllungen, in der Praxis durchgesetzt.

Nach geltendem europäischem Recht sind Amalgame, wie auch alle anderen in der zahnärztlichen Therapie verwendeten Werkstoffe, Medizinprodukte und unterliegen damit der einschlägigen *Gesetzgebung (Medizinproduktegesetz, MPG)*, die der Europäischen Direktive 93/42 entspricht [101]. Amalgame müssen, damit sie vom Zahnarzt verwendet werden dürfen, ein *CE-Zeichen* tragen, wodurch ein Mindestmaß an Wirksamkeit und Sicherheit gewährleistet ist. Zuständig für die Vergabe ist der Hersteller zusammen mit einer – nicht-staatlichen – „benannten Stelle" (Notified Body). Staatliche Instanzen (z.B. das Bundesinstitut für Arzneimittel und Medizinprodukte in Deutschland) dürfen nur tätig werden, wenn der begründete Verdacht einer Gefährdung der Bevölkerung bei einem auf dem Markt befindlichen Produkt besteht. Auch hier muß sofort eine Abstimmung innerhalb der Europäischen Union erfolgen.

Seit dem Beginn der verbreiteten Anwendung von Amalgam wird es auch immer kritisch beurteilt, vor allem weil dem Quecksilber, aber auch anderen Metallen im Amalgam – zu Unrecht – eine Schädigung der Patienten nachgesagt wird. Insbesondere aber ist es die mangelnde Ästhetik, die manche Patienten (und manche Zahnärzte) dazu bewegt, diesen Werkstoff abzulehnen. So stellt sich heute die Frage, ob Amalgam überhaupt noch verwendet und an den Universitäten gelehrt werden soll.

> Allerdings gibt es bis heute keinen idealen Füllungswerkstoff, der alle Forderungen hinsichtlich Verträglichkeit, Langlebigkeit, guter und einfacher Verarbeitbarkeit und ausreichender Ästhetik erfüllt.

Epidemiologische Untersuchungen aus den USA zeigen daher, daß auch heute noch Amalgam das am häufigsten verwendete Füllungsmaterial im Seitenzahngebiet darstellt [3]. In Skandinavien [26] hat zwar die Häufigkeit der Verwendung von Amalgam in den letzten Jahren abgenommen, aber dennoch werden immer noch mehr als 30% aller Füllungen im Seitenzahnbereich aus Amalgam hergestellt. Studien aus Deutschland über *die Häufigkeit der Anwendung* verschiedener Werkstoffe im Seitenzahnbereich sind nicht verfügbar, es deutet sich jedoch ebenfalls der Trend an, daß die Verwendung des Amalgams zurückgeht, sich jedoch auf einem neuen Niveau einpendelt.

Nach Kassenrecht ist in Deutschland Amalgam das Material der Wahl für den Seitenzahnbereich, soweit keine medizinische Kontraindikation (Allergie und schwere Nierenerkrankung) vorliegt. Wünscht der Patient einen anderen Werkstoff, so muß er – soweit überhaupt medizinisch indiziert – die ggf. vermehrten Kosten selbst tragen.

> Der Zahnarzt muß daher auch heute mit dem Werkstoff Amalgam, seiner Indikation und seiner Verarbeitung vertraut sein.

Hier gilt, wie bei allen zahnärztlichen Werkstoffen, daß der *Erfolg der Therapie* von drei Faktoren abhängt:

- Material
- Mitarbeit des Patienten
- Können des Zahnarztes

Letzteres darf sich nicht nur auf die theoretischen Kenntnisse und die technische Durchführung der Amalgamverarbeitung beschränken, sondern muß auch die Fähigkeit umfassen, Vor- und Nachteile der jeweiligen Therapie dem Patienten vermitteln zu können („argumentative Kompetenz").

Einteilung der Amalgame

Amalgam wird vom Zahnarzt zubereitet, indem er die vom Hersteller gelieferten Bestandteile (Quecksilber und Legierungspulver) miteinander mischt und in die vorbereitete Kavität einbringt. Quecksilber ist bis auf den Reinheitsgrad im Laufe der Zeit keinen größeren Veränderungen unterzogen worden. Eine Ausnahme stellt der Zusatz von Indium dar, wodurch die Quecksilberabgabe des so hergestellten Amalgams verringert werden soll. Allerdings kann es bei einem zu hohen Zusatz von Indium zu einer Verschlechterung der technischen Eigenschaften kommen [36]. Ergebnisse klinischer Untersuchungen dazu sollten abgewartet werden.

Das Legierungspulver ist hingegen mehrfach und grundlegend geändert worden, um die Werkstoffeigenschaften zu verbessern. Bei der Herstellung dieses Legierungspulvers werden verschiedene Metalle zusammengeschmolzen. Aus dem entstandenen Block wird das feinteilige Pulver gefertigt. Für die Eigenschaften des Amalgams sind die chemische Zusammensetzung und die Morphologie der Pulverpartikel von entscheidender Bedeutung. Die von Stoian und Meyer [111] angegebene Einteilung der Amalgame (Tab. 1) trägt dem Rechnung.

Partikelform

Man unterscheidet spanförmige (Splitter), sphärische und sphäroide Partikel sowie Mischungen derselben (Abb. 1).

Spanförmige Partikel

Dies ist die älteste Partikelform und entsteht beim Bearbeiten des gegossenen Legierungsblocks mittels Feilen (oder Fräsen). Legierungspulver aus spanförmigen Partikeln werden daher auch als Feilung bezeichnet. In Kugelmühlen kann die Partikelgröße (max. ca. 120 µm) [111] weiter modifiziert werden. Amalgame, die aus einem derartigen Legierungspulver hergestellt werden, bedürfen eines vergleichsweise hohen Stopfdruckes, um die werkstofftechnischen Eigenschaften zu optimieren; gleichzeitig erfolgt dabei eine gute Adaptation an die Kavitätenwände.

Sphärische (= kugelförmige) Partikel

Diese Form entsteht, wenn die flüssige Legierung in ein Medium (z.B. in ein inertes Gas) verdüst wird. Der Durchmesser der Kugeln (max. 50 µm) [111] ist sehr variabel, um eine möglichst hohe Verdichtung der Partikel zu erhalten. Amalgame, die aus einem derartigen Legierungspulver hergestellt werden, lassen sich mit weniger Kraftaufwand kondensieren, und die Oberfläche ist nach dem Schnitzen glatter. Nachteil: Das sehr geschmeidige Material verleitet dazu, das Amalgam nicht genügend in die Kavität zu kondensieren.

Tabelle 1 Einteilung der Dentalamalgame (in Anlehnung an Stoian und Meyer [111]).

Gruppe	Partikelform	Cu-Gehalt	Amalgamtyp	Eigenschaften
Ia Ib	Splitter sphärisch	≤ 6% ≤ 6%	γ-2-haltig	erhöhter Creep, Korrosion, Randfraktur
II	Mischung (a)	≤ 6%		
III	Mischung (a)	12–18%	γ-2-frei (a) HCD-Amalgam	geringer Creep, wenig Korrosion, wenig Randfrakturen
IVa IVb IVc IVd	sphärisch sphäroidal Splitter Mischung (b)	12–30%	γ-2-frei (b) HCSC-Amalgam	geringste Creep-Werte, sehr gute Korrosionsresistenz

Mischung (a): unterschiedliche Partikelform und chemische Zusammensetzung (Splitter gemischt mit Mikrosphären eines Ag-Cu-Eutektikums)
Mischung (b): unterschiedliche Partikelform, aber gleiche chemische Zusammensetzung
γ-2-frei (a): initiale γ-2-Phase wird umgewandelt
γ-2-frei (b): auch initial entsteht keine γ-2-Phase

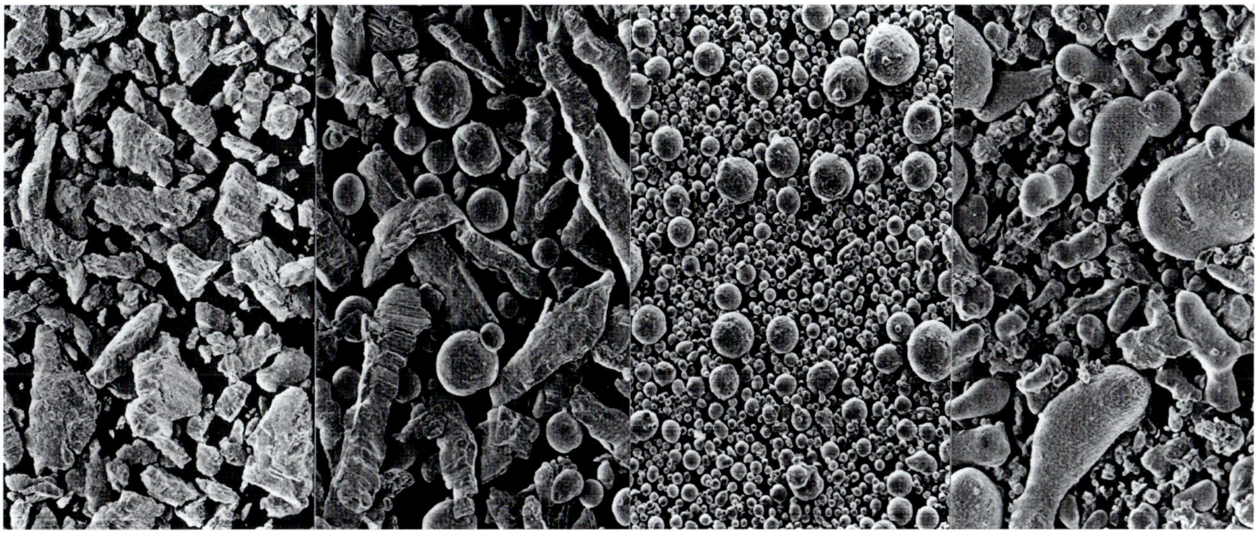

a b c d

Abb. 1 Partikelformen verschiedener Legierungspulver im Rasterelektronenmikroskop (REM) (Originalvergr. 200x).
a) Feinspanpartikel.
b) Feinspanpartikel und sphärisches Silber-Kupfer-Eutektikum.
c) Sphärische Partikel.
d) Sphäroidale Partikel.

Sphäroidale (= unregelmäßig geformte runde) Partikel

Diese Formen entstehen ebenfalls durch Verdüsen in ein inertes Medium. Amalgame, die aus einem derartigen Legierungspulver hergestellt werden, weisen die Vorteile sphärischer Partikelformen auf, setzen jedoch dem Kondensieren einen erhöhten Widerstand entgegen und kommen daher den Behandlungsgewohnheiten von Zahnärzten, die spanförmiges Pulver gewohnt waren, entgegen.

Mischungen (Blend-Amalgame)

Spanförmige werden mit sphärischen/sphäroiden Partikeln gemischt. Man unterscheidet dabei:

- Mischungen von Partikeln unterschiedlicher Morphologie und chemischer Zusammensetzung
- Mischungen von Partikeln unterschiedlicher Morphologie, aber weitgehend gleicher chemischer Zusammensetzung

Zunächst wurden Mischungen von Partikeln mit unterschiedlicher Morphologie und Zusammensetzung hergestellt, indem zu dem *klassischen Splitteramalgam* kleine *sphärische Partikel* (Mikrosphären) eines Silber-Kupfer-Eutektikums zugefügt wurden, wobei ein Kupfergehalt der Mischung von 6% beibehalten wurde. Das Ergebnis war ein leicht verbessertes konventionelles γ-2-haltiges Amalgam. Eine neue Entwicklung leiteten 1963 Innes und Youdelis [46] ein, die bei dieser Mischung den sphärischen Anteil so weit erhöhten, daß der Kupfergehalt der Mischung ca. 12% betrug. Die technischen Daten (z.B. Creep) dieses Amalgams und sein klinisches Verhalten waren gegenüber den bisherigen Produkten wesentlich besser. Dieses Amalgam enthielt im vollständig abgebundenen Zustand keine γ-2-Phase. Nachteile dieser Mischungen: mögliche Entmischung der Komponenten im Dosier-/Mischautomat. Dies kann mit Kapseln/Tabletten/Pellets umgangen werden. Bei zu langer Sauerstoffexposition kann es zur Oberflächenoxidation mit der Folge einer verschlechterten Benetzbarkeit der Partikel durch Quecksilber kommen.

Mischungen von Partikeln unterschiedlicher Form, aber gleicher chemischer Zusammensetzung (ternäre Ag-Sn-Cu-Legierung) findet man heute bei Amalgamen mit einem Kupfergehalt von 12–30%.

Chemische Zusammensetzung des Legierungspulvers

Die Einteilung nach der chemischen Zusammensetzung des Legierungspulvers basiert hauptsächlich auf dessen Kupfergehalt [61]. Moderne Amalgame mit hohem Kupfergehalt dürfen jedoch nicht mit den heute nicht mehr verwendeten Kupferamalgamen (s.o.) verwechselt werden.

- Legierungspulver mit max. ca. 6% Kupfer (Cu), max. 29% Zinn (Sn) und mindestens 65% Silber (Ag). Daraus werden γ-2-haltige Amalgame hergestellt.
- Legierungspulver mit 12–18% Kupfer (Cu), 65% Silber (Ag) und reduziertem Zinnanteil. Das Legierungspulver besteht aus einer Mischung von in ihrer Zusammensetzung und ihrer Form unterschiedlichen Partikeln (s.o). Daraus wird ein γ-2-freies Amalgam (HCD-Amalgam = high copper dispersion amalgam) hergestellt.
- Legierungspulver mit bis zu ca. 30% Kupfer (Cu) und reduziertem Silberanteil (mind. 40%) bei max. 32% Zinn (Sn). Bei diesen Legierungspulvern haben die einzelnen Partikel die gleiche chemische Zusammensetzung, auch wenn die Partikelform unterschiedlich ist. Auch diese Legierungspulver werden zur Herstellung von γ-2-freien Amalgamen verwendet (HCSC-Amalgam = high copper single component amalgam). Außerdem enthält das Legierungspulver kleinere Mengen anderer Metalle, die die Werkstoffeigenschaften verbessern sollen.
- Zink (bis zu 2% des Legierungspulvers) erleichtert das Anmischen durch eine erhöhte Benetzbarkeit der Partikel mit Quecksilber und verbessert die mechanischen Eigenschaften. Eine Reduktion der Randfrakturen von Amalgam durch den Zusatz von Zink konnte auch klinisch nachgewiesen werden [79]. Nachteile sind eine erhöhte Expansion und die Bildung von „Blistern" (= Blasen) auf der Füllungsoberfläche, falls Feuchtigkeit während der Applikation zutritt.
- Palladium (max. 1% im Legierungspulver) reduziert die Abgabe von Kupfer und Quecksilber aus Amalgam in ein wäßriges Milieu. Hinzu kommen eine Verringerung des Creep und eine Erhöhung der Druckfestigkeit. Die klinischen Ergebnisse sind widersprüchlich. Im Vergleich zu einem ähnlichen Material ohne Palladium wurde über eine gleiche Rate an Randfrakturen, aber einen besseren Oberflächenglanz berichtet [62]. Anderen Studien zufolge kommt es nach einem Jahr hingegen verstärkt zum Anlaufen und gegenüber einem Zink-haltigen Amalgam zu einer erhöhten Rate an Randfrakturen [114].
- Indium (max. 10% im Legierungspulver) soll zu weniger Randbrüchen der Amalgamfüllung führen. Allerdings waren die von den Autoren vorgelegten Daten nicht statistisch signifikant von Kontrollen (Indium-freies Legierungspulver) verschieden [47].
- Quecksilber (max. 3% im Legierungspulver) im Sinne einer Voramalgamierung erleichtert das Anmischen durch verbesserte Benetzbarkeit der Legierungspartikel.

Amalgamtyp

γ-2-haltige Amalgame

Ausgangssubstanz ist ein Legierungspulver mit mindestens 65% Silber und max. 6% Kupfer. In abgebundenem Zustand liegt die sog. γ-2-Phase (s. S. 285) vor, die als korrosionsanfällig gilt und für verschiedene negative Werkstoffeigenschaften (erhöhte Creep-Werte und erhöhte Rate an Randfrakturen) verantwortlich gemacht wird.

γ-2-freie Amalgame

Durch eine Erhöhung des Kupferanteils im Legierungspulver (s.o.) wird die γ-2-Phase ganz oder weitgehend ausgeschaltet. Man unterscheidet dabei zwei Formen von γ-2-freien Amalgamen:

- Während der Abbindereaktion entsteht kurzfristig die γ-2-Phase, die dann in eine Kupfer-Zinn-Phase umgewandelt wird. Dabei werden Mischungen von Legierungspulvern mit unterschiedlicher chemischer Zusammensetzung und einem Kupferanteil von 12–18% verwendet (HCD-Amalgame).
- Auch kurzfristig entsteht keine γ-2-Phase. Dies wird durch eine einheitliche chemische Zusammensetzung des Legierungspulvers bei einem Kupferanteil von bis zu 30% erreicht (HCSC-Amalgame).

γ-2-freie Amalgame weisen bessere werkstofftechnische und klinische Eigenschaften auf und sind daher den konventionellen Amalgamen vorzuziehen. Dies konnte in einer Reihe von werkstofftechnischen (Zusammenfassung bei Mahler [61]) und klinischen Untersuchungen [78, 80] eindeutig gezeigt werden.

Galliumlegierungen

In dem Bestreben, das in der öffentlichen Diskussion stehende Quecksilber zu vermeiden, wurde nach alternativen Metallen gesucht, die bei Raumtemperatur flüssig sind und mit anderen Metallen eine erhärtende Legierung eingehen. Seit vielen Jahren ist dabei Gallium diskutiert worden.

Gallium ist ein silberweißes Metall mit einem Schmelzpunkt von 29,8 °C und einem Siedepunkt von 2403 °C bei einer Dichte von 5,9 g/cm³. Es wird mit Legierungspulver, das zumeist Silber, Zinn und Kupfer, ggf. Palladium enthält, gemischt. Die flüssige Komponente kann neben Gallium auch Indium und Zinn enthalten. Der Zusatz einer geringen Menge von Alkohol soll die Verarbeitung erleichtern, indem z.B. ein Kleben an den Kondensationsinstrumenten verhindert wird.

Die *werkstofftechnischen Eigenschaften* von Galliumlegierungen entsprechen weitgehend denjenigen klassischer Amalgame; allerdings wurden ein niedrigerer Abrieb und eine höhere Scherfestigkeit ermittelt. Die Abbindeexpansion war größer als beim Amalgam und lag über der Normvorgabe, der Creep hingegen war geringer [15].

Die Ergebnisse von Untersuchungen zur *Biokompatibilität* sind widersprüchlich. So ist Gallium selbst (Ga^{++}) in Zellkulturen weit weniger toxisch als Quecksilber (Hg^{++}) [102]. Galliumlegierungen waren jedoch in diesen Tests auch in Kontakt mit anderen Legierungen toxischer als Amalgame, was mit einer erhöhten Freisetzung von Gallium einherging [18, 118]. Nach Implantation in das subkutane Bindegewebe von Ratten riefen Galliumlegierungen mit Gold und Palladium ausgeprägte Gewebereaktionen hervor [58].

Andere Autoren fanden hingegen zwischen Galliumlegierungen und Amalgam keinen Unterschied in ihrem Verhalten in Zellkulturen [84]. Wahrscheinlich scheint der Zutritt von Flüssigkeit innerhalb weniger Stunden nach dem Anmischen die Korrosion stark zu erhöhen, wodurch die unterschiedlichen Ergebnisse erklärt werden können.

Klinische Untersuchungen haben eine starke und früh einsetzende Korrosion bei Verwendung von Galliumlegierungen in bleibenden [30] und bei Milchzähnen [49] gezeigt. Hinzu kamen eine im Vergleich zu konventionellem Amalgam sehr hohe Rate an Schmerzen und Überempfindlichkeiten nach Applikation dieser Legierungen sowie vollständige und partielle Zahnfrakturen [72] und eine ungenügende marginale Adaptation [125]. Andere Autoren berichten über zufriedenstellende Ergebnisse nach einem Jahr, weisen aber auf Probleme bei der Verarbeitung hin; insbesondere muß Feuchtigkeitskontamination während der ersten Stunden nach dem Legen vermieden werden [15, 81].

Silberlegierungen

Kürzlich wurde als eine weitere mögliche Alternative zum Amalgam eine feinspanige Legierung vorgestellt, bei der größtenteils silberbeschichtete Silber-Zinnpartikel und reine Silberpartikel in einer wäßrigen Flüssigkeit aufgeschwemmt sind und in eine Kavität kondensiert werden. Die Aushärtung erfolgt nach dem Prinzip der Kaltverschweißung. Allerdings sind diese Werkstoffe noch nicht über das Versuchsstadium hinaus gediehen [21].

Werkstofftechnische Eigenschaften

Abbindereaktion

Nach dem Mischen (Trituration) von Legierungspulver und Quecksilber entsteht eine knetbare plastische Masse, die mit der Zeit erhärtet. Man unterscheidet dabei *schnell abbindende* und *normal abbindende Amalgame*. Letztere sind für Anfänger und/oder bei großen Kavitäten vorzuziehen.

γ-2-haltige Amalgame

Die schematische Abbindereaktion ist in Abbildung 2 dargestellt. Zunächst werden Silber und Zinn durch das Quecksilber aus dem Legierungspulver herausgelöst, die dann mit dem Quecksilber eine intermetallische Verbindung eingehen. Durch eine Übersättigung kommt es zu einer Kristallisation, und es entstehen zwischen den verbliebenen Resten der Legierungspartikel zwei neue (erhärtende) Phasen (γ-1 und γ-2) [77]. Dabei gilt die γ-2-Phase, die zwar nur 10% des Endprodukts ausmacht, sich aber wie ein Netz durch das ganze Amalgam zieht, als vergleichsweise korrosionsanfällig und mechanisch weniger widerstandsfähig.

γ-2-freie Amalgame

Bei den γ-2-freien Amalgamen unterscheidet man zwei verschiedene Abbindereaktionen. Amalgame, die aus Mischungen (Silber-Zinnpartikel und Mikrosphären eines Silber-Kupfer-Eutektikums) mit einem Kupfergehalt von insgesamt 12–18% im Legierungspulver hergestellt werden, bilden zunächst ebenfalls eine γ-1- und eine γ-2-Phase. Wegen der im Vergleich zu Quecksilber höheren Affinität des Kupfers zum Zinn entsteht aber allmählich aus der γ-2-Phase eine Kupfer-Zinn-Phase (η'-Phase).

Amalgame, die aus chemisch homogenen Legierungspulvern mit hohem Kupferanteil (HCSC-Amalgam) angemischt werden, bilden hingegen auch kurzzeitig keine γ-2-Phase, sondern als Reaktionsprodukt (neben der Silber-Quecksilber-Phase) sogleich die Kupfer-Zinn-Phase [77].

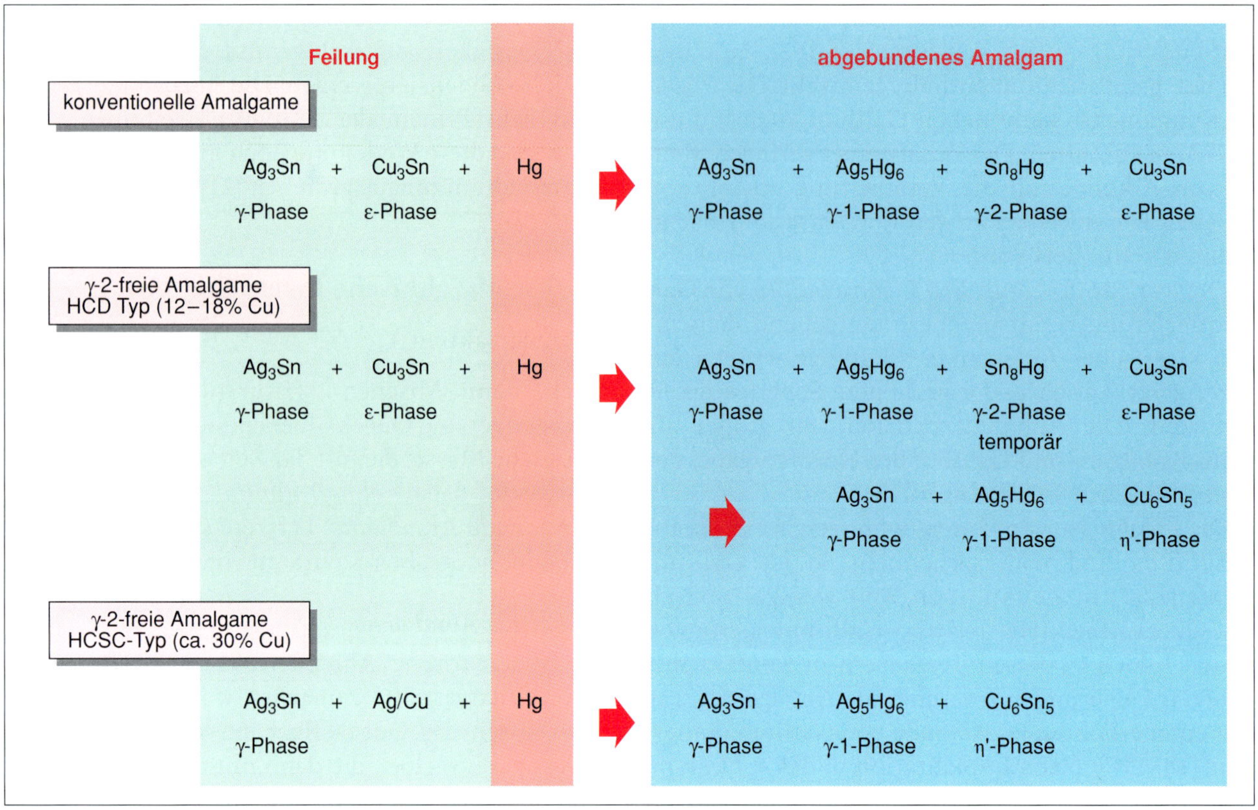

Abb. 2 Abbindereaktion γ-2-haltiger und γ-2-freier Amalgame:
a) γ-2-haltig.
b) γ-2-frei (HCD-Typ).
c) γ-2-frei (HCSC-Typ).

Volumenverhalten

Während des Abbindens verändern alle Amalgame ihr Volumen. Man unterscheidet dabei Expansion und Kontraktion. Zu starke Kontraktion kann zu Spaltbildung zwischen Werkstoff und Kavitätenwand führen, zu starke Expansion zu postoperativen Beschwerden bis hin zu Zahn(wand)frakturen.

Das Volumenverhalten ist von verschiedenen Faktoren abhängig, u.a. vom Mischungsverhältnis, von der Anmischzeit, der Zusammensetzung des Legierungspulvers und nicht zuletzt von der korrekten Kondensation des Amalgams durch den Zahnarzt (s.u.). Insgesamt weisen Amalgame während des Abbindens eine geringe Expansion auf. Bei den γ-2-haltigen Amalgamen korrodiert die γ-2-Phase zuerst und frei werdendes Quecksilber diffundiert in das Amalgam. Es kommt zur merkuroskopischen Expansion mit einem Herauswachsen der Füllung aus der Kavität und konsekutiven Randfrakturen. Bei den γ-2-freien Amalgamen kommt es naturgemäß nicht zu dieser merkuroskopischen Expansion. Analog dazu werden klinisch auch weniger Randausbrüche beobachtet [48].

Formverhalten

Amalgam verändert unter Belastung seine Form. Dies kann man in standardisierten Prüfverfahren (s.u.) messen. Dabei bezeichnet der Begriff „Flow" die Dimensionsänderung von Amalgamproben unter Belastung (drei Stunden nach der Trituration). Klinisch aussagekräftiger ist der „Creep", wobei die Messung technisch wie beim Flow, allerdings sieben Tage nach der Trituration erfolgt. Für derartige Messungen verwendet man Amalgamproben, die unter standardisierten Bedingungen trituriert und in eine Hohlform kondensiert worden sind. Nach einer Belastung von 36 N/mm^2 für vier Stunden bei 37 °C soll die Dimensionsänderung weniger als 3% betragen. Bei hoch kupferhaltigen Legierungspulvern erhält man Amalgame mit einem Creep von weniger als 1%. Dieser geringe Creep wird von manchen Autoren für das bessere klinische Verhalten γ-2-freier Amalgame verantwortlich gemacht (29).

Tabelle 2 Normen und Normanforderungen an zahnärztliche Amalgame.

	ISO 1559 (1995)*	EN 21559 (1991)
Zusammensetzung Legierungspulver (% m/m)	Ag: min. 40 % Sn: max. 32 % Cu: max. 30 % In: max. 5 % Pd: max. 1 % Pt: max. 1 % Zn: max. 2 % Hg: max. 3 %	Ag: min. 40 % Sn: max. 32 % Cu: max. 30 % Zn: max. 2 % Hg: max. 3 %
Creep	max.: 3 %	max.: 3 %
Dimensionsveränderungen (EN 21559: Längenzunahme)	– 0,15 bis + 0,2 %	– 0,1 bis + 0,2 %
Druckfestigkeit	50 MPa (nach 1 h) 300 MPa (nach 24 h)	50 MPa (nach 1 h) 300 MPa (nach 24 h)

* Die Zusammensetzung kann mit Zustimmung der zuständigen Zulassungsstelle verändert werden. Der Silbergehalt sollte dennoch nicht weniger als 40 % (m/m) betragen.

Druckfestigkeit

Um den Kaukräften in der Mundhöhle widerstehen zu können, benötigt Amalgam eine ausreichende Druckfestigkeit. Diese kann in standardisierten Tests ermittelt werden (siehe Normen, Tab. 2). Es wird ein Wert von mindestens 300 N/mm^2 24 Stunden nach dem Triturieren gefordert. Von besonderer klinischer Bedeutung ist jedoch die eine Stunde nach dem Triturieren ermittelte Druckfestigkeit, da in dieser Zeit die Füllung gegenüber Kaubelastung besonders frakturgefährdet ist. Auch hier weisen γ-2-freie Amalgame Vorteile auf, da sie schneller hohe Druckfestigkeitswerte erreichen und nach einer Stunde belastet werden können.

Korrosion

Unter Korrosion versteht man in der Metallurgie die Zerstörung von Metallen durch chemische oder elektrochemische Reaktionen mit der Umgebung. Diese umfaßt für Füllungswerkstoffe u.a. Nahrung, Speichel, Dentin, Plaque und Sulkusflüssigkeit. Bei der Korrosion werden aus dem Amalgam Metalle in verschiedenen Formen freigesetzt, die entweder in bzw. auf der Oberfläche der Füllung verbleiben oder in die Umgebung abgegeben werden.

Art und Ausmaß bei der Korrosion hängen u.a. vom Amalgamtyp und von der Art der Verarbeitung ab. Bei den γ-2-haltigen Amalgamen korrodiert zunächst die γ-2-Phase. Das frei werdende Quecksilber wird sowohl an die Umgebung in elementarer (Hg°) und in ionischer Form (meist Hg^{++}) abgegeben als auch vom restlichen Amalgam mit der Folge der merkuroskopischen Expansion (s.o.) aufgenommen. In kupferreichen γ-2-freien Amalgamen korrodiert vornehmlich die η'-Phase. Allerdings wird auch bei diesen Amalgamen Quecksilber in geringen Mengen freigesetzt.

Zinkhaltige Amalgame sind i.d.R. korrosionsbeständiger als zinkfreie, erfordern aber besondere Sorgfalt bei der Applikation (Vermeidung von Flüssigkeitszutritt während des Kondensierens), um eine erhöhte Expansion mit Blisterbildung zu vermeiden. Palladium im Legierungspulver soll die Abgabe von Kupfer und Quecksilber reduzieren.

Der Einfluß des pH-Wertes (z.B. unter Plaque) auf die Hg-Freisetzung ist im Bereich von pH 3–8 gering, da eine Zinnoxidschicht protektiv wirkt. Bleichmittel hingegen können bei längerem Gebrauch die Korrosion von Amalgam erhöhen [89].

Kommt *frisch gelegtes Amalgam mit einem anderen (edleren) Metall in direkten Kontakt* (z.B. approximaler Kontakt einer Goldlegierung mit Amalgam), so fließt für eine sehr kurze Zeit (0,2 s) ein Kurzschlußstrom von ca. 13 μA (Mittelwert). Bereits nach 24 Sekunden fließen nur noch ca. 2 μA. Im weiteren Verlauf nimmt die Stromstärke durch Ausbildung einer Korrosionsschicht auf dem neu gelegten Amalgam weiter ab [64]. Auch die Freisetzung von Metallen verläuft entsprechend zeitabhängig [40]. Nach wenigen Wochen wird ebensoviel

Metall freigesetzt, als wenn kein Kontakt bestünde [70]. Galliumlegierungen sind wesentlich korrosionsanfälliger als Amalgame.

Durch *Korrosion* kommt es hauptsächlich zur:

- Verschlechterung der Werkstoffeigenschaften (z.B. Verringerung der Festigkeit und Gefahr der Füllungsfraktur)
- Freisetzung von Metallen (z.B. Quecksilber [Hg], Zinn [Sn], Kupfer [Cu], Silber [Ag]) in den Speichel, in die Atemluft (Hg°) oder ins benachbarte Gewebe (Dentin/Gingiva),
- Verfärbung von Füllungsoberfläche und betroffenem Dentin sowie ggf. zu einer Oberflächen-„Passivierung" und zu einer Abdichtung des Randspaltes zwischen Füllung und Kavitätenwand.

Die Korrosion von Amalgam kann durch eine korrekte Verarbeitung, insbesondere durch Reduktion von Poren und durch gute Politur (Verkleinerung der zur Korrosion exponierten Oberfläche und Vermeidung von Poren und Spalten), reduziert werden, womit die Qualität der Füllung entscheidend verbessert wird.

Normen

Normen sind Ordnungsinstrumente, mit denen u.a. ein festgelegter Qualitätsgrad bestimmter Produkte garantiert werden soll. In diesem Sinne stellen Normen Mindestanforderungen z.B. an Werkstoffe hinsichtlich ihrer Zusammensetzung, ihrer Eigenschaften oder beidem dar. In der Zahnheilkunde spielen Normen eine bedeutende Rolle. Die erste Norm betraf hier Amalgam (USA, 1926; FDI, 1926). Deutsche Normen (DIN) sind durch Europäische Normen (EN) weitgehend ersetzt worden. Weltweit geltende Normen erhalten das Präfix ISO.

Für das Amalgam und seine Verwendung gelten verschiedene Normen. *Produktnormen* beziehen sich auf Legierungen für Dentalamalgam (ISO 1559: 1995; EN 21559:1991) sowie auf zahnärztliches Quecksilber (EN 21560:1991). Dabei werden Mindestanforderungen an die Zusammensetzung des Legierungspulvers und an technische Eigenschaften des Amalgams (Creep, Volumenänderung, Druckfestigkeit) festgelegt (Tab. 2).

Zur Bestimmung der biologischen Verträglichkeit wird auf andere Normen verwiesen. Diese *Referenz-Normen* umfassen vor allem solche zur Risikoanalyse (EN 1441), zur biologischen Bewertung von Medizinprodukten (EN 30993) und zur präklinischen Bewertung der Biokompatibilität von Medizinprodukten in der Zahnheilkunde (EN/ISO 7405). In diesen Normen werden Strategien und Prüfmethoden zur Bestimmung der Gewebeverträglichkeit festgelegt.

Ergänzende Normen betreffen zahnärztliche Geräte, die bei der Verarbeitung von Amalgam benötigt werden, wie z.B. Amalgammischgeräte oder Dosierungshilfen (EN/ISO 7488:1995, EN/ISO 8282:1997). Derzeit wird auch eine Norm für Amalgamseparatoren entwickelt, die die Ausleitung von Amalgampartikeln in das Abwasser regelt.

Biologische Eigenschaften

Obwohl die primäre Wirkung eines Füllungswerkstoffes darin besteht, verlorengegangene Zahnhartsubstanz möglichst dauerhaft zu ersetzen, und er daher theoretisch unlöslich sein sollte, werden in Wirklichkeit aus allen diesen Werkstoffen bestimmte Substanzen in der Mundhöhle freigesetzt. Diese können zu einer Beeinträchtigung der Funktion von lebenden Geweben führen. Man unterscheidet:

- lokale, d.h. am Ort der Anwendung beobachtete, Wirkungen
- systemische, d.h. andere Organe betreffende, Wirkungen
- allergische Reaktionen; diese werden lokal ausgelöst, erfordern jedoch die Mitwirkung des Organismus (Immunsystem)

Lokale Wirkung

Dabei sind die angrenzenden Gewebe wie Dentin/Pulpa, Gingiva und Mundschleimhaut betroffen. Die Wirkung von Amalgam auf die Pulpa wurde verschiedentlich untersucht [31, 98]. Obwohl Amalgambestandteile im Dentin und in der Pulpa nachweisbar sind, zeigten sich in mittleren und flachen Kavitäten keine oder nur kurz nach der Applikation auftretende geringe Pulpareaktionen (Abb. 3). In tiefen Kavitäten kann es allein durch die mechanische Belastung bei der Kondensation zu einer Traumatisierung der Pulpa kommen. Durch eine entsprechende Unterfüllung (mittlere/tiefe Kavitäten) oder durch Lacke/Liner/Adhäsive (flache Kavitäten) können diese Schäden vermieden werden.

Um die Möglichkeit einer *Schädigung der Gingiva* durch Amalgam zu prüfen, wurden Probekörper in Weichgewebe von Versuchstieren nach Standard-

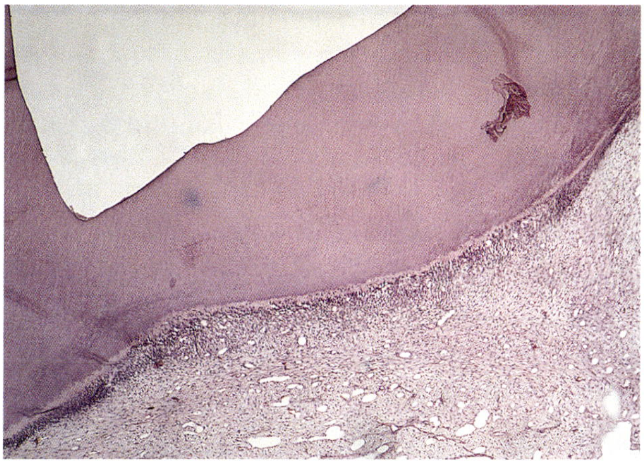

a

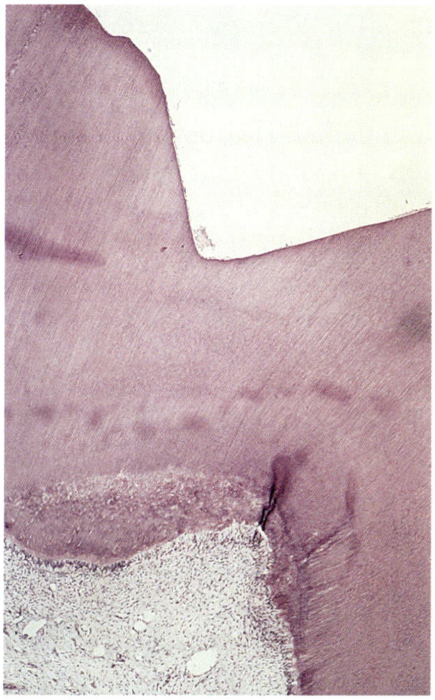

b

Abb. 3 Pulpareaktion auf Amalgamfüllung ohne Unterfüllung: In flachen und mittleren Kavitäten zeigt sich nur kurz nach der Applikation eine geringe Pulpareaktion (HE-Färbung, 80x).

verfahren implantiert [103]. Dabei zeigte sich, daß Amalgam zwar kurz nach dem Anmischen gewebeschädigend war, nach dem Abbinden jedoch keine oder nur eine geringe Reaktion hervorrief. Gleiche Ergebnisse hat man in Zellkulturen erhalten [96, 99]. Am Patienten wurden verschiedentlich Entzündungen der Gingiva in der Nachbarschaft von Amalgamfüllungen beobachtet. Dies wird jedoch eher der Plaqueakkumulation auf und am Rand der Füllung angelastet [34]. Da jedoch eine vollständige Plaqueentfernung am zervikalen Rand einer solchen Füllung nicht möglich ist, wird heute empfohlen, den zervikalen Füllungsrand oberhalb der Gingivagrenze enden zu lassen, soweit dies die Ausdehnung der Zahnzerstörung zuläßt [34, 86].

In der Mundschleimhaut und in der Gingiva findet man gelegentlich lokale schwarzblaue *Pigmentierungen* (Abb. 4) als Folge einer Verschleppung von Amalgam beim Bearbeiten (z.B. Entfernen einer Amalgamfüllung oder Beschleifen des Zahnes mit einer Amalgamfüllung) in das angrenzende Gewebe. Diese Amalgam-Tätowierungen sind asymptomatisch und nicht irritierend [7]. Die Gewebe zeigen keine akute Entzündung und müssen nur entfernt werden, wenn eine Abklärung gegenüber einem Nävus oder einem Melanom erforderlich ist [41].

Eine besondere Form der Schleimhautreaktion auf Füllungswerkstoffe sind *Lichenoide Reaktionen* (Abb. 5). Diese Veränderungen der Mundschleimhaut können nicht nur in Kontakt mit Amalgam, sondern auch mit anderen Füllungswerkstoffen, wie z.B. Kompositkunststoffen, auftreten [51, 55]. Dabei handelt es sich klinisch um weißliche Auflagerungen auf der Schleimhaut im Sinne einer netzförmi-

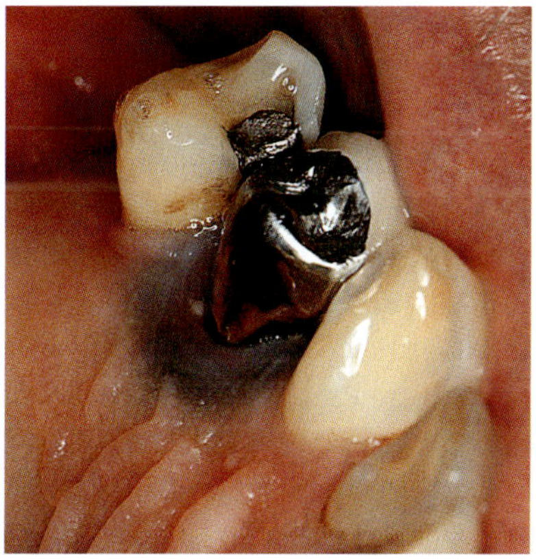

Abb. 4 Amalgamtätowierung: lokale schwarzblaue Pigmentierungen infolge einer Verschleppung von Amalgampartikeln in angrenzendes Gewebe.

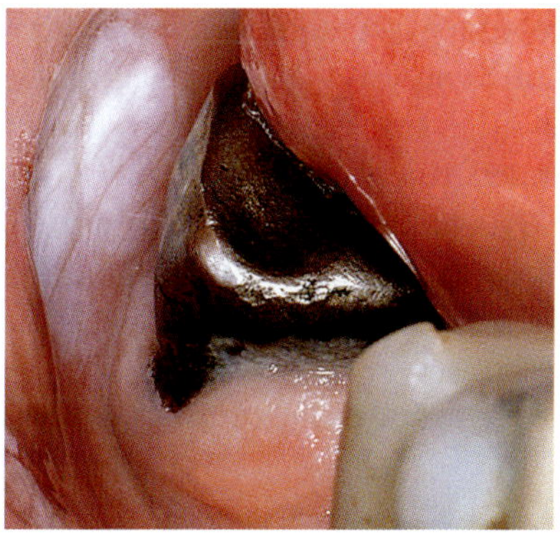

Abb. 5: Lichenoide Veränderung der Mundschleimhaut in Nachbarschaft zu einer Amalgamfüllung. Diese Veränderungen können nicht nur in Kontakt mit Amalgam, sondern auch mit anderen Füllungswerkstoffen auftreten (mit freundlicher Genehmigung von Prof. D. Arenholt-Bindslev, Aarhus).

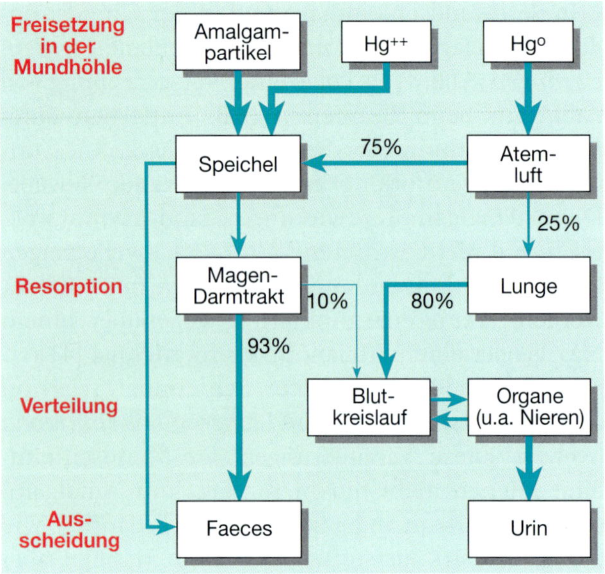

Abb. 6 Vereinfachtes Schema der Quecksilberverteilung im Organismus.

gen oder flächigen Hyperkeratose. Histologisch ist die Veränderung – neben der Hyperkeratose – durch ein ausgeprägtes lymphozytäres Infiltrat mit einer Auflockerung der Basalmembran gekennzeichnet. Lichenoide Schleimhautveränderungen kommen selten vor und treten bei Patienten, die gegenüber einem Bestandteil des Werkstoffes allergisch reagieren, vermehrt auf. Die eigentliche Ursache ist jedoch unklar. Die Therapie besteht darin, die Füllungen *in der direkten Nachbarschaft* zu der Läsion zu entfernen und durch ein anderes Material zu ersetzen [35, 105].

Neben derartigen nachweisbaren lokalen Beschwerden berichten Patienten auch über eher *subjektive Symptome* in der Mundhöhle, die im einzelnen weder verifiziert noch oftmals sicher einem Stoff zugeordnet werden können. Dazu gehören Schleimhautbrennen, Metallgeschmack, Zahnschmerzen und trockener Mund [37]. Diese Mißempfindungen findet man gehäuft bei weiblichen Patienten. Hormonelle Faktoren und Medikamente werden als häufigste Ursachen angenommen. Entsprechende Symptome werden von Patienten auch anderen Legierungen (z.B. hochgoldhaltigen Legierungen) sowie Füllungskunststoffen zugeschrieben.

Systemische Wirkung

Voraussetzung für eine solche Wirkung ist, daß eine Substanz aus einem Werkstoff in der Mundhöhle freigesetzt und vom Körper aufgenommen wird (Resorption). Die Konzentration eines Stoffes im Speichel sagt somit nichts über eine Gefährdung aus, solange diese Substanz nicht z.B. über den Magen-Darmtrakt resorbiert wurde und damit in den Blutkreislauf gelangt ist [82].

Aus Amalgam werden verschiedene Metalle freigesetzt, u.a. Quecksilber als

- Quecksilberdampf in elementarer Form (Hg°),
- Korrosionsprodukt in ionischer Form (Hg^{++}) und als
- Teil von Amalgampartikeln in gebundener Form.

Einen vereinfachten Überblick über den Weg des Quecksilbers im menschlichen Organismus gibt Abbildung 6. Die Resorption erfolgt hauptsächlich durch die *Lunge* und durch den *Magen-Darmtrakt* [33]. So werden ca. 25% des entstandenen Quecksilberdampfes inhaliert [11], davon ca. 80% in der Lunge resorbiert [44], und spielt daher bei der Quecksilberaufnahme eine besondere Rolle [33, 66]. Die restlichen 75% werden in Speichel gelöst, verschluckt, aber in dieser Form im Magen-Darmtrakt kaum aufgenommen [11]. Auch ionisches Quecksilber wird mit dem Speichel verschluckt, jedoch nur zu ca. 10% im Magen-Darmtrakt resorbiert [125]. Quecksilber aus Amalgampartikeln wird – wenn überhaupt – nur in sehr geringem Umfang vom Körper aufgenommen [17]. Die Ausscheidung des Quecksilbers erfolgt hauptsächlich über den Darm und die Nieren.

In vielen Publikationen wurde der Frage nachgegangen, wieviel Quecksilber der Patient insgesamt durch Amalgamfüllungen aufnimmt. In einer sehr sorgfältigen Zusammenstellung der publizierten Daten kommen Mackert und Berglund [59] zu dem Ergebnis, daß insgesamt (d.h. durch Inhalation und Resorption im Magen-Darmtrakt) bei 13 vorhandenen Amalgamfüllungen täglich ca. 3 µg Quecksilber aufgenommen werden. Die nahrungsbedingte Quecksilberaufnahme für die nordamerikanische und europäische Bevölkerung liegt bei ca. 4,6 µg Hg/Tag, wovon 2,6 µg resorbiert werden. Somit werden sowohl durch das aus Amalgamfüllung freigesetzte Quecksilber als auch durch die nahrungsbedingte Hintergrundbelastung die entsprechenden WHO-Grenzwerte (40 µg Hg/Tag) nicht annähernd erreicht [124, 124].

Quecksilber kann auch im Blut und im Urin nachgewiesen werden. Es besteht eine schwache, aber statistisch nachweisbare Korrelation zwischen der Zahl der Amalgamfüllungen und dem Quecksilberspiegel in Urin und Blutplasma [39]. Die in

Deutschland übliche Quecksilberkonzentration (Urin: 0,5 µg/g Kreatinin [Median] [6]) liegt unter derjenigen, die für zahnärztliches Personal (Urin: 1,97–4,12 µg/g Kreatinin [Median] [6]) ermittelt wurde. Die entsprechenden Grenzwerte für beruflich exponierte Personen (50 µg Hg/g Kreatinin [124]) und des BAT (Biologischer Arbeitstoff-Toleranzwert) werden bei weitem nicht erreicht [6]. Sie liegen auch unterhalb der Konzentrationen, bei denen bei besonders empfindlichen Personen unspezifische Symptome auftreten können (30–100 µg Hg/g Kreatinin [124]). Der Quecksilbergehalt in *Blut* und *Urin* ist auch von der Ernährung abhängig. Insbesondere über Fischprodukte wird Quecksilber, jedoch in der viel aktiveren Form als Methylverbindung aufgenommen. Aus diesem Grund findet man in manchen Ländern (z.B. Skandinavien, Grönland, Japan) wesentlich höhere Quecksilberspiegel im Blut als in Mitteleuropa, ohne daß dies mit einer erhöhten Morbidität in Zusammenhang gebracht werden kann.

Elementares Quecksilber ist in der Lage, die Plazentaschranke zu passieren, und es soll sich in Organen des *Fetus* ablagern [22]. Neuere Untersuchungen von STOTZ et al. konnten jedoch keine Korrelation zwischen der Zahl der Amalgamfüllungen der Mutter und dem Quecksilberspiegel im Blutkreislauf des Fetus finden, hingegen eine eindeutige Abhängigkeit von den Ernährungsgewohnheiten der Mutter. Dabei führte erhöhter Fischkonsum zu einer erhöhten Quecksilberkonzentration im Blut des Fetus [112].

Quecksilber wird in verschiedenen Organen des Körpers (z.B. Gehirn, Niere) abgelagert [77, 119]. Das Vorhandensein von Quecksilber allein bedeutet jedoch noch nicht, daß eine toxische Reaktion hervorgerufen wird. Vielmehr ist dies abhängig von der Konzentration am Zielorgan. Quecksilber kann eine Reihe von gesundheitlichen Störungen bewirken, so vor allem: Zittern, Erethismus mercurialis (u.a. nervöse Reizbarkeit), Tremor mercurialis (feinschlägiger Intensionstremor der Finger), Nephritis mit Proteinurie, selten eine Stomatitis mercurialis.

Allerdings sind die dazu erforderlichen Konzentrationen wesentlich höher, als dies durch Quecksilberfreisetzung aus Amalgam erreicht wird.

Trotzdem wurde und wird Quecksilber aus Amalgam für eine kaum mehr überschaubare Zahl von Erkrankungen und Symptomen verantwortlich gemacht, angefangen von Kopf- und Gliederschmerzen über Erblindung bis hin zu Depressionen [37]. Bezeichnend ist, daß meist eine Vielzahl von Symptomen angegeben wird [59]. Das gleiche Symptomenspektrum wird auch von Patienten angegeben, die klagen, an Kunststoff oder an anderen Füllungswerkstoffen zu leiden. Erschwerend kommt hinzu, daß die genannten Symptome meist so unspezifischer Natur sind, daß sie auch Folge einer Vielzahl anderer Erkrankungen sein können.

Ein in der Toxikologie übliches Verfahren bei der Bestimmung des Risikos ist die Untersuchung von sog. Risikogruppen, d.h. solchen Personen, die eine erhöhte Exposition aufweisen. Dies ist bei zahnärztlichen Werkstoffen das zahnärztliche Personal, das täglich mit den – oft noch nicht abgebundenen – Werkstoffen in Kontakt kommt. Eingehende Untersuchungen haben gezeigt, daß bei korrekter Amalgamverarbeitung für zahnärztliches Personal kein erhöhtes Krankheitsrisiko besteht [67]. Dies gilt auch für Frauen, bei denen berufliche Quecksilberexposition keinen negativen Einfluß auf die Fruchtbarkeit und die Rate an Fehlgeburten hatte [90, 113]. Neurologische Veränderungen wurden bei sehr niedrigen Hg-Konzentrationen im Blut postuliert [23]. Diese Untersuchungen weisen jedoch eine Reihe methodischer Probleme auf. So wurde bei der untersuchten Gruppe nicht ermittelt, ob nicht eine frühere hohe Quecksilberexposition, die sich nicht an der augenblicklichen Blutkonzentration erkennen läßt, zu diesen Symptomen geführt hat. Untersuchungen an Zwillingen mit unterschiedlicher Anzahl von Amalgamfüllungen auf physische und geistige Gesundheit und Erinnerungsvermögen ergaben keinen Hinweis auf einen Einfluß von Amalgam [13]. Untersuchungen an anderen Kollektiven haben dies bestätigt [95].

Studien an Patienten mit Amalgamfüllungen haben gezeigt, daß es keinen begründeten Verdacht dafür gibt, daß – wie behauptet – Quecksilber aus Amalgam zu degenerativen Gehirnerkrankungen führe, wie z.B. Multipler Sklerose oder Alzheimer-Krankheit [20]. Gleiches gilt für Herz-Kreislauferkrankungen [1] und Nierenschäden [2, 94], auch bei Kindern [38]. Patienten, die angaben, unter Amalgam zu leiden, wiesen keine höhere Quecksilberaufnahme oder erhöhte Blut-Urinkonzentrationen auf als ein Kontrollkollektiv [10].

Von manchen Patienten werden unspezifische Beschwerden mit Spannungen und Strömen im Mund in Zusammenhang gebracht *(oraler Galvanismus)*. Spannungen werden zwischen verschiedenen Legierungen, aber auch zwischen gleichen gemessen und sind in einer Größenordnung, die keine Schäden erwarten lassen. Von biologischem Interesse sind Ströme. Patienten, die angaben, an entsprechenden Störungen zu leiden, wiesen jedoch keine höheren Ströme auf als ein Vergleichskollektiv [12]. Bei direktem Kontakt einer frischen Amalgamfüllung mit einer anderen Legierung kann es kurzfristig zu Metallgeschmack kommen [64].

Hinter vielen Beschwerden werden auch psychogene Störungen vermutet [37]. Diese Tatsache wird durch die Beobachtung gestützt, daß Patienten, die unter Amalgam zu leiden glaubten, sich nach Entfernung der Füllungen zwar in 50% der Fälle besser fühlten, objektiv jedoch z.T. sogar eine Verschlechterung der Symptome aufwiesen [56]. Berücksichtigt werden sollte auch der sog. *Nocebo-Effekt.* Bei dem bekannten Placebo-Effekt wird bei Patienten im guten Glauben, ein wirksames Medikament zu erhalten, ein positiver Effekt bewirkt, obwohl keine Wirksubstanz verabreicht wurde. Analog dazu kann ein Patient unter Symptomen leiden, da er glaubt, daß eine ihm verabreichte Substanz schädlich für ihn ist, ohne daß diese Substanz in ausreichender Dosis vorhanden ist (Nocebo-Effekt).

Allergien/Immunsystem

Allergische Reaktionen sind dadurch gekennzeichnet, daß der Organismus durch eine früher stattgefundene Exposition gegenüber einer Substanz sensibilisiert wurde und bei weiteren Expositionen mit einer überschießenden Reaktion antwortet. Quecksilber kann eine Sensibilisierung hervorrufen, wobei eine Sensibilisierung durch die Schleimhaut sehr viel unwahrscheinlicher ist als durch die Haut [117]. Durch Amalgam kann bei entsprechend sensibilisierten Patienten eine allergische Reaktion meist vom Typ IV (verzögert) hervorgerufen werden. Insgesamt treten solche Fälle sehr selten auf [42]. Obwohl eine Allergie auf Quecksilber nicht gleichbedeutend damit ist, daß die Patienten allergisch auf Amalgam reagieren, wird heute allgemein bei einem positiven Allergiebefund auf Quecksilber kein Amalgam empfohlen. Vorhandene Füllungen können jedoch bei Beschwerdefreiheit belassen werden.

Konsequenzen für die Praxis

Das verfügbare Wissen zur Frage einer Schädigung des Organismus durch Amalgam wurde in den letzten Jahren wiederholt und so eingehend wie bei keinem anderen Füllungswerkstoff von internationalen Expertengremien (u.a. in USA, Schweden, Europäischer Union) bewertet. Aufgrund der vorliegenden wissenschaftlichen Literatur kann man heute davon ausgehen, daß das Risiko für die Bevölkerung – auch im Vergleich zu den anderen heute üblichen und weniger gut untersuchten Füllungswerkstoffen – äußerst gering und damit vertretbar ist.

Aufgrund der andauernden Diskussion um mögliche Schäden durch zahnärztliche Füllungswerkstoffe (in letzter Zeit verstärkt auch durch Kunststoffe) hat jedoch die Aufklärungspflicht an Aktualität gewonnen. Eine gute Grundlage für den Zahnarzt ist das „Konsensuspapier zu zahnärztlichen Füllungswerkstoffen", das unter Federführung des Bundesministeriums für Gesundheit und unter Mitwirkung der wissenschaftlichen Gesellschaften erarbeitet worden ist (Anhang).

Außerdem hat die Deutsche Gesellschaft für Zahn-, Mund- und Kieferheilkunde zusammen mit der Deutschen Gesellschaft für Zahnerhaltung eine kurzgefaßte Patienteninformation herausgegeben, die die wichtigsten Informationen für den Patienten enthält (erhältlich über Internet: http://www.dgzmk.de).

Vor allem sollte der Patient darüber informiert werden, daß die Tatsache, daß über die Biokompatibilität eines Werkstoffes besonders viel publiziert ist, kein Anhalt auf seine Gefährlichkeit, sondern ein Hinweis auf den hohen Stand des Wissens um dieses Material ist.

Klagen einzelne Patienten über Symptome, die sie mit einem Füllungswerkstoff in Verbindung bringen, so müssen sie in jedem Falle einer eingehenden zahnärztlichen und allgemeinmedizinischen Untersuchung unterzogen werden. Oftmals werden andere, auch allgemeinmedizinische Ursachen für die angegebenen Beschwerden gefunden, und dem Patienten kann so geholfen werden [43]. Die Bestimmung der Quecksilberkonzentration in Blut und Urin bei vermuteter Amalgamunverträglichkeit hingegen ist aus den oben genannten Gründen meist wenig hilfreich. Derartige Untersuchungen bieten sich dann an, wenn aus den klinischen Befunden und der Anamnese hervorgeht, daß möglicherweise eine stark erhöhte (meist beruflich bedingte) Exposition gegenüber Quecksilber über einen längeren Zeitraum hinweg bestanden hat. Außerdem können in diesem Zusammenhang Allergietests (Patch-Tests) durchgeführt werden. Unsinnig ist es hingegen, die Speichelkonzentration zu messen, da dies keine Aussagekraft für eine mögliche Belastung des Organismus hat.

Eine Behandlung mit Medikamenten (z.B. DMPS), die über eine Chelat-Bildung zur generellen Ausschwemmung von Schwermetallen aus dem Organismus führten, hat bei Patienten, die unter Amalgam zu leiden glauben, in einer Placebo-kontrollierten Studie zu keiner Verbesserung der Leiden geführt [93]. So wird eine derartige Behandlung äußerst kritisch beurteilt [97], da eine Besserung der Beschwerden wissenschaftlich nicht belegt ist, andererseits es bei einer solchen Ausleitung auch – zumindest kurzfristig – zu einer Verschlechterung des Gesundheitszustandes des Patienten und zu einer Elektrolytverarmung kommen kann.

Quecksilberhygiene

Zahnärztliches Personal ist eine *Risikogruppe* für alle zahnärztlichen Werkstoffe, und es müssen im Umgang damit besondere Vorsichtsmaßnahmen eingehalten werden. Dies gilt auch für Amalgam bzw. für Quecksilber. Folgende Regeln sind einzuhalten:

- Quecksilber ist so zu lagern, daß es nach akzidentellem Verschütten wieder aufgesammelt werden kann.
- Beim Anmischen sollte kein Quecksilber entweichen.
- Kontakt von Amalgam mit der Haut ist zu vermeiden.
- Amalgamreste sind in geschlossenen Gefäßen aufzubewahren, die mit Wasser oder einem Quecksilberbindemittel (z.B. Röntgenfixierlösung) gefüllt sind. Amalgamreste sind Sondermüll und entsprechend zu entsorgen.
- Mit Amalgam kontaminiertes Instrumentarium ist vor der Sterilisation gründlich zu reinigen.
- Amalgamabscheider sind in Deutschland wie auch in einigen anderen europäischen Ländern Pflicht, um die Umweltbelastung mit Amalgampartikeln zu reduzieren (s.u.).

Müssen Amalgamfüllungen entfernt werden, so sollte dies stets unter ausreichender *Wasserspraykühlung* erfolgen. Die Füllung sollte auch aus praktischen Gründen in Stücken entfernt werden. Unter diesen Voraussetzungen werden nur sehr geringe Belastungen für zahnärztliches Personal und für Patienten erwartet. Durch Kofferdam kann ggf. die Belastung für den Patienten weiter reduziert werden. Bei Patienten mit einer nachgewiesenen Allergie auf Amalgam kann dies sinnvoll sein. Für eine Anwendung von Medikamenten während der Entfernung von Amalgamfüllungen gibt es keinen wissenschaftlichen Beleg [6].

Amalgamabscheider

Amalgamreste können auf verschiedenen Wegen in die Umwelt gelangen, z.B. nach dem Entfernen einer Amalgamfüllung über die Absauganlage einer zahnärztlichen Behandlungseinheit [25]. Je nach Art der Behandlung kann dies 24–1700 mg/pro Tag und Zahnarzt betragen [4]. Diese Amalgampartikel können über das Abwasser in Klärwerke gelangen und werden im Aufbereitungsschlamm wirkungsvoll zurückgehalten [8]. Wird dieser Schlamm verbrannt, so kann es zu einer Quecksilberemission in die Atmosphäre kommen [8]. Bei Verwendung dieses Schlamms als Düngemittel besteht die Gefahr, daß das Quecksilber in die Nahrungskette gelangt.

Allerdings ist nachgewiesenermaßen die Löslichkeit des Quecksilbers aus diesen Amalgampartikeln sehr gering [5] und die Frage des Anteils der Zahnheilkunde an der Gesamtbelastung der Umwelt mit Quecksilber letztlich nicht geklärt [4]. Von einer Reihe europäischer Regierungen wurden Vorschriften erlassen mit dem Ziel, die Quecksilberemission in die Umwelt insgesamt zu reduzieren. Davon ist auch die Zahnheilkunde betroffen.

In Dänemark wurde aus Gründen des Umweltschutzes (nicht der Gefährdung des Patienten!) bestimmt, daß ab 1999 kein Amalgam mehr zu verwenden ist. Dies gilt allerdings nur, wenn ein geeignetes anderes Füllungsmaterial zur Verfügung steht. Eine ähnliche Regelung wurde bereits 1997 in Schweden verfügt. In beiden Ländern wurden diese Vorschriften jedoch bislang nicht umgesetzt.

Von praktischer Bedeutung für die Praxis ist die Vorschrift, daß in (z.B. deutschen) Zahnarztpraxen Amalgamabscheider eingebaut werden müssen, die mindestens 95% der frei werdenden Amalgampartikel zurückhalten. Untersuchungen aus Dänemark deuten darauf hin, daß durch diese Maßnahme dann die Quecksilberbelastung der Umwelt meßbar reduziert werden kann, wenn sonst keine oder nur eine geringe Umweltbelastung durch die Industrie vorliegt [5].

Die Bestimmung der *Wirksamkeit der Amalgamabscheider* beruht im wesentlichen auf der Verteilung der Partikelgrößen des in das Abwasser gelangten Amalgams, da sehr kleine Partikel schwieriger zurückzuhalten sind als größere. Die derzeit geltende deutsche Vorschrift beruht auf einer Schätzung der Partikelgrößenverteilung, die nicht den wirklichen Gegebenheiten in der Praxis entspricht, da der Anteil kleinster Partikel zu hoch veranschlagt wurde [54]. Dies führt dazu, daß sehr aufwendige und z.T. sehr große Geräte erforderlich werden, da kleinste Partikel schwieriger abzutrennen sind als größere. Die „International Organization for Standardization" hat jedoch – mit Zustimmung der deutschen (Regierungs-)Vertreter – eine realistischere Abschätzung verabschiedet, die auf mehreren Untersuchungen beruht [54]. Eine Umsetzung in deutsches Recht wird demnächst erwartet.

Das Prinzip der Abscheidung beruht bei den meisten Geräten darauf, daß die Partikel sedimentieren und so dem Abwasser entzogen werden. Um diesen Vorgang zu beschleunigen, kann man das Abwasser zentrifugieren, wodurch die Geräte verkleinert, aber technisch sehr aufwendig werden. Alternativ dazu werden Sedimentationsabscheider ohne Zentrifugen angeboten, die jedoch mehr Platz benötigen.

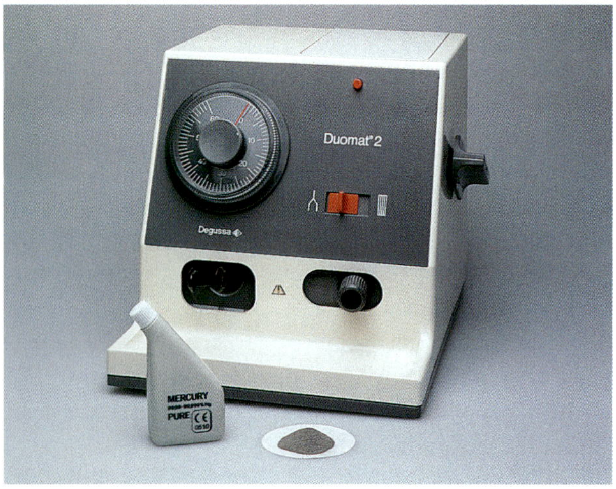

a

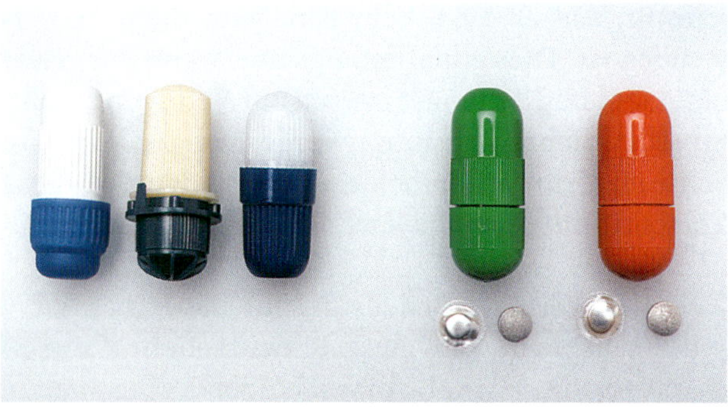

b c

Abb. 7 Darreichungsformen von Legierungspulver und Quecksilber:

a) separat, zum Einfüllen in einen kombinierten Dosier-/Mischapparat, b) Einmalkapseln für entsprechende Anmischgeräte, c) Pulver in Tablettenform, vordosiertes Quecksilber als Flüssigkeit in Folien zum Anmischen in wiederverwendbaren Kapseln.

Klinische Grundlagen

Darreichungsformen

Legierungspulver und Quecksilber werden von der Industrie in folgender Form angeboten (Abb. 7):

- separat zum Einfüllen in einen kombinierten Dosier-/Mischapparat
- in Kapselform für entsprechende Anmischgeräte
- Pulver in Tablettenform, Quecksilber als Flüssigkeit in vordosierten Folienkissen: Das Anmischen erfolgt mittels wiederverwendbarer Kapseln im Anmischgerät

Die sicherste Dosierung bei gleichbleibender Qualität und geringer Gefahr einer Quecksilberbelastung beim Dosieren und beim Anmischen bieten moderne, verschweißte Kapselsysteme, die daher empfohlen werden [104]. Auch die Entsorgung der Kapseln (Sondermüll) wird von entsprechenden Firmen übernommen.

Indikation

Amalgamfüllungen sind i.d.R. bei Kavitäten der Klasse I und II indiziert. Alternativ zu Amalgam können heute eine Reihe anderer Werkstoffe im Einzelfall verwendet werden. So ist es möglich, bei guter Zugänglichkeit und geringer Kavitätenausdehnung (Primat: Primärversorgung, erweiterte Fissurenversiegelung) Kompositkunststoffe zu verwenden, wenn besondere Ansprüche an die Ästhetik der Restauration gestellt werden. Eine Versorgung mit Keramikinlays hat sich bei entsprechender Kavitätengröße ebenfalls klinisch bewährt, ist jedoch sehr aufwendig. Die klassische Alternative zum Amalgam ist die Goldrestauration. Sie zeichnet sich durch eine hervorragende Langlebigkeit aus, ist jedoch in der Herstellung sehr aufwendig, und es muß ggf. mehr gesunde Zahnhartsubstanz entfernt werden, um ein starres Gußstück in die Kavität einbringen zu können. Im Einzelfall ist zusammen mit dem Patienten das Restaurationsmaterial festzulegen.

Eine Einschränkung der Indikation für Füllungswerkstoffe aus gesundheitlichen Gründen wurde im Konsensuspapier (Anhang) festgelegt. Danach sind Füllungswerkstoffe dann nicht zu verwenden, wenn eine Allergie gegen diesen Werkstoff oder eine seiner Komponenten vorliegt. Bei Schwangeren sollte generell auf umfangreiche Restaurationen, die über eine Notversorgung, z.B. mit einem Zement, hinausgeht, verzichtet werden. Bei Kindern können grundsätzlich alle Füllungswerkstoffe verwendet werden, vorbehaltlich der Zustimmung der Erziehungsberechtigten. Diese sind darüber zu unterrichten, daß aus allen Werkstoffen Substanzen freigesetzt werden. Bei Patienten mit schweren Nierenerkrankungen sollte auf Amalgam verzichtet werden.

Kavitätenpräparation

Die Kavitätenpräparation geht auf Regeln zurück, die von Black [14] aufgestellt wurden. Danach hat die Kavitätenpräparation verschiedene Aufgaben zu erfüllen:

- die Füllung ausreichend im Zahn zu verankern (Retentionsform)
- Füllung und verbliebenen Zahn gegenüber den mechanischen Belastungen in der Mundhöhle zu schützen (Widerstandsform)
- ein Fortschreiten der Karies dadurch zu vermeiden, daß die Füllungsränder, die Ausgang einer erneuten Karies sein können, aus den Kariesprädilektionsstellen heraus in die Zone der Selbstreinigung gelegt werden („Extension for Prävention", Umrißform)

Bei diesem vor ca. 100 Jahren entwickelten Konzept wird der Defekt – nach Kariesentfernung – aus den obengenannten Gründen künstlich vergrößert, was mit einer Entfernung gesunder Zahnhartsubstanz einhergeht. Da zwischenzeitlich wesentliche Fortschritte bei den Werkstoffen und bei der Mundhygiene der Bevölkerung erzielt wurden, kann heute zahnsubstanzschonender präpariert werden [24]. Auch die Frakturgefahr wird so für den Zahn reduziert. Die Frage, wie weit extendiert wird, hängt im wesentlichen von folgenden Faktoren ab:
- Ausdehnung der Karies bzw. des Zahnhartsubstanzdefektes
- anatomischen Verhältnissen
- Mundhygiene

Bei der Präparation für Amalgamfüllungen wird heute ein minimal-invasives Vorgehen angestrebt.

Klasse I

Typische Kavitätenformen der Klasse I für eine Amalgamfüllung sind in Abbildung 8 dargestellt. Das Black-Postulat der präventiven Extension bedeutet, daß alle Fissuren, auch die nicht von Karies befallenen, eröffnet werden. Um gesunde Zahnhartsubstanz zu schonen, werden heute nicht die gesamten Fissuren, sondern nur deren tiefster Teil in die Kavität einbezogen. Die oralen und bukkalen Fissuren werden nur eröffnet, wenn es die Ausdehnung der Karies erfordert. Als weitergehende Modifikation kann bei entsprechend begrenzter Karies nur ein Teil des okklusalen Reliefs in die Kavität einbezogen werden. Dies gilt insbesondere dann, wenn die Fissuren außergewöhnlich flach sind oder wenn das okklusale Relief durch eine Schmelzleiste in zwei Areale getrennt wird. Dies ist oftmals bei

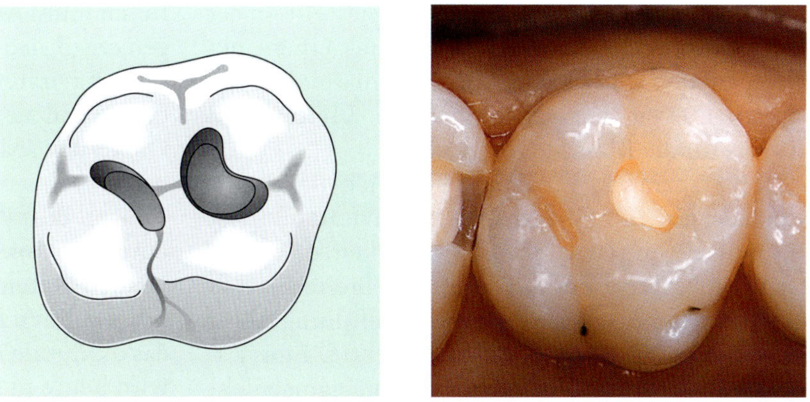

a b

Abb. 8 Klasse-I-Amalgamfüllung, Präparation: Eröffnen der kariösen Fissuren und Grübchen, parallele oder leicht unter-sich-gehende Präparation der Kavitätenwände. Dreieckswülste sollten soweit wie möglich erhalten werden. Mindestschichtstärke der Amalgamfüllung: 1,5 mm.

a) Schema.
b) Klinik.

unteren Prämolaren und oberen Molaren der Fall. Insgesamt sollten Dreieckswülste so weit wie möglich geschont werden.

Die Retention der Amalgamfüllung erfolgt durch parallele oder leicht unter sich gehende Kavitätenwände (Kastenform, makromechanische Retention). Da Amalgam eine Mindeststärke erfordert, muß mindestens 1,5 mm Platz für das Amalgam vorhanden sein (Widerstandsform). Außerdem ist i.d.R. Schmelz zu entfernen, der nicht direkt vom Dentin unterstützt wird, da es andernfalls später zu Schmelzfrakturen kommen kann. Eine unter sich gehende Präparation ist im distalen/mesialen Teil der okklusalen Kavität zu vermeiden, damit die Randleiste nicht geschwächt wird. Insgesamt muß auch genügend Zahnhartsubstanz vorhanden sein, damit die Kavitätenwände nicht frakturieren. Falls die Gefahr einer Fraktur besteht, muß der Höcker (mit Amalgam oder einem anderen entsprechend widerstandsfähigen Material) überkuppelt werden. Als Regel wird angegeben, daß eine Höckerumfassung dann in Betracht gezogen werden sollte, wenn sich die Kavität um mehr als die Hälfte der Distanz von Höckerspitze zu Höckerspitze ausdehnt.

Die Kastenkanten zwischen Kavitätenwand und Kavitätenboden sollten abgerundet sein, da sich so das Amalgam am besten in diesen Bereichen kondensieren läßt und weil spannungsoptische Untersuchungen gezeigt haben, daß scharfe Kanten zu ungünstigen Spannungskonzentrationen in diesen Bereichen mit der Gefahr einer Zahnhartsubstanzfraktur führen.

Falls sich die Karies auf die oralen/vestibulären Flächen ausdehnt, werden entsprechende „Ausleger" präpariert. Hinsichtlich Tiefe gilt das oben Gesagte. Auch hier müssen die Innenkanten gerundet sein.

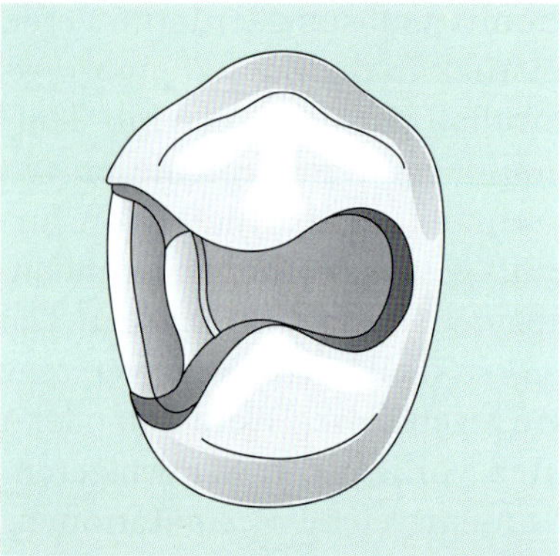
a

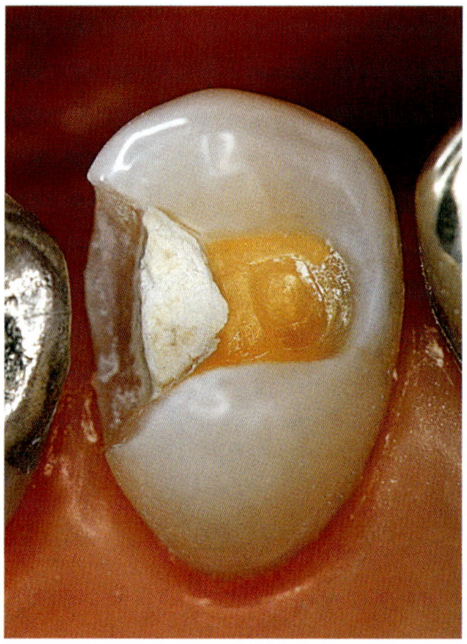
b

Abb. 9 Klasse-II-Amalgamfüllung, Präparation: Einbeziehen der kariösen Okklusal- und Approximalflächen in die Präparation. Kastenförmige Gestaltung der approximalen Kavität mit abgerundeten Innenkanten, seitliche Extension der approximalen Wände in die Bereiche der Zahnreinigung und Sondierung, Vermeiden von „Soll-Bruchstellen" im Isthmusbereich. Die zervikale Stufe verläuft rechtwinklig zur pulpanahen Wand. Mindestschichtstärke der Amalgamfüllung: 1,5 mm.
a) Schema.
b) Klinik.

Klasse II

Typische Kavitätenformen der Klasse II für Amalgamfüllungen sind in Abbildung 9 dargestellt. In der Regel besteht die Klasse-II-Kavität aus einem okklusalen und einem oder zwei approximalen Kavitätenanteilen. Für den okklusalen Kavitätenteil gilt das für die Klasse I Gesagte.

Der Präparation im Isthmus-Bereich (Übergang von okklusalem zu approximalem Kavitätenteil) ist besondere Aufmerksamkeit zu schenken, da es hier oft zu Frakturen kommt. Weniger die Breite als vielmehr die Dicke der späteren Amalgamfüllung ist für eine Vermeidung von Frakturen wichtig. Eine Kavitätentiefe für eine ausreichende Amalgamschicht (mind. 1,5 mm) ist daher erforderlich, die sich an der tiefsten Stelle der dort später liegenden Fissur orientieren muß. Aus spannungsoptischen Untersuchungen ergab sich die Forderung, die Kante vom okklusalen Kavitätenboden zur approximal-pulpalen Kavitätenwand zu brechen. Dadurch wird außerdem die Dicke der späteren Füllung in diesem Bereich erhöht.

Nach Black sollte der approximale Kavitätenteil durch den okklusalen Kasten im Zahn verankert werden (Retentionsform) mit der Folge, daß eine okklusale Kavität auch dann präpariert wurde, wenn das okklusale Relief kariesfrei war. Zahnschonender wird heute in derartigen Fällen auf ein Eröffnen der kariesfreien Fissuren verzichtet und – soweit möglich – die approximale Kavität, z.B. mit Hilfe von Retentionsrillen („retention grooves") selbstretentiv gestaltet.

Auch die approximalen Flanken der Kavität sollen nur so weit nach oral und vestibulär geöffnet werden, daß sie der Bürstenreinigung und der klinischen Kontrolle mittels Sonde zugänglich sind.

Analog dazu wird die approximal-zervikale Präparationsgrenze nicht mehr subgingival „in den Schutzbereich des gingivalen Sulkus" verlegt, sondern man läßt diesen Teil der Kavität unterhalb des Kontaktpunktes, wenn möglich jedoch (Ausdehnung der Karies) oberhalb der Gingiva enden. Es hat sich nämlich gezeigt, daß die Verlegung der Präparationsgrenze in den Gingivalsulkus zu keinem Schutz gegen Karies führt [115]. Andererseits wurde bei jedem Füllungsmaterial eine Entzündung der benachbarten Gingiva (wahrscheinlich plaquebedingt) beobachtet, wenn der Füllungsrand subgingival lag.

Der Übergang von den approximalen Flanken zum approximal-zervikalen Kavitätenrand/-boden ist zu runden, damit das Amalgam hier besser kondensiert und adaptiert werden kann. Eine *Gingivalrandschrägung* wird empfohlen, um minder mineralisierten Schmelz an dieser Stelle aus kariesprophylaktischen Gründen zu entfernen. Untersuchungen, ob dadurch die Langlebigkeit von Amalgamfüllungen erhöht wird, liegen jedoch nicht vor.

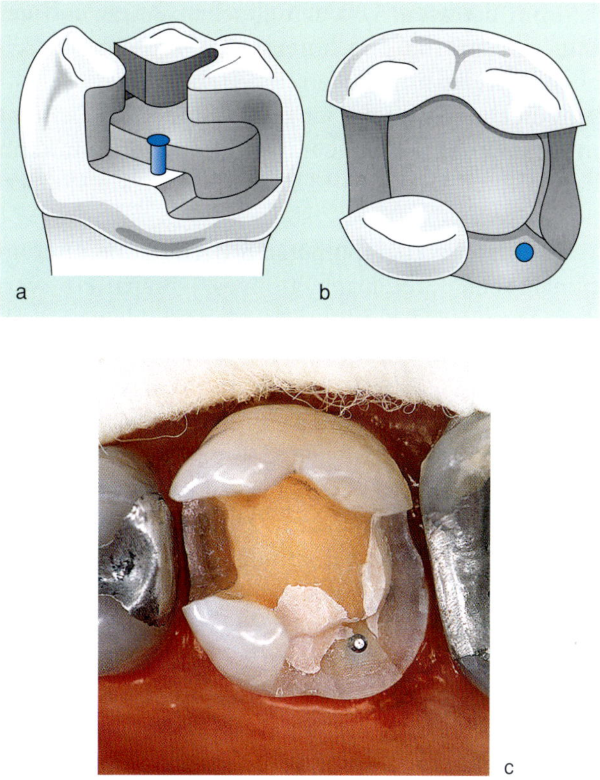

Abb. 10 Klasse-II-Amalgamfüllung, umfangreiche Kavität mit Stiftverankerung: Parapulpäre Stifte dienen als Retentionshilfe. Die Präparationsränder sollten möglichst im rechten Winkel zur Füllungsoberfläche stehen. Zum Ersatz eines Höckers aus Amalgam ist eine Materialstärke von mind. 2 mm erforderlich.
a) und b) Schema.
c) Klinik.

Große Amalgamrestaurationen mit Höckerersatz

Mit Amalgam ist es auch möglich, umfangreiche Restaurationen mit Ersatz verlorengegangener Höcker herzustellen. In der Regel benötigt man dazu besondere Retentionshilfen, wie z.B. parapulpäre Stifte (s.u.). Da Amalgam keine guten duktilen Eigenschaften besitzt, sollten die Präparationsränder auch bei umfangreichen Kavitäten stets im rechten Winkel zur Füllungsoberfläche stehen. Ein Federrand, wie z.B. bei Restaurationen aus Gußlegierungen, ist kontraindiziert. Außerdem benötigt man für die Restauration eines Höckers aus Amalgam eine Materialstärke von mindestens 2 mm (Abb. 10). Dies muß bei der Präparation berücksichtigt werden.

Als Mittel, die *Retention einer Amalgamfüllung* zu verbessern, insbesondere bei großen Restaurationen, wurden parapulpäre Stifte, Retentionsgruben („retention grooves") und *Dentin-Bondingsysteme* empfohlen.

Die Retention von Amalgamfüllungen kann durch die Verwendung parapulpärer, selbstschneidender Stifte wesentlich erhöht werden. Dadurch ist es möglich, verlorengegangene Höcker mit Amalgam zu ersetzten. Allerdings nimmt die Druckfestigkeit der Restauration mit der Zahl verwendeter Stifte ab. Es sollten daher so wenig Stifte wie möglich (einer pro ersetztem Höcker) appliziert werden. Auch die Form hat einen Einfluß auf die Spannungsverteilung im Amalgam, entsprechend optimierte Stifte sind erhältlich [73]. Wegen ihrer geringen Korrosion in direktem Kontakt mit Amalgam werden Stifte aus *Titanlegierungen* [28, 121] heute bevorzugt. Besonders zu beachten ist, daß die Pulpa während des Setzens des Stiftes nicht traumatisiert wird. Daher soll die Bohrung des Stiftkanals langsam laufend erfolgen (Reduzierwinkelstück). Der Bohrkanal soll parallel zur Zahnoberfläche ca. 1 mm von der Schmelz-Dentingrenze weg im Dentin angelegt werden, um Schmelzsprünge zu vermeiden. Andererseits darf auch die Pulpa nicht eröffnet werden. In Zweifelsfällen kann der Stift mit einer Kalziumhydroxidsuspension vor dem Einbringen beschichtet werden. Die Tiefe des Kanals soll ca.

1,5 mm betragen. Um den gleichen Betrag soll der Stift in das Amalgam hineinragen, um eine ausreichende Retention zu erreichen. Auch der selbstschneidende Stift wird langsam, ohne einen Zement in den Bohrkanal eingebracht. Die Retention kann durch Kombination mit Dentinklebern (s.u.) [60] erhöht werden.

Alternativ zu parapulpären Stiften können Retentionsgruben („retention grooves") präpariert werden. Dazu wird okklusal mit einem kleinen walzenförmigen Diamantschleifer eine ca. 1 mm tiefe Nut in das Dentin präpariert, in die das Amalgam hineinkondensiert wird. Die retentive Wirkung ist derjenigen selbstschneidender parapulpärer Stifte ähnlich. Allerdings wird bei letzteren meist weniger Zahnhartsubstanz geopfert. Zusätzlich kann auch die Retention im approximalen Kasten durch Anlegen einer Retentionsrille mit einem kleinen kugelförmigen Diamantschleifer oder Hartmetall-Rosenbohrer erhöht werden (s. Abb. 16).

Die Verwendung von *Dentin-Bondingsystemen* in Zusammenhang mit Amalgam ist bei uns (noch?) nicht üblich. Eine Reihe von Untersuchungen belegen jedoch, daß Dentin-Bondingsysteme, die ursprünglich zur Haftverbesserung von Kompositen entwickelt wurden, auch die Haftung von Amalgam am Dentin erhöhen [75]. Dieser Verbund scheint über längere Zeit zumindest für bestimmte Präparate stabil zu sein. Auch die Frakturgefährdung eines mit einer großen Amalgamfüllung versorgten Zahnes kann durch die Verwendung eines Dentin-Bonding verbessert werden. Weitere In-vitro-Untersuchungen zeigten, daß das Auftreten von Mikrospalten signifikant verringert werden konnte [91]. Die klinischen Erfahrungen sind bislang auf zwei Jahre begrenzt. Dabei wurde jedoch beobachtet, daß Amalgamfüllungen, die mit einem Dentin-Bonding angewendet worden waren, gleich gute Ergebnisse ergaben als solche, bei denen parapulpäre Stifte verwendet wurden [9], andere Autoren fanden mit Bonding sogar bessere Retentionswerte als mit parapulpären Stiften [45]. Die weitere Entwicklung sollte sorgfältig beobachtet werden.

Praktisches Vorgehen

Bei der Präparation geht man i.d.R. in drei Schritten vor:

- Primärpräparation
- Kariesentfernung
- Sekundärpräparation

Die Primärpräparation dient dazu, die kariöse Läsion freizulegen, damit die kariös veränderte Zahnhartsubstanz schonend und vollständig entfernt werden kann. Dabei wird zugleich der Umriß der geplanten Kavität präpariert, ebenso eine ausreichende Tiefe, eine Kastenform mit abgerundeten Kanten (Widerstandsform) und Unterschnitte, wodurch die spätere Amalgamfüllung im Zahn verankert wird (Retentionsform). Um die Karies deutlich sichtbar zu machen, werden Färbelösungen angeboten. Ihr Einsatz in der zahnärztlichen Praxis ist jedoch aus praktischen Erwägungen eher eingeschränkt geblieben. Außerdem ist ihre Aussagekraft dann begrenzt, wenn das Dentin zwar kariesfrei, aber verfärbt ist (z.B. Tertiärdentin bei einer Caries profunda). Neuerdings werden auch Geräte angeboten, die durch reflektiertes Laserlicht in der Lage sind, Karies zu detektieren. Nach Kariesentfernung und Versorgung des freigelegten Dentins erfolgt die Sekundärpräparation (s.u.).

Präparationsinstrumente

Die Kariesentfernung erfolgt mit langsam laufenden Hartmetall-Rosenbohrern ohne Wasserspray, um einen guten Überblick zu haben. In Pulpanähe kann auch ein scharfer Exkavator verwendet werden. Chemische Hilfsmittel zur Kariesentfernung auf der Basis von Natriumhypochlorid und Aminosäuren sind beschrieben und erscheinen vielversprechend, weitere Erfahrungen müssen jedoch abgewartet werden. Gleiches gilt für die Verwendung verschiedener Laser. Hierbei sollte auch bedacht werden, daß beim Entfernen alter Füllungen (Amalgam, Komposite, Zemente) ggf. gefährliche Rauchgase oder Dämpfe entstehen können [116].

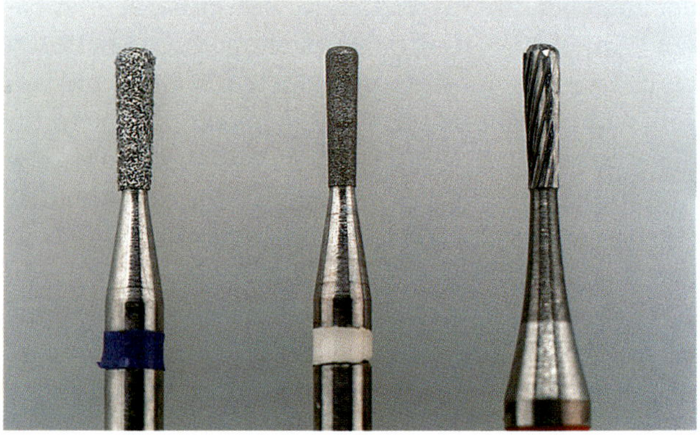

Abb. 11 Präparationsinstrumente: Die Gestalt des Präparationsinstrumentes (z.B. Birnenform) gibt die Kavitätenform vor; von links nach rechts: Präparationsdiamant – Finierdiamant – Hartmetallfinierer.

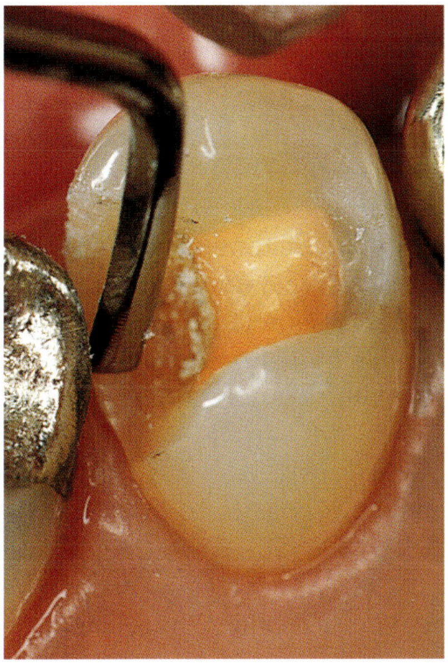

Abb. 12 Einsatz von Handinstrumenten: Nacharbeiten der approximal-zervikalen Stufe mit einem Gingivalrandschräger zum Glätten und Entfernen nicht von Dentin unterstützter Schmelzprismen.

Als Instrumente zur Präparation werden diamantierte Schleifkörper in Form von Zylindern (mit gerundeten Kanten) oder „Birnen" empfohlen, um schon durch die Gestalt des Präparationsinstrumentes die Kavitätenform vorzugeben. Nach dem Konzept der minimal-invasiven Präparation sollten möglichst zierliche Präparationsinstrumente verwendet werden (Abb. 11). Das Finieren der Kavitätenwände erfolgt am besten mit gewendelten Hartmetallfinierern oder Feinkorndiamanten.

Eine approximal-zervikale Stufe kann mit einem Handinstrument (Gingivalrandschräger) nachgearbeitet werden (Abb. 12). Die approximalen Flanken werden mit einer diamantierten Feile (Cavishape®, Intensiv, Lugano, CH) im EVA®-Winkelstück geglättet (Abb. 13).

Bei der Präparation einer approximalen Kavität darf der Nachbarzahn nicht verletzt werden. Dies kann man dadurch erreichen, indem man die approximale Kavität unterhalb des Kontaktpunktes eröffnet und anschließend die verbleibende Randleiste mit einem Handinstrument herausbricht. Alternativ bzw. zusätzlich kann man den Nachbarzahn auch durch ein Metall-Matritzenband schützen.

Kavitätenreinigung

Vor der Applikation von Werkstoffen ist die Kavität von Bohrstaub, Speichel, Blut und ggf. Maschinenöl durch ein kräftiges Spray zu reinigen. Anschließend wird die Kavität desinfiziert (z.B. 0,1–0,2%ige Chlorhexidin-Lösung). Nach jeder Bearbeitung von Dentin bildet sich eine mehrere Mikrometer dicke Schmierschicht aus. Bei der klassischen Amalgamfüllung wird diese Schicht belassen. Eine Ausnahme besteht in der bei uns nicht geläufigen Verwendung von Dentin-Bonding im Zusammenhang mit Amalgam (s.o.).

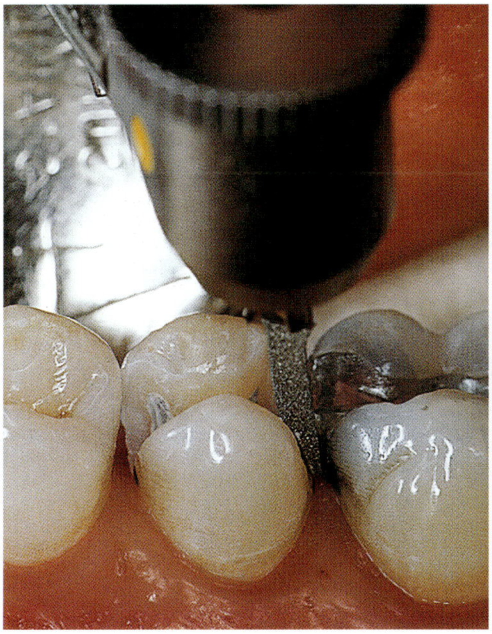

a

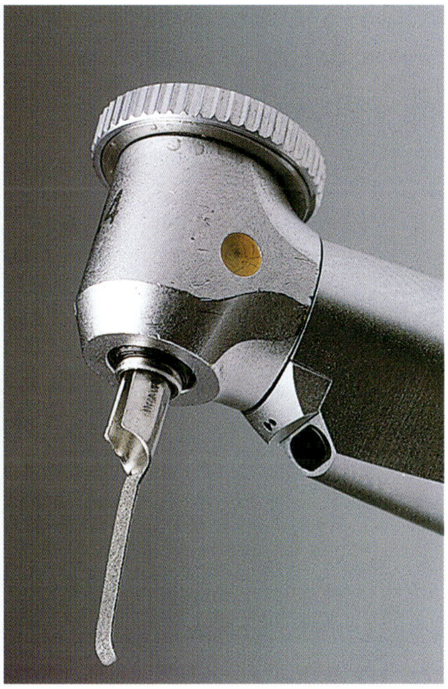

b

Abb. 13 Oszillierende Präparationsinstrumente ermöglichen im approximalen Kavitätenanteil eine zierliche Gestaltung, zahnhartsubstanzschonende Präparation und Schutz des Nachbarzahnes vor Verletzungen.

a) Approximale Bearbeitung mit Cavishape®-Feile (Intensiv, Lugano, CH).

b) Arretierbarer EVA®-Kopf (KaVo, Biberach) mit 0,4 mm Hub und Cavishape®-Feile.

Trockenlegung

Die Amalgamfüllung wird i.d.R. unter relativer Trockenlegung mittels Watterollen und Speichelsauger gelegt. Nach den bisherigen Kenntnissen gibt es keinen Unterschied in der Langlebigkeit zwischen Amalgamfüllungen, die mit oder ohne Kofferdam (absolute Trockenlegung) appliziert wurden. Allerdings ist bei korrekter Verwendung von Kofferdam ein sauberes Arbeiten eher möglich als bei relativer Trockenlegung.

Dentinversorgung

Vor der Applikation des Füllungsmaterials wird das Dentin behandelt. Die Gründe für diese Maßnahme sind:

- Dentin, auch wenn es mit einer Schmierschicht bedeckt ist, ist permeabel für Substanzen, die aus dem endgültigen Füllungsmaterial heraus in die Pulpa diffundieren.
- Das Pulpa/Dentin-System muß vor möglichen toxischen Wirkungen des Füllungsmaterials geschützt werden.
- Die Diffusion geringer – subtoxischer – Mengen von Amalgambestandteilen in das Dentin soll vermieden werden, da es zu Verfärbungen kommen kann, die nur schwer von einer Sekundärkaries zu unterscheiden sind.
- Schutz vor thermischer Diffusion (Heiß-/Kaltempfindlichkeit).

Allerdings wurde bereits ausgeführt, daß Amalgam nach dem Abbinden nur eine geringe lokale Toxizität aufweist. Außerdem sind die Diffusion von Metallen und die Ausbreitung von Wärme/Kälte durch das Dentin von der Dicke der verbliebenen, ggf. sogar sklerosierten Dentinschicht abhängig. Somit richtet sich die Art der Dentinversorgung nach der Kavitätentiefe [100].

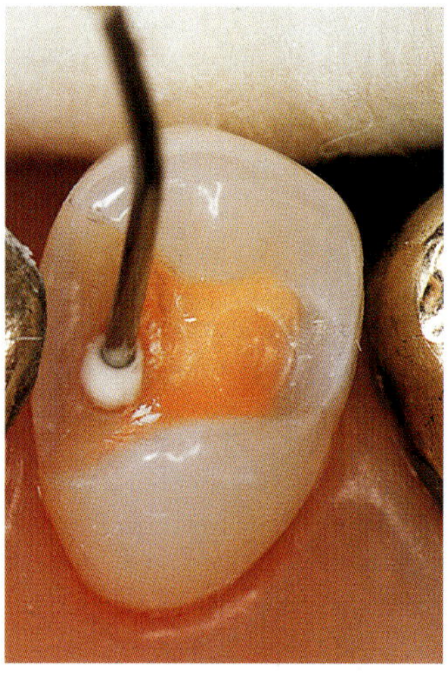

Abb. 14 Caries-profunda-Versorgung: kleinflächiges Aufbringen eines Kalziumhydroxid-Präparates in dünner Schichtstärke.

Tiefe Kavitäten („Caries profunda") erfordern besondere Schutzmaßnahmen, da der Diffusionsweg zur Pulpa sehr kurz ist und durch die Kondensation des Amalgams eine mechanische Schädigung durch Eindrücken des Pulpadaches möglich ist. Die klassische Versorgung besteht zunächst in der Applikation eines Kalziumhydroxid-Präparates (s. S. 191) auf das pulpanahe Dentin (Abb. 14). Bewährt haben sich entsprechende Suspensionen (z.B. Calxyl®) oder erhärtende Präparate (z.B. Kerr-Life®, Dycal®), wobei zu beachten ist, daß i.d.R. die Freisetzung von Kalzium- und Hydroxidionen aus den Suspensionen größer ist als bei den erhärtenden Präparaten [110]. Außerdem besteht die Gefahr, daß sich erhärtende Präparate (und Suspensionen) mit der Zeit auflösen [84]. Sie sollten daher nur in einer geringen Schichtstärke aufgebracht werden. Darüber appliziert man einen mechanisch widerstandsfähigen Zement (Unterfüllung), z.B. einen „trocken", d.h. mit viel Pulver in der Flüssigkeit, angemischten Phosphat- oder Glasionomerzement. Bei beiden Zementen besteht die Flüssigkeit aus einer Säure, eine trockene Mischung ist daher pulpaschonender. Auch wenn einige moderne erhärtende Kalziumhydroxid-Präparate hohe Druckfestigkeitswerte aufweisen und eine zusätzliche Zementschicht scheinbar überflüssig machen, sollte bedacht werden, daß die technischen Werte i.d.R. unterhalb derer eines Zementes liegen, die gesamte Widerstandsfähigkeit einer Amalgamfüllung aber auch von der Druckfestigkeit des Zementes abhängt und sich Zemente nachweislich am Kavitätenboden nicht auflösen.

Eine *mitteltiefe Kavität* erfordert i.d.R. eine Versorgung mit einem der oben genannten Zemente. Dabei ist zu beachten, daß nur die mitteltiefen Stellen der Kavität entsprechend abgedeckt werden sollten.

Bei *flachen Kavitäten* (Minimaltiefe für Amalgam) kann ein Kavitätenlack verwendet werden, der einen ausreichenden Schutz in dieser Situation gewährleistet. Da Dentin gleich gute Isolationseigenschaften aufweist wie Zemente, ist es unsinnig, gesundes Dentin zu entfernen, um Platz für eine Zementschicht (Unterfüllung) zu erhalten. Nach Applikation eines Lackes ist darauf zu achten, daß die Kavitätenränder frei von diesem Lack sind, da sich dieser bei Speichelzutritt mit der Zeit auflöst

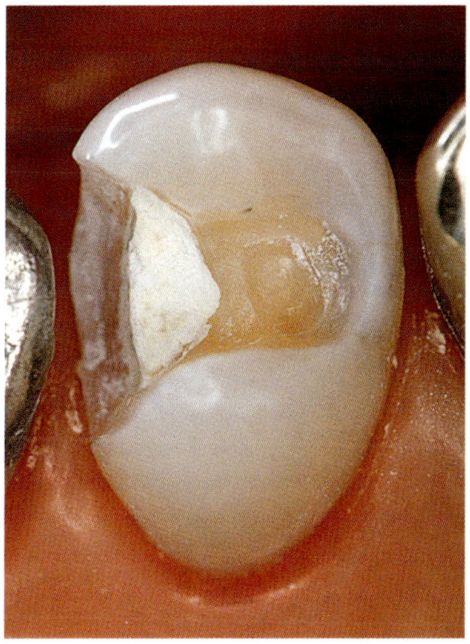

Abb. 15 Fertige Kavität mit Dentinversorgung: Applikation einer mechanisch widerstandsfähigen Unterfüllung entsprechend der Kavitätentiefe. Im okklusalen Anteil wird keine Zementunterfüllung benötigt, eine Retentionsgrube erhöht die Retentionsform der Klasse-II-Kavität im okklusalen Bereich.

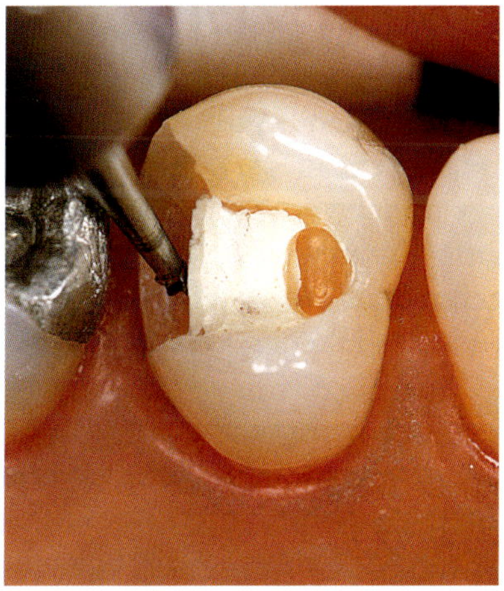

Abb. 16 Zusätzliches Retentionselement in Form einer Retentionsgrube im mesio-okklusalen Kavitätenboden und Anlegen einer Retentionsrille.

und es – zumindest in den ersten Monaten nach der Applikation – zu Mikrospalten kommt. Als Alternativen bieten sich Dentin-Bondingsysteme an (s.o.). In der Regel bestehen die Kavitäten aus tiefen, mittleren und flachen Anteilen. Entsprechend ist das Dentin zu versorgen (Abb. 15).

Sekundärpräparation

Die Sekundärpräparation erfolgt nach der Kariesentfernung und der Versorgung des freigelegten Dentins. Dabei erhält die Kavität ihre endgültige Form, ehe das Füllungsmaterial appliziert wird. Wichtig ist, daß die Kavitätenränder ausreichend finiert werden, da diese durch das meist hochtourige Beschleifen aufgelockert worden sind. Durch Finieren werden Schmelzrandfrakturen vermieden und randdichtere Füllungen erreicht. Dabei können auch zusätzliche Retentionselemente, wie z.B. Retentionsgruben, angebracht werden (Abb. 16).

Matrizen/Interdentalkeile

Als Formhilfen sind für Klasse-II- und ggf. für Klasse-I-Kavitäten Matrizen mit einer Verkeilung erforderlich (Abb. 17). Matrizen bestehen i.d.R. aus einem Matrizenspanner und einem Band. Der Spanner soll eine sichere Adaptation des Bandes insbesondere im approximal-zervikalen Bereich der Kavität gewährleisten, und er soll die konische, z.T. leicht bauchige Form der approximalen Zahnkontur ermöglichen. Dazu sind besondere Matrizenbänder erforderlich (Abb. 17). Sie bestehen aus einem max. 0,05 mm dicken Stahlband, dessen Form es ermöglicht, den approximalen Kontaktpunkt anatomisch weitgehend korrekt wiederherzustellen. Außerdem muß das Band ausreichend breit sein, damit es ca. 1 mm oberhalb der approximalen Randleiste endet. Nur so kann man die Rundung der approximalen Leiste zum Kontaktpunkt hin gestalten. Empfehlenswerte Systeme sind die Tofflemire®-Matrize und der Nyström®-Halter. Einmal-Matrizen (z.B. Automatrix®) sind zwar teurer, haben sich aber besonders bei sehr ausgedehnten Kavitäten bewährt. Falls der Defekt auf einer Seite weit nach approximal-zervikal reicht, muß ein Matrizenband ggf. individuell zurechtgeschnitten werden.

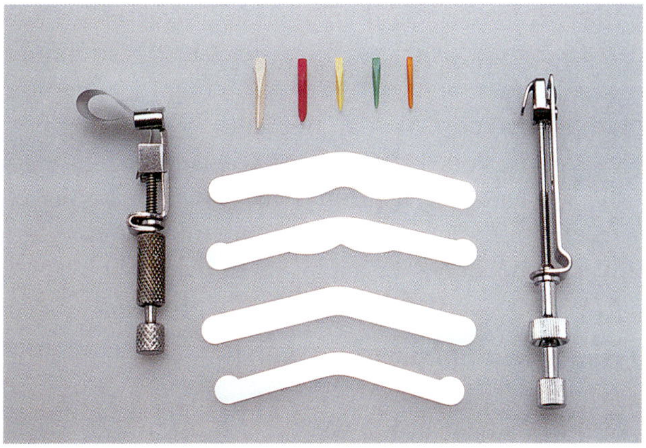

Abb. 17 Verschiedene Matrizenspanner, Keile und Matrizen: Bei Klasse-II-Kavitäten (und ggf. Klasse-I-Kavitäten) dienen Matrizen (Matrizenspanner nach Tofflemire und Nyström) und Keile als Formhilfen und zur approximalen Abdichtung.

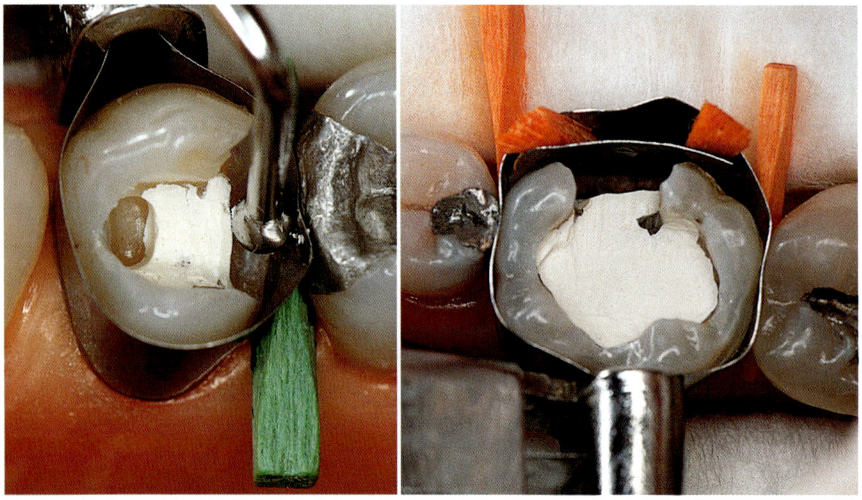

a b

Abb. 18 Anlegen von Matrize und Keilen (a): Bombieren des Matrizenbandes und gute Verkeilung ermöglicht die korrekte Gestaltung des approximalen Kontaktbereiches. (b): zusätzliches Einlegen und Verkeilen eines kleinen Stückes Matrizenband bei oralen oder vestibulären Auslegern.

Jede angelegte Matrize muß approximal verkeilt werden, damit kein Amalgam zwischen approximalem Kavitätenboden und Band in den Interdentalraum hinaus gepreßt werden kann. Diese Überschüsse sind eine nicht zu reinigende Plaqueretentionsstelle mit der Folge einer Traumatisierung des Parodonts. Eine gute Verkeilung erlaubt außerdem eine bessere Konturierung des zervikalen Teiles des Bandes, und die Zähne werden separiert, wodurch die Dicke des Matrizenbandes kompensiert wird. Zudem verleiht der Keil der Matrize einen besseren Halt.

Die Verkeilung erfolgt am besten mit Keilen aus trapezförmigem, quellbarem Weichholz, da sich dieses am besten der Form der approximal-zervikalen Stufe anpaßt. Diese Keile werden in verschiedenen Größen mit unterschiedlichen Farben markiert geliefert. Besonders zu beachten ist die korrekte Lage des *Holzkeils* (Abb. 18a). Da der Matrizenspanner meist bukkal liegt, wird der Keil entsprechend von oral eingebracht. Ausnahmen sind jedoch möglich, wenn es die zervikale Adaptation erfordert.

Bei oralen oder vestibulären Auslegern kann zusätzlich eine kleines Stück Matrizenband eingelegt und entsprechend verkeilt werden (Abb. 18b).

Trituration/Einbringen des Amalgams

Das Anmischen des Amalgams bezeichnet man als Trituration. Wie bereits bei den Darreichungsformen beschrieben, erfolgt die Trituration entweder in einem kombinierten Dosier-/Mischautomat oder in Mischgeräten für Kapseln.

Das Mischungsverhältnis beträgt i.d.R. 50 Gew.% Legierungspulver zu 50% Quecksilber. Eine Erhöhung des Quecksilberanteils auf 58% führt zu einem sehr feuchten Amalgam, bei dem Quecksilber entweder vor dem Einbringen in die Kavität oder durch entsprechendes Kondensieren in der Kavität „ausgepreßt" werden muß. Heute wird eher die sog. trockene Technik verwendet, bei der ca. 47% Quecksilber in der verwendungsfertigen Mischung vorliegt. Empfehlenswert sind Kapselsysteme. Dem etwas höheren Preis stehen eine stets gleiche Dosierung und eine einfachere Handhabbarkeit gegenüber.

Das angemischte Amalgam muß in die Kavität gebracht werden, wobei das Material nicht mit der Haut der Behandler in Kontakt kommen darf. Zum einen kann das Material verunreinigt und damit in seinen technischen Eigenschaften verschlechtert werden, zum anderen können Metallionen aus dem nicht abgebundenen Material durch die Haut resorbiert werden. Am elegantesten ist auch aus diesen Gründen die Verwendung von Kapseln. Nach dem Anmischen werden sie geöffnet, und das meist als Kugel vorliegende Amalgam wird mit einer Amalgampistole (Abb. 19) aufgenommen. Diese Geräte sind nach Gebrauch zu reinigen und zu sterilisieren. Amalgampistolen aus Kunststoff haben sich bewährt, wohingegen solche vollständig aus Metall durch festhaftende Amalgamreste schnell störanfällig werden. Hygienisch einwandfrei und einfach zu handhaben sind Amalgampistolen mit Einmalaufsätzen aus Kunststoff.

Amalgam kann auch in ein Dappenglas oder einen sog. Amalgambrunnen (Dappen„glas" aus Metall) aus der Mischeinheit gegeben und von dort in die

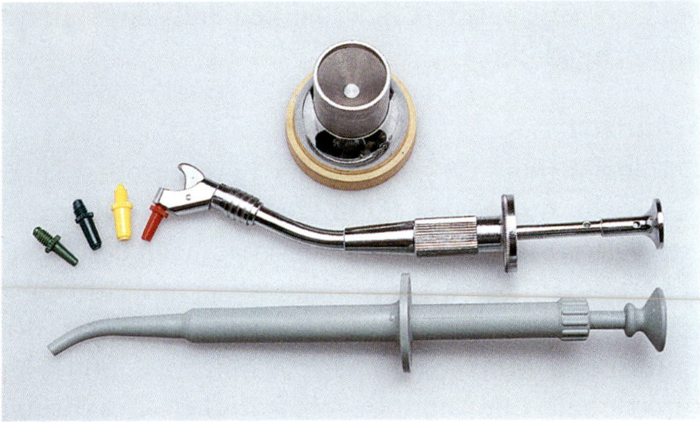

Abb. 19 Applikation des Amalgams, Instrumente: Amalgambrunnen und Amalgampistolen (oben: mit Kunststoffaufsätzen, unten: vollständig aus Kunststoff).

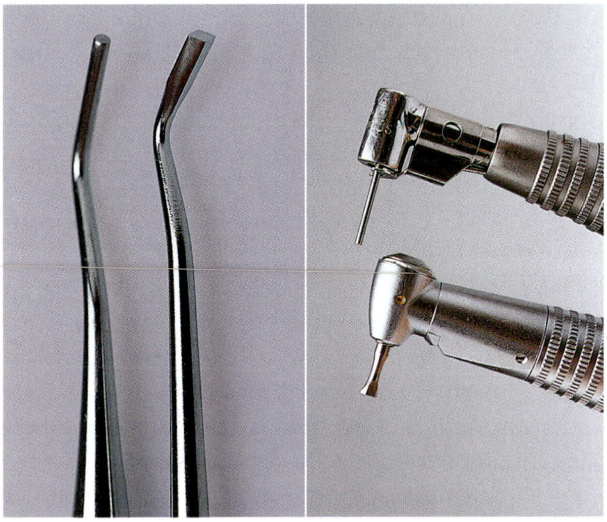

a b

Abb. 20 Kondensation des Amalgams, Instrumente zur
a) manuellen Kondensation,
b) maschinellen Kondensation (KaVo Intra® Kondensierkopf; Kondensierkopf nach BERGENDAHL, Kavo).

Amalgampistole aufgenommen werden. Alle anderen Methoden (Lederläppchen, Kofferdam, Gummimischer) sollten nicht mehr verwendet werden, da die Gefahr einer Kontamination des Amalgams und der Haut des Behandlers besteht.

Kondensation

Das Amalgam wird in kleinen Portionen (2–3 pro Fläche, maximal 1 mm dick) in die Kavität eingebracht und kräftig kondensiert. Dieser für die Qualität der Amalgamfüllung entscheidende Schritt muß aus zwei Gründen mit großer Sorgfalt durchgeführt werden. Zum ersten wird dadurch das Amalgam gut an die Kavitätenwände adaptiert, wodurch sich initiale Porositäten und Lunker vermeiden lassen. Zum zweiten wird der initiale Quecksilberanteil bei 3 MPa Stopfdruck um bis zu 6%, bei 10 MPa um bis zu 8% reduziert [16]. Dies führt zu einer Verbesserung der werkstofftechnischen Eigenschaften: Die Expansion wird verringert und die Druckfestigkeit erhöht.

Die Kondensation erfolgt manuell oder maschinell (Abb. 20). Entscheidend ist der Kondensationsdruck, der zwischen 1 und 3 kp/mm^2 (= 10–30 MPa) liegen soll [48]. Nach neueren Untersuchungen wird dieser Druck jedoch in der Praxis nicht erreicht, sondern liegt im Durchschnitt bei 2,2–3,7 MPa [57].

Zur manuellen Kondensation werden meist Kondensationsinstrumente mit flachem Kopf verwendet, die an der Kavitätenwand entlang überlappend eingesetzt werden (Abb. 21). Es werden Stopfer angeboten, die der Kavitätenform angepaßt sind. Beim Kondensieren darf der Kopf des Instrumentes nicht in das Amalgam eindringen, um eine gleichmäßige Druckanwendung zu erzielen. Die Belastungsdauer des Stopfers kann kurz sein (ca. 1 s).

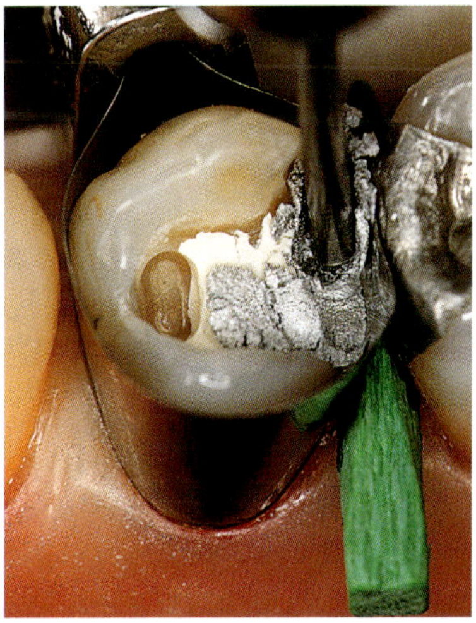

Abb. 21 Kondensation: überlappende Verwendung der Kondensationsinstrumente mit flachem Kopf im Bereich der Kavitätenwand.

Bei der maschinellen Kondensation wird heute Ultraschall nicht mehr verwendet, da zuviel Quecksilberdampf entsteht. Andere Instrumente werden über das übliche Winkelstück betrieben (z.B. Bergendahl®, KaVo, Intra®-Kondensierkopf, KaVo). Vorteile der maschinellen Kondensation sind:

- gleichmäßiger Kondensierdruck
- lateral gerichtete Kondensation (insbesondere beim Kondensierer nach BERGENDAHL)
- schnellere Anfangs- und Endhärte

Beim maschinellen Kondensieren muß eine trockene Mischung (s.o.) verwendet werden. γ-2-haltige

Amalgame reagieren auf eine mechanische Kondensation mit einer Kontraktion, weshalb diese manuell kondensiert werden sollten. Bei γ-2-freien Werkstoffen hingegen führt eine mechanische Kondensation hinsichtlich Dimensionsverhalten und Druckfestigkeit zu einer Qualitätsverbesserung [66]. Auch die Creep-Werte werden bei mechanischer Kondensation γ-2-freier Amalgame verbessert.

Das Amalgam ist im Überschuß in die Kavität zu kondensieren, da die oberste Schicht vergleichsweise quecksilberreich ist und daher entfernt werden sollte (umstritten). Außerdem benötigt man eine Materialreserve, aus der heraus das endgültige Oberflächenrelief der Kaufläche gestaltet werden kann.

Bei Amalgam aus sphärischem Legierungspulver wird dem Kondensieren wenig Druck entgegengesetzt mit der Folge, daß oftmals die Kondensation und damit die Adaptation an der Kavitätenwand ungenügend ist. Daher muß bei diesen Amalgamen die Kondensation auch nach horizontal zur Kavitätenwand erfolgen.

Ausarbeitung der Füllungsoberfläche

Auch dieser Behandlungsschritt erfolgt bei relativer Trockenlegung.

Vorbrünieren

Nach dem Kondensieren erfolgt eine erste Oberflächenverdichtung bei noch überschüssigem Amalgam mit einem großen, an den Seiten abgerundeten Handinstrument (Brünieren vor dem Schnitzen). Dadurch wird der Quecksilbergehalt an dieser kritischen Grenzschicht noch einmal reduziert und damit das klinische Randverhalten verbessert. Dieses Verdichten erfolgt hauptsächlich okklusal, aber auch an den approximalen Flanken, falls die Matrize dies ermöglicht.

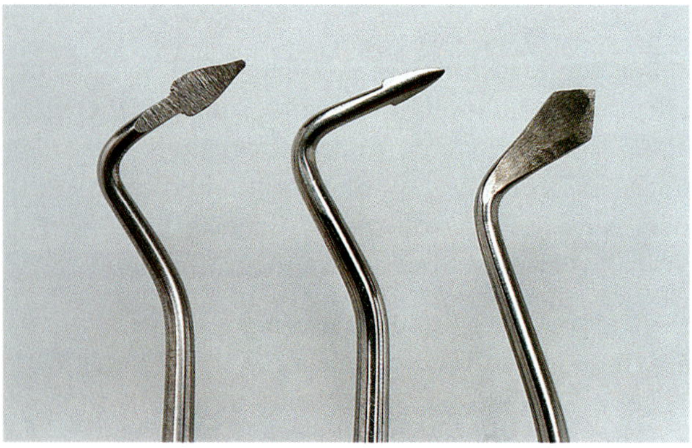

Abb. 22 Formgebung, Schnitzinstrumente: a) Cleoid/Diskoid (HuFriedy), b) Sapin (Komet), c) Frahm (HuFriedy).

Schnitzen

Die eigentliche Gestaltung der Füllungsoberfläche geschieht durch das Schnitzen. Je nach Präparat (schnell/normal abbindend) hat man nach der Trituration 3–5 min Zeit zur Kondensation und zur Oberflächengestaltung. Zweck des Schnitzens ist die Entfernung überschüssigen Amalgams und die funktionell und anatomisch korrekte Gestaltung der Kaufläche. Ziel ist es, Myoarthropathien, die durch Okklusions-/Artikulationshindernisse hervorgerufen werden können, sowie eine Schädigung des Parodonts durch Einpressen von Speiseresten in den Approximalraum zu vermeiden. Außerdem besteht nach dem Legen die Gefahr einer Füllungsfraktur, wenn es aufgrund von Vorkontakten zu parafunktionellem Knirschen „auf der Füllung" kommt. Für das Schnitzen stehen verschiedene Instrumente zur Verfügung (Abb. 22).

Das Schnitzen beginnt vor dem Entfernen der Matrize mit der Gestaltung der approximalen Randleiste, z.B. mit einem Wiland-Carver. Bei der Höhe richtet man sich zunächst nach dem Nachbarzahn und gestaltet den Eingang zum Approximalraum. Dann werden der Keil und der Matrizenspanner entfernt. Das Matrizenband wird nun durch leichtes Hin- und Herbewegen vorsichtig gelockert und schräg nach bukkal-okklusal herausgezogen. Besondere Vorsicht ist dabei geboten, da das Amalgam noch weich und besonders anfällig gegenüber Frakturen (Isthmus!) ist.

Als nächstes werden die approximalen Randbereiche versäubert, indem mit einem geeigneten Instrument (z.B. nach Wiland) überschüssiges Amalgam entfernt wird (Abb. 23). Das Instrument wird dabei parallel zum Füllungsrand und abgestützt am Schmelz geführt.

Auch bei der Gestaltung der Kaufläche wird zunächst überschüssiges Amalgam mit einem Schnitzinstrument (z.B. nach Nyström) – wieder parallel zum Füllungsrand und am Schmelz abgestützt – reduziert (Abb. 23). Alternativ zu dieser Reihenfolge kann die grobe Gestaltung der Kaufläche zunächst auch bei belassener Matrize durchgeführt werden. Die endgültige funktionelle Gestaltung kann mit besonderen Schnitzinstrumenten erfolgen (z.B. Cleoid-Discoid-Carver). Die Amalgamfüllung darf keinen vorzeitigen Kontakt sowohl in Schlußbißstellung als auch bei Exkursionsbewegungen nach anterior, lateral und retral (falls möglich) auf-

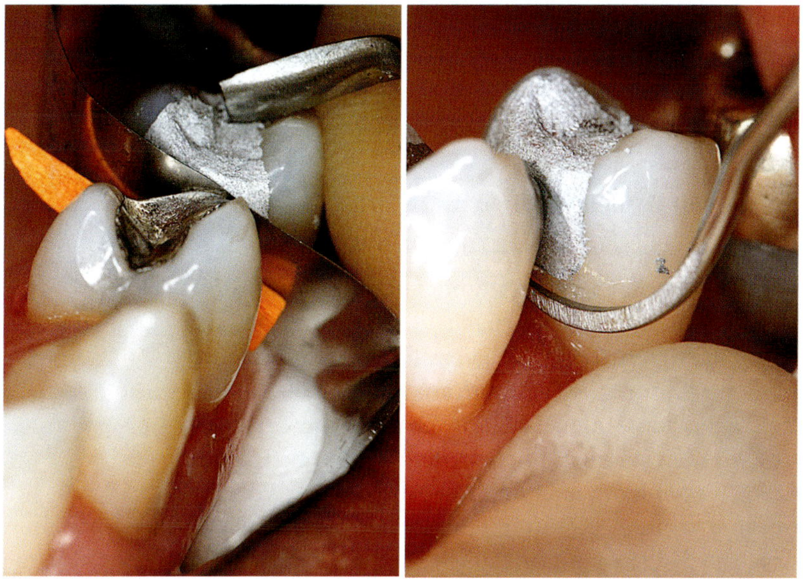

a b

Abb. 23 Schnitzen der Amalgamfüllung: a) Das Schnitzen beginnt vor dem Entfernen der Matrize mit der Gestaltung der approximalen Randleiste, dann folgt die Gestaltung der Kaufläche, wobei man sich in der Höhe zunächst am Nachbarzahn orientiert. b) Unmittelbar nach der vorsichtigen Entfernung des Matrizenbandes werden die approximalen Randbereiche versäubert (z.B. mit Approximalcarver nach WILAND). Das Instrument wird parallel zum Füllungsrand am Schmelz abgestützt und geführt.

weisen. Andererseits sollte die Amalgamfüllung über gleichmäßige und gleichzeitige antagonistische Kontakte im Verbund mit den anderen Zähnen okklusal abgestützt sein. Um vorzeitige Kontakte zu lokalisieren, sollte eine dünne Okklusionsfolie verwendet und der Unterkiefer vom Zahnarzt beim Schließen geführt werden. Die Aufforderung an den Patienten, den Mund vorsichtig zu schließen, ist sehr gefährlich, da der Patient nach der Behandlung oft keine Feinsteuerung mehr hat, zu fest zusammenbeißt und es dann zur Isthmusfraktur einer solchen Füllung kommen kann.

Die fertige Kaufläche der Amalgamfüllung sollte zumindest die anatomisch und funktionell korrekte Gestalt der Hauptfissuren und der lateralen Gruben aufweisen und eine okklusale Abstützung des Zahnes gewährleisten. Nebenfissuren sind i.d.R. nicht erforderlich, erschweren die Politur und später die Reinigung der Kaufläche. Ggf. kann es notwendig sein, den Gegenzahn – vor der Füllungstherapie – einzuschleifen, um so später ein funktionell befriedigendes Ergebnis zu erhalten [71]. Eine Tripodisierung der Einzelkontakte ist klinisch kaum bei vertretbarem Zeitaufwand zu bewerkstelligen, und es ist auch nicht nachgewiesen, daß dadurch der Erfolg der Therapie verbessert wird.

Nachbrünieren

Das Schnitzen hinterläßt eine rauhe Amalgamoberfläche. Diese kann mit einem kleinen kugelförmigen Instrument ohne Druckanwendung eingeebnet werden (Abb. 24). Dies geschieht am Ende der initialen Abbindephase (3–5 Minuten nach dem Triturieren). Dadurch wird die spätere Politur wesentlich erleichtert und das Risiko von Randspalten reduziert.

Von manchen Autoren [71] wird empfohlen, einen fluoridhaltigen Lack auf das Amalgam aufzutragen, ehe der Patient entlassen wird. Dies soll einen be-

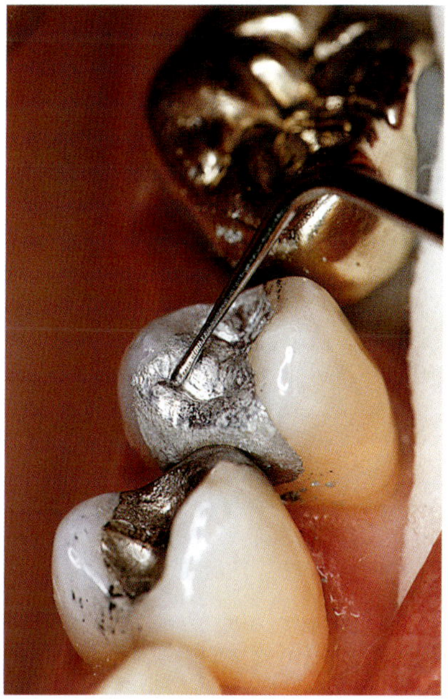

Abb. 24 Brünieren der Amalgamfüllung: Die nach dem Schnitzen rauhe Amalgamoberfläche wird mit einem kleinen, kugelförmigen Instrument ohne Druckanwendung eingeebnet. Dies erleichtert die spätere Politur und reduziert das Risiko von Randspalten.

sonderen Schutz des Füllungsrandes vor Sekundärkaries bewirken. Allerdings wird heute der regelmäßigen Fluoridierung mit geringen Fluoriddosen der Vorzug gegeben [32].

Nacharbeit (Finieren/Polieren)

Die Nacharbeit einer Amalgamfüllung (Finieren/Polieren) erfolgt i.d.R. in einer folgenden Sitzung, mindestens 24 Stunden nach der Applikation, da dann der Werkstoff weitgehend abgebunden ist. Manche Autoren [74] geben an, daß moderne γ-2-freie Amalgame auch ca. 30 min nach dem Legen poliert werden können. Nicht zuletzt aus praktischen Erwägungen kann aber auch heute noch der Politur in einer weiteren Sitzung der Vorzug gegeben werden. Die Nacharbeit muß aus folgenden Gründen erfolgen:

- Verkleinerung der Füllungsoberfläche und damit verringerte Korrosion und erhöhte Lebensdauer [64, 68]
- verringerte Plaqueretention
- Verbesserung des Füllungsrandes, Entfernung von Überextensionen/Fahnen

Das Finieren der Oberfläche dient der Nacharbeit der Amalgamoberfläche. Dazu eignen sich besonders gut gewendelte Hartmetall-Finierer (Abb. 25). Sie werden unter ausreichender Wasserkühlung parallel zum Kavitätenrand geführt. Gerade verzahnte Finierer, Schlagpolierer und glatte Kugeln ergeben eine rauhe Oberfläche und sollten daher nicht verwendet werden.

Die anschließende Politur kann mit nicht-abrasiven Gummikelchen und einem Poliermittel (Bimsmehl, Polierpasten) oder mit abrasiven Gummipolierern erfolgen (Abb. 25). Beim Polieren muß eine Erhitzung des Werkstoffes vermieden werden, indem mit ausreichend Wasserzufuhr und mit mittlerer Drehfrequenz (max. 5000 min^{-1}) gearbeitet wird.

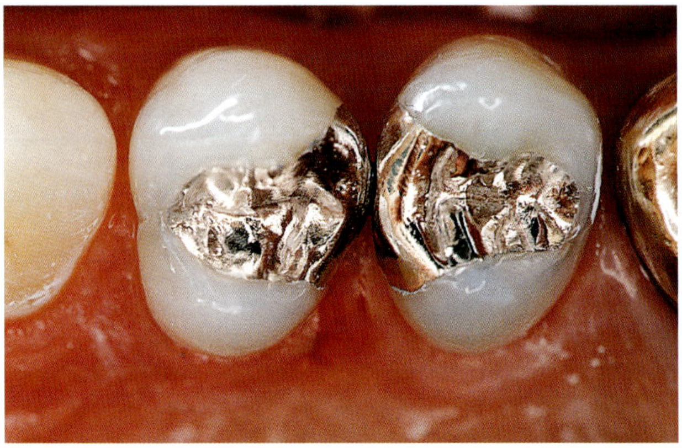

Abb. 26 Polierte Amalgamfüllungen.

Abb. 25 Amalgamfüllung, Politur: Zum Finieren der Amalgamoberfläche eignen sich besonders gewendelte Hartmetallfinierer (links). Sie werden mit ausreichender Wasserkühlung parallel zum Kavitätenrand geführt. Die Politur erfolgt z.B. mit abrasiven Gummipolierern unterschiedlicher Körnung und Form.

Für den Approximalbereich können Polierstreifen unterschiedlicher Körnung verwendet werden. Es wurde auch angegeben, Zahnseide zusammen mit Polierpasten zu verwenden [71]. Die fertige Amalgamrestauration ist in Abbildung 26 dargestellt.

Klinische Erfolge/Langlebigkeit

Der klinische Erfolg einer Füllungstherapie wird heute u.a. anhand der *Überlebensrate/Verlustrate* bewertet. So wird z.B. der Zeitpunkt bestimmt, bis zu dem 50% der gelegten Füllungen eines Untersuchungsgutes nicht mehr in situ sind. Alternativ dazu wird auch die jährliche Verlustrate berechnet, wobei man gedanklich davon ausgeht, daß diese Rate über die Jahre hinweg gleichbleibt. Dies ist für den Füllungswerkstoff Amalgam zwar nicht bewie-

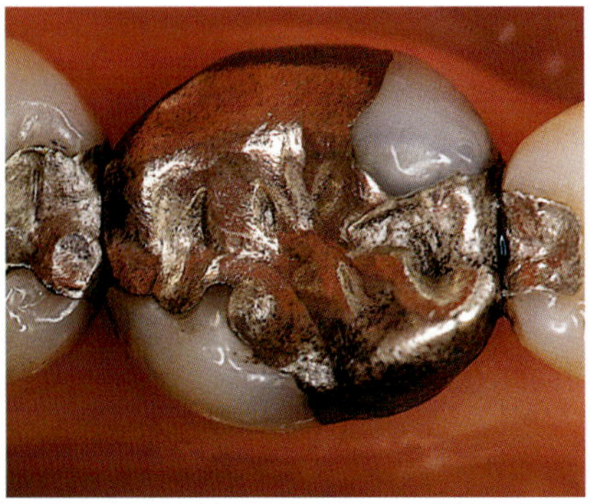

Abb. 27 Amalgamfüllung, Klinik: ca. sieben Jahre alter Amalgamaufbau, funktionstüchtig und nicht erneuerungsbedürftig.

sen, jedoch aufgrund der vorliegenden Erfahrungen plausibel. Abbildung 27 zeigt eine Amalgamfüllung, die über sieben Jahre im Mund funktionstüchtig verblieben ist und nicht erneuert werden muß.

Bei den in der Literatur angegebenen Zahlen zur Langlebigkeit von Füllungen muß zwischen retrospektiven und prospektiven Studien unterschieden werden. Bei retrospektiven Studien werden Patienten aus einer klinischen Einrichtung (Klinik oder Praxis) nach einer gewissen Zeit einbestellt und (meist als Querschnitt) nachkontrolliert. Bei einer prospektiven Studie werden Füllungen mit dem Ziel gelegt, diese einem strukturierten Nachuntersuchungsprogramm (z.B. jedes Jahr) zu unterziehen. In letzterem Fall wissen Behandler und Patient, daß eine Kontrolle der Arbeit erfolgen wird, im ersteren Fall nicht. Daher sind die Ergebnisse einer prospektiven Studie immer besser als die einer retrospektiven.

Der Erfolg der Füllungstherapie ist vom Material, von der Mitarbeit des Patienten und vom Behandler abhängig [63], wobei γ-2-freie Amalgame augenscheinlich weniger behandlerabhängig reagierten als γ-2-haltige. Außerdem ist die Überlebensrate der Amalgamfüllungen bei Milchzähnen geringer als bei bleibenden, was auf die unterschiedliche Anatomie und Behandlungssituation zurückgeführt werden kann. Auch scheinen bei älteren Menschen die Füllungen länger zu halten als bei jüngeren. Ergebnisse verschiedener klinischer Untersuchungen zur Langlebigkeit von Amalgamfüllungen sind in Tabelle 3 zusammengestellt.

Wann muß eine Amalgamfüllung erneuert werden?

Die klinische Diagnose einer *Sekundärkaries* ist der häufigste Grund für die Erneuerung einer Amalgamfüllung [69]. Dies gilt auch für Deutschland [27].

Tabelle 3 Zusammenstellung klinischer Studien über Amalgam zur Langlebigkeit.

Autor	γ-2-frei	Beobachtungszeitraum	Studiendesign	Jährliche Verlustrate	50%-Überlebensrate
Lemmens et al. (1987) [52]	ja/nein	7 Jahre	p	2,1–5,7%	
Robbins und Summitt (1988) [88]	–/–	20 Jahre	r	4,0%	11,5 Jahre
Letzel (1989) [53]	ja/nein ja/nein	7 Jahre 5 Jahre	r r	0,5–3,8% 0,8–5,6%	
Osborne (1990) [78]	ja	5 Jahre	r	0,4%	
Qvist et al. (1990) [85]	–/–	nicht angegeben	r	22,5% 6,3–12,5%	Milchzähne: 2 Jahre bleibende Zähne: 4–8 Jahre
Westermann et al. (1990) [120]	–/–	8 Jahre	r	6,4–6,6%	
Osborne et al. (1991) [80]	ja/nein	14 Jahre	r	0,4–2,3%	
Smales (1991) [106]	nein ja	15 Jahre	r	1,8% 0,8–2,6%	
Smales (1991) [107]	–/–	10 Jahre	r	4,0%	
Smales et al. (1991) [109]	nein	18 Jahre 13 Jahre	r r	1,4% 6,6%	
Smales und Rupinskas (1991) [108]	ja	4 Jahre	p	0,3%	
Roulet (1997)	ja	0,3–6 Jahre	r	2,1%	

49% aller erneuerungsbedürftiger Amalgamfüllungen wurden wegen Sekundärkaries entfernt. Hier muß natürlich auch an die Zahnpflegegewohnheiten des Patienten gedacht werden, die augenscheinlich für die Langlebigkeit einer solchen – wie auch anderer – Restaurationen eine entscheidende Rolle spielten.

Die Diagnose einer Sekundärkaries am Rande einer Amalgamfüllung ist äußerst schwierig.

Randeinbrüche am Amalgam sind kein sicheres Zeichen für eine Sekundärkaries. Graue Verfärbungen im Schmelz neben Amalgamfüllungen sind ebenfalls kein sicherer Indikator für eine Sekundärkaries [92]. *Breite Randspalten* hingegen sind mit darunterliegender Karies assoziiert [50]. Röntgenaufnahmen (Bißflügel) können im Approximalbereich hilfreich sein.

Ein weiterer Grund für die Erneuerung einer Amalgamfüllung ist die *Isthmusfraktur*, die meist in einer unzureichenden Amalgamdicke, d.h. in einer zu flachen Präparation an dieser kritischen Stelle, ihre Ursache hat.

Wie bereits oben gesagt, ist die Bewertung von Randfrakturen als Grund einer Füllungserneuerung schwierig. Sie allein sind kein sicherer Hinweis auf eine Sekundärkaries. Somit sind Randfrakturen per se i.d.R. kein Grund für eine Füllungserneuerung. Derartige Restaurationen können noch viele Jahre in situ verbleiben, ohne daß es zu Folgeschäden kommt.

Anhang

Restaurationsmaterialien in der Zahnheilkunde

Ein Konsenspapier des Bundesministeriums für Gesundheit, Bundesinstitutes für Arzneimittel und Medizinprodukte, der Bundeszahnärztekammer, Kassenzahnärztlichen Bundesvereinigung, Deutschen Gesellschaft für Zahn-, Mund- und Kieferheilkunde und der Deutschen Gesellschaft für Zahnerhaltung. Vom 1. Juli 1997

Vorbemerkung:
Zwischen dem Bundesminister für Gesundheit, Horst Seehofer, und dem Bundesinstitut für Arzneimittel und Medizinprodukte sowie Vertretern der Standesorganisationen der Zahnärzteschaft (Bundeszahnärztekammer, Kassenzahnärztliche Bundesvereinigung), Vertretern wissenschaftlicher zahnärztlicher Fachgesellschaften (Deutsche Gesellschaft für Zahn-, Mund- und Kieferheilkunde sowie Deutsche Gesellschaft für Zahnerhaltung) und dem Bundesverband der naturheilkundlich tätigen Zahnärzte Deutschlands hat ein Gespräch zu Amalgam und dessen Alternativen stattgefunden. Anlaß dazu war, daß die Patienten, die Zahnärzte und die Bevölkerung insgesamt durch z.T. widersprüchliche Stellungnahmen zu Amalgam und anderen Restaurationsmaterialien* in zunehmendem Maße verunsichert wurden. Es wurden gemeinsame Positionen zu Amalgam und seinen Alternativen erarbeitet. Sie werden in dem vorliegenden Konsenspapier vorgestellt:

1. Die besonderen Vorsichtsvorkehrungen für Schwangere und Stillende sowie hinsichtlich Allergien betreffen nicht nur Amalgam, sondern auch andere Restaurationsmaterialien.

Allergie
Restaurationsmaterialien sind generell nicht zu verwenden, wenn eine nachgewiesene Allergie gegen einen Bestandteil des Restaurationsmaterials vorliegt.

Schwangerschaft
Bei Schwangeren soll auf eine umfangreiche Füllungstherapie verzichtet werden, die über eine Notfallbehandlung (z.B. Schmerzbehandlung, Füllungsverlust) hinausgeht. Bei Schwangeren sollen möglichst keine Amalgamfüllungen gelegt bzw. entfernt werden. Nach derzeitigem Stand des Wissens gibt es keinen Beleg, daß die Belastung des Ungeborenen mit Quecksilber aus den Amalgamfüllungen der Mutter gesundheitliche Schäden beim Kind verursacht.

Generell sollten während der Schwangerschaft nur kurz dauernde Behandlungen durchgeführt werden, da Diagnose und Therapie nur eingeschränkt möglich sind. Alternativ zu Amalgam sind Glasionomere, Kompomere u.ä. möglich.

2. Der Hinweis auf Einschränkungen bei schweren Nierenfunktionsstörungen zielt primär auf das Quecksilber im Amalgam.

Schwere Nierenfunktionsstörungen stellen eine relative Kontraindikation für die Anwendung von Amalgam dar. Es gibt hinreichend Publikationen, die die Niere als bevorzugtes Zielorgan für eine Quecksilbervergiftung beschreiben.

3. Die Entscheidung der Anwendung der geeigneten Restaurationsmaterialien bei Kindern soll von den Zahnärzten unter der Berücksichtigung der besonderen Situation der Kinder erfolgen.

Aufgrund der besonderen Umstände im kindlichen Gebiß und der besonderen Umstände bei der Behandlung von Kindern an sich sollte indikationsbezogen das entsprechende Restaurationsmaterial ausgewählt werden. Da eine Behandlung mit Amalgam zu einer Belastung des Organismus mit Quecksilber führt, sollte aus Gründen des vorbeugenden Gesundheitsschutzes sorgfältig geprüft werden, ob eine Amalgamtherapie notwendig ist.

Dieses hat unter Berücksichtigung einer möglichen Belastung durch andere Restaurationsmaterialien zu erfolgen.

4. Eine Vorgabe einer generellen Reihung von Restaurationsmaterialien durch das Bundesinstitut für Arzneimittel und Medizinprodukte wird aufgrund der vorliegenden Erkenntnisse als nicht gerechtfertigt angesehen. Entscheidungen sollten im Einzelfall unter Berücksichtigung der individuellen Situation des Patienten gefällt werden. Empfehlungen von bestimmten Alternativen zu Amalgam sollen erst dann erfolgen, wenn über die Sicherheit der Alternativen für die jeweilige Indikation ausreichende Erkenntnisse vorliegen.

* Hierunter sind plastische Füllungswerkstoffe sowie Dentalgußlegierungen zur Herstellung von Einlagefüllungen, Kronen und Brücken zu verstehen.

Die Entscheidung für die Anwendung der jeweiligen Restaurationsmaterialien muß im Einzelfall unter Berücksichtigung der individuellen Situation des Patienten gefällt werden, dieses ist unabhängig von der Amalgamproblematik. Eine generelle Reihung ist wegen der Anwendung unterschiedlicher Kriterien (z.B. klinische Indikation, Verarbeitungstechnik, werkstoffliche Eigenschaften, Ästhetik, Kosten, toxikologische Eigenschaften) schwierig.

Die Verantwortung für die individuelle „richtige Auswahl" des Materials liegt beim Zahnarzt.

Empfehlungen von bestimmten Alternativen zu Amalgam können nur auf der Grundlage einer Nutzen-Risiko-Analyse erfolgen. Die generelle Nutzen-Risiko-Abschätzung für einzelne auf dem Markt befindliche Restaurationsmaterialien wird unter Berücksichtigung neuerer Erkenntnisse überprüft.

Ärzte und Zahnärzte sollten darauf achten, daß einzelne Personen empfindlich gegenüber Restaurationsmaterialien reagieren können, und die Bedürfnisse dieser Personen berücksichtigen. Alle Patienten haben das Recht, an der Auswahl der Materialien beteiligt zu werden.

5. Die Verantwortlichkeiten des Bundesinstitutes für Arzneimittel und Medizinprodukte und der Zahnärzteschaft sind klar voneinander zu trennen und als solche herauszustellen. Die Verantwortlichkeit für den Einsatz des jeweiligen Restaurationsmaterials liegt beim Zahnarzt.

Das Bundesinstitut für Arzneimittel und Medizinprodukte ist im Zulassungsverfahren für Arzneimittel (auf der Basis der Dokumentation der Hersteller) für diejenigen Produkte mit Definition von Indikation, Kontraindikation und Nebenwirkungen verantwortlich, die bis zum 13.06.1998 nach dem Arzneimittelgesetz im Verkehr sind. Für die mit CE-Kennzeichnung versehenen Produkte nach dem Medizinproduktegesetz beschränkt sich die Zuständigkeit des Bundesinstitutes für Arzneimittel und Medizinprodukte auf die Erfassung, Auswertung und Bewertung von Risiken aus diesen Medizinprodukten.

Der Einsatz von zugelassenen Arzneimitteln bzw. von mit CE-Kennzeichnung versehenen Medizinprodukten ist im Rahmen der zugelassenen Indikation bzw. angegebenen Zweckbestimmung Sache des behandelnden Zahnarztes.

Die Standesorganisationen der Zahnärzte (BZÄK, KZBV) werden nach wissenschaftlichen Gesichtspunkten ggf. mit Empfehlungen oder ähnlichem die Zahnärzteschaft auf Punkte, die von den Zahnärzten bei der Behandlung besonders zu berücksichtigen sind und die Ausübung des Zahnarztberufes betreffen, hinweisen, wie z.B.

- Pulpa-/Dentinschutz
- regelrechte Aushärtung
- Politur
- Wahl des Materials (z.B. γ-2-freies Amalgam)

Literatur

Aus Platzgründen kann hier nur ein Teil der relevanten Literatur zitiert werden. Weitere Quellen sind z.B. Datenbanken (Internet: DGZMK.de, Medline etc.) zu entnehmen.

[1] Ahlqwist M., Bengtsson C., Lapidus L.: Number of amalgam fillings in relation to cardiovascular disease, diabetes, cancer and early death in Swedish women. Community Dent Oral Epidemiol 21, 40 (1993).

[2] Ahlqwist M., Bengtsson C., Lapidus L., Lindstedt G., Lissner L.: Concentrations of blood, serum and urine components in relation to number of amalgam tooth fillings in Swedish women. Community Dent Oral Epidemiol 23, 217 (1995).

[3] Albertini T. F., Kingman A., Brown L. J.: Prevalence and distribution of dental restorative materials in US Air Force veterans. J Public Health Dent 57, 5 (1997).

[4] Arenholt Bindslev D.: Dental amalgam – environmental aspects. Adv Dent Res 6, 125 (1992).

[5] Arenholt Bindslev D., Larsen A. H.: Mercury levels and discharge in waste water from dental clinics. Water Air Soil Poll 86, 93 (1996).

[6] Arenholt Bindslev D., Schmalz G.: Quecksilberexposition beim Entfernen von Amalgamfüllungen. Dtsch Zahnärztl Z 50, 870 (1995).

[7] Ashinoff R., Tanenbaum D.: Treatment of an amalgam tattoo with the Q-switched ruby laser. Cutis 54, 269 (1994).

[8] Balogh S., Liang L.: Mercury pathway in municipal wastewater treatment plants. Water Air Soil Poll 80, 1181 (1995).

[9] Belcher M. A., Stewart G. P.: Two-year clinical evaluation of an amalgam adhesive. J Am Dent Assoc 128, 309 (1997).

[10] Berglund A., Molin M.: Mercury vapor release from dental amalgam in patients with symptoms allegedly caused by amalgam fillings. Eur J Oral Sci 104, 56 (1996).

[11] Berglund A., Pohl L., Olsson S., Bergman M.: Determination of the rate of release of intra-oral mercury vapor from amalgam. J Dent Res 67, 1235 (1988).

[12] Bergman M., Ginstrup O., Nilsson B.: Potentials of and currents between dental metallic restorations. Scand J Dent Res 90, 404 (1982).

[13] Bjorkman L., Pedersen N. L., Lichtenstein P.: Physical and mental health related to dental amalgam fillings in Swedish twins. Community Dent Oral Epidemiol 24, 260 (1996).

[14] Black G. V.: Konservierende Zahnheilkunde. Bd. 2. Die Technik der Zahnfüllung. Meuser, Berlin 1914.

[15] Blair F. M., Whitworth J. M., McCabe J. F.: The physical properties of a gallium alloy restorative material. Dent Mater 11, 277 (1995).

[16] Brown I. H., Miller D. R.: Alloy particle shape and sensitivity of high copper amalgams to manipulative variables. Am J Dent 6, 248 (1993).

[17] Brune D., Gjerdet N., Paulsen G.: Gastrointestinal and in vitro release of copper, cadmium, indium, mercury and zinc from conventional and copper-rich amalgams. Scand J Dent Res 91, 66 (1983).

[18] Bumgardner J. D., Johansson B. I.: Galvanic corrosion and cytotoxic effects of amalgam and gallium alloys coupled to titanium. Eur J Oral Sci 104, 300 (1996).

[19] Chu C. H.: The use of amalgam as filling material in dentistry in ancient China. Chin Med J 76, 553 (1956).

[20] Clausen J.: Mercury and multiple sclerosis. Acta Neurol Scand 87, 461 (1993).

[21] Dariel M. P., Lashmore D. S., Ratzker M.: A new technology for direct restorative alloys. Dent Mater 11, 208 (1995).

[22] Drasch G., Schupp I., Hofl H., Reinke R., Roider G.: Mercury burden of human fetal and infant tissues. Eur J Pediatr 153, 607 (1994).

[23] Echeverria D., Heyer N., Martin M. D., Naleway C. A., Woods J. S., Bittner A.: Behavioral effects of low-level exposure to Hg° among dentists. Neurotoxicol Teratol 17, 161 (1995).
[24] Elderton R. J.: Restorations without conventional cavity preparations. Int Dent J 38, 112 (1988).
[25] Fan P. L., Arenholt-Bindslev D., Schmalz G., Halbach S., Berendsen H.: Environmental issues in dentistry – mercury. Int Dent J 47, 105 (1997).
[26] Forss H., Widstrom E.: Factors influencing the selection of restorative materials in dental care in Finland. J Dent 24, 257 (1996).
[27] Friedl K. H., Hiller K. A., Schmalz G.: Placement and replacement of amalgam restorations in Germany. Oper Dent 19, 228 (1994).
[28] Friedrich K., Heidemann D., Stender E., Ketterl W.: Korrosion an parapulpären Stiften in vitro. Dtsch Zahnärztl Z 41, 813 (1986).
[29] Gale E. N., Osborne J. W., Winchell P. G.: Fracture at the margins of amalgam as predicted by creep, zinc content, and gamma-2 content. J Dent Res 61, 678 (1982).
[30] Gängler P., Hoyer I.: Klinische und mikrostrukturelle Vergleichsuntersuchungen an Füllungen aus Gallium-Zinn-Nickel-Legierungen und Silber-Zinn-Amalgam. Stomatol DDR 27, 339 (1977).
[31] Granath L. E., Moller B.: The action of silver amalgam restorations on the human dental pulp. Sven Tandlak Tidskr 62, 311 (1969).
[32] Gülzow H. J.: Präventive Zahnheilkunde. Hanser, München–Wien 1995.
[33] Halbach S.: Combined estimation of mercury species released from amalgam. J Dent Res 74, 1103 (1995).
[34] Hammer B., Hotz P.: Nachkontrolle von 1- bis 5jährigen Amalgam-, Komposit- und Goldgussfüllungen. Schweiz Monatsschr Zahnheilkd 89, 301 (1979).
[35] Henriksson E., Mattsson U., Hakansson J.: Healing of lichenoid reactions following removal of amalgam. A clinical follow-up. J Clin Periodontol 22, 287 (1995).
[36] Hero H., Jorgensen R. B., Shuiping L.: Amalgams made from liquid Hg-In. Biomaterials 16, 581 (1995).
[37] Herrström P., Hogstedt B.: Clinical study of oral galvanism, no evidence of toxic mercury exposure but anxiety disorder an important background factor. Scand J Dent Res 101, 232 (1993).
[38] Herrström P., Hogstedt B., Aronson S., Holmen A., Rastam L.: Acute glomerulonephritis, Henoch-Schoenlein purpura and dental amalgam in Swedish children, a case-control study. Sci Total Environ 191, 277 (1996).
[39] Hickel R., Meier C., Schiele R., Raab W., Petschelt A.: Nebenwirkungen von Amalgam? Eine interdisziplinäre Studie. Dtsch Zahnärztl Z 46, 542 (1991).
[40] Holland R. I.: Release of mercury vapor from corroding amalgam in vitro. Dent Mater 9, 99 (1993).
[41] Holmstrup P.: Reactions of the oral mucosa related to silver amalgam, a review. J Oral Pathol Med 20, 1 (1991).
[42] Holmstrup P.: Oral mucosa and skin reactions related to amalgam. Adv Dent Res 6, 120 (1992).
[43] Hugoson A.: Results obtained from patients referred for the investigation of complaints related to oral galvanism. Swed Dent J 10, 15 (1986).
[44] Hursh J. B., Cherian M. G., Clarkson T. W., Vostal J. J., Mallie R. V.: Clearance of mercury (Hg-197, Hg-203) vapor inhaled by human subjects. Arch Environ Health 31, 302 (1976).
[45] Imbery T. A., Hilton T. J., Reagan S. E.: Retention of complex amalgam restorations using self-threading pins, amalgapins, and Amalgambond. Am J Dent 8, 117 (1995).
[46] Innes D. B., Youdelis W. V.: Dispersion strengthened amalgam. J Can Dent Assoc 29, 587 (1963).
[47] Johnson G. H., Bales D. J., Powell L. V.: Effect of admixed indium on the clinical success of amalgam restorations. Oper Dent 17, 196 (1992).
[48] Jorgensen K. D.: Amalgame in der Zahnheilkunde. Hanser, München–Wien 1977.
[49] Kaga M., Nakajima H., Sakai T., Oguchi H.: Gallium alloy restorations in primary teeth, a 12-month study. J Am Dent Assoc 127, 1195 (1996).
[50] Kidd E. A., Joyston Bechal S., Beighton D.: Marginal ditching and staining as a predictor of secondary caries around amalgam restorations: a clinical and microbiological study. J Dent Res 74, 1206 (1995).
[51] Koch P., Bahmer F. A.: Oral lichenoid lesions, mercury hypersensitivity and combined hypersensitivity to mercury and other metals: histologically proven reproduction of the reaction by patch testing with metal salts. Contact Dermatitis 33, 323 (1995).
[52] Lemmens P. L., Peters M. C., van 't Hof M. A., Letzel H.: Influences on the bulk fracture incidence of amalgam restorations: a 7-year controlled clinical trial. Dent Mater 3, 90 (1987).
[53] Letzel H.: Survival rates and reasons for failure of posterior composite restorations in multicentre clinical trial. J Dent 17 Suppl 1, S10 (1989).
[54] Letzel H., de Boer F. A., van 't Hof M. A.: An estimation of the size distribution of amalgam particles in dental treatment waste. J Dent Res 76, 780 (1997).
[55] Lind P. O.: Oral lichenoid reactions related to composite restorations. Preliminary report. Acta Odontol Scand 46, 63 (1988).
[56] Lindforss H., Marqvardsen O., Olsson S., Henningsson M.: Effects of amalgam removal on general health. Tandläkartidningen 86, 205 (1994).
[57] Lussi A., Brunner M., Portmann P., Buergin W.: Condensation pressure during amalgam placement in patients. Eur J Oral Sci 103, 388 (1995).
[58] Lyon H. W., Waterstrat R. M., Paffenbarger G. C.: Soft tissue response to implants of gallium alloys and silver amalgam alloys. J Am Dent Assoc 72, 659 (1966).
[59] Mackert J. R., Jr., Berglund A.: Mercury exposure from dental amalgam fillings, absorbed dose and the potential for adverse health effects. Crit Rev Oral Biol Med 8, 410 (1997).
[60] Macpherson L. C., Smith B. G.: Replacement of missing cusps: an in vitro study. J Dent 22, 118 (1994).
[61] Mahler D. B.: The high-copper dental amalgam alloys. J Dent Res 76, 537 (1997).
[62] Mahler D. B., Engle J. H., Adey J. D.: Effect of Pd on the clinical performance of amalgam. J Dent Res 69, 1759 (1990).
[63] Mahler D. B., Marantz R.: The effect of the operator on the clinical performance of amalgam. J Am Dent Assoc 99, 38 (1979).

[64] Marek M.: Interactions between dental amalgams and the oral environment. Adv Dent Res 6, 100 (1992).
[65] Mayer R.: Zur Toxizität von Quecksilber und/oder Amalgam. Dtsch Zahnärztl Z 35, 450 (1980).
[66] Mayer R.: Amalgam-Kondensation – maschinell oder manuell? Dtsch Zahnärztl Z 39, 736 (1984).
[67] McComb D.: Occupational exposure to mercury in dentistry and dentist mortality. J Can Dent Assoc 63, 372 (1997).
[68] Meyer G., Tewes M., Wiesner A., Nagerl H.: Einflußgrößen auf das Korrosionsverhalten von Amalgamen. Dtsch Zahnärztl Z 44, 544 (1989).
[69] Mjör I. A., Qvist V.: Marginal failures of amalgam and composite restorations. J Dent 25, 25 (1997).
[70] Moberg L. E.: Long-term corrosion studies in vitro of amalgams and casting alloys in contact. Acta Odontol Scand 43, 163 (1985).
[71] Motsch A.: Die Gestaltung der Kaufläche einer Amalgamfüllung. Dtsch Zahnärztl Z 35, 469 (1980).
[72] Navarro M. F., Franco E. B., Bastos P. A., Teixeira L. C., Carvalho R. M.: Clinical evaluation of gallium alloy as a posterior restorative material. Quintessence Int 27, 315 (1996).
[73] Neumeyer S., Gernet W., Botsch H.: Verbesserte Retention parapulpärer Stifte im Amalgam durch Formoptimierung. Dtsch Zahnärztl Z 46, 550 (1991).
[74] Nitkin D. A., Goldberg A. J.: Another look at placing and polishing amalgam in one visit. Quintessence Int 14, 507 (1983).
[75] Nobilo M. A., Consani S., de Goes M. F.: Influence of adhesive systems on the bonding of dental amalgam to glass ionomer cement. J Prosthet Dent 77, 127 (1997).
[76] Nylander M., Friberg L., Lind B.: Mercury concentrations in the human brain and kidneys in relation to exposure from dental amalgam fillings. Swed Dent J 11, 179 (1987).
[77] Okabe T., Mitchell R. J.: Setting reactions in dental amalgam. Part 2. The kinetics of amalgamation. Crit Rev Oral Biol Med 7, 23 (1996).
[78] Osborne J. W.: Five-year clinical assessment of 14 amalgam alloys. Oper Dent 15, 202 (1990).
[79] Osborne J. W., Berry T. G.: Zinc-containing high copper amalgams: a 3-year clinical evaluation. Am J Dent 5, 43 (1992).
[80] Osborne J. W., Norman R. D., Gale E. N.: A 14-year clinical assessment of 12 amalgam alloys. Quintessence Int 22, 857 (1991).
[81] Osborne J. W., Summitt J. B.: Mechanical properties and clinical performance of a gallium restorative material. Oper Dent 20, 241 (1995).
[82] Ott K. H.: Die Messung der Quecksilber-Belastung im Speichel. Dtsch Zahnärztl Z 48, 154 (1993).
[83] Pereira J. C., Manfio A. P., Franco E. B., Lopes E. S.: Clinical evaluation of Dycal under amalgam restorations. Am J Dent 3, 67 (1990).
[84] Psarras V., Wennberg A., Derand T.: Cytotoxicity of corroded gallium and dental amalgam alloys. An in vitro study. Acta Odontol Scand 50, 31 (1992).
[85] Qvist J., Qvist V., Mjör I. A.: Placement and longevity of amalgam restorations in Denmark. Acta Odontol Scand 48, 297 (1990).
[86] Renggli H. H.: Auswirkungen subgingivaler approximaler Füllungsränder auf den Entzündungsgrad der benachbarten Gingiva (Eine klinische Studie). Schweiz Monatsschr Zahnheilkd 84, 1 (1974).
[87] Riethe P.: Amalgamfüllung Anno Domini 1528. Dtsch Zahnärztl Z 21, 301 (1966).
[88] Robbins J. W., Summitt J. B.: Longevity of complex amalgam restorations. Oper Dent 13, 54 (1988).
[89] Rotstein I., Mor C., Arwaz J. R.: Changes in surface levels of mercury, silver, tin, and copper of dental amalgam treated with carbamide peroxide and hydrogen peroxide in vitro. Oral Surg 83, 506 (1997).
[90] Rowland A. S., Baird D. D., Weinberg C. R., Shore D. L., Shy C. M., Wilcox A. J.: The effect of occupational exposure to mercury vapour on the fertility of female dental assistants [see comments]. Occup Environ Med 51, 28 (1994).
[91] Royse M. C., Ott N. W., Mathieu G. P.: Dentin adhesive superior to copal varnish in preventing microleakage in primary teeth. Pediatr Dent 18, 440 (1996).
[92] Rudolphy M. P., van Loveren C., van Amerongen J. P.: Grey discoloration for the diagnosis of secondary caries in teeth with class II amalgam restorations, an in vitro study. Caries Res 30, 189 (1996).
[93] Sandborgh Englund G., Dahlqvist R., Lindelof B., Soderman E., Jonzon B., Vesterberg O., Larsson K. S.: DMSA administration to administration to patients with alleged mercury poisoning from dental amalgams, a placebo-controlled study. J Dent Res 73, 620 (1994).
[94] Sandborgh Englund G., Nygren A. T., Ekstrand J., Elinder C. G.: No evidence of renal toxicity from amalgam fillings. Am J Phys 271, 941 (1996).
[95] Saxe S. R., Snowdon D. A., Wekstein M. W., Henry R. G., Grant F. T., Donegan S. J., Wekstein D. R.: Dental amalgam and cognitive function in older women: findings from the Nun Study. J Am Dent Assoc 126, 1495 (1995).
[96] Schedle A., Wilhelm M., Tuppy F., Silber Agis H., Spittler A., Slavicek R., Boltz Nitulescu G.: Toxizitätstestung von Amalgam in der Zellkultur. Z Stomatol Suppl. 90, 65 (1993).
[97] Schiele R., Kröncke A.: Quecksilber-Mobilisation durch DMPS (Dimaval) bei Personen mit und ohne Amalgamfüllungen. Zahnärztl Mitt 79, 1866 (1989).
[98] Schmalz G.: Die biologische Prüfung von Füllungsmaterialien am Göttinger Miniaturschwein – eine Pilot-Studie. Dtsch Zahnärztl Z 36, 357 (1981).
[99] Schmalz G.: Die Gewebeverträglichkeit zahnärztlicher Materialien. Thieme, Stuttgart 1981.
[100] Schmalz G.: Lacke, Liner und Zemente – Anspruch und Wirklichkeit. Dtsch Zahnärztl Z 42, 567 (1987).
[101] Schmalz G.: Biological evaluation of medical devices: A review of EU regulations, with emphasis on in vitro screening for biocompatibility. ATLA 23, 469 (1995).
[102] Schmalz G., Arenholt-Bindslev D., Pfüller S., Schweikl H.: Cytotoxicity of metal cations used in dental cast alloys. ATLA 25, 323 (1997).
[103] Schmalz G., Schmalz C.: Toxicity tests on dental filling materials. Int Dent J 31, 185 (1981).
[104] Skare I., Bergstrom T., Engqvist A., Weiner J. A.: Mercury exposure of different origins among dentists and dental nurses. Scand J Work Environ Health 16, 340 (1990).

[105] Skoglund A.: Value of epicutaneous patch testing in patients with oral, mucosal lesions of lichenoid character. Scand J Dent Res 102, 216 (1994).

[106] Smales R. J.: Longevity of cusp-covered amalgams: survivals after 15 years. Oper Dent 16, 17 (1991).

[107] Smales R. J.: Longevity of low- and high-copper amalgams analyzed by preparation class, tooth site, patient age, and operator. Oper Dent 16, 162 (1991).

[108] Smales R. J., Rupinskas L.: Valiant-PhD and Lojic N amalgam alloys, four-year clinical results. Aust Dent J 36, 293 (1991).

[109] Smales R. J., Webster D. A., Leppard P. I.: Survival predictions of amalgam restorations. J Dent 19, 272 (1991).

[110] Staehle H. J., Pioch T., Hoppe W.: The alkalizing properties of calcium hydroxide compounds. Endod Dent Traumatol 5, 147 (1989).

[111] Stoian M., Meyer J. M.: Etude ultrastructurale en microscopie electronique a balayage de 15 alliages pour amalgames. Schweiz Monatsschr Zahnheilkd 90, 733 (1980).

[112] Stoz F., Aicham P., Janovic S., Steuer W., Mayer R.: Ist ein generelles Amalgam-Verbot gerechtfertigt? Untersuchungen an Müttern und ihren Neugeborenen. Z Geburtshilfe Perinatol 199, 35 (1995).

[113] Sundby J., Dahl J. E.: Are women in the workplace less fertile than women who are not employed? J Womens Health 3, 65 (1994).

[114] Tyas M. J., Ewers G. J.: Clinical evaluation of three amalgam alloys. Aust Dent J 38, 225 (1993).

[115] Valderhaug J.: Periodontal conditions and carious lesions following the insertion of fixed prostheses: a 10-year follow-up study. Int Dent J 30, 296 (1980).

[116] van Benthem H.: Laseranwendung in der Zahnheilkunde – Stellungnahme der DGZMK. Dtsch Zahnärztl Z 49, 431 (1994).

[117] Warfvinge G., Larsson A.: Contact stomatitis to mercury associated with spontaneous mononuclear cell infiltrates in brown Norway (BN) rats with $HgCl_2$-induced autoimmunity. J Oral Pathol Med 23, 441 (1994).

[118] Wataha J. C., Nakajima H., Hanks C. T., Okabe T.: Correlation of cytotoxicity with element release from mercury- and gallium-based dental alloys in vitro. Dent Mater 10, 298 (1994).

[119] Weiner J. A., Nylander M.: The relationship between mercury concentration in human organs and different predictor variables. Sci Total Environ 138, 101 (1993).

[120] Westermann W., Kerschbaum T., Hain H.: Verweildauer von ausgedehnten Amalgamfüllungen. Dtsch Zahnärztl Z 45, 743 (1990).

[121] Wirz J., Johner M., Pohler O.: Zahnaufbauten mit nicht edelmetallhaltigen Schrauben und Stiften. Schweiz Monatsschr Zahnheilk 69, 1162 (1979).

[122] Witzel A.: Das Füllen der Zähne mit Amalgam. Berlin, Meuser 1899.

[123] World Health Organization. Methylmercury. Environmental Health Criteria Nr. 101. Geneva, World Health Organization 1990.

[124] World Health Organization. Inorganic Mercury. Environmental Health Criteria 118. Geneva, World Health Organization, 1991.

[125] Yamashita T., Itoh, K., Wakumoto, S.: Clinical study of an experimental gallium containing alloy. Dent Mater J 8, 135 (1989).

Danksagung

Die Autoren danken Herrn Klaus Völcker, Fotograf, Abteilung für Fotodokumentation und Computergrafik der ZMK-Klinik Regensburg, für die umfassende Unterstützung bei der Erstellung des Bildmaterials.

Goldhämmerfüllung

von ALEX MOTSCH

Inhaltsübersicht

Einleitung

Der erste schriftliche Hinweis auf eine Goldfolienfüllung findet sich 1450 bei dem italienischen Gelehrten und Arzt Giovanni D'Arcoli [13]. Noch bis heute gilt die Goldhämmerfüllung hinsichtlich der Dauerhaftigkeit als ein Maßstab, an dem andere Füllungsmaterialien und Methoden gemessen werden müssen.

Vorteile

- Im Vergleich zu anderen Füllungsmaterialien ist der *Randschluß* auf die Dauer der beste, was durch Farbstoffpenetrationstests [11, 14], durch radioaktiv markierte Isotope [10, 22, 29, 39] und durch rasterelektronenmikroskopische Untersuchungen [12, 27, 29] nachgewiesen wurde.
- Goldhämmerfüllungen besitzen eine hohe *Biokompatibilität* und verursachen an der Gingiva kaum eine Irritation [8, 9, 24, 25, 32, 36, 40]. So kann man immer wieder feststellen, daß Zahnhals-Goldhämmerfüllungen zervikal nach einigen Monaten mit gesunder und straffer Gingiva bedeckt sind.
- Eine Goldfüllung kann in einer Sitzung fertiggestellt werden.

Nachteile

- Die Goldfarbe schränkt die Indikation im sichtbaren Bereich der Zähne weitgehend ein.
- Die Indikation an funktionell beanspruchten Zahnflächen ist eingeschränkt, denn Härte und *Druckfestigkeit* liegen etwa im Bereich weicher bis mittelharter Goldlegierungen [33].
- Hohe *thermische Leitfähigkeit.*
- Tierexperimentell wurden teilweise schwerwiegende *Pulpenschädigungen* festgestellt [6, 17]. Von anderer Seite werden die Pulpenveränderungen als minimal und reversibel eingestuft [19, 38]. Bei korrekter Indikation und Füllungstechnik entstehen jedoch keine nennenswerten Pulpenschäden [23, 32, 36].
- Auch bei sorgfältigster Kondensation entstehen im Inneren der Füllung mikroskopisch kleine Poren, die untereinander jedoch nicht in Verbindung stehen. Diese *Porosität* ist eher ein Vorteil und bewirkt eine gewisse Elastizität der in der Kavität verkeilten Füllung, was bei der funktionell bedingten elastischen Verformung des Zahnes für die Dauerhaftigkeit des Randschlusses offensichtlich eine entscheidende Rolle spielt. Die Oberfläche einer Goldhämmerfüllung aus Blattgold ist nahezu porenfrei [27].
- Die *Füllungstechnik* ist relativ schwierig, vor allem am Zahnhals.
- In jedem Fall ist eine absolute Trockenlegung mit *Kofferdam* erforderlich.

Indikation

- Kavitäten der Klasse I: kleine okklusale Kavitäten sowie das Foramen caecum an oberen Schneidezähnen und an unteren Molaren.
- Kavitäten der Klasse V: Sofern ästhetische Gesichtspunkte nicht dagegen sprechen, ist für Zahnhalsdefekte die Goldhämmerfüllung derzeit noch immer die Füllung der Wahl.
- Kavitäten der Klasse III: Mesial-approximale Läsionen an Molaren, z. B. bei Präparation des davorstehenden Zahnes, sowie mesial-approximale Läsionen an den ersten Molaren nach Verlust des zweiten Milchmolaren [18, 24].

Für Kavitäten der Klasse III und IV an Frontzähnen können wir aus ästhetischen Gründen eine Goldhämmerfüllung heute nicht mehr empfehlen. Wir warnen auch vor dem Verschluß von Kronenperforationen nach endodontischer Behandlung: Die Defekte sind im allgemeinen sehr groß und somit die Füllung sehr zeitaufwendig; außerdem besteht die Gefahr einer Lockerung der Krone. Aus demselben Grund warnen wir auch vor der Reparatur defekter Kronen- bzw. Gußfüllungsränder.

Bei schlechter Mundhygiene, hohem Kariesindex und gravierendem Parodontalbefund ist eine Goldhämmerfüllung grundsätzlich nicht indiziert.

Goldsorten

Blattgold (gold foil)

24karätiges Gold wird zu einer 1,5 μm dünnen Folie ausgehämmert bzw. ausgewalzt und kommt in 10,2 × 10,2 cm großen Blättern mit Zwischenlagen aus feinem Papier in Heftform in den Handel. Dieses Blattgold wird in verschieden große Stücke zerschnitten und von Hand zu Pellets gerollt. Von verschiedenen Firmen gibt es auch vorgefertigte Blattgold-Pellets, die im allgemeinen jedoch zu groß und zu fest gerollt sind.

Aus Blattgold, das mit karbonisiertem Spezialpapier präpariert wird, werden Schnüre (ropes) gerollt, die auch zu Zylindern zerschnitten werden.
Indikation: Kernaufbau und Deckschicht.

Platinisiertes Blattgold. Durch Druck wird eine Platinfolie mit Goldfolien verbunden.
Indikation: Kanten- und Eckenaufbauten.

Schwammgold (mat gold)

Aus einem chemischen oder elektrolytischen Goldpräzipitat, das gesintert wird, werden Kristallgoldmatten geformt, die in Streifen geschnitten werden. Da Schwammgold in dieser Form leicht zerkrümelt, wird es mit kohäsivem Blattgold sandwichartig umhüllt und als mat folil angeboten.
Indikation: Aufbau des Füllungskernes.

- *Electraloy®* (Williams Gold): Ein mit Blattgold umhülltes Schwammgold, das zur Verbesserung der Duktilität 0,1–0,5% Kalzium enthält. *Indikation:* Kernaufbau, angeblich auch als Deckschicht geeignet.
- *Schwammgold* (Degussa): Dieses neue Schwammgold besitzt eine sehr hohe Duktilität und zeigt nach dem Kondensieren auffallend wenig Poren [27]. *Indikation:* Kernaufbau.
- *Goldent®* (Williams Gold): Chemisch ausgefälltes reines Goldpulver wird mit Wachs vermischt und mit Blattgold umwickelt [1]. Durch Erhitzen verbrennt das Wachs, und die Pulverpartikel werden gleichzeitig etwas gesintert. *Indikation:* angeblich zum Aufbau der gesamten Füllung geeignet.

Werkstoffkundliche Aspekte

Reines Gold ist außerordentlich duktil, kalt verformbar und kann zu Folien unter 1 µm Stärke ausgeschlagen bzw. ausgewalzt werden. In dieser Form kann das Gold kalt verschweißt werden *(Kaltpreßschweißen)*, wobei zwischen den einzelnen Goldkristallen atomare Bindungskräfte wirksam werden. Voraussetzung ist jedoch eine *absolut reine Oberfläche.* Im allgemeinen ist jedoch das Gold durch Feuchtigkeit, Schmutzpartikel und bestimmte Salze kontaminiert. Einige Verunreinigungen sind irreversibel. Auflagerungen alkalischer Ammoniaksalze sind reversibel. Diese Eigenschaft des Ammoniaks wird genutzt, um in der Praxis das Gold vor einer irreversiblen Kontamination zu schützen: Schwammgold bzw. Blattgold-Pellets werden in speziellen Behältern aus Holz aufbewahrt, denen ammoniakgetränkte Wattekugeln beigegeben sind. Vor der Verarbeitung des Goldes muß diese Schutzgasschicht durch Erhitzen in einer reinen Alkoholflamme abgedampft werden, wodurch die erwünschte Kohäsivität erreicht wird.

> Da jegliche Feuchtigkeit ein Kaltverschweißen des Goldes verhindert, ist für eine Füllung die absolute Trockenlegung mittels Kofferdam eine Conditio sine qua non.

Um eine möglichst vollständige Verdichtung und eine möglichst innige Adaptation des Goldes an die Kavitätenwände zu erzielen, müssen die Blattgold-Pellets mit Handinstrumenten und Hammerschlägen schrittweise in der Kavität *kondensiert* werden, wobei Größe der Kraft, Höhe der Schlagfrequenz, Größe der Amplitude, Größe und Form der Kondensationswerkzeuge sowie die Größe des zu kondensierenden Goldstückes beachtet werden müssen. Für Goldhämmerfüllungen wurde eine spezifische Dichte im Bereich von 14,0–19,8 g/cm^3 gemessen [21, 37]. Schwammgold kann jedoch nicht ausreichend dicht kondensiert werden und ist deshalb für die Oberfläche einer Füllung nicht geeignet [24, 27, 30, 34]. Eine rasterelektronenmikroskopische Untersuchung von Blattgold, Schwammgold und Goldpulver zeigte, daß mit Blattgold bei weitem die homogenste und dichteste Oberfläche erzielt werden kann, wobei Degussa-Schwammgold am zweitbesten abschneidet [27].

Die klassische Methode der Kondensation mit dem handgeführten Hammer ist sehr zeitraubend und stellt an die Helferin sehr hohe Anforderungen. Deshalb wurden schon vor der Jahrhundertwende automatische Hämmer und später auch Geräte für die Bohrmaschine entwickelt. Die Schlagstärke dieser Geräte ist jedoch so hoch, daß Zahnhartsubstanzen und die Pulpa traumatisiert und das Gold überhärtet werden kann. Heute ist in den USA ein pneumatischer Hammer (Hollenback) weit verbreitet. 1956 entwickelte McShirley den *Electro-Mallet.* Das Gerät arbeitet mit einer elektronisch gesteuerten Saugspule, die einen Schwingmagneten in Aktion versetzt. Die Schlagfrequenz beträgt 300–3000 Impulse/Minute. Bei einer geringen Intensität und einer hohen Frequenz der Schläge kann mit dem Electro-Mallet eine ebenso gute Verdichtung des Goldes erzielt werden wie mit dem klassischen Handhammer [20, 24, 25, 27]. Nachdem die Produktion des Electro-Mallets eingestellt wurde, steht mit der Oromatic (Dentramar, NL) bzw. deren Weiterentwicklung Aurumaster (I.G.M.A., NL) seit einiger Zeit wieder ein pneumatischer Hammer zur Verfügung.

Kavitätenpräparation

Grundsätzlich werden die Kavitäten kastenförmig angelegt, wobei die Kavitätenwände möglichst senkrecht zur Zahnoberfläche verlaufen sollen. Randabschrägungen werden von einigen Autoren angegeben, sie sind jedoch nicht erforderlich. Die klassische Regel der „extension for prevention" muß nicht befolgt werden [8, 18, 24, 28, 35]. Die Rentention der Füllung wird durch Verkeilung des Goldes in der Kavität unter Ausnutzung der Elastizität des vitalen Dentins erreicht, so daß die Kavitätenwände auf die Füllung einen anhaltenden elastischen Gegendruck ausüben [2, 16, 28, 41]. Deshalb sind im Prinzip keine Unterschnitte erforderlich. Die inneren und äußeren Kavitätenwinkel müssen mit Schmelzmeißeln und Dentinmessern jedoch scharf ausgearbeitet werden.

Bei der Kavitätenpräparation für eine *Zahnhalsfüllung* wird hinsichtlich der Umrißform vom Prinzip einer möglichst konservativen Präparation zugunsten eines besseren optischen Effektes der Füllung abgewichen. Nach Ferrier [7] präparieren wir eine trapezoide Umrißform, bei der die okklusalen und inzisalen Kavitätenränder möglichst gerade und die approximalen Füllungsränder parallel den Approximalflächen verlaufen, so daß sich die Glanzlinien der Goldhämmerfüllung harmonisch in die der Labialfläche des Zahnes integrieren können. Die vier scharfen äußeren Kavitätenwinkel dienen zusätzlich als Retention. Divergieren die Kavitätenwände zu sehr, so kann zervikal mit einem spitzwinkligen Dentinmesser noch ein leichter Unterschnitt präpariert werden (Abb. 1).

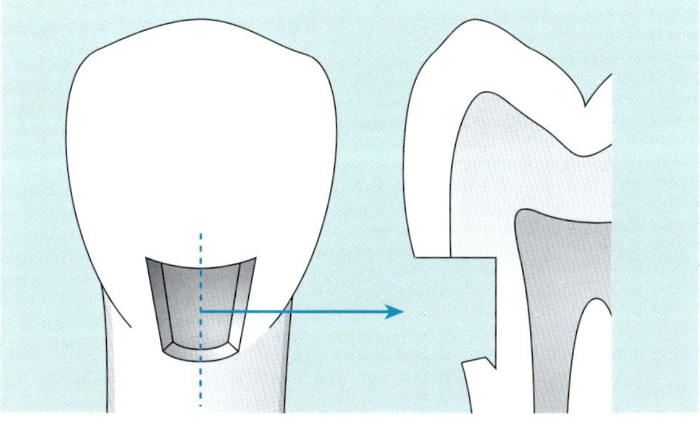

Abb. 1 Präparation einer Klasse-V-Kavität für eine Goldhämmerfüllung: trapezoide Umrißform, senkrecht zur Zahnoberfläche verlaufende Kavitätenränder, scharfe äußere und innere Kavitätenwinkel und geringer Unterschnitt zervikal.

Füllungstechnik

Non-kohäsive Technik

Bis zur Mitte des 19. Jahrhunderts kannte man nur die sogenannte non-kohäsive Füllungstechnik, bei der Blattgold-Zylinder zwischen parallelen Kavitätenwänden verkeilt und kondensiert wurden. Die Indikation einer Goldhämmerfüllung war dadurch weitgehend eingeschränkt.

Kohäsive Methode

Bei der klassischen Goldhämmerfüllungstechnik wird die gesamte Kavität von Anfang an ausschließlich aus Blattgold-Pellets aufgebaut, wobei das Gold durch Glühen kohäsiv gemacht wird. Für den Anfang müssen im Bereich des Kavitätenbodens zur Retention kleine Nuten gebohrt werden, in denen die ersten Pellets verankert werden können. Diese erste, stecknadelkopfgroße Goldfläche dient dann als Startposition für den weiteren Aufbau der Füllung, wobei die Kondensation stets vom Zentrum in Richtung der Kavitätenwände durchgeführt wird. Besonders wichtig ist der rechtzeitige Aufbau eines Kavitätenkantenschutzes *(banking):* Nach Aufbau des Füllungskernes werden Pellets mit einem minimalen Überschuß an die Kavitätenränder kondensiert. Werden dann die folgenden Pellets stets in Richtung Kavitätenwand kondensiert, so wird diese erste Schicht immer dichter an den Kavitätenrand angetrieben. Auf diese Weise erzielt man einen perfekten Randschluß. Der feine Überschuß wird zum Schluß bei der Bearbeitung der Füllungsoberfläche wieder entfernt.

Furniertechnik

Bei der klassischen Füllungstechnik ist der Zeitaufwand sehr groß, und es besteht die Gefahr, daß, ausgehend von den Haftlöchern, Dentinrisse entstehen und die Pulpa traumatisiert wird. Bereits 1909 beschrieb Sachs eine Füllungstechnik, bei der der Füllungskern mit Schwammgold und anschließend die Deckschicht mit Blattgold-Pellets aufgebaut wird. Diese Technik ist heute in den USA als „matcohe-

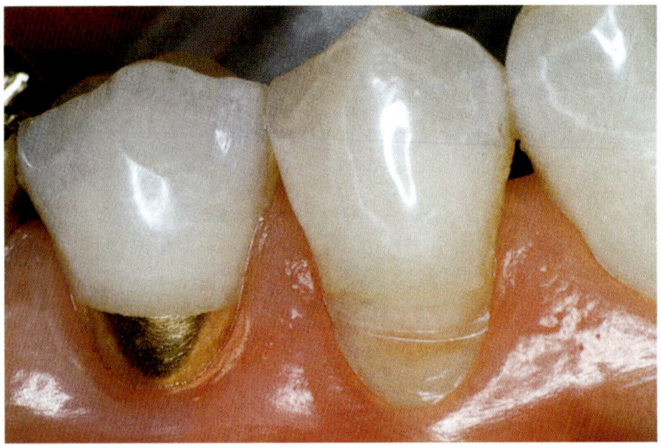

Abb. 2 Für eine Goldhämmerfüllung am Zahnhals ist neben einer kariösen Läsion der keilförmige Defekt eine bevorzugte Indikation.

sive technique" weit verbreitet [20, 26] und wird von uns als „Furniertechnik" bezeichnet [24, 25]. Schwammgold ist außerordentlich kohäsiv und kann in größeren Stücken sehr gut in den Kavitätenwinkeln verkeilt werden. Der zeitliche Aufwand für die Herstellung einer Goldhämmerfüllung kann dadurch auf etwa die Hälfte reduziert werden. Die Qualität einer Goldhämmerfüllung nach der Furniertechnik steht der einer klassischen Goldhämmerfüllung nicht nach, was durch experimentelle Untersuchungen vielfach bestätigt wird [3, 4, 5, 15, 20, 23, 24, 25, 26, 27].

Zum Schluß werden die Überschüsse mit Sandpapierscheiben und speziellen Messern entfernt. Die Oberfläche wird dann mit speziellen Burnishern unter möglichst großem Kraftaufwand verdichtet, geglättet und gehärtet. Anschließend erfolgt die Politur mit feinen Gummipolierern und Polierpasten (Abb. 2).

Literatur

[1] Baum, L.: Powered gold in restorative dentistry: preliminary report. Dent Abstr 8, 496 (1963).

[2] Black, A.D.: The gold foil filling. Dent Rev 29, 14 (1915).

[3] Charbeneau, G. T.: The cohesive gold restoration. Principles and practice of operative dentistry, 2nd ed. Lea & Febiger, Philadelphia 1981.

[4] Christensen, G. J.: Compacted gold restoration. Dent Clin North Am 11, 175 (1967).

[5] Christensen, G. J.: The most conservative and longest lasting restorative service. Dent Clin North Am 20, 351 (1976).

[6] Dowden, W. E., Langeland, K.: An evaluation and comparison of the pulpal response to gold foil and indium alloy. J Prosth Dent 50, 497 (1983).

[7] Ferrier, W. I.: Clinical observations on areas of erosion and their restoration. J Am Dent Assoc 20, 1150 (1933).

[8] Ferrier, W. I.: Treatment of cavities in the anterior teeth and pit and fissure cavities in the posterior teeth with gold foil. J Am Dent Assoc 23, 355 (1936).

[9] Frank, R. M., Brion, M., De Rouffignac, M.: Ultrastructural gingival reactions to gold foil restorations. J Periodont 46, 614 (1975).

[10] Going, R. E., Massler, M., Date, H. L.: Marginal penetration of dental restorations by different radioactive isotopes. J Dent Res 39, 273 (1960).

[11] Going, R. E., Massler, M., Dute, H. L.: Marginal penetration of dental restorations as studied by crystal violet dye and J 131. J Am Dent Assoc 61, 285 (1960).

[12] Hahn, R.: Klasse V Goldhämmerfüllungen. Eine In-vitro-Untersuchung zur Randschlußqualität. Phillip J 6, 337 (1989).

[13] Hoffmann-Axthelm, W.: Die Geschichte der Zahnheilkunde. Quintessenz, Berlin 1973.

[14] Hormati, A. A., Chan, K. C.: Marginal leakage of compacted gold, composite resins, and high-copper amalgam restorations. J Prosth Dent 44, 418 (1980).

[15] Ingraham, R., Koser, J. R.: An atlas of gold foil and rubber dam procedures, 7th ed. Univ. of South. California, Los Angeles 1980.

[16] Ingraham, R.: The application of sound biomechanical principles in the design of inlay, amalgam and gold foil restorations. J Am Dent Assoc 40, 402 (1950).

[17] James, E. V., Schour, I.: Early dentinal and pulpal changes following cavity preparations and filling materials in ogs. Oral Surg 8, 1305 (1955).

[18] Jeffery, A. W.: Proximal gold foil restoration of posterior teeth. J Am Dent Asoc 59, 261 (1959).

[19] Kalnins, V., Masin, L. F., Millsop, R., Motter, B. L.: Pulp reaction to malleting of gold-foil restoration. Oral Surg 21, 213 (1966).

[20] Koser, J. R., Ingraham, R.: Mat gold foil with a veneer cohesive gold foil surface for class V restorations. J Am Dent Assoc 52, 714 (1956).

[21] Kramer, W. S., Trandelt, T. R., Diefendorf, W. L.: A comparative study of the physical properties of variously manipulated gold foil materials. J Am Acad Gold Foil Oper 3, 8 (1960).

[22] Mayer, R.: Die Goldhämmerfüllung. Dtsch Zahnärztl Z 41, 755 (1986).

[23] Medina, J.: Mat gold – gold foil restoration. J Am Acad Gold Foil Oper 12, 13 (1969).

[24] Motsch, A.: Rationelle Goldstopf-Fülltechnik mit Hochfrequenzkondensation. Zahnärztl Welt 61, 677 (1960).

[25] Motsch, A.: Die Goldhämmerfüllung – heute! Dtsch Zahnärztebl 16, 613 (1976).

[26] Myers, L. E.: Filling a class V cavity with a combination mat and cohesive gold foil. J Prosth Dent 7, 254 (1957).

[27] Paul, St. J.: Comparison of materials for gold foil restoration. Results of a SEM study. J Gnath 9, 77 (1990).

[28] Prime, J. M.: The rationale of gold foil. Dent Cosmos 76, 745 (1934).

[29] Roßmann-Heuer, G.: In-vitro-Untersuchungen einer neuartigen Methode zur Herstellung von Goldhäm-

merfüllungen im Vergleich mit klassischen Goldhämmer- und Amalgamfüllungen. Med. Diss., Berlin 1991.

[30] Rule, R. W.: A further report on physical properties and clinical values of platinum-centered gold foil as compared to pure gold filling materials. J Am Dent Assoc 24, 583 (1937).

[31] Sachs, W.: Die Goldfüllung. In: Scheff (Hrsg.): Handbuch der Zahnheilkunde, S. 347–461. Hölder, Wien–Leipzig 1909.

[32] Schnepper, H. E.: Direct gold filling materials. In: O'Brien W. J. (ed.): Dental materials, properties and selection. Quintessence, Chicago 1989.

[33] Schwickerath, H.: Werkstoffe in der Zahnheilkunde. Quintessenz, Berlin 1977.

[34] Shell, J. S.: Properties and microscopic structure of gold and gold-platinum foils. J Am Dent Assoc 24, 596 (1937).

[35] Smith, B. B.: The class II gold foil: a flexible and durable restoration. Oper Dent 1, 108 (1976).

[36 Stebner, C. M.: Role and evaluation of gold foil, silicate cement and acrylic resins in operative dentistry. Am Dent Assoc 53, 661 (1956).

[37] Strosnider, C. W.: Comparison of specific gravities and hardness of cohesive gold foil malleted with various types of condensors. J Dent Res 24, 61 (1955).

[38] Thomas, J. J., Stanley, H. R., Gilmore, H. W.: Effects of gold foil condensation on human dental pulp. J Am Dent Assoc 78, 788 (1969).

[39] Thye, R. P.: A comparison of the marginal penetration of direct filling golds using Ca 45. J Am Acad Gold foil Oper 10, 12 (1967).

[40] Waerhaug, J.: Observations on replanted teeth plated with gold foil. Reaction to pure gold; mode of epithelial attachment to gold; expulsion of foreign bodies from pockets. Oral Surg 9, 780 (1956).

[41] Woodbury, C. E.: Manipulation of gold foil. Dent Cosmos 54, 1203 (1912).

Füllungen bei Kindern und Jugendlichen

von Hans Jörg Staehle

Inhaltsübersicht

Einleitung

In Deutschland gibt es erfreulicherweise immer mehr Kinder und Jugendliche, die keine oder nur noch wenig behandlungsbedürftige kariöse Läsionen aufweisen. Obwohl die genauen Ursachen des *Kariesrückgangs* noch nicht in allen Einzelheiten wissenschaftlich abgeklärt werden konnten, nimmt man an, daß ein generell erhöhtes Gesundheitsbewußtsein in der Bevölkerung und eine bessere ärztliche und zahnärztliche Versorgung zu dieser positiven Entwicklung beigetragen haben. Eine besonders wichtige Rolle dürfte die weitere Verbreitung von Fluoriden sowie die erhöhte Akzeptanz von Mundhygienemaßnahmen gespielt haben [16].

Künftig muß ein Großteil der Kinder und Jugendlichen nicht mehr umfangreich zahnärztlich-restaurativ versorgt werden. Vielmehr steht hier eine bedarfsgerechte *präventive Betreuung* zur Verhinderung oder minimal-invasiven Frühbehandlung von kariösen Läsionen im Vordergrund.

Trotz der allgemein rückläufigen Kariesprävalenz verbleibt aber eine kleinere Gruppe von Kindern und Jugendlichen mit nach wie vor hohem Kariesrisiko (Kariespolarisierung). Diese Gruppe benötigt neben einer besonders intensiven Kariesprophylaxe auch in der Zukunft umfangreiche zahnärztlich-restaurative Eingriffe.

Kariesmonitoring/Behandlung kariöser Läsionen ohne und mit Kavitationen

Nicht jede Karies verläuft akut und führt deshalb unweigerlich zur Zerstörung eines Zahns. Deshalb sollte bereits bei der Kariesdiagnostik abgeschätzt werden, ob es sich um Patienten mit *rasch fortschreitender, florider Karies* handelt oder ob eher eine *langsam fortschreitende, stationäre* oder *gar remineralisierende Karies* vorliegt. Bei der Planung restaurativer Eingriffe an Milchzähnen und bleibenden Zähnen muß beachtet werden, daß Initialläsionen ohne Kavitationen, die die Schmelz-Dentingrenze noch nicht überschritten haben, allein durch nicht-invasive, präventive Maßnahmen zumindest zum Stillstand gebracht werden können [4]. Dies bedeutet, daß anstelle einer einmaligen Befundaufnahme künftig die *Verlaufsbeobachtung* und ggf. die Verlaufsbeeinflussung einer Karies (= Kariesmonitoring) an Gewicht gewinnen wird [35].

Liegen bei einem Kind oder Jugendlichen allerdings Läsionen vor, die bereits zu Kavitationen geführt haben, lassen sich diese heute vielfach mit sehr schonenden, minimal-invasiven Techniken restaurativ angehen. Als Behandlungsmittel der ersten Wahl gelten hierbei sowohl im Milchgebiß als auch im bleibenden Gebiß inzwischen plastische nichtmetallische Füllungen aus zahnfarbenen Materialien (s.u.).

Auch ausgedehntere Zahnschäden lassen sich heute mit direkt eingebrachten, adhäsiv verankerten Restaurationsmaterialien schadensgerecht und ästhetisch ansprechend angehen, so daß auch bei umfangreicheren Eingriffen im Kindes- und Jugendalter direkte Verfahren gegenüber indirekten, laborgefertigten Restaurationen im Vordergrund stehen.

Vermeidung von Über- und Unterbehandlungen

Bei einer großen Zahl von Kindern und Jugendlichen geht es heute in Deutschland in erster Linie darum, die aktuellen Möglichkeiten der Gesundheitsförderung und Prävention auszuschöpfen. Würde man hier weiterhin konventionell-kurative Konzepte verfolgen, bestünde die Gefahr einer restaurativen *Überbehandlung.* Andererseits gibt es – wie oben ausgeführt – nach wie vor Patienten mit erhöhtem Erkrankungsrisiko. Hier handelt es sich oftmals um Kinder und Jugendliche, die in sozialen Brennpunkten leben und die nicht oder nur unbefriedigend zahnärztlich versorgt sind, bei denen also eine *Unterbehandlung* vorliegt [33]. Bei dieser Personengruppe stehen die Bemühungen um den Aufbau möglichst niedrigschwelliger Betreuungsprogramme im Vordergrund, die den besonderen psychosozialen Problemen der Betroffenen Rechnung tragen.

Die bedarfs-, schadens- und risikogerechte Betreuung von Kindern und Jugendlichen stellt eine große zahnärztliche Herausforderung dar, die eine beständige Aktualisierung der Rahmenbedingungen erfordert [30, 38, 39].

Berücksichtigung individueller Gegebenheiten bei der Auswahl von Behandlungsmitteln

Die Wahl der Behandlungsmittel hängt u.a. vom Alter des Patienten, von der Kariesaktivität sowie von der Art, Lokalisation und Ausdehnung der Läsionen ab [32].

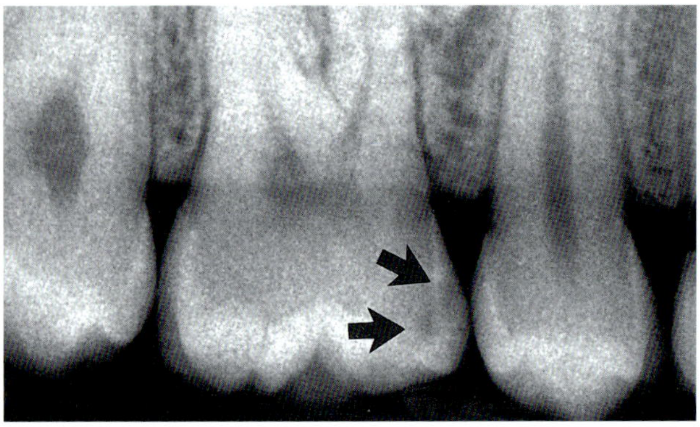

Abb. 1a Schmelz- und Dentinkaries mesial am Zahn 16 bei einer jugendlichen Patientin (Pfeile). Anstelle einer sofortigen invasiven Therapie wurden nicht-invasive Präventionsmaßnahmen intensiviert (vor allem Verbesserung der interdentalen Plaquekontrolle und des Fluoridangebots).

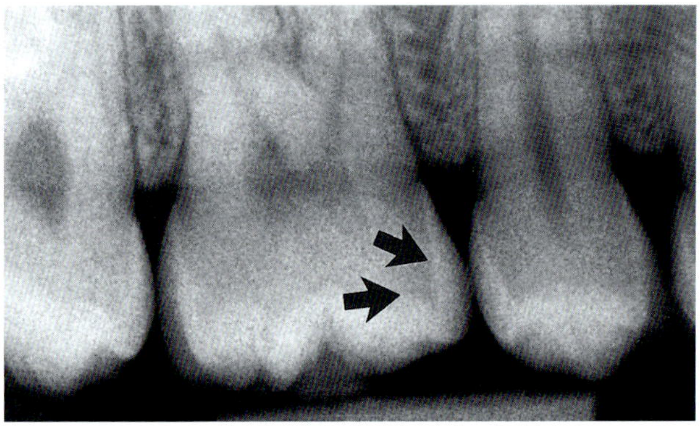

Abb. 1b Nach ca. einem Jahr erscheint röntgenologisch ein deutlicher Kariesrückgang (mit freundlicher Genehmigung von Dr. Andreas Trummler, St. Gallen).

Glattflächenkaries. Bei einer Initialkaries können im Sinne des Kariesmonitorings rein präventive, nicht-invasive Behandlungsmittel in Erwägung gezogen werden (Abb. 1). Sobald eine Kavitation eingetreten ist, wird hingegen i.d.R. invasiv-restaurativ vorgegangen, wobei sich das Ausmaß des invasiven Eingriffs vornehmlich an der Größe der Läsion und nicht an extensiv ausgelegten klassischen Präparationsregeln orientiert. Im klinisch nicht direkt einsehbaren Approximalraum sind neben der fiberoptischen Transillumination (FOTI) zur Entscheidung über das weitere Vorgehen Röntgenaufnahmen (Bißflügel) hilfreich.

Fissurenkaries. Eine Fissurenverfärbung allein ist kein zwingender Grund für eine invasive Therapie. Besonders im Fall zerklüfteter Fissuren (erhöhtes lokales Kariesrisiko) kann bei Milchzähnen und vor allem bleibenden Zähnen eine Fissurenversiegelung angezeigt sein. Fissurenbereiche mit eingebrochener Oberfläche und/oder deutlichen Zeichen einer Demineralisation am Fissureneingang sollten hingegen invasiv mit schadensgerechter Präparation von Kavitäten und Versorgung mit geeigneten plastischen Füllungsmaterialien angegangen werden [29].

Präventive Betreuung

Präventive Maßnahmen umfassen u.a. altersentsprechende Aufklärungen über eine zahngesunde Ernährung, die Sicherstellung eines adäquaten Fluoridangebots und in besonderen Fällen den Einsatz antimikrobiell wirksamer Substanzen.

Im Rahmen der Instruktionen über eine effektive *Mundhygiene* müssen zahnärztlicherseits ggf. erst hygienefähige Verhältnisse (z.B. professionelle Zahnreinigungen, Korrektur bereits vorhandener Füllungen, Versiegelungen) geschaffen werden. Die Hilfsmittel zur Zahnreinigung (z.B. Zahnbürsten für Kleinkinder, Kindergarten-/Schulkinder, Jugendliche) müssen dem jeweiligen Altersabschnitt angepaßt werden. Während bei Kindern die korrekte Einübung einer Putztechnik zum Erreichen aller Zähne mit der Zahnbürste im Vordergrund steht, kommt bei Jugendlichen die differenzierte Erfassung schwer zugänglicher Zahnflächen (insbesondere Zahnzwischenräume) hinzu. Durch die heute zur Verfügung stehenden gleitfähigen Zahnseiden und grazilen Zahnzwischenraumbürsten (z.B. Curaprox® CPS 07 und CPS 10) können bereits Jugendliche zu einer sehr effektiven Interdentalraumreinigung herangeführt werden.

Vorbereitende Maßnahmen für restaurative Eingriffe

Restaurative Eingriffe sind besonders bei ängstlichen Kindern und Jugendlichen im Hinblick auf die Schmerzkontrolle oft von einem Zwiespalt geprägt: Einerseits möchte man den Patienten nicht durch eine Injektion ängstigen. Diese ist bei einem Kind, das von vornherein unruhig und unkooperativ erscheint, ohnehin nur schwierig durchführbar. Andererseits kann eine Behandlung ohne Lokalanästhesie schmerzhaft sein, was die *Kooperationsbereitschaft* des kleinen Patienten für die weitere Behandlung reduziert. Im Extremfall kann eine mühsam präparierte Kavität nicht mehr gefüllt werden.

Es ist daher wichtig, erreichbare Ziele zu stecken. Im Zweifelsfall entfernt man die Karies nur mit Handinstrumenten vom Kavitätenrand her. Pulpanahe Karies, deren Entfernung die Gefahr der Pulpafreilegung birgt, wird zunächst belassen. Die Kavitäten werden dann zunächst nur temporär (z.B. mit einem polymerverstärkten ZOE-Zement, s.u.) versorgt. Auch wenn eine *schrittweise Kariesentfernung* wenig aussichtsreich hinsichtlich einer Reizdentinbildung (und damit einer später eventuell komplikationslosen Kariesentfernung) erscheinen sollte, gibt dieses Vorgehen dennoch Raum für die Adaptation an die Behandlung. Gelingt die Heranführung des Kindes oder Jugendlichen an die zahnärztliche Behandlung, werden meist auch solche Eingriffe möglich, die zunächst furchteinflößend waren, wie z.B. die Lokalanästhesie.

Kavitätenpräparation und Kariesentfernung im Kindes- und Jugendalter

Aktuelle Richtlinien der Kavitätenpräparation gelten sowohl für das Milchgebiß wie auch das bleibende Gebiß [31]. Die Präparation muß in erster Linie auf die einzusetzenden Restaurationsmaterialien abgestimmt sein. Trotzdem können einige *allgemeine Regeln* aufgestellt werden, die weitgehend unabhängig von den verschiedenen Füllungstechniken zu betrachten sind.

> Die zahnsubstanzschonende Präparation für Kavitäten gelingt bislang am besten mit kleinen birnen- oder kugelförmigen Diamantschleifkörpern oder Hartmetallfräsern in Kombination mit Handinstrumenten, die vor jedem Gebrauch frisch geschärft werden müssen.

Es gibt bislang noch keine überzeugenden wissenschaftlichen Studien, die zeigen könnten, daß der Einsatz von chemischen Lösungsmitteln, Lasersystemen oder Sandstrahlgeräten (KCP) gegenüber konventionellen Präparationstechniken bei der Behandlung von Kindern und Jugendlichen zu entscheidenden Vorteilen führen würde. Vielversprechend erscheinen hingegen neu entwickelte Präparationstechniken, bei denen rotierende Schleifer und Fräser durch *oszillierende (hochfrequent schwingende) Instrumente*, die die Herstellung einer defektbezogenen Kavitätenform erlauben, ersetzt oder zumindest ergänzt werden [12, 15].

Tabelle 1 Anatomische Besonderheiten von Milchzähnen.

- kleiner als analoge bleibende Zähne
- gekrümmte, grazile Wurzeln (besonders bei Molaren)
- großer Pulparaum, Pulpahörner ragen weit in die Höcker, insbesondere mesiobukkal bei unteren Molaren
- ballonförmige, bauchige Molarenkronen mit schmalen Kauflächen, bukkalem Schmelzwulst und zervikaler Einschnürung approximal
- flächige Approximalkontakte
- dünner Schmelzmantel (1 mm)
- oberflächlicher Schmelz ist prismenfrei/-arm und besitzt geringeren Mineralgehalt als bei der zweiten Dentition
- geringer Attritionswiderstand
- dünner Dentinmantel (unter 2 mm)

Bei der Kavitätengestaltung von Milchzähnen müssen deren besonderen Merkmale wie die Ausdehnung der Pulpahörner und die Dicke des Schmelz- und Dentinmantels beachtet werden (Tab. 1). Auch bei einer „mittelgroßen" Kavität ist der Kavitätenboden bei Milchzähnen häufig bereits als pulpanah einzustufen. Bei der Präparation muß auch differenziert werden, ob es sich um *eine akute, unterminierende Ausbreitung* einer Karies handelt, die sich farblich schwer vom gesunden Dentin abgrenzen läßt (hohes Risiko einer Pulpafreilegung), oder um eine *langsam verlaufende, chronische Verlaufsform* mit dunkelgrau-schwarz verfärbtem Dentin (geringeres Risiko einer Pulpafreilegung). Die Gestaltung eines approximalen Kastens konfrontiert den Behandler wegen der oft abrupt erfolgenden, konkav verlaufenden zervikalen Einschnürung bei tiefer Präparation zuweilen mit einem sehr schmalen Kastenboden, der das korrekte Einbringen der Füllungsmaterialien erschwert und als Abstützung für die Restaurationen kaum in Frage kommt.

Durch die Verfügbarkeit der adhäsiv verankerten Füllungsmaterialien müssen die Regeln der Kavitätenpräparation nach Black heute nicht mehr durchweg eingehalten werden. Die Kavitäten müssen allerdings nach wie vor so gestaltet werden, daß folgende Gesichtspunkte erfüllt werden:

- Es sollte ein *Zugang* geschaffen werden, der eine übersichtliche Kariesentfernung erlaubt *(„Erleichterungsform")*. Die Präparation (insbesondere der axialen Wände eines approximalen Kastens) muß der Ausbreitung der Pulpahörner Rechnung tragen. Dies bedeutet, daß konvergierend zulaufende Kastenwände vermieden werden müssen.

An *„kritischen" Bezirken* ist der Einsatz von *Handinstrumenten* rotierenden Instrumenten vorzuziehen. Die radikale Forderung nach einer rigorosen Kariesentfernung ohne Rücksicht auf eine eventuelle Pulpafreilegung ist in der Praxis allein schon deshalb problematisch, weil bis heute eine eindeutige Unterscheidung zwischen erhaltungswürdigem und nicht erhaltungswürdigem Dentin klinisch kaum möglich ist. Die Inspektion, Sondierung und ggf. auch die Anfärbung des Dentins mit Farbstofflösungen erlauben gerade im pulpanahen Bereich nicht immer eine klare Entscheidung. In diesem Zusammenhang sollte bedacht werden, daß pulpanahes Dentin, bei dem klinisch nicht exakt zwischen „infiziert" und „nicht infiziert" unterschieden werden kann, nur wenige Mikroorganismen enthält und daß sich auch die Pulpa von Milchzähnen durch Bildung von Reizdentin schützen kann [9].

Voraussetzung für einen klinischen Erfolg ist danach nicht in erster Linie die radikale Kariesentfernung, sondern ein möglichst dichter Kavitätenverschluß.

- Die Kavität sollte so gestaltet werden, daß sowohl die verbleibenden Zahnhartsubstanzen als auch die einzubringenden Materialien (ausreichende Schichtdicke) den *funktionellen Beanspruchungen in der Mundhöhle standhalten* können („Widerstandsform"). Wenn nur wenig Platz zur Verfügung steht, ist es bei Milchzähnen zuweilen vertretbar, spitz zulaufende antagonistische Höcker abzuschleifen, um die Restauration in größerer Schichtdicke einbringen zu können und somit einer Füllungsfraktur vorzubeugen.

Matrizen

Neben der Trockenlegung ist vor dem Einbringen von Füllungsmaterialien die *exakte Begrenzung von Kavitäten,* insbesondere im schwer zugänglichen Approximalbereich, erforderlich. Dazu werden üblicherweise Matrizen verwendet. Wegen der sich stark verjüngenden bauchigen Kronenform von Milchmolaren und wegen der Unruhe vieler Kinder werden *Matrizensysteme ohne Halterungen* gegenüber solchen mit Schraubvorrichtungen o.ä., die sich leicht abhebeln, von einigen Zahnärzten bevorzugt [24]. Als Beispiele sind die sog. T-Matrizen (Metallbänder) zu nennen. Auch transparente Matrizen für die Kunststoff-Adhäsivtechnik ohne Halterungen (z.B. Lucifix®) oder Teilmatrizen stellen bei der Milchzahnbehandlung eine gute Hilfe dar. Da eine feste Umklammerung solcher Matrizen am Zahn nicht erwartet werden kann, kommt der Verkeilung große Bedeutung zu.

Amalgamfüllungen

Für *Seitenzähne* der ersten und zweiten Dentition (insbesondere Klasse-I- und -II-Kavitäten) werden gamma-2-freie Amalgame nicht nur in älteren, sondern auch in praktisch allen modernen Lehrbüchern der Kinder- und Jugendzahnheilkunde weltweit als geeignet bezeichnet [1, 2, 3, 5, 11, 21, 23, 26, 37]. Obwohl Amalgame als sichere und effektive Füllungsmaterialien gelten, wurde ihre Verbreitung unter anderem durch die Weiterentwicklung zahnfarbener Werkstoffe, die in vielen klinischen Situationen schadensgerechtere und ästhetisch ansprechendere Versorgungen als Amalgame erlauben, reduziert. Auf die Besonderheiten der Verarbeitung der seit Jahrzehnten bewährten Amalgame wird an dieser Stelle nicht eingegangen.

Kompositfüllungen

Komposite bestehen aus einer meist hydrophoben Kunststoffmatrix, Verbundstoffen und weitgehend inaktiven Füllstoffen. Die Matrix der bislang gebräuchlichen Komposite setzt sich ausschließlich aus Kunststoffen auf Acrylatbasis zusammen. Alternativ dazu werden derzeit Materialien auf Ormocer-Basis (Organically Modified Ceramics) erprobt. Dabei handelt es sich um anorganische Siloxan-Netze mit chemisch gebundenen Methacrylatgruppen. Über die klinische Bewährung von Ormoceren liegen bislang keine ausreichenden Daten vor. Die Erhärtung der plastisch in die Kavitäten eingebrachten Materialien erfolgt durch Radikalpolymerisation, wobei – in Abhängigkeit vom Füllstoffgehalt – eine mehr oder weniger ausgeprägte Polymerisationsschrumpfung eintritt. Um dies zumindest teilweise zu kompensieren, werden *Komposite mit Adhäsivsystemen* eingesetzt, die sowohl mit dem Schmelz als auch mit dem Dentin eine mikromechanische Verankerung erlauben. Diese Substanzen können u.a. benetzungsfähige „wasserkompatible Kunststoffe" (z.B. Hydroxyethylmethacrylat), organische Säuren (z.B. Maleinsäure), organische oder anorganische Lösungsmittel (z.B. Aceton oder Äthanol) und Fixierungsmittel (z.B. Glutaraldehyd) enthalten.

Es ist heute prinzipiell möglich, auch ausgedehnte, mehrflächige Kavitäten im Seitenzahnbereich mit verschleißfesten und frakturresistenten Kompositen zu versorgen. Allerdings müssen dabei verschiedene Voraussetzungen erfüllt sein: Das Arbeitsfeld muß sorgfältig dargestellt und trockengelegt werden können, was eine entsprechende Kooperation des Patienten voraussetzt. Nahezu alle Kavitätenformen können mit Kompositen versorgt werden. Sie müssen aber so gestaltet werden, daß auch unter den engen anatomischen Verhältnissen der kindlichen Mundhöhle ein gezieltes Einbringen und Ausarbeiten der Kompositmaterialien gewährleistet ist. Ein vorsichtiges Abtragen der prismenfreien Oberflächenschicht des Milchzahnschmelzes im Randbereich von Kavitäten verbessert wahrscheinlich die spätere Haftung von Kompositen [36]. Nach der Präparation müssen mehrere Arbeitsgänge zur Konditionierung der Zahnhartsubstanzen bzw. zur Applikation verschiedener Adhäsivschichten vorgenommen werden. Dabei muß sichergestellt sein, daß kein Speichel, Exsudat oder Blut an die vorbereiteten Oberflächen (z.B. approximaler Kastenboden) gelangt. Dies gilt auch für die Anwendung bestimmter Kleber, die in angefeuchtete Kavitäten nach der sog. *Wet-Technik* eingebracht werden. Die Kavitäten müssen außerdem gut zugänglich sein. Ansonsten besteht die Gefahr, daß die Materialien nicht randständig eingebracht werden bzw. daß Überschüsse später nicht korrekt zu entfernen sind. Bei der Versorgung von ausgedehnteren Milchzahnkavitäten kann selbst ein versierter Behandler, der über entsprechende Erfahrung mit Adhäsivtechniken verfügt, die Voraussetzungen nicht immer erfüllen. Es ist auch zu beachten, daß sich korrekte, zum Nachbarzahn hin stramme approximale Kontaktflächen nur sehr schwer rekonstruieren lassen. Eine *suffiziente Kompositrestauration* erfordert somit:

- eine hinreichende Kooperation des kleinen Patienten
- zugängliche, trocken zu haltende Kavitäten (möglichst unter Kofferdam)
- Einhaltung einer Vielzahl von Arbeitsschritten, verbunden mit einem hohen Zeitaufwand
- ausgewogene Materialkombinationen mit entsprechender Ausrüstung (aufeinander abgestimmte Füllungsmaterialien und Adhäsive, geeignete Präparations- und Applikationsinstrumente, geeignete Hilfsmittel wie Keile und Matrizen, Polymerisationslampen usw.)
- entsprechende Fachkenntnisse und Erfahrungen des Behandlers

Da nicht immer auszuschließende marginale Imperfektionen mit einer erhöhten Plaqueakkumulation einhergehen, sind eine *gute Mundhygiene* und eine *regelmäßige Nachsorge* nach dem Einbringen von Kompositen besonders dringlich. Klinische Beispiele der Kompositanwendung bei Milchzähnen und bleibenden Zähnen von Kindern und Jugendlichen sind in den Abbildungen 2 bis 5 dargestellt.

Über die lokale Gewebeverträglichkeit von Kompositen liegen uneinheitliche Aussagen vor. Während einzelne Autoren eine direkte Schädigung der Pulpa durch Kontakt von Kompositen bzw. Adhäsiven befürchten [13], vertreten andere die Auffassung, daß Komposit-/Adhäsivsysteme keine negativen Reaktionen verursachen, sofern ein dichter Kavitätenverschluß realisiert wird. In letzter Zeit wird vermehrt die Frage diskutiert, ob eine Applikation von konventionellen Unterfüllungen unter Kompositen überhaupt noch angebracht ist. Sogar zur direkten Pulpaüberkappung werden moderne Schmelz-Dentinadhäsive mitunter eingesetzt. Auch wenn in Einzelfällen über Erfolge berichtet wurde, kann für die Praxisroutine ein so wenig abgesichertes Vorgehen derzeit noch nicht generell empfohlen werden.

Aufgrund des Fehlens von Langzeitresultaten ist eine eindeutige Entscheidung über die Möglichkeiten des Ersatzes von Unterfüllungen durch Adhäsive nach dem aktuellen Wissensstand somit noch nicht zu treffen. Bei größeren Kavitäten erscheint es nach wie vor gerechtfertigt, zumindest Dentin in unmittelbarer Pulpanähe sicherheitshalber abzudecken [28].

Hinsichtlich *systemischer Nebenwirkungen* besteht nach aktuellem Wissensstand abgesehen von seltenen allergischen Reaktionen [17] für den Patienten kaum eine Gefahr [18, 19, 20, 22, 27, 34]. Es gibt allerdings keine Hinweise darauf, daß das Risiko lokaler und/oder systemischer Wirkungen bei Kompositen generell geringer ist als bei Amalgamen [19, 34].

Über die Vor- und Nachteile von Kompositen sowie die wichtigsten Verarbeitungsempfehlungen orientieren die Tabellen 2 und 3.

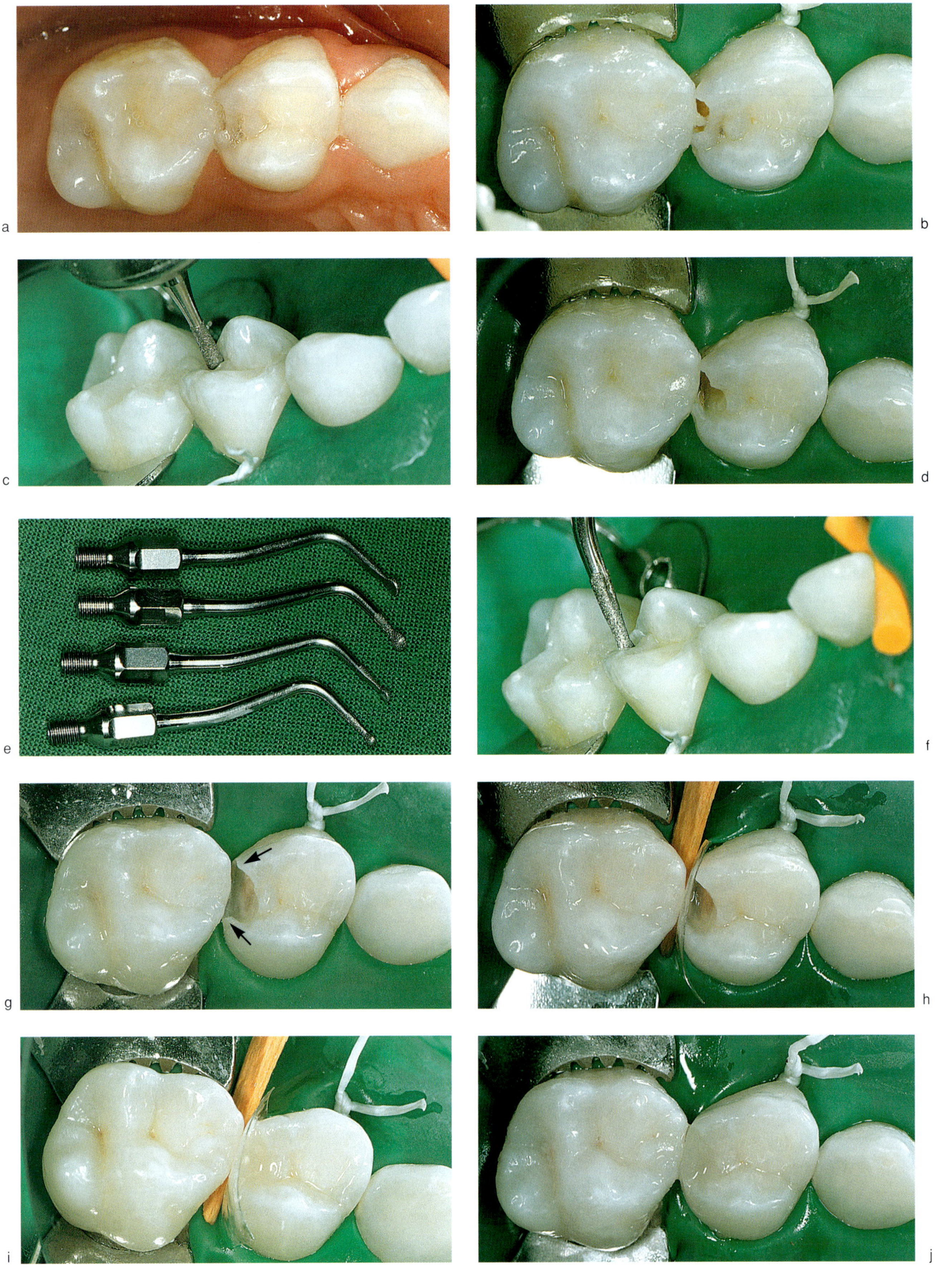
a
b
c
d
e
f
g
h
i
j

Tabelle 2 Wichtige Vor- und Nachteile von Kompositen als Füllungsmaterialien bei Kindern und Jugendlichen.

Wichtige Vorteile
– substanzschonende, schadensgerechte Präparation möglich – Kombination von Füllung und Fissurenversiegelung möglich – gute Retention der Füllung durch Einsatz von Adhäsiven – Möglichkeit der Zahnstabilisierung durch adhäsiv verankerte Füllung – kurze Aushärtungszeit, sofort belastbare Füllung – hohe Verschleißfestigkeit, hohe Bruchfestigkeit – ästhetisch zufriedenstellend
Wichtige Nachteile
– große Anforderungen an sauberes und übersichtliches Arbeitsfeld – aufwendige Verarbeitung erforderlich, empfindlich gegenüber Verarbeitungsfehlern – Risiko von Unter- und Überschüssen bei der Insertion – eingeschränkte Korrekturmöglichkeiten nach Aushärten des Füllungsmaterials – stramme Approximalkontakte schwer rekonstruierbar

Kompomerfüllungen

Kompomere finden zur Versorgung von Milchzahnkavitäten vor allem wegen ihrer *Verarbeitungsbesonderheiten* und ihrer *Fluoridfreisetzung* Anwendung. Es handelt sich um Dentalmaterialien, die sowohl über Kunststoffanteile als auch über Glasionomerzementanteile (s.u.) verfügen. Die Abbindereaktion kommt im wesentlichen durch die Kunststoffbestandteile zustande, weshalb diese Materialgruppe mehr den Kompositen als den Glasionomerzementen zuzurechnen ist (Tab. 4).

Kompomere weisen zwar eine geringere Verschleißfestigkeit als Komposite und eine niedrigere

Tabelle 3 Wichtige Verarbeitungsempfehlungen für Komposite als Füllungsmaterialien bei Kindern und Jugendlichen.

Kavitätenpräparation
– individuelle Bestimmung der Zugangsform – rein defektbezogene Präparation zur Schonung gesunder Zahnsubstanz – konventionelle Extensionsform nicht erforderlich – konventionelle Retentionsform (Unterschnitte) nicht erforderlich
Füllungstechnik
– sauberes Arbeitsfeld (nach Möglichkeit Kofferdam) – Anätzen, Spülen, Entfernen des Feuchtigkeitsüberschusses – ein- oder mehrschichtiges Auftragen/Härten von Primer/Adhäsiv – ein- oder mehrschichtiges Einbringen/Härten des Füllungsmaterials – ggf. Auftragen eines Versiegelungsmaterials zum Schutz angrenzender Zahnareale – Ausarbeiten/Formkorrektur – ggf. Nachversiegeln

Tabelle 4 Abgrenzung der Kompomere zu den Kompositen.

Kompomere sind Komposite mit
– ionenfreisetzenden Glaspartikeln (sollen Fluoridangebot erhöhen) – „hydrophiler" organischer Matrix (soll u.a. Flüssigkeitsaufnahme und Fluoridtransport erhöhen) – erniedrigter Abrasions- und Attritionsresistenz – speziellen, selbstkonditionierenden Adhäsivkomponenten, die durch ihren Säuregehalt und ihre „hydrophilen" Eigenschaften auch ohne konventionelle Säureätztechnik eine (begrenzte) Haftung an den Zahnhartsubstanzen erlauben sollen – speziellem Dimensionsverhalten (stärkere Quellung durch höhere Wasseraufnahme als Feinhybrid-Komposite)

◁ *Abb. 2a bis j*

a) Distale Karies bei einem ersten Milchmolaren eines vierjährigen Kindes. Beim klinischen Erstbefund sind noch massive mikrobielle Beläge als Zeichen einer unzureichenden Mundhygiene anzutreffen.
b) Nach Darstellung des Arbeitsfeldes mit Kofferdam wird die kariöse Läsion deutlich sichtbar.
c) Zunächst wird mit einem birnenförmigen Diamantschleifinstrument der Zugang zur Läsion hergestellt.
d) Zustand nach Schaffung der „Erleichterungsform". Damit sind die Voraussetzungen zur gezielten Kariesentfernung geschaffen. In einem zweiten Schritt erfolgt die Kariesentfernung mit einem kugelförmigen Hartmetallfräsinstrument und einem Exkavator.
e) Zur Feinkorrektur der Präparation kommen oszillierende, einseitig diamantbelegte Instrumente zum Einsatz.
f) Oszillierendes, halbkugelförmiges Instrument in situ. Durch die einseitige Belegung können auch Randbezirke der Kavität ohne Verletzung des Nachbarzahns bearbeitet werden.
g) Fertiggestellte Kavität. Die nach der Kariesentfernung verbliebenen, spitz zulaufenden und deshalb frakturgefährdeten Schmelzzungen am Kavitätenrand wurden geringgradig gebrochen (Pfeile).
h) Verkeilte, bauchig geformte Teilmatrize.
i) Nach Säurekonditionierung und Auftragen von Primer/ Adhäsiv wurde die Kompositfüllung eingebracht und polymerisiert.
j) Zustand nach Entfernung des Füllungsüberschusses.

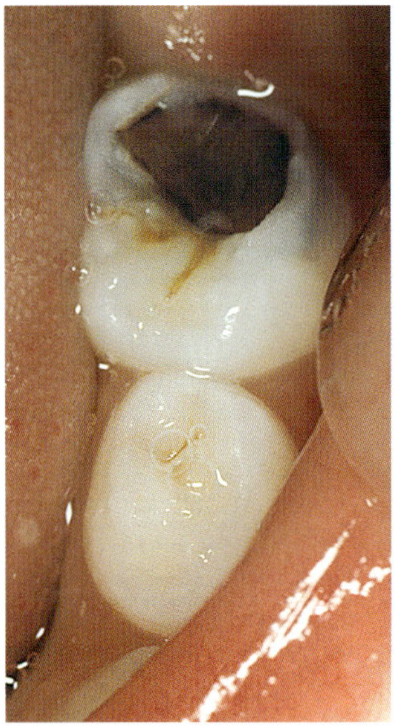
a

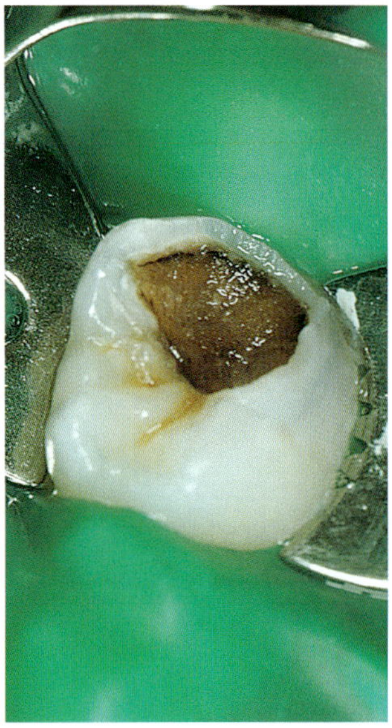
b

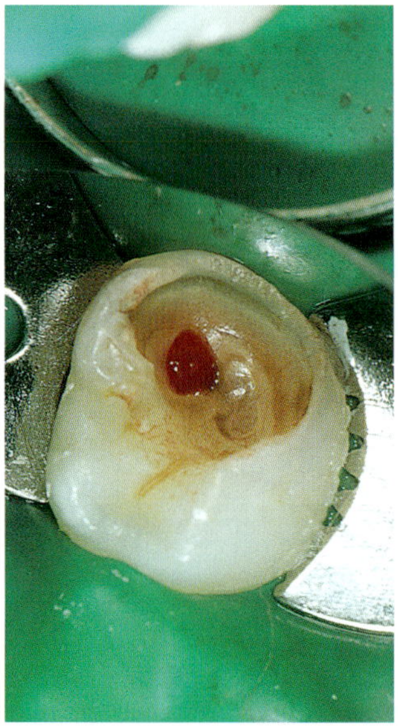
c

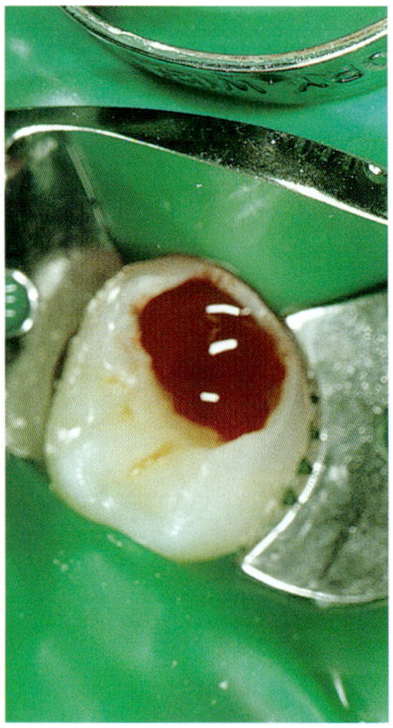
d

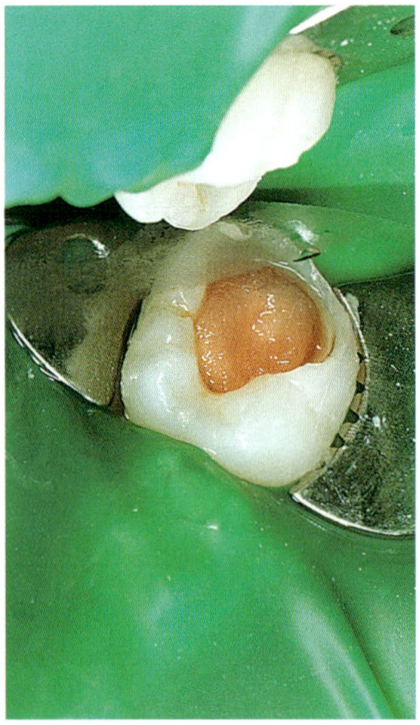
e

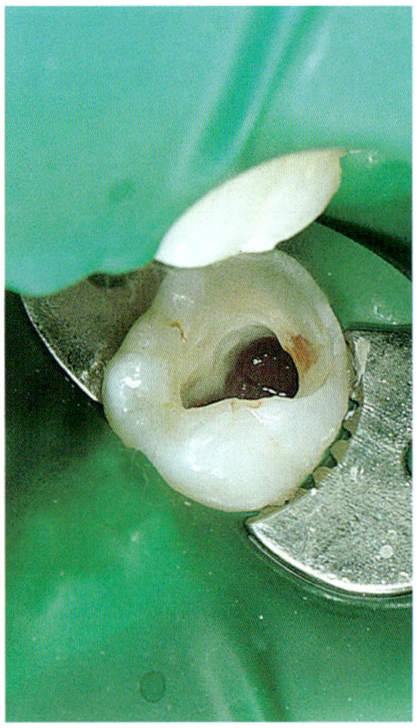
f

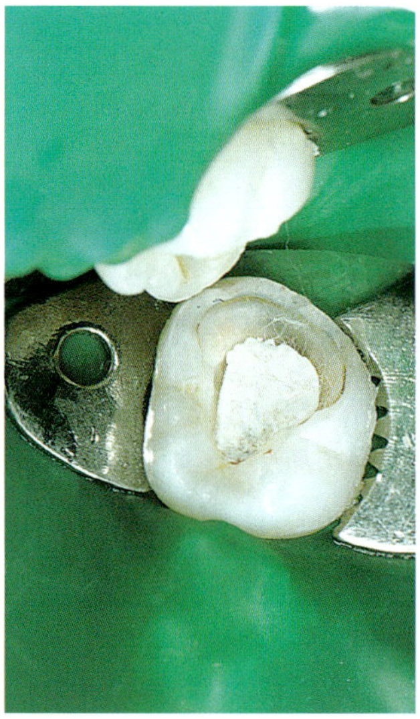
g

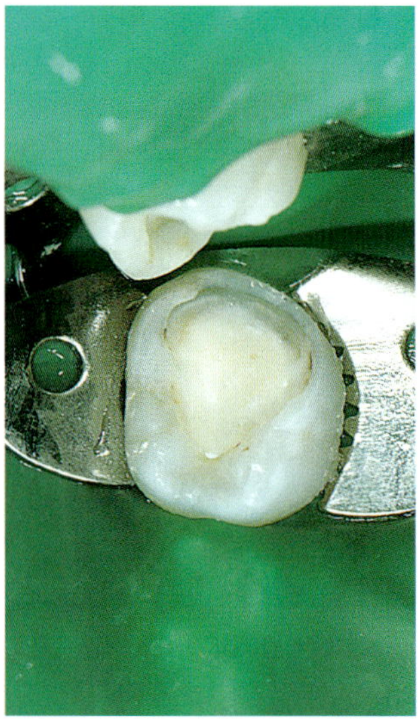
h

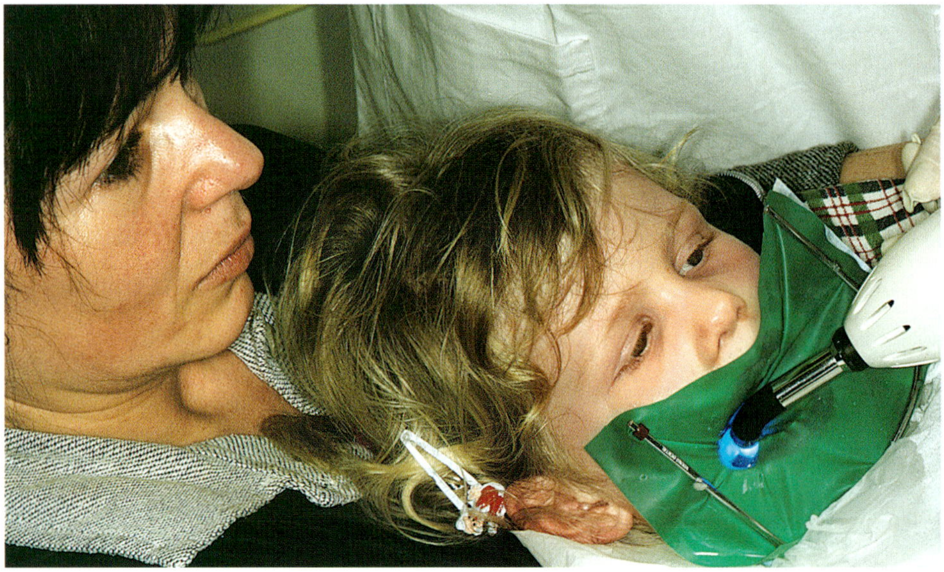
i

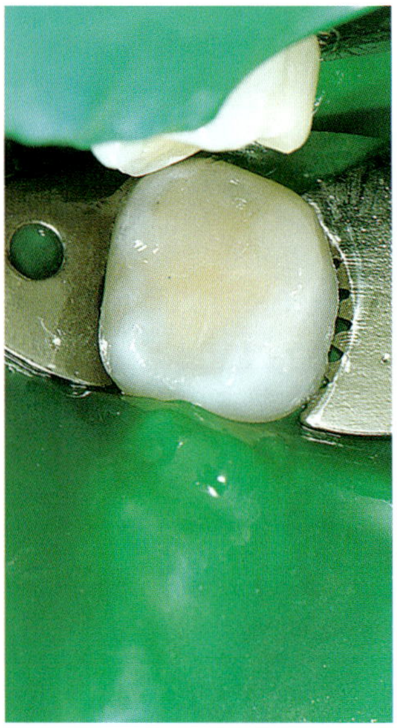
j

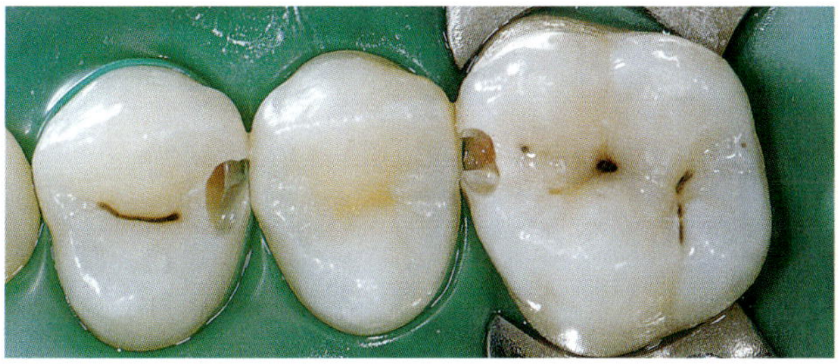

a

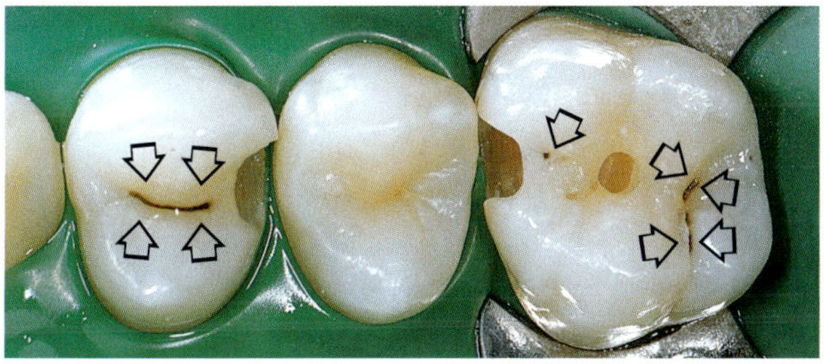

b

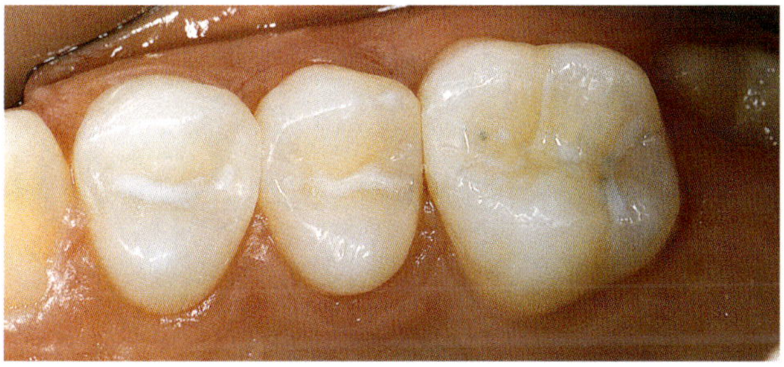

c

Abb. 4a bis c

a) Okklusale und approximale Karies an zwei bleibenden Zähnen eines Jugendlichen. Zustand nach Freilegung der approximalen Dentinkaries.

b) Zustand nach Abschluß graziler Kavitätenpräparationen. Die Pfeile deuten auf verfärbte, klinisch aber noch kariesfreie Fissuren, die nicht (!) in die Präparationen einbezogen wurden.

c) Zustand nach Einbringen von Kompositfüllungen und anschließender Versiegelung kariesgefährdeter Areale. Zur Versorgung derartiger Kavitäten können heute weder Amalgamfüllungen noch Inlays (gleich ob aus metallischen oder zahnfarbenen Materialien) als Mittel der ersten Wahl bezeichnet werden. Vielmehr ist hier i.d.R. der *direkten*, schadensgerechten Versorgung mit Kompositen in Kombination mit Versiegelungen die Priorität zu geben.

Fluoridfreisetzung als Glasionomerzemente (s.u.) auf, dennoch haben sie bei der Behandlung von Milchzähnen einige Vorzüge:

> Die Säurekonditionierung ist nicht obligatorisch und kann bei der Kinderbehandlung in besonders schwierigen klinischen Situationen unterbleiben.

Damit entfallen auch das nachfolgende Spülen und Trocknen. Bei diesen Arbeitsschritten gelingt es bekanntlich mitunter nur schwer, die Zahnoberfläche frei von Speichel, Exsudat oder Blut zu halten. Dies ist besonders dann der Fall, wenn unter relativer Trockenlegung gearbeitet wird und nach dem Spülen ein rascher Watterollenwechsel bei kontinuierlicher Isolation des Arbeitsfeldes erforderlich ist. Ob die Fluoridfreisetzung aus Kompomeren zu einer klinisch relevanten Kariesprotektion führt, ist zwar nicht abgesichert, aber immerhin vorstellbar. Falls eine antikariogene Wirkung vorhanden sein sollte, wäre nicht nur eine Schutzwirkung für den behandelten Zahn selbst, sondern auch für die Nachbarzähne zu diskutieren. Besonders wichtig könnte dieser Aspekt bei der Versorgung der *Distalfläche von zweiten Milchmolaren* sein, da hier gleichzeitig die stark gefährdeten Mesialflächen der Sechsjahrmolaren einen Kariesschutz erfahren würden.

Schwierigkeiten beim Einbringen können durch geeignete Spritzensysteme, die sowohl für Komposite wie auch für Kompomere zur Verfügung stehen, zwar vermindert, allerdings nicht ganz behoben werden. Die mit der eingeschränkten Stopfbarkeit zusammenhängende Gefahr einer Hohlraumbildung am Kavitätenboden ist – genauso wie bei Kompositen – ein Nachteil gegenüber der Anwendung von Amalgamen. Auch Materialüberschüsse, die trotz guten Verkeilens nicht immer vermeidbar sind, lassen sich nur schwer beseitigen. Das Problem der Schaffung einer strammen approximalen

◁ *Abb. 3a bis j*

a) Profunde Karies eines zweiten Milchmolaren bei einem dreijährigen Kind. Das extrem ängstliche Kind mußte zur Behandlung mit einem Sedativum prämediziert werden.

b) Situation nach Anlegen von Kofferdam.

c) Bei der Kariesentfernung kam es zur Pulpafreilegung.

d) Zustand nach Pulpotomie vor der Blutstillung.

e) Einbringen eines in physiologischer Kochsalzlösung getränkten Wattepellets.

f) Zustand nach erfolgter Blutstillung.

g) Auf die verbliebene Wurzelpulpa wird ohne weitere Zusätze direkt ein Zinkoxid-Eugenol-Zement aufgetragen.

h) Abdecken des Zinkoxid-Eugenol-Zements mit Glasionomerzement. Nachfolgend Säureätzung, Applikation von Primer/Adhäsiv und Komposit.

i) Situation bei der Lichtpolymerisation. Das auf dem Schoß der Mutter sitzende, durch die Sedation hinreichend behandelbare Kind.

j) Fertiggestellte Kompositfüllung des zweiten Milchmolaren.

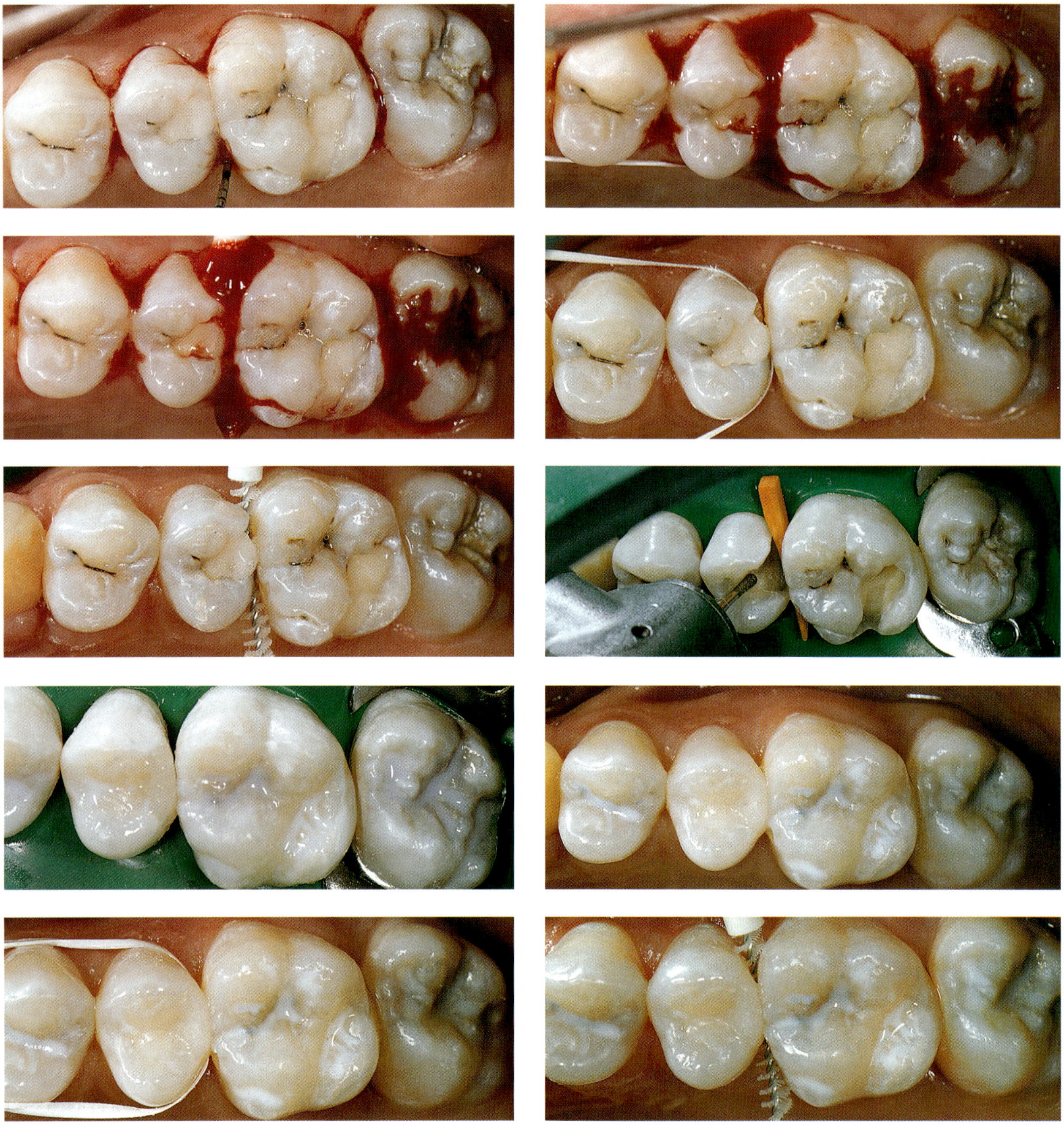

Abb. 5a bis j

a) Jugendliche Patientin mit Karies unter zwei insuffizienten Kompositfüllungen am zweiten Prämolaren und ersten Molaren. Die Patientin klagt über Zahnfleischbluten beim Zähneputzen und Mundgeruch. Bei der Untersuchung zeigt sich an nahezu allen Zähnen eine Blutung nach Sondieren.
b) Durch die Entzündung des marginalen Parodonts kommt es auch bei der Berührung mit Zahnseide zu einer massiven Blutung.
c) Mit Hilfe einer grazilen Zahnzwischenraumbürste läßt sich eine große Menge fötid riechender mikrobieller Beläge entfernen.
d) Nach einem entsprechenden Mundhygiene-Trainingsprogramm kommt es sehr schnell zum Abklingen der Entzündungsreaktionen. Die Patientin kann allerdings mit Zahnseide allein die interdentalen Beläge nur bedingt entfernen.
e) Erst in der Kombination mit einer sehr grazilen Interdentalraumbürste gelingt eine hinreichend effektive Reinigung der Zahnzwischenräume.
f) Nach erfolgreichem Mundhygienetraining kann eine adäquate restaurative Versorgung vorgenommen werden. Hier: Entfernung der beiden insuffizienten Kompositfüllungen mit einem birnenförmigen Diamantschleifer.
g) Zustand nach Einbringen von direkten Kompositfüllungen und Versiegelung von Risikoflächen.
h) Durch die restaurative Behandlung einschließlich der Versiegelungen wurde unter anderem beabsichtigt, Nischen für oralpathogene Keime zu verringern.
i) Reinigung der Zahnzwischenräume mit Zahnseide (vgl. Abb. b und d).
j) Reinigung der Zahnzwischenräume mit Inderdentalraumbürsten (vgl. Abb. c und e). In Kombination mit einer Ernährungsberatung und einem adäquaten Fluoridangebot sind günstige Verhältnisse für eine Erhaltung der oralen Gesundheit geschaffen.

Kontaktfläche ist nach wie vor vorhanden. Trotz vielversprechender erster Erfahrungen bei Milchzähnen [6, 7, 8, 9, 14, 25] können Kompomere noch nicht hinreichend bewertet werden, da meist nur Kurzzeitergebnisse, die sich auf klinische Beobachtungen beschränken, vorliegen. Im Vergleich zu anderen Werkstoffen kann nur auf begrenztes Datenmaterial, z.B. über den Verschleiß in Abhängigkeit von Kavitätengröße und -lage, die Frakturanfälligkeit und die Randspaltbildung nach längerer Beobachtungsdauer zurückgegriffen werden. Die bisherigen Beobachtungen deuten jedoch darauf hin, daß Kompomere in ihren werkstoffkundlichen Eigenschaften zwischen den Kompositen und den Glasionomerzementen einzuordnen sind.

Über die Vor- und Nachteile von Kompomeren sowie die wichtigsten Verarbeitungsempfehlungen orientieren die Tabellen 5, 6 und 7.

Zementfüllungen

Zemente werden bei Kindern hauptsächlich zur *provisorischen* oder *semipermanenten Kavitätenversorgung* und als *Unterfüllungsmaterialien* benutzt. Außerdem finden sie zum Einsetzen konfektionierter Überkronungen, für Versiegelungszwecke und im Rahmen endodontischer Maßnahmen Anwendung.

Zinkoxid-Eugenol-Zemente (ZOE-Zemente)
Der alkalische Reaktionspartner dieser Zementgruppe ist Zinkoxid, der saure Reaktionspartner ist Eugenol, ein Phenolderivat. Beim Zusammenmischen kommt es infolge einer Chelatbildung im wässerigen Milieu zur Erhärtung. Es wird zwischen *reinen ZOE-Zementen* und *mit Füllstoffen verstärkten Zementen* unterschieden. Letztere haben eine höhere Festigkeit und Beständigkeit als die ungefüllten Vertreter dieser Materialgruppe. Ihr Indi-

Tabelle 5 Wichtige Vor- und Nachteile von Kompomeren als Füllungsmaterialien bei Kindern und Jugendlichen.

Wichtige Vorteile
– Freisetzung von Fluoriden mit dadurch postulierter antikariogener Wirkung – substanzschonende, schadensgerechte Präparation möglich – (begrenzte) Haftung an Schmelz und Dentin in Verbindung mit Primer auch ohne konventionelle Säureätztechnik realisierbar – Insertion kann auch ohne absolute Trockenlegung (Kofferdam) erfolgen – kurze Aushärtungszeit, sofort belastbare Füllung – höhere Verschleißfestigkeit und Frakturresistenz als Glasionomerzement – ästhetisch zufriedenstellend
Wichtige Nachteile
– kurze klinische Erfahrung – geringere Verschleißfestigkeit und Frakturresistenz als Komposit – empfindlich gegenüber Verarbeitungsfehlern – Risiko von Unter- und Überschüssen bei der Insertion – eingeschränkte Korrekturmöglichkeiten nach Aushärten des Füllungsmaterials – stramme Approximalkontakte schwer rekonstruierbar

Tabelle 6 Wichtige Verarbeitungsempfehlungen für Kompomere als Füllungsmaterialien bei Kindern und Jugendlichen.

Kavitätenpräparation
– siehe Komposite (Tab. 3)
Füllungstechnik
– sauberes Arbeitsfeld (Kofferdam wünschenswert, aber nicht obligat) – Säureätztechnik (SÄT) wünschenswert, aber nicht obligat – zweischichtiges Auftragen eines Primers bei einigen Präparaten erforderlich – weitere Verarbeitung analog Kompositen

Tabelle 7 Wichtigste Unterschiede zwischen Kompositen und Kompomeren beim Einsatz als Füllungsmaterialien bei Kindern und Jugendlichen.

	Komposit	**Kompomer**
Verarbeitung	SÄT obligatorisch	SÄT fakultativ
Verschleißfestigkeit	hoch	mittel (zwischen Komposit und GIZ)
Fluoridfreisetzung	sehr gering	gering (zwischen Komposit und GIZ)
Dimensionsverhalten	Kontraktion	Kontraktion ähnlich wie bei Kompositen/Quellung höher als bei Feinhybrid-Kompositen

kationsgebiet ist die temporäre Kavitätenversorgung. Auch bei einer begrenzten Mitarbeit eines Kindes und einer daraus resultierenden mangelnden Trockenlegung des Arbeitsfeldes gestatten sie – zumindest über einen vorübergehenden Zeitraum – eine hinreichend dichte Kavitätenversorgung. Sie werden z.B. dann verwendet, wenn eine Präparation bei einem wenig kooperativen Kind nicht zum Abschluß gebracht werden konnte bzw. die Kariesentfernung auf einen späteren Zeitpunkt verschoben wurde. Zusammen mit Kunststoffen sollen ZOE-Zemente nicht verwendet werden, da der Eugenolgehalt zu einer Polymerisationsinhibition führen kann. Die früher weite Verbreitung von ZOE-Zementen ist in den letzten Jahren durch die Entwicklung stabilerer Materialien stark zurückgegangen.

Glasionomerzemente

Glasionomerzemente bestehen aus fluoridfreisetzenden Ca-Al-Silikatgläsern (alkalische Reaktionspartner) und Polycarbonsäuren (saure Reaktionspartner). Die Erhärtung kommt durch Chelatbildung in wässerigem Milieu zustande. Glasionomerzemente haben eine zahnähnliche Farbe, ihr thermischer Expansionskoeffizient entspricht etwa dem der Zahnhartsubstanzen. Sie weisen eine (geringe) Haftung an Schmelz und Dentin auf, die aber nicht überbewertet werden darf. Durch die Fluoridfreisetzung wird eine antikariogene Wirkung diskutiert, was allerdings klinisch nur schwer belegbar ist. Glasionomerzemente kommen neben ihrem Einsatz als Unterfüllungs- und Befestigungsmaterialien insbesondere zur *semipermanenten Versorgung* von Milchzähnen in Frage. Sie werden vorzugsweise maschinell gemischt und mit Spritzen in die Kavitäten eingebracht. Ihre Verarbeitbarkeit ist schwierig (empfindlich gegenüber Feuchtigkeitsüberschuß und -mangel). Der Metallzusatz zu Glasionomerzementen, z.B. durch Einschluß chemisch gebundener Silberpartikel (Cermet-Zemente), bewirkt wahrscheinlich keine entscheidende Verbesserung der Materialeigenschaften. Neuerdings werden stopfbare Glasionomerzemente als Füllungsmaterialien im Milchgebiß diskutiert. Diese Materialien sind einerseits charakterisiert durch einen höheren Stopfdruck bei der Verarbeitung und eine verbesserte Druckfestigkeit. Andererseits weisen sie eine rauhe Oberfläche auf. Obwohl es mit diesen Materialien leichter möglich erscheint, stramme approximale Kontaktflächen herzustellen, ist die Verwendung für Klasse-II-Kavitäten durch ihre *geringe Kantenfestigkeit* limitiert. Über die Vor- und Nachteile von Glasionomerzementen sowie die wichtigsten Verarbeitungsempfehlungen orientieren die Tabellen 8 und 9.

Tabelle 8 Wichtige Vor- und Nachteile von Glasionomerzementen (GIZ) als Füllungsmaterialien bei Kindern und Jugendlichen.

Wichtige Vorteile
– Feisetzung von Fluoriden (größer als bei Kompomeren und Kompositen) – (geringe) Haftung an Schmelz und Dentin ohne Vorbehandlung erzielbar – Insertion kann ohne absolute Trockenlegung (Kofferdam) erfolgen – Insertion kann ohne SÄT erfolgen – ästhetisch zufriedenstellend – stopfbare Versionen stehen zur Verfügung
Wichtige Nachteile
– empfindlich gegenüber frühem Feuchtigkeitszutritt und Austrocknung – Frakturgefahr (besonders bei Klasse-II-Füllungen) – geringere Verschleißfestigkeit als Kompomere und Komposite – eingeschränkte Korrekturmöglichkeiten nach Aushärten des Füllungsmaterials

Tabelle 9 Wichtige Verarbeitungsempfehlungen für Glasionomerzemente (GIZ) als Füllungsmaterialien bei Kindern und Jugendlichen.

Kavitätenpräparation
– konventionelle Retentionsform schaffen – ausreichende Breite und Tiefe bei Klasse-II-Kavitäten erforderlich (wegen Frakturgefahr)
Füllungstechnik
– sauberes Arbeitsfeld – Oberflächenkonditionierung und Einbringen von Haftvermittlern möglich (aber nicht obligat) – Material vorschriftsmäßig anmischen (Kapselsysteme sind zu bevorzugen) – Material einbringen und adaptieren („stopfbare" Versionen ermöglichen ggf. Herstellung eines approximalen Kontaktes zum Nachbarzahn) – beim Aushärten und Ausarbeiten Feuchtigkeitskontamination und Austrocknung vermeiden – Schutzlackapplikation

Neben den *konventionellen Glasionomerzementen* stehen Präparate mit *Zusätzen von lichthärtenden Kunststoffen* (resinmodifizierte Glasionomere, Hybridionomere) zur Verfügung. Hier nimmt die

Polymerisation zusätzlichen Einfluß auf die Erhärtungsphase. Man verspricht sich von diesen Materialien eine Verbesserung der Materialeigenschaften und der Verarbeitbarkeit. Außerdem wird eine Erhöhung der Randdichtigkeit von Füllungen aus „Kunststoff-modifizierten" Glasionomerzementen diskutiert [10].

Steinzemente
Steinzemente (Silikophosphatzemente) sind Mischungen der Zinkphosphatzemente und der Silikatzemente. Sie können aufgrund ihrer *ungenügenden Materialeigenschaften (Frakturanfälligkeit)* und ihrer *Toxizität* für die Versorgung von Milchzahnkavitäten nicht empfohlen werden. Sie werden an dieser Stelle nur deshalb erwähnt, weil in letzter Zeit einige Zahnärzte diese Zemente als Alternativen zu Amalgam oder Komposit einsetzen. Davor ist jedoch aus den obengenannten Gründen abzuraten.

Sonstige Restaurationsarten

Zur Versorgung *ausgedehnter Läsionen* von Milchzähnen wurden früher die sog. Konturbandfüllungen empfohlen. Diese wurden in der Zwischenzeit weitgehend durch *Konfektionskronen* ersetzt. In Einzelfällen ist auch im Kindes- und Jugendalter bei Zähnen der ersten und zweiten Dentition die Anfertigung laborgefertigter Restaurationen aus Gußmetallen oder zahnfarbenen Materialien angezeigt. Sie kommen dann in Betracht, wenn mit plastischen Materialien kein zufriedenstellendes Ergebnis erzielt werden kann und eine kritische Nutzen-Risiko-Abwägung solche Maßnahmen gerechtfertigt erscheinen läßt.

Vergleichende Würdigung von Füllungsmaterialien

Während früher *Amalgame* in der zahnärztlich-restaurativen Therapie von Kindern und Jugendlichen im Vordergrund standen, können heute *Komposite* als Mittel der ersten Wahl zur Versorgung von Zähnen der ersten und zweiten Dentition betrachtet werden. Insbesondere dann, wenn eine langfristige stabile Versorgung angestrebt wird, sollte diesen Materialien unter strenger Beachtung der jeweiligen Verarbeitungsvorschriften der Vorzug gegeben werden. Es ist zu erwarten, daß die derzeit noch sehr hohen Anforderungen an die Verarbeitung von Kompositen bei der Konditionierung der Zahnhartsubstanzen, dem Einsatz von Adhäsiven, dem Einbringen und der Ausarbeitung der Füllungen sukzessive vereinfacht werden können, so daß sich die Unterschiede zu weniger aufwendig verarbeitbaren Werkstoffe wahrscheinlich verringern werden. Kompomere und Glasionomerzemente kommen derzeit vor allem wegen ihres im Vergleich zu Kompositen höheren Verschleißverhaltens nur als semipermanente Füllungsmaterialien in Betracht. Für provisorische Kavitätenversorgungen von Milchzähnen haben polymerverstärkte ZOE-Zemente nach wie vor eine gewisse Bedeutung.

Ausblick

Kinder und Jugendliche, bei denen gravierende Ernährungsfehler vermieden werden, denen die Gelegenheit und Instruktion gegeben wird, eine hinreichende Plaquekontrolle zu realisieren und die ein adäquates Fluoridangebot erhalten, haben heute die Chance, ihr Gebiß über einen langen Zeitraum gesund zu erhalten. Von besonderer Bedeutung ist es, daß durch eine entsprechende *Aufklärung* und *Gesundheitsförderung* Kenntnisse über nützliche und schädliche Einflüsse auf die Zahngesundheit zum Allgemeingut in der Bevölkerung werden. Kinder und Jugendliche müssen z.B. breitenwirksame und niedrigschwellige Trainingsprogramme erhalten, um den Einsatz der heute zur Verfügung stehenden Mundhygienehilfsmittel (Zahnbürsten, Zahnseiden, grazile Zahnzwischenraumbürsten usw.) unter Berücksichtigung ihrer jeweiligen individuellen Gegebenheiten sicher zu erlernen.

Durch die gezielte Beseitigung von Nischen für oralpathogene Mikroorganismen, z.B. durch Fissurenversiegelungen oder andere Formkorrekturen, die eine Plaquekontrolle erleichtern, besteht zahnärztlicherseits die Möglichkeit, das Risiko für das Auftreten von Läsionen deutlich zu verringern.

Sollte es dennoch zu kariesbedingten oder traumatisch verursachten Zahnschäden kommen, so können diese heute in den meisten Fällen mit *direkt* eingebrachten zahnfarbenen Materialien schadensgerecht und ästhetisch ansprechend versorgt werden.

Bei der zahnärztlichen Betreuung eines Kindes und Jugendlichen werden bereits die Weichen gestellt, die für die orale Gesundheit im weiteren Leben dieses Patienten von entscheidender Bedeutung sind. Eine präventionsorientierte zahnärztliche Behandlung von Kindern und Jugendlichen unter Einsatz substanzschonend eingebrachter und stabiler Füllungsmaterialien sollte dazu führen, daß dieser Personenkreis in seinem späteren Leben nur noch selten auf ausgedehnten Zahnersatz angewiesen ist.

Literatur

[1] Andlaw, R. J., Rock, W. P.: A manual of paediatric dentistry, 4th edition. Churchill Livingstone, New York 1996.

[2] Ben-Zur, E. D.: Pathologie und konservierende Behandlung der Milchzähne. In: Stöckli, P. W., Ben-Zur, E. D.: Zahnmedizin bei Kindern und Jugendlichen, 3. Aufl. Thieme, Stuttgart 1994.

[3] Braham, R. L., Morris, M. E.: Amalgam alloy restaurations. In: Braham, R. L., Morris, M. E. (eds.): Textbook of pediatric dentistry, 2nd edition. Williams & Wilkins, Baltimore 1985.

[4] Callaway, A., Ernst, C.-P., Fuhr, K., Willershausen-Zönnchen, B.: Erkrankungen der Zahnhartsubstanz: Kariologie. In: Willershausen-Zönnchen, B., Butenandt, O.: Kinderzahnheilkunde. Urban & Schwarzenberg, München 1995.

[5] Duggal, M. S., Curzon, M. E. J., Fayle, S. A., Pollard, M. A., Robertson, A. J.: Restaurationstechniken in der Kinderzahnheilkunde. Urban & Schwarzenberg, München 1996.

[6] Ernst, C.-P., Weckmüller, C., Willershausen, B.: Milchzahnaufbauten mit Compomeren. Schweiz Monatsschr Zahnmed 105, 665 (1995).

[7] Frankenberger, R., Krämer, N.: Die Füllungstherapie im Milchgebiß. Phillip Journal 14, 169 (1997).

[8] Frankenberger, R., Sindel, J., Krämer, N.: Viscous glass-ionomer cements: a new alternative to amalgam in the primary dentition? Quintessence Int 28, 667 (1997).

[9] Granath, L., Màjare, I., Raadal, M.: Karies: Behandlung. In: Koch, G., Modéer, T., Poulsen, S., Rasmussen, P. (Hrsg.): Kinderzahnheilkunde – ein klinisches Konzept. Quintessenz, Berlin 1994.

[10] Hallett, K. B., Garcia-Godoy, F.: Microleakage of resin-modified glassionomer cement restorations: an in vitro study. Dent Mater 9 [5], 306 (1993).

[11] Hallonsten, A.-L., Magnusson, B. O., Rolling, I.: Operative dentistry, prosthetics. In: Magnusson, B. O. (ed.): Pedodontics. Munksgaard, Copenhagen 1981.

[12] Hugo, B.: Entwicklung und Anwendungsmöglichkeiten oszillierender Verfahren in der Präparationstechnik (Teil 1]. Dtsch Zahnärztl Z 52, 637 (1997).

[13] Jontell, M., Hanks, C. T., Bratel, J., Bergenholtz, G.: Effects of unpolymerized resin components on the function of accessory cells derived from the rat incisor pulp. J Dent Res 74 (5), 1162 (1995).

[14] Krejci, I., Gebauer, L., Häusler, T., Lutz, F.: Kompomere – Amalgamersatz für Milchzahnkavitäten? Schweiz Monatsschr Zahnmed 104, 724 (1994).

[15] Krejci, I., Lutz, F., Krejci, D.: Schall-/Ultraschallbetriebene diamantierte Instrumente zur Kavitätenpräparation, zum Konturieren und zum Finieren. Zahnärztl Welt 104, 781 (1995).

[16] Künzel, W.: Caries decline in Deutschland. Hüthig Verlag, Heidelberg 1997.

[17] Hallström, U.: Adverse reaction to a fissure sealant: Report of case. J Dent Child 60, 143 (1993).

[18] Lehmann, F., Leyhausen, G., Spahl, W., Geurtsen, W.: Vergleichende Zellkultur-Untersuchungen von Kompositbestandteilen auf Zytotoxizität. Dtsch Zahnärztl Z 48, 651 (1993).

[19] Lenhard, M., Staehle, H. J.: Kunststoff-Füllungsmaterialien und Amalgame – Zur Frage potentieller Risiken systemischer und lokaler Nebenwirkungen. Zahnärztl Mitt 84 (8), 38 (1994).

[20] Leyhausen, G., Heil, J., Reifferscheid, G., Geurtsen, W.: Das gentoxische Potential von Kompositbestandteilen. Dtsch Zahnärztl Z 50, 134 (1995).

[21] Maiwald, H.-J.: Füllungstherapie an Milchzähnen. In: Ketterl, W. (Hrsg.): Praxis der Zahnheilkunde 2 – Zahnerhaltung I, 3. Aufl. Urban & Schwarzenberg, München 1992.

[22] Öysaed, H., Ruyter, I. E., Sjovik Kleven, I. J.: Release of formaldehyd from dental composites. J Dent Res 67, 1289 (1988).

[23] Page, J., Welbury, R. R.: Operative treatment of dental caries. In: Welbury, R. R. (ed.): Paediatric Dentistry. Oxford University Press, Oxford 1997.

[24] Pieper, K., Schulte, A.: Füllungstherapie bei Kindern. In: Schriftenreihe APW: Kinderzahnheilkunde. Hanser Verlag, München 1995.

[25] Pieper, K., Krämer, N., Einwag, J.: Füllungstherapie im Milchgebiß. In: Einwag, J., Pieper, K.: Kinderzahnheilkunde. Urban & Schwarzenberg, München 1997.

[26] Schübel, F.: Füllungen an Milchzähnen. In: Ketterl, W. (Hrsg.): Praxis der Zahnheilkunde 2 – Zahnerhaltung I, 2. Aufl. Urban & Schwarzenberg, München 1987.

[27] Schweikl, H., Schmalz, G., Bey, B.: Mutagenicity of dentin bonding agents. J Biomedical Mat Res 28, 1061 (1994).

[28] Staehle, H. J.: Die Versorgung der Dentinwunde. Dtsch Zahnärztl Z 48, 670 (1993).

[29] Staehle, H. J.: Versiegelungen von Zähnen. Quintessenz, Berlin 1994.

[30] Staehle, H. J.: Wege zur Realisierung einer präventionsorientierten Zahnheilkunde in Deutschland – Förderung erfolgversprechender Strategien, Aufholung von Versäumnissen, Korrektur von Fehlentwicklungen. Hanser Verlag, München 1996.

[31] Staehle, H. J., Gehlen, I., Kramb, A.: Restaurative Zahnheilkunde bei Kindern und Jugendlichen. In: Staehle, H. J., Koch, M. J.: Kinder- und Jugendzahnheilkunde – Kompendium und praktischer Leitfaden für Studierende und Zahnärzte. Deutscher Ärzte-Verlag, Köln 1996.

[32] Staehle, H. J., Koch, M. J.: Neue Aspekte der Füllungstherapie im Milchgebiß. Zahnärztl Mitt 86 (9), 40 (1996).

[33] Staehle, H. J.: Ziele von Gesundheitsförderung und Prävention in Deutschland. Zahnärztl Mitt 87 (7), 89 (843) (1997).

[34] Staehle, H. J.: Füllung und Versiegelung – Eine Risikoabschätzung bei Kunststoff-Materialien. Zahnärztl Mitt 87 (4) 364 (24) (1997).

[35] Staehle, H. J.: Wann müssen kariöse Zahnhartsubstanzen entfernt werden? Neue Daten über die Kariestherapie. In: Walther, W., Heners, M.: Wirksamkeit und Effektivität in der Zahnheilkunde. Hüthig Verlag, Heidelberg 1997.

[36] Van Waes, H.: Füllungstherapie kariöser Milchmolaren: Materialien und Methoden. Schweiz Monatsschr Zahnmed 103, 947 (1993).

[37] Waggoner, W. F.: Restorative dentistry for the primary dentition. In: Pinkham, J. R. (ed.): Pediatric Dentistry. W. B. Saunders, Philadelphia 1988.

[38] Zimmer, St.: Wo steht die Gruppenprophylaxe in Deutschland? Oralprophylaxe 17, 199 (1995).

[39] Zimmer, St., Hopfenmüller, W., Roulet, J.-F.: Kariesprävalenz und Versorgungsgrad von Berliner Grundschülern. Dtsch Zahnärztl Z 50, 802 (1995).

Geriatrische Aspekte in der Füllungstherapie

von Detlef Heidemann

Inhaltsübersicht

Einleitung

Der Anteil an älteren Patienten (oder der alternde, der gealterte, wie immer man die Bezeichnung wählt) wird immer größer durch die Verschiebung der Altersgruppen in unserer Bevölkerung (Tab. 1 u. 2). Somit muß sich der Zahnarzt wesentlich häufiger als früher mit der Behandlung und dem Behandlungsbedarf dieser Patientengruppe auseinandersetzten.

Nach der Definition der WHO gilt als alt, wer das 65. Lebensjahr vollendet hat. Sowohl in den USA als auch in Deutschland werden Patienten meist erst ab 70 Jahren als alt bezeichnet, auch als geriatrische Patienten, unabhängig von ihrem biologischen Alter.

Dabei sollte man sich immer bewußt sein, daß solche *Altersdefinitionen* willkürlich gewählt sind.

Das erfährt jeder Behandler schon in seiner Abschätzung, was er an möglicherweise notwendigem Behandlungsbedarf dem einzelnen wirklich zumuten kann.

Als *Ursache für den Vorgang des Alterns* sind unterschiedliche Theorien aufgestellt worden, die in vielen Abhandlungen über Gerontologie oder Gerontostomatologie zu finden sind. Ohne näher auf diese im einzelnen einzugehen, seien sie hier zumindest aufgeführt:

- Kolloidhypothese
- Selbstvergiftungshypothese
- Lipofuscinhypothese
- hormonale Alterungshypothese
- Immunoseneszenzhypothese
- molekularbiologische Hypothese
  - Programmtheorie
  - Mutationstheorie
- DNS-Fehlertheorie

Im sogenannten *„Hayflick limit“* wird die Möglichkeit einer Zellengruppe beschrieben, sich etwa 50mal zu verdoppeln, was somit die Existenz eines Individuums begrenzt. Als theoretisch erreichbares Alter für den Menschen gilt zur Zeit etwa die Spanne 100–120 Jahre (Tab. 3).

Der Prozeß des Alterns ist vom medizinisch-biologischen Aspekt her noch nicht voll verstanden. Wenn man sich deutlich macht, daß sich das Erwartungslebensalter innerhalb eines Jahrhunderts fast verdoppelt hat, wird deutlich, daß hier viele Faktoren eine Rolle spielen müssen.

Wenn nach Lehr (1993) das Jahrhundert der Senioren angebrochen ist, so ist auch der künftige Behandlungsbedarf bei älteren Patienten ein Faktor, mit dem in der Praxis für lange Zeit zu rechnen ist [14].

Gerade wenn ältere Menschen die Zahnarztpraxis aufsuchen, ist damit zu rechnen, daß neben den zahnärztlichen noch andere medizinische Probleme eine wesentliche Rolle spielen können. In der Gerontologie werden hier vor allem Herz-, Kreislauf- und Gefäßerkrankungen im Vordergrund gesehen, gefolgt von Erkrankungen der Lungen, malignen Erkrankungen, Erkrankungen des Zentralnervensystems und Erkrankungen des Bewegungsapparates.

Diese müssen über eine intensive Befragung dieser Patientengruppe zunächst in der *Anamnese* erfragt und in einem immer wieder in Zeitabständen aktualisierten Anamnesebogen festgehalten werden. Intensiv muß vor allem auch nach den entsprechenden Medikationen gefragt werden, die in Interaktionen mit zahnärztlichen Therapeutika treten können oder gar bestimmte Eingriffe in Frage stellen.

Diese Abstimmung bedeutet im Grunde ein *„ganzheits-medizinisches Denken“*, dessen Berücksichtigung sonst immer nur von Außenseitergruppen der Medizin für sich beansprucht wird.

Die häufig vorhandene *Polymorbidität* älterer Patienten muß bei der Diagnose und vor allem bei der Therapieplanung berücksichtigt werden.

Ältere Patienten und Behandlungsumfeld

Die Gruppe von Patienten im Alter über 65 Jahre ist nicht homogen. Rüstige und belastbare Patienten, weit über 70 Jahre alt, sind heute häufig zu sehen, ebenso aber bereits mit 60 Jahren hinfällige Patienten, die ohne aktive Unterstützung ihr Leben nicht mehr alleine meistern können. Es muß demzufolge differenziert werden zwischen

- körperlich und geistig nicht Beeinträchtigten
- körperlich und/oder geistig Beeinträchtigten
- von aktiver Unterstützung dauerhaft abhängigen älteren Personen.

Es ist deshalb nicht verwunderlich, daß bereits, unabhängig vom Gesundheitszustand, verschiedene Typisierungen für die Gruppe der älteren Patienten existieren. So unterscheidet Netzle (1985) folgende Gruppen [16]:

Tabelle 1 Entwicklung der Verteilung der Altersgruppen von Männern und Frauen von der Zeit des Deutschen Reiches bis zu einer erwarteten Situation im Jahre 2030.

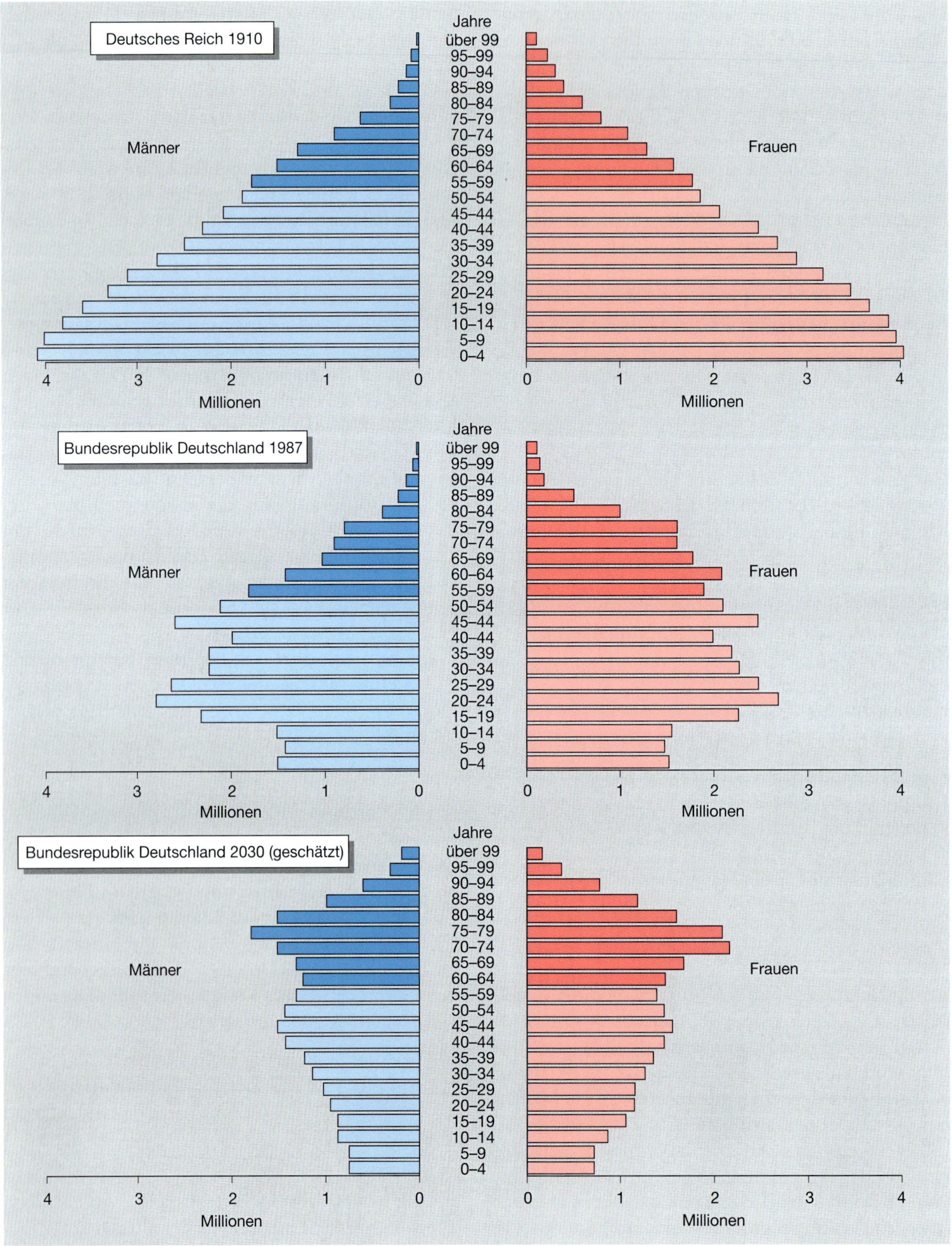

Tabelle 2 Der Anteil von Patienten in der Bevölkerung im Alter über 65 Jahre liegt derzeit bei knapp über 15 % und wird jenseits des Jahres 2000 auf etwa 23 % geschätzt.

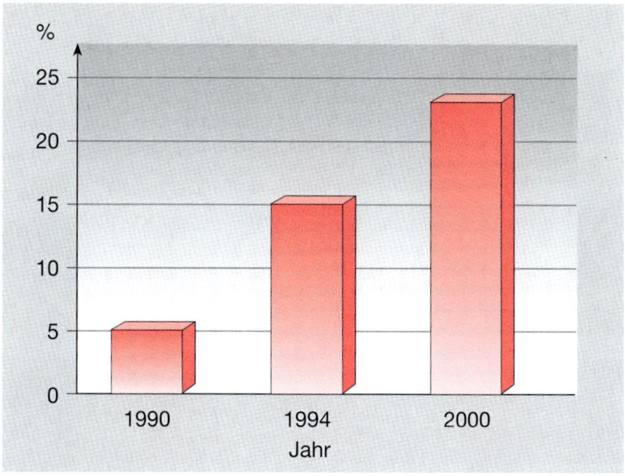

Tabelle 3 Maximal zu erreichendes Alter verschiedener Spezies.

Mensch	100–120
Elefant	~ 70
Katzen + Hunde	~ 20
Mäuse + Ratten	3–4

- Geizige
- Querulanten
- Wehleidige

Nach Breustedt (1975) lassen sich folgende Charakterisierungen vornehmen [3]:

- Konservative, Rigide
- Resignative
- Aufgeschlossene

Der letztere Autor berücksichtigt immerhin, daß es auch positiv denkende ältere Patienten gibt, während die erste Typisierung eine offensichtlich pessimistische Sicht der Älteren vermittelt.

Lehr (1993) bietet andere Bezeichnungen an [14]:

- Junge Alte
- Alte Alte
- Neue Alte

oder

- Jungsenioren
- Altsenioren

Damit sind Geisteshaltung und -fähigkeiten charakterisiert, sowie mit dem Begriff „Neue Alte" auch in Gruppen organisierte, aktive Alte benannt sind, die ihre Interessen auch nach außen vertreten.

Die Diskrepanz in der *statistischen Alterserwartung* (Männer 71,2, Frauen 78,1 Jahre) macht ebenfalls deutlich, daß die Gruppe der älteren Singles, eben oft Frauen, eine große Rolle spielen wird. Nach Lehr (1993) stehen 100 über 60jährigen Männern etwa 200 Frauen gegenüber, 100 über 85jährigen Männern 300 Frauen [14].

Eine häufig gemachte Beobachtung im Verhalten von *Singles* höheren Alters wird mit den Begriffen „doctor shopping" und „clinic hopping" belegt. Insbesondere diese letzte Gruppe belastet den Behandler durch intensiven Anspruch auf Aufklärungsgespräche von zeitlicher Intensität und Schilderung kaum faßbarer Beschwerden. Sie neigen häufig dazu, den Inhalt dieser Gespräche ausführlich zu notieren und die Aussagen der verschiedenen aufgesuchten Behandler zu vergleichen und immer wieder neu diskutieren zu wollen, ohne die Tendenz zu zeigen, sich auf eine vorgeschlagene Therapie einzulassen.

Zunehmend kann jedoch eine entscheidungsfreudige Gruppe von älteren Patienten gefunden werden, die den Zeitpunkt der Beendigung ihrer Arbeitstätigkeit als Neubeginn eines Lebensabschnittes auffassen. „Wenn ich jetzt mehr Zeit habe, möchte ich, daß alle meine Zähne nochmals komplett in Ordnung gebracht werden" (Tab. 4). Zur Zeit weisen beim Erreichen des Pensionsalters die Patienten noch etwa 22 natürliche Zähne auf (Tab. 5), die Zahl zahnloser Patienten schwankt im europäischen Raum erheblich (Tab. 6).

Tabelle 4 Aussagen über die Frequenz von Zahnarztbesuchen in Abhängigkeit vom Alter. Deutlich wird, daß ältere Patienten mit zunehmendem Alter häufiger den Zahnarzt aufsuchen. Begründet kann dies in häufigerem Auftreten von Beschwerden sein, die durch die hohe Zahl an vorhandenen Restaurationen bedingt sein können. Es findet jedoch auch in dieser Darstellung der Wille Ausdruck, bei Erreichen des Rentenalters nochmals „alles in Ordnung bringen zu lassen".

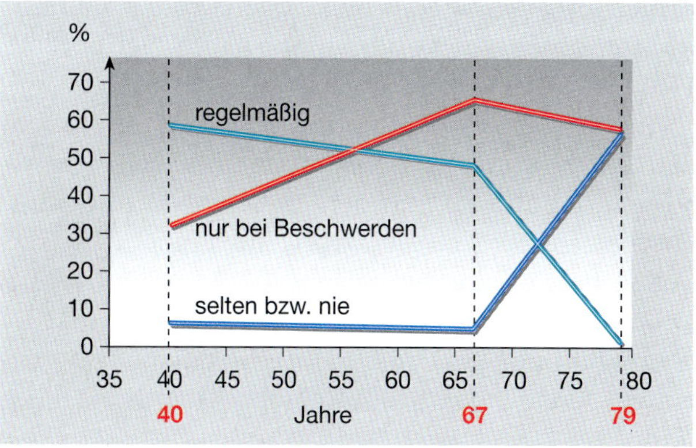

Tabelle 5 Anteil eigener Zähne bei über 65jährigen Patienten.

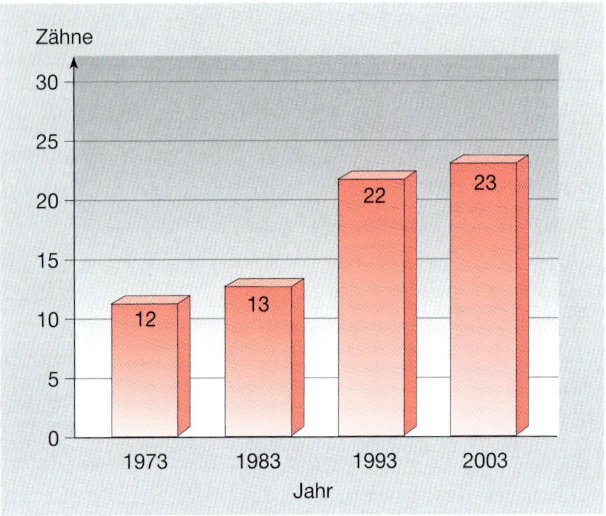

Tabelle 6 Intereuropäischer Vergleich der Zahlen über 65jähriger zahnloser Patienten.

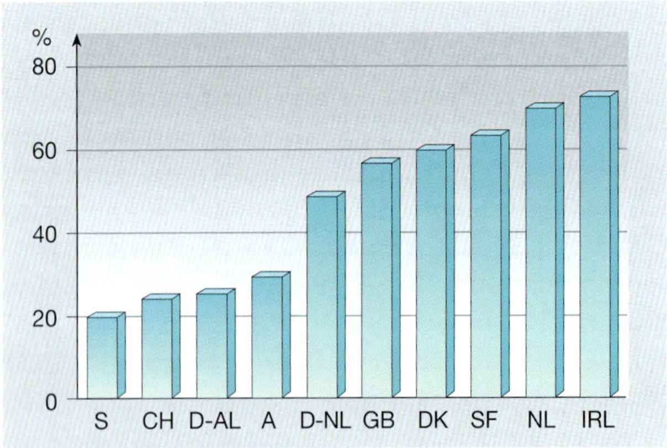

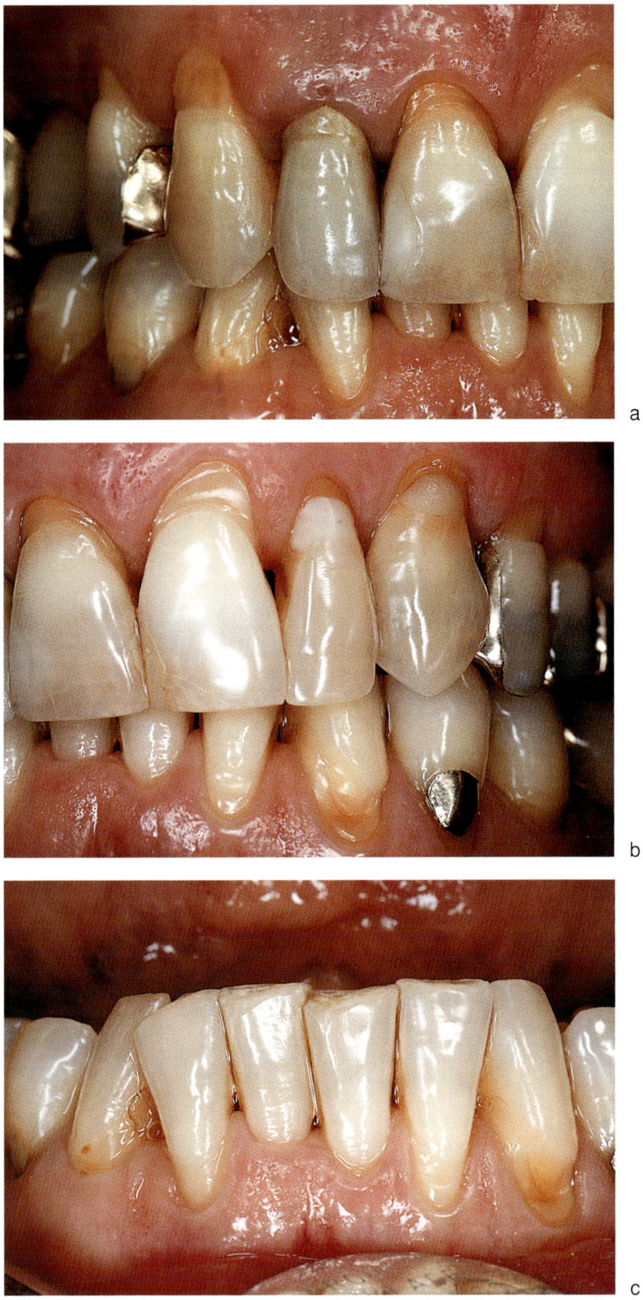

Abb. 1 Patientin im Alter von 72 Jahren mit sehr guter Mundhygiene, aktive Frau mit vielen Interessen. Sie empfand plötzlich die vorhandenen Rezessionen als ästhetisch störend, ähnlich wie die in a) und b) sichtbaren nach labial gerichteten Inlayflächen sowie die in c) sichtbare Zahnhalsfüllung und Rezession.

Die Abbildungen 1a, b und c zeigen das Beispiel einer 72 Jahre alten Patientin mit sehr gut gepflegtem Gebiß, die plötzlich in diesem Alter die Rezessionen an den Zähnen 13, 11, 21 und 33 als ästhetisch störend empfindet, ebenso die Zahnhalsfüllung an 34 sowie die großen labial gerichteten Flächen der Inlays bei den Zähnen 14 und 24.

Ganz anders die Patientin von Abbildung 2, die den Zahnverlust im Oberkiefer keineswegs als störend empfindet und der Ansicht ist („die Resignative"), daß sich der Aufwand einer zahnärztlichen Behandlung bei ihr gar nicht „mehr" lohnt. Die Mundhygiene an den restlichen Zähnen ist jedoch recht gut, was einen Hinweis darauf gibt, daß ein gewisses Interesse am Zahnerhalt vorhanden ist und eine intensivere Aufklärung möglicherweise doch Interesse an Behandlungsmaßnahmen wecken kann. Weniger gepflegt, jedoch erheblich am Erhalt seiner Zähne interessiert zeigt sich der Patient, dessen Ausgangszustand in Abbildung 3 dokumentiert ist. Die Tatsache, daß sein Gebißzustand nicht mit seinen Aussagen übereinzustimmen scheint, findet

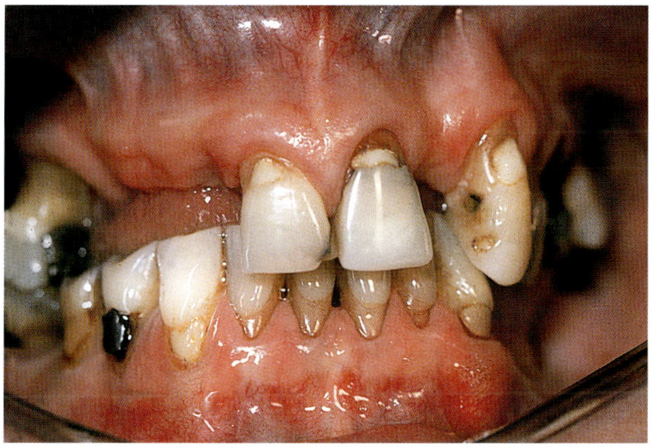

Abb. 2 Zustand bei einer älteren Patientin, Lückengebiß, unversorgt, farb- und randveränderte Füllungen, Mundhygiene ist gut. Als „resignativer" Typ glaubt sie, daß eine umfangreiche Behandlung sich nicht „mehr" lohnt.

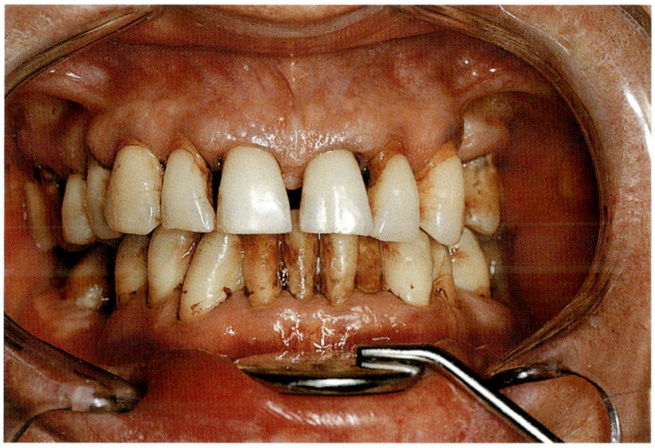

Abb. 3 Älterer Patient mit mangelhafter Mundhygiene, aber großem Interesse an Dauerkontrolle und Therapie. Starker Sehfehler ist für den Mundhygienezustand mitverantwortlich, ein engmaschiges Recall ist notwendig.

ihre Begründung in der erheblichen Ausprägung eines Sehfehlers, der es ihm sehr schwer macht, die häusliche Mundhygiene zu kontrollieren.

Im Gegensatz hierzu ein Patient, der das Interesse am Zustand seiner Zähne komplett verloren hat (Abb. 4). Der verwahrloste Zustand des Gebisses korreliert deutlich mit seiner äußeren Erscheinung. Die äußere und „innere" Verwahrlosung ist sicher u.a. durch einen erheblichen Alkoholkonsum verursacht. Es handelt sich um einen Stadtstreicher, der auf der Straße ein Alter von über 60 Jahren erreicht hat und lediglich an Schmerzbeseitigung interessiert ist. Die Fälle zeigen *die Heterogenität der Gruppe der älteren Patienten*, was das *soziale Umfeld, innere Haltung (Typisierung)* und den *Behandlungsbedarf* angeht.

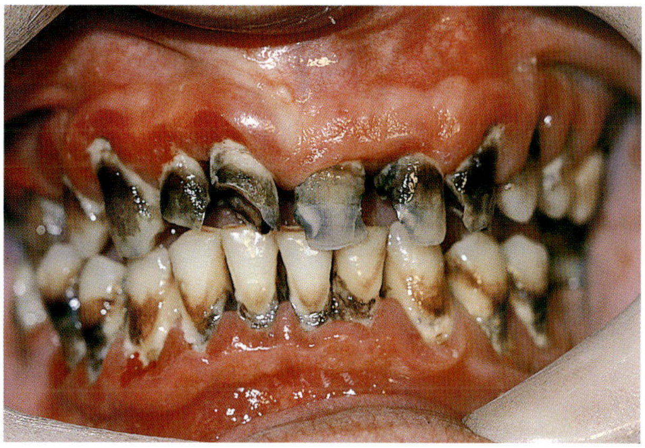

Abb. 4 Verwahrlostes Gebiß eines alkoholkranken, alten Stadtstreichers, der ausschließlich an Schmerzbeseitigung interessiert ist.

Der Bedarf an zahnärztlicher Behandlung wird meist noch größer bei älteren Patienten, die in Heimen und Anstalten untergebracht sind [21]. Sämtliche Untersuchungen zeigen hohe Werte für den DMF, hohe Werte parodontaler Indizes und damit an konservierenden und prothetischen Versorgungsdefiziten. Gerade bei diesen Patienten sind die allgemeinmedizinischen Erkrankungen aus den Anamneseangaben so umfassend, daß hier andere Bedürfnisse und Anforderungen im Vordergrund stehen.

Ältere Patienten in der Praxis

Wenn sich ältere Patienten in die Praxis des Zahnarztes begeben und die anamnestischen Erhebungen abgeschlossen sind, wird häufig frühzeitig deutlich, daß die gewohnte Praxisroutine für diese Patienten oft nicht oder nur stark verändert Anwendung finden kann.

Hier ist v.a. auf folgende Punkte zu achten:

- Behandlungsdauer
- Umgang mit „alten" Ängsten
- Lagerung der Patienten
- Absaugtechniken
- Wege zu Einrichtungen wie Röntgen, Toiletten o.ä.

Im folgenden wird vorausgesetzt, daß es sich um ältere Patienten handelt, die vor allem körperliche Veränderungen aufzuweisen haben. Körperlich und geistig gesunde ältere Patienten werden kaum besonderer Rücksichtnahme bedürfen.

Die *Behandlungsdauer* wird sicherlich verlängert – u.a. durch längeren Erklärungsbedarf für einzelne

Behandlungsschritte. LEHR (1993) merkt hierzu an, daß gerade ältere Patienten häufig nur dann einwilligen, wenn sie darin auch selbst einen Sinn erkennen [14]. Ebenso sind Ältere häufig noch daran gewohnt, daß Behandlungsgänge noch von häufigem Ausspülen unterbrochen werden. Lange Behandlungsgänge werden oft ungern toleriert. Präparationssitzungen über zwei Stunden bringen ältere Menschen an die Grenze dessen, was sie körperlich durchstehen können. Auch wenn sie dies nicht ausdrücken oder sich dies nicht trauen, sollte hierauf Rücksicht genommen werden. Beruhigendes über den Behandlungsablauf sollte zwischenzeitlich immer wieder vermittelt werden. Bei der Festlegung von Terminen und Behandlungsschritten soll diesem erhöhten Zeitbedarf Rechnung getragen werden.

Bei Gesprächen mit Älteren sollte man darauf achten, *„alte Ängste"* herauszuhören. Der Behandler sollte vermeiden, sie wieder zu provozieren. Ängste vor der Anwendung von Lokalanästhetika, die in früheren Jahren tatsächlich kreislaufbelastender waren, vor Komplikationen bei Extraktionen, Ängste vor Turbinengeräuschen usw. können durch vorbereitende Erklärungen entschärft werden. Augen und Hände als Ausdrucksmittel für das körperliche und seelische Befinden des Patienten können sowohl vom Behandler als auch von der Helferin beobachtet werden.

Moderne Behandlungsstühle lassen es zu, verschiedene *Lagerungspositionen* zu programmieren. Die Regeln ergonomischer Behandlungsführung müssen für ältere Patienten durchaus relativiert werden. Liegende Positionen werden von Älteren selten toleriert, ebenso die Überstreckung des Kopfes. Erkrankungen des Bewegungsapparates oder auch nur Einschränkungen der Beweglichkeit machen den Patienten diese Lagerungsart zur Qual. Auch besondere Körperfülle macht individuelle Einstellungen des Behandlungsstuhles erforderlich. Der Behandlungsstuhl, ebenfalls optimal auf die liegende Lagerung des Patienten angepaßt, wird in der Folge verändert werden müssen. Unter Umständen findet sich der Zahnarzt plötzlich wieder in der stehenden Behandlungsweise. Auch die Anwendung der *Absaugtechnik* kann davon betroffen sein. Diese Technik kann älteren Patienten erhebliche Probleme machen, wenn sie nicht gewöhnt sind, mit den erheblichen Wassermengen im Munde umzugehen. Der Patient kann sich vom Ersticken bedroht fühlen, gerade dann, wenn er sehr flach gelagert ist.

Wenn ältere Patienten sich in einer neuen Praxis bewegen, sollten sie auf den *Wegen* zu bestimmten Einrichtungen außerhalb des Behandlungsraumes selbst begleitet werden. Zum einen fühlen sich ältere Menschen dann oft sicherer, zum anderen besser umsorgt.

Gerade auch *Röntgenapparaturen* können diese Patienten ängstigen. Bei älteren Patienten Aufgeregtheiten, Unsicherheiten und Angst zu dämpfen, macht einen wichtigen Teil der zahnärztlichen Behandlung aus.

Alter und Zähne

Wenn Altersveränderungen der Zähne als diejenigen Veränderungen definiert werden, die nach ihrem Durchbruch und nach abgeschlossenem Wurzelwachstum einsetzen, eventuell auch erst nach dem Erreichen der Okklusion, so setzen wir diese Definition unabhängig vom biologischen Alter zu dem Zeitpunkt, wo noch keine Abnutzungserscheinungen sichtbar sind. SCHROEDER (1997) differenziert zwei Faktoren für die *altersbedingten Veränderungen an Zähnen* [20]

- von keinerlei äußeren Einflüssen abhängige
- und solche, die eine Akkumulation äußerer Faktoren darstellen, seien diese habituell oder funktionell-physiologisch.

Wie schwierig es ist, solche Veränderungen mit dem biologischen Alter des Patienten zu korrelieren, sehen wir täglich. Wir sehen junge Patienten mit Erosionen, keilförmigen Defekten, ältere Patienten ohne solche Erscheinungen und umgekehrt. Somit stellt sich die Frage, ob es nicht eher die intensive Funktion, Fehlfunktion oder Habits sind, die meßbare Veränderungen an der Zahnhartsubstanz und im Weichgewebe hervorrufen und dann als Altersveränderungen bezeichnet werden. Bei einem älteren Individuum würden sie als solche ohne weiteres akzeptiert, bei einem jüngeren hingegen als pathologisch, pathofunktionell o.ä. bezeichnet werden.
Ein *Zahn* wird von seinem *äußeren Erscheinungsbild* dann als „alt" angesehen, wenn die inzisalen Mamelons verloren sind, möglicherweise inzisal bereits Dentin freiliegt, die Farbe gelblich erscheint, der Schmelz durch Sprünge und Risse gezeichnet ist, die Perikymatien eingeebnet sind, die Lichtreflexionen den Zahn flach erscheinen lassen. Die Seitenzähne haben Formveränderungen durch Abrasion

und Attrition erfahren, Höcker sind abgeflacht oder gar bis in das Dentin abgetragen (Abb. 5 und 6).

Schroeder (1993) und Ketterl (1983) haben die altersbedingten Veränderungen zusammengetragen und für die verschiedenen Gewebe folgendermaßen beschrieben [12, 20]:

Im *Schmelz* verändert sich der ohnehin geringe Weichgewebsanteil noch weiter zugunsten der Hartsubstanz. Der OH-Gehalt des Minerals reduziert sich zugunsten anderer Spurenelemente, wie beispielsweise Fluor. Schmelz wird spröder und frakturanfälliger.

Im *Dentin* wird durch den kontinuierlichen Anbau von Sekundärdentin das Pulpakavum in seiner Ausdehnung bis zu 50% reduziert. Prädilektionsstellen hierfür sind Kavumdach und -boden, Kanaleingänge und -wandung (Abb. 7 u. 8). Hartsubstanzablagerung im Bereich des peritubulären Dentins führt zu Sklerosierung und damit zu steigender Transluzenz und Brüchigkeit. Da gerade dieser Vorgang auch an nicht durchgebrochenen Zähnen beobachtet wird, könnte er als wesentlicher Altersfaktor bezeichnet werden.

In der *Pulpa* wird zunächst das Volumen durch die Dentinapposition reduziert, die Zellzahl im Gewe-

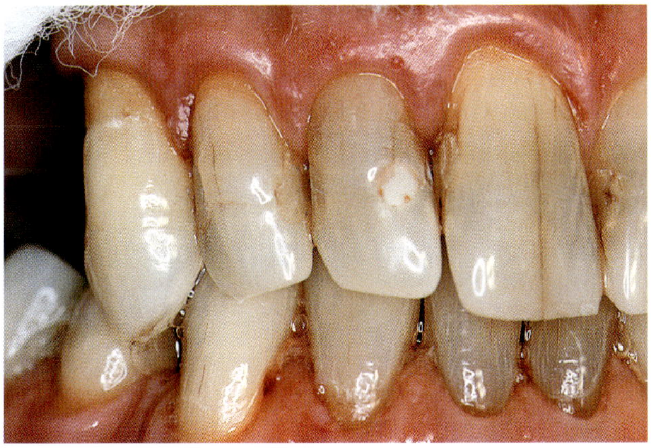

Abb. 5 Frontzahnreihe mit flachem labialen Relief, Schneidekanten eingeebnet, Schmelzsprünge sind deutlich durch eingelagerte Farbstoffe.

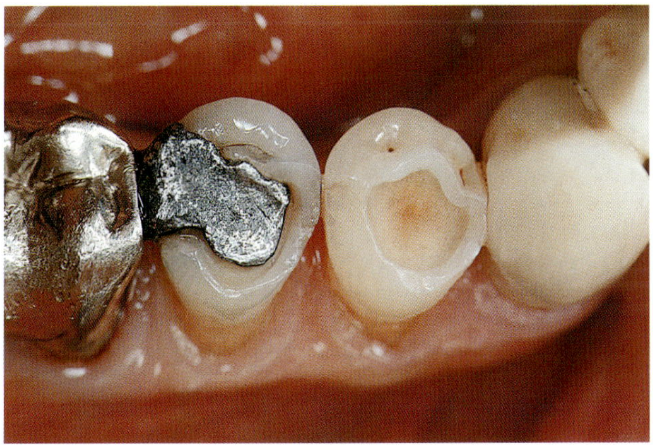

Abb. 6 Attritions- und Abrasionsvorgänge haben zu erheblichen Substanzverlusten bei dieser älteren Patientin geführt.

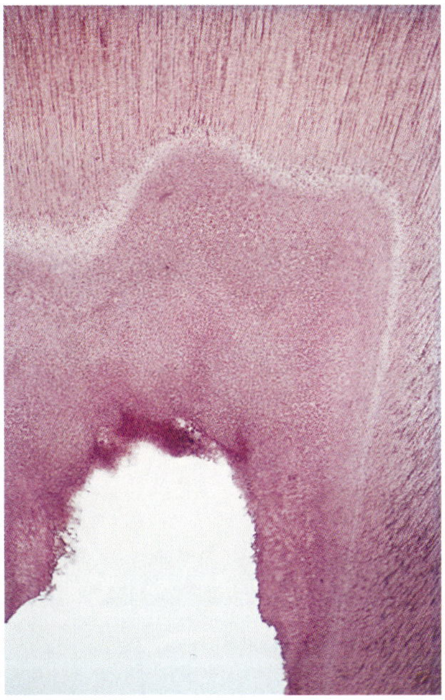

Abb. 7 Massive Ablagerung von Sekundärdentin im Bereich des Pulpenhornes.

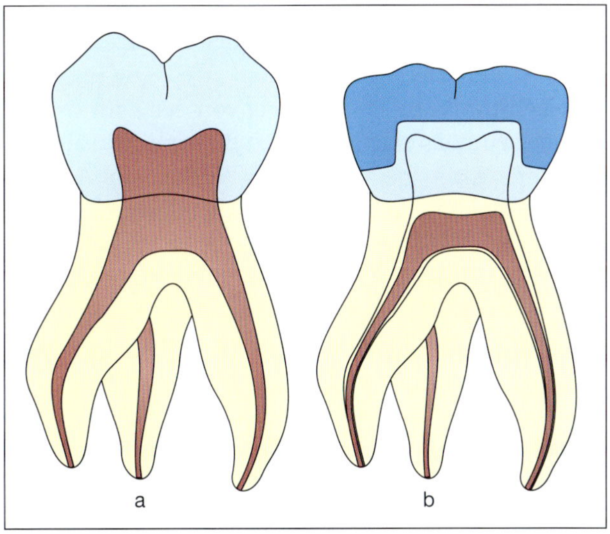

Abb. 8 Bevorzugte Anlagerungsstellen für Sekundärdentin sind Pulpadach und -boden sowie die Bereiche der Kanaleingänge.

a) Jugendlicher Zahn mit ausgedehntem Pulpakavum und weiten Kanallumina.

b) Durch Sekundärdentin verkleinertes Pulpakavum und verkleinerte Kanallumina bei älteren Patienten und/oder stark funktionell oder therapeutisch belasteten Patienten.

be wird geringer, der Faserreichtum nimmt zu, die Gefäßzahl wird reduziert. Dentikel sind in zunehmendem Maße zu finden. Abb. 9).

Aus allen Veränderungen, die beobachtet wurden, bleibt möglicherweise die Sklerosierung des Wurzeldentins alleine als „reiner" Faktor für Altersveränderungen, während alle anderen beschriebenen Veränderungen deutlich von äußeren Einflüssen, wie Umfeld und Funktion initiiert, bestimmt oder verstärkt werden.

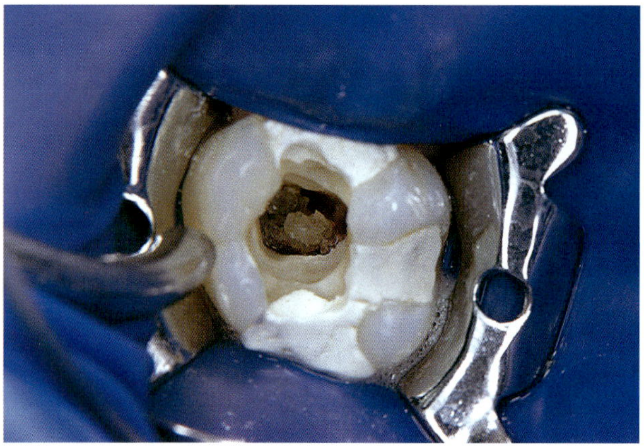

Abb. 9 Dentikel im Pulpakavum.

Tabelle 7 Relation von „In-risk-Wurzeloberflächen" zu Wurzelkaries und Füllungsversorgung (RCI = Root Caries Index).

Alter	N	%In-risk-Oberflächen	RCI
50–59	449	45,0	23,6
60–69	345	55,8	25,5
70 +	161	65,6	24,7

Tabelle 8 Zunahme von Wurzelkaries in Abhängigkeit vom Alter in Nordamerika und Finnland.

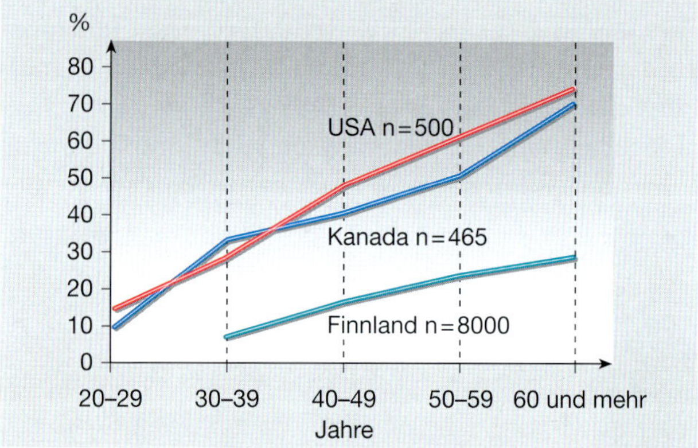

Schwerpunkte konservierender Therapie

Wurzeloberflächenkaries

Ein wesentlicher Schwerpunkt der Therapie bei Älteren ist die Wurzeloberflächenkaries. Die Inzidenz dieser Erkrankung ist abhängig von der Zahl freiliegender Wurzelareale. Hier besteht eine Korrelation mit dem Alter, bedingt durch Verlust an Attachmentstrukturen durch Erkrankung oder nachfolgende Therapie [18]. Damit ist aber auch die Parallele zur Prophylaxe der Parodontalerkrankungen gegeben, die Möglichkeit, durch gesteigerte Mundhygienemaßnahmen Wurzelkaries zu verhindern oder zu reduzieren [22]. Nach einer Untersuchung von GUSTAVSON et al. 1988 sind in den Altersgruppen zwischen 50 und mehr als 70 Jahren etwa 25 % der Wurzeloberflächen kariös (Tab. 7) [7]. Die Zunahme der erkrankten Wurzeloberflächen in Nordamerika ist zwischen dem 30. und 60. Lebensjahr erheblich (55–60 %), sehr viel geringer ist sie aber beispielsweise in Finnland (Tab. 8).

Lange Zeit war man der Ansicht, daß Aktinomyzes-Stämme in der Ätiologie der Wurzeloberflächenkaries von großer Bedeutung seien [9, 13], während neuere Untersuchungen belegen, daß Streptococcus mutans für die initiale Wurzelkaries, Laktobazillen für deren weiteren Verlauf verantwortlich sind [2, 4, 11, 17].

> Es scheint keine spezifische Flora für die Wurzelkaries zu existieren.

KATZ (1980) führte den „root caries index" (RCI) in die Literatur ein, um epidemiologische Studien zu vereinfachen [10]. Die Formel, nach der KATZ einen Index für die Wurzelkaries vorschlägt, lautet:

$$RCI_{\text{Root caries index}} \quad \frac{(R\text{–}D) + (R\text{–}F)}{(R\text{–}D) + (R\text{–}F) + (R\text{–}N)} \times 100$$

hierbei gelten:
R-D = Rezessionen mit erkrankter Oberfläche (Recession – Decay)
R-F = Rezession mit Füllung (Recession – Filling)
R-N = Rezession ohne Erkrankung (Recession – Normal)

Eine am Schweregrad der Erkrankung orientierte Einteilung in vier Gruppen (RC_1-RC_4) wird von

GÄNGLER et al. 1992 angegeben, von der freiliegenden kariesfreien Oberfläche der Wurzel bis zur tiefen Läsion mit eventueller Pulpareaktion [6].

RC_1 (root caries)
Unterschiedliche Verfärbungsgrade im Zement/Dentin
ohne jegliche Erweichung
auch erosiv-abrasive Defekte

RC_2
superfizielle Erweichung, begrenzt auf 1 situs (site = max. 25% der Zirkumferenz)

RC_3
superfizielle Erweichung an 2 oder mehr situs (Tendenz zur zirkumferenten Läsion)

RC_4
ausgedehnte Erweichung mit Tendenz zur Penetration,
eventuell bis ins Reizdentin
pulpale Reaktion möglich

Die hier erwähnte Einteilung bietet eine verbesserte Charakterisierung möglicher Defekte als die von BILLINGS (1985) oder von FEJERSKOV (1991) vorgeschlagene [1, 5].

An den Oberflächen der freiliegenden Wurzeln der Abbildung 10 zeigt sich das Erscheinungsbild einer aktiven Wurzelkaries im Stadium RC_3. Fast die gesamte Oberfläche ist bei der Sondierung von etwa lederartiger Konsistenz, jedoch noch kein Anzeichen von Penetration zu erkennen. Ein Scaling mittels Gracey-Prophylaxe-Küretten bis in das harte Dentin mit anschließender Politur und Fluoridierung wäre wohl die Therapie der Wahl. In Abbildung 11 sind deutliche Rezessionen vorhanden, die ebenfalls verfärbt sind, aber eine harte Oberfläche zeigen. Hier liegen eher kariesfreie Putzläsionen vor.

Wie schwierig es ist, die Zahnhalskaries von der Wurzelkaries zu differenzieren, zeigen die Abbildungen 11 und 12. Die Übergänge sind fließend, da sich wohl infolge der kariösen Defekte auch die Gingiva retrahiert und die Wurzeloberflächen freigegeben hat. Als klassische Wurzelkaries zeigen sich die Defekte bei der ca. 60jährigen Patientin nach der Beseitigung einer plaqueinduzierten massiven Gingi-

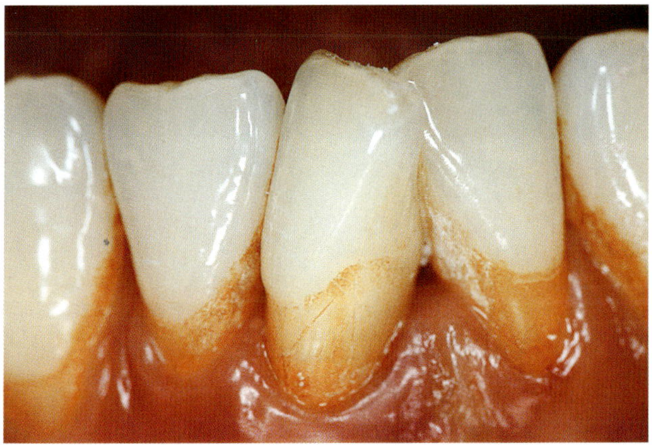

Abb. 10 Aktive Wurzeloberflächenkaries, lederartige Konsistenz, Tendenz zum zirkumferenten Befall (Therapievorschlag s.Text).

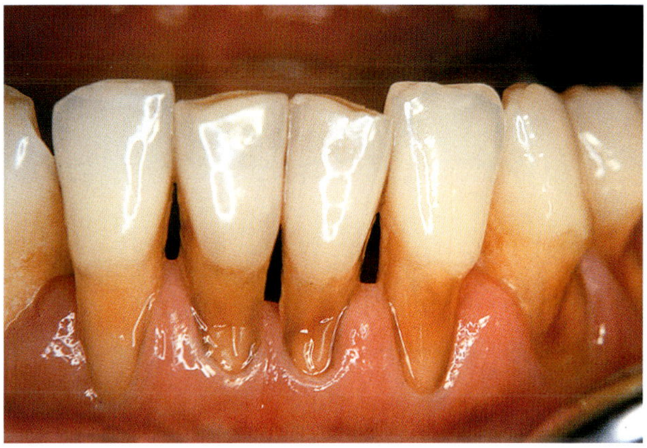

Abb. 11 Verfärbte ausgedehnte Rezessionen mit harter glänzender Oberfläche, keine Wurzeloberflächenkaries.

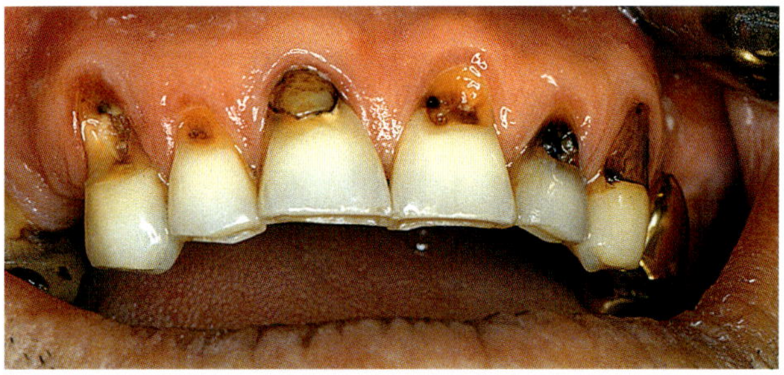

a

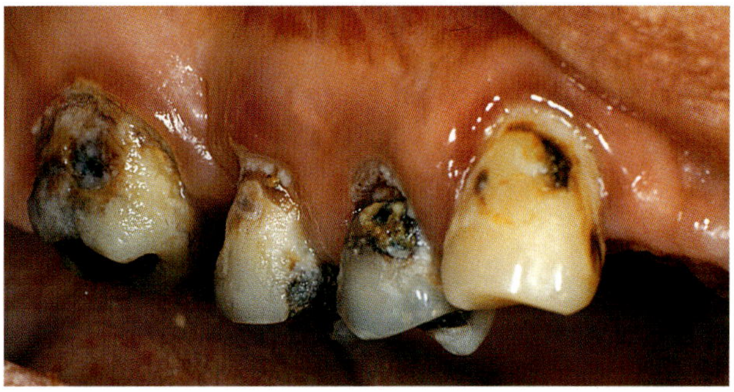

b

Abb. 12 Bei dem Patienten, der Heiminsasse ist, kann die Mundhygiene aufgrund körperlicher Behinderung sowohl im Frontzahnbereich a) als auch im Seitenzahnbereich b) nicht effektiv ausgeübt werden. Übergangsformen aus Zahnhals- und Wurzeloberflächenkaries.

vitis. Der in den Abbildungen 13a und b dargestellte Zustand wurde nach mehrmaliger Zahnreinigung mit Ultraschall, Scalern und nachfolgender Politur erreicht. In der Detaildarstellung der Oberkieferfrontzähne zeigen sich Wurzeloberflächenkaries labial, jedoch auch penetrierende Läsionen im interproximalen Bereich, die auch im Röntgenbild deutlich dargestellt sind (Abb. 13c und d). Im Bereich der Unterkieferfrontzähne ist zu erkennen, daß bereits Versuche unternommen wurden, die vorhandene Wurzelkaries mittels Füllungstherapie anzugehen. Dieser Versuch mußte fehlschlagen, solange die Mundhygiene der Patientin nicht verbessert werden konnte. Dies zeigt, daß ohne grundlegende präventive Behandlung eine Füllungstherapie immer wieder eine weitere Füllungstherapie nach sich zieht. Die Füllungsränder werden unvermeidlich insuffizient (entsprechend wäre dies bei Kronenrändern der Fall).

Bei Patienten, die sich einer Strahlentherapie unterziehen müssen, sind die Speicheldrüsen über längere Zeit oder dauerhaft geschädigt. Wurzeloberflächenkaries kann danach einen fulminanten Verlauf nehmen (Abb. 14).

Es kann davon ausgegangen werden, daß der Großteil der Veränderungen an den Zähnen älterer Patienten (die der Behandlung bedürfen) durch eine über die Zeit akkumulierte Anzahl funktioneller

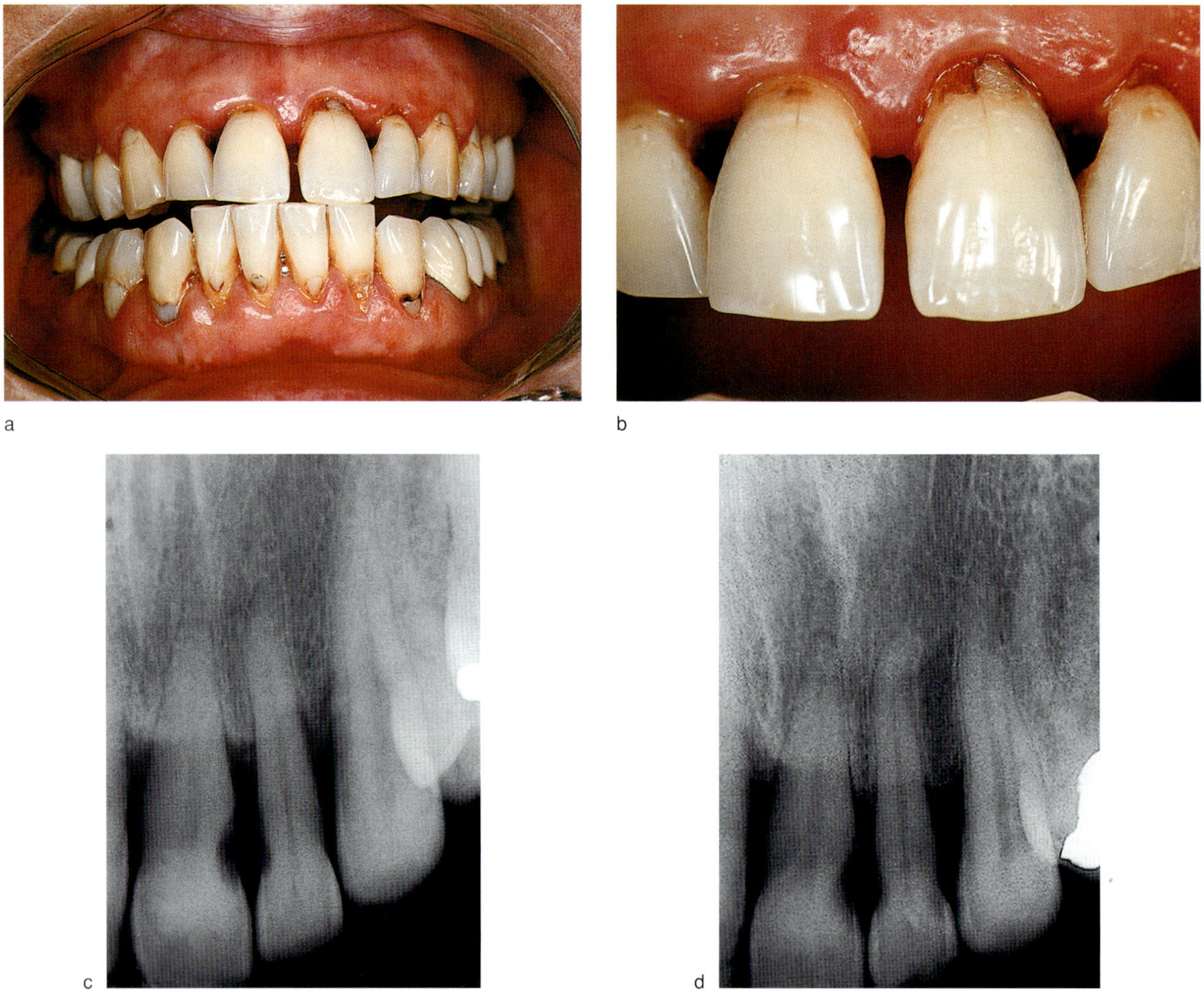

a b c d

Abb. 13
a) Übersicht bei einer Patientin mit vormals erheblicher plaqueinduzierter Gingivitis nach mehreren Sitzungen zur Reinigung von Zähnen und Wurzeloberflächen. Gingiva ist mittlerweile durch Verlust des Begleitödems retrahiert, die Interdentalräume sind offen.
b) Durch die Retraktion der Gingiva werden labiale und interproximale Wurzeloberflächendefekte erst beurteilbar.
c und d) Einzelzahnröntgenaufnahmen der Oberkieferfrontzähne aus b. Die Einzelzahnaufnahmen zeigen die tiefen interproximalen Defekte, die erst nach der parodontalen Vorbehandlung in ihrer vollen Ausdehnung zu übersehen waren.

Belastungen zustande gekommen ist. Diese drücken sich in folgenden Substanzverlustformen aus:

- Erosion
- Abrasion
- Attrition
- oder als Kombinationen von diesen

Diese Defektformen sind *abakteriell* verursacht.

Definitionen

Attrition ist der durch Mastikationsbewegungen bedingte Schmelzverlust, der klinisch als Schliffacette imponiert. Hochgradige Attrition von koronal kann Dentin freilegen und zum Verlust von großen Anteilen der klinischen Krone führen (Abb. 15). Approximale Attrition verkürzt die Zahnreihe.

Abrasion ist der durch Fremdkörperabrieb bedingte Schmelzverlust (Abb. 16).

Erosion ist der langsam-chronische Verlust von Schmelz und Dentin, der durch chemische Entkalkung ohne bakterielle Beteiligung zustande kommt (Abb. 17) [20].

Keilförmige Defekte sind fast ausschließlich vestibulär zu finden. Sie reichen in individueller Tiefe bis in das Dentin. Charakteristik ist ein koronalwärts fast horizontaler Schenkel, meist mit Schmelzrand versehen, und ein längerer apikalwärts gerichteter Schenkel, dessen Rand im Dentin endet. Der Keil erscheint durch massive Bearbeitung mit der Bürste wie glatt poliert und plaquefrei (Abb. 18 und 19).

Die hier beschriebenen Hartsubstanzdefektformen sind nicht typisch für Patienten in hohem Alter, jedoch dort oft extrem ausgeprägt.

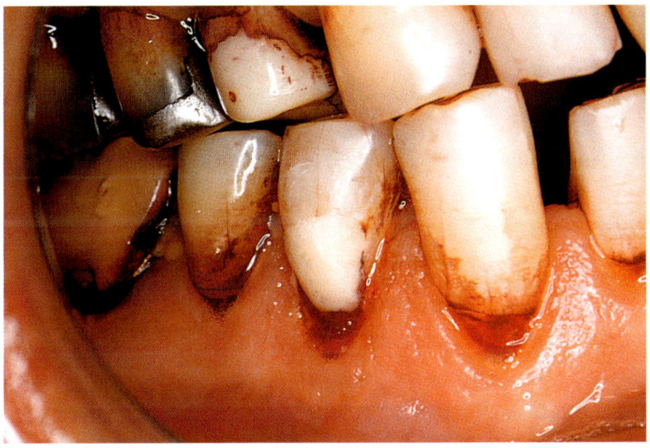

Abb. 14 Patient, der sich einer Radiatio im Kopf-Hals-Bereich unterwerfen mußte. In der Klinik wurde er in der Zeit der Strahlenbehandlung mit Lotio Castellani als Spüllösung therapiert. Diese Desinfektionslösung hat die Zahnhals- und Wurzeloberflächen rot verfärbt.

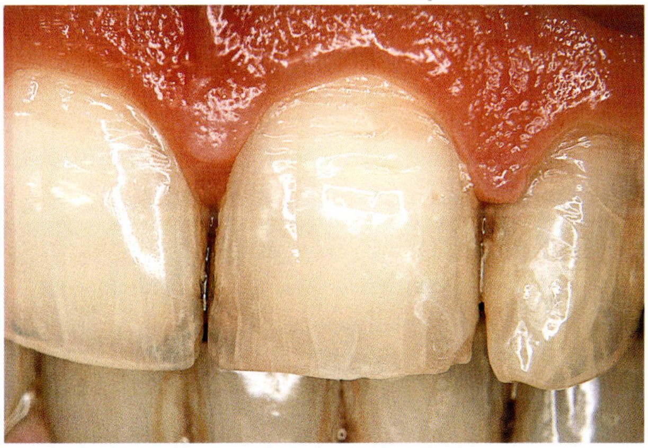

Abb. 16 Labiale Abrasion, aufgrund der Spurrillen ein zu vermutender Effekt durch Putzen mit abrasiven Pasten.

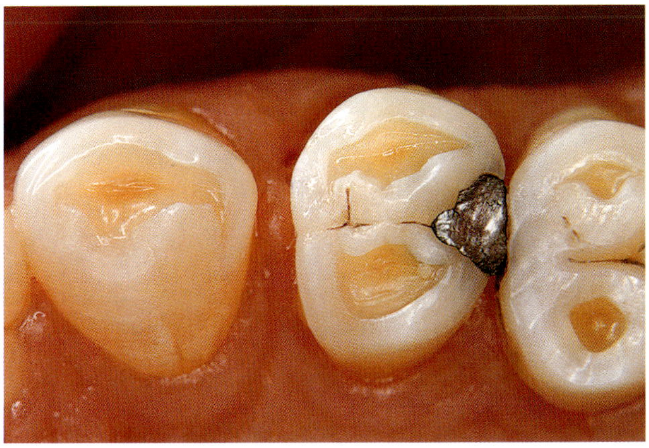

Abb. 15 Attrition an einer Oberkieferzahnreihe. Die Höcker der Prämolaren sind komplett abgetragen, Dentin liegt massiv frei.

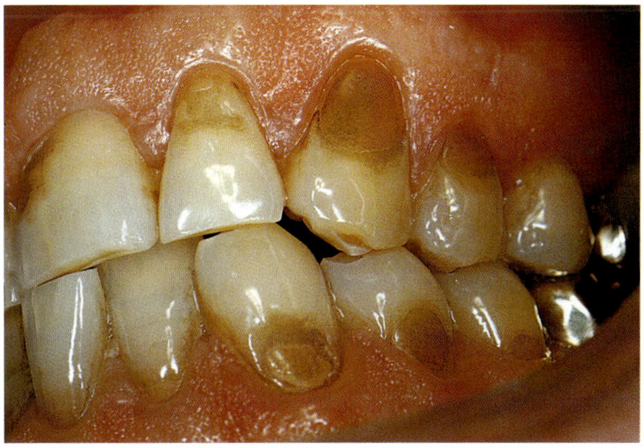

Abb. 17 Erosionen in exzessivem Ausmaß.

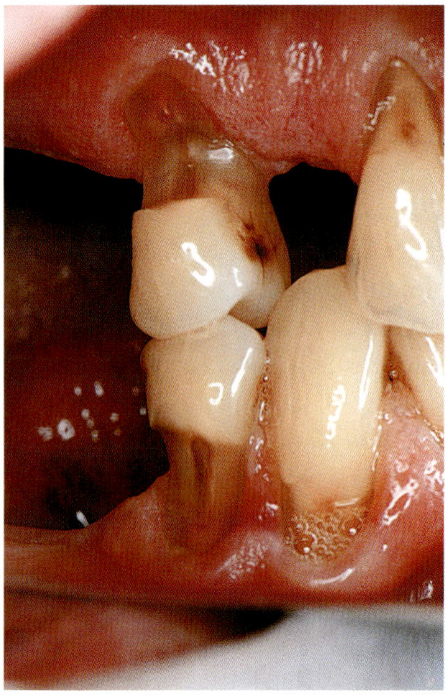

Abb. 18 Die Prämolaren sind durch die tiefe Einkerbung der Defekte fast in ihrer Stabilität gefährdet.

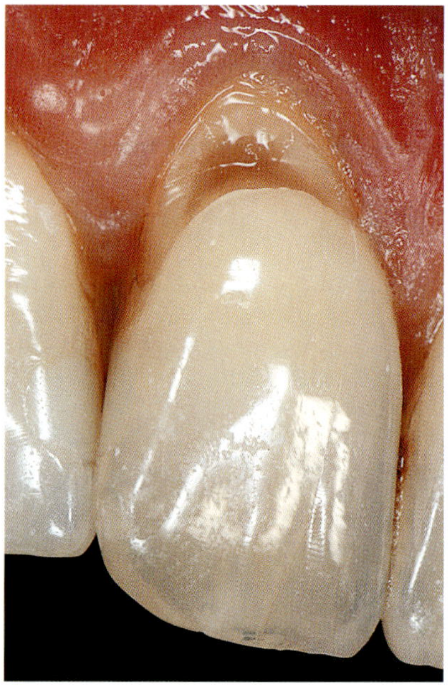

Abb. 19 Massiver Keildefekt an einem oberen Frontzahn. Der Defekt beginnt exakt an der Schmelzgrenze und ist in tiefe Dentinschichten ausgedehnt. Keine Sensibilität. Der Patient beklagte, daß er mit der Lippe an der Schmelzkante hängenbleibt.

Gerade bei der Form der Attrition mit erheblichem Schmelzverlust schaukeln sich die Abnutzungsmechanismen durch folgende Mechanismen auf:

- Das weichere Dentin wird erreicht.
- Die okklusal geführten Bahnen verändern sich.
- Das Kiefergelenk adaptiert sich.
- Die Bißhöhe verändert sich.
- Der Regelkreis schließt an einer dieser Stellen wieder und verstärkt die Abnutzungsmechanismen.

Wenn Patienten im Laufe der Zeit nirgendwo in diesem Ablauf Schmerzen empfinden, so resultieren hieraus durchaus absurde Zahnformen und okklusale Relationen, die eine Behandlung eminent erschweren. Aufwendige Therapieansätze mit Schienen, Bißerhöhungen und umfangreiche okklusale Rekonstruktionen werden nötig, falls sie dann überhaupt noch toleriert werden (Abb. 20 und 21). In den Fällen, wo ein solcher pathologischer Regelkreis frühzeitig erkannt wird, wäre noch eine Therapie mittels Teilkronen möglich, Spätfälle werden meist als prothetische Sanierungsfälle enden.

Anders die Formen von Abrasion, Erosion und keilförmigen Defekten.

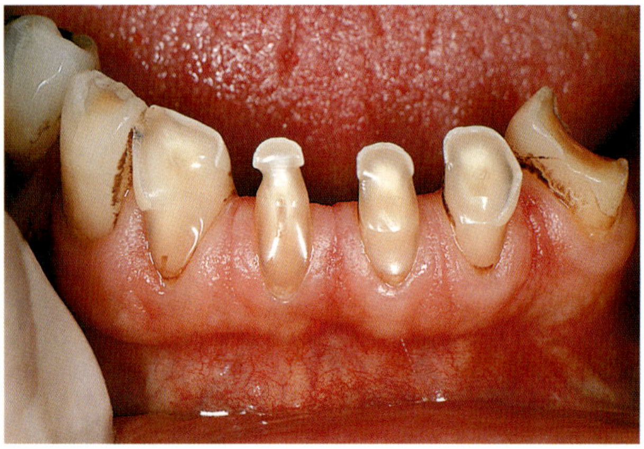

Abb. 20 Dieser Patient hat die unteren Frontzähne im Laufe der Jahre fast „zerrieben“ und „zerputzt“.

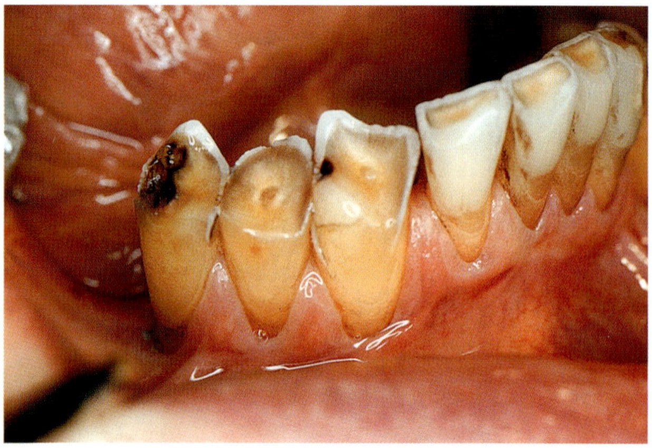

Abb. 21 Absurde Formen dieser Unterkieferzähne durch exzessive Attrition verbunden mit mittlerweile veränderter Gelenkführung.

Bei älteren Patienten werden im koronalen Anteil die oben genannten Einebnungen labialer Schmelzstrukturen einsetzen, mit den Folgen des flachen, unstrukturiert erscheinenden „alten" Zahnes. Stark abrasive Zahnpasten tragen hierzu bei jahrzehntelanger Anwendung sicher in erheblichem Maße bei.

Erosionen dagegen sind häufiger bei jüngeren Patienten zu finden, mit einer deutlichen Bevorzugung von säurehaltigen Limonaden, Fruchtsäften, Yoghurt und Quarkzubereitungen mit Früchten. Auch die sogenannten „Sport-Getränke" tragen hierzu bei (Tab. 9 bis 12).

Tabelle 9 Extrinsische Faktoren für die Erosionsbildung.

Salatsaucen, Dips
rohes Gemüse
Fruchtsäfte
Limonaden
Früchte
„modernes Diätverhalten"
„Sportgetränke"

Tabelle 10 Intrinsische Faktoren für die Erosionsbildung.

Anorexia nervosa	
Bulimie	
Magen-Darm-Erkrankungen	
hierbei:	häufiges Erbrechen
	Magensäure

Tabelle 11 Inzidenz der Erosionsbildung in Abhängigkeit vom Alter nach Lussi et al. 1991 [15].

Patientenalter (n = 391)	Inzidenz
26–30 Jahre	7,7%
46–50 Jahre	13,2%

Tabelle 12 Verteilung der Lokalisation von Erosionsstellen nach Lussi et al. 1991 [15]. (n = 391 Patienten)

mind. 1 Erosionsstelle (Frontzähne)	16%
mind. 1 Erosionsstelle (Seitenzähne)	
26–30 Jahre	29,9%
46–50 Jahre	42,6%
Linguale Erosion	2,0%

Daß sich auf diese, eventuell im jugendlichen oder Erwachsenenalter erworbenen abakteriellen Defektformen bei nachlassendem Mundhygieneeifer oder -können (Sehfehler, manuelle Einschränkungen, Erkrankungen des Bewegungsapparates) wiederum eine kariös bedingte Entkalkung aufsetzen kann, erschwert die Therapie erheblich.

Pathologische Basis hat hingegen der Formenkreis der Bulimie und bei älteren Patienten die Regurgation von Magensäure aufgrund von Magen-Darm-Erkrankungen.

Therapie der rein abakteriellen Defekte

Zunächst sollte jedoch vor einer Füllungstherapie der Versuch unternommen werden, die Ursachen zu beseitigen oder zu reduzieren:

- säurehaltige Lebensmittel reduzieren
- Nachtrinken von Wasser, Mineralwasser
- kein Zähneputzen unmittelbar nach Genuß säurehaltiger Getränke/Speisen
- weniger abrasive Zahnpasten benutzen
- fluoridhaltige Spüllösungen verwenden
- Bulimie-/Anorexie-Patienten oder Patienten mit Erbrechen bei Magen-Darm-Erkrankungen ist zu raten, nach dem Erbrechen zunächst gründlich mit Wasser zu spülen und danach erst die Zahnbürste zu benutzen

Sowohl *für labiale Abrasionen und Erosionen als auf für keilförmige Defekte* stellen heute ahäsive Restaurationsmaterialien das Mittel der Wahl dar. Eine Notwendigkeit der Korrektur solcher Defekte besteht nur dann, wenn diese Veränderungen Sensibilitäten an freiliegendem Dentin verursachen oder der Patient eine ästhetische Störung beklagt.

Da diese Defekte fast immer schmelzbegrenzt sind, wird der Zahn zunächst mittels Polierpasten von Verfärbungen befreit, danach der gesamte Bereich mit Phosphorsäure geätzt, Dentinadhäsiv appliziert und ein Hybrid-Komposit appliziert. Es empfiehlt sich für diese Arbeit, ein Komposit mit breitem Farbspektrum vorrätig zu halten, da es sich fast ausschließlich um ästhetische Restaurationen im Frontzahnbereich handelt. Die Anwendung *der Pinsel-Schicht-Technik* empfiehlt sich hierbei. Bezüglich der Verarbeitung von Kompositmaterialien und deren Politur sei auf die entsprechenden Kapitel dieses Bandes verwiesen (s. S. 177ff.).

Für diese flach anlaufenden Defekte ("saucer-shaped") ist somit keine Präparation mit rotierenden Instrumenten erforderlich (Abb. 22a u. b).

Bei den *klassischen keilförmigen Defekten* sind sowohl minimal-invasive Vorgehensweisen möglich als auch klassische Präparationsformen im Falle des Einsatzes von Goldhämmerfüllungen. Der Einsatz von adhäsiven Füllungsmaterialien erfordert lediglich eine Anschrägung des Schmelzes im Bereich des kurzen, koronalen Schenkels über die gesamte Breite des Defektes. Nur in diesem Bereich wird der Schmelz geätzt und im folgenden eine Restauration mit Dentinadhäsiven und geschichtetem Komposit ausgeführt. Auch hier bietet die Pinsel-Schicht-Technik die Möglichkeit, ästhetische Restaurationen herzustellen, für die auch ältere Patienten dankbar sind (Abb. 23 a und b).

Wird eine Goldhämmerfüllung bevorzugt, so ist es notwendig, in diesem Bereich eine klassische Ferrier-Kavität herzustellen (s. S. 313 ff.). Hierzu muß Zahnsubstanz geopfert werden. Auf der anderen

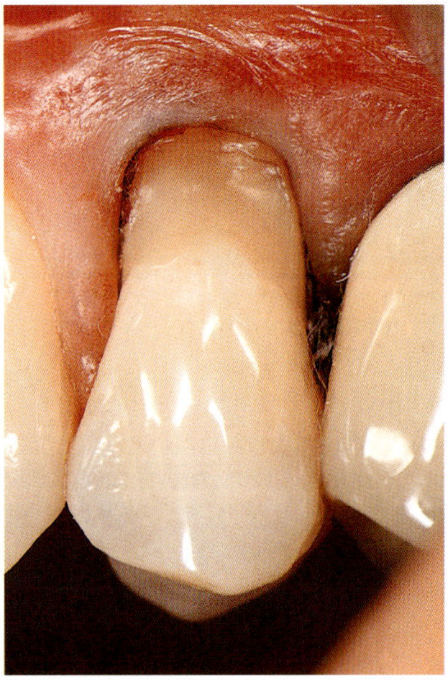
a

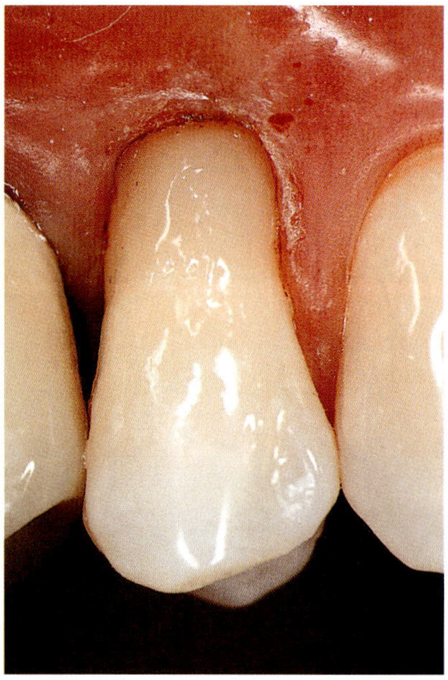
b

Abb. 22
a) Defektformen als Kombination aus erosiven und abrasiven Komponenten. Zervikal wurde zur besseren Übersicht am zervikalen Rand ein Retraktionsfaden gelegt und der Defekt mit Polierpaste gereinigt.
b) Der Schmelzrand wurde angeschrägt (einziger Präparationsschritt) und angeätzt, danach Dentinadhäsiv aufgetragen und schichtweise appliziert. Zustand direkt nach Fertigstellung der Füllung und Entfernung des Fadens.

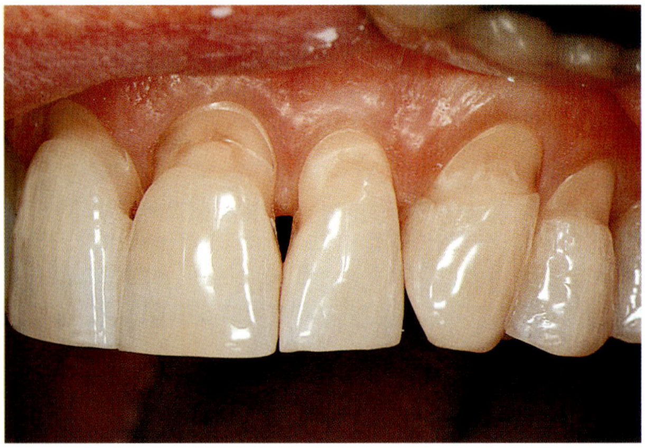
a

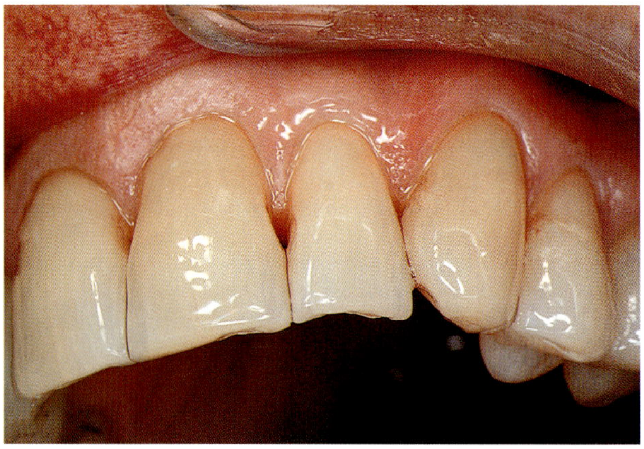
b

Abb. 23
a) Eine Reihe klassischer keilförmiger Defekte, bei einem Patienten mit optimaler aber auch destruktiver Mundhygiene.
b) Die Defekte wurden mittels Dentinadhäsiven und Komposit restauriert. Der Zustand ist seit nunmehr vier Jahren stabil.

Seite hat sich diese Füllungsart durch lange Lebensdauer und ihre hohe Elastizität – gerade bei keilförmigen Defekten – bewährt.

Im Falle vorhandener *kariöser Defekte im Zahnhalsbereich* oder auf *Wurzeloberflächen* wird defektbezogen exkaviert und wiederum können Komposite in Kombination mit Dentinadhäsiven verarbeitet werden.

Lediglich bei Verwendung klassischer Füllungsmaterialien wie Amalgam oder bei der Inlaytechnik müssen klassische Präparationen ausgeführt werden (Tab. 13) [19].

Vor der Füllungstherapie sollte auch bei älteren Patienten intensiv der Versuch unternommen werden, Mundhygiene und Parodontalzustand zu verbessern. Ein schönes Beispiel, daß dies auch bei älteren Patienten gelingen kann, zeigt Abbildung 24a und b. Erst nach Abschluß der Umstellung der Mundhygiene (Abb. 25) oder der medizinischen Therapie werden die Defekte definitiv versorgt, in der Regel mit Kompositfüllungen oder auch mit Kompomeren (Abb. 26 und 27).

Tabelle 13 Versorgungsmöglichkeiten von Wurzeloberflächenkaries in Klasse-V-Defekten.

Erosion	Adhäsivtechnik	DA	Komposite
Abrasion	Adhäsivtechnik	Dentinadhäsive	Komposite
keilförmige Defekte	Adhäsivtechnik Goldhämmerfüllung Amalgamfüllung Gußfüllung	Dentinadhäsive	Komposite
Wurzeloberflächenkaries nicht penetriert	Scaling Politur Fluoridierung CHX-Lacke Adhäsivtechnik		
Wurzeloberflächenkaries bereits penetriert	Adhäsivtechnik	Dentinadhäsive	Komposite
klassische Zahnhalskaries	Glasionomerzemente (insbesondere im kariesaktiven Stadium) Amalgame Gußfüllungen	Dentinadhäsive	Komposite

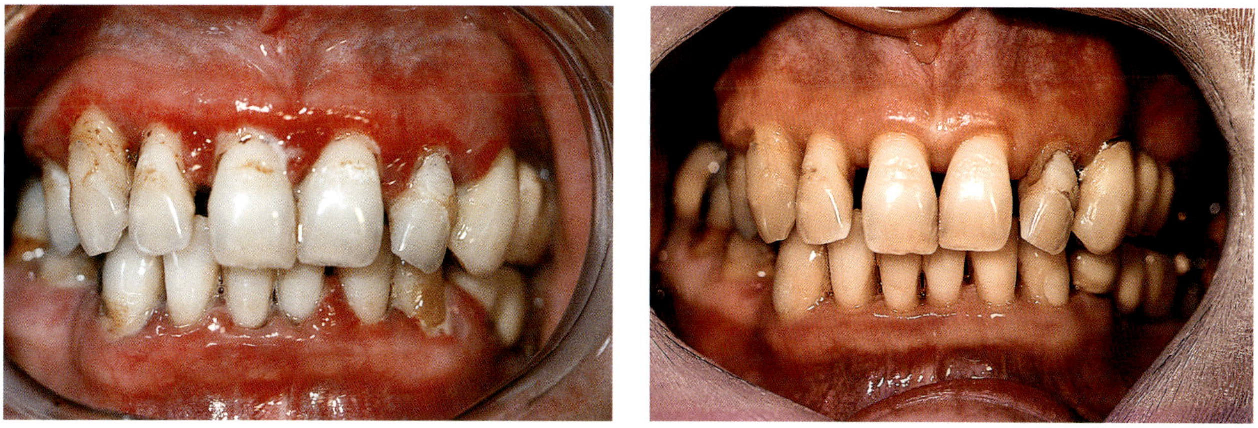

a b

Abb. 24a und b) Gelungene Umstellung der Mundhygiene, die auch bei älteren Patienten noch gut umzusetzen sein kann.

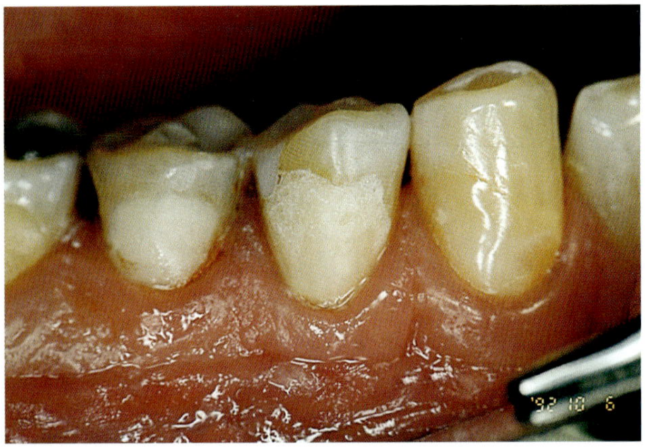

Abb. 25 Therapie mit Glasionomerzement für den Zeitraum der Umstellung der Mundhygiene. Gelingt dies, werden sie durch Kompositfüllungen ersetzt.

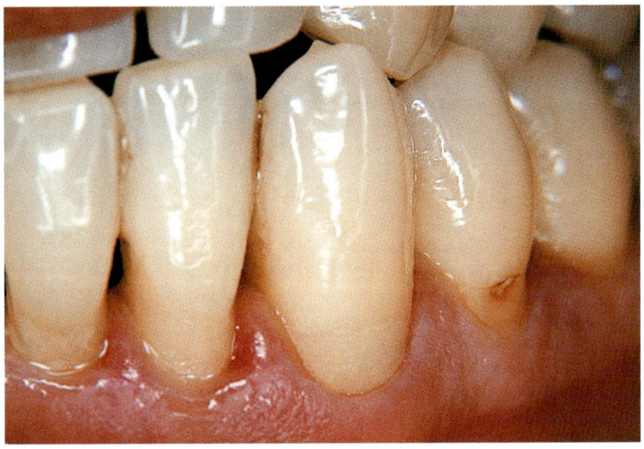

Abb. 26 Gelungene Versorgung mit Kompomeren. Nicht immer gelingt die Farbanpassung mit diesen Materialien.

Ältere Patienten und ästhetische Anforderungen

Heute sind ältere Patienten nicht mehr geneigt, Restaurationen zu tolerieren, die beim ersten Blick als solche erkennbar sind. Häufig resultiert der Wunsch nach ästhetischer Verbesserung aus Unterhaltungen mit anderen älteren Menschen, oder einem – heute nicht ungewöhnlichen – späten Wechsel des Lebenspartners.

Kronenränder, Verfärbungen von Verblendmaterialien, unschöne Formgebung von Zahnersatz, verfärbte Kompositfüllungen, Hartsubstanzfrakturen oder auch die oben erwähnten Erosionen, Abrasionen und keilförmige Defekte sind dann Gegenstand der Nachfrage. Obwohl ältere Patienten, nach jahrzehntelangen guten Erfahrungen mit dem Füllungsmaterial Amalgam, diesem selten so kritisch gegenüberstehen wie jüngere Patienten, fragen sie

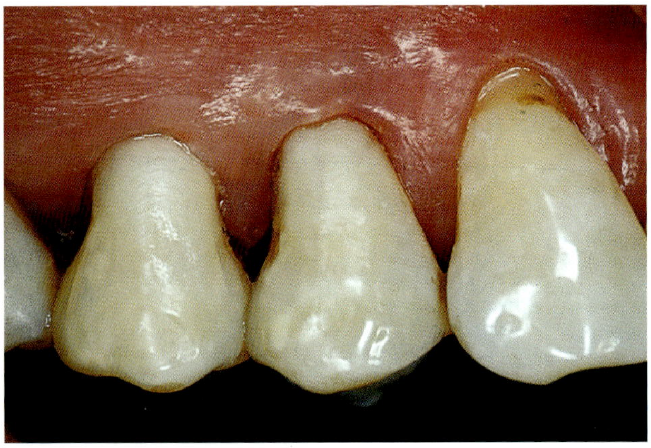

Abb. 27 Versorgung mit Kompomeren an den Zähnen 14 und 15 nach Umstellung der Mundhygiene.

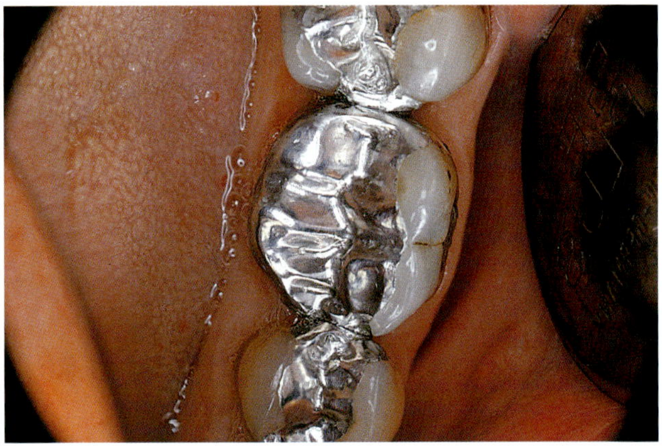

Abb. 28 Viele ältere Patienten bleiben von den Diskussionen der letzten Jahre, das Füllungsmaterial Amalgam betreffend, völlig unberührt und wünschen dies auch bei einer anstehenden Erneuerung.

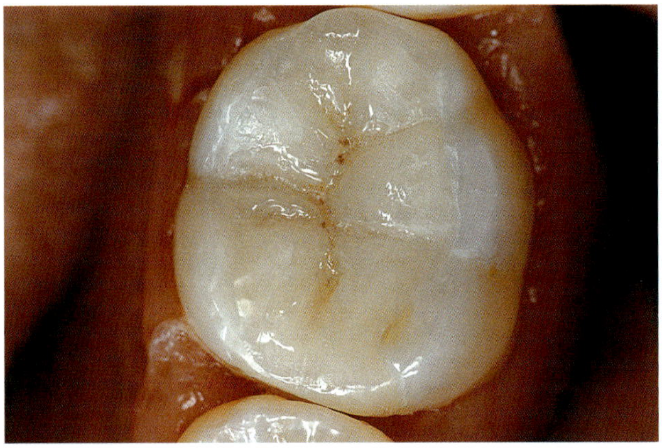

Abb. 29 Andere Gruppen von älteren Patienten sind von der Möglichkeit, zahnfarbene Restaurationen herzustellen, außerordentlich angetan.

bei einer anstehenden Revision zunehmend häufig nach zahnfarbenen Materialien (Abb. 28 u. 29). Es ist oft erstaunlich, wie lange augenfällige Imperfektionen gerade im Frontzahnbereich toleriert werden.

Nach jahrelang immer wieder erfolgter Füllungstherapie wird dann eine Versorgung mit Kronen erforderlich oder vom Patienten dringend gewünscht (Abb. 30). Gerade wenn frühzeitig der Weg in ein rein restauratives Behandlungsschema beschritten wurde, und dies ist bei den heute älteren Patienten überwiegend der Fall, ist die Krone der Endpunkt der Einzelzahnrestauration. Diesen so weit wie möglich in ein höheres Alter zu verschieben sollte Anliegen der Zahnerhaltung sein.

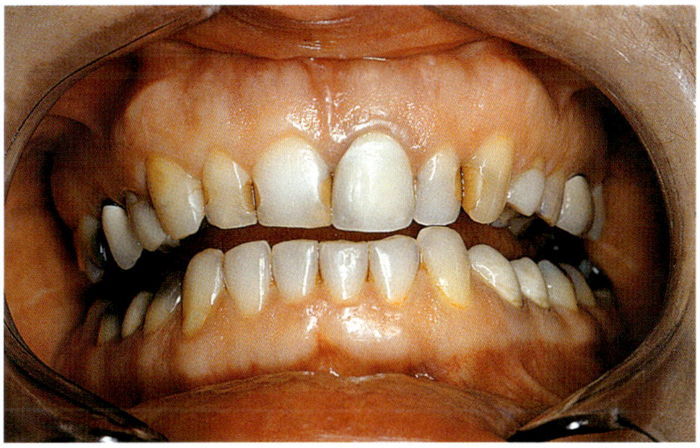

a

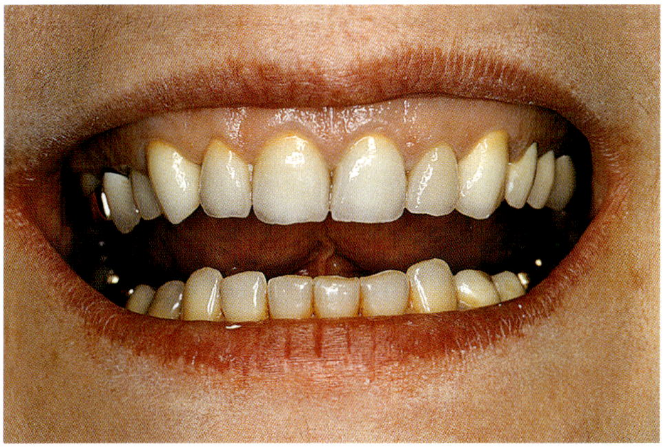

b

Abb. 30 a und b Ausgedehnte approximal/palatinale Kompositfüllungen, die im Laufe der Jahre vielfach erneuert wurden und ältere Kronen veranlaßten diese Patientin zu dem Wunsch nach einer ansprechenden, farblich einheitlichen Versorgung der Frontzähne.

Literatur

[1] Billings, R. J.: Contemporary treatment strategies for root surface dental caries. Geriodontics 1, 20 (1985).

[2] Bowden, G. H. W.: Microbiology of root surface caries in humans. J Dent Res 69, 1205 (1990).

[3] Breustedt, A.: Gerontologische und geriatrische Probleme in der Stomatologie. Dtsch Zahnärztl Z 30, 497 (Teil I) und 565 (Teil II) (1975).

[4] Ellen, R. P., Banting, D. W., Fillery, E. D.: Streptococcus mutans and lactobacillus detection in the assessment of dental root surface caries risk. J Dent Res 64, 1245 (1985).

[5] Fejerskov, O., Luan, W. M., Nyvad, B., Budtz-Jörgensen, E., Holm-Pederson, P.: Active and inactive root surface caries lesions in a selected group of 60- to 80-year old danes. Caries Res 25, 385 (1991).

[6] Gängler, P., Hoyer, I., Schinkel, H.J.: Progression und Stagnation der Wurzelkaries. Dtsch Zahnärztl Z 47, 774 (1992).

[7] Gustavson, F., Cuve, J. M., Tveit, A. B.: Rootcaries prevalence in a Norvegian adult dental patient population. Gerodontics 4, 219 (1988).

[8] Holm-Pederson, P., Loe, H.: Zahnärztliche Betreuung älterer Menschen. Deutscher Ärzte-Verlag, Köln 1992.

[9] Jordan, H. W., Hammond, B. F.: Filamentous bacteria isolated from human root surface caries. Arch Oral Biol 17, 1333 (1972).

[10] Katz, R.V.: Assessing root caries in populations. The revolution of the root caries index. J Publ Health Dentistry 40, 7 (1980).

[11] Keltejens, H. M. A. M.: Microbiology and preventive treatment of root surface caries thesis. The Hague, Cip-Gegevens Koninklijke Bibliotheek 1988.

[12] Ketterl, W.: Age-induced changes in the teeth and their attachment apparatus. Int Dent J 33, 262 (1983).

[13] Keyes, P. H., Jordan, H. V.: Periodontal lesions in the Syrian hamster. III: Findings related to an infectious and transmissible component. Arch Oral Biol 9, 377 (1964).

[14] Lehr, U.: Der Umgang mit alten Patienten in der Zahnarztpraxis. Zahnärztl Mitt 8, 38 (1993).

[15] Lussi, A., Schaffner, M., Hotz, P., Suter, P.: Dental erosion in a population of swiss adults. Community Dent Oral Epidemiol 19, 286 (1991).

[16] Netzle, P. A.: Problematik und psychologische Aspekte bei der zahnärztlichen Betreuung geriatrischer Patienten. Quintess Zahnärztl Lit 36, 1495 (1985).

[17] Nyvad, B., Kilian, M.: Microflora associated with experimental root surface caries in humans. Infect Immun 58, 1628 (1990).

[18] Raetzke, P.: Wurzeloberflächenkaries bei Patienten mit Parodontalerkrankungen. Dtsch Zahnärztl Z 40, 775 (1985).

[19] Roulet, J. F., Noack, M., Blunck, U.: Die Zahnhalsfüllung. In: Ketterl, W. (Hrsg.) Deutscher Zahnärztekalender 1987. Hanser, München 1987.

[20] Schroeder, H. E.: Pathobiologie oraler Strukturen. 3. Aufl. Karger, Freiburg 1997.

[21] Stark, H.: Die zahnmedizinische Versorgung von Altenheimbewohnern. Zahnärztl Mitt 8, 44 (1993).

[22] Ueberschär, M.: Die Wurzeloberflächenkaries – Literaturübersicht und vergleichende klinische Untersuchungen zur chemotherapeutischen Prophylaxe. Med. Diss., Hannover 1991.

Register

Die Zahlen beziehen sich auf die Buchseiten, wobei nur Anfangsseiten aufgeführt werden; d. h., bei jeder Fundstelle können gegebenenfalls auch auf den direkt folgenden Seiten Informationen zu dem gesuchten Begriff gefunden werden. Fette Ziffern kennzeichnen die Hauptfundstelle.

A

B

C

D

E

K

L

M

N

O

P

Q

R

S

T

U